王国敏，生于1953年，教授、博士生导师，享受国务院特殊津贴专家，四川省学术和技术带头人、四川省有突出贡献优秀专家、四川省教学名师。曾任四川大学政治学院首任院长，现为四川大学政治学院教授委员会主任，四川大学农村发展研究中心主任，四川大学马克思主义中国化博士点负责人和马克思主义理论一级学科硕士点带头人。同时，还兼任四川省马克思主义中国化学会会长、国家社科基金项目通讯评委、教育部课题通讯评委、四川省教育厅"思想政治教育理论课"专家组成员。

　　主要研究方向：马克思主义中国化研究、农业经济与农村政策研究。

　　科研及获奖：主持或参与国家级、省部级、国际合作、地方项目等各类科研项目27项，其中国家社科基金重大招标项目2项、教育部哲学社会科学研究重大课题攻关项目1项、国家社科基金重点项目2项、国家社科基金一般项目3项、四川省哲学社会科学重大招标课题1项、农业部委托项目1项。出版学术著作13部，在《马克思主义研究》《经济学家》《四川大学学报》《社会科学研究》等全国核心刊物上公开发表学术论文130余篇，其中CSSCI论文90余篇，有20余篇论文被人大复印资料《农业经济研究》《乡镇企业 民营经济》《体制改革》《中国特色社会主义理论》等全文转载。获得省部级、校级等各种奖励20余次，包括四川省哲学社会科学优秀成果二等奖3项、三等奖4项，四川省人民政府优秀教学成果二等奖2项。主持完成的国家社科基金项目获同行专家的肯定和好评，其中"中国农业风险保障体系建设研究""中国农业自然灾害的风险管理与防范体系研究"两项目的成果在理论界和实际工作部门产生了较大影响，同名论文被中宣部全国规划办编辑的《成果要报》第 12 期和第 46 期采用；《中国农业风险保障体系建设研究》被《光明日报》1998 年 9 月 27 日《国家社科规划·基金项目成果选介》专刊刊登；《中国农业自然灾害的风险管理与防范体系研究》被选入 2007 年全国哲学社会科学规划办编辑出版的《国家社科基金项目成果选介汇编》第四辑；主持的国家社科基金重点项目"加强农业基础与确保国家粮食安全战略研究"结题时获得免检；主持的国家社科基金重点项目"中国特色农业现代化道路的实现模式研究"课题的阶段性成果《中国特色农业现代化道路的实现要注重区域差异性》被四川省哲学社会科学界联合会主办的《重要成果专报》2012 年第 8 期采用；主持的国家社科基金重点项目"加强农业基础与确保国家粮食安全战略研究"课题的阶段性成果《建立粮食主产区利益补偿机制的对策建议》《四川省农村土地综合整治中存在的问题及对策建议》和《增强四川粮食安全综合保障能力的政策建议》分别刊载于四川省哲学社会科学界联合会主办的《重要成果专报》2011 年第 8 期、2012 年第 21 期、2013 年第 10 期，其中《四川省农村土地综合整治中存在的问题及对策建议》和《增强四川粮食安全综合保障能力的政策建议》受到了四川省主要领导高度重视并获重要批示；主持的四川省哲学社会科学重大招标课题"四川现代农业发展与新型农业经营体系创新研究"的阶段性成果《加快推进四川家庭农场发展的政策建议》和《四川地震灾区新型农业经营体系发展面临的困境及政策建议》分别被四川省哲学社会科学主办的《重要成果专报》2014 年第 1 期和 2014 年第 23 期采用；主持完成的"成都市集体经济组织现状及发展趋势研究""成都市农村土地流转制度创新的实证研究"等重大招标课题受到地方政府高度重视。

KEY PROJECT OF NATIONAL SOCIAL SCIENCE FUND

国家社科基金重点项目

[批准号：08AJY034]

JIAQIANG NONGYE JICHU DIWEI HE QUEBAO
GUOJIA LIANGSHI ANQUAN ZHANLUE YANJIU

加强农业基础地位和确保国家粮食安全战略研究

王国敏　等／著

四川大学出版社

责任编辑:舒　星
责任校对:李思莹　王天舒
封面设计:墨创文化
责任印制:王　炜

图书在版编目(CIP)数据

加强农业基础地位和确保国家粮食安全战略研究 /
王国敏等著. —成都:四川大学出版社,2014.11
ISBN 978-7-5614-8180-6

Ⅰ.①加…　Ⅱ.①王…　Ⅲ.①农业基础地位-研究-
中国②粮食问题-研究-中国　Ⅳ.①F32②F326.11

中国版本图书馆 CIP 数据核字(2014)第 267354 号

书　名	加强农业基础地位和确保国家粮食安全战略研究

著　者	王国敏　等
出　版	四川大学出版社
地　址	成都市一环路南一段 24 号 (610065)
发　行	四川大学出版社
书　号	ISBN 978-7-5614-8180-6
印　刷	成都东江印务有限公司
成品尺寸	185 mm×260 mm
插　页	1
印　张	31.75
字　数	735 千字
版　次	2014 年 12 月第 1 版
印　次	2014 年 12 月第 1 次印刷
定　价	110.00 元

◆读者邮购本书,请与本社发行科联系。
　电话:(028)85408408/(028)85401670/
　(028)85408023　邮政编码:610065
◆本社图书如有印装质量问题,请
　寄回出版社调换。
◆网址:http://www.scup.cn

版权所有◆侵权必究

目 录

导　论

农业是国民经济的基础，粮食是基础中的基础，是关系国计民生的特殊商品和重要战略物资。走中国特色的农业现代化道路，必须把确保国家粮食安全作为首要目标。粮食安全始终是关系我国国民经济发展、社会稳定和国家自立的全局性重大战略问题。

新中国成立以来，尤其是改革开放以来，党中央和国务院始终重视发展现代农业，高度重视粮食安全问题，提出"农业、农村、农民问题关系党和国家事业发展全局"，农业"是安天下、稳民心的战略产业"。基础性的战略产业和战略性的基础产业是对我国现代农业的新定位。十六大以来，党和国家全面确立了"重中之重""统筹城乡""两个趋向""四化同步"等发展战略，建立健全了基本农田保护、农业生产经营、农业支持保护、农村社会保障的制度体系，出台了一系列扶持粮食的重要政策，如：取消粮食生产的税费，建立健全种粮农民直接补贴政策、农资综合补贴政策、良种补贴政策、农机购置补贴政策、产粮大县奖励政策、最低收购价政策，培育新型职业农民，扶持专业大户、家庭农场和农民合作社等新型经营主体，等等，农业基础地位和粮食支持保护政策体系逐步完善。2004—2013 年，我国粮食生产已经实现了"十连增"，国家粮食安全得到可靠保障。然而，在粮食绝对产量不断增加的同时，我国现代农业发展和国家粮食安全也面临一系列新情况。首先，近年来全球粮食供求日益偏紧、自然因素制约加强、价格波动影响加大，粮食危机的隐患越来越大，确保国家粮食安全已经成为各国农业政策的首要目标。其次，2013 年我国人均 GDP 已达 6767 美元，加快现代农业建设、补齐农业现代化这块短板，决定着我国能否顺利跨越"中等收入陷阱"。再次，我国工业化和城镇化的深入发展对粮食生产的"挤出效应"日趋严重，现代农业发展进程中粮食安全问题的复杂性、艰巨性和紧迫性凸显。因此，即便在我国粮食产量多年连续增收的情况下，确保国家粮食安全和主要农产品有效供给依然任重道远，现代农业发展和粮食安全战略研究仍然是一个常议常新的重要课题。

一、本课题的研究背景

在几千年的人类文明进程中，特别是工业革命之前，农业是人类赖以生存和延续的基础，而粮食更是"立国之基"和"基础中的基础"。对于人类来说，无论是作为生物学意义上的个体，还是作为人类学或社会学的一个整体，粮食都是其生存的基本条件。然而，只有在现代社会，人类才有能力摆脱长期的饥饿以及饥荒的威胁。粮食问题成为国际社会关注的焦点，保障粮食安全成为共同追求的目标，均肇始于 1972 年至 1974 年爆发的席卷全球的粮食危机。这次粮食危机，极大地推动了人们对粮食安全问题的研究和讨论。1974 年 11 月，联合国粮农组织（FAO）在罗马召开世界粮食大会，通过了《消灭饥饿和营养不良世界宣言》，同时，粮农组织理事会还通过了《世界粮食安全国际约定》。自此，粮食安全（Food Security）问题被正式提出，并引起国际社会普遍关注，成为一个世界级重大课题。自 1981 年以来，FAO 在每年 10 月 16 日开展世界粮食日（World Food Day）活动。粮食安全的提出，既标志着世界文明的进步，同时又为人类未来提出了更高要求。

在开放条件下，从理论上说，粮食生产和消费可以根据比较优势原则在世界范围内进行配置。但实际上，作为发展中的社会主义大国，我国面临的开放环境日趋复杂，必须"坚持立足于基本靠国内保障粮食供给"。

客观上，全球粮食供求关系偏紧，我国利用国际市场弥补国内供给不足的难度增大。自 2006 年以来，国际市场上粮食价格出现较大幅度的上涨，包括大米、小麦、玉米、大豆和豆油在内的粮油产品价格相继攀升，达到历史高峰。今后，全球粮食供求受人口增长、耕地资源、淡水资源、自然灾害和极端气候等多种因素的制约，将长期处于紧平衡状态。特别是在世界工业粮食需求快速增长、能源紧缺、油价高位运行的背景下，世界各国利用粮食转化生物能源的趋势加快，能源与食品争粮矛盾日益突出。同时，粮价与石油价格的关联度进一步被强化，农产品的金融投资品性质越来越明显，将进一步加剧世界范围内的粮食供求紧张。此外，我国每年的粮食消费量约占世界总消费量的 25％，约为世界粮食贸易量的两倍，如果大量进口粮食，就会产生典型的大国效应，导致粮价大幅上涨，引发发展中国家的不满，既会付出一定的经济代价，又不利于营造良好的国际发展环境。

主观上，世界各国都将农业和粮食安全放在国家战略的首要位置。2001 年开始的多哈回合谈判存在着严重的分歧，至今无果，主因之一就在于：在农业领域，特别是粮食问题上，发达国家的补贴和市场准入限制严重损害了发展中国家的经济利益。占据优势地位的工业化国家一方面千方百计地运用"贸易自由化武器"占领广大发展中国家的市场，另一方面又不断加强本国农业和粮食保护，提高市场壁垒。而一旦因自然灾害等原因引发粮食安全问题，各国首先考虑的又必然是本国的粮食需求是否能够得到满足。实际上，发达国家运用"粮食武器"，通过实施农产品贸易自由化和粮食援助，使部分发展中国家丧失了独立的粮食生产体系。这部分发展中国家对产粮大国的依赖进一步导致其食物体系被发达国家建立在廉价粮食基础上的工业化食品体系所替代，进而产生了对发达国家在政治上的依赖。由此可见，在一个强权主宰的世界政治经济秩序中，我国粮食进口面临着国际政治经济风险，对于国际粮源的依赖性过大必将增加国家粮食安全的风险。

在历史上，我国粮食供求关系一直偏紧，长期为粮食供给不足的问题所困扰，曾经发生过多次大饥荒，被称为"饥荒的国度"。粮食问题与朝代更替有着紧密的联系，"民以食为天""粮安天下"等古训直观地说明了粮食在传统社会的经济社会活动中占据着关键性的地位，涉及民众生存底线是否被突破的问题，从而成为我国历代统治者重农的一个重要原因。新中国成立以来，虽然不少人对新政府解决粮食问题的能力表示质疑[①]，而且 1959—1961 年间也曾出现过严重困难，但我国政府始终立足于依靠国内解决粮食问题，历来坚持"手中有粮，心中不慌"，始终将粮食安全问题摆在极其重要的位置，逐渐提高粮食产量，解决了各种粮食危机：通过大修水利、建设基本农田，投入良种、化肥、农机等现代生产要素等综合措施，粮食产量由 1949 年的 2264 亿斤[②]增长至 1978 年的 6095 亿斤，增长了 1.7 倍。尤其是自 1978 年改革开放以来，农村实行了家庭联产承包为主的责任制和统分结合的双层经营体制为核心的改革，激发了农民的生产积极性，解放和发展了农村生产力，提高了粮食生产能力，粮食产量在波动中不断上升（见图 1），我国成功地用世界 7％的土地和 6％的淡水资源养活了世界 22％的人口，成为世界的奇迹，从而宣告了"艾奇逊预言"的彻底破产。随着 1996 年以来耕地面积大幅度减少，加之 2007 年和 2008 年两年连续发生世界范围内粮价飞涨问题，我国政府更将粮食问题看作重中之重，出台了一系列严格保障国家粮食安全的政策。2004 年以来，党中央、国务院连续 11 年出台"一号文件"，针对农业、农村、农民问题面临的新形势做出一系列战略部署，并特别强调指出了保障粮食安全问题。

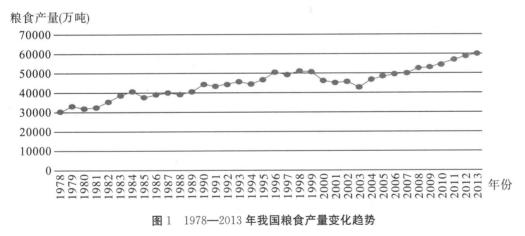

粮食产量(万吨)

图 1 1978—2013 年我国粮食产量变化趋势

数据来源：根据《中国统计年鉴（2013）》和《国家统计局关于 2013 年粮食产量数据的公告》数据整理。

当前我国粮食安全形势总体是好的，农村基本经营制度比较稳定，粮食综合生产能力稳步提高，粮食流通体制改革取得较快进展，城乡居民粮食消费结构升级加快，国家

---

① 1949 年 8 月，美国总统艾奇逊在《美国与中国的关系》白皮书中认为"中国人口在十八、十九两个世纪里增加了一倍，因此使土地受到不堪负担的压力。人民的吃饭问题是每个中国政府必然碰到的第一个问题。一直到现在没有一个政府使这个问题得到了解决"，"国民政府之所以有今天的窘况，很大的一个原因是它没有使中国有足够的东西吃。中共宣传的内容，一大部分是他们决心解决土地问题的诺言。"对此，毛泽东同志在《唯心历史观的破产》一文中进行了批判，并承诺"一个人口众多、物产丰盛、生活优裕、文化昌盛的新中国，不要很久就可以到来，一切悲观论调是完全没有根据的"。

② 1 斤＝0.5 公斤。为保留新中国成立初期粮食统计数据原貌，本书特保留此单位。后同。

强农惠农政策体系不断完善，农民种粮和地方政府抓粮的积极性不断提高。一方面，自2004年以来，我国实现了粮食生产的"十连增"，总产量不断创下新的记录，令人鼓舞振奋；但另一方面，我国粮食自给率自2002年以来处于下降趋势，2010年、2012年和2013年甚至跌落至90%以下，分别为89.49%、88.38%和87.75%，大大低于95%的既定目标（见图2）①。由于多重矛盾的制约，我国粮食的供需将长期处于脆弱平衡、强制平衡、紧张平衡的状态，粮食安全呈现新的阶段性特征，保障粮食安全面临严峻挑战。因此，我们需要常怀忧患之心，"绝不能因为连续多年增产增收而思想麻痹，绝不能因为农村面貌有所改善而投入减弱，绝不能因为农村发展持续向好而工作松懈"②，不能静态地认为粮食安全问题已经得到了解决，不能认为粮食安全问题是一个"泛政治化"的问题，更不能在市场万能的思想下将粮食安全视为伪命题。粮食安全始终是关系我国国民经济发展、社会稳定和国家自立的全局性重大战略问题。农业依然是国民经济发展的薄弱环节，粮食增产和农民增收的长效机制并没有完善，巩固农业基础的弦要始终绷紧，粮食安全的警钟要始终长鸣。迈入城乡发展一体化的新阶段，农业的多种功能更加凸显，农业的基础作用更加彰显。坚持把解决好农业、农村、农民问题作为全党工作的重中之重，加快发展现代农业，增强农业综合生产能力，确保国家粮食安全和重要农产品有效供给，是必须长期坚持的一个重大方针。

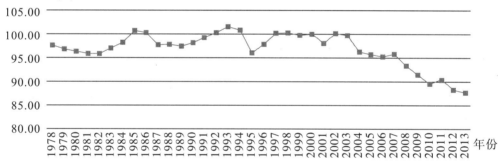

图2　1978—2013年我国粮食自给率变化趋势

数据来源：根据历年《中国统计年鉴》计算。

二、本课题的研究方法和创新点

本课题坚持以马列主义、毛泽东思想、邓小平理论、"三个代表"重要思想和科学发展观为指导，以中国的基本国情、农情和粮情为依据，以全面建成小康社会和加快推进社会主义现代化进程为基本背景，运用经济学、政治学、管理学、社会学等学科的知

---

① 《国家粮食安全中长期规划纲要（2008—2020年）》等文件中公布的自给率目标为95%。2008年，粮食自给率下降至93.37%，2012年更是下降至88.38%。即粮食的绝对产量虽然连年上升，但相对于需求的快速增长，相对产量实际上是在下降。

② 参见中央2012年一号文件《关于加快推进农业科技创新　持续增强农产品供给保障能力的若干意见》。

识，以理论研究为基础，以实证分析为重点，多层次、多视角、全方位地分析我国加强农业基础地位和确保国家粮食安全的基本任务、评价标准、目标体系、实现路径、政策支撑、长效机制与制度创新等重大问题，提出实施具有中国特色的加强农业基础地位和确保国家粮食安全的战略。本课题以马克思主义科学抽象方法为核心，借鉴西方经济学制度变迁、供求平衡等方法，通过从微观到宏观、从点到面的分析，提出具有针对性和可操作性的具体措施。

本课题主要运用了"四个统一"的研究方法：

第一，宏观分析与微观分析相统一。任何事物的发展都可以从不同层面、不同角度表现出来，因而必须从宏观和微观两个层面去考察、分析。宏观分析是指对我国加强农业基础地位和确保国家粮食安全的历史演进和现实状况的总结，借鉴国外的成功经验，建立加强农业基础地位和确保国家粮食安全的科学的长效机制。微观分析主要是分析我国加强农业基础地位和确保国家粮食安全的区域实现策略，总结带有一般规律性、经验性的方法、措施，从而建立符合农业区域规划和产业布局的特色农业产业带，协调粮食主产区、产销平衡区和粮食主销区的关系。

第二，理论分析与实证分析相统一。理论分析是实证分析的支撑点，没有理论分析，实证分析只能流于对事物的一般归纳；而实证分析是理论分析的基础，没有实证分析，理论分析就失去了依托。通过理论分析，准确把握并阐述我国现代农业的地位和现代农业是基础性和战略性的统一，明确国家粮食安全的内涵，从新的视角审视农业基础地位和国家粮食安全的关系。通过实证分析，考察我国农业发展战略的演进、粮食政策的演化和发展所面临的有利条件与约束因素。

第三，定性分析与定量分析相统一。定性分析是对事物质的规定性的抽象理性思维，揭示出事物发展过程中的结构性联系；定量分析侧重于对具体事物数量关系的变化进行考察。在理论研究过程中，抽象的理性思维必须依赖一定的数量分析，没有定量分析为依托，定性分析就难以把握，而对事物进行定量分析时又必须以抽象化理论为指导。如在粮食财政补贴对粮食数量安全的分析中，既从定性的角度研究了生产补贴和收入补贴对粮食数量安全的作用，又从定量的角度运用灰色关联度分析法考察了财政补贴的实际效果。

第四，静态分析与动态分析相统一。农业基础地位的加强和国家粮食安全的保障有一定的规律。动态分析就是要研究这一全过程，从而建立一套有效的加强农业基础地位和确保国家粮食安全的长效机制。而静态分析则是动态分析的基础。在加强农业基础地位和确保国家粮食安全的财政政策、金融政策、产业政策和WTO农业政策的分析过程中，也贯穿了静态分析与动态分析相统一的方法。

本课题的重点和难点如下：

第一，加强农业基础地位和确保国家粮食安全战略的各个环节的研究。加强农业基础地位和确保国家粮食安全战略是一个整体性、系统性的课题，既要有世界眼光，又要立足我国的基本国情和农情；既要整体规划，又要分类指导。加强农业基础地位和确保国家粮食安全战略的基本任务、目标体系、有效途径、评估体系等环节的研究是本课题的重点和难点。

第二，加强农业基础地位和确保国家粮食安全战略的实现路径研究。目前，人们都认识到我国农业发展和国家粮食安全面临着许多矛盾。这些矛盾决定了我国加强农业基础地位和确保国家粮食安全的战略应根据中国的实际情况，选择适当的制度创新、区域实现和支撑体系。对适合我国基本国情和农情的制度创新、区域实现和支撑体系的研究也就成为本课题的重点和难点。

第三，加强农业基础地位和确保国家粮食安全战略的长效机制研究。加强农业基础地位和确保国家粮食安全战略的重要性显而易见；但仅仅从宏观上认识到这种重要性是不够的，更重要的是如何在实践中贯彻落实。这就要求构建落实加强农业基础地位和确保国家粮食安全战略的长效机制。

本课题的创新点如下：

第一，对我国加强农业基础地位和确保国家粮食安全等基础性重要问题进行了新的理论思考，准确把握并阐述我国现代农业的地位。中国特色的现代农业在党和国家事业发展中占基础性与战略性地位。基础性和战略性相统一的现代农业，既是基础性的战略产业，又是战略性的基础产业。其基础性表现为必需性、公共性和根本性，战略性表现为全局性、长期性和整体性。这要求我们把农业基础性和战略性统一起来，把对价值增值的追求与物质财富的创造统一起来，把社会经济发展与人民基本需求统一起来。国家粮食安全包括以粮食数量、结构和生态为基础的生产安全，以空间布局和储备为基础的粮食流通安全，以及以粮食质量和可获得性为基础的粮食消费安全；同时，粮食安全也意味着兼顾供给者的利益实现和消费者的效用满足这一双重目标。与此相适应，也就必须从新的视角归纳农业基础地位和国家粮食安全的关系，尤其从经济全球化和现代化发展视角来探讨农业基础地位和国家粮食安全的关系，农业是国民经济的基础，粮食是基础中的基础，是关系国计民生的特殊商品和重要战略物资。粮食安全是反映农业基础地位的重要标志，农业基础地位是确保粮食安全的重要前提。"四化"同步发展战略是解决我国经济社会发展深层次问题的路径选择，实质上是正式将新型工业化、信息化、城镇化、农业现代化的关系表述为辩证的共生关系。"四化"同步发展战略的确定是对原有发展思路的扬弃，摒弃了传统的牺牲农业为代价的工业化、城镇化的发展方式，既顺应了现代化建设的客观规律，又具有鲜明的时代特征，体现了全面、协调、可持续发展的内在要求，是提升发展质量和实现经济社会均衡发展的必由之路，为加强农业基础地位和确保国家粮食安全战略提供了机遇。

第二，对我国现代农业发展特征、粮食安全的重要影响因素和粮食安全状况做出了新的判断。①针对现代农业发展呈现的梯度差异性，借助方差分析的方法，结合逐步回归的思想，选用代表性指标对我国内地 31 个省市区的现代农业水平和发展速度进行分析，并根据分析结果建议政府应根据各地的区情和农情采取不同的发展战略和差异性的农业倾斜政策。②就我国粮食综合生产能力主要受制于现代化耕作方式的状况，运用因子分析法对我国 1994—2011 年粮食综合生产能力影响因素进行了实证分析，建议政府应以稳定粮食综合生产能力的基础要素为未来的政策取向，强化粮食综合生产能力的支撑要素，健全粮食综合生产能力的保障要素。③借助 VAR 模型和脉冲响应分析了我国粮食价格指数和 CPI 之间特殊的关系（即当前 FPI 决定了 CPI，CPI 是 FPI 的非线性回归；CPI 和 FPI 之间存在一种不对称关系，CPI 滞后期决定当期 FPI；CPI 与 FPI 相互冲击后都趋于收敛），指出政府可以选择粮食价格指数作为长期价格变动的预警指标之一。④对我国农业现代化、城镇化和经济增长三者之间的相互关系进行了实证分析，认为发展仍是解决我国所有问题的关键，农业现代化和城镇化具有明显的互相拉动作用，农业现代化对城镇化具有向上拉升的作用，而城镇化对农业现代化具有向下拉动的作用，农业现代化对经济发展的影响具有长期性，但当期效果并不明显。"四化"同步发展战略为加强农业基础地位和确保国家粮食安全战略提供了机遇。⑤运用灰色关联度分析法考察了财政直接补贴政策对粮食数量安全的效果，指出粮食财政补贴政策是保障粮食数量安全、提高粮食自给率与农民种粮积极性的重要因素，但其促进作用有限；提出生产性专项补贴政策的总体效果优于综合性收入补贴政策，而粮食直接补贴政策在四项补贴政策中效果最差。因而建议，政府下一步应侧重生产性专项补贴，同时优化综合性收入补贴。⑥从粮食安全的综合性和系统性特征出发，建立了一个涵盖生产、分配、交换和消费领域的粮食安全综合评价体系，并以此对我国 1978—2010 年的粮食安全状况进行了测评，提出进一步健全确保粮食安全与增加农民收入的联动机制是下一阶段政策调控的主要方向。

第三，既注重粮食安全体系的系统研究，提出粮食安全体系建设的七大体系框架，又注重区域实际的具体分析，剖析粮食主产区、平衡区和主销区的功能与效应。在明确我国加强农业基础地位和确保国家粮食安全的体系构建五大原则的基础上，从微观和宏观两个层面来构建粮食安全体系，并提出了粮食安全体系建设的七大体系框架，即粮食的生产体系、流通加工体系、消费体系、监测预警系统、储备调节体系、进出口调节体系和行政管理体系。七大体系相互作用、相互补充，共同构成加强农业基础地位、确保国家粮食安全的系统工程。粮食安全的多重要求，粮食消费以及农业规模经营存在的区际差异，凸显了加强农业基础地位和确保国家粮食安全的区域实现的紧迫性和重要性。粮食主产区是保障粮食供给、粮食安全的地域载体，承担着促进农民增收致富，推进区域城镇化等重任；粮食主产区需要协同推进耕地保护能力建设、科技服务能力建设、抗灾能力建设、政策支撑能力建设，以提高粮食生产能力，促进农业现代化区域工业化和城镇化协调发展。粮食主销区加强农业基础地位和确保国家粮食安全，需要在基本口粮自给能力建设，粮食产业化经营能力建设以及与主产区之间的利益协调能力建设等方面取得新突破。粮食产销平衡区加强农业基础地位和确保国家粮食安全，需要加强区域粮食安全预警，着力发挥粮食生产的生态功能，提高区域粮食流通体系的运行效率，完善农业服务体系。

第四，从政策、机制和制度三个维度提出加强农业基础地位和确保国家粮食安全的对策建议。从现代农业是基础性和战略性的统一和国家粮食安全作为公共产品的特性出发，加强农业基础地位和确保国家粮食安全这一问题必须置于一个宏大的空域中，注重系统性、整体性和协调性。一是协同财政政策、金融政策、农业产业政策和 WTO 农业政策为主要内容的政策支持体系，共同促进我国现代农业发展和确保国家粮食安全。二是建立健全主要农产品水稻、小麦、玉米、大豆等价格形成和保护机制；构建一套以法律手段为保障、以经济手段为杠杆、以行政手段为后盾、以技术手段为支撑的"四位一体"的农业生态环境保护与补偿机制；加快城乡一体化建设，统筹城乡发展，构建城乡一体化的发展机制，即构建城乡统一的生产要素市场，并且逐步实现城乡基础设施建设共建共享，城乡产业发展互动互促，逐步实现城乡社会管理统筹和基本公共服务均等化；进一步深化农村的改革发展，加快新农村建设，加强党的领导，完善党领导农村工作的体制机制，以化解各种矛盾，巩固农业的基础性地位，确保国家粮食安全。三是通过农业制度创新构建有利于农业和农村发展的制度环境，架构以农村基本经营制度、农村土地管理制度、农村金融制度、农村社会保障制度和农村公共品供给制度为支点的农村制度体系。

三、课题的基本框架和主要内容

课题紧紧围绕我国现代农业发展和粮食安全而展开。首先阐述了马克思主义经典作家、我党历代领导集体和国内外学术界对农业基础地位和粮食安全的相关论述，这为我们进一步研究提供了理论基础；紧接着研究了不同类型国家，即农业资源富足型国家和农业资源贫瘠型国家加强农业基础地位和确保国家粮食安全的经验，这为我们提供了可资借鉴的实践经验与教训。从传统农业与现代农业的比较出发，重点分析了现代农业的基础性与战略性、粮食安全的内涵以及农业基础地位与国家粮食安全的关系，对我国加强农业基础地位和确保国家粮食安全做出了新的理论思考。课题的重点研究了我国加强农业基础地位和确保国家粮食的战略演进；分析了当前存在的有利条件和约束因素；对我国现代农业发展的梯度差异特征和影响粮食综合生产能力的因素等问题进行了实证研究；构建了国家粮食安全综合评价指标体系，并对我国改革开放以来的粮食安全状况进行了评价；从生产、流通、加工、消费和国家宏观调控等层面构建了加强农业基础地位和确保国家粮食安全的体系；分别分析了粮食主产区、主销区和平衡区等不同区域加强农业基础地位和确保国家粮食安全的现实路径；最后从政策支撑、长效机制和制度创新三个维度提出了加强农业基础地位和确保国家粮食安全的对策建议。全书主题突出，环环相扣，自成体系，既面向全国，注重一般性和系统性的研究，也有针对相关专题的深入分析，还有结合四川省和成都市实际的具体考察。同时，为了使本书更加具有可读性、科学性和研究性，我们在部分章节提供了与该部分内容相关的"案例"，期望给读者提供更多的资料和信息。

全书共由 11 章构成，其基本内容如下：

第一章：从历史探源的视角，仔细梳理并深入研究加强农业基础地位和确保国家粮食安全的理论观点。该章分为四个部分：一是马克思主义经典作家关于农业发展和粮食安全的理论，即马克思、恩格斯、列宁和恩格斯等经典作家的农业基础论与粮食安全的思想。二是马克思主义中国化关于农业基础地位和国家粮食安全的理论政策，即中国共产党人把马克思主义基础原理与中国实践相结合，不断探索形成的关于农业基础地位和国家粮食安全的理论与政策。三是西方学者关于加强农业基础地位和确保国家粮食安全问题的代表性观点。四是我国学者关于加强农业基础地位和确保国家粮食安全问题的理论观点。以上对加强农业基础地位和确保国家粮食安全的理论观点的梳理与解析，将为本课题的后续研究打下坚实的理论基础。

第二章：从国际比较的视角，研究不同类型国家或地区，包括农业资源富足型国家或地区（发达国家以美国、欧盟为代表；发展中国家以中国、印度和巴西为代表）和农业资源贫瘠型国家或地区（发达国家以日本、以色列为代表；发展中国家以卢旺达、乌拉圭、墨西哥和古巴为代表）加强农业基础地位和确保国家粮食安全的经验，通过比较，总结不同类型国家或地区加强农业基础地位和确保国家粮食安全的基本规律，这为我们提供了可资借鉴的实践经验与教训。

第三章：从传统农业与现代农业的比较出发，重点分析了现代农业的基础性与战略性、粮食安全的内涵以及农业基础地位与国家粮食安全的关系，对我国加强农业基础地位和确保国家粮食安全做出了新的理论思考。现代农业是基础性和战略性的统一，既是基础性的战略产业，又是战略性的基础产业，这要求我们把农业基础性和战略性统一起来，把对价值增值的追求与物质财富的创造统一起来，把社会经济发展与人民基本需求统一起来。与此相适应，农业的基础性和战略性就体现为粮食的安全性，粮食的安全性反映农业的基础性和战略性。同时，以"四化"同步发展为背景，运用统计数据，借助VAR模型，通过定量的方法分析了农业现代化、城镇化和经济增长三者之间的相互关系，判断各自的变化趋势。

第四章：梳理了我国农业发展战略的演进历史和确保国家粮食安全的相关政策演变历史。首先从理论上对构成农业发展战略的各类要素，以及农业发展战略在我国决策中的特点进行了阐述，并依据当前的各类涉农政策文件提出了"转变农业发展方式"的我国农业发展战略定位。其次是对新中国建立以来国家对农业发展战略选择的历史进行考察。这一部分以农业合作化战略、人民公社化运动、农业现代化战略、农业生产关系变革战略、农业多样化经营战略、农产品市场化战略、科教兴农战略、农业支持战略等诸子战略选择的初始时间为起点，梳理出形成当前我国农业发展战略的历史路径。最后是将确保我国粮食安全的相关政策演进的历史按时间顺序分为新中国成立初期（1949—1952年）粮食政策的选择、我国粮食政策的传统选择（1953—1978年）、改革时期双轨制粮食经济阶段（1979—1993）、改革过程中的粮食市场化阶段（1994—2003年）和宏观调控下粮食购销市场化阶段（2004年至今）五个阶段分别进行论述，并结合我国的农业发展战略定位对这些政策措施进行综合评述。

第五章：主要分析了加强农业基础地位和确保国家粮食安全面临的有利条件和存在

的制约因素。改革开放以来，我国的经济结构发生了深刻变化，农业部门也伴随着经济结构的变化不断发展。当前，我国已经建立起了比较完善的农村市场体系和政策支持体系，国家应对国内外冲击、保持农业稳定发展和保障粮食安全的各种措施和手段逐渐成熟。然而，由于我国人口基数大，资源匮乏，加之长期以来缺乏环境保护意识，要进一步加强农业基础地位和保障国家粮食安全的约束条件也很多，特别是生态环境造成的约束，已经到了刻不容缓的地步。同时，以中央投资为主的农业基础设施建设缺乏动力；农业受经营规模小、边际成本高的约束，缺乏自生能力；快速推进的城镇化、工业化使得农产品消费需求刚性增长；国外资本不断冲击国际市场，更为粮食等农产品供给增加了不可预知的因素。

第六章：集中对我国现代农业发展特征、粮食综合生产能力的影响因素、粮食价格与 CPI 的互动关系和粮食安全状况评价等重要问题进行专题研究。形式上将各个专题表述为正规论文的形式，目的在于当讨论其中一个专题时，可以进行比较集中的阐述，从而提高文字的信息浓度。第一，借助方差分析的方法，结合逐步回归的思想，选用代表性指标对我国内地 31 个省市区的现代农业水平和发展速度进行了分析，基于分析结果，建议政府应根据各地的区情和农情采取不同的发展战略和差异性的农业倾斜政策。第二，运用因子分析法对我国 1994—2011 年粮食综合生产能力影响因素进行了实证分析，发现现代化和传统生产方式两类影响因素存在显著差异，且现代化组成指标的得分相对较低，仍是制约我国粮食综合生产能力提高的桎梏。因而提出，未来的政策取向应是稳定粮食综合生产能力的基础要素，强化粮食综合生产能力的支撑要素，健全粮食综合生产能力的保障要素。第三，借助 VAR 模型和脉冲响应分析了我国粮食价格指数和 CPI 之间特殊的关系，建议政府可以选择粮食价格指数作为长期价格变动的预警指标之一。第四，从粮食安全的综合性和系统性特征出发，建立了一个涵盖生产、分配、交换和消费领域的粮食安全综合评价体系，并以此对我国 1978—2010 年的粮食安全状况进行了测评。结果表明，我国粮食安全水平在波动中不断提高，并逐渐趋于稳定，但仍处于轻度警情状态，需要加以关注。进一步健全确保国家粮食安全与增加农民收入的联动机制是下一阶段政策调控的主要方向。

第七章：在明确我国加强农业基础地位和确保国家粮食安全的体系构建五大原则的基础上，从微观和宏观两个层面来构建粮食安全体系，并提出粮食安全体系建设的七大体系框架，即粮食的生产体系、流通加工此体系、消费体系、监测预警系统、储备调节体系、进出口调节体系和行政管理体系。七大体系相互作用、相互补充，共同构成加强农业基础地位、确保国家粮食安全的系统工程。粮食生产体系、流通加工体系和消费体系是基础。生产体系建设是保障粮食安全的关键环节，需要加强粮食生产主体建设、农业投入保障体系建设和农业环境资源保护体系建设。流通加工体系建设是保障粮食安全的重要环节，需要培育粮食流通加工主体、完善粮食市场体系、健全粮食物流体系和粮食加工体系。消费体系建设则需要构建合理的口粮消费体系、饲料粮消费体系、工业用粮消费体系和种子用粮消费体系。粮食监测及预警系统、粮食储备调节体系、粮食进出口调节体系、粮食行政管理体系是政府粮食宏观调控体系的四大组成部分。

第八章：确保国家粮食安全是加强农业基础地位的重要目标；加强农业基础地位是确保国家粮食安全的前提和保障。粮食安全的多重要求，粮食消费以及农业规模经营存在的区际差异，凸显了加强农业基础地位和确保国家粮食安全的区域实现的紧迫性和重要性。粮食主产区是保障粮食供给、粮食安全的地域载体，承担着促进农民增收致富，推进区域城镇化等重任；粮食主产区需要协同推进耕地保护能力建设、科技服务能力建设、抗灾能力建设、政策支撑能力建设，以提高粮食生产能力，促进农业现代化区域工业化和城镇化协调发展。粮食主销区加强农业基础地位确保国家粮食安全，需要在基本口粮自给能力建设，粮食产业化经营能力建设以及与主产区之间的利益协调能力建设等方面取得新突破。粮食产销平衡区加强农业基础地位、确保国家粮食安全，需要加强区域粮食安全预警，着力发挥粮食生产的生态功能，提高区域粮食流通体系的运行效率，完善农业服务体系。

第九章：从我国的财政、金融、产业以及WTO农业政策四个方面就政策的历史演变、现状、存在问题进行研究，着重对财政政策对粮食产量和粮食数量安全的影响进行了评价。我国的财政政策的支农规模不断增加，范围不断拓展，对粮食产量有积极影响，但对粮食数量增长的贡献率不高；粮食财政直接补贴政策对粮食数量安全有重要保障，但作用程度有限。因此，在增加支农资金规模、优化资金结构的同时要提高其运作效率。农村政策性、商业性金融资本的供给尚不能满足农村金融资本需求，农村金融的有效供给急需增加，金融工具有待创新，应加强对民间金融的规范和扶持，防控金融风险。农业产业政策在布局、结构以及组织政策中都存在一定的问题，需要推进农业区域化、专业化和农业产业化经营，实现可持续发展。在WTO框架范围内，我国制定了一系列农业保护和支持政策，并在其结构上不断优化，支持力度逐渐增大。

第十章：着重从构建农产品价格形成机制、农产品价格保护机制、农业生态环境保护与补偿机制、城乡一体化发展机制和完善党领导农村工作的体制机制五个方面论述了如何构建我国加强农业基础地位和确保国家粮食安全的长效机制。经过多年的发展，我国农业生产水平有了很大提高，农业综合生产能力迈上新台阶。但是，在经济全球化背景下，我国确保农业基础地位和国家粮食安全的任务仍然十分艰巨，这就需要建立健全主要农产品水稻、小麦、玉米、大豆等价格形成和保护机制；需要构建一套以法律手段为保障、以经济手段为杠杆、以行政手段为后盾、以技术手段为支撑的"四位一体"的农业生态环境保护与补偿机制；需要加快城乡一体化建设，统筹城乡发展，构建城乡一体化的发展机制，即构建城乡统一的生产要素市场，并且逐步实现城乡基础设施建设共建共享，城乡产业发展互动互促，逐步实现城乡社会管理统筹和基本公共服务均等化；需要进一步深化农村的改革发展，加快新农村建设，加强党的领导，完善党领导农村工作的体制机制，以化解各种矛盾，巩固农业的基础性地位，确保国家粮食安全。

第十一章：农业基础地位和国家粮食安全的实现需要相应的制度保证。制度为经济活动提供行为规范和准则，好的制度能够降低交易费用，进而提高经济效率，保证组织目标的实现。就中国农业发展的实践而言，要加强农业基础地位、保证国家粮食安全，必须通过农业制度创新构建有利于农业和农村发展的制度环境。因此，本章重点研究我国农业的制度创新问题，首先从制度经济学视角分析了制度与农业基础地位和国家粮食安全问题的关系，在此基础上架构起以农村基本经营制度、农村土地管理制度、农村金融制度、农村社会保障制度和农村公共品供给制度为支点的农村制度体系，并提出了制度创新的实施路径和政策建议。

四、本课题的研究及撰写分工情况

本课题是国家社科基金重点项目"加强农业基础地位和确保国家粮食安全战略研究"（批准号：08AJY034）的最终成果。课题组全体成员经过四年的艰苦工作，在进行大量田野调查的基础上，精心选择材料，系统收集数据，并对材料和数据进行认真甄别和计算，为进一步研究奠定了基础。我们对课题中的重点、难点问题召开多次专题研讨会反复研究，提出了独到的见解，并在理论上加以提炼、升华，逐步形成了逻辑严密的现有体系。在四年的研究中，阶段性成果丰硕，课题组成员在全国具有影响力的学术刊物上发表学术论文40余篇，其中28篇发表在CSSCI来源期刊上，这些文章所形成的观点在本课题中也得到了充分体现。研究报告《建立粮食主产区利益补偿机制的对策建议》《四川省农村土地综合整治中存在的问题及对策建议》《增强四川省粮食安全综合保障能力的政策建议》分别由四川省哲学社会科学界联合会主办的《重要成果专报》2011年第8期、2012年第21期和2013年第10期采纳刊发。其中，《增强四川省粮食安全综合保障能力的政策建议》一文提出的理论观点和政策建议得到四川省委王东明书记和四川省王宁副省长的批示；《四川省农村土地综合整治中存在的问题及对策建议》一文提出的理论观点和政策建议得到四川省蒋巨峰省长的批示，并转发至魏宏省长（时任副省长）等领导同志，被四川省国土资源厅、土地整治中心等实际工作部门采纳。课题成果达到了全国哲学社会科学规划办公室结项验收的有关要求，被批准免于鉴定，获准结项。

本课题的撰写分工如下：导论由王国敏撰写；第一章由李杰、魏婧撰写；第二章由李杰、刘畅、段龙龙撰写；第三章由王国敏、邓建华、周庆元、翟坤周撰写；第四章和第五章由王国敏、罗浩轩撰写；第六章由王国敏、周庆元、卢婷婷、翟坤周撰写；第七章由傅新红、陈蓉撰写；第八章由杜黎明撰写；第九章由傅新红、臧文如、鞠立瑜撰写；第十章由蒋和胜、郑晔、杨柳静、张千友撰写；第十一章由刘润秋、高杰撰写。全书由王国敏设计总体框架，提出主要观点，并承担修改和统稿等任务。周庆元、翟坤周承担了部分内容的修改和协调工作，卢婷婷、翟坤周承担了联络工作。

罗静、赵波、贺叶玺、薛一飞、王元聪、张宁、陈加飞、马晓、杨莉芸、张千友、宿桂红等同志参加了调查研究和数据查找工作，并提供了部分资料，在此表示衷心的感谢！

实践发展永无止境，认识真理永无止境，理论创新永无止境。现代农业发展和国家粮食安全不仅是党和政府高度重视的重大战略问题，也是"三农"研究领域的热点和难点问题，还是国际社会关注中国的焦点问题之一。从中长期看，在经济全球化不断深化和我国经济社会快速发展的背景下，各种传统和非传统因素相互交织叠加，必将对我国农业发展和粮食安全产生新的影响，新情况和新问题还会不断出现，本课题的研究只是一些探索性的分析和判断，研究的广度和深度还需进一步拓展。比如，伴随新型工业化、城镇化的深入推进，农业和粮食发展进入新阶段，粮食安全的重点逐步由产量安全转向能力安全，由强调生产领域的综合生产能力转向强调更加全面和系统的粮食安全综合保障能力，如何增强国家粮食安全综合保障能力成为进一步研究的重要问题。随着社会主义市场经济体制的不断完善，在加强农业基础地位和确保国家粮食安全的进程中，如何更加尊重市场规律、更好地发挥政府的作用；如何培育新型职业农民、构建新型农业经营体系，推动农业、农村走向内源式发展；在农业对外依存度持续提高和国民经济与农村发展关联度不断增强的背景下，如何更好地统筹国内外两种资源和两种市场；以及由粮食安全出发，所引申的食品安全与生态安全研究；等等。这些问题虽在本课题中已有涉及，但囿于研究主题与范围的限制并未得到充分展开，我们将在四川大学国家人文社科重大攻关项目培育计划"增强国家粮食综合保障能力研究"中继续开展研究。

　　仁者见仁，智者见智。本课题提出的一些观点难免有疏漏和不成熟之处，敬请各位学界同仁批评指正。

王国敏

2013 年 6 月于四川大学

第一章　关于农业基础地位和国家粮食安全的理论观点

> 超过劳动者个人需要的农业劳动生产率，是全部社会的基础。
>
> ——马克思①

有关农业基础地位和粮食安全问题的理论观点主要体现在两大理论体系之中：马克思主义理论体系和西方经济学理论体系。本部分既对马克思主义经典作家的理论与我党历代领导人的思想加以概括梳理，也对西方经济学代表性人物的代表性观点进行总结，同时对我国学者的研究成果及理论观点也有所归纳和介绍。

第一节　马克思列宁主义关于加强农业基础地位和确保国家粮食安全问题的理论阐释②

根据对人类社会产生和发展规律的科学考察，马克思主义经典作家开启了研究马克思主义农业基础地位理论的先河，也为社会主义实践提供了理论指导。马克思列宁主义对农业基础地位和粮食安全问题的理论阐释主要包括三个方面：一是对农业基础地位和农产品重要性的认识；二是农业基础地位决定了提高农业生产率的重要性；三是要提高农业生产率，必须改变旧的生产关系，引导农民走合作化道路，实行规模经营，使农民摆脱贫困状态。

一、确立农业基础地位是保障国家粮食安全的前提条件

马克思、恩格斯在批判地继承资产阶级古典政治经济学，特别是重农学派的农业基础地位理论的基础上，揭示了食物、农业生产的基础性作用；列宁明确提出了农业是国民经济的基础，粮食问题是一切问题的基础；斯大林则主要从农业与工业的关系来阐述农业的基础地位，从农业与谷物的关系来分析谷物的重要性。

---

① 马克思恩格斯文集（第 7 卷）[M]. 北京：人民出版社，2009：888.
② 本部分核心内容由李杰以《解析马克思主义经典作家及我党三代领导人有关粮食安全保障条件的论述》为题发表于《西南民族大学学报》（人文社会科学版）2012 年第 5 期，此处有较大幅度的修改与补充。

·14·

（一）马克思、恩格斯强调食物是人类生存的物质前提，农业是其他产业发展的基础

马克思和恩格斯认为，食物是人类生存的前提，生产食物需要土地和劳动，因而土地是首要条件，农业生产则是其他生产的基础。马克思指出："我们首先应当确定一切人类生存的第一个前提，也就是一切历史的第一个前提，这个前提是：人们为了能够'创造历史'，必须能够生活。但是为了生活，首先就需要吃、喝、住、穿以及其他一些东西。因此第一个历史活动就是生产满足这些需要的资料，即生产物质生活本身。"① 既然物质前提是一切活动的基础，因此，在马克思看来，无论文明还是落后，所有民族都将以物质文明为前提，"最文明的民族也同最不发达的未开化民族一样，必须先保证自己有食物"，"然后才能考虑去获取别的东西；财富的增长和文明的进步，通常都与生产食品所需要的劳动和费用的减少成相等的比例"。② 而物质文明又要以食物为基础，食物保障又是物质前提中最为基础的，要生产食物，必须有土地，因而土地是我们的一切，是我们生存的首要条件。马克思和恩格斯又指出，食物包括植物和动物。马克思曾在《资本论》中定义了"广义的农业"范畴，他认为"广义的农业"包括植物性食物的生产和动物性食物的生产。在马克思看来，正是因为农业"以土地的植物性产品或动物性产品的形式或以渔业产品等形式，提供出必要的生活资料"③，因而食物的生产既是生产者生存的前提条件，又是一切生产活动的首要条件。

在各产业生产中，由于农业生产提供了人类生存的物质条件，因而农业的基础性和重要性得到了马克思和恩格斯的充分肯定和重视，认为没有农业生产就不可能有其他生产，农业生产是其他生产的前提。马克思说，人们首先必须吃、喝、住、穿，然后才能从事政治、科学、艺术、宗教等等，而"一切工业劳动者都要靠农业、畜牧业、狩猎业和渔业的产品维持生活这一早已尽人皆知的经济事实"④。客观实际表明，在所有劳动中，农业劳动是其他一切劳动的自然基础和前提。农业劳动的这种首要地位决定了农业劳动的自然生产率，"是一切剩余劳动的基础"⑤。1882 年，恩格斯在《家庭、私有制和国家的起源》一书中明确指出："农业是整个古代世界的决定性的生产部门，现在它更是这样了。"⑥ 可见，马克思和恩格斯都多次论证了食物是基本的物质前提，是农业生产和其他生产活动的基础。

（二）列宁既重视农业在国民经济中的基础地位，更强调粮食是社会主义经济的基础

列宁继承了马克思和恩格斯关于农业基础地位的思想，并结合俄国实际明确指出农

---

① 马克思恩格斯文集（第 1 卷）［M］．北京：人民出版社，2009：531.
② 马克思恩格斯全集（第 12 卷）［M］．北京：人民出版社，1998：354.
③ 马克思恩格斯文集（第 7 卷）［M］．北京：人民出版社，2009：713.
④ 马克思恩格斯全集（第 35 卷）［M］．北京：人民出版社，1971：130.
⑤ 马克思恩格斯文集（第 7 卷）［M］．北京：人民出版社，2009：713.
⑥ 马克思恩格斯文集（第 4 卷）［M］．北京：人民出版社，2009：168.

业是整个国民经济的基础,其中,粮食生产又是基本保障,是一切问题的基础,甚至是政权巩固的基本条件。列宁1906年在《无产阶级及其在俄国革命中的同盟者》中明确提出"农业是俄国国民经济的基础"①,认为"整个国民经济的根本问题,就是无论如何要认真地、切实地立刻改进和发展农业"②。他认为,农业的重要性就体现在粮食问题的基础性上。1919年,列宁首次提出,在社会主义俄国,"粮食问题是一切问题的基础","真正的经济基础是粮食储备",只有解决了粮食问题,"有了社会主义的基础以后,我们才能在这个社会主义的基础上建立起富丽堂皇的社会主义大厦来"。③ 为了保证粮食生产,列宁提出要把农民放在第一位,并把粮食问题提到维护政权的高度。他在《论粮食税》中指出:"谁若不明白这一点,谁若认为把农民提到第一位就等于'放弃'或者类似放弃无产阶级专政,那他简直是不动脑筋,只会空谈。"④ 国家有了粮食储备,就能着手恢复国民经济,"没有这种储备,国家政权便会化为乌有"⑤。列宁不仅明确强调了农业在国民经济中的基础地位,而且将粮食问题的重要性提高到政权的高度来认识。

(三)斯大林认为农业是工业的基础,谷物是解决农业其他问题的关键

斯大林虽然始终强调优先发展重工业,但他也曾阐释过农业的基础地位和粮食的重要性,只是他对农业基础地位的认识主要是从农业是工业的基础的角度来分析的,并认为谷物是解决农业问题的关键。

斯大林在继承马克思主义相关理论基础上,第一次从农业与工业发展两者的关系角度论证了社会主义国家的农业是工业发展的基础。他不仅明确提出了农业是工业发展的基础,而且论证了农业作为基础的缘由:农业是"原料和粮食的供应者,是为输入设备以满足国民经济需要所必需的出口物资后备的来源"⑥。所以没有农业的发展,工业发展必然难以推进。他明确指出:"如果没有稍微发达的农业作为我国工业的基础市场,要发展工业是不可能的。"⑦

斯大林强调谷物的重要性在于它是解决农业问题的钥匙。1930年斯大林在《联共(布)中央委员会向第十六次代表大会的政治报告》中将谷物的重要性比喻为钥匙,认为"谷物问题是农业系统中的基本环节,是解决农业其他一切问题的钥匙"⑧,其首要地位突出。斯大林对农业基础地位的强调更多地体现在对农业与工业的关系分析上,他对谷物的重视就是对粮食重要性的肯定。

① 列宁全集(第14卷)[M]. 北京:人民出版社,1988:177.
② 列宁全集(第33卷)[M]. 北京:人民出版社,1955:105.
③ 列宁全集(第37卷)[M]. 北京:人民出版社,1986:348.
④ 列宁选集(第4卷)[M]. 北京:人民出版社,1995:500.
⑤ 列宁全集(第31卷)[M]. 北京:人民出版社,1959:460.
⑥ 斯大林全集(第11卷)[M]. 北京:人民出版社,1955:218.
⑦ 斯大林全集(第8卷)[M]. 北京:人民出版社,1954:110.
⑧ 斯大林全集(第12卷)[M]. 北京:人民出版社,1956:245.

二、发展农业科学技术是保障国家粮食安全的技术条件

马克思、恩格斯提出通过科学技术提高农业生产率，实现集约生产，并初步体现出农业可持续发展观念；列宁、斯大林认为农业科技进步主要表现在农业的机械化和电气化的实现。

（一）马克思和恩格斯重视农业化学和机械技术，初步具备了农业可持续发展观念

马克思、恩格斯认为，农业的基础地位决定了农业劳动生产率的基础作用，所有剩余价值的生产都是建立在农业生产率提高基础上的，因而要重视农业生产率的提高；通过化学、机械、水利技术的发展可以有效提高农业生产率，从而为经济发展奠定前提基础。在《资本论》第3卷中，马克思和恩格斯认为，所有剩余价值的生产"实际上都是建立在农业劳动生产率的基础上的"。因而农业劳动生产率的提高是基础，每个劳动者只有生产出超过其自身所需要的生活资料，才会有剩余产品和剩余价值，否则"根本谈不上剩余产品，也谈不上剩余价值"[1]。因此，提高农业劳动生产率至关重要，它是社会生产力发展的前提。为此，马克思提出了提高农业劳动生产率的路径，马克思认为，农业劳动生产率的提高"一方面取决于农业化学的发展，一方面取决于农业机械的发展"[2]。并且农业的发展"总是同农业中化学和机械的发展水平有关系，因而也随着这种发展水平的变化而变化"[3]。在《论土地国有化》中，马、恩不仅强调化学机械也重视水利发展，指出"一切现代方法，如灌溉、排水、蒸汽犁、化学处理等等，应当在农业中广泛采用"[4]。对于农业水利建设，还列举了印度、波斯等地利用人工渠道灌溉的优点，认为"兴修水利是阿拉伯人统治下的西班牙和西西里岛产业繁荣的秘密"[5]，此外，还认为"耕作更加集约化"体现在多方面，包括：大规模的排水工程，应用施肥机，使用矿物质肥料，采用蒸汽机以及其他各种新式工作机、新方法等。[6]

马克思、恩格斯还表述了过度开发对农业生产的负面影响，初步体现出农业可持续发展观念。马克思指出，波斯、美索不达米亚等地以及希腊那样的农业耕作都表明，如果不是有意识地控制耕作，那么接踵而来的就是土地荒芜；并强调，不以伟大的自然规律为依据，只会带来灾难。为此，马克思和恩格斯在肯定资本主义生产方式较封建主义生产方式有更大进步的同时，也批评了其不利于可持续发展的一面，认为农业劳动生产率的提高还要考虑子孙后代的问题。马克思和恩格斯的论述已体现出明显的农业可持续发展的思想。

---

① 马克思恩格斯文集（第7卷）[M]．北京：人民出版社，2009：888.
② 马克思恩格斯文集（第7卷）[M]．北京：人民出版社，2009：733.
③ 马克思恩格斯文集（第7卷）[M]．北京：人民出版社，2009：733.
④ 马克思恩格斯文集（第3卷）[M]．北京：人民出版社，2009：231.
⑤ 马克思恩格斯文集（第5卷）[M]．北京：人民出版社，2009：588.
⑥ 马克思恩格斯文集（第5卷）[M]．北京：人民出版社，2009：780.

（二）列宁和斯大林强调农业的机械化，也重视电气化

列宁把提高农业劳动生产率提升到社会主义根本任务的高度来认识，不仅强调实现农业的机械化，而且提出推进农业的电气化。列宁指出："一切政治问题就都集中到了一个方面，就是无论如何要提高农业生产率。"[1] 列宁认为，无产阶级夺取政权以后，必须把农业转到大生产的基础上去，使农业能跟上社会主义工业的发展，为此，只有广泛采用科学技术，大规模实现农业机械化、电气化，才能根本地、非常迅速地改造小农。列宁认为，提高劳动生产率要正确处理工业和农业的关系，这是社会主义经济建设的基本问题。

斯大林曾经强调农业的基础地位和提高农业劳动生产率，但随着优先发展重工业的建设模式的形成，他强调农业劳动生产率的提高依赖于工业的发展，认为高速度发展工业是改造农业的钥匙，首先必须加紧发展工业，发展冶金业、化学工业、机器制造业、拖拉机制造厂、农业机器制造厂等，不然，就不可能解决谷物问题，也不可能改造农业。[2]

三、改革体制机制是保障国家粮食安全的制度条件

马克思和恩格斯肯定了资本主义规模经营有利于农业劳动生产率的提高，主张无产阶级夺取政权后，应引导农民走合作化道路，既提高效率又消灭剥削；列宁继承和发展了马克思和恩格斯的合作化理论，既重视生产领域合作又重视流通环节的合作；斯大林主张应当先实行农业机械化后实现农业合作化。

（一）马克思和恩格斯认为走合作化集体道路既能提高生产率又可以解决农民贫困问题

马克思、恩格斯肯定了资本主义规模经营有利于农业劳动生产率的提高，但农民却依旧贫困，因而无产阶级夺取政权后要改变这种状况，改变的途径就是实行集体经济，这样既可实现规模经营以提高效率，又能够消灭剥削。

马克思和恩格斯认为，小农经济不利于科学技术的利用，只有规模经营才能有效利用先进的耕作技术和方法，资本主义的社会化大生产以实践证实了这一点。随着资本主义生产关系的确立，以土地及其他生产资料的分散为前提的小农生产方式严重阻碍先进农业技术的推广，因为小农经济"既排斥生产资料的积聚，也排斥协作，排斥同一生产过程内部的分工"，当然也就"排斥社会生产力的自由发展"。[3] 也就是说，小农经济所表现出来的特征是排斥规模经营的，因而也不具备农业机械化的条件，事实上也表明"不单是科学的农业，而且还有那新发明的农业机械"都证明了小规模农业经营方式缺

---

[1] 列宁全集（第42卷）[M]. 北京：人民出版社，1986：284.
[2] 斯大林选集（上）[M]. 北京：人民出版社，1979：52.
[3] 马克思恩格斯文集（第5卷）[M]. 北京：人民出版社，2009：872.

乏生命力。因而，小土地经济必然被摧毁，"而代之以大土地所有制"①。马克思、恩格斯针对资本主义生产方式带来的技术进步，明确提出只有实施规模耕作才可能通过技术应用提高农业生产率，指出即便我们具有科学的知识及先进的耕作技术，"如果不实行大规模的耕作，就不能有效地加以利用"②。由于马克思和恩格斯看到了资本主义生产方式"一方面使农业合理化，从而才使农业有可能按社会化的方式经营"③，因而肯定了资本主义生产方式实行农业规模经营带来的效率提高。他们说："只有大工业才用机器为资本主义农业提供了牢固的基础，……虽然种地的人数减少了，但土地提供的产品和过去一样多，或者比过去更多，因为伴随土地所有权关系革命而来的，是耕作方法的改进，协作的扩大，生产资料的积聚，等等。"④

正因为规模经营有利于科学技术在农业中的应用，马克思、恩格斯主张无产阶级夺取政权后要引导农民走合作化道路，实行集体规模经营，这一点虽借助了资本主义规模经营的方式，但同时又要解决劳动者贫困问题，这是资本主义私有制不可能解决的问题。恩格斯1873年在其论著《论住宅问题》中指出："现存的大地产将给我们提供一个良好的机会，让联合的劳动者来经营大规模的农业，只有在这种巨大规模下，才能应用一切现代工具、机器等等，从而使小农明显地看到通过联合进行大规模经营的优越性。"⑤ 马克思、恩格斯设想当无产阶级推翻资产阶级的统治并获得政权以后，就要改变资本主义土地私有制，进一步扩大农业协作范畴，提高生产效率，让农民摆脱贫困。他们明确指出，一旦掌握了政权，就要"把大地产转交给（先是租给）在国家领导下独立经营的合作社"⑥，也就是将土地私有制变为公有制，国家具有所有权，而合作社具有经营权，只有把"土地本身从大农民和更大的封建主私人占有中夺取过来，而变作社会财产并由农业工人的合作团体共同耕种时，他们才能摆脱最可怕的贫困"⑦。这说明，在马克思和恩格斯看来，将封建主的土地私有制变为公有制，不仅是提高农业劳动生产率的前提，而且也是农业工人摆脱贫困的必然要求。马克思和恩格斯认为，对于小私有者，要将他们联合起来，"最重要的任务是把小私有者联合成农业协作社，共同耕种大片土地"⑧，以促进土地所有制由私有向公有（集体所有）转变。关于如何引导农民走合作化道路的问题，恩格斯进行了分层分析，他把农民分为小农、中农、大农和大土地所有者四个层次，分别采取不同政策：对于小农，首要任务是"把他们的私人生产和私人占有变为合作社生产和占有"⑨；对于中农和大农，则是将他们"联合为合作社"，以

① 马克思恩格斯全集（第25卷）[M]. 北京：人民出版社，2001：583.
② 马克思恩格斯文集（第3卷）[M]. 北京：人民出版社，2009：231.
③ 马克思恩格斯文集（第7卷）[M]. 北京：人民出版社，2009：697.
④ 马克思恩格斯文集（第5卷）[M]. 北京：人民出版社，2009：855.
⑤ 马克思恩格斯文集（第3卷）[M]. 北京：人民出版社，2009：331.
⑥ 马克思恩格斯文集（第10卷）[M]. 北京：人民出版社，2009：547.
⑦ 马克思恩格斯选集（第2卷）[M]. 北京：人民出版社，1995：630.
⑧ 马克思恩格斯全集（第4卷）[M]. 北京：人民出版社，1995：567.
⑨ 马克思恩格斯选集（第3卷）[M]. 北京：人民出版社，1995：278.

消灭剥削，逐步将这些合作社"变成全国大生产合作社的拥有同等权利和义务的组成部分"①；对于大土地占有者，恩格斯主张剥夺其土地，归全社会公有。马克思和恩格斯的上述论述表明，他们对于引导农民走集体经济道路的理论是分别进行论述的，虽然都是改变土地私有制，实行集体经营，但改变后的土地所有权有所不同，小私有者改造后变为集体所有制，大土地私有制改造后变为全民所有制。

（二）列宁既重视生产领域合作，又重视流通环节合作，还注重提高农民素质

列宁继承和发展了马克思和恩格斯的合作化理论，对农业合作社的组织进行了实践探索，不仅重视生产领域合作，也重视流通环节的合作，还注重农民素质的提高问题。

列宁认为，俄国革命的经验证明土地国有化是农民摆脱贫困的必然选择。他说："俄国革命只有作为农民土地革命才能获得胜利，而土地革命不实行土地国有化是不能全部完成其历史使命的。"② 俄国十月革命胜利后，列宁多次强调，摆脱农民贫困落后状况之路必然是小农经济联合的道路，并指出合作社制度是"目前我们应该特别加以支持的"，"而且必须付诸行动"。③ 对于如何实施社会主义的合作社制度，列宁主要从合作社的性质、对合作社的扶持、合作领域的拓展、农民文化水平的提高等方面进行了论证。

第一，列宁认为推翻资产阶级的私有制，选择无产阶级的合作制是革命的必然。"在生产资料公有制的条件下，在无产阶级对资产阶级取得了阶级胜利的条件下，文明的合作社工作者的制度就是社会主义制度。"④ 因而必须改变生产资料的私有制。

第二，合作社是劳动者的联合，其性质属于社会主义性质，因而国家要全力支持合作社，"在经济、财政、银行方面给合作社以种种优惠，这就是我们社会主义国家对组织居民的新原则应该给予的支持"⑤。这说明合作社的发展必须要有经济保障和资金支持。

第三，鉴于实践中"大多数国营农场的情况低于一般水平"，列宁提出"集体农庄的问题并非当务之急"⑥，在社会主义制度建立后的实践中体会到了问题的复杂性，并非所有制改变生产效率就必然提高，因而，他开创性地提出一条从生产到消费各环节建立合作社的社会主义新路。列宁将这条新路的发展路径概括为"从建立供销合作社与消费合作社入手，逐步建立起更高形式的生产合作社"⑦，最终引导个体小农走上社会主义道路。可见，列宁在实践中把单纯重视生产协作拓展到对供销合作和消费合作的重视，以保证农民在流通领域的利益，激发农民的生产积极性。他说："在实行新经济政策时，我们向做买卖的农民，即向私人买卖的原则让了步，正是从这一点产生了合作制

① 马克思恩格斯选集（第3卷）[M]. 北京：人民出版社，1995：278.
② 列宁全集（第16卷）[M]. 北京：人民出版社，1995：392.
③ 列宁选集（第4卷）[M]. 北京：人民出版社，1995：769.
④ 列宁选集（第4卷）[M]. 北京：人民出版社，1995：767—773.
⑤ 列宁全集（第43卷）[M]. 北京：人民出版社，1987：364.
⑥ 列宁全集（第40卷）[M]. 北京：人民出版社，1986：177.
⑦ 彭大成. 列宁的社会主义观 [M]. 长沙：湖南师范大学出版社，2002：25—26.

的巨大意义。"列宁在社会主义建设的实践中提出了将私人利益与国家利益统筹的观点:"我们发现了私人利益,即私人买卖的利益,与国家对这种利益的检查监督相结合的合适程度,发现了私人利益服从共同利益的合适程度,而这是过去许许多多社会主义者碰到的绊脚石。"[①] 这说明列宁在农业合作化实践中,对于提高农业劳动生产率和保证农民利益有清醒的认识,因而将生产和流通环节的合作统一起来进行分析,保证规模经营,实现高效率。

第四,列宁在实践中已深刻认识到提高农民素质对提高农业生产力水平的重要性,提出要重视文化技术和农民文化水平的提升。他提出了"没有整个的文化革命,要完全合作化是不可能"[②] 的观点,这表明其认识到了生产资料所有制改变虽然很重要,但要提高农业生产率还必须要提高文化技术。他同时,强调农业从业者——农民文化水平的重要性,明确指出生产资料所有制改变后的第二个任务"就是在农民中进行文化工作"[③]。可以看出,列宁在实践中充分认识到了农业劳动者素质的提高是生产力水平提升的重要因素。

(三)斯大林主张实行先机械化后合作化的农业发展战略

斯大林明确地表示,小农经济是最没有保障、最原始、最不发达、出产商品最少的经济的最落后的经济形式,只有走集体公有制经济之路才具有规模效应,才可能实现机械化。因此必须发展集体农庄和国营农场,广泛订立预购合同,加紧发展机器拖拉机站来补充个体贫农中农经济的发展,并逐步引导个体农民经济走大规模集体经济、集体劳动之路。但是面临国内外的现实环境,斯大林认为小农经济要走合作化道路,首先必须加紧发展工业,发展冶金业、化学工业、机器制造业、拖拉机制造厂、农业机器制造厂等,之后才能改造农业[④],才能建立集体农庄。他认为集体农庄是合作社的一种形式。[⑤]可见,斯大林认为农业的发展固然重要,但工业的发展是农业劳动生产率提高的条件,有了工业的发展,才会有农业生产工具的改进,因而,他提出先机械化后合作化的观点。

四、发展生态农业是保障国家粮食安全的质量条件

马克思、恩格斯关于农业生态环境保护的思想就是从保障粮食增产的可持续性,注重产量的角度进行的论述。马克思认为,过度开发将不利于农业增产,他认为耕作如果自发地进行,而非有意识地加以控制,接踵而来的就是土地荒芜。马克思和恩格斯对资本主义农业进步的评价体现出农业可持续发展的基本思想,他们认为资本主义农业的任何进步,在一定时期内提高土地肥力的任何进步,同时也是在破坏土地肥力。以上观点

---

① 列宁全集(第43卷)[M]. 北京:人民出版社,1987:362.
② 列宁全集(第43卷)[M]. 北京:人民出版社,1987:368.
③ 列宁全集(第43卷)[M]. 北京:人民出版社,1987:368.
④ 斯大林选集(上)[M]. 北京:人民出版社,1979:52.
⑤ 斯大林选集(上)[M]. 北京:人民出版社,1979:16.

说明他们已具有生态农业发展的初始理念。

马克思主义经典作家关于生态农业经济的理论随着资源环境约束的加剧而发展变化。他们最初只是从土壤质量进而影响粮食产量的角度理解生态，随着资源环境双重约束的逐步凸显，对生态农业的理解扩展到水、土、大气等整个环境系统，生态环境对粮食安全的影响也从单一关注粮食产量发展到对量和质的重视。这些理论观点在以后的社会主义实践过程中得到了进一步阐发。

第二节　马克思主义中国化关于加强农业基础地位和确保国家粮食安全的理论观点

中国共产党人把马克思主义基础原理与中国实践相结合，把对苏联的实践经验借鉴与本国实际相结合，探索中国自己的农业发展之路。虽然有过挫折，但也在探索中逐步形成了关于农业基础地位和国家粮食安全的理论。

一、关于农业基础地位的理论观点及其发展

毛泽东在对马列主义的继承和发展中形成了农业基础地位的基本理论，有了国家粮食安全的基本思想；邓小平把农业的基础地位和国家粮食安全上升到国家战略的高度来认识；江泽民强调农业的现代化是国民经济现代化的前提，体现"三农"并重思想；胡锦涛面对新形势更加重视"三农"问题，重视统筹城乡发展。

（一）毛泽东系统阐述了农业基础地位，体现出国家粮食安全的基本思想

毛泽东不仅论述了农业是国民经济的基础，也强调农业是工业发展的基础；不仅强调农业发展重要的是解决粮食问题，而且将粮食保障提升到国家政治稳定的高度来认识。

对于农业基础地位的阐述，毛泽东不仅强调其首要地位，也阐明农业是工业发展的前提条件，既是轻工业发展的前提，也是重工业发展的基础。毛泽东说："农业生产是我们经济建设工作的第一位，它不但需要解决最重要的粮食问题，而且要解决衣服、砂糖、纸张等项目用品的原料即棉、麻、蔗、竹等的供应问题。"[①] 即是说，轻工业的原料都来源于农产品。在1957年《关于正确处理人民内部矛盾的问题》一文中他进而指出"没有农业就没有轻工业"[②]，而农业和轻工业的发展又能有效推动重工业的发展，"农业和轻工业发展了，重工业有了市场，有了资金，它就会更快地发展"[③]。他在《关于整风、两类矛盾等问题的谈话》中再次强调"农业是工业的基础，没有农业就没有基础"[④]。中共八届十中全会制定了"以农业为基础，以工业为主导"的发展国民经济的

① 毛泽东选集（第4卷）[M]. 北京：人民出版社，1991：1315-1316.
② 毛泽东著作选读（下册）[M]. 北京：人民出版社，1986：796.
③ 毛泽东著作选读（下册）[M]. 北京：人民出版社，1986：797.
④ 毛泽东、邓小平、江泽民关于"三农"问题的部分论述 [M]. 北京：中国农业出版社，2005：54.

总方针，将重、轻、农的排序修改为农、轻、重并以此安排国民经济计划。尽管最后毛泽东又回到优先发展重工业的苏联发展模式上，但其曾经探索并提出的思想依然应当肯定。

毛泽东关于农业基础地位理论的阐释也充分体现出其对国家粮食安全问题的重视，他认为国家粮食安全不仅涉及生存问题，也涉及稳定问题。1957 年 1 月 27 日，他《在省市自治区党委书记会议上的讲话》中指出"农业关系国计民生极大"，"不抓粮食，总有一天要天下大乱"。[①] 毛泽东将国家粮食安全提高到国家政局稳定的高度来强调，其理由在于：其一，农业关系到吃饭问题，也就是人的基本生存问题，农业搞好了，农民"五亿人口就稳定了"[②]，"商品性的农产品发展了，才能供应工业人口的需要"[③]。其二，农业是轻工业和重工业发展的基础，无论从工业的原料来源还是从市场来看，农业都是基础和前提；而且通过农产品交易可以获得外汇，用外汇就能进口各种工业设备，推动工业发展。其三，农业是积累的重要来源，故毛泽东十分重视农业的基础地位，重视国家粮食安全保障问题。针对我国农业劳动生产率低下的现状，毛泽东也强调节约。1959 年 4 月，他在写给地方干部的信中说："节约粮食问题，要十分抓紧……须知我国是一个有六亿五千万人口的大国，吃饭是第一件大事。"[④] 1960 年 8 月，中共中央发出《关于全党动手，大办农业，大办粮食的指示》，重申农业是国民经济的基础，粮食是基础的基础，加强农业是全党长期的首要任务……必须一手抓生产，一手抓生活，切实搞好计划用粮、节约用粮。可见，毛泽东已认识到粮食问题不仅影响工业发展、人民生活，也关系国家稳定问题，体现出国家粮食安全的意识。

（二）邓小平把农业和国家粮食安全问题上升到国家战略高度予以重视

邓小平关于农业基础地位的理论体现出几个特点：把农业和粮食问题上升到国家战略的高度来认识，认为农业和粮食问题直接关系政治局势的稳定；农业和农村的发展直接关系农民脱贫问题。

邓小平认为，农业不仅是我国整个国民经济的基础，而且是国家战略重点，农业的关键就是要增产，也就是说国家粮食安全至关重要。他指出国民经济的三个战略重点：一是农业，二是能源和交通，三是教育和科学。[⑤] 农业的重点是粮食问题。1983 年，邓小平指出："农业要有全面规划，首先要增产粮食。……2000 年要做到粮食基本过关，这是一项重要的战略部署。"[⑥] 为加强农业这一战略重点，邓小平要求工业支持农业，城市支持乡村，指出："工业支援农业，促进农业现代化，是工业的重大任务。工业区、工业城市要带动附近农村。"[⑦] 针对城乡二元经济结构，邓小平强调："工业越发展，越

① 毛泽东文集（第 7 卷）[M]．北京：人民出版社，1999：199．
② 毛泽东文集（第 7 卷）[M]．北京：人民出版社，1999：199．
③ 毛泽东文集（第 7 卷）[M]．北京：人民出版社，1999：198．
④ 毛泽东文集（第 8 卷）[M]．北京：人民出版社，1999：49．
⑤ 邓小平文选（第 3 卷）[M]．北京：人民出版社，1993：9．
⑥ 邓小平文选（第 3 卷）[M]．北京：人民出版社，1993：22．
⑦ 邓小平文选（第 2 卷）[M]．北京：人民出版社，1994：28－29．

要把农业放在第一位。"① 实际上，在我国工业化初步取得明显成效的条件下，邓小平就已经开始强调工业反哺农业、城市反哺乡村了。

邓小平同样高度重视农业对国家政治局势稳定的保障作用，认为"中国有百分之八十的人口住在农村，中国稳定不稳定首先要看这百分之八十稳定不稳定"②。也就是说，中国作为社会主义国家，是人民当家做主的政权，如果大多数农村人口生活发展得不到保障，社会经济的发展是不可能的，社会和谐及稳定也是难以实现的；如果不强调并实质性重视农业的基础地位，占中国人口多数的农民都难以摆脱贫困，社会主义全民富裕的目标也不可能实现。

他还认为，要保证农业的基础地位就要重视调动农民的积极性，保障农民的利益。他认为调动农民积极性最主要的内容就是权力下放，即是说，要调动农民的积极性就必须要保障农民权益。而"农民积极性提高，农产品大幅度增加，大量农业劳动力转到新兴的城镇和新兴的中小企业"③，这样，农民收入来源渠道就多样化了，农民致富就具备了相应的条件。

（三）江泽民注重"三农"并重，明确提出国家粮食安全的主张

改革开放进一步推进的新时期，江泽民更加强调农业的基础地位，并根据我国实践总结出农业的发展与农村进步和农民问题直接相关，因而将"三农"并重，认为只有解决好"三农"问题，才可能保障我国粮食安全。他强调要"抓好农业这个基础产业"，"真正把农业放在国民经济的首位"。④ 针对现实工作中忽视农业工作的倾向，江泽民指出要将重视农业落到实处。1993 年 10 月，江泽民指出："要真正地而不是表面地，实际地而不是口头地，全心全意地而不是半心半意地加强农业这个基础。"⑤ 因为我国现代化的建设目标必然包括农业的现代化，否则我国城乡二元经济结构将严重制约现代化的发展进程，他明确指出："没有农业的现代化，就不可能有整个国民经济的现代化。"⑥

根据我国实际，"三农"问题直接影响我国工业化和现代化建设发展进程，因而江泽民强调农业、农村、农民"三农"并重。1998 年 10 月，江泽民在党的十五届三中全会上强调指出，"农业、农村和农民问题是关系改革开放和现代化建设全局的重大问题"⑦，是直接影响我国工业化和现代化的基础问题。

针对国际形势的新变化及农业作为弱质产业在改革开放发展进程中各地方重视不足的问题，江泽民明确提出了粮食安全概念，并强调我国粮食安全只能依靠自身。他特别指出，在中国这样一个人口大国，"粮食始终是战略物资"，必须立足于粮食自给，"想

① 邓小平文选（第 2 卷）[M]. 北京：人民出版社，1994：29.
② 邓小平文选（第 3 卷）[M]. 北京：人民出版社，1993：65.
③ 邓小平文选（第 3 卷）[M]. 北京：人民出版社，1993：213－214.
④ 十四大以来重要文献选编 [M]. 北京：人民出版社，1996：423.
⑤ 十四大以来重要文献选编（下）[M]. 北京：人民出版社，1999：823.
⑥ 江泽民文选（第 1 卷）[M]. 北京：人民出版社，2006：259.
⑦ 十五大以来重要文献选编（上）[M]. 北京：人民出版社，2000：554.

靠国际粮食市场解决我们吃饭的问题，这是根本靠不住的，是一种不切实际的危险想法"。① 这实际上是针对面临多极化加速发展的国际形势而言的，面对新时期的挑战，江泽民提出：在"确保粮食安全的前提下"，实现"农林牧副渔全面发展"。②

（四）胡锦涛进一步强调"三农"并重，推进城乡统筹发展

在胡锦涛看来，必须要解决好"三农"问题，才能保证国家粮食安全，因而他将"三农"问题作为我党工作的重中之重来强调，要求推进城乡统筹改革，缩小城乡差距。2003 年 1 月在中央农村工作会议上，胡锦涛指出"必须统筹城乡经济社会协调发展"，"把解决好农业、农村和农民问题作为全党工作的重中之重"。③ 2006 年初，胡锦涛在省部级主要领导干部社会主义新农村专题研讨班开班仪式上又强调了"三农"问题的重要性，认为"三农"问题直接影响我国扩大内需、全面建设小康社会、现代化建设的发展，因而必须"更加重视农业、农村和农民问题，自觉把建设小康社会的工作重点放在农村"④。2007 年 10 月，在党的十七大上，胡锦涛再次将"三农"问题提高到"事关全面建设小康社会大局"的高度予以重申，指出必须把"三农"问题"始终作为全党工作的重中之重"。针对新时期的新变化，胡锦涛不仅反复强调农业的基础地位、"三农"的重要性，而且对于新时期如何加强农业基础地位问题提出了新的实现路径："走中国特色农业现代化道路，建立以工促农、以城带乡长效机制，形成城乡经济社会发展一体化新格局。"⑤ 之后，在 2008 年 10 月 12 日党的十七届三中全会通过的《中共中央关于推进农村改革发展若干重大问题的决定》中，他再次强调"三农"问题，重申"确保国家粮食安全"。

以胡锦涛为代表的党中央在实践上着力推进城乡统筹改革，要求"工业反哺农业，城市支持农村，实现工业与农业、城市与农村协调发展"⑥，并明确指出"统筹城乡经济社会发展，就是要充分发挥城市对农村的带动作用和农村对城市的促进作用，实现城乡一体化发展"⑦，以缓解城乡二元结构对我国经济社会发展的制约，让改革成果惠及全民。

二、关于提高劳动农业生产率的理论及其发展

中国共产党人对农业劳动生产率提高的认识随着社会的发展而不断发展：毛泽东提出实现农业机械化、水利化、化学化和电气化的目标；邓小平认为农业的现代化并不仅是机械化，还要靠生物技术；江泽民明确提出转变农业经济增长方式，集约、生态理念

---

① 江泽民论有中国特色社会主义（专题摘编）[M]. 北京：中央文献出版社，2002：120.

② 江泽民论有中国特色社会主义（专题摘编）[M]. 北京：中央文献出版社，2002：133.

③ 中共中央文献研究室. 十六大以来重要文献选编（上）[M]. 北京：中央文献出版社，2005：112.

④ 胡锦涛. 扎扎实实规划和推进社会主义新农村建设 [N]. 人民日报，2006-02-15.

⑤ 胡锦涛. 高举中国特色社会主义伟大旗帜　为夺取全面建设小康社会新胜利而奋斗 [M]. 北京：人民出版社，2007：12.

⑥ 中共中央文献研究室. 十六大以来重要文献选编（上）[M]. 北京：中央文献出版社，2005：8.

⑦ 胡锦涛. 扎扎实实规划和推进社会主义新农村建设 [N]. 人民日报，2006-02-15.

更突出；胡锦涛则更强调农业科技创新。

（一）毛泽东重视技术革新，提出实现农业机械化、水利化、化学化和电气化目标

毛泽东针对当时中国农业劳动力不足、生产力水平低下的问题，特别重视技术革新，在继承前人思想基础上提出了实现农业机械化、水利化、化学化和电气化的"四化"目标。

针对当时农村劳动力不足的情况，毛泽东特别重视技术革新，尤其是农具革新。他指出："在农村劳动力减少的情况下，必须对农业进行技术改造，提高劳动生产率，更多地增加农产品的生产。"① 要增加农产品的产量必须重视科学技术，他说："搞农业不搞科学技术不行。"② 为了使农业技术改造得到落实，毛泽东提出要"加强农业科学技术研究工作，系统地建立、充实和提高农业科学研究工作和技术指导工作的机构"③。

毛泽东认为农业的根本出路在于机械化。为了进行农具革新，他要求相应的研究机构要有组织地推进技术革新，试制新农具，重视水利建设，推进农业生产的化学化和生态化。毛泽东要求，要组织科技人员和农村有经验的铁匠木匠，设立专门的农具研究所，试制新式农具。"试制成功，在田里实验，确实有效，然后才能成批制造，加以推广。"④ 并提出工业要支援农业，保证农业技术改造所需钢材。毛泽东认为"水利是农业的命脉"⑤，因而要高度重视农业水利设施建设问题。他提出水利工程分为小型和大型，应多搞小型水利，小型水利主要指打井、开渠、挖塘、筑坝和其他水土保持工作，主要由合作社负责；而大型水利工程则由国家统一负责兴修，要治理危害严重的河流。农业化学化和电气化目标因条件欠缺只能逐步推进，但毛泽东对农业化学化的阐述表明其已具有初步的生态农业观念。他主张不提农业生产的化学化固然是因为当时化肥太少、不能满足需要，但他同时又表明农业生产需要有机肥料和无机肥料相结合，如果提化学化，大家"就不注意养猪和充分利用农家肥料了"⑥。并说，"光靠化学化来得到稳定的丰收，有危险"，只靠无机化肥"会使土壤硬化"⑦。尽管毛泽东当时对农业化学化问题的认识并不完全基于对生态环境的考虑，但其农业生态的思想已明显表露，这是难能可贵的。

（二）邓小平不仅重视农业机械化，而且强调科学技术在农业中的运用和发展

邓小平认为，农业现代化不仅仅是机械化，关键还要靠科学技术的运用和发展，尤其是依靠生物技术的发展，通过技术进步提高产量并保证农业可持续发展。为此，邓小

① 毛泽东文集（第8卷）[M]. 北京：人民出版社，1999：123.
② 毛泽东文集（第7卷）[M]. 北京：人民出版社，1999：307.
③ 建国以来毛泽东文稿（第6册）[M]. 北京：中央文献出版社，1992：5.
④ 毛泽东文集（第8卷）[M]. 北京：人民出版社，1999：49.
⑤ 毛泽东选集（第1卷）[M]. 北京：人民出版社，1993：132.
⑥ 中华人民共和国国史学会. 毛泽东读社会主义政治经济学批注和谈话（上）[Z] 1998：313.
⑦ 中华人民共和国国史学会. 毛泽东读社会主义政治经济学批注和谈话（下）[Z] 1998：733.

平指出："农业现代化不单单是机械化，还包括应用和发展科学技术等。"[①] 而对于科学技术在农业中的运用问题，邓小平不仅强调其重要性，而且对农业技术结构的认识也表现出可持续发展的理念。他认为"将来农业问题的出路，最终要由生物工程来解决"[②]，而不是只停留于靠机械化、化学化、水利化几方面的认识范畴上。邓小平主张"要大力加强农业科学研究和人才培养，切实组织农业科学重点项目的攻关"[③]，因为"提高农作物单产、发展多种经营、改革耕作栽培方法、解决农村能源、保护生态环境等等，都要靠科学"[④]。邓小平对生态农业的重要性有了进一步的认识，1982 年 12 月中央政治局讨论通过的《当前农村经济政策的若干政策》明确指出："应重新研究和拟定在我国不同地区实行机械化的方案……因地制宜地改善水利灌溉条件，增加化肥供应……要尽快发展取代高毒低效的农药。"[⑤] 可见，以邓小平为代表的党中央无论对农业科技的重要性还是对内容范畴的认识都有新的发展。

（三）江泽民关于集约生态农业发展理念更为突出

江泽民在强调依靠科学技术实现农业现代化的基础上，明确提出转变农业经济增长方式，将提高劳动生产率与提高土地产出率、资源利用率相结合。面临全球可持续发展的新形势，江泽民发展生态农业，实现农业集约发展的理念表现得更为突出。江泽民指出，农业和农村经济的发展应当"逐步转移到依靠科技进步和提高劳动者素质的轨道上来"[⑥]，以提高科技进步对农业经济增长的贡献率推进农业现代化发展进程。他认为"农业现代化的实现和大农业经济的发展，最终取决于科学技术的进步和适用技术的广泛运用"[⑦]。之后，他进一步指出，农业经济增长方式转变的根本出路在科技发展和科技应用。他还主张农业发展要将常规技术与高新技术相结合，将提高劳动生产率与提高土地产出率、资源利用率相结合，大力发展生态农业；要"紧紧抓住科技进步这个环节，在提高农业劳动生产率，增加农作物单位面积产量和有效利用资源上下功夫"[⑧]；要运用多种新技术，实现农业量和质的提升。他说："在广泛运用农业机械、化肥、农膜等工业技术成果的基础上，依靠生物工程、信息技术等高新技术，使我国农业科技和生产力实现质的飞跃。"[⑨] 并且，"必须把水利等农业基础设施放在与能源、交通、重要原材料等基础产业同等重要的地位"。针对洪涝灾害对农业的影响问题，江泽民强调要"加快大江大河大湖的治理，加快兴修一批大型水利骨干工程"；针对过度开发导致的生态环境破坏及对农业生产的影响，他指出要"加快水土流失严重地区治理的步伐，改善

① 邓小平文选（第 2 卷）[M]. 北京：人民出版社，1994：28.
② 邓小平文选（第 3 卷）[M]. 北京：人民出版社，1993：275.
③ 邓小平文选（第 3 卷）[M]. 北京：人民出版社，1993：23.
④ 建设有中国特色的社会主义（增订本）[M]. 北京：人民出版社，1984：12.
⑤ 十二大以来重要文献选编（上）[M]. 北京：人民出版社，1986：263.
⑥ 江泽民论有中国特色社会主义（专题摘编）[M]. 北京：中央文献出版社，2002：128.
⑦ 江泽民论有中国特色社会主义（专题摘编）[M]. 北京：中央文献出版社，2002：127.
⑧ 江泽民论有中国特色社会主义（专题摘编）[M]. 北京：中央文献出版社，2002：127.
⑨ 十五大以来重要文献选编（上）[M]. 北京：人民出版社，2000：567.

农业生态环境"。①

（四）胡锦涛更强调农业科技创新

胡锦涛不仅重申农业科技应用的重要性，更强调农业科技创新，提出农业科技研究和推广需要通过体制改革、科研投入、人才培养、良种良法研制以及农业技术推广体系改革等措施来实现，尤其要注重将技术创新与体制创新相结合。事实上，正是这些对保障条件的强调促使我国农业的科研投入及农业创新体系的构建取得了相应成效。

三、关于农村集体经济和农业规模经营的制度变革思想及其发展

在中国社会主义建设实践中，中国共产党人把马克思列宁主义关于合作化道路的理论与中国各时期国情相结合，发展了合作化理论。毛泽东把农业合作化视为提高效率，增加粮食产量，解决粮食紧缺问题的重要途径；邓小平则主张在保证农村土地集体所有制的条件下，实行农业经营方式和经营管理改革；江泽民强调农业经济结构的战略性调整，发展多种形式的规模经营；胡锦涛推进农村土地流转，既强调农产品的量也重视质的提高。

（一）毛泽东把农业合作化视为提高效率的重要前提

毛泽东对制度变革带来的效率提高十分重视，他认为农业合作化是提高农业生产率的重要前提，也是走社会主义道路的保证，因此有必要通过渐进步骤推进农业合作化。毛泽东说："对于农村的阵地，社会主义如果不去占领，资本主义必然会去占领"②。因而，必须及时对个体农业实行社会主义改造，"农民的基本出路是社会主义，由互助合作到大合作社"③。毛泽东根据当时中国的具体情况，认为应当分三个步骤推进合作化，即："有社会主义萌芽的互助组，进到半社会主义的合作社，再进到完全社会主义的合作社（也叫农业生产合作社，不要叫集体农庄）。"④ 农村合作化的目的不仅是为了占领农村阵地，也是为了增产。毛泽东说，"必须发展互助合作"⑤，才能解决个体农民增产有限的问题。发展合作社不仅是政权巩固的需要，也是增产的要求，"不能多打粮食，是没有出路的"⑥。毛泽东还把粮食是否增产作为评价合作社好坏的标准。他在1955年《关于农业生产合作化问题》的报告中指出，"农业生产合作社，在生产上，必须比较单干户和互助组增加农作物的产量"，否则，"何必要合作社呢?"⑦ 他在《中国农村的社会主义高潮》一书按语中提出："一切合作社，都要以是否增产和增产的程度，作为检验自己是否健全的主要的标准。"⑧ 因而，毛泽东办合作社的经济目标就是为了提高农

---

① 江泽民论有中国特色社会主义（专题摘编）[M]. 北京：中央文献出版社，2002：128-129.
② 毛泽东文集（第6卷）[M]. 北京：人民出版社，1999：299.
③ 毛泽东文集（第6卷）[M]. 北京：人民出版社，1999：295.
④ 毛泽东文集（第6卷）[M]. 北京：人民出版社，1999：303.
⑤ 毛泽东文集（第6卷）[M]. 北京：人民出版社，1999：299.
⑥ 毛泽东文集（第6卷）[M]. 北京：人民出版社，1999：300.
⑦ 毛泽东文集（第6卷）[M]. 北京：人民出版社，1999：426.
⑧ 毛泽东选集（第5卷）[M]. 北京：人民出版社，1977：237.

业生产率。

正是基于以上认识，在合作化与机械化两者关系问题上，毛泽东针对我国情况提出应当先合作化后机械化。既然合作化可以提高农业产量，因而"如果我们不能在大约三个五年计划的时期内基本上解决农业合作化的问题"，那么"我们就不能解决年年增长的商品粮食和工业原料的需要同现时主要农作物一般产量很低之间的矛盾"，社会主义工业化也就难以实现。① 为了实现农业规模经营，在毛泽东看来，必须先完成合作化，"只要合作化了，全体农村人民会要一年一年地富裕起来，商品粮和工业原料就多了"②。毛泽东认为，改变分散的个体小农经济生产方式，帮助农民摆脱穷困的"唯一办法，就是逐渐地集体化；而达到集体化的唯一道路，依据列宁所说，就是经过合作社"③。即是说，要逐步实现对农业的社会主义改造。因而"社会主义道路是我国农业唯一的道路，发展互助合作运动，不断提高农业生产力，这是党在农村中的工作中心"④。实际上，毛泽东认为是有了合作化，才可能实现机械化。

（二）邓小平在坚持农村集体经济前提下，尤其重视制度创新和政策调整的作用

邓小平针对我国农业生产率长期低下的现实，认为只有进行制度变革、政策创新才能解放农业生产力，促进农业发展，因而着力推进我国农业相关体制改革，并取得了明显效应。他指出要调动农民的积极性，必须改革生产关系，"农业本身的问题，现在看来，主要还得从生产关系上解决"⑤。但同时又认为，改革生产关系并不是退到私有制，反而要"巩固集体经济"⑥。即是说在坚持生产资料集体所有制的基础上进行改革，是体制改革而不是根本制度改革，通过改革逐步构建适应生产力发展的生产关系，从而推进所有制结构高度化，使"低水平的集体化""发展到高水平的集体化"⑦。中国实践证明，平均主义导致效率低下，因而必须改革：有了科学的政策，才会有效率。邓小平说："农业的发展一靠政策，二靠科学。"⑧ 农村的政策改革就是在坚持集体所有制基础上向农民下放经营权，"搞联产承包责任制，搞多种经营，提倡科学种田，农民有经营管理的自主权"⑨。实践证明家庭联产承包责任制这一经营方式的改革是有效的，但要进一步增产，还需搞多种经营，发展集体经济。1983年1月12日，邓小平指出"农业的翻番不能只靠粮食，主要应靠多种经营"⑩，根据各地实际情况，"因地制宜，该种粮

① 毛泽东文集（第6卷）[M]. 北京：人民出版社，1999：431.
② 毛泽东选集（第5卷）[M]. 北京：人民出版社，1977：197.
③ 毛泽东选集（第3卷）[M]. 北京：人民出版社，1991：931.
④ 毛泽东选集（第5卷）[M]. 北京：人民出版社，1991：81.
⑤ 邓小平文选（第1卷）[M]. 北京：人民出版社，1989：323.
⑥ 邓小平文选（第1卷）[M]. 北京：人民出版社，1994：324.
⑦ 邓小平文选（第2卷）[M]. 北京：人民出版社，1994：315.
⑧ 邓小平文选（第3卷）[M]. 北京：人民出版社，1993：17.
⑨ 邓小平文选（第3卷）[M]. 北京：人民出版社，1993：81.
⑩ 邓小平文选（第3卷）[M]. 北京：人民出版社，1994：23.

食的地方种粮食，该种经济作物的地方种经济作物"①，这样，农业增产才具有科学性。邓小平规划通过"两个飞跃"发展农业：第一个飞跃就是废除人民公社制，"实行家庭联产承包为主的责任制"；第二个飞跃就是"发展适度规模经营，发展集体经济"②。也就是说，农业经营方式的改革不是走向私有化，而是通过农业的发展壮大集体经济，为更高形式的公有制经济过渡准备条件，"农村经济最终还是要实现集体化和集约化"③。

（三）江泽民强调农业经济结构的战略性调整和推进农业产业化规模经营

江泽民多次提出要推进农业和农村经济结构的战略性调整，优化结构，推进农业发展。而农业产业化经营又是在坚持家庭联产承包责任制前提下实现规模经营的有效路径，因此江泽民提出"发展贸工农一体化的农业产业化经营，提高农业综合效益"④。对农业产业化经营的积极作用，江泽民给予了充分肯定，他说："农业产业化经营是家庭承包经营基础上实现农业规模经营和引导农民进入市场的有效途径，也是进行农业结构战略性调整的重要带动力量，应当大力推进和扶持。"⑤农业产业化经营也将推进农业现代化的进程，"农业产业化经营是增强农业自我发展能力、增加农民收入的有效途径，是提高农业市场化程度和科学化水平的有效途径，也是在家庭承包经营的基础上实现农业现代化的有效途径"⑥。为了解决家庭经营与市场经济、农业现代化之间存在矛盾的方面，江泽民强调要不断完善农业双层经营体制。一方面允许农民的土地承包经营权按照自愿、有偿原则依法流转，以发展各种形式的土地适度规模经营；另一方面发展农民专业合作组织和农业产业化经营，提高农民进入市场的组织化程度；还要健全农业社会化服务体系，发展集体经济。由于农业属于弱质产业，因而江泽民还提出要加快国家对农业的支持和保护体系建设，"积极探索扶持、保护、促进农业发展的新机制"，建立宏观调控机制予以扶持，因为"农业是社会效益大而比较效益低的产业，光靠市场调节不行，必须通过国家宏观调控加以扶持和保护，这也是世界上许多国家的共同做法"⑦。

（四）胡锦涛继续推进农业产业化经营和土地流转，既强调农产品的量又重视质

胡锦涛提出在继续坚持农村家庭联产承包责任制基础上大力推进农业产业化经营，针对国家粮食安全出现的新问题，既强调粮食数量安全又重视粮食质的保证。他强调农村土地经营方式改革要"逐步健全统分结合的双层经营体制，把集体经济的优越性和农民家庭经营的积极性都发挥出来"⑧。否则，小农经济在现代化大生产中的弱点将日益

---

① 邓小平文选（第3卷）[M]. 北京：人民出版社，1993：238.
② 邓小平文选（第3卷）[M]. 北京：人民出版社，1993：355.
③ 邓小平年谱（1975—1997）（下）[M]. 北京：中央文献出版社，2004：1349.
④ 江泽民论有中国特色社会主义（专题摘编）[M]. 北京：中央文献出版社，2002：131.
⑤ 江泽民论有中国特色社会主义（专题摘编）[M]. 北京：中央文献出版社，2002：132.
⑥ 江泽民. 在农村工作座谈会上的讲话 [N]. 经济日报，1998—10—18.
⑦ 江泽民论有中国特色社会主义（专题摘编）[M]. 北京：中央文献出版社，2002：129.
⑧ 中共中央文献研究室. 十六大以来重要文献选编（上）[M]. 北京：中央文献出版社，2005：116.

突出。为此，胡锦涛大力强调农业产业化的作用，认为农业产业化经营不仅能增加农民收入，提高农业市场化程度和科学化水平，而且是"实现农业现代化的有效途径"①。为了促进农业产业化，胡锦涛从支持龙头企业发展、发挥集体经济组织作用、推动乡镇企业发展等多方面提出政策要求，提出继续加大对"农业产业化龙头企业的支持力度"，探索多种方式"带动基地和农户发展"；发挥集体经济组织同其他专业合作组织"联结龙头企业和农户的桥梁和纽带作用"；推进乡镇企业"加快结构调整、技术进步和体制创新，积极参加农业产业化经营"。② 胡锦涛还着力推进土地承包经营权流转，鼓励探索土地承包经营权流转的多种形式，实现土地的规模经营，提高农业生产效率。胡锦涛不仅强调通过政策完善保证国家粮食安全问题，而且既要注重量还要提高质，指出："要大力发展优质、高产、高效、生态、安全农业，全面提高农产品质量安全水平。"③

第三节　西方学者关于加强农业基础地位和确保国家粮食安全问题的代表性观点

西方学者关于农业理论的研究始于早期的重农主义思想家，他们把农业看成是最重要的产业，并认为它是一切财富的基础，其对农业的重视程度与社会经济发展密切相关。随着三次产业的划分，农业被划分为第一产业，学者们又从产业结构方面分析了农业是其他产业和部门存在的前提。随后，经济学家对于农业基础地位的研究还在不断地深入，其基础地位还表现在它不仅是其他部门劳动力的提供者，而且农业部门生产的初级产品价格会影响第二、第三产业价格的变动，进而影响社会经济波动，从而产生经济周期。

首次提出粮食安全概念的是联合国粮农组织（FAO），根据经济社会的发展与人们在不同阶段需求的变化，FAO前后总共将有关粮食安全的概念调整了三次，增加了多种要素，使之与现实更加贴合。学者们也从不同角度定义了粮食安全，并对评估粮食安全的指标及方法和确保粮食安全的对策进行了相应研究和阐述。

一、有关农业基础地位的理论观点

18世纪50至70年代的法国资产阶级古典政治经济学学派在以古希腊经济学家色洛芬和古罗马经济学家贾图为代表人物的西方早期重农主义思想的影响下形成了重农学派。该学派以自然秩序为最高信条，视农业为财富的唯一来源和社会一切收入的基础，认为保障财产权利和个人经济自由是社会繁荣的必要因素。色洛芬在其著作《经济论》中称农业是当时最重要的职业，阐述了农业的重要性和好处，而对新兴的手工业持鄙视态度。重农学派的创始人魁奈在其代表作《经济表》中全面而系统地总结了重农主义的

---

① 中共中央文献研究室. 十六大以来重要文献选编（上）[M]. 北京：中央文献出版社，2005：117.
② 中共中央文献研究室. 十六大以来重要文献选编（中）[M]. 北京：中央文献出版社，2006：123.
③ 中共中央文献研究室. 十六大以来重要文献选编（上）[M]. 北京：中央文献出版社，2005：115.

理论。法国古典政治经济学的创始人布阿吉尔贝尔自称农业的辩护人，强调土地的重要性，认为"耕种法的繁荣昌盛是一切其他等级的财富中的必要基础"，"一切的财富都来源于土地的耕种"，农业是一个国家富强的基础，所以"财富和随之而来的税收除土地和人类劳动之外，没有其他来源"。[①] 杜尔哥是重农学派继魁奈之后的最重要的代表人物，他的《关于财富的形成和分配的考察》是重农主义的重要文献，发展、修正了魁奈和其徒党的论点，使重农主义作为资产阶级思想体系的特征有更加鲜明的表现，使重农主义发展到最高峰。"纯产品"学说是重农主义理论的核心，重农主义者认为财富是物质产品，财富的来源不是流通而是生产。商业不是生产环节，而是流通环节，只有农业部门才能既生产物质产品，又能在投入和产出的使用价值中表现为物质财富数量的增加。而农业中投入和产出的使用价值的差额构成了"纯产品"，这是一个国家财富的来源和一切社会收入的基础。

随着经济学上三次产业的划分，从产业层面上来分析农业基础地位的学者增多，逐步形成了一些影响深远的观点。加塔克和英格森特在其 1984 年出版的《农业与经济发展》一书中总结了农业对国民经济的四个贡献，即产品贡献、要素贡献、市场贡献和外汇贡献；并指出在社会发展的不同阶段，农业贡献的侧重点是不同的。[②]

以配第、克拉克和库兹涅茨为代表的经济学家，研究了三次产业在产业结构中的变动规律，阐明了农业在经济发展初期的重要作用。英国经济学家威廉·配第在 17 世纪就指出，第一产业在经济发展初期吸纳了大量就业人员，之后从业人员才逐步向第二产业和第三产业转移。他认为，在经济不发达阶段，劳动力人口主要集中在第一产业；随着经济的逐步发展，劳动力会逐渐从农业转向工业；随着交易增多，劳动力再从工业转向商业。威廉·配第分析，劳动力如此转移的原因在于工业往往比农业的利润多，而商业又往往比工业的利润多。之后，科林·克拉克进一步研究了产业结构变化演进规律，并得出了相应结论，即社会经济发展到一定高度后，产业间的劳动力分布结构与三次产业的排列顺序呈反向关系。这一规律被称为配第-克拉克定律。随着全社会人均国民收入水平的提高，就业人口首先从第一产业向第二产业转移；当人均国民收入达到更高水平时，就业人口便大规模向第三产业转移。[③] 继配第-克拉克定律后，库兹涅茨经过实证分析得出生产部门结构和劳动力部门结构变动的一般规律：农业部门在总产值中，抑或在总劳动力中所占的增长份额都趋向下降；而工业部门和服务业部门占的增长份额则趋向上升。

西方学者从农业的增长或者衰退对国民经济的扩张具有强有力的诱导和制动作用方面，揭示了农业的基础地位在于它是整个国民经济波动的起点和重要根源。拉尼斯和费景汉（1961）用两部门经济增长模型证明，农业部门的落后将会降低经济增长的速度。

---

① 布阿吉尔贝尔. 谷物论·论财富、货币和赋税的性质 [M]. 北京：商务印书馆，1979：20，21，117.

② 苏布拉塔·加塔克，肯·英格森特. 农业与经济发展 [M]. 吴伟东，等，译. 北京：华夏出版社，1987：56.

③ 苏东水. 产业经济学 [M]. 北京：高等教育出版社，2000：237.

他们指出："任何经济不发达的国家，如果在强行推进工业化过程的同时，忽视把农业部门的革命放在优先地位或没有把它放在与工业部门同等位置的话，实现工业化是很难的。"美国经济学家罗斯托（1984）在分析世界资本主义市场长期波动的原因时指出，初级产品相对价格的变动是长期波动产生的原因。

农业的基础地位还表现在农业的波动对国民经济的其他部门也都有影响，其中以对工业部门的影响最为显著，特别是在工业化阶段的初期和中期。日内瓦大学的保罗·贝罗赫教授通过计算 12 个先进国家和 40 个不发达国家各自间农业生产率和工业发展的相关系数得出两者为正相关关系，具体表现为：当农业发展缓慢或衰退的时期，制造业的增长率也发展缓慢或者衰退；当农业增长率上升，工业增长率也会上升。学者狄莫辛针对美国经济资料分析得出，农业波动是造成美国经济周期的直接或者间接原因，尤其是对于第一次世界大战前 40 年的美国来说。[①] 所以稳定和加强农业的基础地位，对于国家乃至世界经济平稳而快速地发展起着举足轻重的作用。

二、有关粮食安全的思想观点

2007 年 10 月 19 日，世界银行发表了《2008 世界发展报告》，旨在为参与"以农业促发展"议程的各国政府提供指导。报告指出，发展农业是实现到 2015 年将全球赤贫和饥饿人口减少一半这一千年发展目标的重要途径。[②] 从这个报告可以看出，农业的发展直接影响粮食供给。加强农业基础地位，解决粮食安全问题，已成为全球的共识，农业基础地位的加强是粮食安全的重要保障。西方学者对粮食安全问题也予以了关注和分析，粮食安全的概念从最初的口粮保证到现在的质量保证、营养保证，其内涵越来越丰富和深刻。

（一）粮食安全的概念

1. FAO 粮食安全概念的演变

至今国际上普遍接受的是联合国粮农组织（FAO）针对世界粮食危机提出的"粮食安全"的概念。这个概念从提出到现在一共进行了三次调整。首次提出这一概念是在 1974 年 11 月召开的罗马世界粮食大会上，这次会议将"粮食安全"阐释为"保证任何人在任何时候都能得到了为了生存和健康所需要的足够的食品"，主要强调数量。第二次对"粮食安全"概念的表述是在 1983 年 4 月，FAO 对"粮食安全"的概念解释为"确保所有的人在任何时候既能买得到又能买得起他们所需要的基本食品"，这一修改实际上吸取了爱德华·萨乌马的建议，加入了购买力因素。第三次对"粮食安全"概念的表述体现在 1996 年《粮食安全罗马宣言》中，这次概括吸收了前两次的内容，即："让所有人在任何时候都能在物质上和经济上获得足够有营养和安全的食物，来满足其积极和健康生活的膳食需要及食物喜好，才实现了粮食安全。"这一次把质的要求纳入了内涵

---

① 郭玮. 从工农关系看农业的基础地位 [J]. 中国农村经济，1990（1）：32.
② 2008 世界发展报告 [R]. 世界银行，2007：1-5.

之中。

从 FAO 对粮食安全定义的修正演变上来看，粮食安全的定义从最初单纯满足生理需求，到强调粮食的供给和需求（一是粮食要买得到，供给要足；二是粮食要买得起，人们要有购买力。只有这两者同时满足，粮食状况才算是安全的），再到在购买力的基础上，将消除贫困、国际贸易、食物质量也考虑在内，拓展了粮食安全的内涵。

2. 西方学者有关粮食安全概念的论述

西方学者在吸取 FAO 粮食安全概念的基础上提出了相应的观点，诺贝尔经济学奖获得者阿玛蒂亚·森在《贫困与饥荒》里说，"粮食安全问题不在于粮食是在哪儿生产的，而在于个人能不能得到它，人们饥饿并不是现实中不存在足够的食物，而是人们不能获得足够的食物"[①]，强调了购买力和国际贸易因素。1996 年万德娜·许娃（Vandna Shiva）在前人的基础上又将文化因素纳入了粮食安全概念中。

经济学家阿尔伯托·瓦尔德斯从世界各国存在贫富差距和各国国情的不同这一角度出发，提出了"两标准消费水平"说，指出粮食安全是"缺粮食国家或这些国家的某些地区或家庭满足标准粮食消费水平的能力"。他将这一阐释中的评价粮食安全的标准分为两个：一是最低标准，即是根据营养标准来确定的最低粮食消费量；二是趋势消费，即以过去若干年的平均消费水平为基数，将其他年的消费量与基数进行对比，分析其发展趋势，如果超过了基数，说明粮食安全水平提高了；相反则表明粮食安全水平降低了。两标准划分法，为各国确认自己国家粮食安全与否提供了可供选择的标准。

还有学者认为粮食安全是农业社会效益的一个组成部分，农业的全部社会效益（AS）由三个部分组成：农业的产权内经济效益（AE），农业的政治效益（AP）和农业的产权生态效益（AO）。AE 是可以通过参与社会交换而得到市场承认的，而 AP 和 AO 由于产权边界的模糊而受到市场的排斥，因此农业的社会效益通常被误解和低估了。所以粮食安全的社会责任需要政府承担起来，对粮食安全的投入是一种类似于国防预算的预防费用。

西方学术界对影响粮食安全的因素分析大多集中在人口的增长、食物价格、干旱和洪涝灾害、运输成本的上升和气候的变化等因素上，随后的研究又增加了时代因素对粮食安全的影响，包括金融危机、气候变化、高油价和生物燃料需求上涨、新兴经济体对粮食需求的上升等，也逐渐成为影响粮食安全的重要因素。联合国粮农组织在《2009年世界粮食不安全状况》报告中明确表示，受金融危机以及食品价格暴涨等因素的影响，全球饥饿人口数量估计已达到 10.2 亿（比 2008 年增加了 11％），全球约有 1/6 的人口正在遭受饥饿威胁。[②] 粮食安全已成为世界性问题。

（二）关于评估粮食安全的指标及方法的理论观点

评估粮食安全与否，必须构架合理的评价指标体系，用客观的、科学的衡量方法完

---

① 阿玛蒂亚·森. 贫困与饥荒 [M]. 北京：商务印书馆，2001：14.
② 世界粮食不安全状况：经济危机——影响及获得的经验教训 [R]. 联合国粮食及农业组织，2009：3.

成。有关粮食安全的评价指标历经了多次变动,当前世界上通用的指标体系是 2000 年 9 月第 26 届世界粮食安全委员会批准的 7 项指标安全体系。这 7 项指标包括:营养不足的人口发生率,人均膳食热能供应,谷物和根茎类食物热量占人均膳食热能供应的比例,出生时预期寿命,5 岁以下儿童死亡率,5 岁以下体重不足儿童所占比例,体重指数小于 18.5 的成人所占比例。该评价指标体系综合考虑了消费、健康和营养多方面,因而比较全面、客观。

世界关于粮食安全的评价方法主要有以下几种:

第一,FAO 的粮食安全系数法。FAO 在 1974 年世界粮食大会上提出了粮食安全系数评价法。该方法以保障世界库存粮食可供两个多月消费需要为前提,以便于下一年度供应良好相接为依据,指出世界粮食结转库存(期末库存)至少应相当于当年粮食消费量的 17%~18%(其中周转储备粮占 12%,后备储备粮占 5%~6%)。其安全状态分为三类:在 17% 以上为安全,低于 17% 为不安全,低于 14% 为粮食紧急状态。这一粮食安全系数被世界各国的粮食安全指标体系普遍认同。但从 2001 年起,FAO 对粮食转接库存的统计口径进行了修改,不再以周转储备粮和后备储备粮分类,也取消了以粮食安全系数作为评判世界粮食安全与否的主要标准。

第二,FAO 的营养摄入评价法。其评估标准是每个国家(或地区)总人口中营养不良人口所占的比重。在 FAO 的标准中,如果人均每日摄入热量少于 8778 焦就属于营养不良;如果一个国家或地区营养不良的人口比重达到或者超过 15%,这个国家或地区就属于粮食不安全国家或地区。

第三,以史密斯为代表的人均膳食供求平衡状况(DEB)。此方法可以反映一国粮食安全的程度,膳食能量供求平衡状况可以用供求差额(DES-DER)和供求比率(DES/DER)两种形式来表示。当差额大于 0 或者比率大于 1 都表明膳食能力过剩,此时状况反映粮食是安全的;否则就证明膳食能力不足,面临着粮食不安全的风险。此方法因指标考量的工作量和成本费用很大,可操作性较差;如若抽样计算,又不具有相当代表性,其准确性无法得到保证,因此这类指标和方法使用并不普遍。

(三)西方国家确保粮食安全的主要对策

西方多数国家主要采取了加大对农业的扶持力度、实施对粮食生产的保护和补贴政策等对策来维护本国农民利益。

美国是世界上最早实现农业现代化的国家,是世界粮食的主要出口国,其粮食生产政策的基本目标是补贴农民,以缩减种粮农民与非农民的收入差距,采取的主要政策性措施有:①制定了《农业调整法》等法规,加强农业基础地位和调整农业结构。②实施价格支持政策,通过贷款、收购和直接补贴以及规定最低保护价来实现农产品价格支持政策。③通过土地休耕政策来合理分配全国耕地,控制耕地面积和产量,保持水土,实现可持续发展。④实行农业信贷服务和农作物保险计划。美国政府专门为农场主设立了"农场主家庭管理局"和"农产品信贷公司",为他们提供农业"无追索权贷款",以提高农户的种粮积极性;同时还规定了农作物保险计划,由政府向农场主预付土壤保护补贴，使农场主有能力支付农作物保险费，以抵御灾害，解决农民种粮的后顾之忧。⑤实行"委托代储"的粮食储备制度。这是美国在粮食流通领域稳定粮食供给和价格的主要措施，其执行机构是农产品信贷公司，储藏机构是受政府委托的贮粮公司。当市场价格低于贷款率时，农民可将粮食交给农产品信贷公司，交出的粮食形成储备；如果在市场价格高于贷款率时，政府需要增加储备，就从市场上购买。这不仅调节了市场上粮食的流动和价格，并且使政府有效地掌握了粮食市场的储备。除此之外，美国还通过实施出口信用担保计划和技术贸易壁垒等政策对国内粮食产业进行保护和调节。

欧盟主要通过价格支持政策确保国家粮食安全。1962 年，欧洲共同体确定了欧洲共同粮食业政策，其核心是价格支持，粮食政策制定了目标价格、干预价格和门槛价格。这一政策实施的成效表现在，当粮食价格处于低迷时期，农民收入可通过最低价格确定得到保障。20 世纪 80 年代，由于欧共体的农产品过剩，沿用旧政策导致政府财政补贴支出大幅度增加，针对新形势，欧盟继 1992 年出台新的共同农业政策后，于次年又通过了"2000 年议程"，即共同农业政策再改革方案，调整了原有政策，完善了新时期的共同农业政策。新政策改革的主要内容在于限制粮食产量，改价格支付为直接补贴，以保证农民收入。

联合国粮农组织就全球粮食安全问题提出，增加农业投入、加大对穷国小型农户的扶持、改进粮食系统、增加公共投资、加大国际援助和完善机制，是解决问题的途径。

第四节　我国学者关于加强农业基础地位和确保国家粮食安全问题的理论观点综述

我国自西周时期就有了关于各种农业活动的记载，在以后的历史发展中，农业也一直在封建社会中占有主导地位。《齐民要术》《天工开物》等古代农业文献的编撰也说明了我国古代对农业的重视程度。进入近现代，在工业和第三产业崛起的同时，中国在农业发展探索问题上有过曲折。中国现代经济发展史表明，每一次经济形势的恶化都是从农业开始的，而每一次经济的好转也是以农业发展形势好转为前提的。改革开放以来，我国农业发生了深刻而巨大的变化，为整个国民经济发展做出了巨大的贡献，农村改革、对农业科技的重视和对"三农"问题的关注都强调了农业在中国的重要性。对于我国农业基础地位和粮食安全保障的问题，我国学者进行了诸多研究。

一、有关农业基础地位的代表性观点

中国作为农业大国，农业的基础地位在工业化和现代化发展进程中一直备受政府关注。学术界也从农业的特殊贡献、对经济和社会的支撑作用、外部经济性等方面，通过定性和定量方法研究了农业的基础地位，并提出了相应对策。

（一）从强调农业的特殊贡献来认识农业的基础地位

丁泽霁（2002）认为农业是人类社会生存和劳动分工的基础条件，为人类提供了必需的生存条件，并且为其他产业的发展提供了基础。[①] 甘勇（2008）认为农业拥有的基础地位的关键在于，它具有非农产业所不能提供的某种贡献（主要指的是农业对人类生存的保证性作用和对经济增长的保障性作用），并对国民经济发展起到了支撑作用。[②] 张培刚（2002）通过工农业的关系分析后认为，农业与工业的相互依存关系表现在农业提供食粮、原料、劳动力，而农民则在工业与农业中分别表现为买者或卖者，因而农业是工业的基础。[③]

（二）从强调农业对经济和社会的支撑作用来认识农业基础地位

甘勇（2008）从农业对经济增长的保障性作用谈起，认为农业具有很强的风险承受力和系统持续性，可以为国民经济的发展平抑风险，起到缓冲作用；再者，由于农业是初级生产部门，可以为所有生产和服务部门的劳动者提供食品，要为轻工业提供生产原料，其"后向联系"非常大，因此农业的波动对整个经济有很强的制动和制约作用。[④] 张文丽（2002）支持从阶段性论上分析农业基础地位的内涵，指出在不同发展时期，农业基础地位的内涵有着不同的表现：20世纪70年代末期之前，农业的基础地位主要表现在保证农产品的基本供应和为工业化累积资金方面；进入20世纪90年代后期，农业在国民生产总值中的贡献份额明显下降，进入自我积累、自我发展的阶段；发展到当前，农业自我积累能力下降，农业的发展需要工业等非农产业反哺，农业的基础地位表现为社会稳定的基础。[⑤]

（三）从强调农业的外部经济性来认识农业的基础地位

罗必良和刘文宇（2005）认为随着人民生活水平的提高，对于良好生态环境的需求也日益扩大，农业的生态性在一个国家中的地位也会越来越重要。[⑥] 农业生产出来的"生态GDP"和"景观GDP"对于"绿色GDP"的贡献是很大的，对于生态环境的塑造至关重要。

（四）通过定量研究来认识农业基础地位

张国林分析了农业与国民经济各产业间的动态影响。张锦洪和胡华（2009）利用世界银行数据对农业基础地位进行了计量分析，结果表明农业对国民经济的边际效应虽然递减，但始终为正，低、中、高收入国家的农业存在相同的正边际效应，其中中、低收入国家处于经济腾飞前夜，农业对国民经济的边际效应更大，更应坚持实施"农业促发展"战略。[⑦]

———————————————

① 丁泽霁. 农业经济学基本理论探索［M］. 北京：中国农业出版社，2002：17.
② 甘勇. 从系统论角度来看农业的基础地位［J］. 湖南农业大学学报，2008（2）：20.
③ 张培刚. 农业与工业化：农业国工业化问题初探［M］. 武汉：华中科技大学出版社，2002：158.
④ 甘勇. 从系统论角度来看农业的基础地位［J］. 湖南农业大学学报，2008（2）：22.
⑤ 张文丽. 新阶段加强农业基础地位问题研究［J］. 经济问题，2002（2）：47—48.
⑥ 罗必良，刘文宇. 农业相对份额下降的机理与农业的基础地位［J］. 江西农业大学学报：社会科学版，2005（4）.
⑦ 张锦洪，胡华. 农业基础地位的国际证据［J］. 重庆大学学报：社会科学版，2009（5）：32.

姜作培（2003）在分析了影响农业基础地位的因素后，对夯实农业基础地位提出了思路和对策。他认为，首先要树立高的立足点，把农业基础的巩固和发展置于国民经济中去考虑和谋划，将其与工业、服务业和城市发展结合起来，切忌就农业论农业。其次要拓宽视野，把中国的农业基础与国际结合起来，提高农业的国际竞争力。再次要更新思路，选择具有创新性的发展道路、模式和结构调整方向，确保农业发展既有生机又有活力。基于上述思路，姜作培认为，要巩固和加强中国农业的基础地位，必须构建农业的七大体系，即开放性、多元化的农业资金投入体系，覆盖面宽、质量效能高的农业基础设施体系，合理化、高级化的农村产业结构体系，重先进、讲实用的农业科技创新体系，综合效益好、可持续性强的农业生态系统，专业化、系列化的农业服务体系和多侧面、全方位的扶持农业的社会体系。[①]

二、有关粮食安全问题的研究综述

加强农业基础地位与粮食安全是辩证统一的关系，两者相互促进、相互影响。研究中国的粮食安全问题更具有其现实性和紧迫性。中国地大物博，但资源的人均占有量稀少，如何确保粮食安全显得尤为重要。"民以食为天"，粮食安全问题关系到整个民族的兴盛。为此，我国学者主要从粮食安全的概念、粮食安全评价体系和方法、影响粮食安全的因素，以及相应的对策等方面进行了较为深入的研究。

（一）关于粮食安全的概念

按照我国粮食统计沿革，粮食范畴有广义和狭义之分。狭义的粮食范畴仅指谷物类，主要是指小麦、稻谷、玉米、大麦和高粱等；广义的粮食范畴包括谷物类、豆类与薯类。我国对于粮食的分类和FAO的分类标准存在一定的差异。从我国统计的范畴来看，自1953年始，我国按照广义的粮食概念口径公布我国的粮食产量。从20世纪90年代开始，我国国家统计局的统计年鉴和统计摘要兼顾了广义和狭义两种划分，在粮食总产的栏目中另列谷物总产量指标。而FAO的"世界粮食总产量"栏目中没有包括豆类和薯类产量。

在对FAO粮食安全概念的普遍认同下，中国学者认为FAO的概念虽然较符合时代的要求，但是还不能真实而全面地反映中国的实际情况。针对中国粮食安全的实际状况，学者们提出了自己的见解，国内学者有关粮食安全的概念界定主要包括以下内容：

第一，强调粮食价格。聂永红（2009）认为粮食安全和粮价的关系密不可分，他认为粮价与国民经济整体发展协调，在一个均衡的范围内运行则是安全的；若粮价长期在高价区或低价区运行，或者粮价大幅度的波动，影响了国民经济整体运行，则存在安全问题。[②] 雷玉桃（2001）认为，粮食安全首要目标是保护和提高粮食生产力，粮食安全

---

① 姜作培. 影响农业基础地位的主要因素及对策构想 [J]. 青海社会科学，2003（1）：29－30.

② 聂永红. 中国粮食之路 [M]. 北京：经济管理出版社，2009：3－7.

不仅指实现总量增长目标，而且要考虑到粮食总量与质量并重，粮食品质结构合理等。[①]

第二，强调粮食的风险抵御能力。娄源功（2003）从国家层面和交易视角定义了粮食安全的概念，他将这一概念表述为"国家满足人们以合理价格对粮食的直接、间接消费，并具备抵御各种粮食风险的能力"。这一定义包括了四个要件：第一，从粮食价格来看，粮食与其他生活必需品的比价要合理；第二，可以满足人们对粮食的直接消费；第三，可以满足人们对粮食的间接消费；第四，需要具备抵御风险的能力。[②] 他的观点得到了大多数学者的认同，体现了我国对国家层面粮食安全的强调和重视。朱泽（1997）对粮食安全的界定是"国家在其工业化过程中满足人们日益增长的对粮食的需求和粮食经济承受各种不测事件的能力"[③] 曾宏（2006）从战略、战备等非常态情况下考虑了粮食安全，强调在这些情况下粮食的获取性，他在《粮食安全的本质内涵与研究框架》一文中阐述道：粮食安全是一个国家或地区可以持续、稳定、及时、足量和经济地获取所需粮食的状态或能力，特别是国家在非常态（灾害或战争）情况下获取粮食的能力。[④] 学者胡靖（1995）认为，粮食安全问题是指在出现粮食短缺时给社会安全构成的威胁以及造成的损失，从现象来看表现为：饿死人、灾民逃荒或涌入城镇、因灾荒或配给不足引发暴乱、经济秩序因粮价非正常波动而紊乱甚至倒退等，所强调的均为粮食不安全带来的经济、社会和政治影响。[⑤]

第三，强调建立粮食生产、流通、消费体系。农业经济研究院的周猛教授（1987）将粮食安全定义为综合运用生产、贸易、储备等手段，有效地调节粮食的消费和分配，以满足在一定经济条件和特定环境下人民相对合理的食品和营养要求。[⑥] 他的这个概念反映了粮食广泛性、历史性和地区性的三特征，强调要从系统观的角度入手，在不同的粮食供求状况下，必须建立一个生产、贸易、储备等多因素协调运转的机制。吴志华和胡学君（2003）认为，粮食安全是指一个国家或地区为保证任何人在任何时候都能得到与其生存和健康相适应的足够食品，而对粮食生产、流通与消费进行动态、有效平衡的政治经济活动。[⑦] 他们强调了安全的经济性，即以合理成本保障粮食安全的思想。闻海燕（2006）也强调了一个完善的粮食安全保障体系应包括三个环节：一是生产，必须生产出足够多的粮食；二是流通，要有一个高效率的流通组织来供应；三是消费，确保所有需要粮食的人们在任何时候都能获得粮食。[⑧]

第四，强调微观主体。王学真、公茂刚等人（2006）从微观的角度对粮食安全问题

① 雷玉桃. 我国粮食安全与农业生产结构调整的协调问题 [J]. 经济纵横, 2001 (6)：17.
② 娄源功. 中国粮食安全的宏观分析与比较研究 [J]. 粮食储藏, 2003 (3)：3—4.
③ 朱泽. 中国粮食安全状况的实证研究 [J]. 调研世界, 1997 (3)：22—23.
④ 曾宏. 粮食安全的本质内涵与研究框架 [J]. 税务与经济, 2006 (2)：90.
⑤ 胡靖. 中国农业：社会效应与社会价值核算 [J]. 农业经济问题, 1995 (9).
⑥ 周猛. 粮食安全的理论和实践及对我国的启示 [J]. 技术经济, 1987 (5)：23.
⑦ 吴志华, 胡学君. 中国粮食安全研究述评 [J]. 红海学刊, 2003 (3)：69.
⑧ 闻海燕. 粮食安全：市场化进程中主销区粮食问题研究 [M]. 北京：社会科学文献出版社, 2006：192—196.

进行了理论分析。微观粮食安全研究视角是从家庭和个人层面进行的研究，当每个家庭和个人在任何时候都有足够的能力获取充足的食物来维持其健康的生活时，表明粮食安全无忧。[①] 这一概念视角涵盖四个方面：其一，在一定的区域内有足够的食物可以用来消费；其二，主体是微观层次的，即每个家庭及家庭成员；其三，能力表现，即微观主体有足够的能力获得充足的食物；其四，微观粮食安全的目标是使每个人都能过上健康的生活。换言之，微观粮食安全的最终表现是营养安全。

除此之外，学者谢扬（2001）认为粮食安全除了包含有解决饥饿的含义外，还包含着保证食品健康、保持生物多样性以及维护民族文化等新概念，从文化方面更新了粮食安全观。[②] 马树庆、王琪（2010）从区域的角度和整体系统性考虑出发，在《区域粮食安全的内涵、评估方法及保障措施》一文中认为在不同时代和不同地区，粮食安全的内涵应该是不同的，我国现阶段的粮食安全可定义为：有足够的粮食生产能力、储备能力和市场供应能力，以满足全体国民的食用和粮食经济的健康发展，并能抵御战争和重大自然灾害等突发事件。[③]

（二）关于粮食安全的影响因素

我国学者对影响粮食安全的因素分析主要集中在以下几个方面：

第一，人口的增长。张锐（2009）在分析全球粮食安全的瓶颈时认为，在影响粮食安全的各因素中，人口因素当然为最直接和最重要的第一大因素，但是其影响并不只表现在人口数量增加对粮食供给的压力，还表现在生产要素、结构变动等多方面。粮食需求的膨胀、土地等生产要素的恶化、粮食分配与消费的严重不均、消费结构升级加剧粮食供给压力等，都是影响粮食安全的因素。[④] 李萍（2008）在《确保国家粮食安全的经济学思考》中指出，中国粮食安全的制约因素主要有耕地资源和人口因素这两方面。[⑤]

第二，供给和需求。王学真和公茂刚（2006）从供给与需求两个方面总结论述了影响粮食安全的各因素。从供给层面上来看，一国的粮食供给能力是由本国粮食生产能力、进口能力以及储备能力三个方面构成的。从需求层面上来分析，在粮食供给一定的情况下，粮食需求的变动直接影响到一国粮食安全状况。其主要因素有粮食价格的变动、人口的增长、收入的变化、城市化、工业化进程以及粮食市场的发育状况。[⑥] 一些学者还对这几个因素的影响因素也做了分析，拓展了其深度。

第三，购买力及灾害抵御能力。周猛（1987）在《粮食安全的理论和实践及对我国的启示》一文中指出，自然资源恶化的威胁、交通运输及商业设施的发展程度、农业政策干预的约束、收入不均等引起粮食购买能力的下降和消费水平的不平衡等都是约束粮

① 王学真，公茂刚，高峰. 微观粮食安全理论分析 [J]. 山东社会科学，2006（10）：98.
② 谢扬. 新的粮食安全观 [J]. 经济与管理研究，2001（4）：8.
③ 马树庆，王琪. 区域粮食安全的内涵、评估方法及保障措施 [J]. 资源科学，2010（1）：35－36.
④ 张锐. 全球粮食安全瓶颈与破除 [J]. 广东经济，2009（9）：46－47.
⑤ 李萍. 确保国家粮食安全的经济学思考 [J]. 思想政治课教学，2008（9）：11.
⑥ 王学真，公茂刚. 粮食安全理论分析及对策研究 [J]. 东岳论丛，2006（6）：68.

食安全达到平衡状态的因素。[①] 马雪萍（2002）在前人认识的基础上还提出，制约中国粮食安全的症结还在于农业基础脆弱，抗灾力差；农民素质低，科技投放不够，粮食生产经营粗放。[②] 刘国强、杨世琦（2009）在《世界粮食安全分析及应对策略》一文中提出，粮食危机的潜伏和发生是由于多数国家粮食库存减少、生产成本上升，导致了国民相对购买力下降，从观念和客观因素上看，农民种粮积极性不高、自然灾害频繁，也是影响现在全球粮食安全的重要因素。[③]

第四，环境问题。环境问题一直是学界比较关注的一个软性影响因素，许多学者都在各自的学术观点中表明，由于环境的改变和污染，农作物因为受到环境问题的波及而表现出的产量变化及其赖以生存的一些条件的不稳定，不得不使我们将该因素也列入到影响粮食安全的主要因素里。

此外，学者们还总结了其他影响粮食安全的因素，诸如工业化和城镇化进程加快导致的土地损毁和占用，生物能源的兴起，政策和农业基础设施的不完善，观念的滞后和农业产业化程度低，以及进出口调节滞后等。

（三）关于粮食安全的评价指标及方法

我国学者关于粮食安全评价指标和方法的研究成果主要包括以下几方面：

第一，饥饿状况法。其代表人物是公茂刚和王学真，他们主张通过用饥饿状况来判定粮食不安全状况，其指标由饥饿人口数量、饥饿发生率、全球饥饿指数、膳食热能供应量、粮食供给量和粮食消费量等构成。[④]

第二，人均粮食占有量法。其代表人物是朱泽。朱泽（1997）认为，人均粮食占有量可以在一定程度上反映一国的粮食安全水平，人均粮食占有量越高，粮食安全水平就越高，反之则越低。他借助粮食总产量波动系数、粮食自给率、粮食储备水平、人均粮食占有量等四项指标简单平均法，建构衡量粮食安全水平的公式：$\lambda i = （\sum \lambda ij）\div 4$，公式中，$\lambda ij$ 为第 i 个国家 j 项指标取值，四个指标对粮食安全系数 λ 的解释度或权重是等同的。结论为 λ 越接近 1，粮食安全水平就越高。[⑤] 刘晓梅（2004）也构建了以人均粮食占有量、粮食总产量波动率、粮食储备率、粮食进口率（或粮食自给率）四项指标加权平均安全系数来测量粮食安全问题。[⑥]

第三，量化标准法。刘振伟（2005）针对我国的现实状况分析，从五个方面量化粮食安全标准，这五个标准分别是五个"不低于"，即：粮食自给率不低于95%；粮食储

① 周猛. 粮食安全的理论和实践及对我国的启示 [J]. 技术经济，1987（5）：24.
② 马雪萍. 农业战略性结构调整的基础——粮食安全 [J]. 甘肃农业，2002（7）：31—34.
③ 刘国强，杨世琦. 世界粮食安全分析及应对策略 [J]. 西北农林科技大学学报：社会科学版，2009（2）：21.
④ 公茂刚，王学真. 发展中国家粮食安全状况分的 [J]. 中国农村经注，2009（6）：90—96.
⑤ 朱泽. 中国粮食安全状况研究 [J]. 中国农村经济，1997（5）：26—33.
⑥ 刘晓梅. 关于我国粮食安全评价指标体系的探讨 [J]. 财贸经济，2004（9）：56—61，96.

备率不低于 18%；粮食人均占有量不低于 400 公斤[①]；基本农田面积不低于 16 亿亩[②]；粮食耕种面积不低于 16.5 亿亩。[③]

第四，五指标法。这一方法的代表人物主要有李萍和肖春阳。他们认为我国粮食安全的指标应该包含以下五个方面：①从人均粮食占有量来看，占有量越高粮食安全水平越高；②从总量波动来看，粮食总产量波动率越低，粮食生产稳定程度越高，粮食安全水平越高；③粮食库存安全系数，应维持在最低储备率，即 17%～18% 以上；④粮食自给率或外贸依存系数，自给率与粮食安全水平成正相关关系，外贸依存系数反映了一个国家对国际粮食市场的依赖程度，应控制在 5% 左右；⑤贫困人口购买力指标。[④] 对于外贸依存度这个指标，我国大多数学者还是持谨慎态度，认为在中国这样的环境下，外贸依存度可以用来调节市场，但是不能过高，如果外贸依存度太高，面临粮食不安全的风险就越大。

王学真、公茂刚（2006）认为粮食安全是一个复杂的系统，不能用某个单一的指标对其完全衡量，所以建立完整的粮食预警机制体系是势在必行的。他们提出这个指标体系应包含粮食生产波动指数、粮食需求波动指数、粮食储备水平、外贸依存度，以及人均实际可支配收入等。[⑤]

（四）关于保障国家粮食安全的对策研究

粮食安全关乎国家兴亡大计，中国占有世界耕地的 7%，却要养活占世界 22% 的人口，任务本就艰巨，随着耕地的减少，粮食问题显得越发严峻。为此，我国学者从政策、观念、生产力、农民积极性及粮食储备、预警体系等方面提出了保障粮食安全的对策。

其一，从国家政策实施层面上保障国家粮食安全。茅于轼（2009）和李萍（2008）认为，国家的政策是保障粮食安全的有效途径。政府应该从法律、政策等方面入手[⑥]，保护耕地、实行社会救济、提高劳动生产率方面来完善社会安全网[⑦]，从而确保粮食安全。匡远配、汪三贵（2004）认为公共财政应该保障粮食安全。[⑧]

其二，转变传统观念以保障国家粮食安全。姜长云（2003）主张，看待此问题一定要转变一些固有的观念，应该由粮食的产量安全转向能力安全，由粮食的生产安全转向流通和物流的安全，由保证粮食的经营安全转向兼顾供给价格。[⑨] 郑有贵等（2003）也认为，在全球资源非均衡配给的状况下，农产品的供给和需求是跨国界的，我国如果能

---

① 1公斤＝1千克。为保留国内粮食统计原始数据，本书特保留此单位。后同。
② 1亩≈666.67平方米。为保留国内土地测量数据原貌，本书特保留此单位。后同。
③ 刘振伟. 我国粮食安全的几个问题 [J]. 农业经济问题, 2004 (12): 9-10.
④ 李萍. "确保国家粮食安全"的经济学思考 [J]. 思想政治课教学, 2008 (9): 11-14, 17.
⑤ 王学真, 公茂刚. 粮食安全理论分析及对策研究 [J]. 东岳论丛, 2006 (6): 68-72.
⑥ 李萍. "确保国家粮食安全"的经济学思考 [J]. 思想政治课教学, 2008 (9): 11-14, 17.
⑦ 茅于轼. 粮食安全靠什么? [J]. 农村金融研究, 2009 (4): 58.
⑧ 匡远配, 汪三贵. 公共财政保障粮食安全的理论分析 [J]. 粮食科技与经济, 2004 (6): 16-18.
⑨ 姜长云. 要辩证科学地看待粮食问题 [J]. 宏观经济管理, 2013 (12): 29-30.

发挥自己的比较优势，就可以实现有效的粮食安全。[①]

其三，重视粮食生产以保障粮食安全。尹成杰（2005）认为，粮食安全的核心是粮食综合生产能力的安全，故根据不同地区的不同情况，采取分区指导政策保护和提高粮食综合生产力，是今后工作的重中之重。[②]

其四，保障农民利益，提高种粮积极性以保障国家粮食安全。王雅鹏（2005）认为，国家要保障粮食安全就必须从基层做起，否则农民的种粮积极性不高，势必会影响粮食供给的安全。[③] 提高农民的收入和收入预期是鼓励积极性的一个重要措施，要寓粮食安全于农民增收之中。于建嵘（2008）建议从加强对农资价格的调控和质量监督、适当提高粮价、加大对农民种粮的补贴和走农业集约化经营道路等方面提高农民的种粮积极性。[④]

其五，通过建立完善的粮食储备体系来保障国家粮食安全。周猛（1987）在分析了我国的粮食安全环境后认为，我国属于粮食生产倚重型的国家，所以需要立足于国内，从长远的战略方向上系统地把握国内外环境，充分重视储备在粮食安全中的作用，改善和提高我国目前的贮粮设备和方式，逐步建立一个吞吐自如、调节供需的储备体系，主动地利用国际粮食的供求形势为国家经济建设服务。[⑤] 周明建等（2005）指出，要通过确定合理的储备规模、转变粮食储备方式、鼓励在储粮市场上的竞争行为，以及鼓励农民存粮等手段上建立和完善我国的粮食储备体系。[⑥]

其六，从建立和完善预警体系上保障国家粮食安全。马九杰和丁声俊主张建立国家粮食安全预警系统，并强调了选择合理指标体系的重要性。马九杰等（2001）认为，粮食安全预警就是对未来粮食安全状况做出评估和预测，并提前发布预报，以便有关部门采取相应的长期和短期对策，防范和化解粮食安全风险。[⑦] 丁声俊（2004）认为我国急需建立这种预警体系，以便能够达到以粮食和主要食物生产供给和市场基本平衡为基础，对供求状况做出动态监测、深度测量和警情预报。[⑧]

其七，通过利用国际市场调节粮食供给以保障粮食安全。其代表学者有张广翠和周建明，他们主张中国在加入 WTO 的今天，应广泛参与国际事务合作，适时适当地利用国际市场，调剂农产品的短缺，[⑨] 推行农产品多元化政策，发挥中国在农产品市场上的

————————————

① 郑有贵，曹甲伟，李成贵. 解决我国粮食安全问题的空间与贸易战略 [J]. 中国农业信息，2003（1）：10—12.

② 尹成杰. 关于提高粮食综合生产能力的思考 [J]. 农村经济问题，2005（1）：5—10.

③ 王雅鹏. 对我国粮食安全路径选择的思考——基于农民增收的分析 [J]. 中国农村经济，2005（3）：4—11.

④ 于建嵘. 提高农民种粮积极性很重要 [J]. 人民论坛，2008（10）：40—41.

⑤ 周猛. 粮食安全的理论和实践及对我国的启示 [J]. 技术经济，1987（5）：1—6.

⑥ 周明建，叶文琴. 发达国家确保粮食安全的对策及对我国的借鉴意义 [J]. 农业经济问题，2005（6）：74—78.

⑦ 马九杰，张象枢，顾海兵. 粮食安全衡量及预警指标体系研究 [J]. 管理世界，2001（1）：154—162.

⑧ 丁声俊. 目前态势 未来趋势 粮食安全——关于我国粮食安全及其保障体系建设 [J]. 粮食问题研究，2004（1）：15—20.

⑨ 张广翠. 中国粮食安全的现状与前瞻 [J]. 人口学刊，2005（3）：37—41.

比较优势。①

　　研究者们从不同视角对我国农业基础地位和粮食安全问题开展了研究，取得了不少极具价值的研究成果，使我国农业基础地位和粮食安全研究不断推向深入，这也是我们进一步开展研究的基础。

---

① 周建明. 中国蔬菜为何难上国际餐桌 [J]. 山西农业，2006 (16)：21.

第二章　不同类型国家加强农业基础地位和确保国家粮食安全的战略选择

他山之石，可以攻玉。

——《诗经·小雅·鹤鸣》

　　为加强农业的基础地位和确保国家粮食安全，不同类型的国家根据自身实际状况制定了相应的发展战略。研究不同类型国家，如农业资源富足型国家和农业资源贫瘠型国家加强农业基础地位和确保国家粮食安全的实践，可以提供可资借鉴的经验与教训。

　　本章的研究首先需要说明两个问题：一是对不同类型国家划分的标准，二是粮食安全的内涵。本论题对国家类型的划分是以农业资源的贫富标准进行的。这里的农业资源包括农业自然资源和农业经济资源。农业自然资源涵盖农业生产可以利用的所有自然环境要素，农业经济资源则包括可以直接或间接对农业生产发挥作用的社会经济因素和社会生产成果。关于粮食安全的标准问题，学术界从不同视角进行了研究，也提出了不同的标准。如果按照 FAO 的界定标准，世界粮食当年库存应至少相当于次年消费量的17%～18%，这其中有 6% 为缓冲库存（后备库存），另 11%～12% 为周转库存（供应库存）。若一个国家粮食库存系数低于 17% 则表明粮食不安全，低于 14% 则意味着粮食处于紧急状态，需要及时解决。

第一节　农业资源富足型国家加强农业基础地位和确保国家粮食安全的战略选择

　　农业资源是农业自然资源和农业经济资源的总称，而农业资源富足型国家则主要是指在农业生产和农业发展过程中拥有充足的农业自然资源与农业经济资源国家的集合。纵观世界农业发展历史，农业资源的密集与富裕程度虽然与一国农业发展的现代化程度相关，但却不是唯一影响因素[①]，因而形成了当代各个国家农业发展程度不同的状况。

---

① 麦迪森. 世界经济千年史［M］. 北京：北京大学出版社，2005：69—74.

一、农业资源富足型发达国家确保国家粮食安全的战略分析

"农业资源富足型发达国家"这个概念包含双重范畴，它一方面要求一国拥有农业自然资源上的相对富足优势，另一方面又要求其国民经济达到发达国家的标准。

（一）农业资源富足型发达国家保证国家粮食安全的基本战略

1. 农业资源富足型发达国家的特征

农业资源富足型发达国家的特征主要表现在五个方面。

第一，农业占三次产业的比重和对国民经济的贡献不断下降并趋于平稳，但农业产值的绝对值依然很大。[①] 世界主要发达国家的农业所占比重均低于10%，但这些国家却依然把本国的农业发展置于国家战略地位高度予以重视。

第二，农业高度产业化。这些国家都拥有发达的农产品分工体系和农产品深加工体系，以及完整的产品链和发达的农业产业内商品交换。

第三，完善的市场体系。其农业品的商品化率较高，拥有专门的农产品交易市场，制度完善，商品流通周期短，交易信息多元化。

第四，发达的农业科技。其农业机械化率很高，政府在农业基础研究和农业科技信息传播和培训方面投入大量的资金。此外，农业劳动生产率很高，基因技术和细胞工程技术发展迅速，转基因食品和高产粮食不断出现。

第五，现代化的组织方式。这些国家规模化农业、专业化农业和工厂式农业并存，充分利用土地、资本和劳动力等生产要素，通过现代化管理和组织模式进行生产。

农业资源富足型发达国家的粮食自给率都高于100%，除了满足自给，还可用于出口。美国是世界上最主要的粮食出口国，1995年、1996年两年，其出口玉米量约占全球玉米贸易总量的70%，小麦约占30%，杂粮约占60%。表面上看，这类国家不存在粮食安全问题，但事实上，由于农业生产本身的不确定性和重要性，粮食安全问题依然是重中之重。[②] 这些国家为了维持本国的粮食生产能力和确保粮食安全，制定了中长期粮食战略，执行了一系列适合于本国的粮食安全政策（包括补贴，税收与价格支持，数量支持等）。

2. 农业资源富足型发达国家的土地制度与粮食安全战略

粮食生产高度依赖于土地要素的供给和质量，而土地要素的刚性供给决定了一国快速工业化时期土地要素的严重稀缺，土地的用途和所有权往往也极大地影响其粮食生产。首先，如何规划并控制好土地的用途，成了众多国家在发展过程中面临的长期问题。其次，土地的所有权问题也会从深层次影响粮食生产，西方发达国家实行私有化为主的经济占有制度与我国实行的土地国有或集体所有为主的土地占有制度都会直接或间接影响到粮食生产。土地制度通过土地要素的经济占有和地租分配关系与土地所有者和

---

① 林毅夫. 中国经济专题 [M]. 北京：北京大学出版社，2008：45—58.
② 柴彭颐，潘伟光. 美国、日本、印度粮食安全政策及其启示 [J]. 农业经济问题，1999（8）：60—63.

生产者的利益息息相关，以影响生产过程中的其他要素投入和劳动生产率的变化，最终影响粮食生产。从农业富足型发达国家的土地制度设定与调整来看，都凸显出土地的用途与利用规划对于粮食生产的重要性。

3. 农业资源富足型发达国家的惠农战略与粮食安全

惠农政策是一国政府根据本国农业发展现状，对本国农业劳动生产率、农业综合市场竞争力，以及农民收入水平、农业生产条件和环境等因素做出综合评估后，为改善上述条件而推出的一项动态的农业支持政策。就其性质而言，该政策属于农业产业政策。农业资源富足型发达国家推行惠农政策由来已久，该政策的功能目标定位为保持本国的粮食生产能力和调动农民的生产积极性，即通过国家干预使得农民从事农业和粮食生产有利可图，以保证本国的粮食自给能力，具体政策在不同历史时期内进行动态调整。惠农政策类型主要可以划分为价格支持型战略和数量支持型战略。

第一，价格支持型战略。价格支持型战略以农产品价格为影响目标，主要包括政府补贴、税收减免、直接支付、价格管制等方面。

第二，数量支持型战略。数量支持型战略以农产品产量为影响目标，其内容通常包括：通过农业教育和培训提高劳动生产率，进行农业技术投资（包括机械化、基因工程等），加强农业组织模式创新支持等。

4. 农业资源富足型发达国家农业技术进步与粮食安全战略

首先，从发展进程来看，农业的技术进步对当今世界的农业生产贡献很大，不论在发达国家还是发展中国家都是如此。新型生产工具的使用和农业技术的推广，改变了人们的生产组织方式，提高了粮食的单产能力和劳动生产率。

农业技术进步对粮食安全的贡献主要体现在对粮食单产能力和农业劳动生产率的提高上，学界通常以农业全要素生产率（TFP）为指标测量农业技术进步带来的产出增加。从理论上讲，由于经济发展阶段的不同和农业资源禀赋的差异，不同国家投入要素的贡献度是有差别的，发达国家目前的农业发展战略主要是以技术创新活动为支柱的，而非粗放式发展模式，其由技术进步带来的农业产出平均增长率为70%～80%。

其次，引起人们注意的是生物技术和基因工程的发展对粮食安全带来的影响。近几年转基因粮食大量出现，其利弊一直受FAO和多国关注，毫无疑问，基因工程和生物技术的应用确实能大幅提高粮食单产，但是其安全性还有待验证，例如现在已有基因污染和物种破坏之说。而发达国家正是转基因粮食的推广国和出口国。2005年全球种植转基因大豆5450万公顷，占当年全球转基因作物种植面积的60%，占世界大豆总播种面积的60%；其次是转基因玉米，2005年种植面积为2120万公顷，占转基因作物全球种植面积的24%，占全球玉米作物总播种面积的14%。① 运用传统育种方法通常需要7～8年才能培育一种新型农作物，而利用转基因技术，则可以将时间缩短一半。而且

① 邹彩芬，罗忠玲，王雅鹏. 知识产权保护，生物多样性与发展中国家粮食安全 [J]. 中国科技论坛，2006 (6)：56—60.

转基因技术可以缩短农作物生长周期，从而缓解人口增加引起的食物短缺，减缓人类饥饿问题。[①]

5. 农业资源富足型发达国家的环境保护与粮食安全战略

环境问题已经成为 21 世纪人类生存与发展的重点问题，不论是发达国家还是发展中国家都面临着资源污染、气候变暖、土地沙化和水土流失等一系列问题。对于粮食生产来说，粮食安全问题意味着土地安全问题，土地本身的受污染程度和肥沃程度直接影响其产出粮食的数量和质量。在人类社会经过了三次科技革命并迈入信息时代后，如何保护脆弱的生态和治理环境污染就成了人类与环境和谐可持续发展的关键。

世界上主要农业资源富足型发达国家的粮食安全都不同程度地受到环境污染的影响。随着工业化进程的加快，工业废水和废气的随意排放导致工业区周边土壤受到破坏，直接导致土地酸碱度失衡和重金属（主要是铅、镉、汞、铬）超标；农药化肥的滥用使得农作物残留农药严重超标；生活垃圾的不恰当处理使得土壤难以降解且自净能力下降，并引起土地肥力下降，从而导致粮食单产降低。同时，食用这种土壤所种植的粮食会对人类身体造成伤害。随着基因技术的推广和转基因粮食的大量生产，生物基因库和生态稳定性遭到了极大破坏，物种入侵和物种灭绝的现象频发，故本书把它归为环境污染的一类——基因污染。基因技术直接改变生物的遗传信息，使得生物食物链和自然法则受到破坏，导致更大程度上的基因突变。[②] 美国生产的转基因大豆和转基因玉米产量高、质量好，大量出口世界，但科学家发现长时间食用转基因粮食和食物将会影响人类自身的遗传信息和基因的选择性表达。

针对上述土地和环境污染引起的粮食安全问题，农业资源富足型发达国家制定了从土地污染的监测到调查，从土地污染的管制到治理，再到责任落实的战略。德国实行政府和个人相结合的污染监测制度，对可能已经污染的土地由联邦政府实施治理，在符合某些规定的情况下，对可疑地或污染的可疑地点进行二次污染调查，费用由污染人承担。对于土地污染的管制，很多国家都是通过禁止改变土地用途来实现的，效果并不明显。针对污染后的治理问题，各国都建立了土地及环境污染基金库，通过立法规范明确权责关系，由专门机构进行土地和环境污染治理。[③]

农业资源富足型发达国家在确保各自的粮食生产问题上都构建了一套较为完整的国家战略体系，相比较而言，大多都是通过国家规划和合理控制，对农业技术、土地利用、农业生态、农产品流通等方面进行设计。具体说来，各国的做法又有差异。

（二）美国发展农业及确保国家粮食安全的战略选择

作为世界上最大的农产品出口国，美国自身的粮食安全战略有其特殊性，但是在经济全球化的背景下，美国的粮食安全战略已被越来越多的资本主义国家所借鉴。仔细分

① 马文杰. 转基因技术与粮食安全 [J]. 粮食科技与经济，2008 (1)：51—52.
② 王敏，王秀玲. 转基因农产品对粮食安全的影响及对策 [J]. 农村经济，2006 (11)：40—42.
③ 梁剑琴. 世界主要国家和地区土壤污染防治基本制度比较研究 [J]. 河南司法警官职业学院学报，2009 (4)：55—57.

析美国的粮食安全战略和农业支持政策有利于我国在发展农业产业化、现代化过程中对相同历史问题的解决，有利于认识新形势下世界粮食状况和我国粮食安全问题上存在的不足。

美国长期实行的全球粮食战略最早可以追溯到 20 世纪 30 年代。美国把本国粮食生产安全与粮食国际贸易作为主要内容来抓，在充分保障本国粮食安全和生产能力的基础上大量外销出口，把粮食作为一种战略性资源和政治工具使用，以方便其达到战略控制和政治渗透作用。[①] 因此美国大力发展本国农业，提高粮食生产能力，维持粮食安全。新世纪以来，随着世界石油价格飞涨，美国于 2005 年开始力推生物能源发展战略，其生物能源战略的本质是从"需求入手，主动创造出对粮食的有效需求，改变以往通过增加供给的形式来保障粮食安全的方式"[②]。美国当前发展农业和确保粮食安全的战略内容主要集中在价格支持、直接支付、价格补贴、耕地保护、农业保险和粮食储备等方面。

第一，价格支持：国家为农民提供最低粮食保障价格。最低价格定位在农产品信贷公司的 10 个月短期贷款的贷款率，即是说，当出现粮食价格低于贷款率时，农民既可以选择将粮食交给农产品信贷公司，也可以选择将粮食按照市场价格出售，并从国家获得市场价与贷款率之间的差额补贴。美国通过对粮食价格低于市场价格时的价格支持政策和对固定农场面积的直接支付政策，使得本国的粮食生产保持平稳，粮食自给率从 1960—1996 年平均保持在 138.32%，粮食波动指数为 0.6，远远低于发展中国家。[③]

第二，直接支付：来源于乌拉圭回合谈判协议，按照农场的耕种面积和粮食单产能力与品种支付比例进行计算。

第三，差额补贴（反周期支付）：确保农民获得的实际价格不低于某一合理价格。具体做法是，政府将某一确保农民收入的合理价格作为目标价格，若市场价格低于这一目标价格就进行差额补贴，幅度为目标价格与市场价格贷款率两者中的较高者之差。

第四，耕地保护：一是鼓励农民短期或长期休耕一部分土地，控制产量，保护水土资源；二是在水土流失严重的地区实施土壤保护储备计划；三是加大投入，加强对耕地的保护。

第五，粮食储备：联邦政府的农产品信贷公司是粮食储备的执行机构。当粮食的市场价格低于贷款率时，农民可以将粮食交给农产品信贷公司，这就形成粮食储备；当粮食市场价格高于贷款率时，政府就从市场上购买[④]，这也形成粮食储备。

除此之外，美国在土地制度安排、利用规划和技术进步方面也制定了大量的粮食安全保障措施。如从土地制度与利用规划方面来说，美国实行的是以家庭农场为主的农地产权制度（也是私有制，比重占土地总量的 51%）。当然，各州政府为了规划并调节土

① 赵丽红. 美国全球粮食战略中的拉美和中国 [J]. 拉丁美洲研究, 2009 (4)：14—16.
② 封颖. 美国生物能源战略和农业政策 [J]. 科学与社会, 2008 (3)：3.
③ 吕开宇, 杨小琼. 美国粮食安全政策效果的分析与评价 [J]. 世界农业, 2007 (1)：36—37.
④ 孔凡真. 美国确保国家粮食安全的有效机制 [J]. 粮食问题研究, 2005 (3)：19—20.

地占用也拥有47％的土地产权，1981年制定的《农地保护政策法》将全国的农地分成基本农地、特种农地、州重要农地和地方重要农地四类，并分类执行不同政策：面积1.588亿公顷的基本农地，适合种植粮食、油料作物等，不得变换其用途；生产高价值的特定粮食、纤维及特种作物的特种农地，禁止改变其用途；各州不具备基本农地条件而又较重要的一些州重要农地，可以有条件地改变其用途；具备一定利用和环境效益，并被鼓励继续用于农业生产的其他地方重要农地，可以有条件地改变用途。[①] 另外，美国没有统一的国家土地利用规划，而是把权力下放给各州，各州也没有正式出台的土地利用规划，而是继续把权力下放到各郡市镇，各郡市镇根据自身实际发展条件制定合适的土地利用规划，逐级上报。虽然没有正式的利用规划，但美国的土地利用一直适度有序地进行。政府给予自由的土地市场调节，很少进行干预，其土地交易频繁，手续简单，只收取少量税金。由于管理规范，即使有外国人购买土地也无特别限制，不会对本国粮食安全产生威胁。总之，其在《农地保护政策法》和各类土地规划体系的约束下，通过市场竞争和土地交易市场保证农地利用主体的经济利益最大化。[②]

从农业科技进步方面来说，美国非常重视科技创新对农业产出和粮食安全的影响，在20世纪90年代已经制定出农业科研的十大战略：①紧密围绕美国农业生产中亟待解决的问题，实行基础研究和应用研究并举，两者各占一半。②对于六大农业基础科研项目，不论是长远和高风险项目还是近期项目，都必须有国会稳定的财政拨款。③积极寻求增加年度预算，以开展优先项目，加强基本研究。④积极寻求外部资金，作为开展基本研究经费的补充，使其得以加速进行。⑤农业部将更有效地调剂使用现有资金，而不是仅仅依赖新的或外来资金去开展优先科研项目。⑥在资金使用上优先保证重点项目，而不是搞平均分配。⑦研究对人员有效使用和管理的方法，包括对做出重大贡献人员的奖励方法，以满足重点科研项目对科研人员的需要。⑧系统地更新其科研设施，使其逐步现代化。⑨改进制定科研计划的综合规划系统。⑩加强技术转让功能。[③]

美国政府把技术推广作为其重要职能，形成了极有特色的"三位一体"模式，由州农学院承担农业技术教育和培训，并由基层向上逐级推广，以满足农业生产需求，推广经费由中央、州和郡市共同承担。美国农业科学研究经费主要来自公共和私人（公司）两大系统，二者互相补充。前者侧重于基础研究和应用研究，后者侧重于新产品开发和应用研究。另外，在遥感、全球定位系统、地理信息系统、计算机、自动化和网络等高新科技支撑下，当前美国农业正朝着精准农业方向发展，农民可以利用这些高新技术准确把握耕地的土质、杂草、肥料和产量信息，由此确定在不同地块上的投入情况，提高劳动生产率。精准农业不仅能使作物恰如其分地得到所需要的营养成分，降低成本，提

① 韦鸿. 论日、美、西欧农地制度设定中的经验与我国农地制度设定中的缺陷 [J]. 乡镇经济，2009（10）：11—13.

② 李竹转. 美国农地制度对我国农地制度改革的启示 [J]. 生产力研究，2003（7）.

③ 远海鹰. 90年代美国农业研究的目标、政策和战略 [J]. 全球科技经济瞭望，1993（5）：1—2.

高农民效益，而且也可以将对环境的影响降到最小。①

美国通过上述政策，成功地保证了本国的粮食生产能力。新世纪以来，美国转变粮食发展战略，推出了转基因计划和生物能源计划，以农业技术推动农业发展和粮食生产。根据世界银行的报告，正是由于美国发展替代性生物能源计划直接导致了世界粮食价格上涨，从而推动了世界粮食危机的出现。

（三）欧盟关于农业发展及确保国家粮食安全的战略

欧盟作为当今世界上最大的一个国家集团，其农业发展路径与美国有所差异。20世纪80年代以来，欧盟的粮食一直处于过剩状态，这直接导致了欧盟内农业生产积极性的下降和从事农业生产活动人数的减少。为了保证成员国家的粮食安全，构建属于自己的粮食价格体系，欧盟出台了一系列保护粮食生产能力的战略政策。

由于成员国家之间经济基础和资源禀赋的差异，欧盟不得不在农业发展过程中对各国进行协调。法国的粮食自给率高达220%，农业生产条件优越。荷兰和德国的农业技术领先，农业劳动生产率和土地生产率一直很高。② 但是东欧国家和部分北欧国家农业资源则相对稀缺，农业发展劣势明显。欧盟必须针对不同条件的国家进行权衡，其共同农业政策由此产生。欧盟实行立足内部、统一管理、一致对外的粮食安全战略。实施这一战略，必须优先稳定内部农业，以防止欧盟内部的粮食生产发生较大波动。

欧盟通过共同农业战略设立农产品门槛价格和目标价格，对国外进口农产品价格进行限制；另外在欧盟内部实施广泛的农业补贴，包括为弥补因干预价格水平降低而导致农民收入的损失而出台的作物面积补贴；为了解决粮食过剩问题和保护耕地和粮食生产能力而实行的休耕补贴；对于因自愿在粮食生产中减少化肥、除草剂、杀虫剂等化学药剂施用量而遭受经济损失的农民出台的环保补贴等。一系列惠农措施使得欧盟在20世纪90年代初期粮食自给率一直维持在100%左右，即使到新世纪欧盟东扩后，粮食自给率也没有出现大幅下降。③ 欧盟的共同农业战略分为三个目标体系：一是价格目标，二是政策目标，三是发展目标。价格目标是通过构建欧盟内部农产品价格体系进行农产品进出口控制，通过目标价格、门槛价格和市场价格进行约束，进口农产品价格不得低于门槛价格。在门槛价格之上的农产品，若价格低于欧盟市场价格，欧盟会收取差价税，差价为市场价格与进入价格之差，但差价税不会超过目标价格与进入价格之差。政策目标则是通过大量农业补贴提高欧盟内部的农产品生产积极性。补贴包括作物面积补贴、休耕补贴、环保补贴和其他补贴。其中，作物面积补贴、休耕补贴与美国相同，但欧盟还重视农业环保问题，鼓励农民减少化肥、农药和杀虫剂的使用，由此带来的损失由欧盟补偿。最终实现的发展目标是通过资金投入、技术投入等实现欧盟农业现代化。④

① 胡芳. 科学技术推进美国农业发展 [J]. 农业技术与装备，2008 (5)：64.
② 陶黎新. 透视发达国家的现代农业——以美国、荷兰、法国为例 [J]. 甘肃农业，2005 (6)：68.
③ 柯炳生. 欧盟粮食政策的发展变化及对我国的启示 [J]. 南京经济学院学报，2000 (4)：7—8.
④ 孙中才. 欧盟重视"可持续农业和农村发展"问题的研究 [J]. 世界农业，1999 (2)：5—6.

欧盟国家的土地利用制度对保障其粮食安全也有着重要作用。虽然欧盟内部各国之间的土地规划安排有一定差异，但从整体上来说，很多国家实行的都是土地分区规划控制，把整个国家分为城市、区、郊区和农村，要求各级地方政府制定区域规划方案，把土地按不同的用途划分，明确规定每一个区域的发展方向，然后制定不同区域土地利用规划。对土地的出让、租赁、购买等做出交易上的限制，用于农业生产的耕地禁止其改变用途或随意进行租赁转让，目的是为了防止土地的兼并集中和用途变更。因此设定了土地买卖许可证制度，若想进行土地市场交易，必须持有政府颁发批准的许可证，政府为此专门设立了土地专卖权裁定委员会；同时还出台了农业生态保护法，以保护农地生态环境和防止水土流失。① 相对而言，欧盟国家政府对土地的管制更强，调控手段更加多样化。但从整体上看，不论是美国还是欧盟，这些农业资源富足型发达国家从未轻视和放松对本国土地的利用和管理，保障各种土地使用在发展过程中的动态平衡，以防止农地数量在城镇化和工业化进程中急剧减少，以及土地商业化严重所导致的农地占用和粮食减产问题。

二、农业资源富足型发展中国家加强农业基础地位和确保国家粮食安全的战略选择

农业资源富足型发展中国家拥有相对丰富的自然资源和农业要素禀赋，但其经济发展阶段仍处于工业化中前期或中期，产业结构不够合理，市场化程度还不够高，制度仍需要进一步完善，如中国、印度和巴西等。这些国家在农业方面的特征主要有：三次产业比重中，农业仍占较大比例，但工业比重逐渐上升；农业比重虽高，但与发达国家有很大差距，绝对产值较低，农业技术不够发达，农业经营组织仍保留传统模式，有一定的专业化分工但专业化程度较低，农业产业化还未形成；农业产业链较短，附加值低，农业生产从业人口比重大于非农产业，粮食一般不能全部自给。

（一）农业资源富足型发展中国家的土地制度与国家粮食安全

农业资源富足型发展中国家的土地制度主要分为土地私有制和土地公有制（包括国有和集体所有）两种，但不同国家的土地制度又有所差异。

中国自新中国成立以来，国家界定土地的所有权一律为国有和集体所有，因而我国实行的是土地公有制。《中华人民共和国土地管理法》对农村土地所有权的界定如下："农村和城市郊区的土地，除由法律规定属于国家所有的以外，属于农民集体所有；宅基地和自留地、自留山，属于农民集体所有。""农民集体所有的土地依法属于村农民集体所有的，由村集体经济组织或者村民委员会经营、管理；已经分别属于村内两个以上农村集体经济组织的农民集体所有的，由村内各该农村集体经济组织或者村民小组经营、管理；已经属于乡（镇）农民集体所有的，由乡（镇）农村集体经济组织经营、管理。"可见我国在土地要素方面的国家管制比较严格，这是与发达资本主义国家土地制度的最大区别。正因如此，在我国的土地利用规划和土地审批中，国家介入程度一直较

---

① 曲福田. 西方农地法的特点及启示 [J]. 中国土地科学，2004（5）：58—60.

高，历史上形成的传统小农经济在我国还大量存在，即便后来家庭联产承包责任制的出现很大程度上改善了农地零碎化和低效率生产，但从理论上还没有突破小农经济的束缚，家庭小农一直延续下来，直到目前开展土地流转试验，这一历史性制度才有可能根本得以改变。地方政府在改革开放后为了发展地方经济，招商引资，实行大量土地优惠税收减免政策，加上目前城镇化和工业化进程的加速，中心城市规模扩张和工商业快速发展，土地需求不断上升，近几年来我国的耕地规模不断减少，粮食自给率出现下降趋势。这使得国家开始注重耕地规模的保护和利用，出台了 18 亿亩的耕地红线标准。但在建设用地需求日益扩大的现实条件下，18 亿亩耕地红线正面临严峻挑战。[1]

我国有严格的土地用途限制，对于城市用地，除了正常的土地利用规划外，剩下的所有城市土地都要实行招标、拍卖、挂牌机制，国家禁止变更土地用途。在农村，农业用地禁止城里人购买和转让，禁止将农业用地进行用途变更或交易。政府在特殊情况下征用农地也要实现农地占补平衡。但由于我国处于经济体制改革的快速发展期，制度变迁和制度创新层出不穷，国家的土地管制在一定程度上沦为了软约束，因此我国的粮食安全问题一直是中央政府的头等大事。鉴于我国土地制度的特殊性和所处的变革期，既要处理好发展和改革的关系，又要权衡好效率和公平的关系，这使得我国的土地制度有了制度变迁的动力。但粮食安全根本上还是要通过提高土地单产能力和劳动生产率来实现。

印度实行土地高度私有的制度，很多的家庭通过把土地分别登记在家庭不同成员名下等办法获取大量土地，目前，43％的农业家庭没有土地或者仅拥有半英亩以下的土地，而完全没有土地的农户一直占四分之一左右。[2]印度的土地资源管理没有全国统一的土地立法，联邦政府只负责制定某些具有全国意义的政策与措施而将制定本邦的基本土地法律政策——如土地法的权力赋予了各邦政府，邦政府拥有土地的实际管理权、控制权和征税权。在横向上，印度的诸多土地资源管理的部门的职能划分不清，从而致使联邦政府提出的很多措施以及机构设置中的诸多职能定位都被形同虚设，造成整个土地资源管理水平的落后。在这种情况下，印度既没有全国土地利用规划，而各邦制定的土地利用规划也各不相同，所以，印度农产品在 20 世纪 60 年代曾长期短缺，粮食供不应求，后来通过绿色革命，粮食供求矛盾才得以缓和。到 80 年代中期，印度已实现了粮食自给自足，并建立了大量的粮食储备。[3]

（二）农业资源富足型发展中国家的农业发展战略与国家粮食安全

发展中国家的农业发展战略往往涵盖与农业相关的诸多问题。近十一年来，我国出台的一号文件针对的都是农业、农民、农村"三农"问题，包括农业发展、农村改革和农民增收的一揽子改革和配套发展战略，粮食安全是内容之一。我国在新世纪推出了一

[1]　温铁军. 三农问题与制度变迁［M］. 北京：中国经济出版社，2007：31—35.

[2]　盛荣. 印度土地制度效果对中国土地制度改革的启示［J］. 中国农业大学学报：社会科学版，2006（4）：71—73.

[3]　王新有. 印度的土地制度与贫民窟现象［J］. 经营管理者，2009（24）：247.

揽子惠农政策，包括粮食直接补贴、粮食收购最低限价、取消农业税、农机良种补贴、农资综合补贴和土测配方施肥补贴等（这几点直接关系农业生产和粮食安全），以及农村社会保障（医疗、教育、文化）和基层民主改革等。从近 5 年的政策绩效来看，我国夏粮连续 5 年增产，全国粮食生产稳步发展，已扭转了自 2000 年以来产量持续滑坡的困境，标志着我国粮食生产跨上了一个稳定发展的新台阶。2008 年，我国用于上述补贴的资金总额达到 756.63 亿元，比上年增加 234 亿元，增长了 44.8%，对我国的农业生产起到了很好的推动作用。①

巴西在历史上形成了以种植和出口咖啡为主的畸形农业结构，也面临农业发展与粮食安全问题。在"二战"以后，特别是 60 年代后期，巴西政府制定了"重工轻农"的经济发展战略，导致国民经济严重失调。此后，巴西政府总结和汲取教训，从 70 年代以来转变经济发展战略，把农业和粮食放在优先发展的战略地位。80 年代，巴西政府颁布了一揽子农业计划：第一，促进农业生产力的发展，从鼓励大地主发展粮食生产转变为鼓励中小农业生产者发展粮食生产，为此，政府制定了最低购销价格和各种补贴政策。第二，对粮食实行信贷支持，改进和完善粮食信贷制度，降低粮食贷款利率，更大程度实现粮食生产资本化。第三，加速粮食资源开发，扩大粮食耕地面积，提高粮食生产率，建立新的粮食生产基地。巴西政府通过实施"开发农业边疆"计划以实现全国"一体化"发展战略，1963 年，全国耕地面积为 3000 万公顷，到 1989 年猛增到 6660 万公顷，是 1963 年的 2.22 倍；与此相应，粮食总产量也大幅度提高。第四，实行对外开放政策，鼓励本国资本与国外合资办农业生产加工企业，政府完全退出粮食流通市场，仅仅对粮食生产进行监管。这些战略的实施使巴西 1997 年的玉米、大豆、稻谷和小麦等 4 种主要作物的总产量高达 7294 万吨，在 2008 年基本上实现了粮食自给。②

（三）农业资源富足型发展中国家的农业技术进步与国家粮食安全

学术界近 10 年来针对我国农业技术进步对农业生产的贡献有诸多研究，主要集中在农业劳动生产率或者农业全要素生产率（TFP）对我国农业产出水平的贡献探讨上，大部分研究结果显示，我国从改革开放以来的农业技术进步每年均呈正增长态势，1980—2006 年平均增长为 43.7%，但是全要素生产率的涨幅却没有技术水平涨幅高，仅仅在 1980—2006 年平均增长 33%，这是因为全要素生产率还包括其他除资本和劳动力以外的要素贡献。③ 因而，要实现农业的可持续发展，必须改变粗放式发展模式，以技术和效率投入替代资本和劳动投入，向集约化农业和现代化农业转变。

印度农业发展落后主要表现在亩产低、基础设施不完善、机械化程度低等方面。印度可耕地面积约占国土面积的 55%，但是，其粮食产量很低，主要原因是劳动生产率不高。印度学者认为，像印度这样的发展中国家，不能依靠进口解决食物短缺，必须把

① 王良健，罗凤. 基于农民满意度的我国惠农政策实施绩效评估 [J]. 农业技术经济，2010 (1)：56.
② 丁声俊. 巴西的粮食战略转变与粮政沿革 [J]. 世界农业，1999 (12)：4.
③ 李录堂，薛继亮. 中国农业生产率增长变化趋势研究：1980—2006 [J]. 上海财经大学学报，2008 (8)：81—82.

目标放在自给自足上。因此在加入 WTO 以后，印度面对经济全球化和贸易全球化，其选择的农业战略是，在坚持自力更生的前提下，充分利用加入世贸组织的良好发展机遇。印度农业政策的首要目标是粮食自给自足，在依靠本国科技力量提高农业产量、实现本国粮食自足的前提下限量出口创汇。[①] 自 20 世纪 60 年代中期始，印度有步骤地推行旨在通过科技为支撑提高粮食产量的绿色革命，内容包括良种研制、化肥化和机械化。具体措施为引进、培育和推广高产品种，在中央和地方建立种籽研究中心，成立机械化种籽农场；加大化肥施用量；扩大灌溉面积，提高机械化程度。80 年代以后，印度把重点转向农业的多样化和商品化，发展高附加值的作物、园艺、花卉栽培、畜牧业、渔业和养蚕，特别是奶牛畜牧业，引进先进的养牛技术，使得牛奶产量大幅增加，称为"白色革命"。印度还从国外引进优良畜种和鱼种，经过培育并逐渐在国内推广，促使渔业发展迅猛，产量提高，这就是印度的"蓝色革命"。通过这一系列技术引进和技术推广，使得印度成为世界第二大小麦生产国、第一大棉花生产国和第二大水果和蔬菜生产国，粮食基本实现自给。[②]

（四）中国关于加强农业基础地位确保国家粮食安全的战略选择

2000 年 10 月 11 日，我国于中共十五届五中全会上首次正式提出国家粮食安全体系，并明确要求"建立符合我国国情和社会主义市场经济要求的粮食安全体系"。关于我国粮食安全体系构建要素及指标问题，有的学者提出了五要素：①国内粮食自给率应当在 90% 左右（中国粮食白皮书承诺 95% 左右）；②粮食库存率达到 17%～18% 左右，这一比率是联合国粮食及农业组织提出的，我国可作为参考；③）通过降低粮食生产成本来增加农民收入；④生态环境维护，要注重可持续发展，保障粮食安全；⑤食物安全。[③]

面对我国 20 世纪以来耕地面积不断减少，水资源匮乏，土地零散化，土地单产较低和农民种植积极性低的一系列问题，为了保障我国本土的粮食安全和加强农业在三次产业中的基础地位，国家提出了"立足国内，基本自给，适度进口，促进交换"的新世纪粮食安全战略[④]：只要能实现 95% 以上自给即可，促进粮食生产国际化和世界市场交换有利于我国粮食生产质量的提高，口粮做到自给，而消费粮和工业用粮则可通过世界市场和国际贸易得到。[⑤] 根据这一战略，我国于 2008 年出台了《国家粮食安全中长期规划纲要（2008—2020）》（见表 2-1），对我国未来 10 年的粮食安全问题做出了统一的战略规划，认为要保障我国粮食安全，就要坚持强化生产能力、完善粮食市场机制、加强宏观调控、落实粮食安全责任、节约用粮方面的原则；确保到 2020 年耕地面积不少

①　张淑兰. WTO 与印度的农业发展：全球化背景下印度的农业战略对策 [J]. 南亚研究季刊，2002（2）：9—11.

②　骆江玲，杨明，奉公. 印度农业技术引进及效果评价 [J]. 安徽农业科学，2009（6）：732.

③　程亨华，肖春阳. 中国粮食安全及其主要指标研究 [J]. 财贸经济，2002（12）：70.

④　胡鞍钢. 中国 21 世纪粮食战略的基本选择 [J]. 宏观经济研究，1997（2）：24—25.

⑤　国务院发展研究中心课题组. 市场调控与行政手段相结合，保证我国粮食稳定增长的经验 [J]. 宏观经济研究，1997（2）：28—29.

于 18 亿亩；粮食自给率稳定在 95％左右，中央地方储备粮水平稳定、品种合理，水稻和小麦等口粮维持在 70％，提高粮食流通效率等目标。同时，还设立了一系列指标限额，并提出了配套措施。

表 2-1 2010 年、2020 年保障国家粮食安全主要指标

类别	指标	2007 年	2010 年	2020 年	属性
生产水平	耕地面积（亿亩）	18.26	≥18.0	≥18.0	约束性
	用于种粮的耕地面积（亿亩）	11.2	>11.0	>11.0	预期性
	粮食播种面积（亿亩）	15.86	15.8	15.8	约束性
	谷物播种面积（亿亩）	12.88	12.7	12.6	预期性
	粮食单产水平（公斤/亩）	316.2	325	350	预期性
	粮食综合生产能力（亿公斤）	5016	≥5000	>5400	约束性
	谷物综合生产能力（亿公斤）	4563	≥4500	>4750	约束性
	油料播种面积（亿亩）	1.7	1.8	1.8	预期性
	牧草地保有量（亿亩）	39.3	39.2	39.2	预期性
	肉类总产量（万吨）	6800	7140	7800	预期性
	禽蛋产量（万吨）	2526	2590	2800	预期性
	牛奶总产量（万吨）	3509	4410	6700	预期性
供需水平	国内粮食生产与消费比例（％）	98	≥95	≥95	预期性
	国内谷物生产与消费比例（％）	106	100	100	预期性
物流水平	粮食物流"四散化"比重（％）	20	30	55	预期性
	粮食流通环节损耗率（％）	8	6	3	预期性

注：2007 年有关产量数据以国家统计局最终公布数据为准。

数据来源：国务院《国家 2008—2020 中长期国家粮食安全规划纲要》。

第二节 农业资源贫瘠型国家加强农业基础地位和确保国家粮食安全的战略选择

农业资源贫瘠型国家的农业资源十分有限，要素禀赋差，世界上大多数发展中国家和大多数贫困国家都属于这一类型，但也有日本这样的发达国家。为便于总结经验教训，本节将分别对农业资源贫瘠型发达国家和农业资源贫瘠型发展中国家的农业发展战略进行分析。

一、农业资源贫瘠型发达国家的战略选择

农业资源贫瘠型发达国家在当今并不多见，因为在自然要素禀赋限制条件下，能够利用有效的产业政策、宏观管理政策和国际贸易推动本国农业持续有效发展并达到现代

化的案例不多，因而其发展战略具有显著的研究价值和借鉴意义。

（一）农业资源贫瘠型发达国家的农业特征

农业资源贫瘠型发达国家的农业特点主要包括：①农业技术发达，高度技术密集型农业运作模式。②农业产业化程度高，实行专业化分工。③实行绿色农业、节约农业和集约化农业，大力发展机械化耕作。④发达的市场流通交易体系，生产销售周期短。由于这类国家农业资源贫瘠，使得其农业发展路径只能选择技术密集型农业，而要增加农业和粮食的生产能力，不能通过增加土地规模来实现，必须提高土地的单产能力和劳动力生产率，因此有庞大的农业培训和农业教育体系，以及高度发达的农业技术体系。

此外，为了保障本国的粮食安全，农业资源贫瘠型发达国家还参与全球粮食贸易和土地贸易，通过大量的粮食进口和土地购买来满足本国的粮食需求。对于这类国家来说，本国的粮食产量理论上不可能达到自给自足（部分人口稀少国家除外），粮食贸易是其必然选择，一旦出现贸易保护主义，这些国家将受到很大威胁。

（二）农业资源贫瘠型发达国家的土地制度与国家粮食安全

由于土地极度稀缺，农业资源贫瘠型发达国家的土地制度都比较严格。

日本土地所有制形式为私有制，全国所有土地中，个人、法人、国家和地方公共团体所有的土地比重分别为57％、8％、35％，而国家和地方公共团体所有的土地多为森林和原野。由于全国可利用的土地多为私有，为了保护优良农地，日本政府将农地分为三类，并分别采取不同的限制规定。一类农地除公共用途外不得转用，这类土地主要指高生产力农地以及经公共投资改良、整理的农地和集团农地；三类农地原则上可以转用，这类农地主要包括土地利用区划调整内的土地、上下水道等基础设施区内的农地、铁路及码头、轨道等交通设施需占用的农地、宅地占40％以上的街路围绕区域的农地；二类农地属于介于一、三类之间的有条件转用的农地。为了有效执行以上规定，日本政府一方面依法划定农业振兴区域范围，严格规定该区域范畴的优良农地不得任意转用，并制定相应的法律政策予以限制，包括《国土利用计划法》《农地法》《农地转用许可标准制定办法》《农业振兴地域整备法》《土地改良法》《土地利用促进法》《农住组合法》等。《国土利用计划法》对于应保护的农业地域明确进行划分；《农地法》明确规定了"农地转用许可制"；《农地转用许可标准制定办法》对农地转用许可条件做了具体规定；《农业振兴地域整备法》对农业地域内的开发限制予以明确规定；《土地改良法》专门规定了土地改良和农地整理；《土地利用促进法》对于农用地所有权、使用权转让和规模经营等方面都做了相应规定；《农住组合法》明确将农民住宅由分散建设向集中、规划建设发展，以保证土地集约利用。同时规定，凡进行以农地转用为目的的土地买卖，必须得到都道府县知事或农林水产大臣的许可。[1] 在土地征用制度上，日本土地制度规定，国家只有出于"公共目的"才能行使土地征用权，土地征用必须给予一定补偿。[2]

① 唐顺彦，杨忠学. 英国与日本的土地管制制度比较 [J]. 世界农业，2001 (5)：19−20.
② 刘文贤. 日本的土地制度 [J]. 新华文摘，2006 (3)：105−106.

上述制度保障了日本土地的供给量稳定和合理开发利用，对日本粮食增产起到积极作用。

以色列在 2005 年被联合国正式列为发达国家，在进入发达国家行列前，以色列一直是世界上公认的高收入和高科技示范国家，其农业发展战略具有典型意义。从土地制度来看，以色列实行的是土地国有制，全国 60% 的国土面积被列为干旱地区，全国的农业组织形式有吉布兹（集体农庄）、莫沙夫（合作社）和莫沙瓦（个体农户）三种形式，其产值分别占以色列农业总产值的 32%、46% 和 22%。政府根据土地的地理位置和肥力确定地租，吉布兹和莫沙夫仅拥有土地的使用权。由于土地为国有，私人之间的土地交易应由国家审批，不能随意进行，但以色列的个体农户数量较少，农地大多都是由合作社和集体农庄使用，所以土地规模化很容易形成，大部分的土地使用和利用都是由政府统一规划并向各类农业组织和经营者租赁。这使得以色列的土地管理更加集中有效，规模化的农业和专业化农业更有利于农业生产，所以以色列在土地极度稀缺、气候极度恶劣的情况下不但完成了粮食和农产品的完全自给，还大量出口，被称为"欧洲的菜篮子"。①

（三）农业资源贫瘠型发达国家的惠农战略与国家粮食安全

日本由于本国土地资源极度稀缺而人口基数大，长期粮食自给率不足 40%，为此，日本政府制定惠农战略以支持本国农业生产，这些政策的目标定位均在于加强本国的粮食生产能力和农民的生产积极性。其内容主要包括山区、半山区农户直接支付制度，稻作安定经营政策，各种政府补贴和加大农业基础设施建设力度等。山区、半山区农户直接支付制度是针对山区和半山区土地撂荒现象严重、土地利用率低而专门制定的。对农民实行直接收入支付可弥补这类地区与平原地区生产成本的差异，调动农民的生产积极性；具体补贴标准为这类地区与平原地区平均生产成本差异的 80%，但对每个农户直接支付补贴的最高上限不得超过 100 万日元。稻作安定经营政策是为了防止米价下跌给农户收入造成较大损失而制定的，该项政策的实质是对农民因价格下跌而带来收入损失的一种补偿制度。另外，为保护农民从事粮食及农业生产的积极性，日本政府还为农民提供了生产资料购置补贴、保险补贴和自然灾害补贴等。日本政府还十分重视农业生产基础设施建设，每年都有大量的资金通过各种资助和项目的方式被投入到农田水利设施建设中去。② 这些战略政策的实施明显提高了日本粮食的自给率，日本主食用谷物自给率达到 68%，全部谷物自给率达到 30%，而作为主食的大米自足尚微有余。尽管如此，粮食安全问题依然存在。自 2006 年以来，为了进一步解决本国粮食生产稳定性弱和自给率低的问题，日本政府出台了新一轮改革战略。日本于 2007 年 4 月 1 日开始实施"新的农业经营稳定政策"，包括三个主要内容：一是政府改变了农业补贴方法，由原来的补贴对象是全体农户、对不同农作物品种采取不同补贴政策的方式，转变成以骨干农

---

① 吴志鹏，薛永祥. 德国、以色列现代农业考察报告 [J]. 中共南宁市委党校学报，2009（1）：48—49.
② 崔亚平. 日本粮食安全保障机制给我们的启示 [J]. 农业经济，2007（12）：80—81.

户为补贴对象、对农户整体经营进行收入补贴的经营稳定政策；二是随着跨品种的经营稳定政策实施，对原有稻米生产调整政策也进行了相应改革；三是从农业可持续发展的视角出发，制定了耕地、水资源和环境保护政策。"跨品种的经营稳定政策"是为了适应 WTO 规则，改革现行农产品价格支持政策，转向收入支持政策。新政策的补贴对象集中向骨干农户倾斜，对骨干农户的整体经营（不分品种）进行收入补贴；同时，为增强日本农业竞争力，培养支撑农业和农村经济发展的骨干农户，促使农地向骨干农户集中，以期扩大农业经营规模。因此，通过对具备一定条件的农户或农业团体给予直接补贴的形式，可以促进土地集约化，提高农户经营规模和效益，提高农业整体竞争力；在稳定食物供给的同时，保护水土资源和自然环境，发挥农业多功能性；更重要的是，为今后世贸组织农业谈判做好充足准备。[①]

以色列也有为支持和鼓励本国农业生产而设立的惠农政策，但主要都是通过补贴和贸易保护来实现。从补贴来看包括两方面：一方面对农业企业购买大型机械进行补贴；另一方面对农业企业的用水给予价格优惠，其价格标准要较工业企业用水价格低 80%。从贸易方面来看，以色列对农产品进口设置较高的关税和非关税壁垒，体现在高关税及对安全、环境、卫生、检验检疫高标准要求方面，尤其是犹太教律法对进口食品的一些特别规定，其进口手续烦琐、成本高昂，因而进口农产品对本国农产品的冲击自然很小。[②]

（四）农业资源贫瘠型发达国家的农业技术进步战略与国家粮食安全

农业资源贫瘠型发达国家由于自然资源稀缺，不可能通过土地等固定生产要素的投入改变产出规模，所以粗放式农业模式很早就被淘汰，当前这些国家的农业产出增长主要依靠技术进步。

以色列长期实行国家农业科技战略和高素质人力资源培养战略，保证了农业发展的技术支撑，科技对以色列农业增产的贡献率高达 95%，这一比重超过了世界上所有发达国家的水平。因此，将以色列农业称为科技农业完全是名副其实。[③] 以色列农业灌溉技术主要采用压力滴灌技术，滴灌技术不仅节水、节肥，而且能降低土壤和环境污染。利用滴灌比漫灌可节水 1/3 至 1/2，能提高水肥利用率，使水肥利用率高达 90%，土地单位面积可以增产 1~5 倍，这一技术还可以有效防止土壤盐碱化和土壤板结。以色列是一个严重缺水的国家，国土面积一半以上地区属典型的干旱、半干旱气候，年降水总量仅 16 亿立方米，人均水资源只有 270 吨，这一数量不足世界人均拥有量的 3%。因而对于以色列来讲，节约用水是唯一选择，而滴灌技术既能保证农业增产又能有效节水，解决了以色列农业发展的关键问题。滴灌技术应用 30 年来，以色列农业用水总量一直保持在 13 亿立方米左右，但农业产出却翻了 5 番，实现了农业保收增收。[④] 其次，

① 薛桂霞. 日本新农业经营稳定政策分析 [J]. 农业展望，2007（3）：28.
② 李万明. 以色列农业发展经验对我国西北干旱区农业现代化的启示 [J]. 乡镇经济，2009（6）：37—38.
③ 黄维荣. 以色列农业现代化的进程与特点 [J]. 发展研究，1997（10）：50—51.
④ 贺骁勇. 以色列农业的特点及启示 [J]. 理论导刊，2000（4）：43.

以色列运用分子遗传学技术、基因工程技术、细胞和组织培养技术等多种生物技术提高农业劳动生产率，促进农业现代化。例如：分子遗传学技术用于培育抗病毒的柑橘、葡萄等，增加产量，优化质量；基因工程技术用于培育抗病的番茄和各种花卉，增加产量；应用细胞和组织培养方法来繁殖优良品质的香蕉取得成效；应用"遗传调节"生物技术，有效地提高了产乳量和产蛋量，牛奶总产量提高显著，1950 年总产量仅为 9220万升，2007 年提高到 117 万吨。① 此外，以色列还利用无土栽培技术，将一些蔬菜等作物种植在完全人为控制的"人工气候室"中，从而摆脱了地理和气候因素对农作物栽培的限制。

（五）农业资源贫瘠型发达国家的粮食贸易与国家粮食安全

日本作为世界最大的粮食进口国，进口量占世界进口总量的 60%，占本国国内食品消费量的 35%。政府一直试图增加食品自给率，但这种努力始终欠缺力度，小而低效的农场和与日俱增的消费者对多样化食品的需求，通常阻碍着政策改进。1989 年日本粮食自给率首次跌破 50%，此后持续下滑，2012 年日本的粮食自给率为 39%。日本通过与世界上众多国家签署双边和多边粮食贸易协定来保持其粮食进口的稳定性。② 为了保持本国粮食生产不受外国进口粮食的冲击和保持外国进口粮食的稳定性和安全性，日本政府通过一系列立法措施进行规制，起到了良好的效果。为了进一步改善国内粮食自给率低下和国内耕地面积有限的情况，日本早在二十世纪就开始了海外圈地，实行粮食海外生产以供应本国策略。近 10 年来，规模进一步扩大，据日本官方资料，日本现在与阿根廷、俄罗斯、乌克兰、印尼、新西兰、美国等国的农场都签订了玉米等饲料作物种植协议。自 2008 年以来，国际粮食价格一路走高，高粮价让日本这个粮食严重依赖进口的国家遭受沉重打击，现在"粮食安保"成为日本最重要的粮食安全战略。③

而以色列则是粮食出口大国。以色列制定了农业外向型发展战略，以实现农产品出口创汇之目的，通过配套农业技术、农业劳动力和资金政策支持，使得本国农产品因其高质量和高技术含量出口世界。

二、农业资源贫瘠型发展中国家加强农业基础地位和确保国家粮食安全的战略选择

农业资源贫瘠型发展中国家主要分布在撒哈拉以南的非洲和拉丁美洲，这些国家国土面积狭小，经济落后，自然资源稀缺。在农业生产方面，以当地传统农业生产经营方式为主，农业技术贡献率低，劳动生产率低下，粮食生产能力和自给率不足。据联合国报告称，当前非洲是世界粮食生产水平最低和缺粮最严重的大洲。农业基础地位和粮食安全对这些国家来说，显得至关重要。

---

① 张倩红. 以色列实现农业现代化的举措和经验探析 [J]. 河南大学学报：社会科学版，2001（4）：40—41.

② 顾尧臣. 日本有关粮食生产、贸易、加工、综合利用和消费情况 [J]. 粮食与饲料工业，2005（11）：44—45.

③ 于无声. 米与麦的抗争——高粮价背景下的日本粮食战略 [J]. 老区建设，2008（19）：63—64.

（一）农业资源贫瘠型发展中国家的土地制度与国家粮食安全

撒哈拉以南非洲国家的土地极为稀缺，很多国家到目前还存在严重的土地分配问题。这些非洲国家由于民族众多，种族对立现象严重，导致土地制度不断进行调整变迁，但总体上撒哈拉以南非洲国家的土地制度大体上可以分为两类：氏族部落或家族集体所有制和封建土地所有制。大多数非洲国家的传统土地制度是氏族部落或家族集体所有制，氏族部落或家族酋长是集体土地的看护人而不是占有者，他们把集体土地分配给氏族部落或家族成员耕种；氏族部落或家族成员是自由的、独立的农民，氏族部落或家族酋长无权剥夺已经分配给其成员的土地，也不能把集体土地占为己有，他们对集体土地只有管理的职责。这是一类。另一类是属于封建土地所有制，氏族部落或家族酋长对土地拥有所有权，把土地的受益权租让给农民；租种土地的农民要向酋长缴纳粮食或劳役地租；氏族部落或家族酋长有义务保护租种他们土地的农民。这种封建的、保护性质的土地制度在不同国家、不同地区的演变情况也不同。但是，一般都是朝着租地农民更自由、更有保障的方向发展。

例如卢旺达现行的土地制度就结合了非洲传统土地制度和本国特色，是一种把土地私有制和传统土地制度结合起来的较为特殊的土地制度。它具有私有制的特征，如承认"家庭个体土地制"，给予各家各户限定的土地所有权或半所有权，允许有条件的土地买卖等；但同时，国家又规定所有土地都属于国家，给农民以土地使用权，实际上土地的所有权属于国家，但是农民对于土地的安排却有极大的自由度。在这种双重土地产权的制度约束下，卢旺达近几年来的农业生产取得了飞速发展，虽然全国粮食生产自给率依然不高，却保持着稳步增长。[①]

对于拉丁美洲的国家来说，土地制度与非洲相差甚远。乌拉圭一直保留着其传统的大土地所有制和农场主占有制，土地集中化和大农场是其土地的主要特征，所以土地的生产能力相对较高，通过土地的资本化程度加深，政府可以得到很大部分的税收。乌拉圭的粮食基本能够自给，某些作物还可以出口。[②] 在墨西哥，土地制度由土地私有制和村社所有制两种形式构成：少数农场主拥有大量一等水浇地，雇工种植，大部分农户只有少量土地，这是墨西哥的土地私有制；而村社所有制则是村社土地归农户使用，但所有权归村社，可以在家庭内继承，但不得出售或出租。这两种土地制度的结合使得墨西哥出现大量的农场主，而自耕农数量很少，大量农民沦为雇农和佃农。这直接导致了农民生产积极性的降低和生存条件的困难。近几年，墨西哥耕地面积不断减少，农产品定价权丧失，使得墨西哥粮食安全问题越来越严重。[③]

（二）农业资源贫瘠型发展中国家农业技术进步战略与粮食安全

技术进步，特别是适用技术进步，对农业资源贫瘠型发展中国家的粮食生产和农业

---

①　张蕴. 卢旺达的土地制度 [J]. 西亚非洲，1999（4）：43—44.

②　韩琦. 独立后至20世纪初阿根廷、乌拉圭和巴西土地结构的变动——兼论农业资本主义发展道路 [J]. 拉丁美洲研究，2000（6）：43—45.

③　徐尚忠. 墨西哥农业 [J]. 世界农业，1996（4）：54—55.

发展贡献很大，古巴是其中科技兴农的典型。

古巴的农业生产资料一直严重缺乏，在1989年以前，古巴85%以上的贸易是与东欧社会主义国家进行的，只有不到10%是与资本主义国家进行的；其2/3的食品、几乎所有的燃料和80%的机械及零部件要从社会主义国家进口。随着东欧社会主义国家的剧变和苏联的解体，加上美国不断加强对其封锁，古巴遭遇了一场突如其来的严重危机。面对外部的经济压力和贸易禁运，古巴开始了探索适合本国国情的集约式农业发展道路，通过适用技术的推广和低投入集约式农业建立起了一套相对有效的本国农业发展路径。① 在农业害虫和杂草控制上，古巴放弃了大量使用农药和化肥喷洒为手段的控制方法，而专用生物技术和自然条件进行控制，利用生态平衡和动物食物链有效地预防了农业害虫和杂草问题。为了达到预期效果，古巴对全国农民进行了大量的培训和教育，以提高农民本身的生产素质和技术应用能力；通过轮作制度和小型机械化来控制土壤质量下降问题，把大块农田规模适当缩小减少大型机械的重复利用以降低对耕地的破坏，依托绿色环保技术对土壤和农业生态进行保护，鼓励废渣和人工粪便的循环利用；还建立了种植与畜牧一体化农业，通过农场自然资源营养物质的循环利用、保存和恢复，使得有机技术农业的效益发挥到最大。② 通过生态技术的推广，古巴20世纪90年代的农产品产量开始趋于稳定，到20世纪末，古巴基本上解决了本国的粮食严重不足和生产能力差的问题，基本能够维持本国的粮食供给。③

墨西哥也很注重农业技术的推广和对农民的教育培训，其大学和研究机构在农业教育方面做了大量培训和基础性研究，对本国的农业技术提升起了很大推动作用。但墨西哥更倾向于发挥农民自身的经验和技术，例如：农民在耕作技术上使用玉米和豆科作物的轮种或套种技术，利用豆科作物的生物固氮作用，能够达到增加土壤肥力的目的有些农民在传统上大量使用牲口粪肥和绿肥等有机肥料，达到了改良土壤的目的；东南部地区的农民，具有综合利用开发热带雨林的经验，其中有些经验对于农村现代化进程具有重要价值。到20世纪初，墨西哥也基本解决了粮食自给问题。④

（三）拉美国家加强农业基础地位和确保粮食安全的战略选择

拉美地区是农业资源贫瘠型国家的主要分布地区，这些国家都不同程度地存在粮食自给率不足问题，因而都十分重视粮食安全问题。

面对农业生产中资金不足、劳动生产力低下、农产品定价权丧失、农民素质低等问题，墨西哥政府提出了粮食自给战略，其基本主张是打破现有的私有小地产、村社和印第安公社的所有制界限，让农民自愿组成联合生产单位，以便扩大生产规模，合理使用

① P. M. Rosset：Alternative Agriculture and Crisis in Cuba [J]. *Technology and Society*. Volume 16, Issue 2, pp. 19—25，1997.

② L. Enriquez：*The Question of Food Security in Cuban Socialism*，Institute of International and Area Studies，University of California at Berkeley，pp. 1124—1126，1994.

③ 房宏琳. 古巴可持续农业发展的模式与经验 [J]. 中国农村经济，2009（9）：86—88.

④ 陈芝芸. 墨西哥的持续农业 [J]. 拉丁美洲研究，1996（5）：50.

资金，提高生产效率。政府因此出台了《墨西哥粮食体系》计划和《促进农牧业法》，在一定程度上刺激了粮食生产，但效果并不明显。墨西哥政府继而采取了一系列措施，对主要大田作物玉米、菜豆、小麦、稻米、高粱、大豆、棉花、油料等实行保护价政策，每年春、夏季实行"直接支援农村计划"，对粮食和农作物按照面积进行补贴。但是随着北美自由贸易区的建立，墨西哥农业再次遭受来自于美国、加拿大的直接冲击，为提高农业竞争力和增加农民收入，墨西哥采取了由"价格补贴"向"收入支持"的农业补贴政策，尤其是实行了乡村直接支持计划，使补贴结构在贸易自由化框架下趋于合理。在新时期，墨西哥政府开始全面实行新自由主义农业发展战略。

　　乌拉圭是一个传统的农业国，由于自然地理环境得天独厚，具有良好的发展农业、畜牧业和渔业生产的条件。乌拉圭政府在农业战略制定中，把发挥本国农业领域的比较优势始终放在第一位，认为本国应大力发展种植、畜牧和渔业，因此对这些产业给予了很大的政策支持和税收减免。乌拉圭的主要作物有小麦、水稻、玉米、高粱、亚麻、向日葵、大豆、甘蔗、甜菜、马铃薯和水果等，近年来农业生产增长较快，大部分农产品自给有余。而畜牧业方面，乌拉圭是仅次于巴西、阿根廷的第三大畜牧业发达国家。其渔业优势也很明显，常年大量出口各种鱼类。[①]

　　以上研究表明，不同发展程度和不同农业要素禀赋的国家在致力于解决本国的粮食安全问题上采取的战略不同，但也有具有共性之处（见表2-2）。

表 2-2　不同农业禀赋及发展程度国家粮食安全战略比较

比较项目	发达国家				发展中国家			
	农业补贴与投资	国际贸易与粮食进口	农业技术进步与新技术利用	土地规划利用与耕地保护	农业补贴与投资	国际贸易与粮食进口	农业技术进步与新技术利用	土地规划利用与耕地保护
农业资源富足型国家	√√	—	√√	√	√	√	√	√
农业资源贫瘠型国家	√√	√√	√√	√√	√	√√	—	√√

　　注："√"表示该类型国家是否在本国粮食安全战略制定中采取此项具体发展战略，"√√"表示重视程度较高。

　　通过上表可见，发达国家倾向于利用其雄厚的资金和先进技术优势保证国家粮食安全，而农业禀赋相对较差的发达国家则更为重视国际贸易和粮食贸易对其国内粮食自给的影响；发展中国家由于经济落后，生产技术落后，只能依靠农业补贴和引进外资对本国农业生产进行支持，而农业资源贫瘠型发展中国家则更重视对本国土地进行充分利用以弥补自然缺陷。

---

　　① 刘渊，魏虹. 乌拉圭农业近况 [J]. 世界农业，1996（7）：17-18.

第三节　加强农业基础地位和确保国家粮食安全战略的国际经验及启示

本部分依然按农业资源富足型国家（包括国家联盟）和农业资源贫瘠型的分类，以探究不同类型国家在制定和实施保证农业基础地位和国家粮食安全战略上的经验及启示。

一、农业资源富足型国家加强农业基础地位和确保国家粮食安全的经验总结

同属农业资源富足的国家，由于经济和科技发展水平存在的差异，会造成在农业劳动力质量、农业技术装备及机械化程度、交通运输状况、农业基础设施等方面的巨大差异，因而有必要分别总结农业资源富足的发达国家及发展中国家加强农业基础地位和确保粮食安全的经验。

（一）农业资源富足型发达国家加强农业基础地位和确保国家粮食安全的经验总结

发达国家经济和科技水平先进，科技成果转化为现实生产率的比例高，农业技术发达，生产率提高快。同时，发达国家普遍重视教育，国民受教育程度较高，劳动力的综合素质好，对农业发展也有重要的推动作用。

1. 美国的经验总结

美国既是当今世界最发达的现代工业国，也是最发达的现代农业国。美国自然条件优越，农业自然资源丰富，具备农业发展得天独厚的自然条件。美国本土属北温带和亚热带气候，佛罗里达南端、阿拉斯加、夏威夷分别为热带气候、亚寒带大陆性气候、热带海洋性气候，雨水丰沛、土壤肥沃。全国年均降雨量为 760 毫米左右，海拔 500 米以下的平原面积占全国土地面积总量的 55％，有利于农业生产。2003 年，美国农业用地为 4.183 亿公顷，其中耕地面积约占国土总面积的 19％，为 1.79 亿公顷，人均为 0.60 公顷，约为世界人均耕地面积的 3 倍。[①] 此外，美国农业用地的地理地貌优势十分有利于农业的机械化耕作。

美国为加强农业基础地位和确保粮食安全采取的措施涉及多方面，总的来说可以分为两个大类：①通过农业技术推广，推进技术进步，保证粮食量的增收和质的提高；②保障粮食生产者利益，从而保证国内粮食供应稳定。

在农业技术推广方面，美国有一个庞大的体系，这一体系包括四个层级：联邦、州、县和基层。农业推广部门的任务是深入农村，走场串户，从事农业科技方面的观摩示范、开展咨询、召开各种专业推广会、开办技术短训班等，同时把从事推广活动中所搜集到的信息反馈到各个实验站和科研中心，加以研究总结，再推广到实际的生产经营

---

① 县域经济在线. 2006 年世界农业发展概况［EB/OL］. http://www.onlinece.com.cn, 2007-04-21.

中。农业推广活动的对象是各个农场和农户，因此它既是使农业科技同生产紧密结合的手段，也是开展农业职业技术教育的最普及而又最有效的形式。在美国，从事这一推广活动的核心力量是各州农业大学或农学院的专家学者，他们既是教学人员，又各实验站和科研中心的科技人员，同时也是从事推广工作的骨干力量。这种农业合作推广教育，对美国发展农业生产起着很大的促进作用。美国政府的农业部门在长期的活动中，把农业教育、科研和推广结合在一起，从组织机构和工作开展上形成了有机整体，有效地推动了农业的现代化、机械化和科学化。在这一综合体中，起核心作用的是以州农业大学或农学院为主体的正规农业教育系统。因而，凡是办得好的农业大学和农学院，其本身就把农业教育、农业科研和农业推广有机地结合在了一起，真正实现产、学、研的融合。

在保证粮食生产者利益，从而保证国内粮食供应稳定方面，美国具有代表性的政策措施主要有价格支持、耕地保护、推动农业保险和粮食储备等。

美国农业价格支持政策的主要方法是补贴和贷款。从美国 2002 年通过的农业法案来看，政府对农业生产者的补贴有两种，即直接补贴和反周期补贴。直接补贴主要是通过法案规定享受补贴的作物种类及固定补贴率，而反周期补贴能在规定农产品市场价格走低的情况下保证生产者的收入，即如果市场实际价格低于目标价格，政府就将直接补偿生产者实际价格与目标价格之间的差额。为解决粮食生产者的资金问题，美国联邦政府的农产品信贷公司还为粮食生产者提供短期贷款用于农业生产，贷款额度以每单位预计粮食产量为依据。粮食收获后，如果市场价格高于贷款额，农民可在贷款到期前在市场上出售粮食，并偿还贷款及利息；当粮食市场价格低于贷款额时，农民可以把粮食交至农产品信贷公司，而不需要偿还贷款，这可以充分保障农民收入。这样，农民就可以规避从事农业生产的风险。

为确保农产品供求平衡和农业生产的可持续发展，美国政府还鼓励农民短期或者长期休耕部分土地。短期休耕旨在通过控制农产品产量以解决农产品相对过剩的问题，保证农民收益和产业协调发展问题；长期休耕旨在维护水土资源，保证农业持续发展的条件，尤其对水土流失严重的区域，政府要求在维护土地一定生产能力、禁止土地抛荒的条件下长期休耕，并对休耕期间的土地给予补偿。

在美国，农业保险包括作物产量保险和收入保险，由农民自愿投保。为防范和降低农业风险，政府鼓励农民投保，鼓励保险机构参与农业保险。为调动商业保险机构参与农业保险的积极性并有效降低其风险，政府专门成立联邦农作物保险公司，为商业保险机构提供再保险；同时，为了促使农民投保，政府补贴投保农民所支保费的 50％ 至 80％，农民只需支付有限的保费就可投保；此外，美国政府还实施灾害援助计划，对遭受不可抗拒自然灾害的生产者予以相应的损失补贴，以进一步规避和降低农业生产风险。

"委托代储"制度是流通领域稳定粮食价格和保证粮食供给的制度措施。"委托代储"制度的委托主体是政府，接受委托任务的是那些技术设施好、储备条件有保障的商业性粮食储备企业，受委托的企业负责按政府指令储备由美国联邦政府粮食储备的执行机构农产品信贷公司提供的储备粮。储备粮来源于两方面：一是市场粮价低迷时贷款农民交付给信贷公司的。二是政府根据需要从市场上购买的粮食。政府支付企业储存费用以及在储备过程中发生的包括损耗和亏损在内的一切费用。政府与企业的委托关系中，粮权属于政府，企业受委托储备政府提供的粮食而获得相应费用。

通过表2—3和表2—4可以看出美国实施的政策措施的成效。在保证粮食安全方面美国具有相当优势，既是粮食生产大国又是粮食出口大国。相对于中国而言，美国的国家粮食安全保障水平很高，无论国际粮食市场供给和价格波动有多大都不会直接会影响美国粮食安全。由于美国粮食自给率非常高（1960—1996年138.32%，见表2—4），国际粮食波动最多只会影响其粮食出口量，0.6的波动指数并不会影响其国家粮食安全；中国粮食自给率低于100%，必然需要从国际市场进口粮食，如因国际粮食波动而无法进口粮食时就必须消耗部分储备粮，这样势必会直接影响国家粮食安全。因此，美国作为粮食生产大国，虽然粮食储备率很低，但只要降低出口就能保障粮食安全，不会直接危及国内粮食储备。可见，美国的国家粮食安全保障系数是很高的。

表2—3 中美两国粮食安全系数比较

国家	波动指数	自给指数	储备指数	人均占有指数	综合得分
中国	0.9	0.9	0.7	0.5	0.75
美国	0.6	1.0	0.7	1.0	0.83

注：波动指数取自1960—1996年平均值，自给率、储备率指标取自1990—1996年平均值。
数据来源：朱泽（1997）。[1]

表2—4 中美两国主要粮食生产和消费粮食自给率

时间	1960—1969年	1970—1979年	1980—1989年	1990—1996年	平均值
中国（%）	97.35	101.80	95.32	99.29	98.37
美国（%）	123.91	145.88	147.33	135.27	138.32

数据来源：朱泽（1997）。[2]

实践证明，美国采取的农业技术推广、价格支持政策、耕地保护措施、农业保险和灾害补贴等一系列政策措施，以及为平抑粮食供需波动而实施的委托代储等粮食储备制度，确保了美国粮食安全，其粮食自给率明显高于世界其他国家，保持在平均138%左右。

2. 欧盟的经验总结

欧盟在加强农业基础地位和确保粮食安全方面主要是通过在不同时期实行不同的共同农业政策，建立统一农产品市场，制定共同的对外贸易政策等措施，加强对各成员国

---

① 朱泽. 中国粮食安全状况的实证研究［J］. 调研世界，1997（3）.
② 朱泽. 中国粮食安全状况的实证研究［J］. 调研世界，1997（3）.

农业及粮食市场的保护。在粮食短缺时期，由于各成员国农产品供给不足，欧盟通常会制定一些农产品统一市场的协议，这是欧盟经常使用的共同农业政策。该政策旨在通过技术进步以提高农业生产率，保证农民收入，调整农产品供求失衡。共同农业政策一方面确保当粮食市场价格下跌时，农民能获得最低价格保障；另一方面，当粮食供给出现过剩时，政府降低价格支持水平以限制粮食产量，同时对农民实行直接收入补贴，既调节了粮食供求平衡，又能保证农民收入。共同农业政策的实施保障了农业的基础地位和欧盟粮食安全，其效果是明显的。

同时，欧盟国家也很重视农业科学技术的推广与教育，旨在提高各国的农业生产率，从源头上保证粮食产量。欧盟许多国家都建立了国家、地方和农场三级农业科研体系。高等农业院校也建有各种形式的研究机构，并逐步形成重要的、独立的农业科研力量。现在，欧盟国家高等农业院校的科研几乎都占全国农业科研的30%以上，这个比重高于美国，更远高于亚洲国家。欧盟各国都拥有众多的农业科研人员，占农业系统人员总数的四成以上。此外，国家每年还要下拨大量的农业科研经费以支持农业科学技术的研究与应用。以上措施极大地促进了农作物产量的提高。

当然，欧盟各成员国针对粮食安全问题也分别有自己的一套政策措施，其中德国经验尤其具有典型性。德国是欧盟三大农产品主产国之一，国内粮食不仅能自足，还可以出口，虽然德国耕地面积达1190万公顷，农场平均规模36公顷，农业生产自然条件较好，但德国以前的粮食产量并不高，国内粮食供给不能满足需要，还需要进口。随着德国一系列有效政策的实施，依靠科技进步和农业机械化的发展，粮食产量不断提高，从20世纪60年代初的1726万吨提高到2006年的4347万吨。1990年始，德国从一个粮食进口国变为欧洲重要的粮食出口国，2005年粮食净出口达到562万吨。[①] 德国在发展国内粮食生产，综合运用储备、国际贸易等措施方面取得的经验成效，颇有借鉴意义。

第一，作为欧盟成员国的德国，其粮食政策是建构在欧盟颁布的共同农业政策基础上的。也就是说，德国关于粮食安全的政策必须与欧盟的政策法律一致。因此，德国关于粮食安全的目标也要体现保证欧盟粮食安全，并执行欧盟的共同农业政策。

第二，为实现粮食安全目标，德国采取的最重要的手段就是通过政府高额补贴促进粮食生产，该补贴既有产量补贴又有农民收入补贴。同时，其粮食安全由单纯依靠国内市场转为依靠国内和国际两个市场。

第三，农业科技和规模经营是德国发展粮食生产的重要途径。农业科技应用的前提是农业土地的规模经营，德国政府十分重视并鼓励农地合并经营，早在1955年就制定了《农业法》，允许土地自由买卖和出租，使土地规模很小的小农场转变为大规模集约化经营的农场。20世纪50年代中期，政府颁布并实施《土地整治法》，通过土地整治变零星分散的小块土地为具有一定规模的农场，实现农地规模经营。为了引导和鼓励土地自由交易流转，扩大农场规模，德国政府1965年出台规定奖励农地流转，主要包括

---

① 中国农业代表团. 韩国、德国粮食安全考察报告 [J]. 农业经济问题，2008 (4)：4—9.

以下内容：凡愿意出售土地转向非农产业的农民都可获得政府的奖金或贷款；凡土地出租超过 12 年的农民，每公顷租地可获得 500 马克的奖金。这些政策措施的推行有效促进了土地交易合并，过去 50 年间德国农场数量减少了 90%，当前只有 18 万个农场，而农场的平均规模已达 36 公顷，实现了土地规模经营。①

第四，建立粮食储备制度确保国家粮食安全。德国的储备粮分为两类，也采用了两种执行方法：一类属于国家储备粮，这类储备粮用于自然灾害和战争发生之时，国家采用招标形式来确定粮食的供应者和储备者；第二类是欧盟干预粮，这是农民以干预价格出售给农业部储备局的粮食，粮食所有权属于欧盟，农业部对储备者进行公开招标，联邦政府执行欧盟的政策。

另外，通过合理调控，发挥国际贸易的补充作用。德国采用进口限制政策，对高质量的小麦、玉米和高粱等采用的进口关税是干预价格的 155% 与进口价之间的差价；对低质量的小麦、大麦和玉米等采用的是配额管理。欧盟主要政策在于保护自己的农产品市场，维持较高的农产品进口关税，减少进口粮食对国内粮食生产的影响。但与此同时，根据国际形势变化，德国为了缓解国内粮价上涨压力，已暂时调低粮食进口实施关税，发挥国际粮食贸易的补充调节作用，以保证国家粮食安全。

上述分析表明，以美国、欧盟为代表的农业资源富足的发达国家或经济体为加强农业基础地位和确保国家粮食安全，均采取了高额政府补贴、大规模集约化经营和建立完善的粮食储备制度等措施，并取得显著成效。同时，我们也必须承认由于发达国家资金雄厚、技术先进，它们对农业科学技术的开发研究与推广应用的重视程度都远高于发展中国家。先进的农业技术装备、雄厚的农业科研资金和完善的技术推广机制都是推动发达国家农业发展的重要因素。

（二）农业资源富足型发展中国家加强农业基础地位和确保国家粮食安全的经验总结

由于经济发展水平和农业技术等方面的差距，农业资源富足的发展中国家与发达国家在加强农业基础地位和确保粮食安全的方式方法及政策效果上均存在差异。

1. 印度的经验总结

印度是农业资源富足型发展中国家的典型。印度拥有丰富的土地资源，其耕地面积数量居亚洲之首，多达 1.43 亿公顷，人均占有耕地 0.16 公顷，约为我国的 2 倍。印度雨水充沛、河流众多，具有农业生产的水资源优势：全年降雨总量为 39300 亿立方米；境内最主要的河流恒河，全长 2700 公里，支流 10 余条，流域面积 106 万平方公里②；其次还有布拉马普特拉河、戈达瓦里河、讷尔默达河、克里希纳河等。印度又属于热带季风气候，热能资源丰富，优良的气候雨水条件有利于农作物全年生长，不存在季节选择。

---

① 中国农业代表团. 韩国、德国粮食安全考察报告 [J]. 农业经济问题，2008（4）：4—9.
② 松际农网. 印度农业概况 [EB/OL]. http://www.99sj.com/Article/3945.htm，2003—11—27.

印度是一个典型的人口大国。根据 2006 年印度人口普查的结果来看，截至当年 3 月 1 日零时，印度全国人口已达到 10.27 亿，正式成为世界上继中国之后的第二个人口超过 10 亿的国家，人口总数约占世界总人口的 16.7％。[①] 印度作为世界第二人口大国，虽然政府对生育率的控制采取了一系列的政策，但人口增长率一直以来仍然较高，约为 1.8％。众多的人口给国家的粮食安全带来了巨大的压力。因此，政府采取积极有效的农业和粮食政策以确保国家粮食安全。

　　印度的农业和粮食政策大体可分为生产者政策和消费者政策两个方面。生产者政策主要包括价格支持和生产投入补贴，而消费者政策的核心是针对流通领域的粮食分配政策。

　　生产者价格政策的目标和核心内容是很明确的：其目标在于保证农民收入和促进农业生产发展，在全国层面保证粮食的可获得性；其核心在于政府确定粮食保护性收购价格，并确保这一价格水平维持在市场均衡价格水平之上。该政策保护了粮食生产者的利益，有利于调动农民的粮食生产积极性，保证粮食供给。

　　农业投入补贴是印度生产者政策的另一重要内容，其目标是改善农业生产条件，提高农业生产率。补贴表现为显性和隐性两类：显性补贴指对农业农村的公共投资，包括农业科研、农村教育、农村基础设施等方面的投资；隐性补贴指对农业生产的直接补贴，主要包括肥料、电力和灌溉三方面的补贴。随着印度经济的发展，政府对农村农业的投入补贴随之增加，有效地促进了农业生产的发展。但反思实际操作中的问题可以发现，政府对农村公共投资的增幅相对较小，导致农业生产能力长期不足，因此还需要通过投入结构的调整以取得更大成效。

　　消费者政策的核心是粮食分配政策，粮食分配政策的目标是在家庭层面上满足居民粮食在经济上的可获得性。这一政策是针对粮食流通环节的，通过公共分配系统执行。粮食消费价格被定位在低于收购价格的补贴价格，称为中央发行价格。其分配的流程如下。

　　中央政府借助印度食品公司负责定购、储存粮食并将其运输至中央仓库，然后按中央发行价格批发给各邦政府，再将粮食从中央仓库运达 40 多万个平价商店，最后由平价商店平价销售给消费者。

　　针对国内贫富差距日渐扩大的现实，1997 年 6 月，政府针对两类对象实行差别粮价政策：低于贫困线的家庭可通过定向公共分配系统，以较低价格购买粮食；高于贫困线的家庭须按规定价格购得粮食。这项粮食政策的最大特点就是"补贴所有地区的贫困人口"，而不是"补贴贫困地区的所有人"，具有较强的针对性，效果明显。

　　2. 尼日利亚的经验总结

　　尼日利亚南濒大西洋几内亚湾，地势北高南低，河流众多，水资源丰富，具有丰富的农业生产资源和巨大的农副产品消费市场。从其资源优势和政府对农业生产的日益重

---

　　① 松际农网. 印度农业概况〔EB/OL〕. http://www.99sj.com/Article/3945.htm，2003－11－27.

视来看，其农业发展潜力巨大。

尼日利亚通过关税政策限制粮食进口，鼓励农业机械和化肥进口，通过价格补贴政策促进农业生产。

从关税政策来看，为了鼓励国内农业生产，减少国际市场粮食对国内粮食的冲击，尼日利亚政府通过设置关税壁垒限制粮食进口，2001年和2002年连续两次调高农产品进口关税，大米等粮食进口关税高达100%；同时，为促进本国农业生产率提高，又对化肥、农药、农业机械实行优惠关税，农用机械进口关税低至2.5%，拖拉机进口关税甚至为零。

该国的价格补贴政策主要体现在进口补贴和出口补贴上。为了给本国农业生产提供良好的保障条件，政府规定对化肥进口给予25%的补贴，同时还提供近70%的周转资金贷款；为了引导国内农产品提升竞争力，政府还规定了出口补贴，规定对可可、花生和棉花出口给予5%的出口补贴。[①]

此外，尼日利亚从中央到地方各级政府都积极引导外资进入农业领域投资和合作，为农业发展提供更多的资金支持。

上述两个国家的粮食政策都包含了价格支持和补贴两方面。一般来说，粮食的定购价都要高于市场价格，地方政府从中央仓库购买的粮食价格又低于定购价格。比如，对于印度食品公司来说，这个过程就是贵买贱卖，此外，粮食的储藏、运输和处理过程所发生的费用都由政府进行补贴。另外，针对不同家庭采取差别价格对待，特别贫困的家庭可以以较低的价格购买粮食，这也是明显的价格支持政策。此外，对于化肥等农用生产物资进口和传统农产品出口进行补贴，或者限制部分农产品进口以保护本地农业发展等，这些都是发展中国家政府为鼓励本国农业发展所采取的鼓励措施。不可否认，补贴政策对于增加种粮农民的收入，调动其生产积极性，提高本国农产品在国际市场上的竞争力，都是有明显效果的。

虽同样具有丰富农业资源的先天优势，但由于社会经济发展水平的不同，发达国家和发展中国家在加强农业基础地位和确保国家粮食安全的方式方法上仍存在不同。最主要的表现就是发达国家在对农业生产进行高额政府补贴的同时，更加注重通过农业技术推广和技术进步来保证本国粮食量的增收和质的提高，可谓是"标本兼治，双管齐下"。而发展中国家可能是受到本国经济实力和科学技术发展水平的制约，往往只注重对农业采取价格支持和补贴等手段，而忽略了对农业科学技术的研发，从而无法从根本上提高粮食生产率，保证国家粮食安全。

同时，由于经济发展水平和国家综合实力的差别，同样的政策也会对发达国家和发展中国家产生并不相同的结果。对于发展中国家来说，价格支持政策固然需要，但价格支持增幅应当适度，同时更重要的还在于农业技术的研制和应用，否则单纯的价格支持会导致政府财政负担过重，不利于农业及国民经济的可持续发展。印度生产者政策和消

---

① 第一食品网. 尼日利亚农业概述［EB/OL］. http://www.foods1.com/content/750631.

费者政策实际上就是价格支持政策，由于生产和流通消费环节都要补贴，政府财政负担日益加重，粮食补贴从 1998/1999 年度的 20.18 亿美元上升到 2004/2005 年度的 63.72 亿美元，同时，粮食库存的大量增加也必然增加财政支出。事实上，印度即使要对消费者进行价格补贴，也应当主要针对少数贫困者，否则补贴政策将难以为继。

另外，由于发展中国家政府的财政资金有限，农业补贴和农村公共投资往往不可兼顾。如果发展中国家长期对农业进行巨额补贴，不仅容易造成财政困难，还会对农村公共投资产生挤出效应，导致农村基础设施、水利设施落后，甚至导致对土地的过度利用，破坏生态环境，不利于农业可持续发展。从短期来看，对农业生产要素投入的补贴虽然可以暂时提高农业产量，但从长期来看却会因对农村公共投资产生挤出效应而导致农村基础设施、基本水利设施建设严重滞后，直接影响农业生产率的提高。而农村基础设施落后，政府对农业的补贴又不断增加，农民就可能过度开发利用资源，包括过度抽取地下水进行灌溉，过度使用化肥提高产量等，结果导致水资源枯竭、土壤板结及环境污染，最终农业产量也会降低。从粮食安全角度考虑，发展中国家的政府如何在农业补贴和农村公共投资之间进行权衡是其面临的最大挑战。

二、农业资源贫瘠型国家加强农业基础地位和确保国家粮食安全的经验总结

农业资源贫瘠型国家因农业自然资源匮乏，农业经济资源不足，其农业发展战略的选择必然存在差异。

（一）农业资源贫瘠型发达国家加强农业基础地位和确保国家粮食安全的经验

1. 日本的经验总结

日本属于典型的人多地少国家，农业资源较为贫乏，多火山、地震，山地和丘陵面积大，约占总面积的 80%，即使有沿海平原，也是狭小分散，地形特征总体不利于农业生产。此外，其土壤贫瘠，多为黑土（火山灰）、泥炭土和泛碱土，冲积土大部分已经开垦为水田，形成特定的水田土壤。

日本农业的致命弱点是土地稀缺造成的农产品不足，这也导致了食品成本的增加。近年来，日本农业生产出现了诸多新的问题，比如：农村的劳动力减少，老龄化问题日趋严重；由于人们的饮食结构发生较大变化，日本本土对传统粮食作物的生产直线下降；粮食生产过多依赖进口；等等。1999 年，日本政府通过了《食品、农业、农村基本法》，该法提出了国家粮食安全问题，同时提出解决问题的任务、消费者利益和农村发展问题。关于粮食安全问题，该法阐明了两个观点：一是国内市场粮食自给自足的方针，二是对外粮食自由贸易市场完全开放。这两个方面相辅相成：日本农业资源贫乏，只有通过农业技术创新提高农业生产率和国内粮食自给率；为了防范国家粮食风险，解决国内粮食供给缺口，又必须解除粮食进口限制，以增加粮食储备，降低粮食安全风险系数。

首先，日本确保国家粮食安全的第一大政策就是粮食进口来源多样化政策。这是日本抵御粮食价格波动的针对性政策，实施后成效明显。比如：2003 年日本进口农产品来源地多达 208 个国家和地区，其中包括一些太平洋、大西洋上的小岛，这在进口海产品方面表现得尤为突出。日本对进口来源多样化的实施避免了对美国方面的过度依赖，它与许多国家签订了长期进口粮食的协议，巩固了在建立国际粮食储备方面的国际合作关系，客观上促进了发展中国家农业经济的发展。同时，日本还对一些发展中国家直接提供技术援助，促进农业发展，这样一方面降低了这些国家对出口的要求，一定程度上缓和了世界粮食市场的竞争，另一方面也为日本从这些国家进口食品创造了条件。另外，从 20 世 70 年代开始，日本已经通过在国外建立农业企业的方式解决了很大一部分粮食的进口问题，达到了进口粮食基地多样化的目的。

其次，日本在发展农业生产的过程中十分注重保护环境，提高农产品国际竞争力。20 世纪 60 年代中期到 70 年代中期，在日本经济发展过程中，环境污染问题日益严重。生态环境的恶化引发了人们环保意识的觉醒，同时，生活水平提高后，人们对无公害食品需求日益增多。为此，政府制定了保护环境的农业发展战略，尤其是近年来实施了大力支持有机农业发展的政策，注重有机农产品的栽培、管理，并针对有机农产品的认证、销售、监督等颁布了一系列措施。这些政策和措施效果明显，农药、化肥投入减少，不仅大幅度降低了成本，增强了日本农产品的国际竞争力，同时还避免了环境污染、物种减少、土壤退化的发生，促进了日本生态系统恢复良性循环。为保护环境、发展绿色农业经济、生产出高附加值的农产品、扩大无污染的生态产品份额，政府还专门拨款用于研究和推广相应的农业技术，生产生态农产品和畜牧产品，进口生态无污染粮食产品是日本提高其农产品竞争力水平的有效途径，并已在实践中获得了巨大的收益。

再次，日本政府在发展农业生产过程中致力于扩大农场规模，提高农业生产效率。政府从 1980 年末开始实施的措施加快了农业耕地和畜牧业扩大规模的脚步，虽然现在还没有达到新农业政策设想所要求的目标，但至少正在向目标努力迈进。像日本这样的国家，自然不可能建立像美国和俄罗斯那样的大农场，但建立 10~15 公顷耕地的中型农场也不是不可能实现的。所以，在日本农业方针中，扩大农场规模占十分重要的地位。为此，政府采取了许多措施，如从支持租赁变成平衡土地买卖，刺激小农场主拥有的小块土地与其他农场合并，从而形成较大的农场，以便高效使用土地。近年来，由于日本政府鼓励一定规模的农场发展，日本小规模的农业耕作散户大为减少，很多农民都转化为中型农场的雇佣工人，农村土地的集约化程度和农业机械化程度都有了明显提高，日本的农业，特别是粮食生产率有了明显增长。

最后，对于日本这样的经济大国，农业中的政府扶持政策自然也是不可或缺的。1995 年，日本颁布和实施新粮食法，实行各种直接或间接的价格补贴政策，例如生产资料购置补贴、保险补贴和自然灾害补贴等。从 2007 年 4 月 1 日开始实施"新的农业经营稳定政策"，政府改变了以前农业补贴政策中关于补贴对象和补贴形式的内容。从补贴对象来看，不再对全体农户都进行补贴，而只对具备一定经营条件的骨干农户进行补贴，此举表明政府试图提高农业的竞争力。从补贴形式来看，不再采用以前对不同作物实施不同补贴形式的政策，而是不区别品种地对农户的整体经营开展收入补贴。同时，日本政府还对本国农产品实施保护，包括设置各类贸易壁垒，如为抵御国外农产品对国内市场的冲击征收高额关税，其中针对大米的关税竟高达406%。

2. 韩国的经验总结

与日本一样，一水相隔的韩国也同属于农业资源贫瘠的发达国家，稀缺的耕地资源与日益增长的农产品需求同样令韩国政府为难。韩国粮食自给率一度下降到27%，除大米可以完全自给并有少量出口外，其他粮食品种，特别是饲料用粮基本依靠进口，是一个典型的粮食净进口国。为改变这种状况，近年来韩国的粮食政策始终着力于提高粮食生产效率，保证粮食稳定安全供应，努力夯实粮食生产基础，增加农民收入，促进粮食结构调整。政府高额补贴，重视对农业科学技术的研究和利用，提倡规模经营，建立粮食储备制度以及充分发挥国际贸易的补充作用都是韩国政府力图实现其粮食安全的重要途径。经过几年的努力，韩国积极的农业和粮食政策收到了一定成效，国内粮食净进口的形势有所缓解。

可见，日本和韩国都将粮食进口来源的多样化作为确保本国粮食安全的重要战略。通过粮食进口渠道的多样化有效防止价格陷阱，抵御国际市场风险，避免粮食出口国单方面操纵价格给国内粮食市场带来的冲击。当然，通过高额的政府补贴和雄厚的资金技术装备，促进农业科学技术的研究和利用，提高粮食生产效率，保证粮食稳定供应，也是农业资源贫瘠的发达国家不可能放弃的重要手段。

（二）农业资源贫瘠型发展中国家加强农业基础地位和确保国家粮食安全的经验总结

虽然同属农业资源贫瘠型国家，但经济技术水平的高低差异也必然影响其战略选择。农业资源贫瘠型国家发展中国家更要注重战略的有效性，其有效战略更值得总结。

阿拉伯国家分布在西亚、北非地区及非洲东南部，均属发展中国家，经济结构普遍比较单一，石油、天然气、旅游以及农牧业是其主要经济支柱。由于气候条件和水资源等因素的制约，阿拉伯国家的农业普遍不发达，可耕地面积仅占地区总面积的5.1%左右，大部分国家粮食不能自给。尽管如此，农业仍然是这些国家国民经济的重要产业，农业劳动力有2991万人，占劳动力总数的30.6%。[①] 阿拉伯地区的主要农业国有苏丹、埃及、突尼斯、摩洛哥、伊拉克、也门、叙利亚和黎巴嫩等，主要粮食作物有小麦、大麦、玉米等，主要经济作物为棉花、橄榄、椰枣、花生、甜菜、阿拉伯胶等。

阿拉伯国家的粮食安全状况可分为五类。第一类，粮食基本自足，粮食安全基本有保障的国家，这样的国家较少，如叙利亚和沙特阿拉伯。其农业较为发达，能够保证粮食基本自给，还可能部分出口。第二类，粮食自给量超过50%的国家，国家粮食安全保障不足，这类国家包括突尼斯、摩洛哥、利比亚、伊拉克、约旦等。第三类，粮食自给率极低，粮食安全得不到保障的国家，这类国家包括苏丹、阿尔及利亚、黎巴嫩、阿

---

① 阿拉伯国家农业发展组织. 2007年阿拉伯国家农业发展报告〔EB/OL〕. http://www.aoad.org/publications.htm，2008-02-23.

曼、科摩罗。第四类，粮食全部依赖进口的国家，这类国家自身没有粮食生产，包括位于海湾地区的阿拉伯联合酋长国、科威特、巴林、卡塔尔。第五类，国家粮食安全完全没有保障的经济不发达国家，这类国家经济落后，靠进口和国际援助获得粮食，包括也门、索马里、吉布提、毛里塔尼亚和巴勒斯坦等国。阿拉伯国家中至少有7个国家的贫困人口比重超过全国总人口的40％。①

农业在阿拉伯国家的地位是举足轻重的，它不仅是解决国民就业问题的一大方向，还可直接解决人们的生活贫困问题，推进城乡均衡发展，促进经济收入多样化。可是，阿拉伯地区水资源奇缺，常年战乱不断，严重影响了各国农业的发展，自产粮食远远不能满足当地人的需求，每年要进口大量的粮食和食品。同时，该地区的农业发展资金投入有限，农业生产力水平相对偏低，粮食产量受到很大限制，远不能满足市场需求。尤其是近两年来全球出现粮食危机，粮食食品价格飞涨，无疑是给本来就遭遇粮食困难的阿拉伯国家雪上加霜，粮食安全已成为这些国家亟待解决的头等大事。

面对高企的粮价，阿拉伯各国反应积极，纷纷寻求相应对策，实施了限制出口、屯粮自保、国外购地等多方面的政策措施，以缓解国内粮食危机。针对单个国家粮食问题普遍突出的现状，阿拉伯国家也积极探索阿盟农业一体化的可能路径，因而制定了阿拉伯农业可持续发展战略。

从单个国家的行动来看，为了保证国内粮食供给和国内粮食储备，各国根据自身具体情况采取了不同的对策措施。摩洛哥政府采取各种措施鼓励粮食进口，主要政策包括：大幅度降低小麦进口关税，同时向以特定基准价以上的价格采购的进口商提供进口补贴。沙特和阿联酋等资金充足国家的政策重点集中到国外农业投资上，拟在邻国投资农业。比如，沙特打算成立大型海外农业投资公司，主要投资生产本国无条件种植的大米及水资源消耗量大的小麦、大麦。②而埃及采取了进出口政策、价格补贴政策、市场监控政策等综合政策措施保障国家粮食安全：在进出口方面，改变了以前鼓励粮食出口的政策，转而限制或者禁止粮食出口，大力鼓励粮食进口；为了降低风险，还打算实施粮食进口多元化策略，包括从美国、俄罗斯、哈萨克斯坦、法国、伊朗等国进口粮食③；在价格补贴方面则表现为补贴数量增加；在市场监控方面表现为加强市场监督，打击不法商贩，维护正常的市场秩序。

据通常的看法，阿拉伯国家联合保障粮食安全的现实路径是走阿拉伯农业一体化的道路。阿拉伯经济问题专家阿里·瓦赖德·谢赫认为："通过扩大生产性的农业投资，利用先进的农业科技，可以实现阿拉伯农业增产，满足不断增加的粮食需求。但其实现要在根本上协调阿拉伯各国的政策和发展规划，实现阿拉伯农业经济一体化。"④ 2010

① 中国国家商务部. 阿拉伯国家农业发展概况［EB/OL］. http：//www. mofcom. gov. cn，2009－01－21.
② 新华网. 沙特将成立海外农业投资公司［EB/OL］. http：//www. ln. xinhuanet. com，2008－08－26.
③ 新华网. 全球闹"粮荒"，各国怎样应对？［EB/OL］. http：//news. xinhuanet. com，2008－04－17.
④ 阿里·瓦赖德·谢赫. 阿拉伯粮食安全发展战略的基础［EB/OL］. http：//www. aljazeera. net，2008－05－21.

年 2 月 16 日的非洲及阿拉伯国家农业部长会议通过了一项农业发展共同行动计划，以促进非洲和阿拉伯地区的农业发展，确保粮食安全。该会议的目标是促进非洲和阿拉伯地区各国形成机制化的农业发展合作，以应对近年来在全球经济危机和环境恶化影响下逐渐加剧的粮食安全危机。近 50 个非洲和阿拉伯国家的农业部长与会，决定该会议今后每两年召开一次。该共同行动计划指出，调整农业政策和战略以缩小粮食生产和人口增长之间的差距是各国面临的重大挑战，因此耕地资源丰富的国家和资源贫瘠的国家应在资源利用和资金投入方面建立合作机制，以满足整个地区的共同需求。埃及农业和土地改造部长阿巴扎在讲话中说："埃及期待具有资金和技术优势的国家能够和拥有丰富农业资源的国家实现合作和资源的最佳利用。"共同行动计划在增加农业投入、建立粮食储备系统、促进农产品贸易、加强农业技术开发和转让等领域为各国的合作做出规划，还要求设立一个专门的促进机构以落实行动计划，并为各国的合作设定可行的优先目标。该计划还要求非洲联盟和阿拉伯国家联盟联合本地区金融机构共同设立一个农业投资基金，同时建议各国将年度预算的 10% 用于发展农业。[①]

非洲和阿拉伯国家都属于典型的发展中国家，再加上特定的地理位置决定了自然赋予它们的是贫瘠的农业自然资源，水源短缺及土地贫瘠是制约该地区农业发展的关键因素。与农业资源同样贫瘠的日本、韩国等发达国家相比，经济和技术实力均不雄厚的阿拉伯国家加强农业基础地位和确保国家粮食安全的政策效果确实没有发达国家的政策效果那么明显。其原因主要有三个方面：①发达国家资本雄厚，有足够的经济实力在海外建立农业生产企业，为本国的农产品进口创造良好的条件；而发展中国家在经济上往往会出现力不从心的情况。②发达国家在国际上的政治地位远高于发展中国家，其在外交谈判中常占有绝对优势，致使很多国家都愿意与发达国家建立国际合作关系，这就为发达国家实现进口来源多样化提供了必要保证。③发达国家科学技术先进，农业技术转化为现实生产力的比率高，使其有能力在发展农业生产的过程中注重环境保护，减少化肥使用量，发展无公害的有机农业，从而提高本国粮食产量和农产品的国际竞争力。

根据现实，仍处于发展中的阿拉伯国家不可能单独提供充裕的资金和先进的农业科学技术给农业及粮食生产。因此，走农业一体化道路，通过多国合作优势互补，努力实现农业资源优化配置，提高农产品，特别是粮食作物的产量，保证该地区的粮食安全，已成为非洲及阿拉伯国家达成的一种共识。当然，努力发展本地区的社会经济，提高自身综合实力，为发展本国农业提供必要的资金和技术支持，也是阿拉伯国家必须要重视的问题。

三、不同类型国家加强农业基础地位和确保国家粮食安全战略的经验启示

比较总结农业自然资源状况不同、经济发展程度有别的各个国家关于加强农业基础

---

① 新华网. 非洲及阿拉伯国家农业部长会议通过农业发展共同计划［EB/OL］. http://www.xinhuanet.com，2010-02-17.

地位和确保粮食安全的战略措施，对我国加强农业基础地位和确保粮食安全颇具启示。

（一）各国加强农业基础地位和确保国家粮食安全的经验总结

在前面的相关研究基础上，笔者对不同类型国家加强农业基础地位和确保粮食安全的战略选择进行了总结（见表2-5）。

表2-5　各国确保粮食安全的经验总结

	发达国家	发展中国家
农业资源富足型	美国政策的核心是通过巨额的财政补贴来保障粮食生产者利益，从而保证粮食的供应稳定。其代表性政策措施有价格支持、耕地保护、推动农业保险和粮食储备等。 欧盟主要措施为，在不同时期实行不同的共同农业政策，建立统一农产品市场，制定共同的对外贸易政策和完善的粮食储备体系等。其核心在于通过技术进步和规模经营来提高农业生产率，保障农产品供给，增加农民收入，提高农民种粮积极性，稳定农产品市场。	印度政策包括以价格支持和生产投入补贴为主的生产者政策和针对流通领域粮食分配的消费者政策。价格支持政策的目标是保护农民收入，刺激农民生产积极性，以促进生产；农业投入补贴是为改善农业生产条件，提高农产品竞争力；消费者政策是通过流通环节解决消费者层面的粮食可获得性问题。 尼日利亚着力于通过财政税收政策限制农产品进口，鼓励本土农业生产和引进外资发展本国农业。
农业资源贫瘠型	日本确保国家粮食安全的主要政策有：粮食进口来源多样化政策；保护环境，利用先进科学技术提高农产品国际竞争力；扩大农场规模，提高农业生产率；直接和间接的价格补贴政策；农产品贸易保护政策等。 韩国实现粮食安全的重要途径是政府高额补贴，重视对农业科学技术的研究和利用，提倡规模经营，建立粮食储备制度和充分发挥国际贸易的补充作用。	阿拉伯单个国家主要采取发放补贴、限制出口、鼓励进口、屯粮自保、国外购地以及进口多元化等对策来确保国内的粮食供应。 从阿盟层面来看，倡导通过建立国与国之间的合作机制，实现优势互补，走农业一体化道路。

第一，无论是农业资源富足型还是农业资源贫瘠型的发达国家，其加强农业基础地位和确保粮食安全的政策核心都在于通过高额的政府补贴保证农民收入，刺激农民的生产积极性，以稳定粮食供给。同时，发达国家政府着力于通过农业科学技术的进步以及提倡规模经营来提高粮食生产率，稳定农产品市场。不同的是，相对于资源富足的发达国家来说，农业资源贫瘠的发达国家，由于其自身农业自然条件的限制，更加重视发挥国际市场对国内农产品的补充作用，采取粮食进口多元化的政策，以有效缓解国际粮价波动对国内粮食市场的冲击。

第二，与发达国家不同，发展中国家由于经济实力的限制，在财政补贴方面的"面"和"度"上都较发达国家更小。即便像印度在农业和粮食生产方面耗费了巨额的财政补贴，可是这样的补贴政策也给国家造成了严重的经济负担，并不是可以长期持续下去的。因此，发展中国家更倾向于采用限制出口、鼓励进口、屯粮自保和鼓励引进外资等方式来解决国家的粮食安全问题。

第三，农业资源富足型的国家，不论发达与否，由于自身丰富的农业自然资源，其采取的加强农业基础地位和确保粮食安全的政策自然而然地偏重于依靠提高本国的粮食生产能力来解决国家的粮食安全问题。具体措施包括：通过财政补贴保证农民收入，刺激农民的种粮积极性，稳定农业生产；通过农业技术进步和规模经营来提高农业生产率；通过增加对农业基础设施的投入改善农业生产条件，鼓励发展本土农业生产；等等。

第四，由于受本国农业自然条件的限制，农业资源贫瘠型的国家除了努力提高农业和粮食生产的单产以外，更加重视发挥国际市场对本国农产品市场调剂余缺的作用以弥补本国不能粮食自给的缺陷。另外，对于农业资源贫瘠型的国家来说，加强国与国之间的合作，比如国外购地种粮和建立优势互补的国际合作机制等都是有效保证国家粮食安全的重要举措。

（二）各国加强农业基础地位和确保粮食安全的经验对我国的启示

中国是一个人口多、耕地少的发展中国家，仅拥有全球7％的耕地，但却有全球五分之一的人口。农业生产在我国国民经济中的作用举足轻重，党和政府向来重视农业生产和国家粮食安全问题。特别是"十五"时期，党中央、国务院针对我国农业基础薄弱、粮食综合生产能力下降等问题先后出台了一系列支农、惠农政策，极大地调动了农民的生产积极性，农业生产成就显著：粮食生产走出低谷，林业、畜牧业、渔业全面发展，农业生产结构进一步优化，为我国新世纪的农业生产发展和实现国家粮食安全奠定了坚实的基础。

从农业自然资源的总量来看，中国属于农业资源富足型国家，但因人口众多，从人均角度来看，又可以归入农业自然资源贫瘠型国家。其特征主要表现如下。

第一，人均耕地面积少，且耕地总量不断下降。耕地是决定粮食供给的基础，我国是人地关系紧张的国家，同时又是城市化水平较低的国家之一。由于我国是世界第一人口大国，人均耕地面积少，几乎只有世界人均耕地面积的1/3。同时，随着我国城镇化和工业化的加速发展，随着人们生活水平的整体提高，我国可能将在相当长时期内面临更大的耕地减少压力。再加上生态文明建设的发展，退耕还林也是耕地总量减少的影响因素，多因素叠加导致耕地危机可能加剧。

第二，水资源总体紧缺。我国水资源总量丰富，人均不足，人均量仅为世界平均水平的1/4；我国大部分地区属于干旱、半干旱地区，水资源地域分布不均衡，同时季节分布亦不平衡，降水主要集中在雨季；农业用水量占总用水量的比率高达70％左右，因而从总用水需求和地域用水需求来看，农业灌溉用水的供需矛盾都很尖锐，严重制约着我国粮食的增产。

第三，灾害性气象的影响逐渐增大。随着对自然的过度开发，全球环境的承载负荷加大，灾害性气象增多，而我国农业生产条件依然落后，应对自然灾害的能力不强，因而灾害性气象对我国粮食生产的影响加大。

正因为如此，中国既有有利因素（从总量来看），又面临着严重的困境（从人均来看）。农业人口在我国总人口中占有很大比例，加强农业基础地位和确保国家粮食安全，解决十三亿多人口的吃饭问题，属于国家战略的问题，应当充分重视。世界各国加强农业基础地位和确保粮食安全的经验，对我国主要有以下几个方面的启示。

首先，提高粮食生产能力是保障国家粮食安全的根本所在。粮食安全问题既包括生产问题，也包括流通问题，而生产问题是根本。尽管我国在粮食储备方面和粮食分配环节上采取了相应对策，对保证国家粮食安全有明显作用，但在面临全球粮食安全危机的现实情况下，粮食储备系统无论多么健全和庞大都不可能解决长期性和永久性的粮食安全问题；而且，各国的经验证明，粮食储备的成本代价高昂，过度储备是对国家财政资源的严重浪费；再者，国家过度垄断粮食经营会降低粮食市场的流通效率。从长期来看，只有不断提高粮食生产能力，才能从根本上解决国家粮食安全问题。

其次，完全的粮食自给并不等于粮食安全。一直以来，我国很多专家学者都极力倡导中国应该实现完全粮食自给，认为完全的粮食自给就实现了粮食安全。这种观点不适合我国，无论从我国人口多耕地少的状况，还是从我国农业不具比较优势的现状来看，粮食自给都不能等同粮食安全。我国人均耕地资源本来就少，从发展来看还会持续减少，从 2003 年到 2007 年，我国人均耕地面积就从 0.095 公顷（1.43 亩）下降到 2005 年的 0.093 公顷（1.4 亩），2007 年"人均 1.4 亩耕地的防线"失守，在粮食生产能力还有限的当前，我国要实现粮食自给还比较困难。而且，从比较优势原则来看，我国农业生产不具有比较优势，应当利用全球粮食市场合理调剂余缺才更有效率。当然，为了降低进口风险，必须考虑实施多元化粮食进口来源，同时保证一定的粮食自给，才能充分保证我国的粮食安全。

再次，在确保粮食供给充足的同时，应着力提高人们对于粮食的获得能力。根据国际粮农组织的定义，目前被广泛接受的关于粮食安全的概念为，只有所有人在任何时候都能够在物质上和经济上获得足够、安全和富有营养的粮食，来满足其积极和健康生活膳食需要与食物喜好，才实现了粮食安全。从这个意义上讲，粮食安全的本质是既要确保粮食供应充足，又要保证任何人在任何时候都有能力得到足够的粮食。前者涉及粮食的生产和供应，后者涉及粮食的流通和分配。目前，我国比较重视前者，在提高粮食产量和生产率方面给予了大量的财政和政策支持，但是对于粮食流通和分配的重视程度还不够。因此，我们在提高粮食综合生产能力和国际粮食进口能力，确保粮食供应充足的同时，应该着力提高国内粮食流通能力和对弱势群体的救助能力，使任何人在任何时候都有能力得到足够的粮食。

最后，要充分发挥科技力量对粮食安全的保障作用。目前，我国农业科技进步对生产的贡献率依然较低。据测算，虽然新千年里我国的农业科技进步贡献率有所增加，已达到 47％左右，但仍然远低于欧美发达国家 60％～80％的水平，也明显低于日本、韩国的水平。① 我国的农业科技推广体制很大程度上已经难以适应农村市场经济发展的要

① 中国农业部. 中国农业概况［EB/OL］. http://2010jiuban. agri. gov. cn/nygk/t20071026 _ 911031. htm, 2007－10－26.

求，许多农业科研成果由于受经费和体制方面的限制，不能够以最快速度在全国推广开来。因此，国家应该继续加大对农业科研和农业科技推广工作的支持力度，增加资金投入，尽快研制出更多优质高产的粮食品种，更加重视基层农技推广体系的建设，加强对基层农技人员和典型示范户的培训，使稳产高产的农业技术能够得到快速的推广和运用。

同时，中国目前仍属于发展中国家，农业生产率低下是我国农业生产存在的普遍问题，保持必要的耕地面积，把守 18 亿亩耕地红线，保证粮食供应稳定至关重要。因此，合理利用土地资源，提高土地综合利用率，重视发展农业科学技术，提倡适度规模经营，促进农产品质量的提高，是加强我国农业基础地位和确保国家粮食安全的重要途径。但我国农地分散零星经营的现状并没有根本性转变，虽然土地流转政策的实施推进了土地规模经营的进程，但从全国整体来看，规模经营并没有真正形成，小农经济依然普遍存在，农业生产率大幅度提高缺乏基本前提，这既不能实现规模效益，又难以抵御市场、自然灾害风险，极易导致农业产量上的大幅波动和农产品种植结构的盲目性。因此，改革农村土地流转机制，鼓励农民将分散的小片土地通过各种方式合并为一定规模中小型农场进行合理经营，有利于实现农业的机械化种植，充分发挥规模经营效应，提高农业生产率和粮食产量。这样，我们在提高农产品产量的同时，也释放了部分农村剩余劳动力，有利于推动中国城镇化的发展进程。

第三章 对我国加强农业基础地位和确保国家粮食安全战略的再认识

全党一定要重视农业。农业关系国计民生极大。要注意，不抓粮食很危险。不抓粮食，总有一天要天下大乱。

——毛泽东①

党的十七大报告首次提出"要加强农业基础地位，走中国特色农业现代化道路"②。随后，党的十七届三中全会在确定农村改革发展的指导思想时提出"把走中国特色农业现代化道路作为基本方向"③。这是中央准确分析和判断世界现代农业的发展趋势，立足于我国的基本国情和发展阶段，全面把握国民经济与社会发展对农业的新要求，进一步强化农业基础地位，以解决"三农"问题为突破口，以发展农业生产力为核心，着力推进农业机制创新和农业发展方式转变，实现农业可持续发展而出台的重大战略决策。鉴于此，党的十七届五中全会提出："要推进农业现代化，加快社会主义新农村建设，统筹城乡发展，加快发展现代农业，完善农村发展体制机制。"④ 党的十八大报告进一步提出，"城乡发展一体化是解决'三农'问题的根本途径"，要求"培育新型经营主体"，构建"新型农业经营体系"。⑤

我们认为，新时期我国现代农业的基本特征集中体现为基础性和战略性。农业的基础性源于对粮食需求的必要性和公共性，农业的战略性源于农业对党和国家事业的全局性和粮食是一种国际性的重要战略物资。要建设现代化农业，就必须巩固和加强农业基础地位，始终把解决好十几亿人口吃饭问题作为治国安邦的头等大事。为此，就必须对加强农业基础性地位和确保国家粮食安全的关系展开一系列有针对性的研究，找出其间的内在联系。《中华人民共和国国民经济和社会发展第十二个五年规划纲要》提出："坚持走中国特色农业现代化道路，把保障国家粮食安全作为首要目标，加快转变农业发展

---

① 毛泽东选集（第5卷）[M]. 北京：人民出版社，1977：360.
② 胡锦涛. 高举中国特色社会主义伟大旗帜 为夺取全面建设小康社会新胜利而奋斗 [M]. 北京：人民出版社，2007：23.
③ 中共中央关于推进农村改革发展若干重大问题的决定 [M]. 北京：人民出版社，2008：7.
④ 中国共产党第十七届中央委员会第五次全体会议公报 [M]. 北京：人民出版社，2010.
⑤ 胡锦涛. 坚定不移沿着中国特色社会主义道路前进 为夺取全面建成小康社会而奋斗——在中国共产党第十八次全国代表大会上的报告 [M]. 北京：人民出版社，2012：23.

方式，提高农业综合生产能力、抗风险能力和市场竞争能力。"[1] 对于我们这样一个世界性的农业大国而言，粮食安全与否直接反映了农业在整个国家中的位置，粮食自给自足是对一个农业大国的基本要求。因此，当前对我国加强农业基础地位和确保国家粮食安全进行再认识显得尤为紧迫且重要。

第一节　传统农业的内涵

在人类悠远的历史长河中，传统农业长期地调节、控制和影响着农业及劳动生产者的生产和生活，其具体表现为以追求自给自足为主，使用落后的生产工具，从事粗放式农业经营，采用固有的、传统的生产方式从事和发展农业生产。

一、传统农业的界定和基本特征

纵观国内外农业发展，传统农业的第一次快速发展都表现为牛耕和铁器工具的广泛应用。我国传统农业时期起自春秋晚期，下至新中国成立初期。事实上，古代社会、封建社会，乃至资本主义社会和社会主义社会初期都存在着传统农业。传统农业"虽大体与社会发展诸阶段相应，但又是彼此不同的概念，超越社会发展形态和历史发展阶段，应该是它的一大特征"[2]。

（一）传统农业的界定

对于传统农业的界定，理论界意见并不一致，国内主要存在两类基本观点。第一类观点认为，传统农业指的是通过传承、应用生产活动中积累的经验来发展生产的古代农业。第二类观点认为，传统农业是与古代农业相区别的一个概念，与古代农业既存在区别，又有一定联系，它来源于古代农业，是对古代农业的一种扬弃，是在历史上形成且系统地流传下来并影响至今的一种农业文化。[3] 西方经济学家舒尔茨则认为："完全以农民世代使用的各种生产要素为基础的农业可以称之为传统农业。"[4] 传统农业是农业发展的第一阶段，是与现代农业相区别的一个动态发展过程。根据我国农业具体发展的实际状况，我们认为，所谓传统农业是指在自然经济条件下，仍然使用铁器等生产农具，以人力和畜力为农业生产的主要动力来源，采用传统的农业技术和耕作方法，在我国广大农村地区实行的那种自然经济占主导地位的自给自足的农业。

（二）传统农业的基本特征

传统农业从原始社会产生以来，至今已有几千年的历史，在不同的国家、民族、地区的各个不同时期呈现出许多形态差异和不同阶段性特点。1964 年，舒尔茨在《改造

① 中华人民共和国国民经济和社会发展第十二个五年规划纲要 [M]. 北京：人民出版社，2011：15.
② 王治功. 论中国传统农业的基本特征及实质 [J]. 汕头大学学报：人文科学版，1988（3）：4.
③ 潘洪刚，王礼力. 改造中国传统农业的困境与出路 [J]. 西北工业大学学报：社会科学版，2008（3）：49.
④ 西奥多·W. 舒尔茨. 改造传统农业 [M]. 梁小民，译. 北京：商务印书馆，2006：4.

传统农业》第二章中对传统农业的三个基本特征进行了分析和概括：第一，只要保障生产要素的供给不变，农民所使用的生产要素和技术条件会长时期地保持不变；第二，只要生产要素的需求不变，农民获得收入以及持有收入的来源、动机长期内不会发生改变；第三，只要储蓄为零，生产要素的供求趋向均衡。可见，传统农业本质上就是一种生产方式长期保持不变，能够实现其经济均衡，维持简单再生产而停滞不前的小农经济。

传统农业是一个与现代农业相对应的概念。长期以来，我国传统农业在逐步发展中呈现出一些基本特征：①农业还未从根本上摆脱小农经济占统治地位的局面，农业经营规模较小，普遍是以家庭联产承包责任制为基础的一家一户式的生产方式，大部分农民还是固守在自己的"一亩三分地"上耕作，不能有效地集中起来从事大规模生产。②落后地区崇尚世代相传的耕种经验，墨守古老的经营和生产技术，农业较发达地区即使有某些新技术应用、新农作物品种推广出来，但几乎不包含任何现代化因素。③能够大规模使用机械化农具的地方不常见，许多地方农业生产还是以人力、畜力、小型机械为主，许多地区传统农业内部分工较低或根本无专业分工，农业生产率低下，农业产量增长缓慢。④二元经济结构明显，劳动力结构不合理，农村男性剩余劳动力大部分转移到城市，以致妇女、老人以及儿童成为农业的主要生产者。⑤我国传统农业一般与自然经济联系较为紧密，与商品经济发生联系相对较少。"经营和从事传统农业的人，其生产的主要目的，一方面是为了满足自身及其家人消费的需要；另一方面，这种农业生产剩余产品，并将其中一部分转化为商品，实现产品的交换价值的同时，获得更多的经济效益，提高生活水平。"[①] 经营和从事传统农业生产的主要目的是为了满足自身及家人消费的需要，而不是为了满足市场的需要。

改革开放以来，我国农业劳动力在农业生产中的基础性地位逐步下降，而市场、科技、信息、品牌、创新、人才等要素作用日益增强，参与世界经济交往越来越多，传统农业获得了巨大进步和发展，这确实是近现代农业某些特点和功能的彰显，但现阶段我国农业总体上还处于传统农业阶段。

二、传统农业的功能性特征

在传统农业的时代，我国农产品往往被赋予政治功能和经济功能。政治功能主要是彰显其国家自立作用，经济功能主要是发挥其温饱生存作用，这是传统农业最突出的两大功能性特征。

（一）政治功能

长期以来，我国处于传统农业社会，其基本的经济组织就是农户。在中国，由于土地所有权和经营权分布较为分散，因而使得农民家庭与农户拥有较高的一致性。纵观中国历代社会，当农业生产发展和粮食增产时，社会总人口就会大量增加。然而，中国传

---

① 陈光兴. 中国传统农业的特征表现及改造 [J]. 金融管理与研究，2010（6）：34.

统社会人口增长的速度往往快于粮食增产的速度，从而导致食物供需矛盾，即农业生产无法满足社会对于食物的需求。如果这种情况一再加剧，就有可能出现饥荒。饥荒现象曾在中国时有发生，特别到了封建社会后期，饥荒现象愈加严重。正如马尔萨斯在《人口原理》中指出：中国社会广大民众处于极其艰难的生活境况，他们常常吃那些欧洲人宁死也不愿意吃的食物。① 显然，这种状况必然是有限度的。要是社会饥荒一旦得不到控制，任其发展，就会愈演愈烈而危及当权阶级的政权统治。中国传统农业曾被认为是一种发展缓慢、几乎停滞的农业类型，但事实证明，传统农业这种以家庭为单位、自给自足的小农生产却有着极高的社会适应性，对中国历代统治者维护自身政权统治起了极为重要的作用。

（二）经济功能

从传统角度来讲，传统农业的经济功能通常具有三个：生活资料保障功能、生产原料供给功能和农民就业增收功能。

1. 生活资料保障功能

传统农业最重要、最基本的任务就是解决好吃饭问题，维持温饱生存问题。随着人口数量的增加和生活质量的改善，人们对食物数量的需求也日益增长，对品种的需求也在不断扩大，对质量的追求也日益提高。与此同时，农业承担的食品供给、健康营养和安全保障任务越来越强化，因而传统农业为人类提供生存和发展所需的各种生活资料是其最重要的经济功能。

2. 生产原料供给功能

工业和农业的关系非常密切，"农业是轻工业原料的主要来源"②，"轻工业的原料百分之七十来自农业"③。随着环保意识的增强和健康要求的提高，人们对于以农产品为原料的工业制成品的需求也不断快速增长。伴随生物质产业，尤其是生物质能源等新兴产业的产生与发展，以农产品为基础的新的原料途径在不断被发掘与拓展，新的加工途径也在不断被开发。这样一方面既强化了农业对工业的原料支撑作用，另一方面也进一步促进了农业的快速发展。

3. 农民就业增收功能

农业是农民就业的保障和增收的重要基础，大力开发和利用农业内部各类基础资源，拓宽农产品加工，加强农产品贸易的流通，积极发展相关产业，努力提高农业综合效益，蕴藏着极大的就业增收潜力。挖掘农业生产多领域的"容人之量"，拓展农业多环节的"增收之道"，对扩大农民就业、促进农民增收具有不可替代的作用。因此，农民就业增收是传统农业较重要的经济功能，它为农民就业和增收提供了基本的社会保障。

---

① T. Malthus. *An Essay on the Principle of Population* [M]. London，St. Paul's Church—Yard，1798，pp. 41.
② 毛泽东文集（第7卷）[M]. 北京：人民出版社，1999：199.
③ 邓子恢文集 [M]. 北京：人民出版社，1996：494.

三、传统农业对国民经济的作用

传统农业是国民经济的基础，农业在国民经济中具有特别重要的地位，这是一个不以人的意志为转移的客观规律。这一规律并不因为农业在国民经济中的比重降低而改变或消失。[①] 国民经济是一个庞大的体系（由农业、工业、建筑业、交通运输业、邮电通讯业、商业、饮食服务业等部门构成），各个部门相互联系相互促进，但彼此相互独立而不可替代。因此，从经济角度看，农业不仅是整个国民经济的基础，也是经济发展的重要基石。

第一，从传统农业对人类的基础性作用来看，农业是人类生存和发展的先决条件。人类的生存和发展首先离不开生活资料的获取。其中，食物是生活资料中最重要的组成部分，而绝大多数食物正是来源于农业生产。显然，农业是人类的衣食之源，生存之本。从古至今，人类都离不开动植物和自然力所建构起来的食物生产体系，尤其是在传统农业下，人类生活所需的食物只能依赖于动植物的生物机能和自然力来生产。诚然，食物并不是农业为人类所提供唯一的生活资料，但人类所穿用的大量生活资料都通过农业直接或间接地获取。迄今为止，随着科学技术的发展，除食物之外的诸多生活资料尽管大多数可以通过工业生产获得，但由农业所提供的基本生活资料即便在将来也不可能完全被工业产品所替代。

第二，从传统农业的发展状况来看，农业直接影响和制约着国民经济发展全局。国民经济中最基本的物质生产部门是农业：农业是工业等其他物质生产部门与一切非物质生产部门存在与发展的必要条件；农业是工业特别是轻工业原料的主要来源；农业为工业的发展提供了广阔的市场，农村既是重工业商品的广阔市场，也是轻工业商品的广阔市场。随着农业的发展，滞留在农村中大量的剩余劳动力流转到国民经济的其他劳动部门，这就为国民经济其他部门的发展提供了充足的劳动力。同时，农业还是出口物资的重要来源，在商品出口创汇方面发挥了积极的作用。

第三，从传统农业的运行过程来看，农业是一个封闭的自循环系统。农业属于第一产业，马克思在谈到资本主义农业时说："资本主义农业的任何进步，都不仅是掠夺劳动者技巧的进步，而且是掠夺土地技巧的进步。在一定时期内提高土地肥力的任何进步，同时也是破坏土地肥力持久源泉的进步。"[②] 同时，马克思在谈及农业技术进步时说："它一方面聚集着社会的历史动力，另一方面，又破坏着人和土地之间的物质交换，也就是使人以衣食形式消费掉的土地的组成部分不能回到土地，从而破坏土地持久肥力的永恒的自然条件。"[③] 传统农业是以有机体生命为基础的产业，其各种经济活动都是以自然生态的运动规律为基础的，而农业生态系统内部的生物有机体与外部环境之间存在着较为复杂的物质、能量和信息交流，并通过彼此间的相互流通维持着生态系统的平

---

① 张忠根. 农业经济学 [M]. 杭州：浙江大学出版社，2010：12—13.
② 马克思. 资本论（第1卷）[M]. 北京：人民出版社，1975：552—553.
③ 马克思. 资本论（第1卷）[M]. 北京：人民出版社，1975：551.

衡。同时，传统农业通常采用秸秆饲料加工、养殖业、生物有机肥、种植业等传统的耕作方式，推广秸秆返田与保护性耕作技术，坚持种地与养地相结合的耕作原则，推进农村资源循环利用，这不仅形成了有机循环的产业链，还确保了传统农业的持续发展。可见，传统农业正是在这样一个自我封闭的系统中实现了自我运行和循环。

农业是国民经济的基础，它为整个国民经济不断发展提供了强大的支撑和源源不断的动力。因此，农业是人类生存的先决条件，它不仅是人类社会生产活动的起点，而且还为其他劳动部门得以独立和进一步发展奠定了坚实的物质基础。

第二节　现代农业的基础性与战略性

现代农业是在传统农业基础上发展起来的，以整套动力和作业机器为主要生产工具，采用先进的农业技术、生物技术和科学的管理方法，生产力水平大幅度提高，能够提供大量商品性农产品的农业。现代农业是相对传统农业而言的一个概念，其内涵随时代的发展不断变化。在社会主义市场经济条件下，现代农业不仅具有基础性，还具有战略性，是基础性和战略性的辩证统一。现代农业的基础性源于粮食需求的必要性和公共性；而现代农业的战略性则是由于农业对党和国家事业具有全局性，并且粮食是一种国际性的重要战略物资。

一、现代农业的基础性及其功能

当前，中国依然是一个发展中的人口大国。自改革开放以来，我国农业经济无论在速度上、规模上，还是在效益上，都得到了快速发展。在推进农业现代化的历史进程中，农业资源利用效率的提高、先进农业生产技术的利用、农业产业结构的优化、科学管理的加强，都日益彰显了现代农业的基础地位和不可替代的功能。

（一）现代农业的基础性

在新科技革命和全球化背景下，现代农业在整个社会经济结构中处于基础地位。这是因为现代农业不仅是基础性产业，还是国家稳定、社会发展和人民幸福的重要保证。"没有农业现代化就没有国家现代化，没有农村繁荣稳定就没有全国繁荣稳定，没有农民全面小康就没有全国人民全面小康。"[①] 现代农业基础性主要体现在以下几个方面：第一，农业提供人类基本生存生活资料；第二，农产品是制造业尤其是轻工业的重要原材料来源；第三，农村是工业品、服务业的主要市场；第四，农民是国民经济各部门劳动力后备军。实践证明，在一个国家内，让每一个人在任何时候都买得到、消费得起足够的农产品，是衡量一个国家"农业安全"的重要依据。正如温家宝总理所言：随着经济和社会发展，即使今后农业总产值只占国内生产总值的百分之一，但有一个任何人都无法改变的客观事实，那就是百分之百的人都要吃饭。

---

① 中共中央关于推进农村改革发展若干重大问题的决定［M］. 北京：人民出版社，2008：7.

　　将现代农业称之为基础产业，是因为它对于全人类来说是一个永恒的主题，也是永远无法回避、必须高度重视的产业。现代农业具有基础性，这就决定它不仅是一种利他的产业，还是值得整个社会尊重的产业。之所以说现代农业是利他的产业，是因为现代农业具有"公共性、基础性和社会性"这三大特性；之所以说现代农业是值得整个社会尊重的产业，是因为人类社会文明发展程度越高，农业生产者和经营者的社会地位就会越高，应当得到社会更多的尊重。

　　然而长期以来，由于对粮食绝对产量的追求，加之农民家庭分散经营和集体经营双层经营并未很好地发挥"统"的功能，单个农户往往热衷于追求技术的经济效率而忽略技术应用可能引发的生态问题，以致我国农业生产几乎丧失了传统的精耕细作和使用有机肥料的传统①，致使我国农业的"自循环"系统几乎丧失殆尽，同时也使得我国发展现代农业之路严重受阻。鉴于此，我们应积极"开发和推广节约、替代、循环利用的先进适用技术，发展清洁能源和可再生能源，保护土地和水资源，建设科学合理的能源资源利用体系，提高能源资源利用效率"②。可见，现代农业不仅要实现内部的"自循环"，还要实现农业体内体外双循环，即现代农业不仅要满足"温饱"问题的解决，还要满足市场的"多样化"需求。从实践层面而言，农业体外循环的实现依赖于农业市场化和产业化的推进、农业发展与科技进步、农业生产与流通的统筹和循环经济的发展。不言而喻，农业体内体外双循环的顺利实现必将为农业增产、农民增收、农村繁荣注入强劲动力，必将为现代农业发展打下坚实基础。

　　当前，全球经济发展不容乐观，形势异常复杂，气候变化对农业发展影响加深。同时，随着我国工业化、城镇化的逐步推进，我国耕地面积不断减少，人地矛盾更为紧张。再加上环境污染加重，生态环境恶化，淡水资源供应短缺，我国农业发展所面临的各种风险和不确定性因素日益增多。对此，我们一定要保持清醒的头脑，充分认识现代农业具有基础性这一特征，"绝不能因为连续多年增产增收而思想麻痹，绝不能因为农村面貌有所改善而投入减弱，绝不能因为农村发展持续向好而工作松懈"③。那么，该如何巩固和发展现代农业的基础性呢？我们应始终坚持以科学发展为主题，以加快转变经济发展方式为主线，深化农业体制改革，调整农业经济结构，增强现代农业发展后劲，激活现代农业各类发展主体，加大强农、惠农、富农政策力度，切实把提高质量和效益作为推动现代农业发展的立足点，推动城乡发展一体化，真正做到在推动工业化、信息化、城镇化发展时同步推进农业现代化。

　　我国是一个农业大国，但过去我们对农业基础性地位不够重视。新中国成立初期，国家偏重于工业尤其是重工业的发展，并没有把农业视为国家和社会发展的基础性产

　　① 伍旭中. 中国特色农业现代化之路在何方——谈农业科技有效供给 [J]. 中国经济问题，2008 (2)：42.
　　② 胡锦涛. 高举中国特色社会主义伟大旗帜　为夺取全面建设小康社会新胜利而奋斗 [M]. 北京：人民出版社，2007：24.
　　③ 2012 年中央一号文件（全文）[EB/OL]. http://www.china.com.cn/policy/txt/2012－02/02/content_24528271.htm.

业。改革开放以来，党和政府高度重视农业、农村、农民问题，研究制定并实施了一系列扶持农业发展和农村进步的强农、惠农、支农政策，不断推进农村改革，促进农村经济发展，推动农村社会进步和农民生活水平的提高。在党的十七届三中全会上，党中央基于国情和农情的变化，对我国农业进行了新定位，提出了农业既是基础性的战略产业又是战略性的基础产业。这是当前对现代农业的基础性做出的最新诠释。实践证明，要解决一个拥有 13 亿多人口的大国的吃饭问题实属不易，因而在任何时候我们都不能忽视农业，应始终牢记现代农业是基础性的战略产业。基于此，党中央、国务院连续颁布了 11 个以"三农"为主题的中央一号文件，这是党和政府从战略高度和实践层面重视现代农业基础性的直接体现。

（二）现代农业的功能

以往人们对农业的功能主要定位在要求农业提供农产品来满足人类社会的需求，实现社会的政治功能和经济功能。日、韩、欧盟等发达国家与地区提出并倡导的农业多功能性理念符合当今世界流行的"现代农业观念"，除了要求现代农业具有政治功能、经济功能，还强调现代农业的社会、生态和文化等功能。联合国粮农组织（FAO）的专家们强烈呼吁："要把过去那种单纯地把农业生态系统看作是生产农产品的单一功能，转变为生产食品、保护环境、保护人类健康、保障可持续发展的多功能实体。"[1] 1992年联合国环境与发展大会通过的《21 世纪议程》提出了"基于农业多功能特性考虑的农业政策、规划和综合计划"。现代农业"不仅能够保障粮食供给，提供多种农副产品，促进农民就业增收，而且还具有推进工业化进程、缓解能源危机、推动以生物质产业为主导的产业革命、保护生态环境、传承历史文化等多种功能"[2]。因此，现代农业不仅拥有比传统农业更强的政治功能和经济功能，还具有社会功能、旅游休闲观光、生态环境保护和历史文化传承等多种功能。

1. 政治功能

中国现代农业被看作是"国家自立"的重要基础，是现代农业政治功能的主要体现。尽管现代国家理论对于国家的职能有不同的划分与表述，但维护国家安全始终是其最基本的职能。粮食作为一种商品属于私人产品，但粮食安全却是国家应该供给的公共"产品"。一个国家政治地位合法性的重要标志之一，就是其满足公民需求的能力。根据马斯洛的需求层次理论，生理需求、安全需求是两个最基本层次的需求。国家对于粮食安全的保障既包括在日常生活中切实满足人们的基本粮食需求，也包括给人们带来粮食可以有效供给的安全感。只有在国家满足公民这两种基本需求的基础上，公民才有条件去实现更高的需求。正如毛泽东所说："手中有粮，心中不慌。"

回顾我国在社会主义建设时期遭受的挫折，一个突出的特点是没有真正解决粮食安全问题，而我国在社会主义建设时期和改革开放时期所获得的重大成就，则都是建立在

① 黄飞鸣. 基于农业多功能性看我国农业的可持续发展 [J]. 乡镇经济，2005（8）：33.
② 刘奇. "重中之重"越来越重 [J]. 农村工作通讯，2011（1）：62.

妥善解决粮食安全问题的基础之上。20 世纪 50 年代末，我国因严重自然灾害和"大跃进"运动遭受严重饥荒，经济出现大幅滑坡，其教训之一，就是没有在真正解决粮食安全问题的基础上实行"以钢为纲"。60 年代初，经济有所恢复，这也有赖于党中央将注意力重新转向粮食生产问题。60 年代末珍宝岛战役以后，核战争的威胁凸现，党中央号召"深挖洞、广积粮、不称霸"，"备战、备荒为人民"，做了最充分的战争准备，储存了大量的战备粮（到 1976 年已可以满足核战后人民 3 年的基本口粮供应），此举达到了不战而屈人之兵的效果。改革开放以后，邓小平总结我国在社会主义建设时期的经验教训，提出我国实现社会主义现代化"三步走"战略的第一步，就是着眼于解决全国人民的温饱问题。邓小平深知，我们国家之所以能够在国内外各类政治风波中立稳脚跟，"就是因为我们搞了改革开放，促进了经济发展，人民生活得到了改善"[1]。而经济发展、生活改善的前提就是粮食安全有保障。

农业发展的水平往往被看作是评价一个国家自立能力的重要指标，粮食生产能力又占这个指标很大的权重。理论和实证都表明，粮食价格是物价的基础。我国是世界上人口最多的国家，粮食安全关乎国家安全。根据近几年的统计资料，我国每年的粮食需求量大约在 6 亿吨左右，而全球粮食产量在 23 亿吨左右徘徊，正常贸易量为 2.2~3.3 亿吨，仅能满足我国粮食需求的 50％左右。如果我国的自给率降低 10％，也需要从国际市场上进口 6000 万吨粮食，占世界贸易总额的 30％左右，这也是国际市场所不能承受的。因此，粮食和其他基础性的农产品都必须做到基本自给。如果农副产品过多地依赖进口，我们就会处于受制于人的地位。而且，更可怕的是，一旦国际政治局势发生大变化或大动荡，我们的国家安全都不能得到保障。因此，现代农业的基础地位直接关系到国家政权的稳定、社会经济的发展以及广大人民的切身利益，关系到我国能否在国际竞争中独立自主。

2. 经济功能

经济功能仍然是现代农业最主要、最核心的功能。随着经济社会的快速发展、科技进步的日新月异，农业的功能不断得到了拓展和延伸。就现代农业而言，其经济功能主要体现为产品贡献、市场贡献、要素贡献和外汇贡献。

（1）产品贡献

产品贡献是指农业可以提供可直接消费的和可作为工业原材料的农产品，其具体体现在以下两个方面。

一是为全国人民提供食品。在我国这样一个人口众多的国度，人民吃饭问题是头等大事。我们要靠自己的力量，用占世界 7％的耕地养活占世界 22％以上的人口，还要使人民的生活水平不断提高，其任务复杂而艰巨。近年来，随着我国经济的快速发展，城乡居民年收入呈增长势头。根据 2013 年国民经济和社会发展统计公报的数据，全年农村居民人均纯收入 8896 元，比上年增长 12.4％，扣除价格因素，实际增长 9.3％；农

① 邓小平文选（第 3 卷）［M］. 北京：人民出版社，1993：371.

村居民人均纯收入中位数为 7907 元，增长 12.7％。城镇居民人均可支配收入 26955 元，比上年增长 9.7％，扣除价格因素，实际增长 7.0％；城镇居民人均可支配收入中位数为 24200 元，增长 10.1％。农村居民食品消费支出占消费总支出的比重为 37.7％，比上年下降 1.6 个百分点；城镇为 35.0％，下降 1.2 个百分点。[①] 同时，城乡居民消费全面升级，各类消费支出均呈增长态势。消费结构有所变化，作为基本生存需要的食品、衣着和其他用品类消费占总消费支出的比重趋于稳定，而交通和通信、家庭设备用品及服务支出所占比重逐渐提高。我国城乡居民的收入虽然逐年增加，但其食品支出占总消费支出的比重（恩格尔系数）仍然较大，这种状况表明我国经济社会发展水平还不高，也从侧面反映了农业和粮食在国民经济中仍然具有一定的地位并发挥着重要的作用。

二是为相关的轻工业提供基本的工业原材料。自改革开放以来，以农产品为原料的轻工业产值占整个轻工业产值比重在相当长的时期内均保持在 60％～70％之间。从未来长期发展趋势看，这一比率将逐渐下降。与此同时，城乡居民的农产品消费结构正在经历由植物纤维为主向动植物脂肪及高蛋白兼重的转变，并对农产品质量安全提出了更高的要求，农业生产会伴随需求而进一步转型，逐步迈向绿色农业。这种现代化转型和升级对农业生产的数量、质量和生态等多方面提出了更高的要求，因此，农副产品加工业仍有着广阔的发展前景。

（2）市场贡献

市场贡献主要表现为大量农业人口的存在使得农业部门或农村成为工业品的重要销售市场。但拥有足够多的收入是农业部门或农村成为工业品的重要销售市场的基本前提，而农业部门或农民的收入主要来自剩余的农产品和劳动等要素的收入。因此，没有农业本身的发展，没有农民收入的不断提高，就不会有对工业产品的巨大需求，从而工业部门的发展就会因市场限制（需求限制）而难以继续下去。从动态角度来说，"农民货币收入的增加比城市居民收入同比例增加更有利于消费品市场的扩大和消费品工业的发展。随着农业的不断发展，市场贡献会不断扩大。在工业化的全部过程中，不管是封闭经济还是开放经济，农业的市场贡献始终是存在的"[②]。而农业的市场贡献来源于农业与其他部门的交换，其市场贡献份额主要与农民购买日用工业品、农业生产资料、农产品供求与通货膨胀有关。

一是从农民购买消费品的情况看，我国农村消费品零售额增速明显。近年来，随着党中央、国务院一系列支农、惠农、强农政策的贯彻落实农民购买能力有所增强，农村消费品市场发展明显加快，呈现出城乡市场发展同步增长、城乡居民收入持续增加、居民消费品零售额不断增多的可喜局面。据统计，2010 年我国城镇实现消费品零售额 13.6 万亿元，农村实现消费品零售额 2.1 万亿元，分别比 2005 年增长 1.3 倍和 1.1

---

① 中华人民共和国国家统计局. 中华人民共和国 2013 年国民经济和社会发展统计公报［EB/OL］. http://www. stats. gov. cn/tjsj/zxfb/201402/t20140224_514970. html.

② 袁凌，黄新萍. 试论农业的市场贡献与启动农村市场［J］. 财经理论与实践，1999（2）：122.

倍，年均增速分别达 18.4％和 16.5％[①]；2011 年农村居民人均纯收入 5919 元，剔除价格因素，比上年实际增长 10.9％；城镇居民人均可支配收入 19109 元，实际增长 7.8％。农村居民家庭食品消费支出占消费总支出的比重为 41.1％，城镇为 35.7％。[②] 2013 年农民人均征收入 8896 元，比 2012 年增加 979 元，实际增长 9.3％。同年，农村居民人均生活消费支出 6626 元，比 2012 年增加 718 元，实际增长 9.0％，城乡居民消费水平差距缩小，消费差距比由 2012 年 2.81∶1 下降到 2.72∶1。[③]

二是从农业生产资料交易的情况看，生产资料交易市场日益多元化。改革开放以来，中国农业生产资料交易市场发展迅速，已经大体形成以下几种市场形式与业态：一是批发市场，二是连锁经营，三是专卖店，四是网上交易市场，五是期货市场。那么，生产资料交易市场的多元化会带来什么影响呢？首先，将有利于推进农业生产资料交易的市场化，稳定农业生产资料交易的价格。其次，将有利于建立农业生产资料交易的流通网络，缩短农业生产资料交易的流通周期。最后，将有利于扩大主要农产品交易的规模，增加农产品交易的品种。因此，在农业生产资料交易市场流通体制的整个过程中，要健全市场体制，完善市场机制，展开有效竞争，反对市场垄断经营，确保农产品和农业生产资料市场机制在农业资源配置中更好地发挥基础性作用，形成相互竞争的、多元化的市场流通主体，建立多品种、多主体、多渠道的农产品流通体系，加快现代农业的发展。

三是从长远发展来看，农产品供求与通货膨胀影响农业的市场贡献份额。目前，我国农业的市场贡献与我国农业大国和农村人口基数庞大的基本实情并不相称，但随着农民的增收和农业现代化的推进，我国农业的市场贡献份额会越来越大。然而，当农产品需求量大且供给不足时，必然会引起价格上涨，从而导致通货膨胀。这是因为当农产品需求大于供给时，就会产生连锁效应，通常需求每超过供给的 1％，其价格就会上涨 1％，显然这是一种放大效应。因此，农产品价格一旦上涨，就会加剧通货膨胀，导致农业的市场贡献份额缩小。

（3）要素贡献

要素贡献是指农业资源向非农部门转移对国民经济增长的直接或间接贡献，通常农业要素贡献主要包括资金、劳动力和土地等方面。

一是从资金贡献方面看，我国农业的资金贡献大多是通过"剪刀差"实现的。据测算，1952 年至 1997 年 46 年间，该资金贡献的总额为 12641 亿元，平均每年 274.8 亿元；到 20 世纪 90 年代初期，该数值达到高峰，1991 年为 965 亿元，1992 年升至 1297 亿元。自 1993 年起，价格"剪刀差"的相对份额趋于下降，但是直至 1997 年，其绝对

① "十一五"期间我国消费品零售总额几近翻番［EB/OL］. http://finance. qq. com/a/20110303/003056. htm.

② 2011 年全国城镇居民人均可支配收入 19109 元［EB/OL］. http://www. fl168. com/Lawyer9465/View/302911/.

③ 中国社会科学院农村发展研究所，国家统计局农村社会经济调查司. 中国农村经济形势分析与预测 (2013—2014)［M］. 北京：社会科学文献出版社，2014：3—4.

额仍高达 331 亿元。① 进入 21 世纪，价格"剪刀差"的相对份额继续下降，但农民依旧通过各种"暗税"的方式，如廉价的劳动力和土地等资源为工业化、城市化做出巨大贡献。② 因此，十八大报告提出"促进城乡要素平等交换"，建立"新型工农、城乡关系"，以扭转上述局面。

二是从劳动力贡献方面看，我国农业为国民经济发展提供了大量劳动力。特别自改革开放以来，伴随国家农业产业结构的调整、农村集体经济组织的壮大、农业生产和经营水平的提高，以及农业经济发展方式的转型，我国农业现代化水平、农业生产效率不断提升，使得农业劳动力大量转移到非农产业部门就业，成为推动我国经济增长和结构变革的重要力量。据国家统计局发布的《2012 年我国农民工调查监测报告》显示，截至 2012 年末，我国农民工总量达到 26261 万人，为工业化、城镇化发展提供了大量产业后备军。我国正处于工业化快速推进的时期，加快我国工业化发展势必会提高农业劳动生产效率，实现农村剩余劳动力合理有序地转移，扩大第二、第三产业规模，推进农业现代化发展。工业化发展有力地带动和促进了乡镇工业发展，而乡镇工业又是吸纳农村大量剩余劳动力的重要场所。

三是从土地贡献方面来说，城镇规模的扩大、工业园区的建设、交通道路网络的扩充等都需要土地，这进而需要建立在提高农业土地生产率的基础之上。农业现代化是推进工业化、城镇化发展，转变二元经济结构的客观要求。工业化、城镇化过程和二元经济结构转换的过程，同时也是对土地需求不断扩大的过程。土地是工业化、城镇化发展最主要的物质载体之一。随着我国工业化、城镇化进程步伐的加快，公路交通、市政设施的扩建，城市空间不断向郊区农村扩张，农村土地面积逐年缩小。据统计，"仅 1996 年到 2008 年，我国的耕地总量已经从 19.51 亿亩减少到 18.26 亿亩，12 年间净减少耕地 1.25 亿亩……到 2020 年我国人口将达到 15 亿左右，城镇化水平将达 50%，仅城镇建设用地总量就在 1.05 亿亩以上，比 2000 年新增约 3000 万亩"③。据国土资源统计，2011 年上半年，"全国国有建设用地供应总量 21.03 万公顷，同比增长 17.6%。从供地结构看，工矿仓储用地、房地产开发用地和基础设施等用地（包括公用设施、公共建筑、交通运输、水利设施、特殊用地）分别供应 7.98 万公顷、7.02 万公顷和 6.03 万公顷，同比分别增长 35.3%、4.9% 和 14.0%。三类用地占土地供应总量的比重分别为 38.0%、33.4% 和 28.6%"④。工业化、城镇化正因为有了源自农业的大量土地资源的支撑，才获得了巨大发展，才拥有了当今良好的发展态势。近 10 年来，全国各地的土地出让金快速增长，甚至成为地方政府财政收入的重要支柱。根据统计资料，"2001 到 2003 年三年间，全国土地出让金收入高达 9100 多亿元，为全国同期地方财政收入的三

---

① 孔祥智，何安华. 新中国成立 60 年来农民对国家建设的贡献分析 [J]. 教学与研究，2009（9）：7.
② 孔祥智，何安华. 新中国成立 60 年来农民对国家建设的贡献分析 [J]. 教学与研究，2009（9）：7.
③ 王国敏，邓建华. 重塑农民主体性是破解"三农"问题的关键 [J]. 现代经济探讨，2010（9）：65.
④ 2011 年上半年国土资源有关统计数据 [EB/OL]. http://www.jmrea.com/news_day.asp?theday=2011/8/4.

分之一强。2004年接近6000亿元。2009年攀升至1.5万亿元，接近全国同期地方财政收入的一半。在部分县市，土地出让金所占份额已经超过了50％，一些地区甚至高达80％"①。

（4）外汇贡献

外汇贡献是指农产品出口能为工业化提供外汇，这是发展中国家在工业化初期实现出口创汇最重要的途径之一。剩余农产品出口是为了国家换取外汇，发展中国家大多为农业国，提高外汇贡献尤为重要。我国农业通过增加农产品及其加工品的出口，通过扩大农业相关进口替代物品的生产与供给，对平衡国际收支做出了重要的贡献。新中国成立至改革开放之前，我国用于出口的农副产品及其加工品的总额超过出口总额的60％。改革开放之后，虽然工业品出口份额不断增长，农产品及其加工品的出口份额趋于下降，但仍占20％左右。伴随着我国产业结构的转型与升级，农副产品及其加工品在出口构成中的份额还将继续下降，然而在绝对量上仍有一定的增长空间。据中国海关统计："中国农产品出口从入世之初的180.3亿美元增长到2010年的488.8亿美元，年均增长13.4％。2011年1至4月，中国农产品出口186.8亿美元，同比增长34.4％。"②

改革开放以来，随着我国经济的快速发展，工业发展已从工业化的初级阶段进入到了中级阶段，工业已经具备了自我积累的能力，不再依赖于农业剩余的转移；工、农业产品供给不但解决了短缺现象，而且出现了过剩。然而，从我国的实际情况来看，一方面城镇市场基本处于饱和状态，但另一方面我们却无法将主要精力放在国外市场需求上。对此，我们要把解决过剩的问题交给农村市场，不断提高农业的市场贡献，这不仅有利于加快工业化进程，还将有利于加快促进整个国民经济的增长。相反，如果仍旧紧紧抓住农业的产品贡献、资金贡献和外汇贡献，那么工业的增长必将会失去农业的支撑，最终导致农业的自身发展受到阻碍。所以，加快农业基础性地位的转变，大力提高农民的收入水平，努力开拓农村市场，已经成为决定新时期国民经济持续快速发展、迫在眉睫的重大任务。同时，国家的相关政策也必须围绕这一点做出相应的积极调整。

3. 社会功能

现代农业的稳定发展不仅能够为整个社会提供充足的农产品，保障国民经济的发展，还能够为农民提供可靠的社会保障。"无农不稳"，农业能否稳定发展，关系到社会的安定。农业在国民经济中的基础地位突出地表现在粮食的生产上。"民以食为天"，粮食是人类最基本的生存资料，粮价是百价之基。价格作为一种商品市场供求关系的信号，既是这种供求关系的事实反映，也是买卖双方的心理表现。即使市场上没有出现供不应求的现象，但由于农业生产的表现，供求双方也会将自身的心理预期表现在市场上，价格波动由此产生。因此，现代化的农业不仅要保障真实的粮食产量和存量，还要

---

① 今年全国土地出让金或破2万亿，地价推高房价［EB/OL］. http://house. focus. cn/news/2010－12－27/1144809. html.

② 中国农产品出口稳步增长，质量提升惠及国内外消费者［EB/OL］. http://www. ce. cn/macro/more/201106/18/t20110618＿22487183. shtml.

通过提供优良的粮食生产条件为社会稳定提供保障，为国民经济的发展提供基础。

农业人口多、耕地少是我国农业生产的资源禀赋。在实行家庭承包经营制以后，农村剩余劳动力由隐形转为显性，其向城镇转移成为不可阻挡的趋势。然而，由于现有的社会保障制度不完善，农业对于农村外出务工的劳动力而言，具有了一定的保障功能。

一是具有失业保障功能。由于经济发展具有周期性，经济波动使得失业问题伴随经济发展长期存在，尤其在经济危机来临之时显得更加突出。正是因为外出务工人员在农村仍然拥有承包地、宅基地，当经济不景气，外出务工人员失去工作机会以后，仍然能够返乡务农获得农业收入。

二是具有养老保障功能。目前，我国农村养老保险覆盖率很低，并不能满足农村社会快速老龄化的需求。当外出务工劳动力年老体衰，却因户籍等问题和农村养老保险覆盖面问题而得不到养老抚恤金时，还能将自己拥有承包经营权的土地出租以获取租金。

三是具有最低生活保障功能。舒尔茨在《改造传统农业》中指出，农民也是理性人，能将所拥有的生产要素进行优化配置。农民具有农业土地要素和自身的劳动力要素，因此，外出务工人员将在农业收入和外出务工收入之间做出权衡。当国家支农力度加大，务农收入增加时，农民就会愿意将自身所拥有的劳动力要素重新投入到农业中。最近几年，东部沿海地区屡屡发生民工荒，一个重要原因就是务农收入提高，外出务工机会成本增加。可以说，农业为外出务工人员提供了最低工资标准，保障了他们的生活水平。

4. 旅游休闲观光功能

农业不仅能产出人类所需的各种食物，其环境较之城镇更为益人，有清新空气、鸟语花香和自然淳朴的农耕文化。因此在现代化、城镇化进程中，旅游休闲观光农业应运而生。旅游休闲观光农业具有生产性、季节性、体验性、观赏性、文化性、差异性和多功能性等多重特点，特别是其浩瀚的森林、辽阔的草原、碧绿的田野、恬静的乡村，是人们观光休闲的最佳去处。随着经济社会的快速发展，社会生产效率的提高，人们的闲暇时间也随之增多；消费水平的提高，消费观念的改变，导致人们的需求层次逐渐升级；城镇化水平的提高，生活质量的改善和工作节奏的加快，成为推进和开发现代农业旅游休闲观光的强劲动力。因此，人们到秀美的田园和清新的环境中去陶冶情操、修身养性的愿望也越来越强，走进自然、亲近自然、享受自然的人也越来越多。

5. 生态环境保护功能

现代农业是一种自然与经济再生产相互交织的特殊产业，这是区别于其他产业的重要特征。现代农业作为生态系统的有机组成部分，既有利用自然、开发资源的一面，也有维护环境、涵养生态的一面，是人类一道天然的生态屏障。同时，现代农业不仅对保护遗产、确保国家粮食安全等方面产生多种效用，而且还对保持空间上的平衡发展，维护地面景观与保护生态环境具有重要功能。这是因为现代农业是人类与自然之间进行能量交换的中转站，不仅能减少工业化对生态环境的污染和破坏，还能对被破坏的环境予以修复，对尚未破坏的环境给予保护。现代农业正是通过不断调整和改变地球生物圈内的物质流与能量流，最终达到自觉维护生态平衡的目的。因此，我们要大力发展现代循环农业和生态农业，切实加强森林草原保护建设和水土保持，现代农业的"这种利用与保护相结合的体系，是一种新的生态平衡，它最有生命力，对人类的生存和自然的发展相互有利"[①]，这对改变生态脆弱、环境恶化状况，实现人与自然和谐相处，建设环境友好型社会具有不可替代的独特作用。

6. 历史文化传承功能

中华民族有着辉煌灿烂的文明史，其中源远流长的农耕文化是中华文化的重要基础和基本内核。农业是记录和延续农耕文明、传统文化的重要载体，肩负着农业技术、经营模式、农业哲学、农业制度、重农思想、作物文化、村落家族文化、民俗文化、田园文化和中医药文化的传承。原生态的物质和文化大都植根于广袤的农村，各族人民在长期的农业生产实践中创造了光辉灿烂的农耕文明和博大精深的传统文化。在新的历史条件下，农业不仅要继续提供物质产品，同时也承载着继承和弘扬民族优秀传统文化的特殊使命，这也决定了农业必将永远是生生不息的重要基础产业和经济产业。当前，伴随农业多功能的不断强化，农业的基础性作用更为突出，内涵更为丰富，影响更为深远。农业发展中出现的这些新形势，无疑为农业又好又快发展和农民增收带来了机遇。

我国是一个人口众多的农业大国，强调现代农业的多种功能性就更具有特别的意义，因为现代农业已不再是传统意义上那种简单的"吃饭产业"，其功能是多方位的，它"不仅能够生产食品与纤维，还能同时提供一系列具有多种功能的非经济品。如生物多样性、动物福利、田园风光、自然遗产的保护、历史与文化遗产的保护、文化的传承、娱乐、教育、粮食安全、宜人的居住环境、农民就业、农民社会保障等环境与社会收益"[②]。农业多功能的实现依赖于可持续的农业技术体系和政策体系支撑，而可持续农业的实施最终以实现农业的生产、经济、环境、社会等功能的协调发展为目标。在新的历史时期，现代农业外延具有极强的不确定性，依据划分标准的不同，通常可分为七种：绿色农业、休闲农业、工厂化农业、特色农业、观光农业、立体农业、订单农业，并且每种农业都具有各自不同的功能并呈现出新的变化特点。

二、现代农业的战略性

经过改革开放 30 多年的发展，我国农业通过对以往历史经验的借鉴，经过一系列的探索、创新和实践，成功地实现了农业功能的转变、经济发展方式的突破、现代农业产业水平的提升，已初步形成了一条具有中国特色的现代化农业发展道路。现代农业具有战略性，拥有自身高度组织化、商品化的产业特色，具有众多高产、优质、高效、生态和安全的知名品牌。同时，现代农业还具有高投入、高产出、高风险、高效益和可持续发展的基本特征，能够很好地把规模化和科技化有机结合起来。现阶段，我国正处于

① 刘奇. "重中之重"越来越重 [J]. 农村工作通讯，2011 (1)：63.
② 姬亚岚. 多功能农业与中国农业政策研究 [D]. 兰州：西北大学，2007：155.

改革开放的关键时期，就业问题、生态环境问题和经济社会发展的不平衡性问题等都相继出现。现代农业的全面稳定发展，是推动经济发展、促进社会和谐、维护国家安全的坚实基础。正如温家宝同志所言："中国现代化的成败取决于农业，没有农业的现代化就没有整个国家的现代化。"[①] 因此，从根本性、全局性和长期性等方面来认识和定位现代农业的战略性显得尤为紧迫且重要。

（一）根本性

农业是人类的衣食之源、生存之本，保障和解决人民吃饭问题是现代农业的根本性战略。现代农业紧紧依靠科技进步，逐步改善粮食生产条件，提升农业综合生产能力，不断提供优质、安全和多样性的农产品，以满足人们日益改善的生活需要。对此，我们要按照科学发展观的根本要求，牢牢把握当前复杂多变的经济发展形势进一步深化经济改革，大力调整现代农业经济结构，转变经济发展方式。在农业经济结构调整上，必须要实现重大突破，切不可小打小闹、修修补补。实践证明，根本性的调整和转变是我们审时度势，把握大局，让现阶段农业最终走出发展困局，寻求战略性突破的有效路径。

我国靠农业起家，靠农业安身，扩大农业规模、提高农业产量是我国长期以来发展农业的愿望和追求。经过三十多年的发展，我国农业已初步具备现代农业的组织规模和科技装备。然而，要推进农业现代化，需彻底改变以往那种传统的农业发展模式，充分利用农业资源，用先进技术装备农业，构筑农工贸一体多元的产业形态和现代产业体系，拓宽农业产业化发展空间，建立以信息化为主要特征的新型工业化，创新农业发展理念和经营方式，加快发展现代农业，培育新型现代农业。同时，要深刻分析和总结农业发展的历史经验，正确把握和处理农业发展的现实矛盾，切实深化和拓展农业发展的未来任务，确保新形势下现代农业根本性战略的实现。

（二）全局性

现代农业战略具有全局性，其根本目的是为了解决农村劳动力就业、改善农民生活水平、促进农民全面发展。在我国，农民占全国人口的大多数，并且绝大多数人口又生活在农村。因此，农业的稳定直接关乎中国的稳定，农民富则国家富。改革开放以来，农民基本收入虽然增长较快，但与城市居民相比较，农民的生产条件和生活水平还远远赶不上城市居民。近年来，农村劳动力纷纷涌向城市，固然为城镇化、工业化发展做出了巨大贡献，但同时也给城市生活、就业、教育等方面带来了诸多压力。为破解这一难题，我们要不断提高农业的综合生产能力，拓展农业的多种功能，投入更多时间和精力去发展观光旅游农业、休闲农业，从而吸引越来越多的人来农村旅游和消费。同时，还要全力打造规模农业、项目农业和推动农产品深加工，不断加大现代农业对农民的收入贡献，从而为解决农村劳动力出路问题创造条件。

当前，我国农业生产的相对落后已严重制约了国民经济其他部门的发展。实践表

---

① 温家宝. 关于深入贯彻落实科学发展观的若干重大问题 [J]. 求是，2008（21）：5.

明，人民生活的改善、社会的稳定都离不开现代农业的发展，现代农业的发展不仅关系到现代化战略目标的实现，也是关系整个社会发展的全局性战略。因此，在对现代农业发展战略进行优化调整时，要切实把握发展机遇，更新发展理念，处理好"好"与"快"的关系，兼顾经济发展的质量和效率，始终坚持走科技含量高、经济效益好、资源消耗低、优势得以充分发挥的农业现代化道路，以经济结构调整拉动经济快速发展。

（三）长期性

实现农业现代化、促进农业可持续发展是现代农业的长期性战略。在我国，农业现代化是指采用现代科学技术和先进方法来装备和管理农业，建立高产优质高效农业生产体系，从根本上改变落后的传统农业，提高农业生产力，逐步缩小与发达国家农业的差距，从而使我国农业无论在总体上还是在平均水平上接近发达国家的水平，实现经济效益、社会效益和生态效益相统一的可持续发展。农业现代化的实现不是一蹴而就的，而是一个长期发展的动态过程。根据农业现代化的内涵和特点不难发现，农业现代化是手段和过程的有机结合。伴随技术、经济和社会的不断进步，不同时期农业现代化的内涵和特点会发生变化。世界发达国家通常把农业现代化分为准备阶段、起步阶段、初步实现阶段、基本阶段及发达阶段五个阶段。因此，我们要结合我国不同时期和阶段的农业发展现状，选择不同的发展方式和手段，确定不同时期和阶段的发展目标，对农业结构进行有针对性的战略调整，优化配置各种资源和生产要素，提高农业生产率，实现农业增效和农民增收的目标，维持农业可持续发展。当前，我们要紧紧抓住经济全球一体化发展的历史机遇，充分利用好国内、国际两个市场和两种资源，逐步将我国农业与世界农业发展全面接轨，从而实现我国农业现代化。

促进农业可持续发展不仅是农业现代化的旨归，也是现代农业的长期性战略。不言而喻，整个国民经济可持续发展依赖于农业可持续发展，同时农业可持续发展又是支撑经济、社会与环境可持续发展的可靠保证。这是因为农业在生态保护方面（如在防洪涝灾害、涵养水源、防止土壤侵蚀和水土流失、处理有机废弃物、净化空气、提供绿色景观和自然景观方面）有着无可替代的作用，从而为农业的可持续乃至经济、社会与环境的可持续发展创造了条件。可见，实现农业现代化、促进农业可持续发展不仅是一个动态过程，也是一个长期性过程。

三、现代农业基础性地位与战略性地位的关系

中国特色的现代农业在党和国家事业发展中的地位是基础性地位与战略性地位的统一。现代农业的全面稳定发展是推动经济发展、促进社会和谐、维护国家安全的坚实基础。"三农"问题，始终是关系党和国家工作全局的根本性问题。全面建成小康社会，最艰巨与最繁重的任务就在农村。过去，我们对农业的认识仅局限于对其基础地位的认识，没有将农业在国民经济中的重要性充分反映出来。党的十七届三中全会根据中国的国情和农情对农业的地位进行了新的界定，农业既是基础性的战略产业，又是战略性的基础产业，要正确认识现代农业基础性地位与战略性地位之间的辩证关系，需处理好以

下三种关系。

（一）把农业基础性和战略性统一起来

我国是一个农业大国，农业是基础性的战略产业。然而，在过去很长一段时间内，我们只注重工业特别是重工业的发展，而并没有真正将农业当成永恒的基础产业给予足够的重视。历史上，部分国家或地区为了能在短期内尽快地发展起来，赢得更多的发展机遇和空间，只是一味地追求非农产业的高附加值，而忽视了农业发展，结果导致了粮食危机的出现，这方面的历史教训深刻而惨痛。因此，在任何时候，我们都不能忽视农业，而应该始终牢记农业永远是基础性的战略产业。农业具有基础性，这是因为人类的生存繁衍、社会稳定、经济发展离不开农业。同时，农业又是战略性的基础产业，这是因为农业事关我国农村经济发展、农民持续增收、社会主义新农村建设以及整个社会稳定的大局。改革开放以来，我国一直把农业当作战略性的基础产业来抓，同时还把调整农业产业结构、发展农业产业化视为提升农业作为战略性的基础产业的重要举措。2004年以来，中央连续发布 11 个关于"三农"问题的一号文件，这凸显了党和国家对农业的高度重视。实践表明，不断调整农业产业结构，发展农业产业化是建设现代农业、加快农村经济发展、较快增加农民收入的基本保障。

现代农业基础性与战略性之间是紧密联系、密不可分、内在统一的。我们之所以说现代农业是基础性产业，是因为农业对于人类而言，是一个永远无法回避，必须高度重视的产业。"民以食为天"，这就道出了人类生存和发展的第一需求就是"食"，而"食"的主要来源显然是农业。也就是说，农业是"食"的重要基础，甚至是唯一的基础。此外，我们之所以又说现代农业是战略性产业，这是因为农业对于一个拥有近 14 亿人口、粮食供求处于紧平衡状态的发展中大国而言，更是具有全局性、根本性、长远性的重大战略意义。基于此，我们要加快培育和发展现代农业基础性与战略性的新兴产业。这必将有利于我国经济社会全面、协调和可持续发展，从而加快推进社会主义现代化。因此，在同步推进农业现代化与工业化、信息化、城镇化的当下，认真贯彻落实中央各项有关方针政策，切实加强农业，对现代农业基础性与战略性进行重新理解、审视和定位显得极为重要。

（二）把对价值增值的追求与物质财富的创造统一起来

从哲学意义上来说，价值是揭示外部客观世界对于满足人的需要的意义关系的范畴，是指具有特定属性的客体对于主体需要的意义。从经济学意义上来说，价值增值通常是指超过劳动力价值的那部分价值的形成过程，具体表现为一个经济主体的产品价值与它从别的经济主体购进的原材料、能源等价值之间的差额。透过马克思劳动价值论可知，价值是凝结在商品中无差别的一般人类劳动，体现着商品生产者之间交换劳动的社会生产关系；使用价值是商品的自然属性，它所体现的是人与物的关系，它本身并不反映社会的生产关系，它在一切人类社会中都存在，构成社会财富的物质内容，是人类社会赖以存在和发展的物质基础。财富是由使用价值构成的物质实体，是社会物质资料的总和。"不论财富的社会的形式如何，使用价值总是构成财富的物质的内容。"[1]

在商品经济条件下，一切财富都可以通过价值来表现。农产品通常是初级产品，附加值较低。我们必须综合考虑人们对于农产品的刚性需求以及市场经济条件对农产品价值的影响。我们应该通过完善农产品市场机制增加它的附加值，从而提高农产品价值。另外，农业的效用主要是通过农产品的使用价值来体现的。在农业生产过程中，农产品的使用价值是构成农业财富最大部分的物质内容，这个物质内容具备了对人类有用的特殊功能。同时，人们在对农业价值增值的追求与物质财富的创造的过程中，还需继续深化对马克思劳动价值论的认识，"让一切劳动、知识、技术、管理、资本的活力竞相迸发，让一切创造社会财富的源泉充分涌流，让发展成果更多更公平惠及全体人民"[2]。因此，在推进农业现代化的过程中，人们对于价值增值的追求与物质财富的创造并不矛盾，而是相统一的。

（三）把社会经济发展与人民基本需求统一起来

农业不但是基础性产业，而且是一项关系国计民生的伟大工程。"没有农业现代化就没有国家现代化，没有农村繁荣稳定就没有全国繁荣稳定，没有农民全面小康就没有全国人民全面小康。"[3] 当前，党领导人民进行改革开放和现代化建设，通过发展社会生产力不断满足人民物质文化生活的基本需求，促进人的全面发展，其中农业现代化是经济社会发展的前提和条件。经济社会发展和人民基本需求相互联系、相互促进，人民基本需求越得到全面满足，就会创造越多的社会的物质文化财富，进而人民的生活就越能得到改善；物质文化条件越充分，又越能促进人的全面发展。

然而在实践中，各级政府在选择发展目标时常与人民的实际需求不一致，对农业的基础性地位缺乏战略性的眼光，这是因为各级政府在发展主义逻辑的支配下，在追求社会经济发展时一般都偏好选择效益高、见效快的产业，往往只注重 GDP 的增长，而忽视了人民的基本需求。农业是基础性产业，具有不可替代性。没有农业的稳固和发展，人民基本需求就失去了基础和保障，人民基本需求是经济社会发展的目的，又是推动经济社会发展的最重要力量，人民基本需求得不到满足，经济社会发展就失去了动力。因此，我们要立足我国仍处于并将长期处于社会主义初级阶段这个实际，把满足人民基本需求作为经济社会发展的动力，脚踏实地为实现党在现阶段农业现代化的目标不懈奋斗。在推进农业现代化的历史进程中，既要着眼于人民现实的物质文化生活需要，又要着眼于促进人民素质和能力的提高，不断保障人民基本需求，从而实现社会经济发展与人民基本需求相统一。

这一切充分表明中国共产党对农业地位的认识提高到了一个新的水平。当前，要践行科学发展观，切实解决好"三农"问题，最终实现农业现代化，关键是要深刻认识和

---

[1] 马克思恩格斯文集（第 5 卷）[M]. 北京：人民出版社，2009：49.
[2] 中共中央关于全面深化改革若干重大问题的决定 [M]. 北京：人民出版社，2013：3.
[3] 中共中央关于推进农村改革发展若干重大问题的决定 [M]. 北京：人民出版社，2008：7.

领会现代农业是基础性和战略性的统一，即现代农业既是基础性的战略产业，又是战略性的基础产业，这事关党和国家事业的全局。基础性决定于其必需性、一般性和特殊性，战略性决定于其根本性、全局性和长期性。农业的基础性支撑其战略性，战略性反过来又强化其基础性，是基础性和战略性的辩证统一，这在当今中国具有特别重要的现实性和紧迫性。

第三节 粮食安全的内涵

一、国内外对"粮食安全"内涵的界定

（一）关于粮食的概念

目前，国内外对于粮食并未有统一的定义，表3-1列出了几种常用的说法。

表3-1 粮食定义一览表

粮食的定义	来源
狭义的粮食是指谷物类，主要指稻谷、小麦、玉米、大麦、高粱等，广义的粮食是指谷物类、豆类和薯类的集合。	社会传统意义上的认识
各种主要食料的总称，如小麦、高粱、玉米、薯类等。	《辞海》
供食用的谷物、豆类和薯类的统称。	《现代汉语词典》（中国社会科学院语言研究所词典编辑室，2002)
粮食是各种主食的总称，一般指谷物、豆类和薯类等植物产品。	《粮食经济与科技大辞典》（丁兆石，1994)
主要指谷物（包括小麦、稻谷、玉米等）、豆类和薯类。	《国家粮食安全中长期规划纲要（2008—2020年)》
包括谷物（稻谷、小麦、玉米等）、豆类和薯类。	中华人民共和国统计局《中国统计年鉴》
指小麦、稻谷、玉米、杂粮及其成品粮。	《粮食流通管理条例》（中华人民共和国国务院令，第407号，2004年)
原粮、成品粮、混合粮和贸易粮（根据领域和作用对象的不同）。	国有粮食部门
主要指谷物，包括小麦、粗粮和稻谷。其中，粗粮含玉米、大麦和高粱等。 1995年联合国粮食及农业组织所列的详细食物（FOOD）产品目录有8大类106种：1. 谷物类8种；2. 块根和块茎作物类5种；3. 豆类5种；4. 油籽、油果和油仁作物13种；5. 蔬菜和瓜类20种；6. 糖料作物3种；7. 水果、浆果24种；8. 家畜、家禽、畜产品28种。	联合国粮食及农业组织（FAO)
小麦、玉米、高粱、大麦、稻谷、燕麦、黑麦及其他杂粮（大豆和薯类不计入）。	美国政府

粮食的定义	来源
大麦、玉米、小麦、高粱、黑麦和燕麦。	法国政府
小麦、大麦、燕麦、稻谷等。	澳大利亚政府
米谷、大麦、稞麦、小麦；米谷粉、小麦粉、黏米、进口的淀粉；以米谷粉或小麦粉为原料加工制作的面食等。	日本《粮食管理法施行令》

资料来源：根据相关文献资料整理。

可以看出，各国对于粮食定义的侧重均有所差异，主要是以本国主要生产和消费的粮食品种为依据。同时，随着经济社会发展和消费结构的变化，粮食的概念也会发生变化。[①]

一般认为，粮食具有维系人类生命功能和行业再生产的功能。李国祥和陈劲松等人则进一步从粮食的经济和社会功能出发，认为粮食具有两大功能，一是安全功能，即提供粮食保障，二是收入功能，即保障农民收入，但两者之间又存在一定矛盾。[②] 关于粮食的本质属性，尚存在一定的争议。一种观点认为粮食的本质是一种公共产品，如邓大才认为粮食是一种特殊商品，承担了非经济职能，有一定的社会性质、政治性质、战略性质，具有公共物品的特征，因此需要政府的矫治。[③] 另外一种观点认为粮食是一种商品，如刘维认为粮食不具备非竞争性和非排他性的特征，因此粮食本质上是一种商品。[④]

（二）关于粮食安全的概念

实际上，关于粮食安全问题的探究古已有之，只是研究范畴和方法与现代差别较大，尚未提出明确的关于粮食安全的定义。孔子认为"足食，足兵，民信之矣"（《论语·颜渊·子贡问政》），其中的"足食"实际上就是粮食安全的思想。管子认为"仓廪实则知礼节，衣食足则知荣辱"（《管子·牧民》），则指出了粮食安全的重要作用。在西方，古典经济学的奠基者之一、法国重农学派的创始人弗朗斯瓦·魁奈认为"一切利益的本源实际是农业"（《谷物论》），这实际上是认为农业（粮食）是国家最重要的基础。托马斯·罗伯特·马尔萨斯在其著名的《人口论》（又译为《人口原理》）中提出了人口增长有超过食物供应增长趋势的论题，认为由于"土地报酬递减规律"的作用，食物生产只能以算术级数增加，赶不上以几何级数增加的人口需要，并认为这是"永恒的人口自然规律"。

现代意义上的粮食安全研究肇始于 1972—1974 年的粮食危机。然而，国内外对于粮食安全（Food Security）有多种不同的释义，其内涵不断发展和丰富。表 3—2 列出

[①] 为了研究和统计的方便，本研究未作特别说明之处，粮食均指谷物（包括小麦、稻谷、玉米等）、豆类和薯类。

[②] 李国祥，陈劲松. 粮食减产与粮食安全 [J]. 中国农村经济，2001（4）：4—10.

[③] 邓大才. 论政府在粮食经济中的基本定位 [J]. 中国粮食经济，2003（2）：8—9.

[④] 刘维. 论粮食的经济属性与政府的基本定位——与邓大才同志商榷 [J]. 粮食问题研究，2003（4）：19—22.

了一些常用的说法。

表 3-2　粮食安全含义一览表

粮食安全的含义	来源
保证任何人在任何时候都能够得到为了生存和健康所需要的足够食品。 Availability at all times of adequate world food supplies of basic foodstuffs to sustain a steady expansion of food consumption and to offset fluctuations in production and prices. ①	1974 年，FAO，世界粮食大会
确保所有人在任何时候既能买得到又能买得起他们所需要的基本食品。 Ensuring that all people at all times have both physical and economic access to the basic food that they need. ②	1983 年，FAO，爱德华·萨乌马
Access of all people at all times to enough food for an active, healthy life. ③	1986 年，世界银行
Food security, at the individual, household, national, regional and global levels [is achieved] when all people, at all times, have physical and economic access to sufficient, safe and nutritious food to meet their dietary needs and food preferences for an active and healthy life. ④	1996 年，FAO
Food security [is] a situation that exists when all people, at all times, have physical, social and economic access to sufficient, safe and nutritious food that meets their dietary needs and food preferences for an active and healthy life. ⑤	2001 年，FAO
能够有效地提供全体居民以数量充足、结构合理、质量达标的包括粮食在内的各种食物。⑥	1992 年，中国政府，萨乌马国际会议

资料来源：根据相关文献资料整理。

国外学者对粮食安全进行了科学而系统的界定。阿马蒂亚·森认为"饥饿是指一些人未能得到足够的食物，而非现实世界中不存在足够的食物"⑦，并以"权利方法"为分析工具，指出"权利失败"即粮食获取能力不足，导致了饥荒。⑧ 阿尔伯托·瓦尔德斯认为粮食安全指"缺粮国家或这些国家的某些地区或家庭逐年满足标准粮食消费水平

① United Nations. *Report of the World Food Conference*，*Rome*，5－16 *November* 1974 ［R］. New York，1975.

② FAO. *World Food Security*：*A Reappraisal of the Concepts and Approaches* ［R］. Director General's Report. Rome，1983.

③ World Bank. *Poverty and Hunger*：*Issues and Options for Food Security in Developing Countries* ［R］. Washington DC，1986.

④ FAO. *Rome Declaration on World Food Security and World Food Summit Plan of Action* ［R］. World Food Summit 13－17 November 1996. Rome，1996.

⑤ FAO. *The State of Food Insecurity in the World* 2001 ［R］. Rome，2002.

⑥ 中国 21 世纪议程——中国 21 世纪人口、环境与发展白皮书 ［M］. 北京：中国环境科学出版社，1994：79.

⑦ 阿马蒂亚·森. 贫困与饥荒——论权利与剥夺 ［M］. 北京：商务印书馆，2001：5.

⑧ 国际学术界一般认为，相对于生产，粮食安全广义上更是一个收入问题。在市场经济体制下，只要提高消费者的收入，便可以从市场上购买到足够的粮食。同样，对于一个国家而言，只要足够富裕，也可以从国际市场上购买到足够数量的食物。

的能力"。岸根卓郎认为粮食安全包括避免粮食危机、确保食生活的稳定化、高级化和多样化。[①] 巴雷特指出粮食安全应该包括四个方面的内容：①提供身体需要的营养和能量；②粮食同其他互补品的关系；③粮食消费随着经济社会的发展和人们对粮食消费的认知的变化而变化；④粮食供给的不确定性与风险以及人们对风险的认知与反应。[②] 莉莎·C. 史密斯、阿玛尼·E. 埃奥贝德和海伦·H. 詹森认为，粮食安全危机可以归结为两个基本原因，在宏观层面上是粮食供给不足，微观层面上是缺乏粮食获取能力。[③]

国内学者也对粮食安全进行了深入研究。马九杰、张象枢和顾海兵等（2001）认为粮食安全包括宏观和微观两个层次的安全，两者相互联系。[④] 雷玉桃和谢建春等（2003）主要从生产角度来理解中国粮食安全，认为粮食安全具有一定特殊性，不仅指实现粮食总量增长的目标，还要考虑到质量、品质结构等，保障我国粮食安全的首要目标是保护和提高粮食生产能力等。[⑤] 娄源功等（2003）从交易视角来理解中国粮食安全，认为中国粮食安全是指"国家满足人们以合理价格对粮食直接消费和间接消费，以及具备抵御各种粮食风险的能力"[⑥]。闻海燕等（2003）认为完善的粮食安全保障体系应包括三个环节：生产出足够多的粮食，有一个高效率流通组织来供应，确保所有需要粮食的人在任何时候都能获得粮食。[⑦] 钟甫宁、朱晶和曹宝明等（2004）认为粮食安全包括生产意义上的安全，即供给量；可获取性意义上的安全，即供给在时空上分布是否均衡以及人们能否获取；质量意义上的安全，即粮食是不是符合卫生、营养和健康要求。[⑧] 公茂刚和王学真（2010）认为，发展中国家的粮食安全由粮食供给和粮食获取共同决定；粮食供给是必要条件，粮食获取是充分条件，而且粮食获取比供给的作用更大。[⑨] 翟虎渠等（2004）认为现代粮食安全的概念包括数量、质量和生态安全三层内涵。[⑩] 国家粮食局调控司（2004）认为，粮食安全是指一个国家满足粮食需求以及抵御

① 岸根卓郎. 粮食经济——未来 21 世纪的政策 [M]. 南京：南京大学出版社，1999.

② "Barrett (forthcoming) notes four key elements of a useful operational conception of food security: it must take into consideration the physiological needs of individuals (nutritional requirements and energy expenditure levels); it must recognize the complementarities and trade-offs among food and other basic necessities (most notably health care and education, but also productive assets, shelter and many others); it must take into consideration changes over time, and people's perceptions of and responses to these changes (including consumption smoothing); and it must reflect uncertainty and risk (that is, it must capture vulnerability, and people's perceptions of and responses to risk)." 转引自 Maxwell Daniel, Clement Ahiadeke, Carol Levin, Margaret Armar-Klemesu, Sawudatu Zakariah and Grace Mary Lamptey (1999). Alternative Food-Security Indicators: Revisiting The Frequency and Severity of "Coping strategies" [J]. *Food Policy* 24 (4): 411-429.

③ Lisa C. Smith, Amani E. El Obeid, Helen H. Jensen. The Geography and Causes of Food Insecurity in Developing Countries [J]. *Agricultural Economics*, 2000, 22 (2): 199-215.

④ 马九杰，张象枢，顾海兵. 粮食安全衡量及预警指标体系研究 [J]. 管理世界，2001 (1): 154-162.

⑤ 雷玉桃，谢建春. 论退耕还林背景下的粮食安全保障机制 [J]. 粮食问题研究，2003 (6): 29-31.

⑥ 娄源功. 中国粮食安全的宏观分析与比较研究 [J]. 农场经济管理，2003 (3): 30-32.

⑦ 闻海燕. 论市场化进程中浙江区域粮食安全体系的构建 [J]. 浙江学刊，2003 (5): 192-196.

⑧ 钟甫宁，朱晶，曹宝明. 粮食市场的改革与全球化：中国粮食安全的另一种选择 [M]. 北京：中国农业出版社，2004：11.

⑨ 公茂刚，王学真. 发展中国家粮食安全决定因素实证分析 [J]. 农业技术经济，2010 (8): 47-54.

⑩ 翟虎渠. 粮食安全的三层内涵 [J]. 中国粮食经济，2004 (6): 34.

可能出现的各种不测事件的能力，具体包括物质保障能力和水平、消费能力和水平和保障粮食供给的途径和机制。[①] 高帆等（2006）认为，粮食安全的含义包括三个方面：供得够、送得到、买得起。[②] 邓大才等（2012）认为，粮食安全包括战术性、战备性、战略性和贸易性安全。[③] 陈明星（2008）认为，粮食安全需要从公共性、系统性、动态性和可持续性等四个方面全面把握。[④]

由此可以看出，粮食安全是一个历史的、发展的概念，由于所处的时代不同、经济社会发展阶段不同、考察问题的角度不同，人们赋予粮食安全不同的内涵。对于粮食安全内涵的认识包括多个维度，其中最重要的两个维度是粮食的供给能力与获取粮食的权利，其发展趋势是从重视生产和供给转向更加重视可获得性以及与之相关的各种经济社会条件。这说明粮食安全取决于多个条件，涉及多个领域，具有系统性、复杂性、阶段性与层次性。粮食安全的内涵在不同时期、不同国家以及特定国家的不同发展阶段存在一定差异。

二、中国粮食安全的具体含义

基于不同的视角和研究需要，粮食安全有不同的内涵，这从不同侧面反映了人们对于粮食安全的认识。

从空间层次看，粮食安全可以分为家庭粮食安全、区域粮食安全、国家粮食安全和全球粮食安全。2008年，胡锦涛同志在出席八国集团与发展中国家领导人对话会时指出，粮食问题不仅事关各国经济和民生，也事关全球发展和安全。2009年，胡锦涛同志在出席第64届联合国大会时提出了新的安全观，认为"我们应该坚持互信、互利、平等、协作的新安全观，既维护本国的安全，又尊重别国安全关切，促进人类共同安全"。这一安全观应用到粮食安全领域，就是全球粮食安全的目标。从粮食品种看，可以分为口粮安全、饲料粮安全、工业用粮安全，谷物粮食安全、薯类粮食安全、杂粮安全，全面粮食品种安全、重点粮食品种安全。从动态角度看，可以分为当前的粮食安全和未来的粮食安全等。从产业链角度看，粮食安全不仅包括生产安全、流通安全、储备安全、消费安全，还包括质量安全。

当前，对于国家粮食安全，理论界和决策层并无一致认识和统一表述。我们认为，应当从当前我国粮食安全面临的新形势全面把握国家粮食安全的科学内涵。

首先，国家粮食安全的内涵必须从我国国情、农情出发。粮食安全是一个历史范畴，在不同的时代、不同的国家有着截然不同的要求，具有阶段性和层次性。国家粮食安全的目标，既不能超越现阶段的国情，也不能落后于当前实际能力，必须"确保到二

---

① 国家粮食局调控司. 关于我国粮食安全问题的思考 [J]. 宏观经济研究，2004（9）：6—9.
② 高帆. 粮食安全的真问题是什么？[J]. 调研世界，2006（3）：36—37.
③ 邓大才. 粮食安全的模型、类型与选择 [J]. 华中师范大学学报：人文社会科学版，2012（1）：1—7.
④ 陈明星. 生态文明视角下确保国家粮食安全的路径创新研究 [J]. 调研世界，2008（7）：13—16.

〇二〇年实现全面建成小康社会宏伟目标"①。若仅仅将粮食安全的目标定位于口粮的自给，必然会对国民经济和社会发展产生负面影响。

其次，国家粮食安全首先是数量上的安全，还包括结构上的安全、空间上的安全和质量上的安全。数量上的安全，指的是不仅满足人们口粮的基本需要，还应当满足养殖业、工业及其他国民经济正常发展和社会进步的需要。结构上的安全，指的是各类粮食品种之间保持恰当的比例关系。如稻谷、小麦、玉米、大豆等主要品种，由于各自在消费用途、目标市场等方面存在着较大区别，相互之间不能完全替代。粮食总量足够，并不等同于所有种类的粮食需求都能得到满足，如果结构失衡，粮食市场同样可能出现波动。空间上的安全，指的是从粮食产销地区不均衡的实际出发，保证全国各地能够及时得到充足的粮食供给。质量上的安全，指的是确保粮食的质量标准，具备足够的营养价值，能够满足人们消费结构升级与发展的需要。

再次，国家粮食安全具有多重目标，从我国当前实际看，其既包括保障粮食消费者效用满足的基本目标，也包括维护粮食供给者利益实现，即种粮农民增收的目标；既包括保障粮食主销区和平衡区粮食安全的目标，也包括维护粮食主产区利益的目标，更需要在粮食主产区和主销区之间发挥比较优势，建立健全以利益联结为基础的合作机制。

最后，国家粮食安全还需要明确历史的边界，注重自然生态和代际传承。我们应超越发展主义模式，给自然留下更多修复空间，给农业留下更多良田，给子孙后代留下天蓝、地绿、水净的美好家园②；尊重自然、顺应自然和保护自然，承担农业自然资源和粮食综合生产能力代际传承的历史责任，确保有足够的农产品持续地满足当代人和后代人的需要，防止生态环境逆向演化，影响中长期粮食综合生产能力的可持续性。

综合借鉴国内外关于粮食安全的概念，我们认为国家粮食安全应包括以粮食数量、结构和生态为基础的生产安全，以空间布局和储备为基础的粮食流通安全，以粮食质量和可获得性为基础的粮食消费安全，同时，粮食安全也意味着兼顾供给者的利益实现和消费者的效用满足这一双重目标。

第四节　农业基础地位与国家粮食安全的关系

党的十七届三中全会指出："农业、农村、农民问题关系党和国家事业发展全局。"③ 农业是国民经济的基础，"农业是安天下、稳民心的战略产业"④。基础性的战略产业和战略性的基础产业是我国对建设现代农业的新定位。粮食是国民经济的战略性物资，是保生活、平物价、稳民心的关键商品，涉及千家万户，具有"放大"效应和连锁

---

① 胡锦涛. 坚定不移沿着中国特色社会主义道路前进　为夺取全面建成小康社会而奋斗——在中国共产党第十八次全国代表大会上的报告 [M]. 北京：人民出版社，2012.

② 胡锦涛. 坚定不移沿着中国特色社会主义道路前进　为夺取全面建成小康社会而奋斗——在中国共产党第十八次全国代表大会上的报告 [M]. 北京：人民出版社，2012：39.

③ 中共中央关于推进农村改革发展若干重大问题的决定 [M]. 北京：人民出版社，2008：7.

④ 中共中央关于推进农村改革发展若干重大问题的决定 [M]. 北京：人民出版社，2008：7.

反应。粮食安全是反映农业基础地位的重要标志，农业基础地位是确保粮食安全的重要前提，二者相辅相成。

从一定意义上说，农业的基础性体现为粮食的安全性，粮食的安全性相应地可以确证农业的基础性地位。从粮食的使用价值与价值意义上说，粮食是一种具有双重特性的商品，即基础性和公共性。基础性决定于人们生活的必需性，是粮食使用价值的自然物理属性体现；公共性决定于个人及社会需求的有限性，从而成为社会效益高而经济效益低的需求弹性系数小的特殊商品，这是粮食价值的社会属性特征。这些特征决定了粮食除了要经受自然灾害的侵袭外，还要经受市场风险的考验，是一种弱质性产品。正因为如此，粮食安全和农业的基础性地位特别容易受到伤害，需要国家大力扶持。另外，国际市场粮食竞争程度正日益加剧，对于我们这样一个发展中的人口大国来讲，确保国家粮食安全更具有国际性的战略意义。因此，我们必须要充分认识和处理好农业基础地位与国家粮食安全的关系。

一、农业的基础性体现粮食的安全性

中国作为一个农业大国，农业不兴就无从谈百业之兴，农民不富则难保国泰民安。没有农业的现代化，就不可能有整个国民经济的现代化。面对国际竞争和扩大内需的压力与挑战，农业发展、农村进步和农民增收为破解这种困局发挥了巨大作用。如果近14亿人口的中国失去农业发展的基础，中国人难逃饿肚子的厄运。因此，农业基础性是确保粮食安全性的直接体现，能够有效地保证粮食安全性朝正确方向发展。为此，要结合我国农业自身的特点，正确划分我国农业发展的不同区域，适应世界农业发展趋势，根据市场经济的要求提高农业的高附加值，转变农业发展方式，调整农业产业结构，以重大技术突破和社会发展需求为内驱力，加快建立现代农业战略性的新兴产业。

农业是国民经济的基础，农业的基础性是保障国家粮食安全的基础。改革开放以来，我国广大农村普遍实行了家庭联产承包责任制，农业生产条件大大改善，农副产品产量大幅度增加，农民生活水平显著提高。但我国农业的基础地位依然比较脆弱，农业发展速度与工业相比仍然相对滞后，农业仍是制约我国国民经济发展的薄弱环节。我国目前人均耕地面积有限，仅为世界人均水平的40%，农业基础也较薄弱，其现状堪忧。从农业基础角度来看，我国农业耕地面积正遭遇紧缺的现实困境。据统计，"从1996年到2008年，12年时间，我国的耕地面积减少了833.33万公顷，约等于一个河南省的耕地面积，或三个浙江省的耕地面积"[①]。当前，在推进工业化、信息化和城镇化的进程中，耕地面积减少的趋势还在继续，这使得坚守18亿亩耕地红线的任务极其艰巨。从水资源分布来看，我国人均可用水资源非常短缺。据统计，"仅相当于世界平均水平的1/4左右，且分布很不均衡，南方地区水资源拥有量占全国的3/4，我国水利设施也

---

① 陈锡文. 当前农村改革发展的形势和总体思路 [J]. 浙江大学学报：人文社会科学版，2009（6）：103.

严重不足"①。从农业科技贡献率来看，我国农业科技含量较低。据统计，2011年我国农业科技对农业经济增长的贡献率仅为53.5％，但与发达国家农业科技对农业经济增长已高达70％～80％的贡献率相比仍有较大的差距。如此严峻的局面要求我们务必要更新发展理念，改变先前那种以牺牲未来的土地资源、自然环境为代价的发展模式，扭转以往那种单纯追求国内生产总值（GDP）与财政收入增长的发展思路，一定要从农业基础性是确保粮食安全性、维护国家长治久安的角度考虑，加大对农业的投入。加强农业基础性的终极目标就是要发展现代农业，确保粮食安全，推进新农村建设，从而促进整个国家经济、社会的全面现代化。那么，怎样才能在实践中加强农业基础地位呢？首先，要在思想上高度重视农业基础性，确定农业基础性要实现的目标。其次，要立足我国农业现实，做好农业基础性开发。用现代物质条件、科学技术装备和改造农业，用现代产业体系、经营形式提升和管理农业，用现代发展理念培育新型农民。再次，要调整农业产业结构，转变农业增长方式，加快现代农业建设。最后，要提高土地产出率、资源利用率和农业劳动生产率，不断推进传统农业的改造，大力发展农村生产力。不言而喻，农业基础性建设的巩固和加强，必将有利于粮食安全性建设的顺利展开。如果没有扎实的农业基础，要确保粮食的安全性无异于纸上谈兵、空言无补。实践证明：要真正有效地解决"农业基础性"问题，不仅需要战术的灵活应变，更需要实现农业发展战略的有效转变；农业基础性的稳固与否是确保粮食安全性的直接体现，农业基础性越稳固，则粮食安全性越可靠。

二、粮食的安全性反映农业的基础性

"国以民为本，民以食为天"。正如温家宝同志所言："粮食始终是经济发展、社会稳定和国家安全的基础，任何时候都不能出现闪失。在指导思想上，必须始终坚持立足国内，实现粮食基本自给。13亿人口的国家，如果粮食和农业出了问题，谁也帮不了我们。"② 1974年11月，"粮食安全"问题首次由联合国粮农组织在罗马召开的世界粮食首脑会议上提出。1983年4月，粮农组织总干事爱德华·萨乌马认为粮食安全的最终目标就是要确保所有的人在任何时候既能买得到又能买得起他们所需要的基本食品。1996年11月，世界粮食首脑会议认为粮食安全就是要让所有的人在任何时候都能享有充足的粮食，过上健康、富有朝气的生活。可见，随着社会的发展，人们对于粮食安全的界定也会随之发生变化。总体而言，关于粮食安全这个概念大致经历了从数量安全到质量安全，从国家粮食安全到家庭粮食安全，从营养安全深化到可持续安全的发展过程。事实表明，粮食不仅是一种具有基础性和公共性的特殊商品，还是一种重要的国际战略物资。长期以来，粮食的安全性问题始终关系着一个国家的政治稳定、经济发展、社会安全。因此，大力发展农业，保障国民购买力，实现人口与经济的可持续发展是粮

---

① 陈锡文. 当前农村改革发展的形势和总体思路 [J]. 浙江大学学报：人文社会科学版，2009（6）：103.
② 温家宝. 关于深入贯彻落实科学发展观的若干重大问题 [J]. 求是，2008（21）：5.

食安全的必然要求。

　　"民以食为天，食以粮为源。"目前，中国虽然基本解决了吃饭问题，但粮食供需平衡的压力将长期存在，粮食问题仍不容乐观。人口不断增长，耕地逐年减少，人均粮食占有量刚达到 400 公斤，仅为发达国家的 1/3 至 1/4。而随着经济社会的发展，国民食物的多样化都需要更多的粮食作后盾。对此，2008 年 11 月，国家有关部门出台了《国家粮食安全中长期规划纲要（2008—2020 年）》，并提出"使粮食自给率稳定在 95％以上"这样一个基准指标。不过，中国粮食尚有 5％不能自给。按中国 13 亿人口计算，5％的人口应为 6500 万人。换句话说，这 6500 万人的基本口粮只有从国际市场上采购才能予以弥补。在当今世界三大经济安全（粮食、能源、金融）中，粮食安全居于首位，部分西方大国把粮食当成是控制其他国家的重要手段。美国前国务卿亨利·基辛格说："如果你控制了石油，你就控制了所有国家；如果你控制了粮食，你就控制了所有的人；如果你控制了货币，你就控制了整个世界。"从战略意义上讲，在国际大宗商品市场上，中国既控制不了石油，又控制不了铁矿石，但作为具有几千年农业大国历史的中国应当有能力控制世界的粮食市场。因此，中国必须保持足够的粮食自给率，"饭碗要牢牢端在自己手中，自己的饭碗主要装自己生产的粮食"，这样才能在国际市场上有更多的话语权。否则，中国就有可能在未来的粮食战争中被对手击败。

　　近几年，我国部分地区自然灾害频发导致粮食安全问题更加突出，这引起了人们对粮食安全问题高度关注。中国作为一个拥有近 14 亿人口的大国，保障粮食安全不仅是一个经济问题，而且是一个社会问题和政治问题。抓好粮食生产，对于保障国家粮食安全、改善人民生活具有特殊的重大意义。在可预见的未来，随着工业化、信息化和城镇化的飞速发展，人口的迅速增加以及人民生活水平的提高，粮食消费需求也将呈刚性增长，而耕地减少、水资源短缺、自然灾害、土壤污染、气候变化、人为浪费等带来的伤害等对粮食生产的约束将日益突出，我国粮食的供需将长期处于紧平衡状态之中，粮食安全的警钟再次被敲响。

　　我国粮食安全目标包括以下三个方面：一是粮食供应量要有保证，二是保证大家要有能力买，三是购买的粮食符合食品卫生指标。这种粮食安全目标既有量的要求，又有质的保障，是质和量的有机统一，是供给与需求的平衡。实践证明，粮食的安全性能够有效地反映农业的基础性。对此，各级政府要重视对农村基础设施的建设，充分、合理地利用与发挥我国农业自然资源潜力，既立足于现实，又着眼于未来，为农业稳定而持久地发展与进步提供技术依托和贮备，促使现代农业基础性研究学科间交叉综合、协同发展。要把加强农业基础地位的落脚点和归属点放在确保国家粮食安全之上，把发展粮食生产放在现代农业建设之首。实现粮食自给，确保粮食安全是国家独立发展的基本要求，是国民经济"又好又快"发展的根本前提，是确认农业基础性稳固和良好的重要映射。

　　农业的基础性体现为粮食的安全性，粮食的安全性反映农业的基础性，近 14 亿中国人的吃饭问题始终是一个长期的战略性问题。正如毛泽东同志所言："全党一定要重视农业。农业关系国计民生极大。要注意，不抓粮食很危险。不抓粮食，总有一天要天下大乱。"[①] 因此，建设现代农业，破除城乡二元结构、形成城乡经济社会发展一体化新格局，必须巩固和加强农业基础地位，始终把解决好十几亿人口吃饭问题作为治国安邦的头等大事。在此背景下，就迫切需要我们针对建设现代农业，加强农业基础地位和确保国家粮食安全的困境及难点展开一系列针对性强的研究，从而探求具有中国特色粮食安全战略发展模式和运行机制。

第五节　在"四化"同步发展进程中确保国家粮食安全

党的十八大报告提出："坚持走中国特色新型工业化、信息化、城镇化、农业现代化道路，推动信息化和工业化深度融合、工业化和城镇化良性互动、城镇化和农业现代化相互协调，促进工业化、信息化、城镇化、农业现代化同步发展。"[②] 这是解决我国经济社会发展深层次问题的路径选择，实质上是正式将新型工业化、信息化、城镇化、农业现代化的关系表述为辩证的共生关系。粮食安全是农业现代化的首要目标，工业化、城镇化离不开以粮食安全为首要目标的农业现代化，信息化则作为"倍增器"和"催化剂"，与工业化、城镇化和农业现代化融合发展。"四化"同步发展摒弃了传统的以牺牲农业为代价的工业化、城镇化的发展方式，为国家粮食安全战略的实施提供了新的战略机遇。

发展仍是解决我国所有问题的关键。工业化、城镇化的发展对我国经济社会发展起到了巨大的推动作用，但也对农业现代化和粮食安全产生了一些负面影响。本节运用统计数据，通过定量的方法分析农业现代化、城镇化和经济增长三者之间的相互关系，判断三者各自的变化趋势。

一、农业现代化、城镇化和经济增长之间的互动机理

我国农业发展长期落后于工业经济的发展，而农业经济恰恰又是人类社会生存的基础，且农业现代化的发展水平反映了人类现代化文明的发展水平，所以尽管其发展缓慢，但仍不能忽视其现代化进程：只有较高的农业现代化水平才能满足社会发展的需要，也才能实现民生改善。城镇化是工业经济和服务业经济发展的必然结果，人类进入工业文明之后，在农业与工业分工的基础上不断强化城镇化水平。经济增长则反映了整体经济发展速度，是农业发展、工业发展和服务业发展的综合体现。

（一）工业化、城镇化发展的虹吸效应

长期以来，我国工业化、城镇化发展是以牺牲农业为代价的，在发展态势上形成了

---

① 毛泽东文集（第7卷）[M]．北京：人民出版社：1999：199.
② 胡锦涛．坚定不移沿着中国特色社会主义道路前进　为夺取全面建成小康社会而奋斗——在中国共产党第十八次全国代表大会上的报告 [M]．北京：人民出版社，2012：20.

城镇化、农业现代化均滞后于工业化的现状。部分地区城镇化发展滞后，无法集聚高端生产要素，无法为产业转型提供创新支撑和人才保障；众多的农民无法有效转移，农业处于小规模、兼业化状态，集约化、专业化、组织化、社会化相结合的新型农业经营体系难以形成。就粮食安全而言，工业化、城镇化的发展对粮食生产的诸多要素产生虹吸效应：①工业用粮量随着工业的发展而不断增加，特别是近年来生物燃料的开发和利用，给粮食安全带来了持续的压力。②工业化、城镇化不可避免地挤占了粮食生产最为重要的土地资源，今天，工业化、城镇化快速发展，坚守18亿亩耕地红线难度日趋加大。同时，城镇往往都在土壤最肥沃的沿江地带兴起，"摊大饼"式的城市扩张即使能通过"占补平衡"政策实现耕地数量的平衡，也必然带来耕地质量的下降。③城市人口增加减少了农业劳动力，农村出现"空心化"的特征日趋明显，在农村留守的劳动力无法承担起保障粮食安全和实现农业现代化的重任。④收入水平提高带来了粮食消费结构的升级，致使粮食供求矛盾加剧、抵御粮食安全风险的能力下降。

（二）城镇化推动农业现代化的关系机理

改革开放以来我国农业社会尽管为社会经济的发展做出较大贡献，但是我国农业发展的速度缓慢，长期以来以传统生产方式为主导，现代文明在农业经济发展中引入较晚，并且引入速度也较慢。其主要原因在于，我国农业自产自用的现象较多，农民文化素质普遍偏低，以至于农业部门对现代文明的接受能力较低，阻碍了农业生产的现代化步伐。而城镇化则随着工业生产能力的提升和工业生产规模的不断扩大迅速发展。城镇化的过程是农业劳动力在社会的分配过程，农业部门的劳动力不断向城市转移，转移的过程中，农业部门的剩余劳动力不断减少，农业部门的劳动密集型耕作方式不得不向技术密集型耕作方式转变。这个转变过程则是推动农业部门接受现代文明的过程，从而推动农业部门走向现代化。因此城镇化速度越快，农业现代化速度也就越快。但需要注意的是，农业部门被动接受现代文明的集中时间介于农村剩余劳动力与非剩余劳动力转化的边缘，并且这一阶段也正好是农业部门从被动接受现代文明向主动接受现代文明转变的阶段。

（三）城镇化与经济增长之间的互动关系机理

城镇化是工业经济规模扩大和服务业经济增长的共同结果，城镇化越快，意味着工业经济和服务业经济增长越快。在农业经济发展缓慢的今天，农业经济所占的比重较小，经济增长主要来源于工业和服务业发展。按照国际社会的发展经验，我国服务业的发展空间较大，说明我国经济增长将会更大程度地依赖于服务业的发展。服务业的发展需要更多具有服务业素质的劳动力，进而需要吸收更多的居民在城市生活，从而就加快了城镇化的步伐。所以城镇化与经济增长之间存在正向的互动关系，城镇化拉动经济增长，经济增长加快城镇化。但是这种关系不会是永恒的，当城镇化发展到一定的水平，它将不再是解决发展的动力之一。故而可以认为，当城镇化不够饱和时，经济增长将会受益于城镇化"红利"；而当城镇化趋于饱和时，经济增长与城镇化之间的关系将不断弱化。

（四）经济增长拉动农业现代化的关系机理

经济增长的过程是工业经济、服务业和农业经济共同发展的过程，农业经济发展是经济发展的一部分。所以从理论上讲，农业经济的增长必然会促使经济增长，即农业现代化的发展必然有利于整体经济的发展。但是我国的现状是农业经济发展速度缓慢，生产能力低于全社会平均生产能力，以至于农业社会不但不能为经济增长提供动力，甚至成了经济增长的绊脚石。当然，农业现代化发展对整体经济增长的贡献较小，有时甚至存在负作用。在现实发展中，往往是工业经济增长通过先进工业产品的推广，主动推动着农业现代化的发展，以至于农业现代化至今都一直处于受工业经济增长影响的被动发展状态。

二、农业现代化、城镇化和经济增长关系的经验分析

从理论的角度可以发现，农业现代化、城镇化和经济增长之间存在比较密切的推动、拉动和互动关系，那么这些关系仅仅是从理论机制的角度分析的结果，而实际社会经济发展过程中是否存在如此的关系，则需要借助多年的发展经验数据进行实证分析来证明。

（一）指标选择

本书研究农业现代化、城镇化和经济增长之间的关系，每一个方面均选择一个具有代表性的指标。农业现代化以农用机械总动力为研究代表性指标，以城镇人口占全部人口的比重为城镇化代表性指标，以国内生产总值为经济增长的代表性指标。

（二）数据来源及数据处理

本文选择1991年到2010年的以上三个指标为研究对象，数据全部来源于2011年《中国统计年鉴》。三个指标变量的量化单位差异较大，比如农业机械总动力的单位为亿千万，人均国内生产总值增长率为比率数据，而城镇人口所占比重为比例数据。除了单位不同，三个指标的数值水平差异较大，给研究带来了诸多不便。为了研究的数据具有可比性、一致性，本文对原始数据进一步加工，经计算全部换算成不带有具体单位的发展速度，既解决了不同单位的差异，也解决了数据水平差异较大给分析带来的困难。具体数据见表3-3。

表3-3　1991—2010年农用机械总动力、城镇人口比重和人均国内生产总值发展速度

年份	农用机械总动力发展速度NY（%）	城镇人口比重发展速度CZ（%）	人均国内生产总值发展速度PGDP（%）	年份	农用机械总动力发展速度NY（%）	城镇人口比重发展速度CZ（%）	人均国内生产总值发展速度PGDP（%）
1991	102.4	102.0	107.7	2001	104.9	104.0	107.5
1992	103.1	101.9	112.8	2002	105.0	103.8	108.4

年份	农用机械总动力发展速度NY（%）	城镇人口比重发展速度CZ（%）	人均国内生产总值发展速度PGDP（%）	年份	农用机械总动力发展速度NY（%）	城镇人口比重发展速度CZ（%）	人均国内生产总值发展速度PGDP（%）
1993	105.0	101.9	112.7	2003	104.2	103.7	109.3
1994	106.2	101.9	111.8	2004	106.0	103.0	109.4
1995	106.9	101.9	109.7	2005	106.8	102.9	110.7
1996	106.7	105.0	108.9	2006	106.0	103.1	112.0
1997	109.0	104.7	108.2	2007	105.6	103.5	113.6
1998	107.6	104.5	106.8	2008	107.3	102.4	109.1
1999	108.4	104.3	106.7	2009	106.5	102.9	108.7
2000	107.3	104.1	107.6	2010	106.0	103.3	109.9

（三）农业现代化、城镇化和经济增长三者关系的特征分析

为了分析农业现代化、城镇化和经济增长之间的关系，特将表3-3中的发展速度数据绘制成折线图（如图3-1所示）。

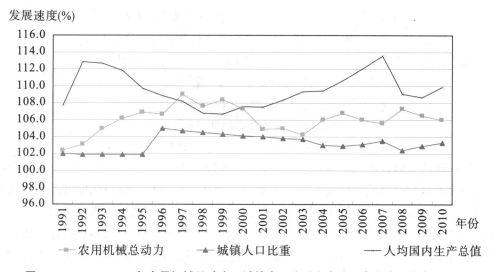

图3-1　1991—2010年农用机械总动力、城镇人口比重和人均国内生产总值发展速度

从折线图可以看出，我国农用机械总动力发展速度和城镇人口比重发展速度之间存在较强的同步变动性质。农用机械总动力的发展速度变动特征较城镇人口比重发展速度更为明显，具有周期性特点；且后者发展速度一直小于前者，表现出平稳的发展趋势。不难发现，农用机械总动力发展速度和城镇人口比重发展速度具有明显的互相拉动作用，前者对后者是向上拉升作用，而后者对前者则相反，具有向下的拉动作用。这主要是由于农业现代化的发展可提高农业生产力，促使农业人口城镇化，从而减少农用人口的数量，进而部分减少农业机械等工具的使用，表现出向下拉动的作用。人均国内生产

总值发展速度和农用机械总动力发展速度之间存在时间错位的动态性关系。前者的发展速度变化从时间角度看要快于后者。如果把峰值作为对比的基点，那么在 2003 年之前，前者要快于后者 5 年；而 2003 年以后，这种时间的差异缩小，前者比后者提前 1 年，说明两者之间的同步性质更加明显。这主要得益于社会对农业的重视和现代工具在农业的推广时间缩短。

三、基于 VAR 模型的实证检验

尽管上一部分借助统计分析法分析了三个变量之间关系，但是他们之间存在的依赖性关系却需要更深入的量化分析。三个变量之间不存在明显的主次关系，而是基本处于平等的地位，本文分析的目的则是揭示三个处于平等地位的变量之间的相互关系。对这种关系的分析较为适用的方法是 VAR 模型分析，它可以专门用于分析变量之间关系不明确时的情况。

（一）模型估计

借助于 Eviews 软件，对农用机械总动力发展速度（NY）、城镇化水平发展速度（CZ）和人均国内生产总值发展速度（PGDP）三个指标进行 VAR 模型估计，得到估计结果如下：

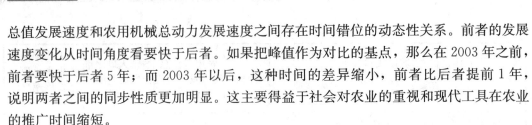

$$\begin{bmatrix} CZ \\ NY \\ PGDP \end{bmatrix} = \begin{bmatrix} 106.95 \\ 1.066 \\ 189.52 \end{bmatrix} + \begin{bmatrix} 0.308 & 0.16 & -0.224 \\ 1.036 & 0.47 & -0.019 \\ -0.752 & -0.073 & 0.581 \end{bmatrix} \begin{bmatrix} CZ' \\ NY' \\ PGDP' \end{bmatrix} + \begin{bmatrix} 0.352 & 0.104 & -0.023 \\ -0.543 & -0.201 & 0.254 \\ -0.174 & -0.005 & -0.363 \end{bmatrix} \begin{bmatrix} CZ'' \\ NY'' \\ PGDP'' \end{bmatrix}$$

注：CZ'、NY'、$PGDP'$ 表示滞后一期；CZ''、NY''、$PGDP''$ 表示滞后二期。

从估计结果可以看出，城镇化发展速度受到人均国内生产总值发展速度和农业机械总动力发展速度的影响比较规范，无论是前一期还是前两期，城镇化发展速度受到人均国内生产总值发展速度的影响都是负向的，并且前一期比前两期的影响要明显。这和现实社会相一致，人均国内生产总值发展速度如果保持平稳，那么每年城镇化率也会保持稳定的发展速度。但是人均国内生产总值是按照市场价格就算的，也就是说人均国内生产总值并没有很好地剔除通货膨胀的影响，以致实际人均国内生产总值并没有那么高，而城镇化则是和实际人均国内生产总值保持一致的。农业现代化对城镇化是正向的影响，并且前一期和前两期的影响程度变动不大。这反映出农业现代化发展对城镇化的影响存在一个过程，这个过程的衰减速度较慢。主要是因为农业现代化发展到一定的水平，才会有相应的剩余劳动力逐步转移。农业现代化受到城镇化前一期的影响为正，受两期的影响为负，主要是因为城镇化发生的下年才可能出现农业劳动力减少，需要有效的劳动工具提高农业生产力作为补偿；而当补偿之后，由于农业劳动人口的减少，补偿又会存在一定的瓶颈现象。前一期农业现代化受到 PGDP 的影响为负，前两期影响为

正，说明农业现代化对人均国内生产总值的影响具有长期性，当期效果并不明显。PGDP 受到农业现代化的前一期影响为负，受前两期影响为正，这和农业现代化受到 PGDP 影响效果相似，都具有长期的影响，而在当前的影响不够显著。

（二）模型的平稳性检验

前面在模型估计的基础上对模型进行了解释，但是这些解释的基础是假设这个模型是有效的、合理的，如果模型不稳定或者无效，那么前面所有解释将失去意义。为了确保具有有效性，我们有必要借助 Eviews 软件对方程进行单位根检验。检验结果如图 3－2 所示。

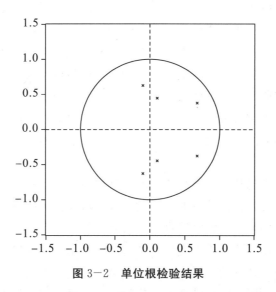

图 3－2 单位根检验结果

从图形可以看出，所有点都落到单位圆内，说明 VAR 模型估计结果是平稳的，估计方程是有效的，完全可以用来解释三者之间的关系。

（三）协助检验

单位根检验确证了方程的平稳性，但仍不能保证方程的长期稳定性。如果方程不存在长期稳定性，则只能用其解释当前一两年的关系，而不能延伸解释。为了确证其长期稳定的相应关系，本书特借助协助检验理论对三个变量进行了检验。利用 Eviews 软件对三个变量进行检验，结果见表 3－4。

表 3－4　农业现代化、城镇化和人均国内生产总值关系的协助检验结果

Hypothesized	Eigenvalue	Trace Statistic	0.05 Critical Value	Prob
None *	0.587837	15.95405	21.13162	0.0482
At most 1 *	0.549793	14.36487	14.2646	0.2276
At most 2 *	0.335139	7.34718	3.841466	0.0667

注：*表示代表性假设检验中的协整。

从表格中看出，将 $P = 0.05$ 作为临界概率，则在三个变量没有关系的原假设条件下，没有通过检验，说明三个变量之间存在线性相关性。而在至少一个线性关系和至少两个线性相关关系的原假设条件下通过检验，则应该接受原假设，说明农业现代化、城镇化和人均国内产值之间的关系存在长期的稳定关系，从而保证了模型分析的长期有效性。

四、简要结论

综合上述分析，可以得出以下结论：农业现代化和城镇化具有明显的互相拉动作用，农业现代化对城镇化具有向上拉升作用，而城镇化对农业现代化则相反，具有向下拉动作用。城镇化受到农业现代化前一期和前两期影响为正，影响的过程衰减速度也较慢。从时间错位的角度看，受名义人均国内生产总值的影响（没有剔除通货膨胀），城镇化受到前一期和前两期人均国内生产总值的影响都为负。人均国内生产总值的变动从时间角度看要快于农业现代化发展速度。并且时间差距在 2003 年发生质的变化，2003 年之后两者影响关系的时间错位明显缩小。农业现代化受到人均国内生产总值的前一期影响为负，前两期影响为正，说明农业现代化对经济发展的影响具有长期性，但当期效果不明显。

农业现代化、城镇化和经济增长之间的发展要协调，就必须强调三者发展过程的同步性，否则将会影响经济社会的发展潜能的开发。城镇化为国家粮食安全战略实施带来机遇与挑战：城镇化的发展为国家粮食安全战略提供了物质条件，深化了劳动分工，扩大了市场，引起了粮食消费结构的变化；同时城镇的第三产业发展吸收了大量农业剩余劳动力。当工业化发展到一定阶段，也会反过来促进包括粮食产业在内的农业发展。以往的工业化、城镇化发展是以牺牲农业为代价的，虹吸效应使得本该用于农业的资源大量流失。"四化"同步发展战略的确定是对原有发展思路的转变，既顺应了现代化建设的客观规律，又具有鲜明的时代特征，体现了全面、协调、可持续发展的内在要求，是提升发展质量和实现经济社会均衡发展的必由之路，为加强农业基础地位和确保国家粮食安全战略提供了机遇。

第四章　我国农业发展战略的
演进和确保国家粮食安全的政策演变

历史是重要的。其重要性不仅在于我们可以从历史中获取知识，还在于种种社会制度的连续性把现在、未来与过去联结在了一起。现在和未来的选择是由过去所型塑的，并且只有在制度演化的历史话语中，才能理解过去。

——道格拉斯·C. 诺思[①]

战略是由一系列决策组成的决策体系。所谓"农业发展战略"是指一国或地区在一定时期内具有全局性、决定性、长远性的，有关农业发展重大问题的筹划与决策，通常包括战略目标、战略重点、战略步骤、战略措施等方面的内容。农业发展战略作为国家层面对农业发展的决策体系，包含了国家对农业发展规律的认识，对当前农业发展水平的考量，以及对实现既定农业发展目标和手段的选择。然而，当前的农业发展战略并非完全依据当政者的意志"横空出世"，它是以过往农业发展战略和相关政策演进的结果为背景，经过战略制定者审时度势、谨慎决策的产物。因此，对当前农业发展战略的研究离不开对历史的总结和回顾。

确保国家粮食安全是我国农业发展战略的首要目标。《全国现代农业发展规划（2011—2015 年）》就明确将"确保国家粮食安全"作为首要的基本原则。由于人口基数大、资源严重匮乏等原因，以及历史上中华民族痛苦的饥荒回忆，新中国成立以来，历届中央政府都把粮食安全目标看作是农业发展的重中之重。因此，由以国家粮食安全为目标的粮食安全战略是农业发展战略最重要的子战略。"鉴往知来"，在市场化大潮席卷所有产业的今天，考察国家粮食安全的政策演进有十分重要的意义。

第一节　我国农业发展战略的定位

农业发展战略首先来源于经济发展战略。经济发展战略这个概念最先由艾伯特·赫希曼提出。20 世纪 70 年代末，中国一些学者开始引用"发展战略"概念，并进行专门研究。发展中国家在迈向现代化的进程中首先遇到的问题是农业发展问题，其实质是如

---

① 道格拉斯·C. 诺思. 制度、制度变迁与经济绩效（前言）[M]. 上海：三联书店，2008：1.

何提高农业生产率来为工业发展提供剩余的问题。"发展经济学的创始人之一"张培刚先生的博士论文——《农业与工业化》，就比较生动地表达了农业发展在工业化中的重要地位。因此，可以说，"农业发展战略"是"经济发展战略"重要的子战略之一。

一、农业发展战略的要素

战略要素是战略决策的要素，农业发展战略要素与经济发展战略要素一样，是制定任何一种类型和任何一个层次的农业发展战略都必须具备的基本内容。基本的战略要素有战略方针、战略目标、战略重点、战略阶段和战略对策。在上述诸多要素中，战略方针是整个战略决策的灵魂，战略目标是核心，战略对策是贯彻战略方针和实现战略目标的手段；战略重点和战略阶段也是战略对策，因而也是实现战略目标的手段，它们有自身的独立意义，所以同战略对策并列为战略要素。如果一个战略的基本要素发生了变化，特别是战略方针和战略目标发生了改变，那么战略的性质也就改变了。①

农业发展战略的战略方针，是农业发展战略的指导思想，是农业发展战略主体谋划发展的基本出发点。它不能分门别类来表述，必须具有很高的概括性和很强的统领功能，在表述上应该是一元的，以此作为整个农业发展战略的总纲。例如，在土地改革中，中国共产党的农村土地战略方针就是"依靠贫农、雇农，团结中农，中立富农，有步骤地有分别地消灭封建剥削制度，发展农业生产"。这在官方文件中被称为土地改革的总路线和总政策，它首先明确了战略主体的发展条件——"依靠贫农、雇农，团结中农，中立富农"，并概括说明了发展步骤——"有步骤地有分别地"，其意图也是清晰的——"消灭封建剥削制度"，同时指出了这样做的未来发展趋势——"发展农业生产"。

农业发展战略的战略目标是战略主体在一个较长时期内发展的、带有全局性的目标。它是未来农业发展预期达到的总要求和总水平，也是一定战略时期内的农业发展总任务，是一个农业发展战略决策的核心。这样的战略目标必须是超现实的目标，是战略对象从未达到过的水平，即战略目标要有前瞻性。然而，战略目标还需要具备两个价值特征，一个是可行性，一个是多元性。战略目标的前瞻性必须要有可行性来制约，否则就会产生脱离实际的目标。在新中国的农业发展战略的演进过程中，曾经脱离过实际的农业发展战略目标，结果使得中国经济社会蒙受了巨大的损失。可行性又必须以多元性为基础，如果农业发展战略目标很单一，只把一定量的产值和产量作为战略目标，则容易产生一系列不良的后果。20世纪50年代末的"大跃进"就提出过产若干亿斤粮食的发展目标，结果不仅目标未能实现，还产生了严重的负效应。

农业发展战略的战略重点是指，在农业发展中，对于实现农业发展战略目标具有关键意义，且有发展优势或发展比较薄弱需要特别加强的那些要素、环节或区域。战略重点也是人力、物力、财力等资源配置比较集中的方面。同时，它还是战略决策机关实行

① 李成勋. 经济发展战略学[M]. 北京：知识产权出版社，2009：107.

战略指导的重点。换句话说，它既是实现战略目标的重点，又是资源配置的重点，还是战略指导的工作重点。例如，在改革开放以前实施的农业现代化战略的重点就在于农业的机械化。由于当时对农业现代化的浅显认识，人们将大量的资源投入到农业机械化当中，同时，中央高层还对农业机械化作了重点的战略指导。

农业发展战略的战略阶段又可以称为战略步骤，它是在一个战略期中，根据农业发展任务的不同划分而成的不同阶段。由于主要矛盾和次要矛盾此消彼长，经济社会发展必然呈现出阶段性的特征。一个战略所要实现的任务，就是要引起经济社会发展的某种质态的变化。例如，农业社会主义改造过程可就根据发展状况分为三个战略阶段：首先是组织互助组，然后是农业初级合作社，最后再演变到农业高级合作社。当农业社会主义改造战略完成后，农业小生产在中国已经不复存在，取而代之的是更先进的农业集体化的生产关系，整个农业发生了深刻变化。

农业发展战略的战略对策是战略决策体系中最生动的部分。战略在一定时期内具有相对稳定性，主要目标在一定时期内是基本不变的，但战略对策却有较大的可变性。战略对策是在战略原则许可的范围内，为实现战略目标而采取的有针对性、多样化、多层次的措施与手段。此外，各类战略对策之间还具有协同性，这些对策的变化和协同使得战略呈现出阶段性特征。比如，革命时期中国共产党"消灭农村封建土地所有制"的农村土地战略，就因为外部环境的不同而呈现出不同的阶段性特征。面对这些不同的阶段性特征，中国共产党又采取了不同的战略对策：土地革命时期采取的是"没收一切土地"的对策，抗日战争时期采取的是"减租减息"的对策，解放战争时期则采取的是"耕者有其田"的对策。

二、我国农业发展战略决策特点

新中国成立以后，政府实行的是计划经济体制。计划经济的实质是把整个社会组织成一个单一的大工厂，由中央政府用行政手段配置资源。这种配置资源的要点是用一套预先编制的计划来决定企业生产什么、生产多少、如何生产和为谁生产等资源配置问题。因此，计划经济时代的宏观经济政策对包括企业经济在内的国民经济运行与发展有至关重要的意义。在较长时期内，执政党和政府为实现一定的政治经济任务而制定的总政策被称为"路线"或"总路线"。"路线"或"总路线"回答的是较长时期内全国经济社会发展的目标和实现目标的途径，具有很强的向导作用，它是制定各项具体政策的依据，各项具体政策必须服务和服从于它。我国政府在不同时期提出的所谓"总路线""总任务""总方针"和"总政策"等，实际上都包含有"经济发展战略"的意义。这一时期，农业发展战略更具有强制性制度变迁的特征。

十一届三中全会（1978年12月）以后，中国的经济发展战略发生重大变化，与此同时，农业发展战略也随之变化。由于市场经济的作用逐渐显现，国家对于经济的指导也从以前的主观编制计划、决定社会一切经济活动退回到"市场在国家宏观调控下发挥对资源配置的基础性作用"。由于市场存在着自发性、盲目性，制定适应于市场的发展战略更加意义重大。同时，由于改革开放的基本路径是"摸着石头过河"、尊重群众的首创精神，其基本方式是渐进式改革，使得发展战略也显现出诱致性制度变迁的特征（在某一政策实施过程中，政策效果与预期出现偏离或政策的外部环境发生重大变化等，迫使其政策目标发生了改变，但当一系列政策目标完成之后，在总结过程中又能看出这些政策之间的内在逻辑）。比如农产品市场化战略，其最初目的是提高农产品的统购牌价，增加农民收入；后来粮食大幅度增产，给国家财政造成极大负担，政府不得不改变政策，取消统购统销政策，采用国家定购和市场购销的"双轨制"；最后，随着国家确立社会主义市场经济体制为经济改革方向，政府开始逐渐放开农产品市场。回顾这段历史，我们就能清晰地看出以农产品市场化为战略目标、分三个阶段的农产品市场化战略演进的全部过程。

三、当前我国农业发展战略的定位

农业发展战略在实际中的应用就是农业发展的长期规划。当前，比较典型的能够体现我国农业发展战略的农业发展规划是《全国现代农业发展规划（2011—2015年）》，该规划对我国农业发展所面临的形势、指导思想、基本原则和发展目标、重点任务、重点区域、重大工程以及保障措施都做了详尽的部署。同时，农业发展战略还包括了许多子战略，诸如《全国新增1000亿斤粮食生产能力规划（2009—2020年）》《全国优势农产品区域布局规划（2008—2015年）》等，这些《规划》共同组成了我国农业发展战略的体系。

纵观党和政府的有关文件，可以说目前我国的农业发展战略已经日趋完善。从农业发展的多目标实现，到农业发展所需要的各类要素供给，再到农业发展的区域布局，都有相应的子战略作为支撑；同时，农业发展战略在全国各类宏观经济战略中也并非"单兵突进"，它又与工业化、信息化、城镇化等相关的宏观战略相衔接，共同支撑实现全面建成小康社会和社会主义现代化的任务。因此，对当前我国农业发展战略的定位，既不能脱离其子战略的内在要求，也要与同层次的宏观战略相衔接。

加快转变经济发展方式，关系我国建设中国特色社会主义事业大局，是贯彻落实科学发展观，实现国民经济又好又快发展的根本要求。党的十八大再次强调："以科学发展为主题，以加快转变经济发展方式为主线，是关系我国发展全局的战略抉择。"农业部门作为国民经济的基础部门，也服从于中国特色社会主义事业的大局。《全国现代农业发展规划（2011—2015年）》提出了"以转变农业发展方式为主线"的指导思想，因此，我们认为，"转变农业发展方式"就是当前我国农业发展战略的定位。

速水佑次郎根据经济发展与农业的相互关系，提出了不同经济阶段的三种农业问题。其中，他指出，当一个国家或地区进入工业化中期，人口生育率下降，农业产出率提高，粮食短缺的问题得到解决，这时的主要问题是农业贫困问题。这个问题有工业化初期阶段工业对农业利益剥夺的历史原因，也有工农贸易条件不断扩大的经济规律作用。因此，转变农业发展方式是这一时期的主要任务。当前，我国总体水平已经进入工业化中期阶段，速水所说的粮食短缺问题基本得以解决，出现了工农贸易条件以及城乡居民收入差距不断扩大的现象。与此同时，伴随着工业化、城镇化的快速推进，各类农业生产要素和农产品供需关系偏紧。因此，"转变农业发展方式"无疑是我国当下农业发展战略的最优定位。

首先是农业生产投入要素的转变。投入到农业的生产要素不外乎是土地、资本和劳动力三大生产要素。土地要素始终是农业生产经营最核心的要素。巩固和加强农业基础地位，首要任务就是保障农业土地要素的有效供给和利用。美国著名学者莱斯特·布朗提出"谁来养活中国"命题，就是从土地要素入手，把2030年中国相比于1994年粮食减产20％的主要原因归结为耕地面积减少，从而推断届时中国将进口2.0~3.69亿吨粮食，中国的崛起将消耗掉全球粮食供给的结论。尽管事实是我国粮食生产长期保持着较高的自给率，布朗的预言不攻自破，但耕地资源偏紧的约束仍然存在，特别是在我国工业化和城镇化快速发展的背景下，有效利用土地资源，提高土地的产出率，仍然是保障农业基础地位和确保国家粮食安全的重中之重。

其次是资本要素的投入方式也亟待转变。农业资本深化是现代农业发展的特点。近几十年来，中国农业资本深化程度加深，且速度不断加快；农业资本深化速度与农业增加值增长率呈负向相关关系；也导致了以农业增加值为衡量标准的农业投资效率下降。尽管如此，农产品产量却出现了持续增长。由于农业的弱质性，保障农产品产出才是其最终目标，而提高农产品产出、促使农业资本深化是其必经之路。一些学者提出在实施现代科技改造传统农业的技术路线上，可以选择高就业、低成本、劳动密集型产业的技术。[1] 这种说法是不切实际的，因为应用于农业生产的现代科技本身就是高成本的。中央敏锐地看到了这一点，在2013年中央一号文件中即指出，农业已经进入"高投入、高成本、高风险发展时期"，"高投入"已经是客观要求。无怪乎众多学者把扩大农业资本投资和促进资本深化作为推进中国农业现代化的主要手段之一。

最后是农业劳动力要素投入的转变。加快农业科技自主创新和农业农村人才培养，更新农业劳动力要素。随着工业化、城镇化的加快，城市人口增加，农业劳动力减少，农村出现"空心化"的特征日趋明显，在农村中留守的劣等劳动力无法承担起保障粮食安全和实现农业现代化的重任。一些学者认为，在当前小农经济仍然占主体的背景下，保护小农经济其实是保护农民利益[2]；小农经济的存在可以维持低廉的农业成本，抵挡国外农产品，维持社会低廉的劳动力价格，因此主张通过提供健全的社会化服务体系来保护小农[3]。还有一些学者认为，中国对世界减贫的成就来自分散化的家庭经营承包制，因此应该走日韩的小农经济，而非欧美的规模化生产。[4] 我们认为，农业资本深化是农业现代化不可避免的过程，而要在小农经济基础上实现农业资本深化成本较高。以

① 蒋和平，辛岭，尤飞. 中国特色农业现代化建设研究 [M]. 北京：经济科学出版社，2007：前言.
② 贺雪峰. 为什么要维持小农生产结构 [J]. 贵州社会科学，2009 (9)：4−9.
③ 贺雪峰. 简论中国式小农经济 [J]. 人民论坛，2011 (8)：30−32.
④ 温铁军. 注重小农经济的发展确保大农业的安全 [J]. 农村工作通讯，2011 (22)：26.

日韩为例，它们维持小农经济的手段主要是高额的农业补贴。当前中国处于工业化中后期，无法在短时间内大规模提高补贴水平，只能随着经济发展逐步加大补贴力度；同时，日韩的农产品供给高度依赖国际市场，中国人口多，不可能这么做。此外，课题组通过观察还发现，农民工宁愿返乡并暂时性失业，也不愿再从事农业劳动，这也说明了小农经济难以维持。就农业发展条件而言，尽管中国的人口基数大，但密度远低于日本和韩国，当前逐年增加的外出务工人员早已降低了农业劳动力密集程度，农村甚至出现"空心化"，中国不至于再被迫走上小农经济的道路。2013 年中央一号文件提出发展专业大户、家庭农场，鼓励土地流转以解决承包地细碎化问题，回应了农业劳动力要求转变的要求。

第二节　我国农业发展战略的历史演进

改革开放以前，由于受苏联经验的影响，中央对农业发展战略的考量主要是希望通过对农业生产关系的改造来实现农业发展。由于重工业优先战略的实施，农业发展战略在实际应用过程中往往沦为重工业优先战略的附庸。新中国成立后，中央逐步实施了统购统销制度、户籍制度和人民公社制度，促使廉价农产品和农村劳动力源源不断向工业输送，使农村反过来为工业部门提供工业品销售市场。从现代经济学观点来看，这样的做法无疑导致了经济结构的扭曲。历史和逻辑是相统一的。在中国经济建设遇到重大曲折之后，中央高层开始注重农业发展，并提出了农业现代化的命题。改革开放以后，中央对国家农业发展战略进行重新思考，并实施农业生产关系变革战略，彻底改变了中国农业的面貌。此后，随着城市改革带来的巨大需求以及双轨制的并轨，中央相继实施了农业多样化经营战略和农产品市场化战略。1992 年邓小平南方谈话以后，社会主义市场经济体制改革的方向日趋明确，我国的农业发展战略更注重借助市场的力量。产权完善是市场化的基础，因此，中央采取了"坚持农业土地政策，稳定和完善家庭承包经营制"战略。同时，为符合农业发展规律，中央在借鉴发达国家经验的基础上，又相继实施促进传统农业向现代农业转变的科教兴农战略和农业支持战略。

一、改革开放以前对社会主义农业发展战略的选择

制度变化的供给，取决于政治秩序提供新的制度安排的能力和意愿。速水和拉坦认为，重要的制度创新的供给，必然包含政界企业家和创新者动用的诸多政治手段。如果政界企业家由制度创新得到的预期收益超过进行该项制度创新所必须动用资源的边际成本，则制度创新的供给将有所保障。以毛泽东为主要代表的中国共产党人在革命实践中敏锐地察觉到，解决农民问题既是革命的手段，也是革命的目的之一，满足农民"耕者有其田"的制度需求就能够获得农民阶级在政治上的支持。因此，中国共产党在"八七会议"上强调了土地革命问题是中国资产阶级民主革命的中心问题，指出必须采取"平民式"的革命手段来解决土地问题。正如诺斯和托马斯把公元 900—1500 年间欧洲封建

制度的起源归结为以军人提供保护和公正换取农民提供劳役和其他实物支付的结果。废除封建土地所有制为农民土地所有制，使得中国共产党获得了源源不绝的人力、物力支持。所谓延安革命根据地政权"是陕北人民用小米哺育出来的"，淮海战役"是人民用独轮小车推出来的"，正是中国共产党主导土地产权制度变迁的结果。

（一）对农业进行社会主义改造的农业合作化战略

中国共产党实行消灭农村封建土地所有制的土地改革，无疑是在革命时期最为重要的选择之一。它满足了占旧中国80％以上人口的农民的制度需求，也符合中国传统社会"耕者有其田"的理想，不仅使得中国共产党在政治上获得了农民的支持，在客观上也推动了中国经济的发展。从1950年到1953年，全国农业总产值逐年上升，其增长率分别为17.8％、9.4％和15.2％。到1952年，全国粮食总产量超过了历史上（1936年）的最高水平。

然而，经济的快速发展往往伴随着大规模的以产权交易为基础的经济结构调整。在土改完成后，农村出现了中农化和土地买卖现象，农村土地又有集中的趋势，雇工、高利贷和商业投机者重现农村。从这个角度来说，"耕者有其田"并非完满的战略选择，它并没有打破传统农业收入流来源较高的均衡价格（舒尔茨语），只是完成了土地私有权与经营权合一，提供了能适应市场变化的农业家庭经营组织这样的微观基础。因此，消灭农村土地所有制的土地改革，并不是具有现实意义的农业现代化战略，它只是在一定程度上实现了农业的恢复性增长，显然这种增长无法长期持续下去。

到了1953年，农业的增长势头明显降低。1953年的农业总产值仅比上年增长了3.1％，粮食总量仅比上年增长1.8％，棉花总产量比上年反而下降9.9％。[①] 这一方面是农业自身弱质性的表现，另一方面是由于中国人多地少，"耕者有其田"的土地改革战略造成土地严重分散化、细碎化的结果。此外，刚刚翻身的农民家底薄弱，能投入到农业的资源极为有限。"个体农户耕地很少，一般每人3亩，一户十来亩，经营规模极度狭小；生产工具严重不足，贫雇农每户平均仅占有耕畜0.47头，犁0.41部；资金也十分短缺，一个农户一年用来购买生产资料的支出仅为52.3元，其中用于购买生产工具的为6.5元。在这种情况下，农民要兴修农田水利设施，平整土地和改良土壤，使用改良农具以至机器来进行耕作、播种、收获，实行分工制度来发展多种经营等，都有很大的困难。许多农户不仅无力进行扩大再生产，就是连简单再生产也难以维持。由于力量单薄，遇到自然灾害，更是没有抵抗能力。"[②]

这时摆在中国共产党领导层面前的是两条截然不同的农业发展战略：第一条发展战略是得到刘少奇、邓子恢等人支持的新民主主义农业合作化战略。他们主张在1945年中共七大确定的实现社会主义的两个步骤基础上（第一步建设新民主主义，第二步才走向社会主义）发展农业，他们认为应当给予农民土地买卖以及租赁、雇工、借贷的自

---

① 吴敏先. 中国共产党与中国农民 ［M］. 长春：东北师范大学出版社，2000：105.
② 沙健孙. 关于社会主义改造问题的再评价 ［J］. 当代中国史研究，2005（1）：103－115，128.

由，而那种企图立即动摇、削弱甚至否定私有制基础，实现农业合作化的想法，是一种"错误的、危险的、空想的"农业社会主义思想。第二条发展战略主要以毛泽东为代表，他们认为土地改革已经结束了民主革命，应当把"做社会主义革命的文章"提上议事日程，其办法是大力开展互助合作运动，实现"农业社会主义改造"。[①] 同时，面对国际、国内日益严峻的环境，实现国家工业化逐渐成为经济建设的主要目标，中国选择了采取苏联式的重工业导向的发展战略。这一战略客观要求提供的更多的食品及其他农产品，但由于稀缺的外汇储备主要用于进口资本品，对农产品日益增长的需求就只能通过国内生产来满足。因此，把农民组织在国家控制下的集体经济组织中，以便通过非市场的方式取得工业化所必需的资金、粮食和农产品原料成为题中应有之义。在这样的背景下，以毛泽东为代表的"农业社会主义改造"战略占据上风，并上升为国家意志付诸实施。

合作化被认为是一种能促进农业与工业同时发展的战略，农业合作化战略的战略目标包含两点：一是要提高农业生产效率，二是要为工业扩张提供支持。因此，该战略的两个核心是：第一，动员大量农村劳动力到一些劳动密集型的投资项目去劳动，如灌溉、洪水控制、土地开垦等；第二，通过传统生产方式和投入，如密植、更仔细地除草、施用更多地有机肥，来增加单位产量。[②]

农业合作化战略的战略方针主要是，首先，"趁热打铁"，即趁农民的政治热情尚未冷却，农村尚未发生激烈的阶级分化，就积极引导农民走互助合作的道路；其次，"稳步前进"，即非一蹴而就地让农民把土地和其他生产资料变成集体财产，而是经过几个过渡阶段逐步将他们引向社会主义；最后，"贯彻自愿互利的原则，实行依靠贫农、团结中农、逐步限制以至消灭富农剥削的阶级路线"，中国共产党为了解决依靠大多数的问题，将贫农和新下中农、老下中农作为依靠对象，而富农则在合作化大潮中被裹挟入社。

根据农业合作化的战略方针，农业合作化主要分为三个战略阶段：首先是鼓励农户广泛组织"互助组"。互助组规模较小，一般是由相邻的4~5个农户组成。他们只是在农忙时将各自的劳动力、农具和牲畜集中起来，仍然以生产资料私有制为基础，农户握有作物生产决策权。互助组早在"三大改造"前就在已实行土改的老解放区广泛发展起来。到1950年，全国已经有互助组272万个，参加的农户为1100万户，约占全国农户总数的11%，而东北三省参加互助的农户占当地农户总数的55%，华北区和山东、陕西则占当地农户总数的27%。随着农村土地改革的推进，到1951年，全国已经有互助组467万个，参加的农户达到2100万户，约占全国农户总数的19%。[③] 然后是在互助组的基础上发展"初级合作社"。初级合作社是由相邻的20~30个农户组成，他们按照一个统一的计划将生产资料入股。初级合作社的纯收入的分成形式有两种，一种是按照生产资料入股比例分红，一种是按劳动完成情况分成。同时，土地、牲畜和农具等生产

① 杜润生. 忆50年代我与毛泽东的几次会面 [M] //杜润生文集. 太原：山西人民出版社，1998：784.
② 林毅夫. 制度、技术与中国农业发展 [M]. 上海：格致出版社，上海人民出版社，2008：3.
③ 董辅礽. 中华人民共和国经济史 [M]. 北京：经济科学出版社，1999：146.

资料所有权仍然属于农民。1951 年 9 月，中央召开了全国第一次互助合作会议，通过了《关于农业生产互助合作决议（草案）》。随后在中央的一系列政策推动下，全国农业初级合作社发展迅速，1950 年全国仅为 18 个，到了 1952 年就达到 4000 多个，1953 年则增长到了 15000 多个，1955 年达到顶峰，约为 633000 多个，每社农户数平均达到 26.7 个。最后，这些初级合作社经整合，发展成为农业"高级合作社"。高级合作社又可以称之为"集体农场"，在合作社内，土地及其他主要生产资料都归集体所有，统一经营、集体劳动，并实行所谓"各尽所能，按劳分配"的原则，其实是将收入与劳动工分形式挂钩。一个农户的收入取决于家庭成员在合作社内挣得的工分数和每个工分的平均值。一个高级合作社的规模起初约为 30 个农户，后来扩大到一个村的所有农户（约为 150~200 户）。1955 年以前，全国高级合作社的数量不过 500 户，1955 年以后，随着全国省市自治区党委书记会议、中共七届六中全会召开，以及 1956 年 1 月毛泽东亲自主持编写的《中国农村的社会主义高潮》一书出版发行，全国农业合作化掀起了"高潮"。到了 1956 年末，全国的高级合作社突然增加到 54 万之多，入社农户占全国总农户的 88%。到了 1957 年末，全国高级合作社数量达到顶峰，约为 75.3 万个。

在农业合作社战略初期，农业互助组和农业初级社基本上是由农民自发组织起来的，是一种诱致性制度变迁的产物，是农民响应由资本相对稀缺引致的获利机会所进行的自发性变迁，这种自发制度在一定程度上符合"罗奇代尔原则"[1]。尽管早在 1952 年，政府对粮食、棉花等农产品实行"统购统销"，使得农产品无法按照市场价格销售，但仍然保留了社员自由退社的权利，能够实现林毅夫所谓的"自我实施的协约"来解决对社员劳动的监督和度量的问题，因而表现出了较高的制度效率。但是在 1955 年"合作化高潮"以后，合作社的性质发生了改变，个体农民的财产被归并到集体财产之中，且不再根据农民投入财产的多少按比例分成，农民也不能按投入财产的比例拿回应有的部分退出合作社，此时的高级合作社已经有了准国有的性质。完备的产权应该包括关于资源利用的所有权利，这些权利构成了"权利束"，主要由支配权、使用权、收益权等权利组成。高级合作社的出现是国家意志对农户私人产权管制的结果，造成了所谓"所有权残缺"，最终结果是带来了不必要的"租耗"，降低了效率。

尽管高级合作社存在诸多不足，但是总体而言，整个农业合作化战略无疑是成功的。这首先表现为农业基础设施的大规模修建。据统计，到 1956 年，全国共建设及整修渠塘 1400 多万处，其中 1956 年修建 400 多万处；共建水井 500 多万眼，其中 1956 年就增加了 300 多万眼；共增加抽水机 27 万马力，仅 1956 年就增加了 17 万马力。其次表现在农业技术推广方面。1952—1956 年，全国使用化肥 400 多万吨，1956 年为 160 万吨；推广双轮铧犁 150 多万件，1956 年为 100 多万件；截至 1956 年，全国建成

---

① "罗奇代尔原则"大致可以总结为六条：（1）个人自愿参加或退出合作社；（2）实行民主管理，不管股份多少，一人一票；（3）采用社员入股办法筹集资金；（4）按市场平均价出售商品，实行现金交易，保证货真价实，准斤足尺；（5）分配盈余，首先提留发展基金，其余部分按社员在合作社实现的交易额进行分配，股金可以取得一定股息，但不参加分红；（6）发展教育事业，提高社员素质。

的拖拉机站 326 个，农业技术推广站 14230 个，畜牧兽医站 2257 个，新式农具站 207 个。最后，我们还可以从粮食总产量看到农业合作化的成功，1952 年全国粮食产出为 1.639 亿吨，到 1956 年为 1.928 亿吨，增长了 17.6%。尽管在 1952 年到 1956 年之间，全国人口数量猛增 5350 万，但以 1952 年价格衡量的农业总产值仍增长了 20.5%。①

（二）开展人民公社化运动

农业合作化战略的成功极大鼓舞了以毛泽东为代表的党内领导人，并激励他们采取更为激进的战略。当时对于合作化存在着这样一种经济学逻辑：在农村，除了从事农业的劳动力外还存在着剩余劳动力，有效的政治动员能够将这些剩余劳动力投入到农村的基础设施建设中，增加农村的固定资本，从而促进农业增产。基于这样的经济学逻辑，毛泽东认为，高级合作社在一定范围内对农村私有制还有肯定与保留，农村剩余劳动力未能充分动员，适应不了更大规模的农村基础设施建设的需要。为了解决农村的大型项目建设问题，一个简单的办法就是对更大规模的农村劳动力进行地动员，具体的措施就是把 20～30 个含有 150 个农户的高级社合并成更大的单位，即所谓的"人民公社"。这种思路体现在 1958 年中央发布的《关于把小型的农业合作社适当地合并为大社的意见》中，该文件指出："我国农业正在迅速地实现农田水利化，并将在几年内逐步实现耕作机械化，在这种情况下，农业生产合作社如果规模过小，在生产的组织和发展方面势将发生许多不便。为了适应农业生产和文化革命的需要，在有条件的地方，把小型的农业合作社有计划地适当地合并为大型的合作社是必要的。"②

人民公社运动的战略目标是推动经济建设的"大跃进"，实现"共产主义社会"。按照经典作家的描述，共产主义的所有制是全民公有制，分配制度是"各尽所能，按需分配"，同时城乡差别、工农差别、脑力差别和体力差别逐步缩小以至于完全消失，国家对内职能也逐步缩小以至完全消失。人民公社运动被看作是向共产主义社会过渡的一种形式，它的所有制形式、分配制度以及所设想的对生产力水平的提升都具有鲜明的共产主义色彩。

人民公社运动的战略方针是"一大二公"，"政社合一"。所谓"一大二公"即"组织规模大"，"公有化程度高"。组织规模大是指农、林、牧、副、渔全面发展，工、农、商、学、兵互相结合，以便进行更大规模的综合性经济建设。"公有化程度高"一是表现在所有制上，即社员的自留地、家畜、果树等都要收归集体所有，家庭副业、小商小贩以及集体贸易统统取消；二是表现在"各尽所能，按需分配"的分配制度上，"各尽所能"主要是每个人都去尽力做自己力所能及的事，充分发挥自身的主观能动性；"按需分配"则是社会能够满足每个人的所有需求。因此，公社大办公共食堂，吃饭不要钱，实行供给制。有的公社还实行了全供给制，即衣、食、住、行、生、老、病、死、婚、育、乐全由公社包干，即"大锅饭"。所谓"政社合一"是指人民公社既是行政组

---

① 国家统计局国民经济综合统计司. 新中国 50 年统计资料汇编［M］. 北京：中国统计出版社，1999.

② 建国以来重要文献选编（第十一册）［M］. 北京：中央文献出版社，1995：209.

织同时又是经济组织，一个组织履行两种完全不同的职能，是在社会一体化基础上将国家行政权力和社会权力高度统一的基层政权形式。

人民公社运动的具体实施阶段可分为四个阶段。第一个阶段是兴起阶段（1958—1960年）。毛泽东在1958年7月正式号召把高级合作社合并成"一大二公"，"政社合一"的人民公社。此后，人民公社在中国农村迅速兴起，一场对中国影响深远的"人民公社化运动"拉开序幕。到了1958年10月底，全国的74万个高级合作社被合并为2.6万个人民公社，平均每个人民公社包含28.5个合作社、4500多个农户。此时的人民公社实行"一级核算"，即原来高级社拥有的土地和其他生产资料都由公社统一支配；全公社的劳动力按照军事编制归公社统一调配。人民公社运动在实施之后迅速暴露出自身的问题，主要表现在以下几个方面：一是农业总产值逐年大幅下降，1959年相比上一年下降了14%，1960年又下降了12%，跌到了1952年以前的水平，1961年继续下跌2.5%；二是粮食产量也出现了大幅下降，1959年粮食总产量较上一年减少3000万吨，1960年减少2650万吨，1961年虽然止住了跌势，但是仍然保持在1.475亿吨的低水平产量上；三是在全国范围内出现了大规模的饥荒，1960年，城乡人均粮食消费量由1957年的406斤下降到了327斤，下降了19.5%；农村人均粮食消费量更是下降了23.4%。城市居民出现了由营养不良引起的浮肿病，广大农村则出现人口急剧减少。

第二个阶段是调整阶段（1960—1962年）。由于人民公社运动引起了灾难性的农业危机，倒逼国家在原来的政策基础上做出调整：首先是缩小人民公社的规模，公社总数由原来的2.6万个增加到7.5万个；其次是实行"三级所有，队为基础"，即规定农村人民公社以生产队为基本核算单位，实行以生产队为基础的三级集体所有制；最后是允许经营少量自留地和小规模的家庭副业。经过调整以后，公社只负责管理和协调的功能，对资源的支配、对生产管理的责任以及为了收入分配而进行的核算，都下放到了生产队。这时的生产队大约有20~30个农户组成，相当于合作化时期的初级社。

第三个阶段是维持阶段（1962—1978年）。这一时期，中国的发展战略由重工业导向转向了"农业优先"战略，更加强调工业为农业发展的需要服务。这一时期，化学肥料的使用每年以16.5%的速度增长；稻谷和小麦新矮种于60年代初引入，到70年代末基本上替代了所有常规种；灌溉面积也于1962年以后逐步增加；同时机械化的进程也开始加速。

第四个阶段是废除阶段（1978—1984年）。1978年，党的十一届三中全会开启了改革开放的大幕。从1979年开始，人民公社政社分设的改革启动，到1980年以后，全国农村普遍实行了家庭承包经营制度，同时实行政社分设，到了1984年，全国99%的农村人民公社完成了政社分设，建立了9.1万个乡（镇）政府，同时成立了92.6万个村民委员会。到此，实行二十多年的人民公社制度不复存在。

（三）实施以农业机械化为主要内容的农业现代化战略

到目前为止，学界对农业现代化概念尚未形成统一的认识，较为经典的阐述是传统农业向现代农业转变的过程，主要特征体现为农业工业化的过程、农业市场化的过程和农业可持续发展的过程。而农业现代化的发展大致可分为三个阶段：工具型农业现代化、对象型农业现代化和智力型农业现代化。

改革开放以前的农业现代化战略，主要是农业工业化过程，发展水平也仅仅处在工具型农业现代化阶段。早在 1937 年，毛泽东在《矛盾论》中就指出："不同质的矛盾，只有用不同质的方法才能解决。……在社会主义社会中工人阶级和农民阶级的矛盾，用农业集体化和农业机械化的方法去解决。"① 在农垦事业创建初期，毛泽东指出，共产党宣言的十大纲领中，有一条就是建立农业产业军，开垦荒地，自然要求建立一支现代化的农业大军。1958 年，毛泽东在提出以"土、肥、水、种、密、保、管、工"为内容的"农业八字宪法"，把农业机械化列为发展农业的重点内容之一。1958 年 11 月 10 日，毛泽东在对《郑州会议关于人民公社若干问题的决议》的修改和信件中提出了建设农业工厂化的设想，指出："要使人民公社具有雄厚的生产资料，就必须实现公社工业化，农业工厂化（即机械化和电气化）。"② 从这封文稿我们可以看出，毛泽东显然是把机械化和电气化归结为农业工厂化的重要特征。随后在 1959 年，毛泽东又提出了"农业的根本出路在于机械化"③ 的论断，明确说明了中国农业现代化战略的主要内容是农业机械化。1962 年毛泽东又指出："我们党在农业问题上的根本路线是：第一步实现农业集体化，第二步在农业集体化的基础上实现农业的机械化和电气化。"④ 1964 年底召开的第三届全国人大一次会议上，周恩来正式向全国人民公布了实现农业、工业、国防和科学技术四个现代化的战略目标。

然而，由于我国当时仍是高度集中的计划经济体制，农业机械属国家、集体投资，归国家、集体所有。农业机械的生产、调拨以及农机产品和农机化服务价格都由国家统一指导决策。因此，实现农业现代化的战略目标手段主要是依靠国家通过行政措施来推动农业机械化。

二、开辟中国特色社会主义农业现代化道路的战略选择

（一）实施农业生产关系变革战略，实行家庭承包经营制改革

纵观从新中国成立到改革开放前的农业发展，尽管粮食等农产品产量能够勉强赶上人口增长的步伐，但是总体而言，农业经济增长的速度十分缓慢。到"文化大革命"结束后的几年，中国农业发展仍然徘徊不前。面对满目疮痍的农村，一些地方的党政领导焦急地寻求摆脱困境之路。一些地方的农民再次提出实行包产到户⑤的要求，得到了较为开明的干部的支持。与此同时，党内高层领导人的更迭以及基本路线的转变也为农业

---

① 毛泽东选集（第 1 卷）[M]. 北京：人民出版社，1991：311.
② 建国以来毛泽东文稿（第 7 册）[M]. 北京：中央文献出版社，1992：515.
③ 毛泽东文集（第 8 卷）[M]. 北京：人民出版社，1999：49.
④ 建国以来重要文献选编（第 15 册）[M]. 北京：中央文献出版社，1997：602.
⑤ 当时的农业生产责任制有"包工到组""包产到户"和"包干到户"三种最主要的形式。我们通常所称的"包产到户"其实就是当时称为"包干到户"或"大包干"这种形式。

生产经营制度的变迁提供了政治支持，最终确立起了以家庭联产承包为主的责任制和统分结合的双层经营体制。

相较于生产队形式的集体化作业，家庭承包经营制的优势在于能够更好地在农业生产经营过程中降低监督成本，实现有效的"自我监督"。这是由农业生产经营的自身特点决定的。首先，农业生产是经济生产和自然生产交织的过程，特别是自然生产过程受制于无数的生态变量，比如在农作物或动物生产繁殖过程中人们常常会因为温度和土壤的轻微差异而需要对其采取不同的处理方式。其次，农业经营具有分散性特点。随着现代化的耕作体系日益复杂，农业经营涉及更密集的作物管理、作物轮作和农牧组合，其困难程度也成倍增加了，监督成本也极大提高；在城市企业里，工作地点相对集中，工作流程有规范化的标准，工作绩效便于评估，而农业面对的是更开阔的作业场所，单位劳动力的劳动贡献难于监督和评估。此外，家庭承包经营的另一个优势就是能够使用在自己的农场外几乎没有就业机会，因而机会成本很低的妇女、儿童和老年劳动力。特别是在当时户籍制度束缚劳动力要素流动的背景下，这一优势更加突出。

家庭承包经营制不仅符合农业生产经营的自身特点，同时还是对农村集体所有制造成的"所有制残缺"进行的弥补，较为有效地解决了农业生产过程中农业劳动力激励不足的问题。经济学分析表明，产权界定不清往往导致一个国家陷入"贫困陷阱"，而在此陷阱中的国家则永远不可能达到高收入的稳定状态。明晰产权的一个主要功能就是引导人们实现外部性内在化的激励，产权界定不清是产生"外部性"和"搭便车"的主要根源。一个完整的产权主要包括支配权、使用权、收益权等在内的权利束。相比于抽象的所有权，产权更明确地界定了产权拥有者的权利。家庭承包经营制将所有权和使用权分离，农户获得了土地的使用权，同时，事实上也拥有了收益权，很好地解决了集体化作业"搭便车"的问题。根据培金斯和约瑟夫的计算，在集体生产单位中，一个人的努力与每一工分值之间的联系很小，他所挣得的工分可能仍然是与所付出的努力相关的，但是每个工分值却取决于由 4000 至 5000 个家庭组成的生产单位的净产出。即使一个人的努力是完全非生产性的，他的工分值也只下降 0.01%。[①]

家庭承包经营制本来是广大农户为响应由集体经济制度导致的获利机会不均衡所进行的自发性变迁，后来受到党中央的高度关注，最终上升为国家的农业战略。其战略目标就是要通过调动农民的生产积极性解决温饱问题，最终改变农村地区贫困落后的面貌。1978 年末，安徽省的农户顶住政策压力，率先实行"包产到户"。尽管 1979 年 9 月中央正式公布的《关于加快农业发展若干问题的决定》仍然重申"不许""不要"包产到户的规定，但是全国包产到户的势头仍然迅猛。1979 年，安徽"包产到户"的生产队已经发展到 3.8 万个之多。同时，四川、贵州、甘肃、内蒙古、河南等地"包产到户"也有了相当规模的发展。1980 年 9 月，刚刚调整的中央领导班子召集各省、市、

---

①　Dwigt Perkins，Shahid Yusuf. *Rural Development in China（A World Bank Publication）*　［M］. Baltimore：The Johns Hopkins University Press，1984：9.

自治区党委第一书记对包产到户问题进行了专题座谈，当时会议上出现了很大的争议，但最终一致通过了《关于进一步加强和完善农业生产责任制几个问题》的通知。该通知虽然仍没有肯定"包产到户"的社会主义性质，但是已开始支持广大农民在已经攻占的突破口上站稳脚跟，并指出包产到户是联系群众、发展生产、解决温饱问题的一种必然措施，对改变贫困地区的面貌具有重要意义。此后，从1982年到1986年的五个一号文件逐步确立了包产到户的社会主义性质，并给予其高度评价，同时提出了稳定和完善生产责任制、发展农村商品经济等决策。

从经济效果来看，改革后的农产品产量达到前所未有的新高。1984年，全国粮食总产量达到40731万吨，比1978年的30477万吨增长33.6%，年均增长4.95%；棉花总产量达到625.8万吨，比1978年增长1.89倍；油料总产量达到1191万吨，比1978年增长1.28倍（见表4—1）。根据林毅夫的测算，1979—1984年各项改革对农业增长的贡献率高达48.64%，其中家庭承包经营制改革的贡献率达到46.89%。[1] 家庭承包经营制的决策不仅推动了农业产量的大幅增加，提高了农民的收入，还带动了乡镇企业的崛起。同时还为市场机制在资源配置中起基础作用打开了大门，因为家庭承包经营制的确立意味着承认农户拥有农业生产决策权和剩余控制权，而这些权利的实现必须以市场的机制为前提。换句话说，家庭承包经营制间接承认了农民市场主体地位，为最终建立社会主义市场经济体制奠定了基础。

表4—1　1978—1984年全国主要农产品产量

年份	粮食（万吨）	棉花（万吨）	油料（万吨）
1978	30477	216.7	521.8
1979	33212	220.7	643.5
1980	32056	270.7	769.1
1981	32502	296.8	1020.5
1982	35450	359.8	1181.7
1983	38728	463.7	1055
1984	40731	625.8	1191

数据来源：国家统计局国民经济综合统计司《新中国五十年统计资料汇编》。[2]

（二）实施农业多样化经营战略，发展多种经营和乡镇企业

早在20世纪50年代，农村工业开始兴起，并且在一段时期内出现了比较繁荣的局面。据统计，到1959年底，全国农村陆续建立了70多万个工厂，从业人员达到500万人，年产值超过了100亿元，占当时全国工业总产值的10%。然而，由于强制推动人民公社化运动和"大炼钢铁"，中国的农业遭受严重打击，农村工业发展也失去了基础。

---

① 林毅夫. 制度、技术与中国农业发展［M］. 上海：格致出版社，上海人民出版社，2008：81.
② 国家统计局国民经济综合统计司. 新中国五十年统计资料汇编［M］. 北京：中国统计出版社，1999：33.

此后，接连不断的政治运动使得农村工业进一步荒废。

现在我们所说的"乡镇企业"的前身，是20世纪70年代初出现在人民公社体制下的"社队企业"。所谓"社队企业"，就是指利用本地资源兴办的为生产和生活服务的小工厂。它与乡镇企业的最大区别在于必须遵循就地取材、就地加工和就地销售的"三就地"原则，是一种封闭在人民公社内的自给自足的经济部门。而乡镇企业则是在农业已经实行家庭承包经营制的条件下产生和发展的，是与市场经济同步前进的。家庭承包经营制实行以后，一方面农业产出大幅度增加，为发展农村工业提供了足够的农业剩余；另一方面，家庭经营更高的产出效率使得农村剩余劳动力问题凸现出来，为农村工业发展提供了源源不断的廉价劳动力。

国务院于1979年7月出台了《关于发展社队企业若干问题的规定（试行草案）》，乡镇企业迅速崛起并迎来了第一个发展高峰。到1983年社队企业共吸收农村劳动力3235万人，比1978年增长14.4%；总产值从1978年的493亿元增加到1983年的1017亿元，年均增长速度为21%。与此同时，农村农户家庭办和联户办企业也悄然兴起。面对这种形势，1984年中央四号文件对社队企业进行了确认，并将其正式改称为"乡镇企业"。随后，伴随着国家关于财政、户籍等制度的改革，乡镇企业在组织生产、产品销售等方面获得了较大的自主权，其活力倍增，迎来了一个发展高峰期。数据表明，仅1986—1987年两年时间，乡镇企业就超额完成了"七五"计划所要求的产值目标。截止到1988年，四年时间里乡镇企业数以年均增长52.8%的速度爆发式扩张，吸纳的就业人数年均增长20.8%，总收入年均增长58.4%。然而，1989年之后，由于国民经济结构矛盾加剧，社会供求总量失衡，国家不得不进行一系列治理整顿。从1989年到1991年，国家通过贷款控制，关、停、并、转了一批经济效益差、浪费能源原材料、污染严重的企业。在三年的治理整顿时期中，乡镇企业发展速度减缓，两年减少了近300万人，1989年乡镇企业增加值增长速度为13%，1990年为14%，1991年开始有所恢复，增长速度为37%。在治理整顿期间，乡镇企业苦练内功，调整结构，渡过了难关，迎来了又一个快速发展的时期。

1992至1994年是乡镇企业发展的第二个高峰期，这一高峰期始于1992年邓小平南方谈话。在南方谈话后，《国务院批转农业部关于促进乡镇企业持续健康发展报告的通知》（国发〔1992〕19号）和《国务院关于加快发展中西部地区乡镇企业的决定》（国发〔1993〕10号）两个文件，再次充分肯定了乡镇企业的重要作用，并通过创造良好的外部环境为乡镇企业谋取了发展的空间。同时，乡镇企业依靠管理体制创新提高了经济效益，总量迅速扩张，一部分成功转型的乡镇企业还发展成为大中型现代化的企业和企业集团。1992年乡镇企业完成总产值17975亿元，比上年增长54.7%，1993年势头不减，又比上年增长75.5%。1994年则更上一层楼，总产值比1992年增长1.4倍；每百元固定资产实现利润提高了48.6%，每百元资金实现利润提高了25%，每百元营业收入占用的流动资金降低了16.8%，人均创利税提高了1倍多。1995年以后，中国乡镇企业进入了一个稳步发展的新时期。中共十五届三中全会通过的《关于农业和农村工作若干重大问题的决定》把"大力发展乡镇企业"作为实现中国农业和农村跨世纪发展目标必须坚持的十条方针之一。这个时期乡镇企业经过改制和优胜劣汰，开始趋于平缓发展。1998 年乡镇企业数量比 1995 年减少 199 万个，为 2004 万个；从业人员比 1995 年减少 2.5%，为 12537 万人。但是，数量减少却是以质量提高为基础的，1998 年乡镇企业实现营业收入 89351 亿元，比 1995 年增长 56%；净利润 4635 亿元，比 1995 年增长 43%；实交税金 1583 亿元，比 1995 年增长 10%。与此同时，《乡镇企业法》应运而生，乡镇企业的发展具备了法理依据。

进入新世纪，乡镇企业随着中国经济的迅速发展而不断壮大，特别是在加入 WTO 以后，乡镇企业有了长足发展。十六大提出了"发展小城镇要以现有的县城和有条件的建制镇为基础，科学规划，合理布局，同发展乡镇企业和农村服务业结合起来，消除不利于城镇化发展的体制和政策障碍，引导农村劳动力合理有序流动"，第一次提出了将乡镇企业和小城镇"两大战略"结合起来，使工业化与城镇化同步推进，互动发展。2004 年，全国乡镇企业的个数发展到 2213 万个，比 2003 年增长了 1.29%；从业人员为 13866 万人，比上年增长了 2.16%；实现营业收入 166368 亿元，净利润 9932 亿元，实交税金 3658 亿元，分别比上一年增长了 13.34%、15.88% 和 16.81%。十七届三中全会又提出"统筹城乡产业发展，优化农村产业结构，发展农村服务业和乡镇企业，引导城市资金、技术、人才、管理等生产要素向农村流动"，将发展乡镇企业与统筹城乡发展相结合。到 2009 年，由于受国际金融危机的影响，乡镇企业的发展受到了一定的打击，但是从长期来看，其发展势头难以遏制。2009 年全国乡镇企业的个数为 2678 万个，比 2004 年增长了 21.0%；从业人员为 15588 万人，比 2004 年增长了 12.4%；实现营业收入 385926 亿元，净利润 22879 亿元，实交税金 9712 亿元，分别为 2004 年的 2.32 倍、2.30 倍和 2.66 倍。2010 年以后，我国经济有所复苏，乡镇企业进一步发展。2011 年，全国乡镇企业个数为 2844 万个，从业人员为 16186 万人，营业收入达到 531002 亿元，比 2009 年分别增长了 6.2%、3.8% 和 37.6%（见表 4-2）。

表 4-2　1995—2009 年乡镇企业主要经济指标

年份	1995	1998	2004	2009	2011
企业个数（万个）	2203	2004	2213	2678	2844
从业人员数（万人）	—	12537	13866	15588	16186
营业收入（亿元）		89351	166368	385926	531002
净利润（亿元）	—	4635	9932	22879	32426
实交税金（亿元）		1583	3658	9712	13412

数据来源：历年《中国乡镇企业年鉴》，《中国乡镇企业及农产品加工年鉴（2010）》和《中国乡镇企业及农产品加工年鉴（2012）》。

（三）实施农产品市场化战略，改革农产品购销体制

农产品购销体制改革最初是由提高主要农作物的国家牌价开始的。改革开放之初，

市场机制在资源配置中的巨大作用还未被人们深刻认识，中央的最初意图是想通过提高长期被压低的主要农作物的价格，加大对农业的投资力度，以此提高农民从事农业生产的积极性。"根据中共十一届三中全会的精神，国务院从 1979 年 3 月份起，陆续提高粮食、油脂油料、棉花等 18 种主要农产品的收购价格，平均提高幅度为 24.8％。1979 年 9 月，十一届四中全会通过的《中共中央关于加快农业发展若干问题的决定》，粮食统购价格从 1979 年夏粮上市起提高 20％，超购部分在这个基础上再加价 50％，减少粮食征购指标。"① 此外，城市居民每人每月还可以从零售价格的上涨中得到 5～8 元的补贴。收购价格的上涨、对城市居民的价格补贴，以及由于家庭承包经营制的普遍实行而大幅度增加的粮食产量，大大加重了政府的财政负担。为此，增加市场调节功能成为减轻国家负担的一种方式。

增加市场调节功能的主要手段包括：第一，缩小统购统销范围和品种；第二，开放集市贸易。国家早在 1979 年 4 月就放宽了对集市贸易的限制。1982 年 1 月，中央一号文件明确指出了农业经济发展"要以计划经济为主，市场调节为辅"。1983 年 1 月，中共中央在《当前农村经济政策的若干问题》中指出："对重要农副产品实行统购派购是完全必要的，但品种不宜过多。对关系国计民生的少数重要农产品，继续实行统购派购；对农民完成派购任务的产品（包括粮食，布包括棉花）和非统购派购产品，应当允许多渠道经营。"同年 10 月 29 日，《国务院批转商业部关于调整农副产品购销政策组织多渠道经营的报告的通知》"将商业部管理的一、二类农副产品由四十六种减为二十一种"，并对调下来的二十五种农副产品降为三类，"实行议购议销，价格可以随行就市，允许有升有降"。1984 年 7 月，《国务院批转国家体改委、商业部、农牧渔业部关于进一步做好农村商品流通工作的报告的通知》又将"商业部系统现行管理的一、二类农副产品由二十一种减少为十二种"。1985 年 1 月，中共中央、国务院发出《关于进一步活跃农村经济的十项政策》，规定从当年起，"除个别品种外，国家不再向农民下达农产品统购、派购任务，按照不同情况分别实行合同定购和市场收购"，"粮食、棉花取消统购，改为合同定购"，"生猪、水产品和大中城市、工矿区的蔬菜，也要逐步取消派购，自由上市，自由交易，随行就市，按质论价"。1985 年中央一号文件是一个具有深远意义的历史文件，它宣告了绝大部分农产品长达 30 余年的统购派购制度的结束。

农产品统购派购制度的取消并不意味着国家完全放弃对农产品市场的干预，而是以定购合同取而代之，即商业部门在播种季节前与农民协商并签订合同。"定购的农产品一般按'倒三七'比价计价（即三成按原统购价，七成按原超购价）。1985 年后，由于受宏观经济运行再次向工业倾斜的影响，农业投入不足，粮棉油等大宗农产品大幅度减产，随后连续数年农业出现徘徊不前的局面。为保障城市居民的粮食等农产品的供给，国家对粮食实行国家定购和市场购销的'双轨制'，对棉花等农产品实行统一收购经营制度，农产品流通体制的市场化改革进程大大加快。1990 年以后，郑州中央粮食批发

---

① 徐大兵. 新中国成立六十年来农产品流通体制改革回顾与前瞻 [J]. 商业研究，2009（7）：197-200.

市场和地方粮食批发市场相继建立。1990 年 9 月，国务院决定筹建国家粮食储备局，对粮食收购实行最低保护价制度，并建立用于调节供求和市场价格的粮食专项储备制度。这标志农产品流通体制改革进入了市场取向的跨步推进阶段。"①

1992 年，党的十四大正式确立了建立社会主义市场经济体制的目标。这一年，国务院开始推行以市场化为最终趋向的粮食流通体制改革。1992 年，国务院要求农产品形成"以市场购销为主，合同定购为辅"的格局；1993 年，在全国范围内取消了实行 40 多年的口粮定量办法，价格随行就市，全国 98％以上的县市粮价已经开放。然而，在 1993 年末，全国粮食价格出现了突然上涨，个别地方还出现了抢购风潮。初步市场化后的头一年就遇到了严重粮食安全问题，使中央对粮食市场化的态度更加慎重了。当时为了保证粮食供给，中央政府于 1994 年 5 月实行了地区粮食自求平衡和省长（市长）负责制，同时采取了提高政府合同定购粮的收购价格，将粮源更多地集中至国有粮食部门，允许地方政府对定购粮的收购价格给予价外补贴以及规定国有粮店按政府规定的价格销售某些品种的粮食等措施。这些措施有力地阻止了粮食价格的上涨，并保证了粮食的供应。然而，随后两年的粮食大丰收又使得粮价出现了较大幅度的下跌，"卖粮难"的问题又浮出水面。1997 年 8 月，国务院下发了《关于按保护价敞开收购议购粮的通知》，要求各地及时制定粮食保护价格。粮食保护价格是许多发达国家为了应对农业因面对市场时暴露出的弱质性而共同采用的政策，该文件的出台标志着中国农产品市场化的进程迈出了坚实的一步。

1998 年中共十五届三中全会通过的《中共中央关于农业和农村工作若干重大问题的决定》指出："进一步搞活农产品流通，尽快形成开放、统一、竞争、有序的农产品市场体系，为农民提供良好的市场环境，是农业和农村经济持续稳定发展的迫切需要。"② 该文件更加明确了建立农产品市场体系的目标。2001 年 7 月，国务院分别发布了《关于进一步深化粮食流通体制改革的意见》和《关于进一步深化棉花流通体制改革的意见》，将粮食流通体制和棉花流通体制向市场化的方向推进了一步。国家首先放开了浙江、上海、福建、广东、海南、江苏、北京和天津等主销区的粮食购销市场。同时，对棉花流通体制改革实施走"一放，二分，三加强，走产业化经营的路子"。"一放"，就是放开棉花收购，打破垄断经营。"二分"，就是实行社企分开，储备与经营分开。"三加强"，就是加强国家宏观调控、加强棉花市场管理和加强棉花质量监督。

紧随主销区的粮食购销市场开放，主产区的粮食购销市场开放也被提上日程，2002 年 9 月，国务院安排安徽省的两个县市进行直接补贴试点，随后又在湖南、湖北、吉林、河南和浙江等 5 省开始进行试点，取得了积极效果。此后，粮食直接补贴政策在全国范围铺开。2003 年 10 月，中共十六届三中全会通过了《关于完善社会主义市场经济体制若干问题的决定》，指出："完善农产品市场体系，放开粮食收购市场，把通过流通

① 徐大兵. 新中国成立六十年来农产品流通体制改革回顾与前瞻 [J]. 商业研究，2009（7）：197－200.
② 十五大以来重要文献选编（上）[M]. 北京：人民出版社，2000：563.

环节的间接补贴改为对农民的直接补贴，切实保护种粮农民的利益。"[1]

尽管在改革之初，中央并未意识到农产品购销体制改革的最终方向是市场化，但是在实行家庭承包经营制、赋予了农民生产自主权之后，通过农产品购销市场化赋予农民销售自主权，是改革不可回避的逻辑。马克思曾经说过："工业较发达的国家向工业较不发达的国家所显示的，只是后者未来的景象。"[2] 西方发达国家向我们展示的市场化的农产品购销体制，一是建立健全农村市场体系，二是通过立法方式实行以粮食为主的农产品价格保护，给予农业农民高额直补，对农产品的市场价格波动采取反周期补贴等手段。总体而言，中国农产品购销体制的改革也遵循了一条渐进式的改革道路，在不断测试市场化目标与粮食安全目标的边界过程中，逐步将改革推向前进：首先是提高农产品的定购价，促进农业增产；当农业产量大幅度提高之后，又开始逐渐放开市场价格；直到20世纪90年代粮食出现阶段性供给过剩的情况下，开始实行粮食保护价；在21世纪初放开主销区的粮食购销市场，并开始对粮农实行直接补贴；到了2004年，国家已经全面放开粮食购销市场，实行购销多渠道经营。近几年来，农民收入连年提高，粮食产量出现罕见的连续增长，这也从侧面证明了中国农产品购销体制改革战略是成功的。

三、以社会主义市场经济体制为方向深化农村改革的战略选择

（一）坚持农业土地政策，稳定和完善家庭承包经营制

十一届三中全会以后，家庭承包经营制提高了广大农民从事农业生产的积极性，促进了农业生产的蓬勃发展。然而，当改革开放进行到1985年时，农业生产突然出现了连续两年的下降，并在1987年进入了三年徘徊期。于是人们开始对土地承包经营制进行反思，主要出现了三种典型的观点。一种观点认为农业生产徘徊不前是受"私有化"的影响，由于包产到户造成了土地细碎化，无法形成规模经营；同时，农田水利设施等农村公共产品的建设出现废弛。另一种观点把长期稳定家庭承包经营制曲解为反对集体所有制，提出我国农村发展的社会主义方向还未解决，认为应该重建集体所有制。还有一种观点认为随着规模经营的推进，家庭承包经营制的潜力已经耗尽，应该消亡。[3] 这些观点尽管离现实解决路径相差甚远，但都或多或少地察觉到家庭承包经营制度本身的局限性。

总体说来，家庭承包经营制度虽然在一定程度上实现了土地使用权和收益权相结合，对农民从事农业生产起到了激励作用，但这项制度并没有真正改变土地所有权，土地仍然归抽象的集体所有，农民没有对土地的处置权，由此造成土地权利束的不完整。其局限性主要存在于以下几个方面。

---

①　十六大以来重要文献选编（上）[M]. 北京：中央文献出版社，2005：469.
②　马克思恩格斯全集（第44卷）[M]. 北京：人民出版社，2001：8.
③　李明. 中国共产党三代领导集体与"三农"[M]. 北京：知识产权出版社，2010：199.

　　首先是土地权利束的不完整造成了农民缺乏对土地进行投资的热情，一个表现是农民将自己很大比例的收入进行了非农业生产性投资。据统计，1978年农村居民人均纯收入为133.6元，到了1988年则达到544.9元，增加了3.08倍。然而，农民用于房屋建设的投资在这期间增加了约20倍。农村中集体和个人用于农业的投资占农村社会总投资的比重明显下降，该数据在1984年时为15.5%，而到了1987年则下降到了11.9%。农民对农业投资的下降，导致了地力的下降。其次是土地所有权归属不明晰，阻碍了土地资源的自由流动，极大地增加了农业生产经营者通过土地优化配置实现规模化经营的成本。由于农民没有土地的支配权，当土地流转时，无法转包给本村以外的自然人和法人主体，因此，要实现土地集约化利用往往要借助于行政命令。最后，由于宪法规定农村土地所有权归村集体所有，城市的土地归国家所有。当城镇化推进至农村时，存在着集体用地转为城市用地、农业用地转为建设用地的过程。然而，由于农民并没有土地的所有权，难以获得合法的市场主体地位与其他市场主体进行平等的交易，因而导致土地溢价被各级政府和工商企业截留侵蚀，农民只能获得较低的补偿。这种将农民排斥在城镇化之外的现象，往往是征地过程中群体性事件频发的主要原因。

　　当80年代中期农业生产遇到瓶颈时，党和国家面临三种土地制度的选择。第一种是恢复到改革开放以前的农业集体经营制度，重新将农民动员起来参与有计划、有组织的农业集体生产，从而各级政府和村组织又能将劳动力资源投入到农田水利建设之中，并将细碎化的土地集中起来规模化经营。但是这种制度缺乏微观基础，不能得到基层农民的拥护，农业的生产必然回到改革以前的状况，这是一种保守的变迁模式。第二种是实行土地私有化，将土地的所有权分配给农民，开放土地一级市场，在市场机制下促进土地资源优化配置，实现规模生产，农民也有了对土地进行投资的动力。同时，市场机制还能够引导外来资本投入到农业生产、销售和科技研发中，提高农业生产力。但是这种做法不仅与社会主义制度相违背，还将因为土地在市场机制下出现过度集中而重蹈中国历代王朝衰落的覆辙。同时，农业的弱质性显而易见，在市场机制下粮食安全将无法保障，这有可能导致灾难性的结果。第三种是不触动现有的双层经营体制，只是在政策上进行细微的调整，"通过放宽政策并加强扶持来鼓励广大基层组织与群众开展多形式的适应性制度创新，然后再由中央对其中具备合理性和可行性的制度创新成果予以追认，以此渐进式的制度变迁模式为中国农村经济改革与发展开辟道路"[①]。

　　从随后的战略决策来看，党和国家在改革进程中对农村土地制度的变革始终采取了慎重的态度。针对土地产权残缺，农民缺乏对土地的投资热情，国家出台了一系列政策，不断延长土地承包期限，同时通过立法等手段保障家庭承包经营制度的稳定性和连续性。1984年，中央一号文件《关于1984年农村工作的通知》提出，"土地承包期限一般应在15年以上，生产周期长的和开发性项目——承包期应该更长一些"。1985年的中央一号文件《关于进一步活跃农村经济的十项政策》中更是强调"联产承包责任制

---

　　① 彭克强. 十七届三中全会关于农村土地制度规定的原因解析 [J]. 财经科学，2008 (12)：16-19.

和农户家庭经营长期不变"。这一年，全国各地区普遍签订了 15 年的土地承包合同。尽管国家强调家庭承包经营制度 15 年不变或"长期不变"，却并不能打消农民的顾虑，在农村也时常发生村集体将农民的土地强行收回的现象。于是，1986 年 4 月通过的《民法通则》首次在民事基本法律层面上肯定了农民享有土地承包经营权。同年 6 月 25 日出台的《土地管理法》也明确指出："土地的承包经营权受法律保护。"到了 1993 年，"家庭承包经营"成为我国一项基本经济制度被写入了《宪法》修正案，该项制度的具体事项在随后几年中也得以明确规定，更具有可操作性。

随着第一轮承包的结束，农民对土地承包问题再次流露出了担忧。新一轮承包是一次土地资源的重新洗牌，如何再次分配这些土地资源，这次承包能持续多久，都成了人们关心的问题。鉴于此，1997 年 8 月，中共中央、国务院发出了《关于进一步稳定和完善农村土地承包关系的通知》，指出各地区要做好土地承包的相关工作，保持党的农村基本政策的连续性和稳定性。为了让农民更安心地从事农业生产，1998 年 8 月，修订后的《土地管理法》规定："土地承包经营期限为 30 年。"1998 年 10 月召开的中共十五届三中全会发布了《关于农业和农村工作若干重大问题的决定》，再次强调了"要坚定不移地贯彻土地承包期限再延长 30 年的政策，同时抓紧制定确保农村承包关系长期稳定的法律法规，赋予农民长期而有保障的土地使用权"。2008 年的十七届三中全会出台了《关于推进农村改革发展若干重大问题的决定》，进一步提出"要赋予农民更加充分而有保障的土地承包经营权，现有土地承包关系要保持稳定并长久不变"。从"长期不变"到"长久不变"，表明了党和国家对家庭承包经营制度取得成果的认可，同时仍然留有政策回旋的余地。

土地承包经营权的稳定并不能解决农业规模化经营的问题。如前所述，农民在土地流转中受到诸多因素的限制。党和国家试图在现有的制度框架下实现农业规模化经营。早在 1984 年的中央一号文件《关于 1984 年农村工作的通知》中，就已允许土地承包经营权流转了，其规定"鼓励土地逐步向种田能手集中"，并提出"鼓励农民增加投资，培养地力，实行集约经营"。1986 年的中央一号文件再次强调了"鼓励耕地向种田能手集中，发展适度规模的种植专业户"。后来的一系列立法在肯定了农民享有土地承包经营权的同时，也对土地承包经营权的流转进行了保护。如 1995 年 3 月，国务院转批农业部《关于稳定和完善土地承包关系的意见》，对土地承包合同的严肃性、承包期限、经营权流转、农民负担和权益等做出了规定。2001 年 12 月，中共中央《关于做好农户承包地使用权流转工作的通知》进一步明确了农村土地流转的有关政策，成为稳定和完善农村土地承包关系和指导农村土地流转的规范性文件。2003 年 3 月 1 日实施的《农村土地承包法》第二章第五节对土地承包经营权的流转做了更明确而具体的规定，标志着"农村土地集体所有、家庭承包经营，长期稳定承包权、鼓励合法流转"的新型土地制度正式确立。

进入新世纪以来，我国工业化和城镇化进程加快，高速的城市扩张对土地的需求日益强烈，但由于农民缺乏完整意义上的土地所有权，政府往往是以征地的形式从农民手中拿地，然后再将土地进行拍卖。相对于土地的市场价格，农民获得的征地补偿往往十分低廉，各种由征地引起的矛盾日渐增多。为了维护农民的利益，同时维持中央和地方政府日益庞大的财政支出，党和国家不断加强立法，出台各类规章制度。2007年，第十届全国人大第五次会议通过了《物权法》，该法不仅对土地承包经营权进行了法律界定，使土地承包经营关系的法定化程度达到相对完备的程度，同时该法的第42条和44条还对土地承包经营权的征收、征用补偿作了明确、具体的规定。

总体而言，近几年来中央的土地政策都是围绕着以家庭承包经营为基础、统分结合的双层经营体制来制定的，其出发点无疑是为了保障国家粮食安全和巩固农业的基础地位，然而，这些政策还包含有维护农民合法权益、促进农民有序地进城务工等目标。这些政策目标既有联系又有区别，既紧密相关又存在某种程度的冲突，因此中央必须在粮食安全、劳务经济和农民维权三个目标中安排优先次序。三个目标在农业发展的不同阶段有自己的重要作用，均不可偏废，这给中央的战略选择带来了不小的挑战。以家庭承包经营为基础、统分结合的双层经营体制是在多元目标下政府与农民博弈的最终结果。

（二）实施科教兴农战略，促进传统农业向现代农业转变

传统农业主要由劳动者凭习惯和经验进行生产，劳动生产率低、科技含量低、经济效益低。改革开放以后，中国农产品产量由过去供给短缺的状况逐步发展为20世纪90年代的供需基本平衡、丰年有余的状况，再发展到21世纪供需结构性过剩的状况。产量的增加并没有缩小城乡之间的差距。与此同时，农业面临着更加严峻的挑战——早在20世纪90年代，中国农产品市场就已经由卖方市场转为买方市场，特别是21世纪初加入世贸组织后，国外农产品对中国农业造成了严重的冲击。农业的发展已由过去的资源约束变为资源和市场的双重约束，靠增加"大路货"农产品和提价来增收的空间有限。因此，要增加农民收入，要实现农产品高产、优质、高效、生态、安全的目标，在调整产业结构的同时，还必须将农业生产转移到依靠科技进步和提高劳动者素质的轨道上来，运用现代科学技术进行农业生产和管理。而要实现这一转变，则必须实行科教兴农战略，推进科技进步，加强对农业生产者的教育培训，提高其科学文化素养。科教兴农战略是现代农业的必然要求。把科教兴农作为我国农业发展的战略来对待，其基本思路是以农业科学研究为基础，以农业科技成果的示范、推广及加强农业教育为手段，以提高农业劳动者的科学文化素质为主要目的，影响和优化农业生产中的其它诸要素，从而形成新的农业综合生产能力，促进农业的稳定、持续发展。

我国的科教兴农战略经历了不断演变和完善的过程。科教兴农战略系由科技兴农战略演变而来。1985年，中共中央做出了《关于科学技术体制改革的决定》。该《决定》确立了"经济建设必须依靠科学技术、科学技术工作必须面向经济建设"的战略方针，提出了改革农业科学技术体制，使之有利于农村经济结构的调整，推动农村经济向专业化、商品化、现代化转变。1989年12月27日，国家开始把"科技兴农"作为农业振兴的重大战略举措，《国务院关于依靠科技进步振兴农业 加强农业科技成果推广工作的决定》指出："要从根本上解决关系到国家兴衰的农业问题，科技兴农尤为重

要。……各级政府必须把依靠科技进步振兴农业作为一项重大战略措施，坚持不懈地抓下去。"该文件并未空谈科技兴农，而是将教育作为科技兴农的重要手段提出，即"大力加强农村教育，广泛开展技术培训"。1991 年 11 月 29 日，党的十三届八中全会通过的《中共中央关于进一步加强农业和农村工作的决定》指出："推进农业现代化，必须坚持科技、教育兴农的发展战略。"显然，随着中央对经济社会发展规律认识的深化，"科教兴农"已经上升为我国农业的发展战略。1992 年 2 月 12 日，《国务院关于积极实行农科教结合　推动农村经济发展的通知》则进一步阐述了"科教兴农"的具体实现形式，并指出"在科技、教育兴农工作中，积极实行农业、科技、教育相结合"，"农科教结合是实现农业现代化的一个重要途径"。1992 年 10 月 12 日，江泽民在十四大报告中指出："坚持依靠科技、教育兴农，多形式、多渠道增加农业投入，坚持不懈地开展农田水利建设，不断提高农业的集约水平和综合生产能力。"1995 年 9 月 28 日，党的十四届五中全会通过的《中共中央关于制定国民经济和社会发展"九五"计划和 2010 年远景目标的建议》指出："加大科教兴农的力度，实施'种子工程'，推广节水、节肥等适用技术。"1997 年 9 月 12 日，十五大报告指出："大力推进科教兴农，发展高产、优质、高效农业和节水农业。"1998 年 10 月 14 日，党的十五届三中全会通过的《中共中央关于农业和农村工作若干重大问题的决定》指出："实施科教兴农，农业的根本出路在科技、在教育。实行农科教结合，加强农业科学技术的研究和推广，注重人才培养，把农业和农村经济增长转到依靠科技进步和提高劳动者素质的轨道上来。"十六大报告又提出了"加快农业科技进步""大力发展教育和科学事业"的要求。许多研究都表明，技术进步对于农业发展有着至关重要的作用。党中央高瞻远瞩地提出科教兴农战略，无疑是找到了推动农业发展的抓手。

（三）实施农业支持战略，建立农业支持和保护体系

日本经济学家速水佑次郎总结过农业发展要经历的三个阶段，第一阶段是以增加生产和市场粮食供给为特征的发展阶段，提高农产品产量的政策在该阶段居于主要地位；第二阶段是以着重解决农村贫困为特征的发展阶段，通过农产品价格支持政策提高农民的收入水平是该阶段的主要政策；第三阶段是以调整和优化农业结构为特征的发展阶段，农业结构调整是该阶段的主要目标。[①] 如果这三个阶段与工业的发展相联系，可以大致总结为农业支援工业发展阶段、农业与工业平等发展阶段以及工业反哺农业阶段。当工业化处于初期，后发国家往往需要积累工业发展的原始资本，其来源不可能像先期工业化国家那样从开拓海外市场、建立殖民地以及贩卖奴隶而获得，只能牺牲本国具有比较优势的农业。通过工农业贸易的剪刀差、压低农产品的价格等手段从农村获得资本和廉价劳动力，并将其作为工业品的市场。这一时期，农业支援工业的特征十分明显。当工业化处于中期，工业创造的剩余已经能够满足自身的发展，不再需要剥夺农业，但与此同时，工业也无法拿出更多的剩余来帮助农业发展，这一时期农业与工业的关系表

---

① 速水佑次郎，神门久善. 农业经济论 [M]. 北京：中国农业出版社，2003：16—27.

现为平等发展。当工业化处于后期，工业发展水平日趋成熟，这时工业除了有能够供自身发展的剩余外，还有能提供给农业的剩余。而此时的农业，由于自身比较利益低等特点，缺乏发展的内在动力，也亟需从外部获得投入。因此，工业化后期的农业政策是建立农业支持和保护体系，促使工业拿出更多的资源来反哺农业。

纵观新中国成立以来的工农业发展关系，较为明显地表现出上述三个阶段的特征。而中国处理工业与农业发展关系的战略部署也没有离开这个理论框架。新中国成立以后，由于国际国内诸多因素，中央采取了重工业优先发展的战略，牺牲农业是落后国家实施该战略的必然选择。于是从 1953 年开始，政府低价收购和低价销售的统购统销制度，通过工农业剪刀差把大量农业剩余转向工业。虽然经过二十多年的发展，中国已经建立了独立的、比较完整的工业体系和国民经济体系，但是长期的市场压制造成了工业和农业的畸形关系，政府意识到了问题所在，并逐渐加大对农业的支持力度。如前所述，从 1979 年以来，中国采取了一系列措施改革农产品购销体制、支持农业。首先是在计划经济体制下提高农产品的定购价，特别是 1994 年实行粮食保护价格；其次是逐步"将一个主要依靠政府行政控制，并对大多数农产品实行国家垄断的统派购体制，转变为一个政府只用行政手段控制一小部分对国计民生最重要的农产品及只对个别农产品实行垄断经营，并以政府间接调节和市场调节为主体的、多种经济成分并存、各种经济组织竞争的农产品流通体制；最后逐步放开农产品市场价格，农产品价格由市场供求形成，而不再是政府的行政性控制"[①]。

尽管这些政策都起到了支持农业的效果，但都没有改变工业抑制农业的格局。如表 4-3 所示，以生产者补贴等值（PSE）衡量，我国农业保护程度在 80 年代曾一度呈下降趋势。从长期来看，我国抑制农业以促进工业化的农业政策到 80 年代末都没有减轻，虽然期间进行了农产品购销体制改革，但实际效果没有在表中得到体现。90 年代初期以后，农业负保护的程度逐步减小，由 1990 年的 −20.7% 上升到 1997 年的 −4.8%，此时中国的发展已经进入了工业化中期。工业已经有能力为自己的发展提供剩余，并逐渐具备了向农业补贴的条件。

表4-3　1982—1997 年中国生产者补贴等值

年份	1982	1984	1986	1988	1990	1991	1992	1993	1994	1995	1996	1997
PSE（%）	−12.3	−26.0	−38.5	−21.9	−20.7	−23.8	−20.0	−24.1	−7.8	−5.0	−4.5	−4.8

数据来源：1991 年和 1992 年数据引自潘盛洲（1999）[②]，其余引自财政部科研所《研究报告》（2003）。

与此同时，伴随着工业化进入中期，中国城乡收入差距也逐渐加大。以人均收入作为计量标准，中国城镇居民家庭人均可支配收入与农村居民家庭人均可支配收入之比在 1978 年仅为 2.57，而到了 1995 年则已经扩大到 2.714。尽管在 20 世纪 80 年代，随着

① 邢孝兵、徐洁香. 工业化发展阶段与我国农业国内支持政策调整 [J]. 经济学家，2004（5）：33—37.
② 潘盛洲. 中国农业保护问题研究 [M]. 北京：中国农业出版社，1999.

家庭承包经营制的改革以及允许城乡劳动力自由流动等政策的实施,城乡居民家庭人均收入之比出现过下降——最低时为 1984 年的 1.84,但由于农业存在弱质性等先天因素,城乡收入差距加大的趋势无可避免。巩固农业的基础地位,保障国有粮食安全,客观上要求工业对农业进行补贴。

根据 WTO《农业协议》关于农业支持分类标准和我国现行的农业政策,对农业的支持和保护主要可以分为五种类型。一是对农产品的价格支持,即粮棉油等进行保护价收购;二是对农业进行补贴支持,主要是对农业生产资料进行差价补贴和对农民收入进行支持的相关政策;三是对农业投入支持,即中央和地方政府将财政支出用于农业;四是农业生态补偿支持,是农业直接和间接用于相关生态环境补偿的投入;五是农业金融支持,主要涉及各类农业信贷和农业保险内容。农产品的价格支持与农产品的购销体制改革密切相关,是国家在改革之初的一项重要战略决策,由于前面已经做了介绍,这里不再重复。农业的金融支持开始于 1978 年以后,主要体现在增加农业信贷投入,改革农村信用合作社的"官办"性质,推动恢复农业保险业务,支持发展民间信用等;90 年代国家加快了对农村金融体制的改革,组建了中国农业发展银行,但由于诸多因素的制约,相较于工业而言,农业金融发展较慢,体制尚不完善,此处从略。农业生态补偿支持政策尚处于起步阶段,对于 20 世纪 80 年代开始的生态环境补偿费征收政策,90 年代末开始实施的大型生态工程相关的经济补助政策和 2005 年"十一五"规划后才开始准备在部分领域进行的生态补偿机制试点工作,这里都不一一做详细的介绍。这里主要介绍的是已经成熟并逐渐形成规模,现阶段对加强农业基础地位和保障粮食安全有最直接关系的农业补贴支持和农业投入支持政策。

改革开放以前的农业补贴支出主要是农业生产资料差价补贴,补贴范围包括了化肥、农药、农业生产用电、农业塑料薄膜等。据统计,从 1950 年到 1978 年,中央统一定价的化肥出厂价、农药出厂价分别下降了七次和六次,总补贴金额分别为 26 亿元和 10 亿元。从 1959 年到 1979 年,农机产品价格十次下降,幅度超过了 40%,农用柴油、薄膜也多次下降。该补贴政策往往为了达到促进农业生产的目的,进行低价薄利乃至亏损的补贴,致使农业生产资料市场长期处于计划状态,这种状况一直持续到了 1998 年国务院三十九号文件以后。从财政用于农资价格补贴的数额来看,仅 1978 年农资补贴价格就达到了 23.9 亿元,1979 年到 1980 年间用于农用塑料薄膜的补贴达到 16 亿元。这一时期的农业补贴政策"在当时对农业生产发展确实起到了促进作用,但造成农资企业的亏损,影响了农资工业的发展,国家财政也支付了大量的补贴"[①]。

改革开放以后,国家开始实行有奖销售和"三挂钩"政策。1978 年到 1985 年,国家拿出了一部分化肥作为农民交售粮棉的奖售肥。1987 年 2 月,国务院又出台了《关于粮食合同定购与供应化肥、柴油挂钩实施办法》,开始实施粮食合同定购与供应平价

---

① 张攀峰,杜辉. 中国农业支持制度的历史变迁:发展回顾与规律辨析 [J]. 理论与探讨,2011 (3): 105-108.

化肥、柴油和预发预购定金"三挂钩",规定定购每50公斤粮食奖励出售20公斤化肥和5~7公斤柴油。1993年到1994年,由于部分人员利用"三挂钩"政策进行倒买倒卖赚取差价等行为,且考虑到中国市场化改革的趋势,"三挂钩"政策停止实行,取而代之的是对合同定购部分的农产品实行价外补贴,即国家按定购合同收购农产品时,直接把平价农业生产资料的差价付给农民。1995年,政府又恢复了挂钩少量平价化肥的做法。

随着中国粮食的阶段性逐渐由供给平衡向供给有余转变,同时,由于工业化进程加快、城乡收入差距进一步加大的状况显现,农民增收逐渐成了解决"三农"问题的主线。胡锦涛同志在十六届四中全会上指出:"纵观一些工业化国家发展的历程,在工业化初始阶段,农业支持工业、为工业提供积累是带有普遍性的趋向;但在工业化达到相当程度以后,工业反哺农业、城市支持农村,实现工业与农业、城市与农村协调发展,也是带有普遍性的趋向。"这表明,"工业反哺农业"已经从最初的"撒胡椒面"式的补贴政策上升为国家农业发展的战略,进入工业化中后期的中国已经逐步具备了对农业进行补贴的条件。

2002年,国务院办公厅下发了《关于做好2002年扩大农村税费改革试点工作的通知》,进一步扩大农村税费改革的试点范围;2003年3月,国务院发布了《关于全面推进农村税费改革试点工作的意见》,农村税费改革全面铺开。农业税费改革取消了农业四税(农业税、除烟叶外农业特产税、牧业税和屠宰税)、农村教育集资以及农民承担的农村劳动积累和义务工政策,并开始实行农业四补(粮食直补、良种补贴、农机具购置补贴和农资综合直补政策)。资金补贴的力度逐渐加大,补贴的品种也不断扩大,补贴标准逐年提高。

第三节　我国确保国家粮食安全的政策演变

农业是国民经济的基础,粮食更是农业之根本。加强农业基础地位和确保国家粮食安全关乎国民经济发展和社会稳定,是集经济问题与政治问题为一体的重大战略安全问题。

粮食流通政策作为政府指导粮食产销行为的基础,是确保国家粮食安全的重要机制,更是国家各项政策的重心所在。国家制定的粮食政策、起草通过的法律法规以及采用的流通体制,都是为了协调各相关主体之间的利益分配,保证各利益主体在所属框架或体系内既能分配到利益又能承担相应的职责和义务。在遵循规律的前提下,党和国家结合我国农业与国民经济发展各个历史阶段的具体政治和经济条件,促使粮食政策在不断的调整中走向完善。新中国成立以来,我国粮食政策经历了五个阶段的演变,逐步建立起了适应社会主义初级阶段的粮食市场体系。

一、新中国成立初期粮食政策的选择及评述（1949—1952 年）

（一）新中国成立初期国家粮食安全面临的问题

新中国成立初期（1949—1952 年），由于长期的战争破坏，帝国主义、封建主义和官僚资本主义对我国各行各业的长期剥削与压榨，我国国民经济趋崩溃边缘，国内物资奇缺、通货膨胀严重，各行业生产均处于停滞状态；美帝国主义和国内反动势力封锁了我国海运，阻止我国粮食进口。随着解放战争取得全国性的胜利，国家编内的党政军人员日益增多；加之自然灾害频发，粮食产量大幅下降，举国上下灾民数量多达 4000 余万[①]，我国粮食供需矛盾异常尖锐。

当时，由于国家还未垄断资源供给和市场流通，商品市场，尤其是粮食市场秩序混乱，官僚资本和投机资本囤积居奇、哄抬粮价，垄断粮食贸易，严重扰乱了粮食市场流通秩序。此时要着手恢复经济就要稳定市场，要稳定市场就要控制商品流通，要控制商品流通就要垄断资源供给，而资源供给首以粮食为先。面对严峻的粮价波动形势，中央政府采取了一系列宏观调控措施：通过全面加强市场监管、培育国有商业组织以迅速掌控粮源，适时由全国粮食部门在统一时间段里抛售粮食、调节粮食市场供需平衡，基本保证了粮食市场供求和粮价稳定。这一时期，我国粮价流通机制主要是以市场自发形成的价格为依据，同时以国有商业机构对粮食市场的监管与调控为保证。

（二）新中国成立初期国家解放农村生产力，保障粮食供给的探索历程

新中国成立初期，国家面临严重的粮食紧缺难题，政务院为促进粮食增产，实行标本兼治的方针。一方面在全国范围内推进土地改革，同时大规模兴修水利等公共设施以迅速恢复农业生产，以便从源头上保证粮食供给；另一方面，在粮食流通体制上，仍允许自由购销粮食，承认私营粮商的合法地位，以解决粮食市场的燃眉之急。长远与短期政策相结合，使社会秩序得以稳定，人民基本生活得以保障。

这一时期，国家为调动农民种粮积极性，增加国家粮食产量，保证人民基本温饱需要，从与农民利益最为关切的土地制度改革入手，加大对农业生产基础设施建设的投入，调整相关粮食流通领域的宏观调控政策。

1. 生产源之制度变迁：土地制度的改革

1950 年 6 月 28 日，中央人民政府委员会第八次会议通过《中华人民共和国土地改革法》：实行农民的土地所有制，并迅速在全国范围内全面推进土地改革，从根本上解决了与农民利益最为相关的土地问题，在很大程度上调动了农民的生产积极性，迅速恢复和发展了农业生产。

土改之前，占农村总人口不到 10% 的地主和富农却垄断着 70%~80% 的农业生产资料，绝大部分贫下中农所占的土地是贫瘠放荒的耕地。到 1952 年底，全国土改基本

完成，封建地主阶级被彻底地消灭，真正实现了"耕者有其田"。此次土改，是根据当时的农业生产力发展水平而实施的，是粮食增产的根本动力。它充分满足了广大贫下中农获得土地的愿望，极大地刺激和调动了农民生产积极性，促进了粮食大幅增产。

2. 生产源之基础设施建设：大规模兴修水利

1949 到 1952 年的三年中，政府投资于水利设施建设的经费达 7 亿元，约占全国基本设施建设投资预算总额的 10%，对全国 4.2 万公里的堤坝进行了大部分修缮工作。据统计，1949 年全国水灾面积为 1.2 亿亩，1950 年降到 7000 多万亩，1951 年、1952 年进一步下降为 2000 多万亩。同期，扩大灌溉面积约 8000 多万亩，1952 年可灌溉面积占总耕地面积的比重上升至 19.6%，还有 1.8 亿多亩农田因改善了水利条件而免除了旱灾威胁。[①]

3. 动力源之政策机制构建：宏观调控下的自由购销与政府干预

新中国成立之初，我国粮食流通领域允许多种经济成分并存，承认自由购销的合法地位；与此同时，国家将注意力集中于维护正常市场秩序，严厉打击投机倒把，强化国家宏观调控能力。

1949 到 1952 的三年间，我国实行粮食自由购销，允许私人自由收购、运输、储存、销售粮食，主体购销制度基本以市场为主导。

但是，市场不是万能的，为稳定市场粮价，加强国家对市场的宏观调控能力，政府开始制定粮食市场交易规则，以弥补市场自发调节资源配置缺陷；政府也作为市场主体参与市场竞争，利用资源集中优势适时掌握粮食购销信息，择时向市场销售，以防止市场上粮价的过大波动。由此，粮食价格逐步稳定，人民生活日益改善，库存数量也连年递增，更加巩固了初生政权。

为强化粮食监管，中央于 1949 年设立了全国性的粮食主管部门——国家粮食管理总局。在市场体系方面，建立了自上而下的粮食经营系统，对粮食实行分层收购、集中管理。

（三）新中国成立初期国家的粮食政策的经验

新中国成立初期国家的粮食政策目标简单直接、政策明确、成效显著，为后来的粮食政策调整积累了宝贵经验。经济复苏时期的实践，实现了粮食增产目标，稳定了粮价。粮食增产目标与粮食自由购销市场的价格形成机制相结合的粮食流通政策经受住了考验。粮食产量的增长为社会主义改造阶段的工业化奠定了基础，为国民经济的发展提供了可能。

生产力决定生产关系，经济基础决定上层建筑。在遵循市场经济运行规律的前提下，政府制定的自由购销与政府干预并行的粮食购销模式具有可操作性。同时，政府以粮食收购价为底线，以市场销售价为上限，对粮价进行保护；适度调节粮食储存吞吐量，合理安排收售，这样既保证了粮源，又稳定了粮价。

---

① 柳随年，吴群敢. 中国社会主义经济简史［M］. 哈尔滨：黑龙江人民出版社，1985：71.

二、社会主义建设时期我国粮食政策的选择及评述（1953—1978 年）

（一）社会主义改造和建设时期农业和粮食安全面临的问题

为迅速恢复和发展国民经济，从 1953 年起，我国在借鉴苏联经济建设经验的基础上开展了第一个为期五年的大规模经济建设。"一五"计划时期，我国以工业强国为核心发展理念，农业为工业服务。毛泽东明确指出："过渡时期的总任务要求农业适应工业。"[①] 但此时，我国重工业处于起步阶段，其本身就需要资本注入，根本不可能为社会提供积累。而轻工业也是小规模经营为主，且技术落后、设备破旧，能为工业和农业提供帮助的可能性也甚小。所以，农业成为工业现代化资本原始积累的主要来源，国家更是以"剪刀差"等方式强制农业资本积累转而为工业发展提供资本支持。即便如此，随着国民经济的恢复和发展，农业提供的生产资料仍然不能满足各行业建设需要。商品粮需求的日益增长使粮食供求矛盾更加凸显。

除此之外，虽然全国粮食持续增产，但是依然难以跟上国民经济赶超式的发展速度，大部分粮食直接被国家计划配置给二、三产业，市场上的商品粮数量增幅有限。此外，"一五"计划期间，城乡人口结构变化，非农人口陡增，也给粮食供给带来巨大压力；自由购销体制下的"投机倒把"行为也加剧了粮食供求的紧张情势。

农业为百业之基，而粮食则为农业之本。粮食供求的紧张局势，客观上制约着国民经济的可持续发展，同时也使各级政府压力重重，主要体现在：各级政府无法按质保量地完成国家的粮食收购计划；而按市场需求制定的销售任务量却不断增长，可以说解决我国粮食问题已刻不容缓。

（二）社会主义改造和建设时期农业和粮食安全政策的调整

此一历史时期，我国历经社会主义改造并步入社会主义初级阶段的经济建设探索阶段，所以，国家粮食政策伴随国家对经济建设总体目标与战略布局转变而不断调整。政府为解决国民经济建设当中的粮食短缺问题，稳定市场粮价，打击私营商贩对粮食价格的操控，保障粮食供应，果断采取了统购统销的粮食流通机制，以低价强制收购的方式来实现农业对工业的支持。政务院规定，从 1953 年 12 月起，在全国范围内对粮食按计划收售，取缔先前的自由贸易，对粮食市场实施严格的管理办法，实行统购统销的粮食流通制度。其基本方法是，在留足基本口粮、耕作种籽、牲畜饲料等生活必需物和缴纳农业税后，对农村有余粮实施政府统一收购，并将收购的余粮实行统购统销，以满足对城市居民和缺粮农民的需求。统购统销的粮食政策施行之后，国家严禁商贩们自由经营粮食，由政府规定粮食价格并对其实行统一管理。

1955 年 8 月，国务院（1954 年 9 月，政务院改称国务院）颁布了《市镇粮食定量供应暂行办法》和《农村粮食统购统销暂行办法》，这些政策对我国粮食生产、收购和

---

① 毛泽东选集（第 5 卷）[M]. 北京：人民出版社，1991：201.

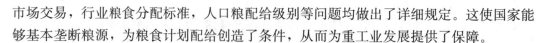

市场交易，行业粮食分配标准，人口粮配给级别等问题均做出了详细规定。这使国家能够基本垄断粮源，为粮食计划配给创造了条件，从而为重工业发展提供了保障。

（三）我国粮食统购统销的政策经验

统购统销的粮食政策直至 1985 年才被取消。在粮食流通统购统销的 32 年间，尽管我国国民经济发生了较大的变化，但粮食统购统销政策基本没有做出较大的调整。回望历史，这种由政府对粮食进行定价的机制，是我国在复杂的国际国内斗争环境下所做的决策，是与我国的计划经济体制相适应的，它在一定时期内对保障我国经济安全发挥了重大的作用。但是，随着经济的发展和社会结构的变迁，这一机制的局限性又逐渐暴露出来，探索新的粮食流通机制成为不可回避的新课题。

三、改革时期双轨制粮食经济阶段及评述（1979—1993 年）

（一）粮食双轨制演进的背景

20 世纪 60 年代末，国民经济发展只关注了"量"的积累，综合国力"质"的提高却停滞不前。同时，即使国家处于计划经济时代，以平均分配为主要形式，但现实中人均分配不足、不均的现象却依然没有消除。通过对建设经验的总结，中共中央逐步认识到把发展与经济增长等量齐观是不科学的；同时指出，在经济增长的同时，应当适度合理地改善收入分配，提高社会大众的公共福利水平，尽力减少贫困、消除贫困。到 70 年代后，农业、轻工业、重工业协调发展的理念被中央高层普遍接受与认可：农业生产为工业发展提供生产源、市场源，工业则为农业提供现代化机械装备，工农业应当相互倚重，二者不可偏废。

为此，十一届三中全会以来，中央逐渐形成"非均衡发展观"，并对国民经济发展产业战略格局做出了积极调整，片面发展重工业战略的传统发展观念得以及时纠正，农业经济体制改革启动和农村生产力日益得到解放和发展。在非均衡发展观念的引导下，国家一方面对工业发展战略进行调整，优先发展与农业联系较为紧密的轻工业，尽可能降低工业发展对资本需求的依赖度；另一方面，实施了"宜统则统，宜分则分，统分结合"的农村经营模式，其具体表现为推广家庭联产承包责任制。

十一届三中全会后的思想解放直接在国民经济建设当中得到了反映，尤以统购统销的粮食流通政策调整为首。粮食这一特殊的商品，其流通由原来单一的统购统销逐步转变为定购与议购相结合的双轨制并存模式，粮食产品的生产、分配、交换、消费四环节被同时置于计划、市场两条轨道之上，同时分别受制于有形的计划经济与无形的市场调节两种机制。这也是计划经济向商品经济转变的经济体制改革的集中反映。从 1978 年到 1984 年，我国仅仅是适时适度地对统购统销的粮食流通制度做出调整，真正意义上的改革则开始于 1985 年。当年 1 月，中共中央、国务院发布《关于进一步活跃农村经济的十项政策》（中发〔1985〕1 号）规定："粮食、棉花取消统购，改为合同定购。……定购以外的粮食可以自由上市。如果市场粮价低于原统购价，国家仍按原统购价敞开收购，保护农民的利益。……定购以外的棉花也允许农民上市自销。"自此，"我国的粮食政策开始由原来的统购统销改为定购统销和议购议销'双轨'运行的政策。粮食价格形成定购价格和议购价格的'双轨'机制"①。

（二）粮食双轨制度的演变过程

纵观粮食双轨制度的演变过程，大体可分为形成、利用以及变革三个阶段。

1. 双轨制形成阶段（1979—1984年）

自1979年开始，国家一方面大幅度提高粮食收购价格，同时也相应地削减粮食征收购买基数，开始实行议价收购粮食，并开放集贸市场，允许采取自由交易等措施。国务院同年规定：自夏粮上市时起，粮食统购价格提高五分之一；在统购价格基础上，超购部分的加价幅度再度增加20%，即增加到50%。全国六种主要粮食平均统购价格由原来的每50公斤10.64元增加到12.86元，增幅约为21%，相比于同期的经济作物和畜禽产品的收购价格增幅略高。当年，国务院还在《关于加快农业发展若干问题的决定》中指出，应该继续削减稳定在1971以后的五年期基础上的全国粮食征购指标的基数。从1979年到1982的四年间，全国粮食征购基数则由377.5亿公斤递减到303.2亿公斤，共减少征购粮食74.3亿公斤。1981年，经国务院批准，在当时的粮食部牵头下，设立了以开展粮食议购议销业务为主的议购议销公司。1979年到1984年的六年间，全国上下一共议购议销585亿公斤的粮食，是1978年的2倍之多。同期的集市粮食自由贸易量也不断递增，议购和农民对城市居民的销售量占社会总收购量的比例从不到5%上升到24%，平均每年大约上升3个百分点，初步形成计划与市场并存的粮食市场局面。②

2. 双轨制的利用阶段（1985—1990年）

从1978年到1990年，全国粮食总产量从3亿吨增加到4.5亿吨，增幅达50%。③这一时期粮食供应逐渐过剩，而国家粮食统购价远高于市场价，粮食统销价却并未相应提高，这其中的差价全部由政府财政负担。从1978年起到1985年止，国家财政用于粮食补贴的花费约占同期财政总支出的10%，绝对数值超过955亿元。面对我国粮食市场供求现状，为减轻国家财政负担，更好地发挥市场对粮食资源的配置作用，1985年的中央一号文件《关于进一步活跃农村经济的十项政策》中指出要"在国家计划指导下，扩大市场调节，使农业生产适应市场的需求"，"国家不再向农民下达农产品统购派购任务，按照不同情况，分别实行合同定购和市场收购"，"定购的粮食，国家确定按'倒三七'比例计价（即三成按原统购价，七成按原超购价）。定购以外的粮食可以自由上市"。此种加价比率制度的推行在一定程度上不利于农民增收，打击了农民的种粮积极性，对1985—1990年阶段的国家粮食定购造成了困难，1985年政策执行当年，粮食

① 郭清保. 建国以来粮食价格变化与政策取向分析 [J]. 农业展望，2009 (5)：3-7.
② 粮食流通体制改革：双轨过渡与双轨终结 [DB/OL]. http://www. china. com. cn/economic/txt/2001-08/15/content_5050868. htm
③ 数据来源：《国家统计年鉴（2010）》。

实际定购额只完成了预期定购额的 75.4%，国家为减轻财政负担，使得粮食定购不再具有价格优势，农民更多地趋于粮食市场自由交易获利。之后，粮食定购数量连年减少，1986 年为 615 亿公斤，而 1987 年不到 500 亿公斤。由于市场不稳而导致的粮食产量巨幅波动，引起了中央的高度重视，政府逐渐调整"合同定购"政策，并以"国家定购"新政加强了对粮食生产领域的宏观强制调控，同时又对农民种粮采取补贴措施。种种手段并用，粮食流通终于逐步回归到正常轨道。此外，政府通过对"双轨制"粮食政策的经验总结，开始在黔、贵、豫等省部分市区开展"立足双轨，利用双轨、发展双轨"的试点，以探索出粮食体制改革的新途径、新方法。①

3. 双轨制度变革阶段（1991—1993 年）

随着经济体制改革的深入，国家更加注重用市场经济规律指导粮食政策的制定与调整。1991 年 5 月和次年 4 月，国家两次提高粮食统销价格，极力拉平市场与计划之间的差价，促进了粮价市场化机制的形成。1992 年初，中央尝试"以地区、以省份为单位进行"的方式作为粮食购销机制和价格体制的改革试点，鼓励地方结合自身实际情况，积极探索更为科学合理的地方粮价放开方式。1993 年底，中共中央、国务院《关于当前农业和农村经济发展的若干政策措施》指出："经过十多年来的改革，粮食统购统销体制已经结束，适应市场经济要求的购销体制正在形成。"从 1994 年起，国家定购的粮食全部实行"保量放价"，即保留定购数量，收购价格随行就市。随后，由于受主客观因素的影响，东南沿海各省市粮食价格迅速上涨，这一粮食政策以失败而告终，但这些政策在客观上促进了粮食价格市场化进程。

（三）改革时期粮食双轨制阶段的政策评述

自 1978 年，"以家庭承包经营制为基础，统分结合的双层经营体制"在探索中逐渐完善，并使中国农业压抑已久的生产力得以爆发。但统购统销的粮食购销制度一直存在，直到 1982 年相关配套改革在粮食流通领域展开——《国务院关于实行粮食征购、销售、调拨包干一定三年的通知》下达，决定从即年起，在完成征购任务之后，生产队、小组和农民有权自由处理剩余的粮食。至此，统购统销的粮食政策逐步走向解体，开始在事实上形成粮食流通的"双轨制"。但是，在双轨制形成以后，小规模分散的农户生产模式与传统计划经济体制下的粮食流通部门（企业）垂直隶属管理体制仍然不相适应，政府难以根据瞬息万变的市场信息进行调整，以实现多重复杂的粮食政策目标。于是，自 20 世纪 80 年代中期以来，政府先后三次在粮食流通领域推行市场化改革。这些改革最终使粮食生产与收购机制由政府完全指令性计划干预，逐渐转变为在遵循市场规律基础上由政府予以适度指导性计划调控。

在这一时期里，国家更加注重保护农民的切身利益，以增产增收的经济利益调动农民的生产积极性。为保证粮食稳产增产，粮食流通市场稳定有序，党和政府在保持国家

---

① 粮食流通体制改革的回顾与展望［DB/OL］. http://database. ce. cn/main/bgpt/200903/06/t20090306_18411267. shtml.

粮食安全的前提下，主动做出政策倾斜与支持，采取减少定购数量、予以价外补贴、"三挂钩"等利民措施维护农民的利益，并多次提高粮食收购价格。

纵观粮食双轨制三阶段演进的历史过程，十一届三中全会之后，计划经济体制下统购统销的粮食政策已经不能适应经济体制改革进程中粮食生产和流通的市场化倾向。政府认识到应"解放思想"，遵循价值规律，制定具有科学性与可行性的粮食生产与流通政策，并通过提高粮食统购价格和减少统购任务等粮食政策，保证 20 世纪 80 年代中期以前实现最重要的两个政策目标：刺激粮食产量增长和提高农民收入。但是，实施这一政策的背后却是政府难以承受的财政赤字。1985 年，在严重的财政负担和市场流通不畅的双重压力下，中央认识到应加大市场在粮食生产与流通领域的调节功能，并不失时机地进行了合同制改革。但是，由于市场治理机制不够完善，1985 年施行的合同制改革最后仍以失败告终。

1986—1991 年，尽管政府推行了粮食合同定购制，但合同定购价比统购价低 10％以上，在一定程度上抑制了粮食生产；同时，由于合同收购与市场收购相结合的"双轨制"正式确立，粮食价格波动幅度增大。在粮食减产和通货膨胀的巨大压力之下，政府将粮食增产视为亟待解决的难题。与此同时，"打白条"和农民增收难等矛盾日益凸显。基于此，政府将政策目标重心放在增加粮食产量和增加农民收入两方面，政策的结构主要体现在"减购""压销""提价"三个方面。

四、改革过程中的粮食市场化阶段及评述（1994—2003 年）

1993 年 2 月，国务院发出《关于加快粮食流通体制改革的通知》，指出粮食流通体制改革的核心是粮食价格改革，强调应在国家宏观调控的前提下放开价格，贯彻施行以"统一政策、分类指导、逐步推进"为内容的粮食价格改革原则，争取在二三年内放开全部粮食类价格；同时还取消了持续长达 40 年之久的粮食统销制度。由于受通货膨胀的严重影响，此项完全放开粮食价格的重大改革中途夭折。

确立市场经济体制条件的不成熟与宏观经济环境的严重恶化使得 1994 年粮食流通市场化改革以失败告终。政府逐渐意识到了单纯依靠市场并非万能，将市场资源配置与计划经济调控结合起来才是粮食政策的真正出路。这为下一阶段的粮食政策调整拉开了序幕。

（一）我国粮食政策改革过程中市场化阶段的探索历程

1. 共存的价格机制：收购保护价格与销售市场价格

伴随社会主义市场经济制度的确立，中共中央、国务院制定粮食政策的思路逐渐发生变化，开始以有效发挥市场调节功能和适当进行国家宏观调控为手段，充分利用供求日趋偏紧的经济资源。这标志着我国进入了一个把国家宏观调控与微观市场调节合理结合的粮食经济新阶段。国家粮食主管部门经过长期的经验总结，从"非均衡发展"理念指导下、服务于工业化的农业政策，又重新回到以保护农民为核心的农业政策上。在城镇化快速推进的背景下，农村剩余劳动力进城务工数量日益增加，城市粮食需求随之增长，最终导致了1993年秋季粮收购时的抢购现象。为了保质足量的粮食储备和国家战略安全，中央人民政府于1994年和1996年先后两次提高粮食定购价格，其增幅达44％，这在很大程度上调动了农民的生产积极性，促进了粮食增产。

1994年，为继续保持农民种粮积极性，确保国家粮食稳量增产，保证全国粮食产销平衡，中共中央发出了调节粮食流通政策的《关于深化粮食购销体制改革的通知》，要求：保证粮食收购，以确保国家掌握必要的粮源；继续坚持政府定购，并适当增加收购数量；平抑粮价，稳定市场建立灵活的粮食吞吐调节机制，及时采取措施稳定市场，疏通粮食流通渠道，加强粮食市场管理，掌握批发，放活零售，确保收购不打"白条"，建立粮企经营在粮食行政管理部门统一领导下的"两线运行机制"。同时，国务院印发了《粮食风险基金实施意见》，该意见明确指出："粮食专项储备制度和粮食风险基金制度是政府对粮食进行宏观调控的最重要的经济手段。……是中央和地方政府用于平抑粮食市场价格，补贴部分吃返销粮农民因粮食销价提高而增加的开支，促进粮食生产稳定增长，维护粮食正常流通秩序，实施经济调控的专项资金。这是我国针对关系国计民生的重要商品而建立的第一个专项宏观调控基金。"1994年、1996年，政府两次大幅度提高粮食定购价格，同时制定了粮食保护价。1995年实行省长"米袋子"负责制，要求由省政府负责本辖区内的粮食生产、收购、储存、市场管理和市场稳定等，其根本目标就是要求各省保持辖区内的粮食供求平衡，强调行政区内的粮食自给。然而，在"米袋子省长负责制"的粮食自给政策和粮食企业的"两线运行"管理体制的影响下，1996年全国粮食市场再次出现过剩的局面，与此相伴的是更加严重的"卖粮难"和国有粮食企业的巨额亏损、银行挂账及财政补贴。为平衡粮食市场供销，1997年国家采取了实行"四分开一完善"粮企改革，1998年则是实施"三项政策一项改革"，对小麦、稻谷、玉米、大豆等主要粮食品种实行保护价收购。中央政府开始把工作职责转移到对全国粮食市场的宏观调控上，在保证全国范围内总量平衡的前提下，要求地方到中央分开核算粮食政策性业务与粮食商业性经营，使二者在政府中间处于平衡运行的状态。随着1998年"粮改"政策多项目标的落空，在农民广泛呼声和巨大的社会舆论压力之下，政府自2001年起，再度对粮食政策改革方案进行调整，在开始逐步放开粮食收购市场的同时，也抓紧加快国有粮食企业自身改革的步伐，真正做到"政企分开"。改革的重大进展是明确政策的多重目标，在全面引入市场竞争机制和实现资源优化配置、提高利用效率目标的同时，通过直接补贴农民的粮食生产计划来实现农民收入增加、分配更均衡的目标，粮食安全与市场稳定的目标。

2. 经验判断：对2001年之后的粮食政策改革

在1999到2001年期间，粮食市场价格波动频繁，农民种粮收入难以保障，国家宏观政策调控与微观市场配置脱节成为困扰国家粮食供需平衡和粮食市场稳定的三大难题。同时，在2001年加入世界贸易组织（WTO）以后，由于对外开放程度的加大，我国粮食交易逐步与世界粮食贸易接轨，粮食进口关税降低，市场准入量增加，粮食供给过剩的问题更加突出。不仅粮食生产将受到冲击，现行粮食流通格局和粮食购销市场化改革也将面临巨大压力。为有效应对入世后的国际粮食市场竞争，国家开始将粮食市场逐渐开放，尝试推动国有粮食企业改制、粮食订单试验、对粮食实行直接补贴计划，积极改善粮食市场的竞争结构，促进粮食生产结构的战略性调整和粮食产品的升级换代。2002 年中共十六大和 2003 年十六届三中全会的召开，更是为制定全国范围的粮食政策提供了理论依据和宏观指导。特别是 2003 年，在国家粮食市场供需矛盾缓解，国有粮食企业经营状况好转的前提下，国家将粮食政策调整的目标转向了国家粮食安全保障。国家发展改革委、国家粮食局特别指出，要"保护农民种粮积极性，保护粮食综合生产能力，保障国家粮食安全，继续坚持保护价收购制度。一是保护具有种粮优势的地区和以种粮为主业的农民利益，稳定农民收入；二是要有利于促进粮食生产结构调整、品质优化，有利于粮食顺价销售；三是要有利于保护粮食综合生产能力，保障国家粮食安全"[1]。

　　流通体制改革作为调整粮食结构、稳定粮食供需的主要手段，是中央粮食政策调整的主要内容之一。为在新形势下逐步建立起接受国家宏观调控并适应市场需求变化的、购销灵活的粮食流通体制，中共中央、国务院于 1999 年、2000 年连续下发了《关于进一步完善粮食流通体制改革政策措施的通知》和《关于进一步完善粮食生产和流通有关政策措施的通知》，"对大力推进农业和粮食生产结构的战略性调整，促进生产与流通的协调发展，切实保护粮食生产能力，进一步落实完善国家粮食购销政策，继续坚持按保护价敞开收购农民余粮的政策，拓宽粮食购销渠道搞活粮食流通，适当增加粮食风险基金规模，继续加快国有粮食购销企业改革步伐"[2] 等一系列相关问题做了具体要求。

　　2001 年国务院出台的《关于进一步深化粮食流通体制改革的意见》提出：要在国家宏观调控下，"充分发挥市场机制对粮食购销和价格形成的作用，完善粮食价格形成机制"，"放开销区、保护产区"，稳定粮食生产能力，坚持"省长负责、加强调控"，建立完善的国家粮食储备体系和粮食市场体系，逐步建立适应社会主义市场经济发展要求和国情的粮食流通体制。在政策调整实践中，国家按照粮食主销省区、产销平衡地区、粮食主产区的顺序进行了粮食购销市场化的改革尝试。直到 2004 年 3 月，国家决定彻底放开粮食购销市场，粮价随行就市，对农民种粮按计税面积实行直接补贴。这标志着宏观调控的粮食市场经济体系已趋于成熟和完善。

　　（二）后"双轨制"政策的代价与 1998 年粮食政策改革逆转的经验

　　20 世纪 90 年代以来，由于宏观经济环境、粮食流通管理以及国家财政支付能力等变化，国家粮食政策调整面临不少新情况。然而，国家在这期间制定的一系列粮食政策所产生的实际效果并没有达到预期的政策目标，究其原因主要在于：国家受到促进粮食流通市场的发展和保障国家粮食安全战略这个两难抉择的矛盾困扰。从 1978 年到 1992

---

　　① 国家发展改革委、国家粮食局. 关于 2003 年粮食收购价格有关问题的通知（发改价格〔2003〕300 号）[Z].

　　② 国家工商行政管理局关于贯彻《国务院关于进一步完善粮食生产和流通有关政策措施的通知》，切实管好粮食收购市场的紧急通知（工商明电〔2000〕14 号）[Z].

年，随着改革开放和市场经济体制改革的推进，粮食流通体制准市场化改革具备了条件，中央也针对性地进行了粮食流通政策的调整，并准备从 1993 年到 1995 年尝试全面放开粮食价格，取消持续长达 40 年之久的粮食统销制度。但是，此时的粮食市场还未形成成熟独立的市场主体和相应的市场组织，市场活动没有积极的参与者，因而无法有效地运作。到 1993 年，由于供求格局改变，通货膨胀显现，粮食市场吃紧，此时国家出于对粮食安全战略的政治考虑，在 1993 年实施保量放价政策不到一年的时间内又恢复到原有的"双轨制"轨道之中，进一步加强对粮食的市场控制。这一时期，国家通过下达《关于深化粮食购销体制改革的通知》等一系列政策，以粮食定购的方式促进粮食产量增加，对种粮农户的粮食播种面积做出了强制性规范，确保了国家粮食安全战略目标。然而在这种粮食流通体制下，未出三年农民收入便停滞不前，国有粮食企业亏损严重和国家财政负担不堪重负的问题逐渐凸显。在此背景下，国家在 1998 年进行了颇具争议的粮食流通体制改革政策。此次粮食流通体制改革的目标在于，通过保护价收购使农民增收，从而实现保障国家粮食安全的目标，并达到使国有粮食企业扭亏为盈、摆脱依靠政府财政给付的重大负担的目的。然而实践证明，预期的改革目标不仅难以实现，而且更加大了走出双轨制度的难度。首先，国家实施按保护价敞开收购农民余粮的政策。保护价格高于市场价格需要充足的粮食风险基金作担保，而这本身就与减轻财政负担的初衷相矛盾。其次，国有粮食企业实现了对粮食购销的全面垄断。作为新"粮改"政策的一个重要目标和手段，垄断粮源是整个"三项政策"发挥作用的基础与前提。但是，这无疑是在走统购统销制度的"回头路"。不仅如此，即使按照国家预期的国有粮食部门占商品粮食市场份额的 70%～80% 的要求，也不能绝对排除粮食流通中的市场竞争，最终也就难以影响粮食销售市场价格。这也决定了国家的粮食顺价销售策略不具可行性。因为，粮食作为商品，其价格形成应该遵循以市场机制为基础的价格形成规律，而按照国家定价收购农民余粮，其保护价本来就高于市场价，加上企业的正常成本和利润，顺价销售也就失去了现实基础，既保护农民利益、又使国有粮食企业扭亏为盈的目标也就不可能实现。2000 年、2001 年，在保持连续性的基础上，国家对粮食政策做出了市场化倾向的调整，其核心是将部分粮食品种退出保护价敞开收购，促使农民减少粮食生产，减轻国家财政负担。根据 2000 年、2001 年国家粮食政策调整的内容可以断定，未来国家将继续削减粮食定购数量，并调整粮食定购地区范围，将其集中在商品粮基地和粮食主产区；同时，还将拓宽流通渠道，让更多的非国有粮食企业参与粮食市场流通，从而为彻底走出粮食双轨制做好准备。

五、宏观调控下粮食购销市场化阶段及评述（2004 年至今）

在科学发展观指导思想引领下，中共中央全面协调农业和工业以及农村与城市之间的关系，通过以"取消农业税、工业反哺农业"为核心的农业新政，将"多予、少取、放活"的支农、惠农政策落到了实处。这也使我国国民经济发展与现代化建设跳出了长期以来农业供养工业、农村为城市提供原始资本积累的经济发展路径。

（一）宏观调控下粮食购销市场化阶段的形成背景

在中国社会主义市场经济体制不断完善的大环境下，为传统计划经济量身定做的、在改革时期略有改良的乡镇管理体制，已经与农村生产力的发展相错位，出现了生产关系不再适应生产力发展水平的现象，阻碍了生产力发展。由于农业税隶属于地税系统，县乡政府是其主要受益主体，取消农业税政策从根本上否决了县乡政府向农民征税的可行性与合法性，从源头上切断了长期阻碍农民增收的瓶颈，从制度上为农民减负提供了保证。不可忽视的是，在农业税来源被切断的情况下，县乡两级的财政收入减少，很多职能部门难以正常运转，这无疑也给县乡两级干部增加了工作压力和思想负担。面对县乡机构部门职能空洞化、县乡财政严重赤字等一系列问题，中央政府需要在统一指导下依法布局，合理调整。"少取"政策体现在对农业税的取消上，"多予、放活"则是工业等对农业的反哺。反哺农业是对科学发展观的扩大化向外延伸，并且是利用此观念对农业政策演进的一种理论深化与推进演变，客观上也能推进农业政策演进。而农业保护政策实质上属于事后调整，尤其是其中的最低保护价，更是一种被动保护。

在中国历史上，农业、农民、农村一贯是被剥削的行业、被压迫的对象、被压榨的区域，农业的发展、农民的生存、农村的进步都受到极大制约。在新时期，中央根据国家财政收入状况，以"反哺农业"为核心理念，适时适地制定了专门、科学地支持和保护农业的发展观。2004 年至 2007 年连续四年的中央一号文件都是关于科技兴农、政策惠农、技术支农等方面的制度措施，粮食政策的演变进入了一个新阶段，即宏观调控下粮食购销市场化阶段。

（二）宏观调控下粮食购销市场化阶段的特征

1. 粮食市场全面放开与最低收购价格并存的价格机制

进入 21 世纪，我国在粮价市场化方面的改革取得了突破性进展。2001 年，浙江、广东、上海、福建等 8 个省市率先进行放开粮食市场改革试点，随后各个省份也随之拉开了全面放开粮食购销价格的序幕。自 2004 年以来，国家开始放开粮食购销市场，全面推行市场化粮食购销制度。伴随粮食购销市场全面放开和购销价格市场调节，我国粮价进入了以市场自主调节为基础的粮食购销市场化阶段。与此同时，为了配合社会主义新农村建设，保护农民利益，在这一阶段，国家对小麦、稻谷等品种在部分省、市、地区实施了最低收购价政策。

2004 年 2 月中共中央、国务院下发的改革开放以来关于农业的第六个中央一号文件——《关于促进农民增收的若干政策意见》要求："调整农业结构，扩大农民就业，加快科技进步，深化农村改革，增加农业投入，强化对农业支持保护，力争实现农民收入较快增长，尽快扭转城乡居民收入差距不断扩大的趋势。"2004 年 5 月，中央政府出台了关于粮食流通体制改革的总体规划："在国家宏观调控下，充分发挥市场机制在配置粮食资源中的基础性作用，实现粮食购销市场化和市场主体多元化；建立对种粮农民直接补贴的机制，保护粮食主产区和种粮农民的利益，加强粮食综合生产能力建设；深化国有粮食购销企业改革，切实转换经营机制，发挥国有粮食购销企业的主渠道作用；加强粮食市场管理，维护粮食正常流通秩序；加强粮食工作省长负责制，建立健全适应社会主义市场经济发展要求和符合我国国情的粮食流通体制，确保国家粮食安全。"其基本思路是："放开购销市场，直接补贴粮农，转换企业机制，维护市场秩序，加强宏观调控。"

2. 加强对粮食市场的宏观调控，维护粮食流通市场秩序

国家在有效利用市场调节粮食供需平衡，充分调动农民的生产积极性，保证粮食供给，确保国家粮食流通体制改革总目标顺利实现的同时，并未放松对粮食市场的宏观监管和调控力度，而是着力维护粮食流通市场秩序。2004年5月底，国务院制定颁布了《粮食流通管理条例》，指出："国家鼓励多种所有制市场主体从事粮食经营活动，促进公平竞争。依法从事的粮食经营活动受国家法律保护。严禁以非法手段阻碍粮食自由流通。国有粮食购销企业应当转变经营机制，提高市场竞争能力，在粮食流通中发挥主渠道作用，带头执行国家粮食政策。"在发挥市场作用的同时，为确保粮食供应和价格基本稳定，加强和改善宏观调控至关重要。为此，该条例还指出："国务院发展改革部门及国家粮食行政管理部门负责全国粮食的总量平衡、宏观调控和重要粮食品种的结构调整以及粮食流通的中长期规划；国家粮食行政管理部门负责粮食流通的行政管理、行业指导，监督有关粮食流通的法律、法规、政策及各项规章制度的执行。"

2005年1月30日，中央下发了改革开放以来关于农业的第七个中央一号文件——《关于进一步加强农村工作提高农业综合生产能力若干政策的意见》，提出要"全面落实科学发展观，坚持统筹城乡发展的方略，坚持'多予少取放活'的方针，稳定、完善和强化各项支农政策，切实加强农业综合生产能力建设，继续调整农业和农村经济结构，进一步深化农村改革，努力实现粮食稳定增产、农民持续增收，促进农村经济社会全面发展"。2006年2月底，中央再度下发了改革开放以来关于农业的第八个中央一号文件——《关于推进社会主义新农村建设的若干意见》，要求："统筹城乡经济社会发展，推进现代农业建设，促进农民持续增收，加强农村基础设施建设，加快发展农村社会事业，全面深化农村改革，加强农村民主政治建设，动员全党全社会关心、支持和参与社会主义新农村建设，确保社会主义新农村建设顺利进行。"同年5月，国务院发布了《关于完善粮食流通体制改革政策措施的意见》，指出要以科学发展观为纲领指导粮食流通体制改革，着眼于积极推进改革国有粮食购销企业，转变企业经营模式，在更加重视国家宏观调控对粮食安全的保障性功能前提下加快培育、建立、健全全国统一开放、竞争有序的粮食市场体系。

2007年，中央名为《关于积极发展现代农业　扎实推进社会主义新农村建设的若干意见》的一号文件指出："发展现代农业是社会主义新农村建设的首要任务，是以科学发展观统领农村工作的必然要求。推进现代农业建设，……要用现代物质条件装备农业，用现代科学技术改造农业，用现代产业体系提升农业，用现代经营形式推进农业，用现代发展理念引领农业，用培养新型农民发展农业，提高农业水利化、机械化和信息

化水平，提高土地产出率、资源利用率和农业劳动生产率，提高农业素质、效益和竞争力。"当年，国家加强支持粮食生产力度，中央财政下拨的农资综合直接补贴资金在确保 2006 年 120 亿元标准不变的前提下，另增农业综合资金 156 亿元。与此同时，用于粮食直接补贴的资金 2007 年达 151 亿元，相比 2006 年预算增加约 9 亿元。而 2008 年直接补贴给种粮农民的两项资金总额比 2007 年增加 165 亿元，达 427 亿元，增幅达 63％。2008 年，国家开始利用粮食补贴指导粮食生产结构调整，开始保"量"重"质"，将粮食的产量与品质与粮食补贴直接挂钩，并明确指出将新增部分补贴资金直接与粮食产量、商品量和优质稻生产挂钩，其额度分配比例与前三者成正相关，如此便能更有效地促使各地政府调整种粮结构，保证农民增产增收。此外，国家还规定继续对小麦实行最低收购价政策，且不低于 2007 年的最低收购价。国家的政策扶持力度增强，使农民切身利益得以切实维护，其种粮积极性也显著提高。在以上多项支农、惠农政策的指导下，2008 年夏粮实现了大丰收，粮食总产量自 1985 年以来首次连续 4 年增产，单位亩产也创历史新高。

2009 年中央一号文件则以加大对农业的支持保护力度、稳定发展农业生产、强化现代农业物质支撑和服务体系、稳定完善农村基本经营制度、推进城乡经济社会发展一体化等内容为主要框架。2010 年，中共中央、国务院下发中央一号文件指出："一、健全强农惠农政策体系，推动资源要素向农村配置；二、提高现代农业装备水平，促进农业发展方式转变；三、加快改善农村民生，缩小城乡公共事业发展差距；四、协调推进城乡改革，增强农业农村发展活力；五、加强农村基层组织建设，巩固党在农村的执政基础。"2011 年，中共中央国务院在《关于加快水利改革发展的决定》中指出：近年来我国频繁发生的严重水旱灾害造成重大生命财产损失，暴露出农田水利等基础设施建设十分薄弱，必须大力加强水利建设。为此，2011 年中央一号文件要求多渠道筹集资金，力争今后 10 年全社会水利年平均投入比 2010 年高出一倍。2010 年我国水利投资是 2000 亿元，按此标准，高出一倍就是 4000 亿元，意即未来 10 年的水利总投资将达到 4 万亿元。①

（三）对粮食购销市场化阶段相关政策的评述

伴随着粮食持续减产，粮食流通市场供应紧张，粮价虚高不下，政府越发认识到粮食安全的重要性；基于对我国粮食问题的清醒认识，中央毅然制定了"两个趋向"，恰当地对"三农"政策进行调整，始终以"多予、少取、放活"思想为指导，统筹城乡发展，坚持"城市支持农村、工业反哺农业"路向。

自 2004 年始，中央连续发出 11 个关于农业现代化与粮食生产的一号文件，农业被政府作为国民经济发展的重中之重，保证粮食稳产、促进流通体制发展的政策框架得以逐步构建并完善，一系列支农、惠农政策得到全面落实。在国家强有力的农业政策支持下，农村经济战略性结构调整成效显著，粮食增产屡创历史新高，国家粮食安全得到有

① 祝卫东. 未来十年水利投入 4 万亿 [N]. 人民日报，2011-02-10 (2).

力保证。

对种粮进行直接补贴机制适应了生产发展需要，补贴方式实现了巨大转变，其功效颇为显著，大致可概括为三个方面：第一，促进农民增收。减少流通环节的补贴资金，同时将这些资金直接补予种粮农民，在一定程度上更有效地增加了农民收入，有利于缩小城乡收入差距、促进和谐社会的构建。第二，抓住重点。对种粮进行直接补贴，利于提高农民种粮的收入预期。与其他事项相比较，农民更自愿、更自觉地加大农业投资力度，扩大粮食播种面积。第三，调整结构，直接补贴可促进种粮农民以市场需求为种植导向，种植经济效益更高的品种；同时，进行良种补贴，更能引导农民种植适应市场需求的优质粮食，以调整粮食生产结构，改变粮食供求结构性不平衡的现状。

中国全面放开了粮食市场。第一，国家宏观调控下的市场价格形成机制逐步成形。第二，粮食市场体系日渐完善，国有企业、股份制公司、私营企业等多种经济成分参与市场竞争，活跃了市场氛围。第三，国家制定颁布了《粮食流通监督检查暂行办法》《粮食质量监管实施办法（试行）》和《粮食库存检查暂行办法》等规章制度，以强化粮食流通、监督粮食质量，确保人民的饮食安全。

国家进一步加强对粮食市场的宏观调控能力：加大了土地监管，尤其是对耕地的保护力度，严格地贯彻落实土地管理制度，坚守 18 亿亩耕地红线，以保障粮食安全和宏观经济正常运行；进一步加强中央对储备粮的管理，地方以"产区三个月销量，销区六个月销量"为依据，适度扩大地方储备规模，进一步规范管理机制，保证储备粮稳定供给；实施粮食最低收购价减轻农民压力，促进农民增收目标实现。国家还进一步减轻农民负担，2004 年中央一号文件《中共中央 国务院关于促进农民增加收入若干政策的意见》明确提出：要"逐步降低农业税税率……有条件的地方，可以进一步降低农业税税率或免征农业税。各地要严格按照减税比例调减到户，真正让农民得到实惠"。到 2005 年 12 月，十届全国人大常委会第 19 次会议更是以立法形式通过了《关于废止〈中华人民共和国农业税条例〉的决定》。2006 年，全国所有的农村都将取消农业税，至此，农业税这一在中国有着 2600 年历史的古老税种正式被取消。与改革前的 1999 年相比，2006 年全国农民共减轻负担约 1250 亿元，人均减负约 140 元。[①] 2007 年以后的一段时期，虽然通货膨胀严重，全国性的物品价格上涨给国家经济发展和粮食安全带来了巨大挑战，但随着国家相关农业政策的出台，宏观农业经济调控很好地保证了粮食市场稳定和国家粮食安全。从 2004 年到 2013 年，全国粮食产量从 46946.9 万吨增加 60193.5 万吨，增长率达 28.2%。

六、我国粮食政策措施综合评述

半个多世纪以来，我国粮食政策始终以国情为基础，以国民经济发展需要为依据，以农业生产与人民群众消费为目标，适时适度地做出相应调整，确保粮食供需基本平

---

① 全面取消农业税 ［DB/OL］. http://news.cntv.cn/china/20110519/107193.shtml.

衡，粮食流通市场基本稳定。之所以能有此成效，国家粮食部门发挥了重要的保障作用。随着社会主义经济体制改革的逐步推进，粮食流通与国际贸易接轨，市场成为资源配置的主要方式，原有计划经济及体制内的粮食行政管理部门（如粮站、粮食局、国有粮食加工厂等）既要贯彻执行国家宏观调控政策，又要参与激烈的市场竞争，工作面临严峻挑战。但是，为保证关系国计民生的战略性资源安全，国家粮食主管部门通过调控粮食贸易市场来调节整个粮食供需，把社会主义公有制计划调节的优越性和市场经济对资源优化配置的功能较好地结合起来，使得动态平衡、购销方便、调度灵活、秩序井然的粮食市场体系得以最终建立。

纵观新中国成立以来粮食政策演变的五个阶段，可以以1978年为界将其分为改革开放前和改革开放后两个历史时期。1978年以前，我国的国民经济基础极为薄弱，国家将主要力量都投入到了国民经济恢复和发展当中。在此阶段，为在短时间内弥补与西方现代化水平的差距，国家制定了以发展重工业为中心的产业发展战略，农业更多地扮演了为工业现代化提供基本资金积累的角色。国家甚至还以"剪刀差"等方式将农业资本积累转而用于工业发展，为其提供资本支持。对于粮食而言，政府则采取统购统销的粮食流通机制，以低价收购的方式来实现农业对工业的支持。但是，随着国家工业化的提速，农业作为基础性产业的作用日益凸显，国民经济整体战略结构调整势在必行。中国共产党在为实现国家现代化的反复探索与实践中，对农业在国民经济中的地位认识逐渐清晰，并针对性地转变了现代化建设理念，以科学发展观为指导思想，确立了农业、工业和工商业全面、协调、可持续发展的战略规划，将农业，尤其是粮食问题置于关系国家安全的高度；在原有粮食生产与流通政策的基础上，始终围绕支农、富农、建立现代农业市场体系对粮食流通体制进行循序渐进的改革，减少了改革进程中的不确定性，增加了改革操作的可控性。就具体措施而言，出于稳定粮食生产和保证市场流通秩序的考虑，国家采取了渐进式微调的策略，逐步发挥市场的基础性调节作用，并辅之国家宏观调控加以健全；至于改革效果方面，把握好生产者与消费者之间的福利的关系，以实时市场数据为政策调整的依据；在政策调整上，以"农村包围城市"的思想为指导，从先改外围后改核心、先改购后改销，再到购销同改，到最后完全放开销售；在贯彻实施的具体制度上，通过先集中决策后分散决策、先试点后推广、先局部试验后全国推开的渐进方式进行，即首先在农业部的改革实验区或其他具备改革条件的地区设立一个试验区，如果可行的话，再将在该地区摸索出的经验在全国范围内推广；如果失败的话，则只是一小块区域的损失，避免了重大冒进带来的恶果。

粮食双轨制度是中国经济体制转型过程中取代统购统销制度的内生性制度安排。从建立、利用到尝试走出，粮食双轨制度变迁基本上是以市场化改革为导向，在国家、生产者和消费者之间重新界定权利与义务。这一过程具有渐进性、边际性、路径依赖性和可逆性等特征。随着时间推移，人们对粮食流通体制从双轨制向市场化的单轨过渡曾提出不同的过渡方案。20世纪90年代以来，由于宏观经济环境、粮食政策目标以及国家财政支付能力等方面的变化，粮食流通体制改革出现了不少新情况，政策执行的实际效

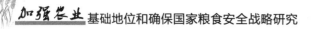

果也并未达到预期的目标。从实际情况看,配合农业和农村经济战略性结构调整进一步深化粮食流通制度改革,既具有客观的必要性,也具有现实的可能性。因此,在处理好国家与市场及不同利益主体之间的关系基础上,进一步加强农业质量标准体系、农产品质量检测检验体系和市场信息体系建设,可以为把对粮食生产和流通的直接干预转换为借助库存储备等手段的间接干预提供支持。世易时移,粮食政策改革也在与时俱进。目前,我国的粮食政策运行以中国特色的社会主义市场经济为基础,以分权化和渐进式为改革策略,在政府层面强调效率优先、兼顾公平,同时也将战略安全摆在日益重要化的位置上。这也进一步要求我们必须注重培育跨领域组织的治理机制,以弥补政府在信息滞后、预算硬化、市场功能疲软等方面的缺陷。

第五章 我国加强农业基础地位和确保国家粮食安全的有利条件和约束因素

所谓了解矛盾的各个方面，就是了解它们每一方面各占何等特定的地位，各用何种具体形式和对方发生互相依存又互相矛盾的关系，在互相依存又互相矛盾中，以及依存破裂后，又各用何种具体的方法和对方做斗争。

——毛泽东[①]

改革开放以来，我国的经济结构发生了深刻变化，农业部门也伴随着经济结构的变化不断发展。当前，我国已经建立起了比较完善的农村市场体系和政策支持体系，国家应对国内外冲击、保持农业稳定发展和保障粮食安全的各种措施和手段逐渐成熟。可以说，农业发展已经站在了一个条件更加优厚的新平台上。不过，由于我国人口基数大，资源匮乏，加之长期以来缺乏环境保护意识，制约加强农业基础地位和保障国家粮食安全的因素还很多，特别是生态环境约束已经到了亟待解决的地步。同时，以中央投资为主的农业基础设施建设缺乏动力；农业受经营规模小、边际成本高的因素制约而缺乏自生能力；快速推进的城镇化、工业化使农产品消费需求呈现刚性增长；国外资本不断冲击国际市场，更为粮食等农产品供给增加了不可预知的因素。

第一节 我国加强农业基础地位和保障国家粮食安全的有利条件

随着我国社会主义市场经济体系的逐渐完善，以及中央对农业的政策扶持力度加大，我国农业资本化程度加深，农业基础地位进一步加强，为粮食安全的保障提供了有利条件。2013 年，中国粮食产量已经达到 6.02 亿吨，实现了自 2004 年以来连续十年增长；同时，食用植物油、棉花、糖料等主要作物也都出现了大幅度的增长。姜松等通过对 1985—2010 年省级面板数据的测算，发现科技进步对粮食增产的贡献率高达51.7%，而这些科技进步又是以持续的农业投资为基础的。[②] 农业基础地位的加强同样在农村居民家庭经营性收入上得到了体现，农村居民家庭经营性收入从 1980 年的 62.6

[①] 毛泽东选集（第 1 卷）[M]. 北京：人民出版社，1991.

[②] 姜松，王钊，黄庆华，等. 粮食生产中科技进步速度及贡献研究——基于 1985—2010 年省级面板数据 [J]. 农业技术经济，2012（10）：40-51.

元上涨到 2000 年的 1427.27 元。到 2011 年，这个数值又增长至 3221.98 元。

一、农村市场体系逐步完善

农村市场体系主要指农村商品市场体系，包括农产品市场流通体系、农业生产资料流通体系和农村消费品流通体系，不含资金、劳动力、技术等要素市场。根据国外农村经济的发展状况，我们可以将农村经济的发展分为四个阶段：第一阶段为传统农业经济阶段；第二阶段为农业生产方式变革阶段；第三阶段为农工商一体化阶段；第四阶段为城乡融合一体化阶段。我国农村经济的整体发展水平还处于第二阶段，农村市场体系还在发育和形成之中。

为此，商务部于 2006 年发布了《农村市场体系建设"十一五"规划》（以下简称《规划》）。《规划》明确了"十一五"时期我国农村市场体系建设的指导思想、原则和总体目标，提出了该时期内我国农村市场体系建设的主要任务和政策措施，对于加强农村市场体系建设、确保农业和农村经济稳定增长、建设社会主义新农村具有重要意义。《规划》分别就建立农村消费品流通体系、农产品流通体系、农业生产资料流通体系和培育农村市场主体做了详细的部署和规划。2012 年，国家粮食局根据《国家粮食安全中长期规划纲要（2008—2020 年）》《全国新增 1000 亿斤粮食生产能力规划（2009—2020 年）》《粮食行业"十二五"发展规划纲要》，制定了《全国粮食市场体系建设与发展"十二五"规划》。该规划在总结"十一五"时期粮食市场体系建设的成就和存在的问题基础上，就粮食收购、零售、批发、期货和市场信息体系建设提出了目标和任务。

近几年来，中央财政支农力度加大，农业支出从 2005 年的 2450.3 亿元增长到 2009 年的 7253.1 亿元，年均增幅高达 31.16%，占财政总支出的比重也从 2005 年的 7.2% 上升至 2009 年的 9.5%。在这样的背景下，我国农村市场体系得到了迅速的发展。

（一）农村消费品流通体系逐渐完善

"十一五"期间，中央累计投入 43 亿元支持"万村千乡工程"，引导大型流通企业向农村延伸流通网络，把连锁经营等新型零售业态输送下乡。据商务部的数据，到 2010 年 10 月，连锁化农家店达到 52 万家，已经覆盖了 80% 的乡镇和 65% 的行政村，年销售额将近 3000 亿元。农村基础设施大大完善，以城区配送中心为龙头、乡镇店为骨干、村级店为基础的农村现代流通网络正在逐步形成。

下乡的连锁超市通过实行统一标识、统一布局、统一采购和统一经营模式，极大地改善了农民的消费环境。传统夫妻店经过标准化改造后，经营面积大幅增加，全国农家店营业面积 4000 多万平方米，平均单店面积 20 平方米以上。放心农家店在坚持"无假货，件件请放心"的质量承诺基础上，通过统一配送保障商品质量。大约 95% 以上的农户都认为商品质量提高了。同时，商品日益丰富，经营品种大幅增加，平均单店品种达 400 种以上。① 许多农家店还针对农民消费特点，增设了农村市场必需品，经营自行车配件和雨靴、胶鞋、草帽等农村传统适销的消费品，满足了农村不同层次的消费需求。

除了连锁超市下乡，我国还实行了家电下乡、汽车摩托车下乡政策，鼓励农民增加耐用品的消费。2012 年末，全国（不包括山东、河南、四川、青岛）家电下乡产品销售 7991.3 万台，实现销售额 2145.2 亿元，按可比口径计算，同比分别增长 22.6% 和 18.8%。其中，12 月份全国家电下乡产品销售 498.6 万台，实现销售额 132.8 亿元，同比增长 28.3% 和 28.3%。截至 2012 年 12 月底，全国累计销售家电下乡产品 2.98 亿台，实现销售额 7204 亿元。同期，汽车摩托车下乡补贴政策也取得良好的效果。从 2009 年到 2010 年，汽车摩托车下乡共补贴车辆 586 万辆，其中汽车 167 万辆，摩托车 419 万辆；发放补贴资金 87 亿元，其中补贴汽车 63 亿元，补贴摩托车 24 亿元。此外，国家还安排了专项资金完善下乡产品销售和服务网络。

一系列的刺激消费政策有效地扩大了农村消费品市场，再加上农民收入持续增加，2009 年的农村社会消费品零售额首次突破 4 万亿元，其增长幅度自 1986 年以来首次超过城市。2009 年，我国农村社会消费品零售额为 43584.2 亿元，占社会消费品零售额的 32.8%，相较于 2008 年的 34752.8 亿元，增幅高达 25.41%。2010 年、2011 年，我国农村社会消费品零售额继续增加，到 2011 年已经达到 58499.1 亿元，较 2009 年又上了一个台阶（见表 5-1）。

表 5-1　2005—2011 年农村社会消费品零售额及其占全国的比重

年份	社会消费品 零售额（亿元）	县及县以下 消费品零售额 （亿元）	县及县以下消费品 零售额占社会消费品 零售额的比重（%）
2005	67176.6	22082.0	32.9
2006	76410.0	24867.4	32.5
2007	89210.0	28799.3	32.3
2008	108487.7	34752.8	32.0
2009	132678.4	43584.2	32.8
2010	156998.4	50020.7	31.9
2011	183918.6	58499.1	31.8

数据来源：国家统计局农村社会经济调查司《中国农村统计年鉴（2012）》。

（二）农产品市场流通体系全面提升

农民收入增加是扩大农村消费的基础。尽管自 2009 年以来，农村居民人均纯收入中家庭经营性收入已经降到 50% 以下，但是农产品销售收入的增加仍然对农民增收有

---

① 崔鹏. 52 万农家店年底覆盖八成乡镇 [N]. 人民日报，2010-10-26.

重要作用。为了构建顺畅的农产品流通体系，商务部通过实施"双百市场工程"和"农超对接"着力降低农产品流通成本，减少农产品流通环节，提高农产品流通效率，对增加农民收入起到了积极作用。

2009年，中央财政安排专项资金，对600家农产品批发市场和农贸市场的790个项目建设进行扶持，其中包括冷链物流、质量安全可追溯、废弃物处理、安全监控系统建设等，这些市场年交易额超过5200亿元，带动就业上百万人，在促进农民增收、改善农产品流通环境、带动民间投资方面发挥了积极作用，实现了"兴一个市场，带一批产业，活一方经济，富一方农民"的多赢目标。

农贸市场建设是2009年"双百市场工程"的亮点。据一些省市测算，中央和省级财政在农贸市场上每投入1元资金，就可带动各方投资超过11元，对于改变以往"马路市场"占道经营的混乱状况、完善乡镇市场基础设施起到了积极的作用。例如，陕西省建设的20个农贸市场，其农产品销售量同比增长31%；新疆和田地区把农贸市场建设作为新农村建设的重要内容，极大地改善了市场环境，市场日均人流量增加了1.2万人，解决了5000余名农村富余劳动力的就业，受到了广大农牧民的好评。

当前，农产品冷链物流发展滞后是制约农产品现代流通体系建设的重要因素之一。其集中表现为冷链设施匮缺，冷藏运输效率低，物流成本高。继续加大农产品现代流通体系建设，尤其是冷链系统建设是今后一段时间的重要工作。2010年，商务部会同有关部门继续实施"双百市场工程"，以农产品冷链系统、质量安全可追溯系统为重点，支持一批农产品批发市场和农贸市场进行建设和改造。

"农超对接"试点初见成效。发达国家流通企业发展订单农业的比重高，购销关系稳定。美国食用农产品经超市销售的比重占90%，日本占85%，马来西亚占70%，澳大利亚占65%，我国这一比重仅为15%左右。产销脱节、信息不灵是农产品买难、卖难时有发生的主要原因。为解决上述问题，2009年中央财政安排专项资金，在17个省区市支持了205个"农超对接"项目，带动社会投资40亿元，直接受益的农民专业合作社社员达11万人。推动流通企业发展订单农业，充分发挥流通引导作用，大幅减少农产品流通环节，建立集农产品生产、加工、包装、销售为一体的新型农产品供应链，对提高农民收入、促进食品安全意义重大。据物美、家家悦、家乐福等大型企业反映，通过发展订单农业，农民销售农产品价格平均提高约15%，而超市的售价可下降15%，使农民、消费者、企业三方受益。2010年，我们进一步扩大了"农超对接"试点范围，支持大型流通企业开展"农超对接"，通过支持农产品加工配送中心、冷链系统和农产品品牌建设，推动订单农业的发展，建立稳定的购销关系，促进农民增收。

（三）农业生产资料流通体系极大发展

农业生产资料是重要的农业投入品，是连接工业与农业生产的桥梁，是发展现代农业的重要物资保障和基础。正因为农业生产资料对农业生产的重要性，1998年以前，我国的农业生产资料流通体系一直是在计划经济体制下运营。那时的农资公司都在供销社系统内坐等上级分配销售指标，然后按计划逐级调拨。农资生产企业则是获得生产指标，按指标完成生产任务。生产与流通完全被分割开来，按国家的指令性计划各司其职。1998 年国务院三十九号文件出台以后，农业生产资料流通体系从计划经济转向市场经济，各种农资企业如雨后春笋般出现，开始了以市场为核心配置资源的时代。2009年，国务院又出台了三十一号文件，各种农业生产资料市场化的束缚被彻底解除，农业生产资料进入"全流通"时代。

1. 1998 年国务院三十九号文件开启农资体制改革

1998 年是中国农资体制改革的关键一年。从 1997 年开始，化肥价格大幅下跌，甚至出现逐月下跌的现象。春耕期间，各地的化肥价格普遍处于低位，最低时比 1996 年下降约 20％，全年国产和进口尿素零售比上年下降 15％。换句话说，1997 年，我国包括化肥在内的农资市场已经出现由卖方市场向买方市场转变的局面，初步具备了市场化的条件。1998 年国务院出台了《关于深化化肥流通体制改革的通知》（国发〔1998〕39号），标志着化肥流通体制计划经济时代的结束，市场配置资源时代的到来；农资流通主体引入竞争，由农资公司单一渠道转变为主辅结合、共同打拼；农资流通企业由一直紧盯政府和政策，转变为面向市场，以市场为主导和服务对象。

随着国务院三十九号文件的出台，各种商业模式纷纷出现。在这股资本化浪潮中，一些效率低下、管理落后的企业逐渐被兼并和改造；少数农资企业延伸产业链，对有限的资源实施了更为合理的利用。第一，流通企业通过连锁加盟形式广布网络。为了在农资产业占据一席之地，各企业更多地采取了连锁加盟的商业模式。连锁加盟的形式使得农资流通企业实现了对终端网络的快速占有，在短时间内用较低的费用达到了扩张网络的目的。这种发展方式既排除了高风险，同时又发挥了本地化优势。第二，拥有了相当地位和足够资本的农资流通企业开始参股上游生产企业。通过一系列资本运作和整合，流通企业的业务由单纯的流通业务变成生产、流通兼顾，增强了化肥产业链条中的综合竞争力和抗风险能力。第三，农资生产企业不断扩产竞购。竞购也缩短了农资企业的扩展周期，增加了产品线的丰富度和市场占有率，实现了企业的超速发展。第四，涉足农资下游农副产业。由于农资和农副产品的特殊关联，农资行业的多元化投资选中农副产品行业，遵循的就是资源就近利用原则，客观上提高了企业资产的利用效率，增强了企业的核心竞争力。第五，投资非农业。投向非农产业，可以保障企业在农资市场波动时维持稳定的增长速度。除了规避风险，还可以在立足农资主业的同时实现资本的快速积累。以浙农为例，他们用非农资行业赚来的利润加大了在农资行业的整合力度，成功实现了以商补农。[①]

2. 2009 年国务院三十一号文件标志"全流通"时代来临

尽管 1998 年国务院三十九号文件打破了农资生产和流通分割的局面，初步理顺了与流通企业的关系，但是仍然存在不少束缚。比如 39 号文件中提到："化肥生产企业可以将自产化肥销售给各级农资公司和农技推广站、土肥站、植保站及以化肥为原料的企

① 薛城. 农资行业商业模式十年演化路［N］. 中华合作时报，2008－06－12.

业，也可以设点直接销售给农民。"使得民间资本只能"挂靠"供销社、植保站、农技推广站等部门，而市场价格也必须在政府指导的"中准价""最高限价"下形成。这诸多限制使得农资企业在 2009 年遇到了极大的困难。因此，国家在农资行业的政策上又频繁地加以调整，给农资企业松绑。

首先是 2009 年 1 月 24 日，国家发改委、财政部联合发出《关于改革化肥价格形成机制的通知》（发改价格〔2009〕268 号）。通知规定对除钾肥外的进口化肥和国产化肥价格实行市场调节价，同时取消了各项临时价格干预措施，只是对一般贸易进口钾肥价格实行适度监管。这一正式取消化肥价格临时干预、建立市场化形成机制的通知，标志着我国在推进农资市场化改革上迈出了重要的一步，对整个化肥行业和农业生产具有积极和深远的影响。

2009 年 2 月 1 日，《中共中央　国务院关于 2009 年促进农业稳定发展农民持续增收的若干意见》（即一号文件）出台。该文件指出，要大幅度增加农业补贴，加强农资产销调控，扶持化肥生产，增加淡季储备，保障市场供应。文件对"三农"的支持力度再度加强，其对农资行业的关注为深陷困境的化肥企业带来了信心，也为处于改革大潮中的化肥行业送来了春风。

2009 年，国家逐步取消包括电价、铁路运价在内的优惠政策，进一步促进了化肥市场化改革的步伐。由于"南磷北运"，产品多为跨省销售，两次铁路运价的调整较大地增加了磷复肥企业产品的销售成本；另外，电价的上涨也无疑使化肥企业生产成本刚性上升。

2009 年 8 月 24 日，国务院发布了《关于进一步深化化肥流通领域体制改革的决定》（国发〔2009〕31 号）。三十一号文件在放开化肥经营限制、取消对化肥经营企业所有制性质限制的基础上，制定了化肥经营的准入条件，同时规范了企业经营行为和市场管理部门的职能。该文件的颁布表明我国化肥流通体制改革再次迈出了关键的一步。化肥经营权的全面放开将使得我国农资人越来越多，化肥行业市场化进程进一步加速，"全流通"时代已经来临。[①]

二、政策支持体系初步建立

2004 年秋，在党的十六届四中全会上，胡锦涛同志提出了"两个趋向"的重要论断："纵观一些工业化国家发展的历程，在工业化初始阶段，农业支持工业、为工业提供积累是带有普遍性的趋向；但在工业化达到相当程度以后，工业反哺农业、城市支持农村，实现工业与农业、城市与农村协调发展，也是带有普遍性的趋向。"同年 12 月，在中央经济工作会议上，胡锦涛同志明确指出，我国现在总体上已到了"以工促农、以城带乡"的发展阶段。

---

① 宁利红. 政策频频 改革加速——2009 农资行业大事记之化肥篇［EB/OL］. http://chem. chem99. com/news/674274. html.

"两个趋向"的重要论断，从全局和战略的高度提出了解决我国"三农"问题的指导思想，为加强农业基础地位和确保国家粮食安全的政策支持体系的建立提供了理论基础。自此以后，中共中央、国务院陆续出台了一系列支农、惠农的政策，以粮食生产为重点的农业支持体系初步建立。

（一）建立了最严格的耕地保护制度

随着工业化和城镇化的进程加快，我国对土地资源的需求逐渐加大。据统计，"十一五"以来，我国每年建设用地需求在 1200 万亩以上，对土地供给造成了巨大的压力。与此同时，我国的人口还在不断增长，2010 年第六次人口普查给出的我国总人口数为 13.39 亿，比 2000 年第五次人口普查时增加了 7390 万人。我国为确保国家粮食安全所需的耕地数量同现代化进程中城市扩张所需要的土地数量之间存在巨大的冲突，国家耕地保护形势严峻。面对 2003 年我国耕地减少 3806.1 万亩的事实，2004 年国务院出台了《关于深化改革严格土地管理的决定》，采取严厉措施控制耕地流失。2005 年，中央一号文件继续强调："坚决实行最严格的耕地保护制度，切实提高耕地质量。"同年，国务院办公厅印发了《省级政府耕地保护责任目标考核办法》。2006 年，国务院又出台了《关于加强土地调控有关问题的通知》。2008 年，国务院常务会议审议并原则通过《全国土地利用总体规划纲要（2006—2020 年）》。随着我国的耕地保护制度逐渐完善，耕地保护取得显著成效。2008 年，全国使用存量土地占建设用地供应总量的 50%，同时还促进了用地结构进一步优化。2010 年，《国务院关于严格规范城乡建设用地增减挂钩试点 切实做好农村土地整治工作的通知》进一步明确了增减挂钩试点和农村土地综合整治的总体要求，为在快速城镇化背景下的土地集约、节约利用提供了指导。

我国的耕地保护制度主要由一系列相关制度构成。

一是《基本农田保护条例》。该条例划定了基本农田保护区，其根本目的就是为了对基本农田实行特殊保护，以满足我国未来人口和国民经济发展对农产品的需求，为农业生产乃至国民经济的持续、稳定、快速发展起到保障作用。

二是耕地保护责任制度。其主要依据是国务院办公厅印发的《省级政府耕地保护责任目标考核办法》。该办法将耕地保护责任目标考核结果列为省级人民政府第一责任人工作业绩考核的重要内容：对考核确定为不合格的地区，由监察部、国土资源部对其审批用地情况进行全面检查，按程序依纪依法处理直接责任人，并追究有关人员的领导责任。

三是耕地保护补偿制度。目前，我国耕地保护建设性补偿机制已基本形成了法律制度健全、资金渠道稳定、实际成效明显、运行机制基本建立的良好局面。第一，建立了法律政策制度和工作机制；第二，稳定了资金渠道，明确了投入重点；第三，建立了规划体系，明确了任务布局；第四，建成了一批高产稳产基本农田，改善了农业生产条件，为我国连续七年粮食丰收奠定了重要基础。

四是耕地占补平衡制度。占补平衡的主要目的是使因建设用地扩张造成的耕地占用得以在县域内进行补偿，从而确保"十八亿亩红线"。尽管在实践中占补平衡制度更多倾向于数量上的平衡，但在城镇化快速推进的今天，该制度相较于以前的制度也确实对耕地数量的保护起了很大作用。履行耕地占补平衡制度是占用耕地单位和个人的法定义务。

五是土地开发整理复垦制度。《中华人民共和国土地管理法》第三十八条规定："国家鼓励单位和个人按照土地利用总体规划，在保护和改善生态环境、防止水土流失和土地荒漠化的前提下，开发未利用的土地；适宜开发为农用地的，应当优先开发成农用地。"第四十一条规定："国家鼓励土地整理。县、乡（镇）人民政府应当组织农村集体经济组织，按照土地利用总体规划，对山、水、田、林、路、村综合整治，提高耕地质量，增加有效耕地面积，改善农业生产条件和生态环境。"第四十二条规定："因挖损、塌陷、压占等造成土地破坏，用地单位和个人应当按照国家有关规定负责复垦；没有条件复垦或者复垦不符合要求的，应当缴纳土地复垦费，专项用于土地复垦。复垦的土地应当优先用于农业。"

六是耕地总量动态平衡制度。所谓"耕地总量动态平衡"是指通过采取一系列行政、经济、法律的措施，保证我国现有耕地总面积在一定时间内只能增加，不能减少，并逐步提高耕地的质量。

七是《全国土地利用总体规划纲要（2006—2020年）》。新一轮土地利用总体规划纲要对统筹协调土地利用、保护耕地、保障发展做出了科学安排，进一步明确了土地利用的目标和任务，是国土开发、城乡建设、土地管理的纲领性文件。

（二）建立了稳定的农业和粮食生产投入增长机制

2004年到2014年，11个中央一号文件聚焦"三农"问题：虽然2011年中央一号文件聚焦"水利"问题，仍更多地关注了农田水利建设、农村水利设施；2012年中央一号文件关注农业科技问题，是以增强农产品供给保障能力为目标的；2013年中央一号文件更是直指农业生产经营方式问题，为农业发展和粮食生产投入的增长机制提出明确要求。2014年中央一号文件对全面深入农村改革，加快推进农业现代化提出了若干意见，为"三农"问题的解决进行了总体布局。连续11个中央一号文件，足见"三农"工作在全党工作中的分量。"十一五"期间，中央财政支农资金投入大幅增加，初步建立了财政支农资金的稳步增长机制。2006年，我国农业支出仅为3173.0亿元，占全国财政支出的7.9%；2009年，我国农业支出达到7253.1亿元，比2006年增加了一倍多，占全国财政支出的9.5%，相比2006年提高了1.6个百分点。其中，粮食、农资、良种、农机具四项补贴大幅提高，2007年仅为513.6亿元，2009年达到了1274.5亿元，年均增幅达到57.5%（见表5-2）。2010年是"十一五"时期最后一年，中央按照财政支出重点向农业农村倾斜，确保用于农业农村的总量、增量均有提高的要求。2010年中央财政用于农业的支出为8579.7亿元，比2009年增加了1326.6亿元，增长高达18.3%，占中央财政总支出的17.8%，占全国财政总支出的9.5%。2011年中央财政用于农业的支出更是比2010年增长了22.3%，占全国财政总支出的9.6%。

表 5-2　2006—2011 年国家财政用于农业的支出及占全国财政支出的比重

年份	财政对农业的四项支出				农业支出占全国财政支出的比重（%）
	农业支出（亿元）	支援农村生产和各项农业事业费（亿元）	粮食、农资、良种、农机具四项补贴（亿元）	农村社会事业发展支出（亿元）	
2006	3173.0	2161.4	—	—	7.9
2007	4318.3	1801.7	513.6	1415.8	8.7
2008	5955.5	2260.1	1030.4	2072.8	9.5
2009	7253.1	2679.2	1274.5	2723.2	9.5
2010	8579.7	3427.3	1225.9	3350.3	9.5
2011	10497.7	4089.7	1406.0	4381.5	9.6

数据来源：国家统计局农村社会经济调查司《中国农村统计年鉴（2012）》。

　　"十一五"期间，伴随着我国经济运行的良好态势，农业投资也大幅增加。2006 年全社会固定资产投资用于农村的数额为 16629.5 亿元，占全社会固定资产投资比重的 15.1%。2009 年，仅农村集体单位固定资产投资就达到 23243.9 亿元，农村居民个人固定资产投资为 7434.5 亿元，两项之和占全社会固定资产投资总额的 13.7%，虽然比重略有下降，但农村投资的绝对值较 2006 年增加了 14048.9 亿元，增幅达到 84.5%，年均增长 22.6%（见表 5-3）。2010 年全社会固定资产投资用于农村的数额为 36691 亿元，比上年增长了 19.6%。预算内固定资产投资重点用于农业基础设施和服务体系建设。全年农业基础设施和服务体系建设投入了 441.6 亿元。在城镇固定资产投资中，第一产业投资为 3966 亿元，比上年增长 18.2%。2011 年是"十二五"时期的开局之年，全社会固定资产投资 311021.9 亿元，其中，用于农村的投资达到 39366.6 亿元，占全社会固定资产投资的 12.7%。

表 5-3　2006—2011 年农村集体单位和农村居民个人固定资产投资额

年份	农村集体单位和农村居民个人固定资产投资				
	全社会固定资产投资总额（亿元）	农村集体单位固定资产投资（亿元）	占全社会固定资产投资比重（%）	农村居民个人固定资产投资（亿元）	占全社会固定资产投资比重（%）
2006	109998.2	12193.3	11.1	4436.2	4.0
2007	137323.9	14736.2	10.7	5123.3	3.7
2008	172828.4	18138.3	10.5	5951.8	3.4
2009	224598.8	23243.9	10.3	7434.5	3.3
2010	278121.9	28805.0	10.4	7886.0	2.8
2011	311021.9	30277.5	9.7	9089.1	2.9

数据来源：国家统计局农村社会经济调查司《中国农村统计年鉴（2012）》。

农村金融服务的发展是促进农业和粮食生产投入稳定增长机制形成的重要环节。"十一五"期间，农村金融服务有所改善。衡量农村金融服务的重要指标之一是金融机构提供农业贷款的情况。农业贷款主要是农、林、牧、渔业贷款，可以比较直观地衡量农村金融支持农业发展的力度。从纵向比较分析，我国的农业贷款不断提高，其绝对量增长较大。2009 年我国农业贷款余额为 21623.0 亿元，比 2008 年增加 3994.0 亿元，增幅高达 22.66%；相比 2005 年，则增加了 10093.1 亿元，增加了近一倍（见表 5—4）。2005 年到 2009 年五年间，农业贷款余额年均增幅 17.0%，充分说明了金融机构对农业的投入力度。按照 2010 年中央一号文件的要求，金融机构服务"三农"的激励机制进一步完善。

表 5—4　2005—2011 年中国农业贷款、总贷款、农业增加值及国内生产总值

项目 ＼ 年份	2005	2006	2007	2008	2009	2010	2011
农业贷款（亿元）	11529.9	13208.2	15429.0	17629.0	21623.0	23000	24400
总贷款（亿元）	194690.4	225347.2	261691	303468	399685	479196	546398
农业增加值（亿元）	22420	24040	28627	33702	35226	40533.6	47486.2
国内生产总值（亿元）	185808.6	216314.4	265810.3	314045.4	340506.9	399759.5	472115.0

数据来源：历年《中国统计年鉴》，2010 年、2011 年农业贷款数据来源于央行历年《金融机构贷款投向统计报告》。

（三）建立了发展粮食生产专项补贴机制和对农民收入补贴机制

1. 农村税费改革

纵观历史，我国历朝历代都进行过多次"并税除费"的改革，尽管这些改革在短时期内产生了显著的效果，但每次改革都为随后增加税费做好了铺垫，反而使农民的负担更加沉重，这就是所谓的"黄宗羲定律"。新中国成立以后，为了向工业提供原始积累，农业税一直较高。1958 年《中华人民共和国农业税条例》颁布，规定全国农业税平均税率为 15.5%；到了 1983 年，又恢复征收农业特产税；至 1989 年，扩大征税范围，并提高税率；1997 年，开征耕地占用税；一直到 2002 年，农业税费改革才全面铺开。

其实早在 2000 年，我国的农村税费改革就拉开了序幕。该年 3 月，中共中央、国务院正式下发了《关于进行农村税费改革试点的工作》，主要内容是"三个取消，两个调整，一项改革"。但是，随着试点的逐步推行，各个层面的矛盾逐渐暴露，改革阻力加大。2001 年 4 月，国务院又决定暂缓扩大改革试点。

直到 2002 年，国务院办公厅下发了《关于做好 2002 年扩大农村税费改革试点工作的通知》，才进一步扩大农村税费改革的试点范围；2003 年 3 月，国务院发布《关于全面推进农村税费改革试点工作的意见》，农村税费改革才得以全面铺开。

农村税费改革实现了"三个取消"：首先是取消了农业四税（农业税、除烟叶外农业特产税、牧业税和屠宰税）。为了减轻改革的阻力，国务院先是合并和简化税费，然

后才是减免。所谓合并、简化税费，就是把农民向乡镇政府和村委会缴纳的各类收费或集资项目取消，合并到农业税中，并将农业税的税率从原来的占农业产值的3％提高到7％。2004年，中共中央、国务院下发了《关于促进农民增加收入若干政策的意见》，提出2004年全面取消除烟叶以外的农业特产税，五年内全面取消农业税。根据《意见》，第十届人大常委会第十九次会议高票通过了自2006年1月1日起废止《农业税条例》的决议，提前全面取消了农业税。

其次，是取消了原来的农村教育集资政策。在过去相当长时间里，中国农村义务教育体制的基本特征是以乡、村为责任主体，义务教育经费主要来自乡级财政和农民集资，义务教育的组织、管理责任也主要由乡、村承担。20世纪90年代以后，这一体制在实践中已经无法维持，其中最核心问题是乡、村逐步失去了支持义务教育发展的基本能力。农村教育集资政策的取消，既是给农民"减负"，也是提高农村义务教育质量的明智之举。

最后，是取消了农民承担的农村劳动积累和义务工政策。各级政府在农村进行乡村道路或其他公共工程建设时，要按照一定标准向农民支付劳动报酬。同时，为了弥补"两工"取消及"三提五统"改革后留下的制度空白，又建立规范了村级公共事务民主决策制度，实行"一事一议"。村委会在决定修建道路、兴建公共福利设施是否需要向农户筹资筹劳时，必须经村委会讨论，并在得到多数农户同意后才能进行。

2. 实行粮食直补、良种补贴、农机具购置补贴和农资综合直补政策

速水佑次郎总结过农业发展在不同阶段所面临的主要问题：第一个阶段的主要问题是粮食安全问题，这个阶段大致是工业化初期；第二个阶段的主要问题是农业贫困问题，这个阶段大致是工业化中后期；第三个阶段的主要问题是农业结构优化和调整问题，这个阶段对应的是工业化后期。我国工业化总体已经进入中后期，通过实行农业补贴缩小城乡差距、保障粮食安全的条件已经初步具备。

粮食直补，是为进一步促进粮食生产，保护粮食综合生产能力，调动农民种粮积极性和增加农民收入的政策。国家财政按一定的补贴标准，根据粮食实际种植面积，对农户直接给予补贴。粮食直补政策始于2001年，但直到2004年，粮食直补政策才得以在全国粮食主产区全面铺开，并且不同地方直补的方式和标准也有所差异。由于中央规定粮食直补要体现向粮食主产县倾斜和向种粮大户倾斜的原则，各地区根据自己的具体情况制定了相应的粮食直补办法。粮食直补政策的实施提高了农民种粮的积极性，同时也切实增加了种粮农民的收入。

农资综合补贴，是为促进国家粮食安全，对购买农业生产资料的农民实行直接补贴的制度。我国正在完善以"价补统筹、动态调整、只增不减"为原则的农资综合补贴动态调整制度。粮食直补和农资综合直补都属于直接补贴，中央财政投入两种补贴的力度

正逐年加大。2010 年两项补贴共计 867 亿元[①], 2011 年中央财政下拨的两种补贴达到 986 亿元, 比上年增长 13.7%, 其中农资综合补贴 835 亿元, 粮食直补资金 151 亿元。

良种补贴是指国家对农民选用优质农作物品种而给予的补贴。近年来国家还出台了奶牛良种补贴和生猪良种补贴等政策。近年来, 良种补贴的范围不断扩大, 不仅实现了在全国 31 个省 (区、市) 实行良种补贴全覆盖, 还扩大了马铃薯补贴范围, 开始进行对青稞和花生的良种补贴。

农机具补贴政策的实施, 优化了粮食主产区农机装备结构, 推动了农业技术进步, 加快了农机化技术更新和科技创新步伐。农机具购置补贴范围已经覆盖了全国所有农牧业县 (场), 中央财政资金补贴以不超过机具单价的 30%、最高补贴额不超过 5 万元为限额, 补贴范围涵盖 12 大类、45 个小类、180 个品目。

3. 对稻谷、小麦实施最低收购价政策

2004 年以后, 我国粮食生产连年丰收, 粮食价格面临较大的下行压力。此时摆在决策者面前的是, 如何通过调控粮食市场价格稳定粮食生产, 一方面既要避免"谷贱伤农"的悲剧再次发生, 另一方面又不能再走敞开收购粮食从而给财政带来极大负担的老路。为此, 国家通过实施最低价收购政策来稳定粮食生产, 引导市场粮价和增加农民收入。其实质是工业反哺农村而采用的重要手段之一。

近年来, 我国粮食最低收购价政策力度逐年增强, 不仅范围不断扩大, 最低收购价标准也不断提高。2006 年, 小麦被纳入最低收购价政策范围。2008 年国务院两次调高了稻谷和小麦的最低收购价格。2009 年每市斤白小麦 (三等, 下同)、红小麦、混合小麦最低收购价分别为 0.87 元、0.83 元和 0.83 元, 2010 年分别提高到 0.90 元、0.86 元和 0.86 元, 2011 年进而提高到 0.95 元、0.93 元和 0.93 元。2009 年每市斤早籼稻 (三等, 下同)、中晚稻、粳稻最低收购价分别为 0.90 元、0.92 元和 0.95 元; 2010 年分别上涨到 0.93 元、0.97 元和 1.05 元, 2011 年早籼稻每斤又上涨到了 1.02 元。

(四) 构建和完善粮食主产区利益补偿机制

随着经济社会的快速发展, 我国国家粮食安全的压力与日俱增, 客观上要求公共财政对粮食主产区发展粮食生产提供足够的资金支持。同时, 粮食主产区发展粮食生产给其他地区 (特别是粮食主销区) 带来了巨大收益, 受益地区则应通过转移支付等手段, 对粮食主产区发展粮食生产所付出的代价及所受到的损失进行价值补偿。[②] 因此, 近几年来, 我国通过不断构建和完善粮食主产区利益补偿机制, 加大对粮食主产区的转移支付力度, 有效地提高了农民种粮的积极性, 为我国粮食实现"十连增"提供了基础性的作用。

我国对粮食主产区的利益补偿主要通过以下几种方式实现。

① 中国社会科学院农村发展研究所. 中国农村经济形势分析与预测 (2009—2010) [M]. 北京: 社会科学文献出版社, 2010: 59.

② 赵波. 中国粮食主产区利益补偿机制的构建与完善 [J]. 中国人口·资源与环境, 2011 (1): 86.

首先是国家粮食风险基金制度。粮食风险基金是中央和地方用于平抑粮食市场价格，维护粮食正常流通秩序，实施经济调控的专项资金。原来的政策规定粮食风险基金实行分级负担，中央负担 60%，地方负担 40%。但是这样的规定造成了产粮大县财政困难，产粮大省成为财政穷省的尴尬局面。2009 年以后，中央财政逐步取消粮食主产区的粮食风险基金地方配套，到 2011 年已经全部取消。此后，主产区粮食风险基金 249 亿元将全部由中央财政补助，每年减轻主产区财政负担 98 亿元。[①]

其次是国家粮食安全基金制度。粮食安全基金是粮食主销区对主产区的转移支付基金，主要包括商品粮调销补偿基金和土地补偿基金。商品粮调销补偿基金是粮食主销区根据粮食调入量，拿一部分财政资金作为专项转移支付基金用于商品粮调销补偿，主要用于弥补粮食主产区地方财政困难。土地补偿基金则是主要用于粮食主产区开发增补种粮耕地建设的基金，以稳定国家的粮食生产种植面积，弥补经济发达地区经济建设占农用土地的数量。

再次是产粮大县奖励政策。自 2008 年起，在产粮大县奖励政策框架内，又增加了产油大县奖励。2011 年中央财政安排奖励资金 225 亿元，对粮食生产大县除予以一般性财政转移支付奖励外，对其增产部分再给予适当奖励。

三、农业科学技术不断发展

我国自古以来就是一个对土地投入劳力、精耕细作，并以此来提高农业单产的农业大国。新中国成立以后，我国农业取得了巨大成就，解决了 13 亿人口的温饱问题，其中一个重要的原因就是农业科学技术的不断发展。马克思指出："随着大工业的发展，现实财富的创造，……取决于一般的科学水平和技术进步，或者说取决于这种科学在生产上的应用。"[②] 邓小平进一步指出："科学技术是第一生产力。"科学转化为生产力，把人类对客观世界的改造不断提高到新的水平。据统计，我国农业科学技术对农业的贡献率由 20 世纪 80 年代初的 27%，提高到了目前的 49%。[③] 虽然仍然与发达国家有较大差距，但是已经取得了长足进步并具有巨大潜力，成为我国确保粮食安全和加强农业基础地位的一个有利条件。

（一）农业科技政策由确保粮食安全向多元化目标转变

邓小平曾经说过："农业的发展一靠政策，二靠科学。"[④] 农业科技政策对农业发展的指导性意义显而易见。新中国成立以来，我国农业科技政策在曲折中不断完善，以改革开放为界，可划分为前后两个大的时期。而每个时期又因为国内外局势的不同，又可划分为一些具体的发展阶段。

①　李存才. 中央财政今年安排 225 亿元奖励产粮大县［N］. 中国财经报，2011-04-07（1）.
②　马克思恩格斯文集（第 8 卷）［M］. 北京：人民出版社，2009：195.
③　吴森，杨震林. 现代农业的科技服务体系创新［J］. 科技管理研究，2008（6）：41-42，48.
④　邓小平文选（第 3 卷）［M］. 北京：人民出版社，1995：17.

1. 新中国成立以后至改革开放以前（1949—1978 年）

新中国成立后，农业科学技术得到党和国家领导人的重视。具有临时宪法性质的《共同纲领》就对自然科学服务农业建设作了明确的规定，其第三十四条指出，应注意对水利工程的修建，加强对洪灾、旱灾的防治；注重畜力的恢复和发展，改进农具，改良种子，加大肥料投入，科学防病虫害，对灾荒予以救济，有计划地进行移民开垦活动；加强森林资源的保护力度，提高林业发展的规划性；保护沿海渔场，发展水产业；保护和发展畜牧业，防止兽疫。这为我国通过制定农业科学技术政策推动农业发展拉开了序幕。

这一时期农业科技政策的主要目标是迅速提高粮食总产量和单产，以保障新中国的粮食需求。但是，由于此时农业生产由以家庭为基本单位的小农经济转变为以生产队为基本单位的集体经济，其农业科技政策也可以分为两个阶段。

第一个阶段是 1949 年到 1958 年。这期间，国务院组织 600 多位科学家制定了《1956—1967 年全国科学技术远景发展规划》。在该规划制定的 57 项任务中，农业科技占了 4 项，共计 51 个中心问题，330 个课题。其中直接以提高粮食单产为目标的就有 167 个课题，占课题总量的 50.6％。该规划选出了若干重点，其中一个涉及有关农业化学化、机械化和电气化等重大科学问题，与国计民生问题息息相关。除此以外，在其他诸如耕作制度、农村动力系统、化学药剂等生产方面都有需要解决的科学问题。①

第二个阶段是 1958 年到 1978 年，这一阶段的情况比较复杂。由于受频繁的政治运动和一系列相关事件的影响，尽管这一阶段的核心目标仍然是提高粮食的单产和总产，但是农业科技政策却不断发生变化。1960 年通过的《1956—1967 年全国农业发展纲要》，对改善农业科学研究工作和技术指导工作专门提出了要求。从 1961 年开始，科技系统机构开始精简，刚有雏形的农业科技系统受到沉重打击。1961 年，中央同意了国家科委党组、中国科学院党组的《关于自然科学研究机构当前工作的十四条意见（草案）》，农业科研体系得到了适当的恢复和扩充。随后，国家科委和国防科委分别组织制定了《1963—1972 年科学技术规划纲要》（简称《十年科学规划》），要求"全面安排，充实基础，重抓两头"，其中"两头"是指"农业和有关解决吃穿用问题的科学技术问题，以及尖端技术"。"文革"开始后，新中国成立后建设起来的农业科技队伍处于崩溃边缘，农业科研院所、农业高等院校被撤销或停办，农业科技遭受了巨大灾难。在如此复杂艰难的情况下，农业科技政策还是在不断前进，原农林部于 1972 年召开了"全国农林科技座谈会"，做出了进行杂交水稻等 22 项重大科技项目、促进粮食生产的决定。1975 年四届人大一次会议，周恩来总理在报告中提出"四个现代化"，明确提出了农业现代化和科学技术现代化。

2. 改革开放以来（1978 年至今）

十一届三中全会后，家庭联产承包责任制在全国范围内得到推广，集体经济迅速解

---

① 张宝文. 新阶段中国农业科技发展战略研究［M］. 北京：中国农业出版社，2004.

体。集体经济为传统的农业科研体系提供了支撑，它的解体使得农业科研体系引入市场竞争机制成为顺理成章的事。虽然这个时期的主要目标仍然是提高粮食总量和单产，确保我国粮食安全，但是随着粮食生产从短缺向结构性过剩发展，其主要目标还是转变为农产品多元化供给目标。因此，这个时期可以分为三个阶段。

第一个阶段是从 1978 年到 1985 年的恢复期。这一阶段的农业科技政策，一是恢复"文革"期间被破坏的农业科研体系；二是转移科研工作重心，将国民经济和科研结合起来。1978 年召开了全国科学大会，大会通过了《1978—1985 年全国科学技术发展规划纲要》，要求集中力量，在农业等八个影响全局的综合性科学技术领域、重大新兴技术领域和带头学科做出突出贡献。重点科学技术研究项目有 7 项，其中农业有 17 个方面。1980 年全国科技工作会议召开，邓小平指出必须把经济、社会发展与科技发展结合起来，克服它们相互脱节的毛病。1981 年，我国科技发展方针被确定为"发展国民经济必须依靠科学技术，科学技术工作必须为发展国民经济服务"。1983 年，《1986—2000 年中国科学技术发展规划》出台，这部规划强调了农村经济与农业科技的结合，同时促进农业生产广泛地应用农业科技成果；此外，国家为了更好地管理农业科技活动、配置农业科技资源，还出台了面向农村的"星火计划"等科技计划。[①]

第二阶段是从 1985 年到 1998 年的改革期。这一阶段的政策，一是推动农业科技体制改革，引入市场化竞争机制，通过科研单位和各类组织建立紧密的联系，带动国民经济的发展；二是加强农业科技立法，旨在规范和促进农业科技创新和推广；三是更加重视农业科技规划。1985 年，中共中央做出了《关于科学技术体制改革的决定》。该《决定》确立了"经济建设必须依靠科学技术、科学技术工作必须面向经济建设"的战略方针，提出改革农业科学技术体制，使之有利于农村经济结构的调整，推动农村经济向专业化、商品化、现代化转变。1992 年，国务院发布《国家中长期科学技术发展纲领》，要求进一步深化农村科技体制改革。在这个阶段中，《专利法》《农业技术推广法》《促进成果转化法》《科技奖励条例》相继出台。《科学技术发展十年规划和"八五"计划纲要（1991—2000）》规定了今后 10 年农业科学技术发展目标。

第三阶段是从 1998 年至今的调整期。这一阶段，中国粮食产量连年增产，农民种粮意愿下降。因此，农业科技政策的目标除了继续保障国家粮食安全，也开始逐渐向促进农民增收转变。此外，市场对农产品的需求日益多样化，生态环境不断恶化，也使得农业科技政策目标向多元化发展。如国务院 2001 年颁布的《农业科技发展纲要（2001—2010 年）》、农业部印发的《农业科技发展规划（2006—2020 年）》等政策性文件中，都提及了要"解决优化农业和农村经济结构、提高农业效益、增加农民收入、改善农村生态环境等方面的科技问题"，"要建设现代农业，转变农业增长方式；加快成果转化，促进农民增收；发展循环农业，改善农村环境"。虽然这一阶段农业科技对农业生产的促进作用难以精确测定，但是该阶段是农民增收最快的阶段，实现了农业科技政

---

①　王汉林. 建国以来我国农业科技政策分析 [J]. 科技进步与对策，2011 (1)：94.

策的目标，说明当时的农业科技政策是符合客观形势的。[①]

（二）农业科技推广体系由行政主导向"双核心"发展

我国《农业技术推广法》对农业技术推广的定义为："通过试验、示范、培训、指导以及咨询服务等，把应用于种植业、林业、畜牧业、渔业的科技成果和实用技术普及应用于农业生产的产前、产中、产后全过程的活动。"新中国成立以后相当长的一段时期，我国农业科技推广主要依靠行政主导的方式。1969 年，湖南华容县创建了著名的"四级农科网"，即县有农科所，公社有农科站，大队有农科队，生产队有农科组。该模式后来在全国推广实施，这在客观上完善了当时的农业科技推广体系，同时也首次提供了一个能实现以粮食安全为导向的农业科技政策平台。至此，我国以行政主导的农业科技推广体系趋于成型，即研究和教育机构专事科研和教学，人民公社和国营农场专事生产，推广部门专事新技术的试验和推广，在政府统一领导下完成科研生产指标和任务。[②]

然而，随着社会主义市场经济体制的建立和完善，这种以行政主导的农业科技推广体系的弊端逐渐暴露，主要体现在"头重脚轻""战线过长""供需脱节"三个方面。首先，由于政府处于农业科技推广的最前端，政府下达的科研生产指标和任务是整个体系的核心，其他各个环节都围绕其进行，这就与农业科技推广的目标——促进农业生产相背离，出现了"头重脚轻"的局面。其次，由于政府与目标农户之间存在着相当长的中间环节，导致政府目标管理效率低下，各种政策和资源在漫长的传递过程中必然会出现各类偏差。最后，市场经济的发展使得集体经济趋于解体，农民与国家之间的利益出现了分化，建立在集体经济和计划经济体制上的农业科技推广体系失去了存在的基础，政府下达的科研推广计划往往与市场的需求脱节，政策效果与目标预期滞后。在此情况下，我国开始了以市场为主导、引入竞争机制的农业科技推广体系改革。

农业科技推广体系改革主要分为两个时期，第一个时期为 1981 年到 1998 年，主要通过引入市场竞争机制，将农业科技推广体系从以政府为主导转变为以政府和非政府组织并举的"双核心"模式。从 1981 年到 1985 年，我国相继开放了技术交易和有偿服务市场，允许农业推广经营化，在农业科技项目分配中引入公开招标，鼓励多种所有制企业进行农业科研和推广工作，实行农业技术推广服务的技术承包责任制，明确农技推广有偿服务等政策。1988 年到 1996 年，又实行了包括对乡镇级农技推广机构的人力、财力和物力归城镇水平垂直管理，建立农业科技园区，实行农技推广财政包干制，全面恢复四级农业技术推广网，实施乡镇推广机构"三定"（定性、定编、定员）等政策，对原有的科技推广体制进行了改革和补充。同时，一系列重大科研和推广项目，以及旨在规范和促进农业科技创新和推广的制度、政策也相继出台和实施。

第二个时期是从 1999 年起至今，主要是调整农技推广方式。这些方式包括科技特

---

① 李小云，等. 中国面向小农的农业科技政策 [J]. 中国软科学，2008 (10)：3.
② 李小云，等. 中国面向小农的农业科技政策 [J]. 中国软科学，2008 (10)：2.

派员制度、农业专家大院和跨世纪青年农民培训项目、农业科技示范场、科技入户示范工程、测土配方施肥、阳光工程、绿色证书工程等，其主要目的是增加技术生产者和使用者之间交流，推动符合小农需求的实用适用技术的开发、应用和推广。

非政府农业科技推广体系主要由各类农业企业、专业协会、专业技术人员组成，在市场经济体制这只"无形的手"作用下，他们在获取各自经济效益的同时，客观上也提供了大量符合农民需求的实用和适用技术开发及推广服务，同时也部分地实现了向农民提供科技信息服务的功能。非政府农业科技推广体系的形成，有效地弥补了政府农业科技推广体系的缺失，其高效率和低成本是后者所不具备的。

（三）农业科技水平进步显著

农业科学技术是农业的第一生产力。新中国成立以来，党和国家领导人都高度重视农业科学技术，并将其作为提高农业生产力，保障我国粮食安全和农业现代化的重要手段。1958年，毛泽东根据我国农民群众的实践经验和科学技术成果，提出了"农业八字宪法"，即土、肥、水、种、密、保、管、工，对实现科学种田起到了积极的推动作用。1959年4月，毛泽东在写给省、地、县、社、队同志的一封信中，提出了"农业的根本出路在于机械化"的重要论断，还要求"四年以内小解决，七年以内中解决，十年以内大解决"。邓小平创造性地提出"科学技术是第一生产力"，以及"农业一靠政策，二靠科学"的论断，并强调，要使农业发展走上依靠科学技术和劳动者素质提高的轨道上。江泽民在此基础上进一步指出"要依靠科技进步振兴农业"，并在中共十三届八中全会上提出了"推进农业现代化，必须坚持科技、教育兴农的发展战略"。

随着国民经济的发展，我国农业科技水平取得长足进步，特别是自改革开放以来，农业科技水平不断攀登高峰。据统计，1979年到2007年，各省、自治区、直辖市确认的农业科技成果有5万多项，其中受到国家、部门奖励的科技成果达9485项。我国在农业科技方面取得的成果主要有以下六个方面：动植物遗传育种技术，栽培管理和饲养技术，农业重大病虫害和疫病防治，中低产田与区域农业综合发展，农业机械化和设施工程技术，生物技术等高技术农业应用。

四、国家宏观调控切实保障

（一）农业战略布局更加优化

农业战略布局是进行农业战略结构调整的一个重要步骤，是根据资源条件配置农业生产要素的重要措施，对国家进行农业宏观调控有指导性意义。20世纪以来，我国先后实施了两轮优势农产品区域布局规划，分别是《优势农产品区域布局规划（2003—2007）》，以及《全国优势农产品区域布局规划（2008—2015）》。两轮规划都在不同程度上有力地提升了农业综合生产能力，提高了土地产出率、资源利用率、劳动生产率，加快了我国现代农业建设进程。但与实现农业现代化的要求相比，农业生产力布局还不够清晰，主导产业还不够突出，支持政策还有待强化。因此，国务院于2010年底印发了

《全国主体功能区规划》，提出了构建"七区二十三带"的农业战略格局，使得农业战略布局更加优化。

1.《优势农产品区域布局规划（2003—2007）》

2001年11月，正式加入WTO后，我国农业一方面迎来了前所未有的发展契机，另一方面也面临着前所未有的严峻挑战。《优势农产品区域布局规划（2003—2007）》（以下简称《规划（2003—2007）》）正是在这样的背景下出台的，其基本思路就是适应加入WTO的新形势，通过非均衡发展战略的实施，以农业比较优势的充分发挥为主要手段，重点培育一批具有国际优势的农产品，在抵御进口农产品冲击的同时扩大农产品出口量，促进主产区农民增收。除此以外，当时我国面临着农业生产地区结构雷同的突出问题，特别是优质专用农产品生产还比较分散，区域化布局、专业化生产格局还未形成，地区比较优势未能充分发挥。一些传统农产品产区由于规模小，产业链短，营销服务跟不上，竞争优势还不明显。

《规划（2003—2007）》确定了我国重点发展的优势农产品和优势产区。优势农产品和优势产区的确立，对形成科学合理的农业生产力布局、有力推进农业现代化具有重大意义。在该规划中，一共确定了11种优势农产品，通过优先规划优势区域并重点予以扶持建设，尽快提高这些农产品的国际竞争力。

《规划（2003—2007）》实施的效果显著。2007年的水稻、小麦、玉米和大豆的集中度都有较大的提高，九个产粮优势区域粮食增产的数量是全国粮食总增产数量的85%，苹果等出口农产品的集中度也得到提高。

《规划（2003—2007）》的实施，使得全国农业生产力布局更加优化，并进一步提高了我国农产品的国际竞争力，为我国应对"入世"以来的挑战，以及加强农业基础地位和粮食安全的保护，做出了重要的贡献。

2.《全国优势农产品区域布局规划（2008—2015）》

尽管《规划（2003—2007）》取得了重大成果，但是优势区域仍然存在基础设施薄弱、社会化服务相对滞后、产业化组织化水平不高、扶持政策尚不完善等亟需解决的问题。针对新形势、新任务，经国务院批准，农业部于2008年发布了《全国优势农产品区域布局规划（2008—2015年）》（以下简称《规划（2008—2015）》），该规划提出了"因地制宜、突出优势、强化基础、壮大产业"的新时期促进优势农产品区域布局的总体思路，同时还对优势产品和优势区域进行了定位，为把优势区域建设成为保障主要农产品基本供给的骨干区、发展现代农业的先行区、促进农民持续增收的示范区提供了指导。

在上一轮规划选定的品种基础上，按照总体布局、重点建设的思路和继承与发展并重的原则，《规划（2008—2015）》选定了16个优势品种，其中新增了马铃薯、天然橡胶两个品种。因为，随着我国经济社会的发展，这两个品种的地位逐步提升，所以该规划顺应发展趋势，将这两个品种纳入了范围。

经过五年的发展建设，绝大多数优势区域生产集中度进一步提高，生产规模进一步扩大，但也确有少部分县的生产优势有所减弱，有的甚至丧失。《规划（2008—2015）》对上一轮规划品种，根据"大稳定、小调整和相对集中连片"的原则，按照其生产发展变化的实际情况，以县为单位，重新对优势区域进行认定；对新增品种，则以生产状况为选择标准，划定相应的优势区域。

3."七区二十三带"的农业战略格局

"七区二十三带"战略布局的提出，是对前两次布局规划的继承和细化，也是实施全国主体功能区战略的客观要求。根据《全国主体功能区规划》，我国构建以东北平原、黄淮海平原、长江流域、汾渭平原、河套灌区、华南和甘肃新疆等农产品主产区为主体，以基本农田为基础，以其他农业地区为重要组成的农业战略格局。

东北平原农产品主产区，要建设优质水稻、专用玉米、大豆和畜产品产业带；黄淮海平原农产品主产区，要建设优质专用小麦、优质棉花、专用玉米、大豆和畜产品产业带；长江流域农产品主产区，要建设优质水稻、优质专用小麦、优质棉花、油菜、畜产品和水产品产业带；汾渭平原农产品主产区，要建设优质专用小麦和专用玉米产业带；河套灌区农产品主产区，要建设优质专用小麦产业带；华南农产品主产区，要建设优质水稻、甘蔗和水产品产业带；甘肃新疆农产品主产区，要建设优质专用小麦和优质棉花产业带。

《全国主体功能区规划》提出的国家层面农产品主产区的功能定位是：保障农产品供给安全的重要区域，农村居民安居乐业的美好家园，社会主义新农村建设的示范区。该规划要求农产品主产区要把增强农业综合生产能力作为首要任务，同时要保护好生态，在不影响主体功能的前提下适度发展非农产业。该规划还明确了农产品主产区的发展方向：农产品主产区应着力保护耕地，稳定粮食生产，发展现代农业，增强农业综合生产能力，增加农民收入，加快建设社会主义新农村，保障农产品供给，确保国家粮食安全和食物安全。加强土地整治，搞好规划、统筹安排、连片推进，加快中低产田改造，推进连片标准粮田建设。鼓励农民开展土壤改良。加强水利设施建设，加快大中型灌区、排灌泵站配套改造以及水源工程建设。鼓励和支持农民开展小型农田水利设施建设、小流域综合治理。建设节水农业，推广节水灌溉，发展旱作农业。优化农业生产布局和品种结构，搞好农业布局规划，科学确定不同区域农业发展重点，形成优势突出和特色鲜明的产业带。国家支持农产品主产区加强农产品加工、流通、储运设施建设，引导农产品加工、流通、储运企业向主产区聚集。粮食主产区要进一步提高生产能力，主销区和产销平衡区要稳定粮食自给水平。根据粮食产销格局变化，加大对粮食主产区的扶持力度，集中力量建设一批基础条件好、生产水平高、调出量大的粮食生产核心区。在保护生态前提下，开发资源有优势、增产有潜力的粮食生产后备区。大力发展油料生产，鼓励发挥优势，发展棉花、糖料生产，着力提高品质和单产。转变养殖业发展方式，推进规模化和标准化，促进畜牧和水产品的稳定增产。在复合产业带内，要处理好多种农产品协调发展的关系，根据不同产品的特点和相互影响，合理确定发展方向和发展途径。控制农产品主产区开发强度，优化开发方式，发展循环农业，促进农业资源的永续利用。鼓励和支持农产品、畜产品、水产品加工副产物的综合利用。加强农业面源污染防治。加强农业基础设施建设，改善农业生产条件。加快农业科技进步和创新，提高农业物质技术装备水平。强化农业防灾减灾能力建设。积极推进农业的规模化、产业化，发展农产品深加工，拓展农村就业和增收空间。以县域为重点推进城镇建设和非农产业发展，加强县城和乡镇公共服务设施建设，完善小城镇公共服务和居住功能。农村居民点以及农村基础设施和公共服务设施的建设，要统筹考虑人口迁移等因素，适度集中、集约布局。

（二）粮食省长负责制不断完善

我国施行粮食省长负责制度的时间可以追溯到 20 世纪 60 年代中期。由于国内外诸多原因，我国在 50 年代末 60 年代初发生了严重的饥荒，为此，60 年代中期以后，我国开始把自给自足的政策落实到各省，特别是当时缺粮的省份。1966 年 3 月，中共中央、国务院决定成立北方八省（市、自治区）[①] 农业小组，将农业生产作为其战略重点，以增加粮食产量，减少南粮北调。这项政策一直持续到 70 年代中后期，可以称之为第一次粮食省长负责制。

从实施后的效果来看，该政策无疑是成功的。实行自给政策省份的粮食生产得到提高，南粮北调减少。据新华社 1968 年 1 月 27 日报道："河北省粮食产量在 1966 年达到历史最高水平的基础上又获得了丰收，从而实现了粮食自给。"1975 年 1 月 10 日载于《人民日报》的《扭转南粮北调是粮食展现的巨大变化》一文也指出："河北、山东、河南与苏北、皖北地区实现粮食自给有余，初步扭转了南粮北调这一历史上存在的大问题。"虽然该政策仍然存在诸多问题，比如导致了其他农作物减产，且由于不符合比较优势原理而导致各地区付出了巨大的效率损失，但是，在国家粮食短缺，且由于诸多原因不能进行自由贸易时，它很好地保障了粮食安全。[②]

目前我国的粮食省长负责制度始于 1994 年。20 世纪 90 年代初，我国工业化、城镇化迅速发展，许多地方都出现了忽视农业、忽视粮食生产的倾向。特别是东南沿海地区的粮食生产出现大幅下滑，引起了全国性粮食短缺和粮价上涨，对当时的严重通货膨胀起了推波助澜的作用。在这种情况下，1994 年 5 月《国务院关于深化粮食购销体制改革的通知》明确规定，推行"实行省、自治区、直辖市政府负责制，负责本地粮食总量平衡，稳定粮田面积、稳定粮食产量、稳定粮食库存，灵活运用地方粮食储备进行调节，保证粮食供应和粮价稳定"。"米袋子"省长负责制在 1995 年 3 月的《政府工作报告》中再次被强调，该报告明确指出："负责'米袋子'就是负责本省的粮食供应，这就要求保证种植面积，提高单产，增加储备，调剂供求，稳定价格。"事实证明，粮食省长负责制确实对粮食生产的发展以及粮食供求平衡做出了贡献。[③]

---

① 这八个北方省（市、自治区）分别是山西、河北、山东、河南、陕西、内蒙古、辽宁和北京。
② 戴迎春. 二十世纪六七十年代的粮食省长负责制 [J]. 中国经济史研究，2004（1）：114—117.
③ 郭玮，王武来. 粮食省长负责制：矛盾与问题 [J]. 农业经济问题，1998（12）：2.

粮食省长负责制实行的初衷是要在粮食问题上改变地方政府过分依赖中央的倾向，并且要调动地方政府发展粮食生产的积极性。但是随着粮食市场的不断发育和完善，也暴露出了诸如中央调控和省长负责相冲突、主产区和主销区利益不平衡、国有粮食企业改革被忽略等矛盾。对此，1998年5月，国务院又出台了《关于进一步深化粮食流通体制改革的决定》，该《决定》再次明确了"粮食工作实行在国务院宏观调控下，由地方政府对粮食生产和流通全面负责的体制"，并明晰了省级政府各方面的责任，使省长负责制的责任更加明确，内容更加广泛。此后，随着国民经济市场化程度的提高，粮食流通体制改革的深入和农村税费改革的全面实行，进一步推进粮食购销市场化改革的条件已经基本具备。2004年国务院十七号文件再次强调了完善粮食省长负责制，并提出省长（主席、市长）在粮食工作方面的责任：一是发展粮食生产，提高粮食综合生产能力；二是建立对种粮农民直接补贴机制；三是搞好粮食总量平衡；四是管好地方粮食储备；五是规范粮食市场秩序；六是推进国有粮食购销企业改革。此后，每年的中央经济工作会议、全国农村工作会议、粮食工作会议，又反复以各种各样的形式继续对粮食省长负责制度加以强调和具体化。

概言之，粮食省长负责制使得在现代化进程中处于弱势地位的农业得到重视，加强了国家对农业生产的宏观调控力度，有效促进了各地区农业的发展，保障了我国粮食安全，对我国顺利实现粮食产量的"十连增"，功不可没。

（三）粮食储备体制逐步健全

相对于市场导向型的粮食储备体制，我国的粮食储备体制属于政府导向型，其特征是政府直接参与对粮食的购销活动，包括对购销价格的确定、年库存量及周转的安排，旨在促进国内粮食的供求平衡，稳定粮价。就全社会而言，我国粮食库存大致分为两类：一是企业粮食库存，按照企业性质分，又可以分为"国有"和"非国有"两类粮食库存；二是城乡居民家庭存粮，按户籍来分，可分为"城市居民家庭"和"农村家庭"两类存粮。就目前我国粮食库存的结构而言，农民家庭存粮以及国有粮食企业库存占的比重很大。

1. 国有企业粮食储备制度日趋完善

1990年，我国建立了粮食专项储备制度，并成立了国家粮食储备局进行专门管理，此后该机构改革为中国储备粮管理总公司。我国的粮食储备体制分为中央储备和地方储备，储备责任也实行两级分担。中央储备粮实行均衡轮换制度，主要由中国储备粮管理总公司负责。中央储备轮换的粮食数量大约为2000万吨/年，年轮换比例通常为中央储备粮储存总量的20%～30%。[①] 地方储备粮主要依据《中央储备粮食管理条例》制定的相应管理办法进行管理，其轮换的数量约为750万吨/年。

---

① 中国储备粮管理总公司每年根据中央储备粮的品质情况和入库年限，提出中央储备粮年度轮换的数量、品种和分地区计划，报国家粮食行政管理部门、国务院财政部门和中国农业发展银行批准。中国储备粮管理总公司在年度轮换计划内根据粮食市场供求状况，具体组织实施中央储备粮的轮换。

我国的储备粮还可分为专项储备和战略储备两个部分。战略储备粮用于满足国防和军事的需要；粮食的专项储备则主要是政府在充分发挥市场作用的基础上，运用经济手段，加强和改善对粮食市场的宏观调控，以应对粮食市场供求不平衡和平抑粮食价格的不正常波动。据统计，2009年末，地方粮、油储备分别比上年同期增加2.8%和43%。

为了确保国家粮食安全，国家不定期在全国范围内开展清仓查库，摸清粮食库存家底。最近一次是在2009年，国务院对此高度重视。清查结果显示，2009年3月末，全国国有粮食企业粮食总库存22540万吨，账实相符率99.7%，质量合格率97.1%，宜存率99.1%，全国粮食库存数量真实，质量良好，储存安全，管理比较规范，品种结构趋于合理，区域布局进一步改善。[1]

2009年底，全国国有粮食企业总数18163个，其中购销企业12567个，比1998年分别减少65%、59%，企业布局和结构进一步优化，提高了市场竞争力。同年，纳入统计的国有粮食企业统算盈利54.05亿元，比上年增加32.77亿元，为历史最好水平。其中国有粮食购销企业统算盈利45.2亿元，比上年增盈26.9亿元。24个省份及新疆建设兵团实现统算盈利，其中北京、上海、山东、湖南和四川5个省市连续五年实现统算盈利。[2]

2. 非国有粮食企业和城乡居民存粮增加

粮食储备的规模并非越大越好，而是必须考虑政府储备粮的成本和效益，在实现既定粮食安全目标的前提下，使单位储备粮的成本支出最小。因此，近几年来，在国家有关部门和各地粮食部门的积极引导和鼓励下，多元主体参与粮食流通，活跃粮食市场的积极性进一步增强。

2009年末，非国有粮食企业库存增加，全年重点非国有粮食企业收购粮食7244万吨，比上年增加239万吨，其中小麦、大米和玉米三大谷物品种的收购量分别比上年增加204万吨、185万吨和减少149万吨，大豆增加6万吨。重点转化用粮企业收购粮食4172万吨，比上年增加70万吨，其中玉米比上年增加133万吨。[3]

受全国粮食增产和国家大幅度提高最低收购价水平等因素的影响，2009年末农户存粮大幅增加，达到26780万吨，比上年增加1400万吨，增幅为5.5%。同时，粮食部门积极推广农户科学储粮技术，特别是部分粮食主产区为农户建立标准化的小型粮仓，使农户储粮条件得到改善，也促进了农户的存粮。2009年，城镇居民存粮也有所增加，达到630万吨，比上年增加50万吨。[4]

（四）依法管粮取得重要进展

为了更加有效地推进依法行政，国务院于2004年出台了《全面推进依法行政实施纲要》。各级粮食行政管理部门在《纲要》的指导下，扎实推进依法管粮，使得粮食行

---

① 中国粮食研究培训中心. 2010中国粮食发展报告 [M]. 北京：经济管理出版社，2010：2.
② 中国粮食研究培训中心. 2010中国粮食发展报告 [M]. 北京：经济管理出版社，2010：3.
③ 中国粮食研究培训中心. 2010中国粮食发展报告 [M]. 北京：经济管理出版社，2010：26.
④ 中国粮食研究培训中心. 2010中国粮食发展报告 [M]. 北京：经济管理出版社，2010：28.

业在立法、普法、依法行政方面都取得了突出进展；粮食行业广大干部职工的法律素质逐步提高，粮食行政管理部门的公信力得到了提高。

1. 粮食立法工作稳步推进

《粮食法》出台加速。2009 年 1 月，国务院将《粮食法》列入了 2009 年国务院立法工作计划，并确定由国家发改委和国家粮食局负责起草。根据全国人大、国务院的相关精神，成立了由国家发改委和国家粮食局等 17 个部门有关负责同志组成的《粮食法》起草工作领导小组。按照《粮食法》起草工作的统一部署，7 个专题调研组先后到 13 个省（区）展开专题调研，通过召开座谈会、实地走访等形式，广泛听取了地方政府及其相关部门、行业协会、粮食生产者、经营者、消费者和人大代表、政协委员的意见。[①] 截止到 2011 年初，《粮食法》框架已经起草完成，并列入了全国人大的立法计划之中。要加快《粮食法》的研究起草步伐，重点需要解决以下突出问题：一是要加强对粮食生产资源的保护，尤其是耕地和淡水资源的保护；二是要加强政策支持，真正让种粮地区和农民不吃亏，提高种粮积极性，从源头上解决国家粮食安全问题；三是要加强国家粮食宏观调控能力，牢牢把握粮食安全的主动权。由于时间紧、任务重，全国人大农委进一步加大了对《粮食法》的调研力度，确保《粮食法》在当届人大内提请审议。[②]

《中央储备管理条例》和《粮食流通管理条例》的配套规章制度继续健全，各部门根据实施情况和实际工作需要，对粮油仓储制度、粮食质量监管制度和军粮管理制度进行了制（修）订。各地区也在积极推进本地粮食立法工作，广东省于 2009 年出台了《广东省粮食安全保障条例》；四川省、安徽省和内蒙古自治区分别制（修）订了《四川省〈粮食流通管理条例〉实施办法》《安徽省省级储备粮管理办法》《内蒙古自治区粮食流通管理办法》等地方规章。

2. "五五"普法工作成果显著

2006 年，国家粮食局颁布了《全国粮食行业法制宣传教育第五个五年规划》。此后，各级粮食部门紧紧围绕粮食流通中心工作，认真组织实施、深入开展粮食法制宣传教育工作，全面提高粮食行业广大干部职工的法律意识和法律素质，扎实推进依法管粮，粮食普法依法治理工作取得明显成效。

3. 依法行政工作扎实开展

其具体表现首先是积极做好行政复议工作，努力化解行政争议。粮食主管部门在对粮食行政复议和诉讼情况认真的分析的基础上，定期送国务院法制办办理行政复议，并汇报行政应诉案件的情况。其次是严格做好粮食收购资格审核和中央储备粮代储资格认定工作。各级粮食行政管理部门按照《粮食流通管理条例》的规定，依法展开了粮食收购资格审查。全国有 31 个省（区、市）均已经建立了粮食收购市场准入制度，对从事

① 中国粮食研究培训中心. 2010 中国粮食发展报告［R］. 北京：经济管理出版社，2010：72.
② 全国人大农委调研《粮食法》立法工作［J］. 政府法制，2011（22）：39.

粮食收购活动的具体条件、办理时限、办理流程等进行了明确的规定。各地粮食行政部门通过采取公布粮食收购资格条件、申请程序、受理机构和电话，提供一站式服务和网上申请等便民措施。目前，粮食收购审核工作基本实现了制度化和规范化，粮食收购市场国有企业继续发挥主渠道作用、其他多元主体积极入市收购的格局形成。最后，各级粮食部门认真履行监督检查职能，在政策性粮食购销活动监督检查、面向全社会粮食流通的监督检查，以及加强监督检查体系、制度、队伍建设方面取得了新的成绩。

4. 粮食部门依法行政能力和水平进一步提升

粮食部门深入开展了粮食依法行政示范创建活动，建立健全了依法行政示范单位动态管理制度，对起不到示范作用的单位依法取消了荣誉称号；同时，对示范创建活动中涌现出来的先进单位，通过验收程序及时进行增补。召开部分粮食依法行政示范单位座谈会，通过现场交流、实地查看、编发经验材料等多种方式，充分发挥依法行政示范单位的辐射带动作用，及时总结和推广依法行政示范单位工作的典型经验。由此，粮食行政支付程序和行为进一步规范，基层粮食部门依法行政的能力和水平得到进一步提高。[①]

（五）粮食仓储设施建设得到完善

我国粮食仓储设施建设主要分为三个时期，1949 年到 1990 年是粮食仓储设施建设起步时期，这期间主要受计划经济体制影响，未能成规模的建设粮库；1991 年到 2005 年是大规模粮食仓储建设时期，这期间主要有三个大的粮食仓储设施建设项目；2006 年至今是粮食仓储设施建设转型期，这期间主要是对粮食仓储设施进行改造。

粮食仓储设施建设起步时期（1949—1990）。新中国成立以后，党中央、国务院就十分重视中央粮食储备问题。在长期的实践中，建立了一套与计划经济体制相适应的中央粮食储备制度。这套制度一直沿用至 1990 年，期间虽然略有调整，但一直未能有较大变动。受国家粮食流通计划管理体制和经济实力的制约，在 1991 年以前，我国历史上没有成规模的建设粮库。因此，这时期的中央粮食储备规模较小，最高峰时库存也只有近 200 亿斤。[②] 据有关资料显示，全国 80％以上的粮库仓容规模不足 0.5 亿斤，仓型落后，主要仓房为砖木结构的平仓房，钢筋混凝土立筒仓只占总仓容的 0.74％。短途运输的粮食基本依靠人力，只有少数库点有较为现代化的基本机械设备；有科学质量检测和储运设施的库点更是少之又少。原商业部的统计资料显示，1991 年 12 月底，全国粮食总库存（混合粮）3331 亿斤，其中露天储粮 1019 亿斤，占总库存的 31％。[③]

大规模粮食仓储设施建设时期（1991—2005）。1990 年，我国粮食生产获得大丰收。为解决粮农卖粮难的问题，保护粮产区和粮农的种粮积极性，国务院决定建立国家专项粮食储备制度。同时，我国开始进行大规模的粮食仓储建设与之配套。此后，国家

---

① 中国粮食研究培训中心. 2010 中国粮食发展报告 [R]. 北京：经济管理出版社，2010：74.
② 鲁晓东. 我国中央粮食储备制度的变革 [N]. 粮油市场报，2001—04—28（002）.
③ 中国粮食研究培训中心. 中国粮食安全发展战略与对策 [M]. 北京：科学出版社，2009：192.

分别于 1991 年、1994 年、1998 年修建了 18 个机械化骨干粮库建设项目、世界银行贷款粮食流通项目和三批国家储备粮库建设项目。第一个项目于 1992 年正式开始建设，大部分粮库于 1996 年建成并投入使用，总投资约 17.7 亿元，实际建成总仓容 97 万吨。第二个项目 1994 年开工建设，2001 年年底基本建成，总投资约 83 亿元，其中世界银行贷款 4.9 亿美元。该项目一共有 282 个子项目，建成总仓容 1800 万吨，标志着我国粮食由传统的包装运输向散粮运输方式的转变。第三个项目始于 1998 年，首先安排了 172 亿元用于建设 500 亿斤仓容规模的国家储备粮库。1999 年 10 月和 2000 年 6 月，国务院又决定分别投资 150 亿元，建设两个 200 亿斤仓容规模的国家储备粮库。2002 年和 2003 年，国家再次安排 23 亿投资用于上述项目的完善配套和提升。这次国家储备粮库建设工程投资 343 亿元，建成后的总仓容达到 1048 亿斤。[①]

"十一五"粮食仓储设施建设转型期（2006 至今）。"十一五"时期，国家粮食连年丰收，为保证粮食生产和收储需要，国家进一步加大了对粮油仓储设施建设的投入力度。中央累计安排了补助投资 56.3 亿元，共带动地方和企业投资 207 亿元。这是继三批国债投资储备粮库项目之后最集中的一次粮油仓储设施建设，共建设储备仓容 2450万吨，储备油罐 485 万吨，烘干能力约 1200 万吨。项目重点安排在东北、黄淮海和长江流域粮食主产区，其中一半以上安排给中国储备粮管理总公司直属库，极大地增强了中央和地方粮油储备能力，特别是食用植物油储备能力。同时，为确保地方粮食安全，各地也加大了粮油仓储设施投入力度，并取得了良好效果。与此同时，中央财政从 2006 年开始每年提供补助资金用于引导和扶持主产区执行中央政策性粮食收储任务库点的仓房维修改造，补助资金逐年提高，2006 年仅为 1.26 亿元，2010 年则达到了 4 亿元。据不完全统计，"十一五"期间累计安排中央财政补助资金 12.46 亿元，带动地方财政和企业投资约 50 亿元，维修改造基层收纳仓库仓容达 1 亿吨以上，有力地保证了主产区基层粮食收储能力。由于"十一五"期间，我国自然灾害频发，特大灾害不断，为尽快恢复灾损粮食仓储设施，保证灾区粮油供应安全，国家及时安排部署灾后应急维修工作，共安排中央补助资金 5.72 亿元。另外，根据汶川大地震和玉树地震及舟曲泥石流灾后粮食流通设施重建规划，国家已落实灾后重建资金 6 亿多元，以用于四川、陕西、甘肃、青海等省粮食流通设施灾后重建。我国的粮食收储、烘干和物流能力在"十一五"期间取得了极大提高，改善了项目省区部分农户储粮条件，对保护种粮农民利益和确保国家粮食安全发挥了重要作用。

第二节　我国加强农业基础地位和保障国家粮食安全的约束因素

尽管中央政府通过各种手段不断加大对农业的扶持力度，推动农业取得了长足进步，但是，由于我国人口基数大，资源匮乏，加之长期以来缺乏环境保护意识，要进一

---

① 中国粮食研究培训中心. 中国粮食安全发展战略与对策 [M]. 北京：科学出版社，2009：193.

步加强农业基础地位和保障国家粮食安全的困难很大。特别是生态环境恶化造成的困境，已经到了刻不容缓的地步。同时，由于我国仍处向社会主义市场经济转型的时期，许多陈旧的制度也约束了我国农业的发展。此外，2008 年以来金融危机的持续对我国经济健康发展造成影响，投机资本对农业大宗商品价格而言也是一个巨大的威胁。

一、自然资源短缺、生态环境恶化的约束

我国人口占世界总人口的 19.78%，而耕地只占世界总耕地的 9.97%，耕地资源有限，粮食增产的潜力受到土地数量的刚性约束。与此同时，我国自然资源短缺，生态环境不断恶化，不利于加强农业基础地位和保障国家粮食安全。

（一）耕地资源数量不断减少，整体质量较低

从我国的人均耕地资源来看，其数量由 1996 年的 1.59 亩下降到 2007 年的 1.38 亩，再降到 2009 年的 1.36 亩。2007 年世界人均耕地面积为 3.15 亩，中国人均耕地面积仅为世界平均水平的 43.2%，耕地资源严重不足。[①] 由于我国仍有近 3 亿人从事第一产业，2007 年农业人口数量居世界第一位，因此，第一产业人均耕地面积只有 0.41 公顷（6.15 亩），而世界劳均耕地面积有 1.1 公顷，我国不到世界平均水平的 40%。

此外，近年来我国城镇化率逐渐加快，2000 年我国城镇化率仅为 36%，2006 年达到 43.9%，而根据 2010 年第六次全国人口普查的结果，我国的城镇化率已经接近 50%，约为 49.63%。2000—2010 年的年平均增长率为 3.26%。根据联合国预测，到 2050 年，我国城镇化率将达到 72.9%。这意味着我国需要供应大量的建设用地来满足城镇化的需求。事实是，尽管《1997—2010 全国土地利用总体规划纲要》提到了耕地面积保护的目标是 2010 年保持在 12801 万公顷（19.20 亿亩）以上，其中基本农田面积 10856 万公顷（16.28 亿亩），并对建设用地总量控制目标为：2001—2010 年，新增建设用地超过 204.8 万公顷（3072 万亩），合计不超过 340.8 万公顷（5112 万亩），其中占用耕地面积不超过 196.67 万公顷（2950 万亩）。[②] 但是国土资源部数据显示，2010 年年底土地利用的实际情况是：基本农田保护面积与原规划目标有 4% 以上的差距，稳定在 15.6 亿亩；"十一五"规划以来每年全国建设用地需求在 1200 万亩以上。[③] 这样的情形加剧了耕地的减少，对耕地保护目标的实现造成了巨大的压力。1998—2009 年，我国耕地面积由 19.45 亿亩减少至 18.26 亿亩，11 年减少了近 1.19 亿亩，平均每年减少 1082 万亩。

在耕地数量下降的同时，耕地质量也普遍降低，中低产田比例较高，抗灾能力弱。现有的耕地中，亩产在 500 公斤以下的中低产田约占总耕地面积的 2/3。同时，粮食单产不稳，2007 年粮食作物单产为 4748.3 斤/公顷，2008 年上升至 4950.8 公斤/公顷，

---

① 国家统计局农村社会经济调查司. 中国农村统计年鉴（2010）[M]. 北京：中国统计局出版，2010.

② 1997—2010 年全国土地利用规划纲要 [Z].

③ 国土资源部. 基本农田保护面积稳定在 15.6 亿亩以上 [EB/OL]. http://www.mlr.gov.cn/xwdt/jrxw/201012/t20101206_799653.htm，2010—12—06.

增幅达 4.3%。然而，2009 年单产仅为 4870.6 公斤/公顷，同比下降了 1.6%。

（二）水资源短缺，时空分布不均

近年来，我国水资源总量呈波动状态，但有不断下降的趋势，2000 年为 27700.8 亿立方米，而 2009 年仅为 24180.2 亿立方米，人均占有量为 1816.2 立方米，不到世界平均水平的 1/4。水利部预测，2030 年中国人口将达到 16 亿，届时人均水资源量仅有 1750 立方米。在充分考虑节水的情况下，预计用水总量为 7000 亿至 8000 亿立方米，要求供水能力比现在增长 1300 亿至 2300 亿立方米，全国实际可利用水资源量接近合理利用水量上限。除总量紧张外，我国的水资源季节、空间分布也很不均匀，且水资源开发难度极大。

从时间分布来看，水资源在年内、年际间变化很大，造成我国旱涝灾害频发的现状。由于受大陆性季风气候的影响，降雨季节性特征明显，主要发生在夏季，容易形成春旱夏涝的问题；而在枯水年和枯水季，缺水问题又十分严重。水资源在时间上的分配不均，造成了较为严重的自然灾害。2009 年，我国农业受灾面积为 4721.4 万公顷，水灾面积为 2925.9 万公顷，旱灾面积为 761.3 万公顷，受灾面积占耕地总面积的 1/3 以上。2009 年以后，由于政府采取了一系列有力措施，使农业遭受自然灾害的程度有所下降，但 2011 年我国农业受灾面积仍有 3247.1 万公顷，成灾面积 1244.1 万公顷，受灾状况并没有发生根本性改变。

从空间分布来看，特别是北方粮食主产区，水资源已经处于"绝对稀缺"状态。黄河流域的年径流量只占全国年径流总量的约 2%，为长江水量的 6% 左右。华北平原很多城市地下水供水比重超过 80%，南方城市这一比例通常低于 30%。由于缺水，北方许多地区土地盐碱度提高，直接威胁粮食生产。另一方面，我国农灌用水利用系数低下，农业灌溉平均每亩用水 488 立方米，农灌用水利用系数仅 0.43，而许多发达国家已达 0.7~0.8。渠灌区水的有效利用率只有 40% 左右，井灌区也只有 60% 左右，而在一些发达国家，水的有效利用率可达 80%。[①] 我国不仅水资源严重短缺，而且水域污染相对严重，据《2012 年环境状况公报》显示，长江、黄河、珠江、松花江、淮河、海河、辽河、浙闽片河流、西北诸河和西南诸河等十大流域的国控断面中，Ⅰ～Ⅲ类、Ⅳ～Ⅴ类和劣Ⅴ类水质断面比例分别为 68.9%、20.9% 和 10.2%。2012 年，中国地质局专家在国际地下水论坛发言中提到，全国 90% 的地下水遭到了不同程度的污染，其中 60% 污染严重。有关部门对 118 个城市进行连续监测，约有 64% 的城市地下水遭到严重污染，33% 的地下水受到轻度污染，只有 3% 的城市地下水基本清洁。水污染正由东向西发展，由城镇向农村蔓延，从区域向流域扩散。

（三）土地退化日益严重，生态环境损失难以估算

水土流失、土地荒漠化和土地沙化是土地退化的重要方面。水土流失使容纳了大量

---

① 水利部. 我国水环境问题及对策［EB/OL］. http://www.mwr.gov.cn/zwxx/20030305/1183.asp, 2003-03-05.

泥沙的水库、河道变成了"地上悬河";人口的快速增长和耕地面积的不断扩大,使土地连续耕作,难以休耕补养,致使农田耕层变浅,保肥蓄水能力下降。如黑龙江省近几年来耕地质量就严重下降,其主要表现在:土壤有机质下降,含量从初垦期的 11.8% 下降到目前的 2.5%~3.5% 左右;同期土壤间持水量下降,由 57.7% 下降到 41.9%。目前,松嫩平原腹地的土壤过湿,质地黏重、透气性差,且为低温地,导致有效养分释放缓慢,作物前期生长迟缓;由于含盐水份的聚集,土壤出现不同程度的盐渍化。在东部、东北部地区,还发生了程度不一的土壤酸化。土壤较强的酸性使铁、铝、锰离子过度活化,致使土壤肥力遭到破坏。[①] 水土流失的后果是风灾、旱灾、水灾不断,给农业生产乃至今后的可持续发展带来严重的危害。据水利部统计,2010 年底我国水土流失面积达到 356.92 平方公里,占国土总面积的 37.2%,亟待治理的面积近 200 万平方公里,全国现有水土流失严重县 646 个;每年水土流失给我国带来的经济损失相当于GDP 的 2.25% 左右,带来的生态环境损失更是难以估算。[②]

近几十年来,我国土地荒漠化日益严重。近 50 年来,全球气候变暖使我国北方大部分地区降水量减少,气温明显增高,"暖干化"现象明显。由于我国 80% 以上的荒漠化土地分布于北方年降雨量在 400 毫米以下的干旱、半干旱地区,原本脆弱的生态环境更加不堪一击。一些地区沙化面积仍在扩展,因土地沙化每年造成的直接经济损失高达 500 多亿元。[③] 尽管近几年来,我国治理土地荒漠化和沙化取得了一定的进展:与 2004 年相比,五年时间内荒漠化土地面积净减少 12454 平方公里,年均减少 2491 平方公里;沙漠化土地面积净减少 8587 平方公里,年均减少 1717 平方公里,有效地遏制了土地荒漠化和沙化,但是总体情况仍然不容乐观。根据国家林业局的报告,2009 年底,我国仍有荒漠化土地 262.37 万平方公里,沙化土地 173.11 万平方公里。[④]

二、农村环境状况恶化,农业污染加剧

改革开放以来,我国的环境保护工作取得了重大的进展,但仍普遍存在重视城市环境建设而忽视农村环境保护的现象,占国土面积 90% 以上的广大农村的环境问题依然十分严峻,基础仍然薄弱。目前,我国农村环境污染和生态破坏日趋严重,极大地影响着作为弱势产业的农业和弱势群体的广大农民。农村环境状况关系到我国农业的发展、农民的生存、农村的稳定和可持续发展,环境治理刻不容缓。

(一)农村生活排污使农村环境恶化

长期以来,农村建设管理主体缺位,没有具体规划,公共环境基础设施建设严重不

① 邹滨年. 夯实农业基础,确保粮食安全 [N]. 协商新报,2007—08—22.

② 本报评论员. 依法防治水土流失,全民共建秀美山川 [N]. 人民日报,2011—01—26.

③ 搜狐新闻. 中国荒漠化越来越严重 每年土地流失一个中等县 [EB/OL]. http://business.sohu.com/20041222/n223603516.shtml,2004—12—22.

④ 国家林业局. 中国荒漠化和沙化状况公报 [EB/OL]. http://www.china.com.cn/zhibo/zhuanti/ch-xinwen/2010—08/31/content_21669628.htm,2011—01.

足，造成了大量生活垃圾无法处理或处理不及时，"脏乱差"现象十分突出。同时，由于受农民自身素质的影响，广大农民对环境污染的危害认识不够深刻，使得农村生活排污呈现无序状态。据统计，每年农村产生的12亿吨生活垃圾几乎全部露天堆放。

（二）农业自身污染和农村工业污染加剧

首先是种植业发展造成的污染加剧。随着国民经济快速发展，农产品需求量与日俱增。然而，由于受自然资源限制和农业科学技术发展约束，农业增产主要依靠化学品投入，化肥施用量逐年攀升。1990年，全年化肥施用量仅为2590.3万吨，到1995年就增长到了3593.7万吨，2009年更是达到了5404.4万吨，年均增幅高达3.4%。按农作物播种面积来计算，平均化肥施用量达到340.6公斤/公顷，远远高于发达国家225公斤/公顷的安全上限，而且我国化肥的利用率还较低，平均约为35%，化肥产品结构与施用比例也不尽合理。除此以外，农用塑料薄膜、农用柴油和农药的使用量也逐年递增，造成了严重的面污染，农村许多河道早已发黑发臭。尽管近年来农业发展方式转变促使2010年、2011年农药使用量增长放缓，但化肥、农用塑料薄膜的使用量还在急剧攀升（见表5-5）。土地对化学品的依赖还在不断增强，长此以往，土壤板结、肥力下降、农作物减产将不可避免。

表5-5　1990—2011年我国化肥、农用塑料薄膜、农用柴油和农药的使用量

指标 年份	1990	1995	2000	2008	2009	2010	2011
化肥施用量（折纯量）（万吨）	2590.3	3593.7	4146.4	5239	5404.4	5561.7	5704.2
农用塑料薄膜使用量（万吨）	48.2	91.5	133.5	200.7	208	217.3	229.5
农用柴油使用量（万吨）	—	1087.8	1405	1887.9	1959.9	2023.1	2057.4
农药使用量（万吨）	73.3	108.7	128	162.2	170.9	175.8	178.7

数据来源：国家统计局农村社会经济调查司《中国农村统计年鉴（2012）》。

其次是畜牧业的发展造成了污染。人民生活水平的日益提高，对肉蛋奶等畜产品和农副产品的需求量增大，加速了畜牧业的发展。为了增强竞争力，禽、畜养殖业从分散的农户养殖转向集约化、工厂化养殖是必然趋势，然而，集约化、工厂化的养殖产生的禽畜粪便污染成为一个重要的污染源。据调查，养殖一头牛产生并排放的污水超过22个人产生的生活污水，养殖一只猪产生的污水相当于7个人产生的生活污水。[①] 全国第一次污染源普查表明，到2007年，我国规模化畜禽养殖场产生的畜禽粪为2.43亿吨，尿液为1.63亿吨，此两者居农业污染源之首，并在一定范围内导致水质恶化，对人居环境和人体健康产生危害。

最后是农村工业发展带来的污染。改革开放以后，乡镇企业异军突起，一方面吸收了因家庭联产承包责任制的实施而解放出来的农村富余劳动力，另一方面为缩小城乡差

---

① 张波. 农村的环境污染状况及对策 [J]. 安徽职业技术学院学报，2004（2）：47-49.

距做出了突出贡献。然而，乡镇企业往往是粗放型的生产方式，生产技术落后，生产设备简陋，往往带来高耗能和高污染。而且乡镇企业数量众多，绝大部分没有相应的防治污染的设施，使农村环境的压力加重，并导致农村环境恶化。如今，我国乡镇企业引起的污染在工业总污染中所占比重已由 30 年前的 11% 上升到 45%，而一些主要污染物的排放量已超过总污染物排放量的一半。①

（三）城市转移污染现象日趋严重

伴随着经济的发展和城镇化进程的加快，城市污染日益严重。城镇化是一个城市不断延伸至农村的过程，在给农村带来现代化的生产和生活方式的同时，也向农村转移了大量的污染，加重了本来就不堪重负的农村环境状况。城市污染向农村转移主要通过四个渠道：首先是城市工业不断向农村的转移。城市的产业结构调整是经济发展的必然趋势，调整后的一些高污染、高耗能的重工业都向农村地区转移。其次是城市工业产生的废气、废水、固体废弃物直接转移至农村。据统计，目前工业"三废"污染农田已达 1000 万公顷，比 1983 年增加了 2.5 倍，约有 15% 的农田受到不同程度的污染。再次是城市污水对农村造成的污染，每年有将近 80% 的城市污水未经任何处理直接排向各类河流、湖泊之中，造成了严重的水质恶化。最后是城市垃圾向农村倾倒。由于受到经济条件和科学技术水平的限制，城市每天产生的生产、生活垃圾都在城市近郊填埋或处理，这些垃圾不仅占用了宝贵的土地资源，还造成了对周边农村的污染。

三、农业基础设施建设缺乏动力

农业基础设施建设一般包括：农田水利设施、农产品流通设施建设、商品粮棉生产基地、用材林生产基础和防护林建设，以及农业教育、科研、技术推广和气象基础设施等。加强以农田水利为重点的农业基础设施建设是强化农业基础的紧迫任务。尽管新中国成立以来，中央政府从未放松过对农业基础设施建设的力度，并取得了一系列成果，但是仍然面临许多亟待解决的问题，农业基础设施依然薄弱。本课题主要关注农田水利和农产品流通这两种与加强农业基础地位和确保国家粮食安全最为息息相关的基础设施建设。

（一）农田水利工程老化失修，配套设施不完善

农业基础设施建设以农田水利设施建设为重点，这是由农田水利设施在农业生产中的重要作用决定的。农田水利设施是农业生产的命脉，是农村乃至国民经济发展的重要基础设施。新中国成立以来，我国农田水利设施建设得到了迅速的发展：2009 年全国灌溉面积增加到 6516.4 万公顷，其中旱涝保收面积达到 4235.82 万公顷。全国农业灌溉水利用系数从 2005 年的 0.45 提高到 2009 年的 0.49。抗灾能力明显增强，生产条件显著改善，灌溉耕地提供了全国 75% 的粮食、80% 的商品粮和 90% 的经济作物，为我

---

① 张雪. 我国农村环境污染的现状及其保护对策 [J]. 农村经济，2004（9）：86-88.

国的粮食安全提供了有力的保障。然而，2010 年西南地区发生特大干旱，多数省（区、市）遭受洪涝灾害，部分地区发生了严重的山洪和泥石流，又暴露了我国农田水利设施依旧十分薄弱的事实。这主要是由于我国大部分农田水利设施兴建于农业合作化之后、家庭联产承包责任制实施之前，大部分的农田水利工程已老化失修。

大中型灌区能否充分发挥灌溉效益，主要取决于小型农田水利设施的配套情况。然而，全国小型农田水利工程的平均完好率仅为 50％，实际灌溉面积远低于设计灌溉面积。根据 2006 年水利部门开展的百县农村水利情况调查的数据，在 125 个县共计 477 万亩以上的灌区中，有效灌溉面积 206.67 万公顷，但实际灌溉面积只有 135.67 万公顷，34.4％的面积灌不上水。434 个大型灌区骨干工程的完好率不足 50％，大型灌溉排水泵站老化破坏率达 75％左右，全国因水利设施老化损坏年均减少有效灌溉面积 311 万亩，相当于每年减少 10 个 30 万亩的大型灌区。

节水灌溉发展也严重滞后。目前，节水灌溉面积仅占灌溉面积的 43.4％，其中喷灌、微灌面积仅占灌溉面积的 7.8％，灌溉水有效利用系数仅为 0.50。发展节水灌溉，对于水资源短缺，在工业化、城市化进程中农业用水又受到挤占的实际而言，有着十分重要的意义。

小型病险水库的隐患日益突出。"十一五"期间，国家加大了对大中型水库除险加固力度。但是忽略了对小型病险水库的改造。2010 年汛期，全国被冲垮的小型水库有 11 座。

（二）农产品流通设施建设有待加强

农产品流通设施是实现农产品流通的物质载体，是建设现代农业、繁荣农村经济的重要环节，同时也是农户小生产与大市场实现对接、增加农民收入的重要途径。如前所述，"十一五"期间，商务部通过实施"双百市场工程"和"农超对接"，着力降低农产品流通成本，减少农产品流通环节，提高农产品流通效率，促进了我国农产品流通体系的逐渐完善。然而，我国的农产品流通设施还远达不到现代农业的要求。

农产品批发市场发展与实现农产品大流通有较大差距。一是总量不足，不能满足农产品流通发展的需要。二是功能不全，大部分市场的水、电、路、排污设施严重滞后，"以街为市、以路为集"的现象仍然普遍存在；缺乏必要的储藏、保鲜设施，农产品交易过程中损失严重；缺乏检验检测设施，质量安全没有保障。三是交易方式和结算方式落后，农产品批发市场普遍采用"一对一"对手交易和现金结算，发达国家已经实行拍卖交易和电子统一结算。

粮食现代物流发展水平还比较低，运输成本高、效率低。一是现有的仓储设施无法满足散粮接卸的需要，现有完好仓容中 11％是适合粮食散装散卸的立筒仓、浅圆仓，89％是未能满足散粮接收发需要的平房仓。二是运输方式落后，目前全国 85％的粮食运输仍旧采用包粮运输；粮食收购环节主要采用麻袋、塑料编织袋包装的方式，而在储存环节拆包散储，最后到中转和运输环节又转为包装形态。散粮火车的开行仅限东北地区，散粮汽车的运输尚处于起步阶段，而内河船舶运输还尚未起步。① 流通环节中需要数次灌、拆包，致使包装的资材浪费大、抛洒损失多、掺入杂质等情况严重。三是装卸的自动化水平低，绝大部分粮食的装卸仍采用肩挑背扛的人工搬运装卸方式。由于上述问题，我国粮食物流成本较高。我国粮食从产区到销区的物流成本占粮食销售价格的比重达20%～30%，比发达国家高出1倍左右。落后的运输装卸方式使我国每年损失粮食800万吨左右。完成从麻袋包装、人工搬运到粮食"四散化"的运输转变是粮食物流现代化发展的必然选择。美国、加拿大等国自20世纪30年代起经过三十余年的努力，发展出散粮汽车、散粮专用船舶、圆筒仓自动装卸等散粮运输系统。而到20世纪80年代，主要发达国家已全部实现粮食"四散化"运输。总之，我国要减少粮食的流通损耗、增加粮食的有效供给、提高粮食的流通效率，实行粮食"四散化"运输变革是必经之路。

粮油仓储设施总量不足和地区之间不平衡的矛盾仍然存在，其中东北、黄淮海、长江流域等粮食主产区仓储设施严重不足。如全国现有5470亿斤粮食有效储备仓容中，1978年以前建设的1000亿斤仓容将进入报废期，需要重建；1978—1990年期间建设的1000亿斤仓容也需要进行维修改造。另外，我国现有食用油罐大部分是20世纪建设的小型油库，不但仓容能力严重不足，而且布局也不合理。随着《国家粮食安全中长期规划纲要（2008—2020年）》等发展规划的实施，我国将对粮油仓储设施提出更高的要求。

农产品冷链物流发展还处于起步阶段。目前，欧盟、美国、加拿大、日本等发达国家肉禽蛋及乳制品冷链流通率（即冷链物流各环节实行全程低温控制的商品流通量占商品流通总量的比率）达100%，蔬菜、水果冷链流通率也达到95%以上。而我国果蔬、肉类、水产品冷链流通率分别达到5%、15%、23%。总的来看，我国农产品冷链物流发展仍处于起步阶段，冷库、冷藏运输车等严重不足，绝大多数农产品在常温下流通，而且冷链物流各环节之间缺乏系统整合和协调运作，"断链"现象十分严重，由此造成的产后损失十分严重，腐败变质引起的食品安全事件也时有发生。

四、农业经营规模小、边际成本高的约束

中共中央在1987年的五号文件中第一次明确提出了采取不同的形式实行农业适度规模经营。此后，中共中央和国务院的多个重要文件和《决定》都提到了要通过发展适度规模经营，促进农业增产、农民增收。马克思曾经说过："所以人类始终只提出自己能够解决的任务，因为只要仔细考察就可以发现，任务本身，只有在解决它的物质条件已经存在或者至少是在生成过程中的时候才会产生。"② 由此可见，农业规模经营问题已经成了约束农业发展的瓶颈，中央对其高度重视。

---

① 国家发展和改革委员会，等. 粮食现代物流发展规划 [Z]. 2007.
② 马克思恩格斯选集（第2卷）[M]. 北京：人民出版社，1995：33.

农业经营要形成适当规模，主要有两条途径。第一条途径是在农业生产过程中，农业生产者通过增加劳动力、资本和土地等各类生产要素的投入数量，来实现农业产出规模的扩大。这种途径称为农业内部规模化。第二条途径则是在不改变原有要素投入数量、比例的情况下，通过完善契约、激励等相关制度安排，组织数个生产决策主体共同生产一类农产品以实现规模经济；或者通过产前、产后的合约安排，实行专业多样化分工和专业化生产，以使经营效率得到提高[①]，这种途径被称为农业外部规模化。然而，由于我国受土地资源约束、制度供给约束和经济社会发展水平约束的制约，我国农业经营规模普遍偏小，专业化水平低，由此也带来了较高的边际成本。

（一）土地资源约束

要实现农业内部规模化，一个重要的方式就是通过农业机械的应用来代替劳动生产，从而提高农业产出效率。而农业机械的大规模应用又是以土地规模化使用为基础的。如前所述，我国农户户均耕地面积只有 0.41 公顷，不到世界平均水平的 40%，属于超小规模的农业生产。与此同时，农村人口还在不断增长，耕地数量还伴随着城镇化的进程下降。农业生产要实现土地规模化在可预期内无法实现。根据专家预测，若推行保守的城镇化政策，我国种粮户到 2045 年约为 1.07 亿户，平均耕种面积为 0.8 公顷；若推行积极的城镇化政策，我国种粮户到 2045 年约为 0.27 亿户，平均耕种面积约 3.2 公顷，比日本、荷兰还低。而根据盖尔·约翰逊的预测，我国户均耕地于 2025 年才能达到 2 公顷，于 2030 年达到 2.37 公顷。[②] 因此，土地资源约束将成为我国农业经营规模化的长期瓶颈。

（二）制度供给约束

改革开放以来，我国实行的家庭联产承包责任制对农业生产力的快速发展、农民收入的快速增加发挥了巨大的作用。但是，随着社会主义市场经济体制的进一步完善，以均田制为核心的家庭联产承包责任制的问题逐渐暴露出来。

首先，由于家庭联产承包责任制实行的是按现有人口平均分配土地，因此，整块土地往往被分割成了许多小块分户经营，田埂、沟堰占了不少耕地，从而导致土地的碎片化现象。土地的碎片化极大地增加了实现土地规模化的交易成本。要在某地搞一个 50 亩地（连片）的种植经营规模，若农户承包地集中为一块，可能只需同 5~10 户左右的农户达成协议就成。而由于农户承包地"碎片化"，可能要与 20~50 户，甚至更多农户达成一致才成，如此巨大的交易成本决定了这项工作往往只能依赖地方政府强行推动。农民承包地的碎片化，使得农民不得不种植多样农作物，无法实现专业化种植分工。同时，每块田地都很窄小，农业机械难以使用，即便使用也是高成本使用，完全不利于发展农业机械化生产。

其次，家庭联产承包责任制还造成了农村土地产权不完整，严重阻碍了土地资源的

① 史月兰. 我国农业发展中的规模经济实现途径探讨 [J]. 理论与改革, 2009 (4)：109.
② 许锦英. 我国农业规模经营的误区及其根源辨析 [J]. 理论学刊, 2009 (12)：59.

优化配置。尽管《农村土地承包法》中确立了对农户私人土地转让权的承认和界定，明确了农户让渡使用权后获得收益的权利，但是，当农户的土地由农业用途转向非农业用途时，这部法律对于农户的土地产权保护就戛然而止。该法律总则中就有"未经依法批准不得将承包地用于非农建设"（第八条）；而在发包方权利中，则加入了"制止承包方损害承包地和农业资源的行为"（第十三条）；在承包方的义务中，也指出了"维持土地的农业用途，不得用于非农建设"（第十七条）；此外，还在第三十三条土地承包经营权的流转原则中规定了"不得改变土地所有权的性质和土地的农业用途"。这实质上构成了对农户土地流转权的限制。同时，现行的农村土地所有制结构是在1962年实行的"三级所有，队为基础"制度上确定的。"三级"即"组、村、乡"。从法律上看界限十分清楚，但具体到实践中，村农民集体经济组织事实上不存在。用"委托—代理"模式分析，村民将土地的所有权委托给了农民集体经济组织，而集体经济组织的实际控制权一般由村民委员会经营和管理。然而，村民委员会作为基层自治组织，仍要受到上级机关的制约，因此，实际控制权仍然在政府手中。这样，法律规定的村农民集体所有，实际上是无人所有。

最后，这就造成了农民对土地的过度依赖。由于家庭联产承包责任制造成的土地产权残缺，使农民对所承包的土地产生了恋土情节，不仅把集体所有的土地作为解决生活资料的来源，而且还以之作为应对从事不稳定的非农产业所带来的风险的一种手段。同时，由于长期以来城乡二元发展模式，城乡公共服务水平存在巨大差异，占我国人口一半以上的农民要实现"农转非"，首先要解决他们的就业保障、生活福利保障和伤病养老保障等社会保障问题，这又绝不是一朝一夕能够完成的。因此，许多即使已经从事了非农产业的农民宁愿粗放经营或抛荒也不愿放弃土地占有权。

（三）经济社会发展水平约束

要实现农业外部规模化，主要有三种既有联系又是不同层次的规模化形式：较为初级的外部规模化形式是在生产的服务环节上，由多家农户联合起来组成农业专业合作社。农业专业合作社是不需要在种植环节替代农户，合起来组成的合作社可以共同进行市场活动，以降低农产品销售或农业生产资料购置的交易成本。中级的外部规模化形式是实现农业产业化，对农产品生产过程进行专业化分工，提高各个环节部门的专业程度，实现经营效率的提高。高级的外部规模化形式是实现农业产业集群，农业产业集群要建立在农业产业化深度发展的基础上。由此可见，农业外部规模化发展的程度与一个地区的经济社会发展水平息息相关。虽然全国各级政府长期以来都在探索农业合作模式和农业产业化发展模式，但是较为成功的合作组织所经营内容大都是收益比较高的经济作物，大宗粮棉油产区基本上还是以小农家庭经营为主——在程度不同的外部市场、技术与服务环境下，在不同程度兼业的情况下，保持着较低水平的均衡状态。偶尔出现的成功案例都是政府培植的种植大户，因多种因素形成的强势村委集中土地返租倒包的业主和条件比较优越的专业合作社。

五、消费需求刚性增长，供求呈区域约束的特征

改革开放以来，我国经济持续快速发展，居民消费水平日益提高，实现了粮食产量的稳定增长，保证了居民食物消费和经济社会发展对粮食的基本需求。据联合国粮农组织测算，早在 2002 年，我国居民人均每日食物热值、蛋白质和脂肪含量就已超过世界平均水平。2009 年，我国粮食产量达到 53082.1 万吨，比 2008 年增长了 0.4％。2013年，我国粮食产量再接再厉，总产量达到 60193.5 万吨，实现了"十连增"，堪称"史上罕见"。然而，未来我国的粮食生产形势仍不容乐观，保障国家粮食安全的任务依然任重道远。

（一）粮食消费需求刚性增长

尽管我国在 2011 年实现粮食总产量 57121 万吨，但是进出口净额达到 6102 万吨，也创了同期历史新高。据此计算，我国 2011 年粮食总需求量为 63223 万吨，人均粮食需求量达到了 464.8 公斤。根据原国家计划生育委员会的预测，到 2020 年和 2030 年，我国的人口将先后增加到 14.7～15.4 亿和 15.3～16.3 亿，进入人口顶峰时期。[①] 假设平均人年粮食需求量为 400 公斤，2020 年我国粮食年产量必须达到 58800～61600 万吨，2030 年我国粮食年产量则要达到 61200～65200 万吨。虽然 2012 年我国粮食总产量达到 58957 万吨，已经超过 2020 年最低要求，但若要达到最高要求则还需要增产 2643 万吨。这对于城镇化进程加快、土地资源紧张、在可见的时期内粮食生产技术难有很大突破的我国而言，存在一定的困难。

表 5-6　2005—2011 年中国粮食供需情况

年份	生产量（万吨）	进口量（万吨）	出口量（万吨）	城镇居民人均消费（公斤/人）	农村居民人均消费（公斤/人）
2005	48402	3286	1141	77.0	208.9
2006	49804	3186	723	75.9	205.6
2007	50160	3237	1118	77.6	199.5
2008	52871	4131	379	58.5	199.1
2009	53082	5223	329	81.3	189.3
2010	54648	6695	275	81.5	181.4
2011	57121	6390	288	80.7	170.7

数据来源：国家统计局农村社会经济调查司《中国农村统计年鉴（2012）》。

近十年来，我国人均口粮消费量呈总体下降的趋势。根据《中国农村统计年鉴（2012）》提供的资料，我国城镇居民的人均口粮消费量从 2000 年的 82.3 公斤/人，下降到 2008 年的 58.5 公斤/人，但 2009 年回升到 81.3 公斤/人，2011 年又出现小幅下

---

① 2010 年第六次人口普查的结果是我国人口为 13.39 亿，低于国家计划生育委员会的预期。

降至 80.7 公斤/人。我国农村居民的人均口粮消费量则从 2000 年的 250.2 公斤/人，下降到 2009 年的 189.3 公斤/人，再降至 2011 年的 170.7 公斤/人。通过计算可以得出，2009 年我国口粮消费总量在 18551 万吨左右，2011 年我国口粮消费需求下降到了 16782 万吨，口粮占到粮食总需求量的百分比从 2009 年的 32.0％下降到 2011 年的 26.5％。口粮减少的主要原因是居民不断改善的膳食结构。随着经济的发展，居民食物消费呈现多样化的趋势，对口粮需求逐步减少，肉、禽、蛋、奶、水产品及食用植物油等消费逐步增加，营养水平不断提高（见表 5-7）。肉类、蛋类、奶类和水产品与原粮存在一个转化比，其比值分别为：5∶1、3∶1、0.3∶1、2∶1。这说明，居民非粮食的食品消费量上升将以递增的速度拉动粮食的需求量，这无疑给未来我国粮食供求平衡带来了很大压力。

表 5-7 2005—2011 年中国主要农产品人均占有量

年份	粮食 （公斤/人）	棉花 （公斤/人）	油料 （公斤/人）	肉类 （公斤/人）	奶类 （公斤/人）	禽蛋 （公斤/人）	水产品 （公斤/人）
2005	371	4.4	23.6	42.0	21.1	18.64	33.9
2006	380	5.7	20.1	42.7	24.4	18.44	35.0
2007	381	5.8	19.5	40.1	26.7	19.14	36.0
2008	399	5.7	22.3	42.4	26.8	20.34	37.0
2009	399	4.8	23.7	44.4	26.4	20.54	38.4
2010	409	4.5	24.2	45.8	26.7	20.7	40.2
2011	425	4.9	24.6	45.4	27.2	20.9	41.7

数据来源：中华人民共和国国家统计局《中国统计年鉴（2012）》。

（二）粮食供求呈区域性特征

随着东南沿海工业化、城镇化进程加快，南方地区粮食播种面积普遍减少，北方地区逐渐成为我国粮食生产的主力。北方地区[①]粮食生产占全国比重逐年上升。2009 年全国粮食播种面积达到 10898.56 万公顷，北方地区为 6010.73 万公顷，占全国粮食播种面积的 55.2％；2009 年北方地区粮食总产量达到 27947.8 万吨，占全国总产量的 52.6％，分别比 2007 年增加 0.2 个百分点和 0.1 个百分点，分别比 1980 年增加 5.2 个百分点和 12 个百分点。2009 年北方地区稻谷的产量为 5417.9 万吨，而全国总产量为 17289.1 万吨，北方地区占全国稻谷总产量的 31.3％，比 2007 年增加了 13.6 个百分点，比 1980 年增加了近 24.6 个百分点。仅黑龙江省稻谷产量就占到全国的 9.1％，比 2007 年提高了 1.5 个百分点，比 1980 年提高了 8.5 个百分点（见表 5-8）。粮食生产格局发生了根本性的改

---

① 北方地区包括北京、天津、河北、山西、内蒙古、辽宁、吉林、黑龙江、山东、河南、西藏、陕西、甘肃、青海、宁夏、新疆等 16 个省（市、自治区），南方地区包括上海、江苏、浙江、安徽、福建、江西、湖北、湖南、广东、广西、海南、四川、重庆、贵州、云南等 15 个省（市、自治区）。

变，粮食流通格局也由原来的"南粮北调"变为现在的"北粮南运"。

表 5-8　2011 年中国各地区粮食播种面积和稻谷产量

地　区	粮食播种面积 （万公顷）	稻谷产量 （万吨）	地　区	粮食播种面积 （万公顷）	稻谷产量 （万吨）
北　京	20.94	0.2	河　南	985.99	638.0
天　津	31.08	14.2	湖　北	412.21	2036.2
河　北	628.61	83.0	湖　南	487.96	4066.3
山　西	328.79	1.0	广　东	253.04	1940.9
内蒙古	556.15	90.0	广　西	307.28	2078.5
辽　宁	316.98	659.6	海　南	43.06	318.6
吉　林	454.51	691.2	重　庆	225.94	686.5
黑龙江	1150.29	2945.6	四　川	644.05	2007.9
上　海	18.63	106.1	贵　州	305.56	681.5
江　苏	531.92	2248.6	云　南	432.69	1073.5
浙　江	125.41	894.8	西　藏	17.02	1.0
安　徽	662.15	2230.8	陕　西	313.49	120.9
福　建	122.68	845.3	甘　肃	283.37	—
江　西	365.01	3317.7	青　海	27.94	—
山　东	714.58	124.5	宁　夏	85.24	83.9
新　疆	204.75	70.6			

数据来源：中华人民共和国国家统计局《中国统计年鉴（2012）》。

当前，粮食生产正在逐渐向主产区和粮食生产大县集中。据统计，2009 年，13 个粮食主产省（区）[①] 所产粮食占全国总产量的比重为 74.8%，比 1980 年增长近 6%。与此同时，全国粮食总产量中的 20% 以上产自全国粮产量位列前 100 名的产粮大县。从粮食跨省流通数据也可看出，2007 年 13 个粮食主产省（区）外销原粮在全国外销原粮总量中所占比重较 2005 年增长近 8%，已经达到 88%；黑龙江净调出原粮的数量在主产区中名列第一位，而包括安徽等省在内的 9 个主产区净调出的原粮数量占全国净调出的原粮总量的 96%。

由于受气候、水资源等因素的影响，粮食生产中心北移会对我国加强农业基础地位，确保国家粮食安全产生消极的作用。如前所述，近几十年来，我国 80% 以上的荒漠化土地分布于北方地区，特别是近 50 年来，受全球气候变暖影响，北方大部分地区

---

① 主产区包括黑龙江、辽宁、吉林、内蒙古、河北、江苏、安徽、江西、山东、河南、湖北、湖南、四川等 13 个省（区），平衡区包括山西、广西、重庆、贵州、云南、西藏、陕西、甘肃、青海、宁夏、新疆等 11 个省（区、市），主销区包括北京、天津、上海、浙江、福建、广东、海南等 7 个省（市）。

气温明显增高，降水量偏低。据统计，东北区、华北区偏高 1℃ 左右，西北区偏高近 0.3℃；华北区、黄淮区降水较常年偏少 1～2 成。未来北方温度升高，并导致蒸发力加大或蒸发降水差加大，无疑会对我国北方地区的小麦和玉米产生不利的影响。此外，气候条件的微弱差异，也将对病虫害的发生和危害程度产生较明显的影响，未来病虫害对粮食生产的影响有可能会加剧。同时，北方地区水资源的短缺也对粮食生产产生不利影响。北方资源性缺水严重，长江流域以北地区耕地占全国的 65%，水资源仅为全国的 19%，我国 13 个粮食主产区中有 7 个在贫水的北方地区。我国东北地区粮食产量占全国粮食总产量的 17.60%，但水资源仅占全国水资源总量的 6.9%；晋冀鲁豫区粮食产量占全国粮食总产量比重高达 25.31%，但水资源占全国水资源总量比重仅为 3.5%，粮食产能与水资源量严重不匹配。

六、国际市场粮食供求偏紧的约束

早在 1994 年，美国学者莱斯特·布朗就发表过一篇名为《谁来养活中国》的报告。他认为，中国日益严重的水资源短缺，高速工业化进程对农田的大量侵蚀、破坏，加上人口增长，到 21 世纪初，中国为了养活 10 多亿人口，必须从国外进口大量粮食，这势必引起世界粮价的上涨，对世界粮食供应产生巨大影响。该报告弥漫着"中国威胁论"的味道，同时也是对有关当局的警示——中国的粮食安全不能依赖于国际市场。据统计，我国每年的粮食需求量大约在 50000 万吨，而 2010 年世界粮食贸易总额仅为 27554 万吨，仅能满足我国粮食需求的 50% 左右。即使中国把自给率降低至 90%，也需要从国际市场上进口 5000 万吨粮食，占世界粮食贸易总额的 20% 左右，这也是国际市场所不能承受的。

特别是发生在 2007—2008 年的全球粮食危机，充分说明国际市场粮食供求偏紧的严峻形势。2008 年的前三个月，全球主要农产品的国际名义价格达到了近 50 年的最高值。根据联合国粮农组织（FAO）的报告，粮价飙升是由于全球饥饿人口不断增加：2007 年比 2003—2005 年增加了 7500 万，达到 9.23 亿，2008 年进一步增加到 9.63 亿，2009 年已经超过 10 亿。究其根本，粮食供求偏紧主要受制于以下几个因素。

（一）气候变化

气候变化对世界粮食生产有长期性、根本性的威胁。根据联合国气候变化小组的有关报告，全球气候呈以下两个特点：一是一个世纪以来，地球表面平均气温上升了 1℃，且上升速度呈现出不断加快的趋势——后 50 年来的温度升高得比前 50 年更快，几乎每 10 年升高 0.13℃；二是极端天气增多，气候变化标准差变大。面对上述特点，气候变化小组提出了 21 世纪全球粮食安全"最大威胁"是气候变化的论断。气候变化通过对不同农作物生长和对不同地区的农业生产的影响，导致全球粮食安全稳定性下降。例如，一些研究发现，因全球气温的持续上升，1981—2002 年间世界小麦、玉米等每公顷减产 4.3 公斤，大麦减产量则达 6.95 公斤，而稻米、大豆、高粱之类的作物没有明显变化。同时，通常温度上升对高纬度寒带地区的作物生产有利，对低纬度热带、亚热带以及非洲干旱和半干旱地区的农业生产不利，这加剧了全球粮食生产区域不平衡。[①]

由于受到不利气候的影响，2005—2006年世界谷物生产水平出现下降。2005年全球谷物总产量为221936万吨，相比于2004年的226814万吨，减产4878万吨，降幅达到2.15%。2006年，美国、印度、加拿大、法国、德国等谷物产量大国都出现了减产。更令人惊讶的是，由于空前的干旱，澳大利亚的谷物产量下降了2354万吨，降幅达59.0%。同年世界谷物减产了4000万吨，减产幅度达1.9%。

（二）人口增长和生物燃料发展

近几年来，全球对粮食需求大幅度增加，2007年和2008年的增幅均在3%以上。人口的不断增长，使得粮食需求增加。据统计，1995年世界人口仅为571606万，截至2008年年末，人口增加至669725万，年均增长1.226%。幸而全球粮食总产量也在不断增加，1995年，世界谷物产量为188364万吨，2008年则为234900万吨，年均增长1.718%，略高于人口增长率。但是由于前述气候变化等原因，全球粮食生产的地区不平衡，而人口增长率较高的国家往往地处受气候变化不利影响更严重的低纬度热带、亚热带以及非洲干旱和半干旱地区，这也是导致饥荒人口不断增加的原因之一。

如果说，人口增长速率因为略低于粮食总产量的增长速率，而未能成为推动粮食需求增长的主要因素，那么生物燃料产业的发展则可以说是近年来粮食需求的第一推手。生物燃料的发展动力主要来自于原油价格上涨，原油价格高企催生了生产液态生物能源产业的发展。各发达国家出于能源安全的考虑，纷纷制定了各类生物质能源目标，对生物能源产业发展采取税收激励措施，予以大量财政补贴，并且使用生物燃料关税保护本国生物燃料产业。从长期趋势来看，国际原油价格与食物价格指数之间存在着趋同的变动关系，特别是在2007—2008年间，二者的变动特征几乎完全一致。

2002—2007年，全球乙醇产量增加了两倍，达到620亿升；同期生物柴油生产增加十多倍，达到100多亿升。仅2007年到2008年，全球用于生产乙醇的小麦和粗粮达到9500万吨。2008年到2009年，全球用于生物燃料生产的谷物利用量进一步增加到1.04亿吨，比2007年到2009年增加22%，占世界谷物总利用量的4.6%。

（三）各国出口限制

国际粮价高涨使得各国都面临着巨大的通胀压力，许多产粮大国不仅没有扩大粮食出口，增加外汇储备，提高本国农民收入，反而都纷纷通过各种手段限制出口，进一步推高了粮食价格。

泰国、越南、印度和美国是世界主要的大米出口国，四国大米出口量占世界70%以上，而越南和印度两国都在2008年3月宣布限制大米出口。小麦出口量分列世界第四和第五位的阿根廷、俄罗斯也在国际小麦价格高企之际实施出口限制措施。阿根廷、

① 蒋丽，徐飞彪. 气候变化与粮食安全问题研究综述 [J]. 国际资料信息，2011（5）：38.

乌克兰与美国、巴西并列为玉米四大出口国，四国总玉米出口量占世界的 77％以上，然而，阿根廷、乌克兰对玉米也实施了相应的出口限制。其他国家，诸如埃及、哈萨克斯坦、印尼等国，为了自身的粮食安全也纷纷加入限制出口的行列。即使是一向以尊重人权为原则的中国，也在国际粮价高涨时出台粮食出口配额制度：2008 年年初，财政部宣布对 57 种粮食产品征收出口关税。其中小麦以及小麦制品的出口税最高，分别达到 20％和 25％。加工玉米、大米以及大豆制成品的出口税为 10％，未加工玉米、大米以及大豆的出口关税为 5％。在 2007 年年底，政府还宣布从本年 12 月 20 日起，取消小麦、玉米等 84 种农产品的 13％出口退税。

（四）投机资本推波助澜

投机资本是国际粮价的又一不稳定因素。列宁曾说过："帝国主义的特点，恰好不是工业资本而是金融资本。"[1] 自美国次贷危机以来，全球股票市场和债券市场持续低迷，国际金融资本把目光转向了具有需求刚性特征的粮食，使其成为继黄金、石油之后投机者炒作的又一个商品。目前，ADM、邦基、嘉吉和路易达孚四大跨国公司垄断了世界谷物贸易 70％的份额，它们很容易利用自己的垄断地位控制世界粮食市场的交易量，通过操纵市场价格来为自身牟利。

2008 年上半年，大量投机资本涌入了国际粮食期货市场，使得粮食交易量和粮价都出现了大幅增加。据芝加哥农业资源公司统计，从 2007 年 11 月份到 2008 年，农产品期货市场投资从 250 亿美元猛增到 650 亿美元。同时根据芝加哥期货交易所（CBOT）统计，该所 2008 年上半年小麦期货、稻谷期货和玉米期权累计交易量比 2007 年下半年增加了 35％左右。伴随着粮食交易量增加而来的是粮价上涨。国际市场粮食价格早在 2007 年 6 至 7 月份就出现了异乎寻常的快速上涨趋势；进入 2008 年以后，粮价更是出现了大幅飙升。2008 年 3 月的小麦价格与 2007 年同期相比上涨了 120.85％，达到了 439.72 美元/吨；2008 年 4 月玉米和稻米价格与 2007 年同期相比，分别上涨了 61.67％和 215.0％，分别为 246.67 美元/吨和 1015.21 美元/吨。大豆价格也于 2008 年 7 月冲至最高 554.15 美元/吨，与 2007 年同期相比上涨了 67.77％。投机资本一方面增加了国际粮食市场风险，另一方面也通过价格信号提醒中国不能依赖国际粮食市场。

---

① 列宁选集（第 2 卷）［M］. 北京：人民出版社，1995：653.

第六章 我国现代农业发展与国家粮食安全综合评价

胸中有"数"。这是说，对情况和问题一定要注意到它们的数量方面，要有基本的数量的分析。任何质量都表现为一定的数量，没有数量也就没有质量。我们有许多同志至今不懂得注意事物的数量方面，不懂得注意基本的统计、主要的百分比，不懂得注意决定事物质量的数量界限，一切都是胸中无"数"，结果就不能不犯错误。

——毛泽东[1]

本章将集中对我国现代农业发展特征、粮食综合生产能力的影响因素、粮食价格与CPI的互动关系和粮食安全状况评价等重要问题进行专题研究，对现代农业发展的梯度差异特征，粮食综合生产能力的影响因素，粮食价格与CPI的互动关系及我国粮食安全状况分别进行研究分析和综合评价。

第一节 我国农业发展呈现梯度差异

农业是国民经济的基础，农业现代化是国家粮食安全和主要农产品有效供给的重要保证。随着我国工业化、信息化、城镇化、市场化、国际化深入发展，农业在国民经济中的比重不断下降。从整体水平上看，我国农业发展水平大大低于工业化发展水平，农业发展依然在现代文明耕作方式和传统耕作方式之间徘徊，经营效率偏低，农业弱质性固化，同时各地区农业发展差距继续扩大并呈现出新差异。这不仅影响了我国粮食生产的效率，更重要的是，还制约了农民收入水平的提高和农村社会发展的进步。农业现代化已经成为我国实现现代化的焦点和难点问题。因此，我们需要"走中国特色农业现代化道路"[2]，"推动工业化、信息化、城镇化、农业现代化同步发展"[3]。基于工业经济主导下的经济发展态势，我国将全国梯次划分为有层次的东部地区、中部地区、西部地区和东北地区，并根据经济社会发展水平给予不同的区域性政策倾斜和支持。因为农业是

---

① 毛泽东选集（第4卷）[M]. 北京：人民出版社，1991：1442.
② 胡锦涛. 高举中国特色社会主义伟大旗帜 为夺取全面建设小康社会新胜利而奋斗——在中国共产党第十七次全国代表大会上的报告 [J]. 求是，2007（21）：3-22.
③ 胡锦涛. 坚定不移沿着中国特色社会主义道路前进 为夺取全面建成小康社会而奋斗——在中国共产党第十八次全国代表大会上的报告 [M]. 北京：人民出版社，2012：20.

现代化的重要组成部分，并且各地区农业发展水平差异较大，为了更好地发展农业部门，就应基于不同地区的农业发展现代化水平，有目的、有区别、有针对性地制定相应的发展战略和倾斜政策，从而全面提高农业现代化水平。

关于农业现代化的研究可谓汗牛充栋，并形成了一批富有价值的应用成果。马克思从生产关系的角度分析了世界农业现代化的问题，现代经济学则从生产力层面具体分析了要素配置（舒尔茨）、技术变迁和制度进步（拉坦、速水佑次郎）、经济结构（刘易斯）等方面的问题。然而，尽管可以借鉴国外的经验，遵循农业现代化的一般规律，但是更重要的仍然是从我国的基本国情和农业发展的实际出发。国内关于农业现代化的研究，主要涉及农业现代化的内涵[①]、存在问题[②]、发展模式[③]、评价方法及指标体系设计[④]、政策选择[⑤]，以及农业现代化与工业化城镇化的关系[⑥]等方面。尽管研究成果较多，但不难发现，我国农业现代化研究的成果都具有宏观性的特征，对农业现代化地区差异化的具体深入研究较少，在一定程度上忽略了地区差异性。基于此，本部分选择农业现代化中具有代表意义的重要指标，借助于 SPSS 软件的方差分析功能，对农业部门现代化发展水平及发展速度进行有梯度的区域划分，发现各地区的短板和制约因素，并据此提出根据农业现代化发展的不同水平和不同速度制定相关倾斜性政策的建议。

一、农业现代化的影响因素分析——梯度分析指标的选择

农业现代化指标体系的设计种类较多，学者们并没有就某一套较为一致的指标体系达成一致。但是有一点可以明确，凡是加入了现代文明的耕作方式，都可以认为是现代化的一个标志。这些指标体系涉及农村固定资产投资、农业科技人员占劳动力的比重、耕地灌溉、单位耕地总动力、单位耕地面积有效花费使用量、耕地产出率、农业劳动生产率、人均肉蛋产量、城镇化率、农业居民家庭人均纯收入、千人拥有医务人员、农业居民家庭劳动力文化、农村信息化水平、森林覆盖率、沼气使用率、农业成灾率等[⑦]。这些指标看似完整，但其中不乏一些与农业现代化无关的指标，比如城镇化率。城镇化尽管是从农业中分离出劳动力，代表了农业生产力的提高，但是这更多代表的是人们对城市生产力水平的提升和城市生活水平提高的一种生活向往，很可能是农业过于落后的结果，而并不能用来做现代化的一个测量指标。实际上，农业现代化指标的选择并非要求面面俱到，实际上，只要指标具有较好的代表性，一个或几个指标就足以充分反映农业现代化的发展水平。在农业现代化的指标中，机械化代表了现代文明在农业中的应

①　王国敏. 中国特色农业现代化道路的理论阐释与实证研究 [J]. 理论与改革，2009（5）：64—67.

②　王国敏. 中国特色农业现代化道路面临的"瓶颈"约束研究 [J]. 四川大学学报：哲学社会科学版，2009（5）：91—98.

③　孔祥智，李圣军. 试论我国现代农业的发展模式 [J]. 教学与研究，2007（10）：9—13.

④　王国敏，周庆元. 我国农业现代化测评体系的构建与应用 [J]. 经济纵横，2012（2）：69—74.

⑤　康芸，李晓鸣. 试论农业现代化的内涵和政策选择 [J]. 中国农村经济，2000（9）：9—14.

⑥　夏春萍. 工业化、城镇化与农业现代化的互动关系研究 [J]. 统计与决策，2010（10）：125—127.

⑦　蒋和平. 我国粮食主产区农业现代化指标体系的构建和测算及发展水平评价 [J]. 农业现代化研究，2011（6）：646—651.

用，机械化程度的高低反映了农业现代化的程度，把机械化程度作为农业现代化区域梯度分析的主要代表性指标是比较合理的。但存在的问题是，机械数量的多少及其功率尚存在一定不确定性，所幸机械总动力具有很好的可比性，因此可以选择农业机械总动力作为代表性的分析指标。

需要指出的是，我国各省市区耕地面积差异较大，如果使用农用机械总动力绝对量作为区域之间梯度划分的依据，显然违背了事物分析的可比性原则。相较下，单位面积（千公顷①）的农用机械总动力应当更具可比性。因此，本文研究农业现代化区域的梯度问题，将使用单位面积（千公顷）的农用机械总动力作为最终的代表性指标。

二、指标数据的处理

（一）数据来源

单位面积的农用机械总动力是农用机械总动力和农用耕地面积的比值，故需要农用机械总动力和耕地面积两个指标的数据。截至目前，国家统计局出版的《中国统计年鉴》中耕地面积数据均来源于国土资源部，而国土资源部 2009 年"第二次全国土地调查"数据正在处理中，最新耕地面积数据更新至 2008 年。土地耕作面积变动不大，农业机械总动力数据可以选择时效性较强的数据。综合上述数据选择思路和实际情况，本文最终选择我国 2008 年年底国内 31 个省市农业耕种面积数据（单位为千公顷）和我国内地 31 个省市 2010—2011 年的农业机械总动力数据（单位为万千瓦），全部数据来源于 2011 和 2012 年《中国统计年鉴》。鉴于篇幅问题，原始数据省略。

（二）数据处理

数据处理分为两个阶段，第一个阶段为平均每千公顷农用机械总动力的计算。用农用机械总动力数据除以农用耕地面积数据，即得到每千公顷的农用机械总动力，由此可以得出 2010 年和 2011 年的单位数据，单位为万瓦/公顷（万千瓦/千公顷）。第二个阶段为增长率计算阶段，用 2011 年的单位数据除以 2010 年的单位数据得到 2011 年的增长率。最终结果数据见表 6-1：

表 6-1　各地区平均每千公顷农用机械总动力及其增长率

地　区	平均每公顷农用机械总动力（万千瓦/千公顷）	增长率（%）	地　　区	平均每公顷农用机械总动力（万千瓦/千公顷）	增长率（%）	地区	平均每公顷农用机械总动力（万千瓦/千公顷）	增长率（%）
北　京	1.145	0.961	安　徽	0.987	1.046	四　川	0.576	1.086
天　津	1.324	0.993	福　建	0.940	1.037	贵　州	0.413	1.070
河　北	1.638	1.019	江　西	1.486	1.104	云　南	0.433	1.090
山　西	0.722	1.042	山　东	1.610	1.040	西　藏	1.183	1.132

---

① 本章为计算方便特使用千公顷为面积单位。

地 区	平均每公顷农用机械总动力（万千瓦/千公顷）	增长率（%）	地 区	平均每公顷农用机械总动力（万千瓦/千公顷）	增长率（%）	地区	平均每公顷农用机械总动力（万千瓦/千公顷）	增长率（%）
内蒙古	0.444	1.046	河 南	1.327	1.031	陕 西	0.539	1.091
辽 宁	0.587	1.067	湖 北	0.766	1.059	甘 肃	0.459	1.080
吉 林	0.426	1.098	湖 南	1.302	1.061	青 海	0.794	1.022
黑龙江	0.346	1.097	广 东	0.853	1.030	宁 夏	0.694	1.054
上 海	0.433	1.016	广 西	0.719	1.096	新 疆	0.436	1.093
江 苏	0.862	1.043	海 南	0.611	1.045			
浙 江	1.281	1.014	重 庆	0.510	1.065			

数据来源：根据 2011 年、2012 年《中国统计年鉴》计算整理。

三、农业现代化发展梯度的评价——基于方差的分析

（一）农业现代化区域梯度差异研究的基本思路

农业现代化梯度评价与分析借鉴于我国区域划分和学区划分。将农业现代化区域划分组别，并且根据这些组别之间的本质性差异对其进行排序，从而保证梯度分析的意义。方差分析是通过分析研究中不同来源的变异对总变异的贡献大小，从而确定可控因素对研究结果影响力的大小。该方法可以用来分析不同组别数据的平均数是否存在显著的差异，从而判断不同组别数据之间是否具有同质性。故方差分析可以用检验的方法确定哪些地区的现代化水平具有同质性，进而将同质性的地区放到一组。如果不同组之间存在显著差异，并且组与组之间可以排序的话，就可以用来分析现代化的地区梯度问题。

本书研究现代化梯度问题，主要研究两个方面的内容：第一是现代化程度的梯度分析，以此考量现代化发展水平，揭示其历史定位问题；第二是现代化发展速度问题，用来考量现代化发展的趋势，从而分析现代化发展的走势问题。

（二）农业现代化区域差异的梯度分组方法

方差分析可以用来分析不同组之间的显著性差异，但是方差分析的组别差异检验建立在组别分定的基础上，而本书研究则利用方差分析进行分组，故存在一定的困难，解决此处困难所选择的处理方法是逐步检验得到最显著的分组方法。具体分为以下四个步骤：

第一步，排序。将平均每公顷农用机械总动力及其增长率从小到大排序。

第二步，逐步试验分组。逐个试验先分两组，借助于 SPSS 软件来计算 F_k 统计量和相对应的 P 值。

设数据为 $x_1, x_2, \cdots, x_n$，x 为农用机械总动力与农用耕地面积的比值。

实验分组并进行方差分析，计算方差分析的 F_k 统计量：

$$F_k = F/K_k = F/(x_1, x_2, \cdots, x_k; x_{k+1}, x_{k+2}, \cdots, x_n)$$

取 F_k 统计量的最大值 $F = \max(F_1, F_2, \cdots, F_{n-1})$。

F 作为判断最后分组的标志，故取 F 所对应的分组为第一次最后分组结果并确定。

第三步，重复上述方法。在第一次分组的基础上，对已经确定的每一个小组按照前面的方法进行再次分组，直到 F_k 统计量值不显著时结束。这样将所有地区按照数据水平分为 Z 组，得到最终的分组结果。

第四步，检验分组的合理性。对分组最终结果进行方差检验，检验分组之后的最终组别之间是否存在显著性差异，如果存在显著性差异，则证明分组是合理的。

（三）农业现代化梯度分组的实证分析

根据上述方法，借助于 SPSS 软件的统计分析功能，经过多次试验，得到平均每公顷农用机械总动力及其增长率的梯度化组别划分结果（见表6-2和表6-3）。

表6-2　平均每公顷农用机械总动力分组结果

最低水平组		中下水平组		中间水平组		中上水平组		最高水平组	
黑龙江	0.346	广　东	0.853	福　建	0.940	北　京	1.145	山　东	1.610
贵　州	0.413	江　苏	0.862	安　徽	0.987	西　藏	1.183	河　北	1.638
吉　林	0.426					浙　江	1.281		
上　海	0.433					湖　南	1.302		
云　南	0.433					天　津	1.324		
新　疆	0.436					河　南	1.327		
内蒙古	0.444					江　西	1.486		
甘　肃	0.459								
重　庆	0.510								
陕　西	0.539								
四　川	0.576								
辽　宁	0.587								
海　南	0.611								
宁　夏	0.694								
广　西	0.719								
山　西	0.722								
湖　北	0.766								
青　海	0.794								

注：按照此分组的方差分析结果中，$P = 1.93E-10$，$F = 2.65946$。

表6-3 平均每公顷农用机械总动力增长率分组结果

最低水平组		中下水平组		中间水平组		中上水平组		最高水平组	
北 京	0.961	广 东	1.03	宁 夏	1.054	甘 肃	1.08	西 藏	1.132
天 津	0.993	河 南	1.031	湖 北	1.059	四 川	1.086		
浙 江	1.014	福 建	1.037	湖 南	1.061	云 南	1.09		
上 海	1.016	山 东	1.04	重 庆	1.065	陕 西	1.091		
河 北	1.019	山 西	1.042	辽 宁	1.067	新 疆	1.093		
青 海	1.022	江 苏	1.043	贵 州	1.07	广 西	1.096		
		海 南	1.045			黑龙江	1.097		
		内蒙古	1.046			吉 林	1.098		
		安 徽	1.046			江 西	1.104		

注：按照此分组的方差分析结果中，$P=5.82E-12$，$F=2.69854$。

从检验结果看出，平均每公顷农用机械总动力分组的方差分析结果中 $P=1.93E-10$，$F=2.65946$，说明这种分组结果是有效的，每组之间存在显著性差异。按照这种分组方式，可以区分不同地区现代化水平的本质差异。平均每公顷农用机械总动力增长率的方差分析结果中 $P=5.82E-12$，$F=2.69854$，说明其增长率按照这种分组是有效的，每组之间存在显著性差异。按照这种分组方式，可以区分不同地区现代化水平增长率的本质差异。具体来看，我国各地区农业现代化发展呈现以下特征。

首先，我国各地区的农业现代化发展水平和发展速度均存在较大的梯度差异性、非均衡性和整体偏低性。从表6-2可以看出，我国农业现代化水平排序后分组结果中，黑龙江、贵州、吉林、上海、云南、新疆、内蒙古、甘肃、重庆、陕西、四川、辽宁、海南、广西、宁夏、山西、湖北、青海18个省区为现代化水平最低组，处于全国现代化水平的落后状态；广东、江苏为现代化水平中下组；福建、安徽为中等现代化水平组；北京、西藏、浙江、湖南、天津、河南、江西7个省市区为中上现代化水平组；而山东、河北为现代化水平最高组。表6-2表明，我国农业现代化水平整体偏低，归入最低水平组的省市区达到18个，现代化最高水平组的省市区只有4个，中间状态较少。从表6-3可以看出，我国农业现代化水平增长率排序后分组结果中，北京、天津、浙江、上海、河北、青海的现代化发展速度为最慢组，处于全国现代化发展最缓慢地区；广东、河南、福建、山东、山西、江苏、海南、内蒙古、安徽9个省市区现代化发展速度处于中下水平；宁夏、湖北、湖南、重庆、辽宁和贵州发展速度处于中间水平；甘肃、四川、云南、陕西、新疆、广西、黑龙江、吉林和江西的发展速度为中上现代化水平；西藏的发展速度最快。表6-3表明，我国农业现代化发展速度较慢，发展速度归入到中下水平以下的达到15个省市区，归入到发展最高水平组的地区只有1个。

其次，我国各地区农业现代化发展水平与发展速度呈现相互分离的特征，发展水平、发展速度与区域经济整体水平具有一定相关性。表6-2和表6-3所示的结果反映出，我国农业现代化发展水平及发展速度分组后都可以分为具有本质差异的五组，但五组的分组结果都有所不同，这揭示了我国农业现代化水平高低与发展速度存在着相分离的现状。在发展水平的梯度分组中，除西藏现代化水平明显较高，上海、黑龙江较低之外，其他省市区的分组基本与经济发展水平保持了较高的相关性。而在表6-3中，除青海之外，发展速度最慢组中的几个省市区都是工业化水平较高的地区，工业化边缘地区或者边疆地区农业现代化发展速度保持着快速发展的水平。

再次，农业现代化发展水平的梯度呈现不断减小的趋势，但减小的速度不能令人满意。结合农业现代化现有水平和发展速度，发现上海、青海、海南、内蒙古农业现代化水平和发展速度都处于中下水平及最低水平组，尤其是青海和上海地区农业发展水平和农业发展水平都处于最低水平组。甘肃、四川、云南、陕西、新疆、黑龙江和吉林省市区的农业发展水平虽然处于最低水平组，但是其发展速度为中上水平组，这些农业发展水平较低的地区发展速度较快，这意味着它们将会逐步与农业发展水平较高的地区趋近。西藏经济发展落后，但是其发展水平处于中上水平组，发展速度处于最高水平组，且与中上水平发展速度组的梯度最为明显，故未来西藏将有望成为农业现代化发展水平最高组。尽管从分组的角度看，各个地区的农业现代化发展水平的梯度差异呈现出减小的趋势，但是农业现代化发展水平梯度比较明显，决定了梯度差异减小具有较大的空间；与发展水平的差异相比，发展速度的梯度差异则太小，说明这种梯度差异的缩小空间较大，但缩小的速度并不能令人满意。

四、结论及政策建议

（一）研究结论

本节借助方差分析的方法，结合逐步回归的思想，选用代表性指标对我国内地31个省市区的农业现代化发展水平和发展速度进行了梯度划分。分析表明，我国各地区的农业现代化发展水平和发展速度均存在显著的梯度差异性，呈现出非均衡发展的特征，发展水平偏低、发展速度较慢，农业现代化发展水平与发展速度呈现相互分离的状态，部分地区的发展甚至趋于徘徊和停滞状态。

（二）政策建议

发展现代农业是社会主义新农村建设的首要任务。鉴于农业在国民经济中的基础地位及其生态、社会、政治价值和在市场经济中的弱质性，市场机制无法自然实现农业现代化，政府必须对农业实施特殊的产业政策和保障政策，以实现"强农、惠农、富农"。

①从理论上看，在市场背景下，农业现代化的实现根本上取决于农民的投入及能力，深层次因素在于农业获得与其他产业大致相当的收益。因此，应切实把农业和农村经济发展放到国民经济全局中统筹安排，实施"工业反哺农业、城市支持农村"的战略，为农业现代化的发展提供良好的外部发展条件。②现阶段我国农业现代化呈现新的发展特征，存在较大的发展和提升空间。"并不存在使任何一个国家的农业部门不能对

经济增长做出重大贡献的基本原因"[1]，农业现代化的关键就是如何实现外哺力和内生力的良性互动，从而内外兼顾，形成合力机制，达到外部支持和内部资源相契合的状态，进而提升农村经济组织的自生能力[2]。③鉴于农业现代化发展水平与发展速度相互分离的特征，后发地区完全可以结合自身资源条件和资源禀赋，通过加快投入，发挥后发优势，实施赶超战略。现阶段，应将重点扶持政策向对国家粮食安全贡献突出的产粮大县倾斜，创造条件促使13个粮食主产区率先实现农业现代化。④中央政府应重视农业现代化内部的发展梯度和约束条件差异问题，要全面提高农业现代化的整体水平和发展速度，抑制回程效应的发生，必须根据各地的区情和农情采取不同的发展战略和差异性的农业倾斜政策，尤其是防止部分地区农业现代化发展出现徘徊或停滞的现象。

第二节　我国粮食综合生产能力影响因素的实证分析

农业既是基础性的战略产业，又是战略性的基础产业，基础性和战略性的和谐共生，体现了价值增值追求与物质财富创造的辩证统一和社会经济发展与人类基本需求的辩证统一。粮食是人类生活最基本的必需品，粮食安全是保持国民经济平稳较快增长和社会稳定的重要基础。尽管粮食生产的经济贡献不断下降，但是与国民经济的关联度却显著增强，确保国家粮食安全始终是发展现代农业的首要任务。

随着工业化、城镇化的快速推进，受人口、耕地、水资源、气候、能源、粮价等国内外多重因素的复合影响，粮食需求刚性增加，资源约束日益凸显，结构性矛盾更加突出，粮食生产比较效益低下，粮食安全面临严峻挑战。③自2004年以来，中央连续发布10个关于"三农"问题的一号文件，党和国家采取一系列综合措施，实现了粮食生产的"十连增"，为我国经济社会平稳发展奠定了重要基础。然而，我国的粮食自给率自2002年以来却处于下降的趋势，2010年和2012年甚至跌落至90%以下，分别为89.49%和88.38%，大大低于95%的既定目标。

我国耕地面积已逼近18亿亩红线，中低产田比重超过2/3。人均耕地面积1.37亩，仅为世界平均水平的40%，耕地面积持续下降与粮食产量要求提高的矛盾进一步凸显。通常来说，一国粮食的供给既可以通过本国生产提供，也可以通过进口实现。由于我国坚持立足国内实现粮食基本自给的方针，加之粮食自给率持续下降，当前及未来可行的措施是加快提升国内粮食综合生产能力。具体而言，主要有两条途径，一是增加耕地面积，二是提高单位面积粮食产量，增强粮食综合生产能力。尽管耕地保护已经取得可喜的成绩，但不可逆转的工业化和城镇化难以避免将占据更多的土地。因此，要快速稳定且内涵式提高粮食产量，增强粮食综合生产能力就成为确保我国粮食安全的重要

①　西奥多·W. 舒尔茨. 改造传统农业 [M]. 北京：商务印书馆，2006：5.
②　周庆元，骆建建. 农村公共产品供给·自生能力与新农村建设 [J]. 安徽农业科学，2008（23）：10225－10226.
③　王国敏，周庆元. 增强我国粮食安全的综合保障能力对策 [J]. 经济纵横，2013（3）：82－86.

途径。这已成为学术界和政策界的基本共识，也是制定相关宏观经济政策的重要依据。然而，各类错综复杂的因素对粮食综合生产能力产生影响，需要进行综合的量化评价。科学把握我国粮食综合生产能力的影响因子及其程度，厘清制约粮食综合生产能力增长的主要因素，揭示各类因素之间的相互关系，是采取相应措施和制定政策的逻辑前提。

一、文献回顾

粮食综合生产能力是粮食安全的核心基础和重要内容。粮食综合生产能力问题始终是一个重要的理论与实践问题，一直是理论界和政策界关注的重点。国内外学者就粮食综合生产能力和粮食安全相关问题展开了深入研究，形成了一系列富有价值的理论观点。

从已有的研究成果来看，主要可以分为三类。一是对粮食综合生产能力和粮食安全的判断。以布朗（1994）为代表的悲观派认为中国将面临日益严重的粮食短缺问题。[①] 以马晓河等（2005）为代表的折中派认为，短期可保持供求平衡，中长期处于偏紧状态。[②] 以黄季焜等（2004）为代表的乐观派则认为，我国是世界上所有发展中国家食物和粮食最安全的国家之一。[③] 二是对影响粮食综合生产能力若干因素的具体分析。这些研究成果对象不同，方法各异，研究的主要内容差异也较大。王渝陵（1999）认为，粮食综合生产能力影响因素包括劳动力要素、土地要素、农田水利设施要素、化肥施用要素和农机电要素。[④] 尹成杰（2005）认为，粮食综合生产能力包括耕地供给能力、科技支撑能力、技术装备能力、农田建设水平、作物布局结构、粮食品种结构、经营行为取向、政策目标取向。[⑤] 部分学者考察了各类因素对粮食综合生产能力的影响。蓝海涛等（2008）认为城镇化对粮食生产的综合影响是负面的，进入 21 世纪以后，这种负面影响继续增强。[⑥] 肖海峰等（2004）认为播种面积、其他物质投入和化肥投入是三个最主要的影响因子。[⑦] 杨万江等（2011）分析了粮食生产的空间分布变迁及其对生产的影响，认为我国水稻出现"北增南减""中增西平"的趋势，生产的重心由"西南"向"东北"移动。[⑧] 此外，生产周期及波动幅度也受到了学术界的重视，如喻翠玲等（2006）借助于波动指数测算了我国粮食生产存在的周期性及周期的波动幅度，并将波动分为自然波动和经济波动。[⑨] 三是对提高粮食综合生产能力途径的研究。学者们分别从土地制度、物质投入、技术进步、信贷投资、生产规模、政府支持等方面提出了一系列政策建议。

尽管针对粮食综合生产能力及其影响因素的研究成果颇丰，但从上述文献来看，在

① Lester Brown. How Could China Starve the World：Its Boom is Consuming Global Food Supplies ［J］ *Outlook Section*，*Washington Post*，August 28，1994.
② 马晓河. 解决"十一五"时期我国粮食安全和"三农"问题的途径 ［J］. 宏观经济研究，2005（10）：22－28.
③ 黄季焜. 中国的食物安全问题 ［J］. 中国农村经济，2004（10）：4－10.
④ 王渝陵. 影响粮食综合生产能力的相关要素 ［J］. 渝州大学学报：社会科学版，1999（4）：22－25.
⑤ 尹成杰. 关于提高粮食综合生产能力的思考 ［J］. 农业经济问题，2005（1）：5－10，79.
⑥ 蓝海涛，王为农. 中国中长期粮食安全重大问题 ［M］. 北京：中国计划出版社，2008：70－97.
⑦ 肖海峰，王姣. 我国粮食综合生产能力影响因素分析 ［J］. 农业技术经济，2004（6）：45－49.
⑧ 杨万江，陈文佳. 中国水稻生产空间布局变迁及影响因素分析 ［J］. 经济地理，2011（12）：2086－2093.
⑨ 喻翠玲，冯中朝. 我国粮食生产的波动性及其影响因素分析 ［J］. 农业现代化研究，2006（1）：7－10.

不少领域存在较大争议，仍有一些关键环节并未完全解释清楚，全面系统地分析现阶段我国粮食综合生产能力的影响因素，对于实现粮食生产的可持续发展和粮食安全目标，具有重要的理论意义与现实价值。

二、我国粮食综合生产能力的主要影响因素假设

粮食生产是社会再生产和自然再生产的有机结合，粮食综合生产能力受多方面因素的共同作用，是各种因素共同影响的结果，本文围绕粮食综合生产能力中的传统因素和现代化因素，假设粮食综合生产能力与粮食播种面积、受灾面积、有效灌溉面积、农业部门固定资产、农业生产投资、化肥施用量、农用机械总动力、农民收入、粮食价格、水资源、科技投入等因素有关。其中，传统因素包括粮食播种面积、受灾面积、粮食价格、水资源等；现代化因素包括农业部门固定资产、农业生产投资、有效灌溉面积，化肥施用量、农用机械总动力、农民收入、科技投入等。

耕地资源是粮食生产的基础，具有稀缺性和不可替代性，其减少的原因主要在于城镇化工业化的挤占，其增加的主要来源为土地整理、复垦和开发。粮食播种面积主要受经济作物与粮食作物之间比较收益的影响。自然灾害是影响粮食综合生产能力的一个限制性因素，尽管目前可以对自然灾害加以预测并加强防范，但由于灾害极大的随机性和突发性，人为改变受灾面积的能力依然有限。水资源是粮食生产中的重要传统影响因素，中国人均水资源严重短缺，且时空分布不均衡，对粮食综合生产能力的制约日益显现。粮食生产除了受到自然因素影响之外，还受粮食供求系统内部变化的影响。商品的供求决定均衡价格，价格又对未来商品供求发生影响。粮食生产的特殊性在于其生产周期较长，且具有一定的资产专用性，供求与价格的变动表现为典型的蛛网形态。

作为存量的农业部门固定资产与作为流量的农业生产投资是影响粮食综合生产能力提高的关键因素之一。农业生产条件的改善有利于提高基本农田的现实粮食产出能力和储备粮食生产能力。农业生产投资具有一定的综合性，可以作为总体影响因素的代表性因素，其投资具体过程中存在较大差异。科技是第一生产力，能够提供粮食生产的效率和质量，降低资源耗费和生产成本，是提高中国粮食综合生产能力的必由之路。有效灌溉面积、化肥施用量、农业机械总动力等是影响单产水平的重要因素。农业科技进步最终通过这些因素影响粮食单产。市场经济下，粮食增产和种粮收入存在一定冲突，粮食作为缺乏需求弹性的生活必需品，产量的增加并不会直接带来农户收入的增长。粮食增产减收的效应、比较收益偏低制约着粮食生产能力的稳定提高。农民通过发展生产，取得相应回报，才有足够的动力和能力增加投入、扩大再生产，实现粮食综合生产能力的持续提升。

除了上述因素之外，显性或者隐性的影响因素还有很多，但为了研究方便，此处假定除了上述因素之外的所有因素均保持不变，或对粮食综合生产能力不存在必然的影响。

三、指标变量及数据的选择

依据上述理论假设，可以具体分析我国粮食产量的影响因素。主要采用上节选择的假设影响因素开展分析，即选择粮食种植面积、受灾面积、农业部门固定资产、农业生产投资、有效灌溉面积、化肥施用量、农用机械总动力、农民收入、粮食价格、水资源、科技投入等 11 个因素作为分析研究的对象，并相应选择 11 个影响因素为分析指标。其中粮食播种面积（TSA）、受灾面积（AC）、有效灌溉面积（IA）单位为千公顷[①]，农业部门固定资产（TOV）和农业生产投资（TIA）单位为亿元人民币，化肥施用量（CCF）单位为万吨，农用机械总动力（TAMP）单位为万千瓦，农民收入（APIR）单位为元，粮食价格（FPI）用环比上涨速度，水资源（CR）用水库容量来代替，单位为亿立方米，科技投入（AG）用农学毕业本科人数来反映，单位为人。全部指标数据来源于 1995—2012 年《中国统计年鉴》，经过整理，数据如表 6-4 所示：

表 6-4　粮食综合生产能力的影响因素

年份	AC（千公顷）	TSA（千公顷）	TOV（亿元）	TIA（亿元）	IA（千公顷）	CCF（万吨）	TAMP（万千瓦）	APIR（元）	FPI（%）	CR（亿立方米）	AG（人）
1994	55046	109544	2348	57	48759	3318	33803	1221	147	4751	15445
1995	45824	110060	2774	77	49281	3594	36118	1578	129	4797	16365
1996	46991	112548	3605	111	50381	3828	38547	1926	106	4571	17443
1997	53427	112912	3897	154	51239	3981	42016	2090	90	4583	16559
1998	50145	113787	3971	225	52296	4084	45208	2162	97	4924	16525
1999	49980	113161	4045	299	53158	4124	48996	2210	87	5054	17453
2000	54688	108463	4677	361	53820	4146	52574	2253	90	5184	19154
2001	52215	106080	4884	435	54249	4254	55172	2366	102	5281	19005
2002	46946	103891	5221	588	54355	4339	57930	2476	99	5595	22462
2003	54506	99410	5586	1652	54014	4412	60387	2622	102	5658	29758
2004	37106	101606	5956	1891	54478	4637	64028	2936	127	5542	34078
2005	38818	104278	7156	2324	55029	4766	68398	3255	101	5624	35419
2006	41091	104958	7647	2750	55750	4928	72522	3587	103	5842	36740
2007	48992	105638	8390	3404	56518	5108	76590	4140	106	6345	43270
2008	39990	106793	9055	5064	58472	5239	82190	4761	107	6924	45649
2009	47214	108986	9971	6895	59261	5404	87496	5153	106	7064	46847
2010	37426	109876	10706	7923	60348	5562	92780	5919	112	7162	48442
2011	32471	110573	16088	8758	61682	5704	97735	6977	112	7201	51148

注：数据来源于 1995—2012 年《中国统计年鉴》。

———————————

①　此处为计算方便特用千公顷为面积单位。

四、粮食综合生产能力主要影响因素的实证分析

粮食综合生产能力的影响因素分析可以借助于不同的方法实现，如回归模型法、灰色关联法等。鉴于影响因素的综合性和本文所选数据的特点，需要测定诸多因素的重要性程度，并分析其综合成分，以寻求提升粮食综合生产能力的途径，故选择因子分析法进行实证分析。

（一）KMO 值检验

尽管因子分析法适合于本文研究的需要，但并非所有的数据都适合做因子分析。因子分析的前提是变量之间存在较强的相关关系，以便综合出能够反映某些变量共同特征的几个较少的公共因子变量。故在做因子分析之前，需要对数据进行检验，检验数据是不是适合做因子分析。最常用的方法是 KMO 检验法，运用 SPSS 软件对表 6-4 数据计算，检验结果见表 6-5：

表 6-5　KMO 检验和 Bartlett 检验结果

Kaiser-Meyer-Olkin Measure of Sampling Adequacy.	Bartlett's Test of Sphericity		
	Approx. Chi-Square	df	Sig.
0.802	400.866	55	0

根据凯瑟（Kaiser）给出的度量标准，只要 KMO 值达到 0.7 就可以运用因子分析。从表 6-5 可以看出，KMO 值达到 0.802，且球度检验（Bartlett's Test of Sphericity）的检验结果中 P 值为 0，说明数据通过了检验，使用该组数据进行因子分析具有较好的信度。

（二）粮食产量提高的影响因素分析

在粮食综合生产能力的影响因素分析过程中，可以将各类影响因素看作一个整体，分析其各个组成部分的相对重要性。借助于 SPSS 软件，使用球度检验法求得所有变量。根据数据的变异性质的方差贡献和每个变量的因子得分，可得变量序列，见表 6-6。

表 6-6　总方差解释

Component	Initial Eigenvalues			Extraction Sums of Squared Loadings		
	Total	% of Variance	Cumulative（%）	Total	% of Variance	Cumulative（%）
1	8.230	74.815	74.815	8.230	74.815	74.815
2	1.206	10.959	85.774	1.206	10.959	85.774
3	0.983	8.940	94.715			
4	0.425	3.865	98.580			
5	0.073	0.662	99.242			
6	0.047	0.428	99.670			

Component	Initial Eigenvalues			Extraction Sums of Squared Loadings		
	Total	% of Variance	Cumulative（%）	Total	% of Variance	Cumulative（%）
7	0.018	0.168	99.838			
8	0.013	0.115	99.953			
9	0.003	0.025	99.978			
10	0.002	0.015	99.993			
11	0.001	0.007	100.000			

从表6-6可以看出，粮食生产的所有影响因素，可以简单地归纳为两大类别的影响因素。第一类影响因素的方差贡献为74.815%，第二类影响因素的方差贡献为10.959%。第一类影响因素的解释力度远远大于第二类影响因素的解释力度。前两个主成分的方差贡献率达到85.774%，累计特征值达到10.959，前两个主成分完全可以解释粮食产量的影响因素，具有较强的可信性。根据前两个主成分的方差贡献结构，在提取前两个主成分的基础上，可得成分得分系数矩阵，提取结果见表6-7。

表6-7 成分得分系数矩阵

影响项目	成分	
	1	2
AC	−0.094	0.105
TSA	−0.022	0.589
TOV	0.117	0.070
TIA	0.117	0.043
IA	0.118	0.103
CCF	0.119	0.063
TAMP	0.120	0.003
APIR	0.119	0.099
FPI	0.012	−0.646
CR	0.117	−0.018
AG	0.118	−0.102

从表6-7可以看出，农业部门固定资产（TOV）、农业生产投资（TIA）、化肥施用量（CCF）、农用机械总动力（TAMP）、农民收入（APIR）、水资源（CR）、科技投入（AG）、有效灌溉面积（IA）八个指标可以归类为第一类影响因素。这一类指标的显著特点是：所有因素都具有显著的现代化特征，是农业现代化的重要指标，故第一类影响因素可以定义为农业现代化生产影响因素。受灾面积（AC）、粮食播种面积（TSA）、粮食价格（FPI）可以归类为第二类影响因素。第二类指标的显著特点是：所

有指标都具有传统生产方式的特征，故第二类指标可以定义为传统生产影响因素。

结合表6-6和表6-7的结果可以发现：第一类指标对粮食生产的影响能力达到74.815%，具有很强的解释能力，而第二类影响因素对粮食生产的影响能力仅仅为10.959%，不足第一类指标影响程度的七分之一，说明目前粮食生产更多地受到现代生产要素及相关条件的制约，而受传统因素的影响较弱。可能的原因是，现阶段我国粮食生产大多已经步入现代化阶段，传统生产方式的比重不断下降。

从各个具体影响因素的因子得分看，在现代化相关影响因素中，农业部门固定资产（TOV）、农业生产投资（TIA）、化肥施用量（CCF）、农用机械总动力（TAMP）、农民收入（APIR）、水资源（CR）、科技投入（AG）、有效灌溉面积（IA）八个影响因素的因子得分最高的为0.120，最低的为0.117，这说明现代化相关指标中，八个指标对农业生产的影响水平没有显著性差异，八个变量对农业生产的影响能力反映出同步协调的特征。而第二类受灾面积（AC）、粮食播种面积（TSA）、粮食价格（FPI）三个传统影响因素的差异相对较大。

五、简要结论及政策建议

从第五部分主成分分析可以发现，我国粮食综合生产能力的主要影响因素可以显著地分为两大类，一类为现代影响因素，包括农业部门固定资产（TOV）、农业生产投资（TIA）、化肥施用量（CCF）、农用机械总动力（TAMP）、农民收入（APIR）、水资源（CR）、科技投入（AG）、有效灌溉面积（IA）；第二类为传统生产影响因素，包括受灾面积（AC）、粮食播种面积（TSA）、粮食价格（FPI）。两类影响因素中，现代化影响因素具有决定性意义，其贡献率达到74.815%，而传统生产影响因素的贡献率仅仅为10.959%，两者之间存在显著的差异。这说明目前我国粮食综合生产能力主要受制于现代化的耕作方式。尽管现代化影响因素的贡献较大，但从因子得分可以看出，单独的现代化组成指标的得分相对较低，这仍然是制约我国粮食综合生产能力提高的桎梏。

针对目前我国粮食综合生产能力的现状，未来的政策基点应包括以下几个方面：一是稳定粮食综合生产能力的基础要素。加强农田水利设施和高标准农田建设，建立以粮食生产为主的永久农田保护区，保持耕地面积的基本稳定，科学利用水资源，提高农业用水效率。同时，稳定并逐步提高粮食价格，健全农业自然灾害预警机制，将受灾面积减小到最小范围。二是强化粮食综合生产能力的支撑要素。增加农业生产性投入，加强农业基础设施建设，提高农业装备水平，推进"专家—技术员—示范户"科技入户工程，实现"良田、良种、良法"有机协调。培育一批种粮大户、家庭农场、农民专业合作社、农业龙头企业等新型生产经营主体，奠定粮食长期均衡增长的微观经济主体基础。三是健全粮食综合生产能力的保障要素。实现农地适度规模经营，以规模效应抵消分散经营所带来的生产成本高和粮价偏低所造成的影响。完善对种粮农民的生产性补贴制度，健全粮食价格支持保护制度，协调推进粮食增产和粮农增收的双重政策目标。

第三节　我国粮价与 CPI 波动关系研究[①]

在现行 CPI 指数的统计中，粮食价格波动是作为食品价格的组成部分之一被反映出来的。从权重的角度看，其对 CPI 的影响微乎其微。仅仅从包含与被包含的角度看，两者之间的关系不够显著。但是粮食是基础性商品，其价格的波动具有较大的扩散效应，由此会引发以下问题：粮食价格与 CPI 之间是否还存在其他方面的关联？要考察两者之间的真实关系，需要通过实证的方法深入挖掘数据背后隐含的信息，才能正确判断两者之间的关联。

一、文献回顾

价格指数的研究成果可谓是硕果累累，研究范围较广，研究程度也较深，研究的内容主要涉及 CPI 指数的编制、CPI 指数的波动与其他经济现象之间的关系等。对于粮食价格指数的研究，作为价格指数研究的组成部分也有所涉及。学者们主要研究了粮食价格变动趋势、粮食价格波动的经济效益、通货膨胀和粮食价格波动的关系、国际贸易视角下的粮食价格、粮食价格的增收效应等方面的内容。粮食价格趋势变动是粮食价格研究的重要内容之一，借助于市场价格和政府价格对比研究，龚芳和高帆分析了我国粮食价格的波动机制和趋势。[②] 粮食价格变动的经济效益研究成果也比较丰富，如张淑萍（2011）通过对粮价与粮食产量、粮价与农民收入、粮价与物价之间的协整性和格兰杰因果关系检验分析了粮食价格与其他经济变量之间的关系。[③] 继部分学者使用 CPI 研究通货膨胀之后，也有学者借助于粮食价格指数来研究通货膨胀。如赵留彦（2007）认为，存在通货膨胀预期时，粮食价格一般先于工业品价格上涨，不过这种时间先后关系不应解释为粮价上涨导致了工业品价格上涨，而仅是因为粮价能够更快根据通货膨胀预期做出调整。[④] 由于粮食价格变动直接影响着农民收入，因此农民粮食价格指数与农民收入的关系也成为学术界的主要研究内容之一，如邓大才（2009）研究了粮食价格变化的增收效应。[⑤] 韦鸿、王磊研究了粮食价格、农民收入对粮食产量的影响。[⑥] 此外，还有部分学者考察了国际贸易视角下的粮食价格问题，如刘国栋（2011）研究了贸易条件、粮食价格和中国粮食保护水平问题[⑦]，王锐（2012）研究了我国粮食进出口与粮食

---

① 本节内容由王国敏、周庆元以《中国粮价与 CPI 波动的关系——基于 VAR 模型的实证研究》为题发表于《内蒙古社会科学》2013 年第 4 期，此处作了一定修改。

② 龚芳，高帆. 中国粮食价格波动趋势及内在机理：基于双重价格的比较分析 [J]. 经济学家，2012 (2)：51—60.

③ 张淑萍. 我国粮食价格变动的经济效应分析 [J]. 财经科学，2011 (8)：93—102.

④ 赵留彦. 通货膨胀预期与粮食价格动态 [J]. 经济科学，2007 (6)：30—42.

⑤ 邓大才. 粮食价格变化的增收效应研究：1978—2004 [J]. 经济学家，2009 (2)：48—53.

⑥ 韦鸿，王磊. 粮食价格、农民收入对粮食产量影响分析——基于 VEC 模型的实证 [J]. 农业技术经济，2011 (6)：76—80.

⑦ 刘国栋. 贸易条件、粮食价格和中国粮食保护水平——对 1986—2008 年中国粮食价格的实证分析 [J]. 上海财经大学学报，2011 (4)：69—74.

价格的关系问题①。尽管上述关于 CPI 或粮食价格指数的研究成果较多，但是以 CPI 和粮食价格指数两者关系为主题的研究较少。粮食价格指数是 CPI 的重要组成部分，但粮食的基础性地位决定了两者之间的关系不能仅仅以组成部分去考量，研究两者之间的溢出效应具有重要的理论价值和现实意义。

二、粮食价格变动与 CPI 波动关系的现实基础

粮食价格变动与 CPI 的波动关系相互交织，粮食的价格变动会引起 CPI 的波动，CPI 的波动也会引起粮食价格波动。两者之间的波动关系具有较强的现实基础性，建立在现实生产和生活的基础之上的波动关系，主要表现在以下几个方面。

（一）粮食价格变动是 CPI 波动的组成部分

从 CPI 统计的角度来看，目前我国 CPI 的调查内容分为食品、烟酒及用品、衣着、家庭设备用品及服务、医疗保健及个人用品、交通和通信、娱乐教育文化用品及服务、居住等八大类，共 263 个基本分类，约 700 种商品和服务项目。调查者根据每种物品的重要程度赋予权重，计算每一分类层次的价格变动指数，再根据逐级加权得到总指数 CPI。粮食是食品最重要的基本分类之一，粮食价格变动通过食品大类体现，而食品大类则是 CPI 计算的依据，是 CPI 的重要组成部分。因此，粮食价格变动也是 CPI 的重要组成部分，并借助于食品大类间接贡献于 CPI 指数的波动。

（二）粮食价格变动不是单纯的 CPI 合成者

粮食是社会生活和生产的基本必需品，是人类维持生存的基础和发展的重要条件。与主要依靠资本和劳动生产的工业产品的重要区别在于，粮食生产具有特殊性，需要自然力的参与，是自然界吸收阳光、空气、雨水、养料的一个自然过程，自然再生产和经济再生产相互交织。同时，粮食生产对于土地要素的依赖刚性要远远大于工业生产。粮食生产具有一定的周期性，相对较长的产粮周期决定了农产品的价格变动更不稳定，根据蛛网模型，即期价格决定了下期产量，需求价格弹性小，而供给价格弹性大，因此不具有很好的内部调节功能。在政府粮食收购政策还不能发挥主导作用的条件下，粮食价格较大幅度波动难以妥善解决。产量上升引起粮食价格较大幅度下降，产量下降推动粮食价格较大幅度上涨，这在工业产品领域是很难出现的情况。然而，CPI 通常可以隐藏粮食价格的大幅度波动，只是代表性地反映粮食价格变动的趋势。从这个意义来讲，尽管粮食价格变动是 CPI 的重要组成部分，但是并不能认为粮食价格波动是单纯的 CPI 合成者。

（三）CPI 波动与粮食价格变动具有不对称性

粮食价格波动是 CPI 价格变动的组成成分，从统计理论来看，粮食价格只会影响

---

① 王锐. 我国粮食进出口与粮食价格关系的实证研究——基于粮食安全的角度 ［J］. 广东商学院学报，2012（1）：66—71.

CPI 的波动，CPI 的波动是粮食价格波动的表现。但从现实生产生活中可以发现，CPI 对粮食价格指数波动存在广泛的影响，即二者之间存在一种相互交织的关系。因为粮食价格变动只是 CPI 价格指数的一小部分，其所占权重是一种二级权重，最终真正的贡献权重很小，故其对 CPI 的影响非常有限。但从现实生产生活中来讲，CPI 指数的上升，会推动农业部门从业人员生活成本的上升，进而推动农业生产成本的上升。而农业部门从业人数在社会总从业人口中占据比重较大，因此，CPI 的上升需要粮食价格上升得更快才能保证粮食生产者的相对收入不会下降。所以 CPI 波动与粮食价格变动的关系理论上具有不对称性。

（四）CPI 波动对粮食价格变动的影响越加显著

我国是发展中国家，目前正处于城镇化飞速发展的阶段。在此过程中，尽管粮食产量不断上升，从 2004 年以来已经实现了"十连增"，满足了我国人口增长和人民生活水平不断提升的需要，但其产值比重却一直处于下降趋势。由于粮食消费在人们的消费集中处于优先位置和基础地位，粮食生产的基础地位并没有因为产值比重的下降而动摇，人们对粮食的需求呈现刚性依赖。在产业结构调整和转变的过程中，粮食产业生产总值的比重不断下降，但是其价格波动最终要与 CPI 的其他组成部分保持一致，否则粮食产业生产将难以继续。为保持平衡，CPI 较小的波动，粮食价格将会更大地予以平衡，粮食生产的比重越小，其作用越明显。即随着经济的增长，CPI 的波动对粮食价格波动的影响越加显著。

三、粮食价格变动与 CPI 变动的实证分析

（一）粮食价格变动与 CPI 波动的经验分析

粮食价格波动与 CPI 之间的关系，可以借助于经验数据来分析，从而考察两者之间存在的交织关系。由于 1994 年之前的粮食价格指数和 CPI 数据缺失，因此选择 1994—2011 年的粮食价格指数和 CPI 数据作为 CPI 波动与粮食价格变动的分析基础，全部数据来源于《中国统计年鉴（2012）》。

从图 6-1 可以看出，我国粮食价格指数和 CPI 之间存在较为明显的不对称互动关系。总体来看，粮食价格指数的波动幅度要明显大于 CPI 的波动幅度，并且表现出粮食价格指数总体带动 CPI 波动的现象比较明显，反映出了 CPI 和粮食价格指数波动的不对称性，粮食价格指数波动是基础，但是 CPI 波动对粮食价格指数波动更加明显。单就两者波动的趋势而言，在下降过程中，粮食价格指数的曲线斜率绝对值明显大于 CPI 曲线斜率的绝对值，说明在下降阶段，粮食价格指数的波动幅度明显要大于 CPI 的波动幅度。在上升阶段，粮食价格指数的典线斜率大于 CPI 的斜率，说明上升阶段粮食价格指数的波动幅度也大于 CPI 的波动幅度，但总体上下降阶段波动的幅度要大于上升阶段。整个过程中，粮食价格指数波动的稳定性明显要低于 CPI 波动的稳定性，CPI 可以认为是粮食价格指数的非线性回归曲线。

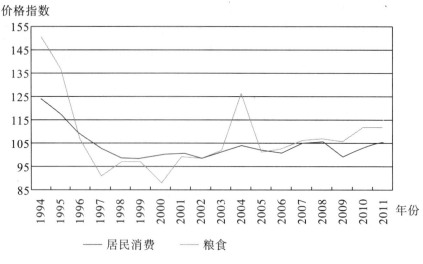

图 6—1　粮食价格变动与 CPI 波动序列图

分阶段看，1998 年之前，CPI 和粮食价格指数都处于高位水平向合理水平回归的阶段。但在回归过程中，粮食价格的波动幅度较大，从高于 CPI 26.6 个百分点下降到低于 CPI 11.7 个百分点。总浮动幅度达到 59.6 个百分点，是 CPI 波动幅度的 2.8 倍。从通货膨胀的角度理解，CPI 的波动幅度本可以认为是一次严重的通货紧缩现象，而粮食价格如此大的波动可以认为是农民收入跳水的波动。1998 年到 2003 年期间粮食价格指数和 CPI 的比值总体都在小于 1 的水平运行，属于经济萎缩性质的价格水准，并且粮食价格的波动幅度明显小于 CPI，这一时期反映出粮食价格下拉 CPI 的现象。2004 年至 2005 年间，两者都有上升的趋势，在上升过程中，粮食价格指数又一次超过 CPI，并且出现了较大的波动幅度。2005 年以后，CPI 和粮食价格指数的协同性明显增强，两者之间的差异逐渐缩小，并且变动过程也不断趋于平稳，但粮食价格指数拉动 CPI 上升的性质并没有改变。可以认为，2005 年之前两者的波动属于调整过程，而 2005 年之后为成熟协调过程。

（二）基于 VAR 模型的粮食价格变动与 CPI 关系的实证检验

为了进一步分析 CPI 与粮食价格指数之间存在的定量关系，需就两者之间的关系选择计量模型进行验证，以揭示两者变动过程中的协同性和数量关系的一致性，证实图形信息的非伪性质。

1. 模型估计

从统计上讲，尽管粮食价格指数是 CPI 的组成部分，但是从图 6—1 可以看出，CPI 是粮食价格指数的非线性回归，粮食价格指数引领 CPI 变动，两者之间的关系很难定性为哪一个处于非对称的主动状态，故需要同时考虑两者的互相影响。在不能完全确定两者主动和被动关系的条件下，且考虑到价格的传递过程存在时间滞后延迟现象，可以认为 VAR 模型是比较合适的分析模型，故选择 VAR 模型进行分析。用 1994 年到

2011 年的 CPI 指数和粮食价格指数（FPI）作为分析变量，借助于 Eviews 软件做 VAR 模型，结果如下：

$$\begin{bmatrix} CPI \\ FPI \end{bmatrix} = \begin{bmatrix} 87.81 \\ 116.98 \end{bmatrix} + \begin{bmatrix} 0.2 & 0.09 \\ 0.41 & 0.26 \end{bmatrix} \begin{bmatrix} CPI_{-1} \\ FPI_{-1} \end{bmatrix} + \begin{bmatrix} -0.25 & 0.1 \\ 0.92 & 0.12 \end{bmatrix} \begin{bmatrix} CPI_{-2} \\ FPI_{-2} \end{bmatrix}$$

2. 模型平稳性检验

VAR 模型尽管不必要保证每个变量都平稳，也不预设自变量和因变量，但是其对模型整体的要求比较严格，必须保证模型整体是稳定的、平稳的，否则不具有分析的稳定性意义。目前检验 VAR 模型的方法比较成熟的是单位根检验，故本书借助于 Eviews 软件对 VAR 模型进行单位根检验，只要单位根检验能够通过，就说明模型是有效的，可以用来分析 CPI 和 FPI 之间的关系。检验结果如图 6—2 所示：

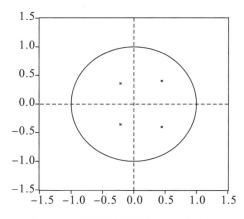

图 6—2　VAR 模型单位根检验结果

3. 基于 VAR 模型的粮食价格变动与 CPI 关系的实证分析

从图 6—2 可以看出，所有点都落入单位圆之内，说明模型估计的结果是平稳和有效的，可以用来分析 VAR 模型的粮食价格变动与 CPI 的关系。从模型可以看出，CPI 和 FPI 的波动基础存在显著性差异，CPI 的波动基础为 87.81，在[98.6，124.1]区间范围内波动，其基础在小于 100 的水平运行，说明 CPI 存在内生的收敛性质。而 FPI 的波动基础则为 116.98，在 [96.9，150.7] 的区间范围内波动，其波动下限要小于 CPI 的波动下限，波动上限要大于 CPI 的波动上限。FPI 波动水平的基础大于 100，且波动范围大于 CPI，所以相对于 CPI，FPI 具有较为明显的发散性。两个价格指数中，一个发散，一个收敛，FPI 的发散效应大于 CPI 的收敛效应，但 FPI 的权重较小，最终形成 FPI 在发散的性质支配下向 CPI 回归。

从模型回归的系数可以发现，FPI 滞后一期对 CPI 的影响较小，而 CPI 滞后一期对 CPI 的自传导效应要大于 FPI 滞后一期的影响程度，而同样 CPI 滞后一期对 FPI 的影响要大于 FPI 滞后一期的自传导效应。滞后两期的 CPI 对 FPI 存在较大的负向自传导效应，而滞后两期的 FPI 对 CPI 的效应则相对很小。在这些关系中，效应最为显著的是 CPI 滞后两期对 FPI 的效应，其系数达到 0.92，意味着 CPI 滞后两期对 FPI 具有决定性意义。从总体来看，CPI 对 FPI 的决定性比较显著，相对 FPI，CPI 的自传导效应也要大于 FPI 对 CPI 的效应。这也证明了 CPI 与 FPI 的不对称性。

4. 脉冲效应分析

从图形可以看出 CPI 是 FPI 的回归，FPI 是 CPI 的决定性因素之一，但从模型看出，CPI 滞后项是 FPI 的决定性因素。两者之间存在互相的影响关系，这种关系是不对等的。为了分析它们互相影响的延迟效益，本书在 VAR 模型的基础上进行脉冲响应分析，以解释 CPI 和 FPI 互相一个单位的冲击或者对其自身一个单位的冲击后它们的延迟变动过程。借助 Eviews 软件在 VAR 模型的基础上进行脉冲响应分析，结果如图 6-3 所示。

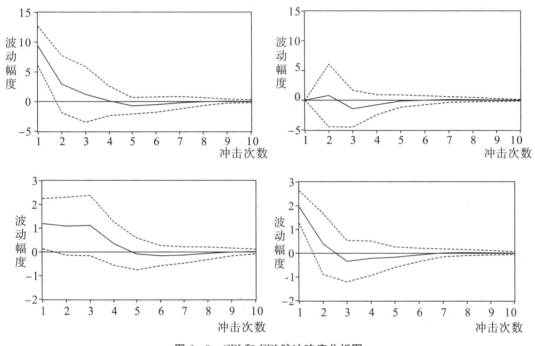

图 6-3　CPI 和 FPI 脉冲响应分析图

从图 6-3 可以看出，FPI 对自己一个单位的冲击后，将会出现十倍于自己的波动幅度，即粮食价格的波动幅度存在极度的不稳定性，粮食产品价格受到冲击之后，容易产生恶性动荡。但是 FPI 对 CPI 一个单位的冲击之后，先缓慢存在正向的波动，且波动幅度在五个单位之上后开始回归，说明 FPI 对 CPI 的影响程度要远比对自己的冲击弱。同时，FPI 对 CPI 一个单位冲击后回归过程存在惯性作用，即回归在惯性的作用下降偏离到冲击波动的反方向。和 FPI 的冲击结果相比较，CPI 对自己和 FPI 的冲击效果都要小。CPI 给 FPI 一个单位的冲击之后，FPI 将远离平衡点两个单位，相当于其相反影响的五分之一的影响程度，并且保持两期之后逐渐回归到正常水平。CPI 对自己一个单位的冲击后，系统将会波动两个单位，且经过一期后快速自动调节到原来状态，具有较好的自我稳定作用。另外，无论受到 CPI 还是 FPI 的冲击，FPI 的波动回归到原始状态所需要的延迟时间较长，而 CPI 则延迟时间稍短，但是也拖着长长的尾巴。总之，受到同样一个单位的冲击，CPI 收敛得更快，FPI 收敛相对需要更长的延期。受到同样一个单位的冲击，FPI 收敛速度较慢，且波动幅度相对较大。

四、研究结论及政策建议

（一）研究结论

通过理论阐释、经验数据分析、VAR 模型实证和脉冲响应分析，可以得出以下几个方面的结论。

一是当前 FPI 决定了 CPI，CPI 是 FPI 的非线性回归。经验数据分析表明，FPI 上升拉动 CPI 指数上升，FPI 下降会导致 CPI 下降。这主要是因为 FPI 是基础性生活必需品，对 CPI 其他一揽子商品的波动具有广泛的影响，且 FPI 是 CPI 的组成部分，其波动本身就贡献于 CPI。同时，在下降阶段，FPI 波动幅度较大，其最大值要大于 CPI 的最大值，其最小值要小于 CPI 的最小值。上升阶段，表现出同样的现象，并且这种规律比较明显。上升和下降趋势开始形成时，FPI 已经开始波动。CPI 总是在 FPI 波动线组成点的重心位置，可以认为 CPI 是 FPI 的非线性回归。

二是 CPI 和 FPI 之间存在的是一种不对称关系，CPI 滞后期决定当期 FPI。VAR 模型分析表明，FPI 滞后一期和滞后两期对 CPI 的影响较小，而 CPI 滞后一期和滞后两期对 FPI 滞后一期的影响明显要大。CPI 滞后项对 FPI 的决定性比较显著，相对 FPI，CPI 的自传导效应也要大于 FPI 对 CPI 的效应，也证明了 CPI 与 FPI 的不对称性。FPI 滞后项对 CPI 的影响系数最大为 0.1，最小只有 0.09，可以说影响能力非常有限，但是 CPI 滞后项对 FPI 的影响系数却最小也在 0.41，最大为 0.92，其影响程度最大为 FPI 滞后项对 CPI 滞后项的 10 倍以上。因此，可以认为 CPI 滞后期对 FPI 当期具有决定性意义。

三是 CPI 与 FPI 相互冲击后都趋于收敛。脉冲响应分析表明，无论是 CPI 还是 FPI，在受到一个单位自身因素和外界因素的冲击后，都会在经过大致五期的调整后回归到原始状态，但是 CPI 的收敛性明显要快于 FPI 的收敛性。

（二）政策建议

第一，选择 FPI 作为长期价格变动的预警指标。整体看来，FPI 和 CPI 之间存在较强的现实传导关系，两者之间存在不对称性和收敛性。在控制物价方面，政府相关部门可以选择更加保守的方式监控我国价格变动的趋势。由于 CPI 是 FPI 的回归，FPI 的波动更加明显，且其较大的变动幅度具有较强 CPI 趋势变动信号作用，故可选择 FPI 作为长期价格变动的预警指标之一。

第二，采取综合性措施避免粮食价格大幅波动。根据实证研究和脉冲响应分析，并结合我国当前宏观经济形势和国际粮价不断上涨的趋势，可以发现，当前粮食价格对 CPI 的影响较大。由于 CPI 上行压力较大，因此需要通过综合发挥市场的基础性作用和政府的宏观调控作用，强化种粮农民直接补贴等农业补贴力度，进一步理顺粮食价格对CPI的传导机制，把粮食价格波动对CPI的影响控制在一定范围内，兼顾消费者和种粮农民的利益。

第三，关键在于增强粮食安全的综合保障能力。我国农业已进入高投入、高成本和高风险的发展阶段。从根本上说，粮食价格围绕其价值波动，但囿于其资本有机构成偏低，粮食价格容易被低估。从现实来说，未来粮食价格受刚性需求增长拉动、生产成本提高推动和国际粮食供求长期偏紧的多重影响，粮食作为需求缺乏弹性的特殊商品，其价格将沿着蛛网循环上升。作为发展中的人口大国，必须从国民经济全局出发，统筹粮食扩大再生产的全过程，积极避免粮食供求关系和价格的波动与突变，实施增强国家粮食安全综合保障能力的战略[①]。

第四节　未来我国粮食供求关系的预测

对粮食供求变化产生影响的因素很多，既有直接因素也有间接因素，而且往往具有一定的不确定性；同时，部分统计资料的出处和口径存在一定差异，缺乏可比性和可信度。因此，要准确预测我国未来粮食供求趋势有一定困难，各种方法都存在一定的利弊，通常是学术价值和方法意义大于实际应用和决策参考价值。根据研究设计，此处主要采用推算法，在对粮食生产和消费分析的基础上，对未来我国粮食供求关系进行分析。

一、粮食生产的预测

假设其他情况不变，从最直接的影响因素看，粮食生产总量是粮食播种面积和粮食单产的乘积，为此将首先考察粮食播种面积和粮食单产演变趋势与规律。

（一）粮食播种面积的变化

以1990年为基期，1991—2013年的23年间，有9个年份粮食播种面积在下降，14个年份粮食播种面积在上升（如图6-4所示）。2004年之后呈上升趋势，但增速在2009年之后逐渐放缓。环比指数最高的是2005年，为2.63%；最低的为2003年，达-4.31%。对考察期历年的环比指数进行算术平均，平均指数为-0.04%。由于未来若干年我国将处于工业化和城市化的加速期，因此粮食播种面积仍有下降的压力，但由于我国党和政府已经在2004年以来连续11年出台一号文件，采取了一系列措施，并确定了"耕地红线要严防死守"的要求，综合考虑可以将2014—2020年间粮食播种面积的变化指数设为-0.05%，将2021—2030年间粮食单产的增长率设置为-0.02%。

① 王国敏，周庆元. 增强我国粮食安全的综合保障能力对策［J］. 经济纵横，2013（3）：82-86.

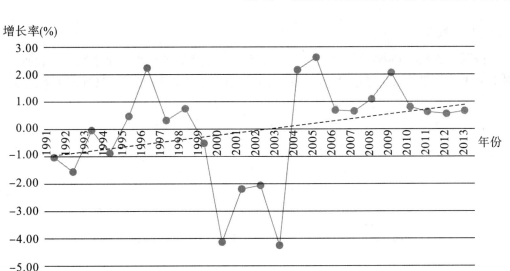

图 6—4　1991—2013 年我国粮食播种面积的环比指数

数据来源：根据《中国统计年鉴（2013）》数据整理计算。

（二）粮食单产的变化

从粮食单产变化来看，1991—2013 年的 23 年间，有 7 个年份粮食单产在下降，16 个年份粮食单产在上升（如图 6—5 所示）。单产增长指数最高的是 2004 年，达 6.65%；最低的为 2000 年，为 −5.15%。对考察期历年的环比指数进行算术平均，平均指数为 1.41%。一方面，粮食单产的边际增长会逐步递减；另一方面，随着农业科技进步和新型农业生产经营体系的创新，粮食单产继续增长仍有一定的空间。因此，可以将 2014—2020 年间粮食单产的增长率设置为 2%，将 2021—2030 年间粮食单产的增长率设置为 1.5%。

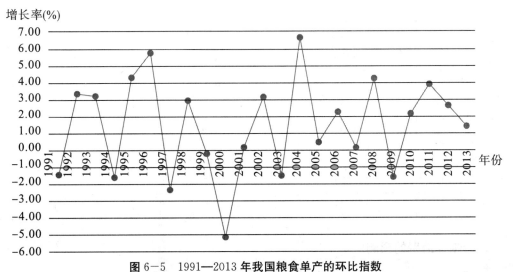

图 6—5　1991—2013 年我国粮食单产的环比指数

数据来源：根据《中国统计年鉴（2013）》数据整理计算。

（三）粮食生产的预测

按照上述基本判断，可以根据 2013 年的全国粮食播种面积和全国粮食单位面积产量对未来若干年的粮食产量做出粗略的预测，即 2014—2020 年的产量预测关系式为：

$$Q = [5376.8 \times (1+2\%)^t] \times [111951.4 \times (1-0.05)^t] \tag{6-1}$$

式中，$t = 1, 2, \cdots, 7$。

2021—2030 年的产量预测关系式为：

$$Q = [5376.8 \times (1+2\%)^7 \times (1+1.5\%)\ t-7] \times$$
$$[111951.4 \times (1-0.05)^7 \times (1-0.02\%)\ t-7] \tag{6-2}$$

式中，$t = 8, 9, \cdots, 17$。

通过计算，可得 2014—2030 年未来 17 年我国粮食产量的预测结果（见表 6-8）。

表 6-8　2014—2030 年我国粮食产量预测

年份	全国粮食播种面积 （千公顷）	全国粮食单位面积产量 （公斤/公顷）	全国粮食产量预测 （万吨）
2014	111895.4	5484.3	61367
2015	111839.5	5594.0	62563
2016	111783.6	5705.9	63783
2017	111727.7	5820.0	65026
2018	111671.8	5936.4	66293
2019	111616.0	6055.2	67586
2020	111560.2	6176.3	68903
2021	111537.8	6268.9	69922
2022	111515.5	6362.9	70956
2023	111493.2	6458.4	72007
2024	111470.9	6555.2	73071
2025	111448.6	6653.6	74153
2026	111426.4	6753.4	75251
2027	111404.1	6854.7	76364
2028	111381.8	6957.5	77494
2029	111359.5	7061.9	78641
2030	111337.2	7167.8	79804

二、粮食消费的预测

粮食消费由口粮、饲料用粮、工业用粮、种子用粮和损耗等五部分组成。从恩格尔系数和粮食食用需求演变的特征出发，提出粮食消费的框架。

（一）我国恩格尔系数和粮食食用需求的演变

从 1978 年改革开放以来我国城乡居民恩格尔系数的状况及其变动来看，我国城乡居民消费模式也具有二元性，虽然差别在逐渐缩小，但仍然具有显著的不同（见表 6－9）。由此理解出发，对于未来粮食需求的预测，应当注意区别城乡两类不同居民的消费模式。

表 6－9　1978—2012 年我国城乡居民家庭人均收入及恩格尔系数状况

年份	城镇居民			农村居民		
	人均纯收入（元）	人均纯收入指数	恩格尔系数（%）	人均可支配收入（元）	人均可支配收入指数	恩格尔系数（%）
1978	343.4	100.0	57.5	133.6	100.0	67.7
1979	405.0	115.7	57.2	160.2	119.2	64.0
1980	477.6	127.0	56.9	191.3	139.0	61.8
1981	500.4	129.9	56.7	223.4	160.4	59.9
1982	535.3	136.3	58.6	270.1	192.3	60.7
1983	564.6	141.5	59.2	309.8	219.6	59.4
1984	652.1	158.7	58.0	355.3	249.5	59.2
1985	739.1	160.4	53.3	397.6	268.9	57.8
1986	900.9	182.7	52.4	423.8	277.6	56.4
1987	1002.1	186.8	53.5	462.6	292.0	55.8
1988	1180.2	182.3	51.4	544.9	310.7	54.0
1989	1373.9	182.5	54.5	601.5	305.7	54.8
1990	1510.2	198.1	54.2	686.3	311.2	58.8
1991	1700.6	212.4	53.8	708.6	317.4	57.6
1992	2026.6	232.9	53.0	784.0	336.2	57.6
1993	2577.4	255.1	50.3	921.6	346.9	58.1
1994	3496.2	276.8	50.0	1221.0	364.3	58.9
1995	4283.0	290.3	50.1	1577.7	383.6	58.6
1996	4838.9	301.6	48.8	1926.1	418.1	56.3
1997	5160.3	311.9	46.6	2090.1	437.3	55.1
1998	5425.1	329.9	44.7	2162.0	456.1	53.4
1999	5854.0	360.6	42.1	2210.3	473.5	52.6

年份	城镇居民			农村居民		
	人均纯收入（元）	人均纯收入指数	恩格尔系数（%）	人均可支配收入（元）	人均可支配收入指数	恩格尔系数（%）
2000	6280.0	383.7	39.4	2253.4	483.4	49.1
2001	6859.6	416.3	38.2	2366.4	503.7	47.7
2002	7702.8	472.1	37.7	2475.6	527.9	46.2
2003	8472.2	514.6	37.1	2622.2	550.6	45.6
2004	9421.6	554.2	37.7	2936.4	588.0	47.2
2005	10493.0	607.4	36.7	3254.9	624.5	45.5
2006	11759.5	670.7	35.8	3587.0	670.7	43.0
2007	13785.8	752.5	36.3	4140.4	734.4	43.1
2008	15780.8	815.7	37.9	4760.6	793.2	43.7
2009	17174.7	895.4	36.5	5153.2	860.6	41.0
2010	19109.4	965.2	35.7	5919.0	954.4	41.1
2011	21809.8	1046.3	36.3	6977.3	1063.2	40.4
2012	24564.7	1146.7	36.2	7916.6	1176.9	39.3

数据来源：根据《中国统计年鉴（2013）》数据整理。

（二）粮食需求预测的框架

粮食消费由口粮、饲料用粮、工业用粮、种子用粮和损耗等五部分组成。其中，口粮和饲料用粮满足城乡居民的食用粮需求，主要影响因素为人口数量、结构和消费结构，可以分别通过城镇居民与农村居民的直接粮食消费和间接粮食消费模拟计算；工业用粮、种子用粮和损耗可以归结为非食用粮需求，按照黄季焜等人的测算，非食用粮的数量占比一般在12％～14％之间。因此，可以从食用粮需求和非食用粮需求两大类出发，通过逐步分解对未来若干年粮食消费需求做出预测（如图6-6所示）。从数据的可获得性出发，为了计算的方便，需要作一些假定：综合考虑工业化对粮食需求的增加和粮食供求紧张格局的制约，非食用需求的占比在2014—2030年间将在15％～30％间匀速逐渐递增；城乡居民消费结构呈异质性，间接粮食消费与粮食的转化比，猪牛羊等肉类为3、禽类为1.8、鲜蛋为2、水产品为0.8；同时考虑到人们生活水平的提高，对奶制品等粮食为主要原料来源食品的需求增长，对实际的人均粮食消费量适当上调，城市调高70％，农村调高50％；对城乡人口总数及其变动情况则采用联合国《世界人口展望》中的保守估计，间隔空缺的年份采用插值法补足。

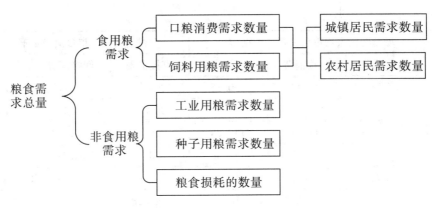

图 6-6　粮食消费预测的框架

　　首先考察改革开放以来我国城乡居民人均粮食消费的基本态势和演变的方向。城乡居民粮食消费的整体趋势是直接消费数量逐渐减少并趋于稳定，间接消费数量逐渐增加并有进一步增长的趋势，总消费量相对稳定，呈现消费总量相对平稳，结构边际调整的态势（见表 6-10）。考察期内，城镇居民人均粮食消费总量为 217.89 千克/人，农村居民人均粮食消费总量为 288.97 千克/人，根据前述假设，各自调高 70% 和 50%，可得城乡居民的人均粮食消费总量分别为 370.41 千克/人和 433.45 千克/人。

表 6-10　1978—2012 年我国城乡居民人均粮食消费状况

年份	城镇居民人均粮食消费（千克/人）			农村居民人均粮食消费（千克/人）		
	直接消费	间接消费	总消费	直接消费	间接消费	总消费
1978	—	—	—	247.83	19.79	267.62
1979	—	—	—	256.74	22.53	279.27
1980	—	—	—	257.16	27.69	284.85
1981	145.44	75.51	220.95	256.14	30.88	287.02
1982	144.56	77.98	222.54	259.97	32.43	292.40
1983	144.48	84.50	228.98	259.90	35.76	295.66
1984	142.08	86.24	228.32	266.52	38.62	305.14
1985	134.76	83.13	217.89	257.45	40.17	297.62
1986	137.88	92.19	230.07	259.30	43.08	302.38
1987	133.87	91.24	225.11	259.38	43.09	302.47
1988	137.17	85.85	223.02	259.51	40.47	299.98
1989	133.94	87.54	221.48	262.28	41.80	304.08
1990	130.72	92.03	222.75	262.08	42.79	304.87
1991	127.93	97.46	225.39	255.58	46.09	301.67
1992	111.50	98.82	210.32	250.50	45.67	296.17

年份	城镇居民人均粮食消费（千克/人）			农村居民人均粮食消费（千克/人）		
	直接消费	间接消费	总消费	直接消费	间接消费	总消费
1993	97.78	93.08	190.86	266.02	45.70	311.72
1994	101.67	94.27	195.94	260.56	44.13	304.69
1995	97.00	93.03	190.03	258.92	46.05	304.97
1996	94.68	94.91	189.59	256.19	51.57	307.76
1997	86.72	95.42	182.14	250.67	53.27	303.94
1998	88.59	95.71	184.30	249.28	54.66	303.94
1999	84.91	98.97	183.88	247.45	57.39	304.84
2000	82.31	100.29	182.60	249.49	60.66	310.15
2001	79.69	95.98	175.67	237.98	61.12	299.10
2002	78.48	118.15	196.63	236.50	62.90	299.40
2003	79.52	121.64	201.16	222.44	64.12	286.56
2004	78.18	110.70	188.88	218.26	62.68	280.94
2005	76.98	118.57	195.55	208.85	71.23	280.08
2006	75.92	117.53	193.45	205.62	71.42	277.04
2007	77.60	115.83	193.43	199.48	65.32	264.80
2008	79.47	115.61	195.08	199.07	64.73	263.80
2009	81.33	124.48	205.81	189.26	68.50	257.76
2010	81.53	124.08	205.61	181.44	69.38	250.82
2011	80.71	124.74	205.45	170.74	72.21	242.95
2012	78.76	127.42	206.18	164.27	73.19	237.46

数据来源：根据历年《中国统计年鉴》数据整理并计算，部分年份数据缺失。

（三）未来我国粮食需求的预测

根据我国粮食消费需求变动的趋势，结合人口数量、结构等变量的演变趋势和相关假定，可以计算得出我国 2014—2030 年粮食需求的基本态势（见表 6-11）。

表 6-11　2014—2030 年我国粮食需求预测结果

年份	城镇居民		农村居民		食用粮需求预测（万吨）	非食用粮需求预测（万吨）	全国粮食需求预测（万吨）
	人口预测（亿）	总需求预测（万吨）	人口预测（亿）	总需求预测（万吨）			
2014	6.80	25195.29	7.16	31052.36	56247.65	9926.06	66173.71
2015	6.94	25706.45	7.08	30688.26	56394.71	10691.93	67086.64
2016	7.08	26217.62	7.00	30324.16	56541.78	11478.41	68020.19

年份	城镇居民		农村居民		食用粮需求预测（万吨）	非食用粮需求预测（万吨）	全国粮食需求预测（万吨）
	人口预测（亿）	总需求预测（万吨）	人口预测（亿）	总需求预测（万吨）			
2017	7.22	26728.79	6.91	29960.06	56688.85	12286.18	68975.03
2018	7.35	27239.95	6.83	29595.97	56835.92	13115.98	69951.90
2019	7.49	27751.12	6.74	29231.87	56982.99	13968.59	70951.58
2020	7.63	28262.28	6.66	28867.77	57130.05	14844.82	71974.87
2021	7.74	28684.55	6.58	28512.34	57196.89	15723.45	72920.34
2022	7.86	29106.82	6.50	28156.91	57263.73	16624.95	73888.68
2023	7.97	29529.09	6.41	27801.48	57330.57	17550.17	74880.74
2024	8.09	29951.35	6.33	27446.05	57397.40	18499.99	75897.39
2025	8.20	30373.62	6.25	27090.63	57464.25	19475.33	76939.58
2026	8.29	30692.17	6.18	26769.87	57462.04	20452.59	77914.63
2027	8.37	31010.73	6.10	26449.12	57459.85	21454.96	78914.81
2028	8.46	31329.28	6.03	26128.37	57457.65	22483.43	79941.08
2029	8.54	31647.83	5.95	25807.61	57455.44	23539.01	80994.45
2030	8.63	31966.38	5.88	25486.86	57453.24	24622.82	82076.06

三、粮食余缺的预测

综合上述，把我国未来粮食生产与需求的预测情况结合起来，可以大致判断未来若干年我国粮食余缺的基本态势（见表6—12）。

表6—12 2014—2030年我国粮食余缺状况预测结果

年份	全国粮食生产量预测（万吨）	全国粮食需求量预测（万吨）	全国粮食余缺量预测（万吨）
2014	61367	66174	−4807
2015	62563	67087	−4524
2016	63783	68020	−4237
2017	65026	68975	−3949
2018	66293	69952	−3659
2019	67586	70952	−3366
2020	68903	71975	−3072
2021	69922	72920	−2998
2022	70956	73889	−2933
2023	72007	74881	−2874

年份	全国粮食生产量预测（万吨）	全国粮食需求量预测（万吨）	全国粮食余缺量预测（万吨）
2024	73071	75897	−2826
2025	74153	76940	−2787
2026	75251	77915	−2664
2027	76364	78915	−2551
2028	77494	79941	−2447
2029	78641	80994	−2353
2030	79804	82076	−2272

根据上述分析及预测，我国未来的粮食供求关系仍然将长期处于紧平衡状态，并存在一定的缺口，但随着各类因素的综合作用，缺口呈逐步缩小的趋势。

需要特别指出的是，这些预测都是建立在一系列假定基础之上的，在一定程度上难以规避主观判断的影响。当然，不能过分计较这种中长期预测的具体数值，其更多的是反映未来的变化趋势，以帮助我们趋利避害并防患于未然。

第五节　国家粮食安全综合评价指标体系的构建[①]

构建科学合理的粮食安全指标体系并具体测评我国各阶段粮食安全的程度，是采取应对措施和指定政策的逻辑前提。粮食安全具有复杂性的基本特征，因此对其测评也应该基于一个综合的指标体系。本节将首先回顾已有的研究成果和方法，在界定粮食安全内涵的基础上，试图构建一个粮食安全评价的综合指标体系，并以此对我国的粮食安全状况进行测评。

一、文献回顾

粮食安全历来是国家安全体系中的重要组成部分，具有基础性、公共性和战略性的特征。准确判断国家粮食安全的形势，客观分析粮食安全存在的风险，对于我国这样一个发展中的人口大国具有重要意义。

联合国粮农组织（FAO）先后三次对粮食安全进行了定义，并得到国际社会的广泛接受，其实质是使"所有人在任何时候都能享有充足的食物，满足健康生活的需要和喜好"。由此出发，国内外经济理论界和实际部门采用了多种方法，试图给出粮食安全的数量指标。

国际上具有代表性的方法有：①粮食安全系数，由1974年世界粮食大会提出，认

[①]　本节内容由王国敏、卢婷婷、周庆元以《我国粮食安全综合评价：1978—2010》为题发表于《上海行政学院学报》2013年第2期，此处作了一定修改。

为当年粮食储备超过 17％即为粮食安全；②营养不良人口比重，由 FAO 提出，认为一国营养不良人口比重超过 15％为不安全；③世界粮食安全委员会七指标法，综合考虑了消费、健康和营养等因素；④美国农业部问卷调查法，分为三大类 18 个问题，直接面向个人进行调查分析。①和②两种方法实际上属于单指标分析，易于操作和国际比较，但不能反映粮食安全问题的综合性和系统性。③和④更多关注的是"终端"，即个人消费环节，忽略了生产和分配环节，而且面向个人的调查，不可避免地可能带有主观因素的成分。

自 1994 年莱斯特·布朗发表《谁来养活中国》一文之后，国内掀起了粮食安全研究的热潮，并形成了一批关于粮食安全测评的研究成果，其中具有代表性的有：①四项指标简单平均法（朱泽，1997），采用粮食产量波动率、粮食储备率、粮食自给率和人均粮食占有量这四项指标，四项指标权重一致，总指标越大，表明粮食安全水平越高。[①] ②食物保障可持续性评价指标体系（吕耀等，1999），从农业生产及其资源生产效率、经济效益、资源利用率以及资源与环境质量构建食物安全指标体系。[②] ③五项指标加权平均法（马九杰，2001），采用食物及膳食能量供求平衡指数、粮食生产波动指数、粮食储备—需求比率、粮食国际贸易依存度系数、粮食及食物市场价格稳定性各项指标得分值进行加权平均。[③] ④四项指标加权平均安全系数法（刘晓梅，2004），采用人均占有粮量、粮食总产量波动系数、粮食储备率和粮食进口率说明粮食安全，并使用加权平均法得出综合系数。[④] ⑤生产、消费、流通和贸易综合指标体系（高帆，2005），在给出各指标区间和取值基准的基础上，采用加权平均法得出了 1978—2004 年的粮食安全综合指数。[⑤] 这些研究方法有可取之处，值得借鉴。但整体来看，国内学者的研究更加偏重于供给，部分考虑到了消费和流通，但不约而同地忽略了分配环节。这显然没有很好地体现粮食安全综合性和系统性的特征，没有很好地回应粮食安全内涵演变的趋势，没有注重种粮主体的利益分配可能引发的粮食安全问题。此外，在指标权重的确定上，带有明显的主观色彩。

二、粮食安全综合评价指标体系的构建

粮食安全是一个复杂的系统，从整个国民经济系统来看，粮食安全涉及生产、分配、交换和消费等方方面面。在《〈政治经济学批判〉导言》中，马克思对社会生产的四个环节，即生产、分配、交换、消费之间的关系做了精辟的辩证分析，马克思指出，生产和消费具有直接的同一性；生产决定着消费的对象、水平和方式，为消费创造着动力；而消费则使生产行为和产品得以最终完成，同时也可以创造出新的劳动力和生产的

①　朱泽. 中国粮食安全状况的实证研究 [J]. 调研世界，1997 (3).
②　吕耀，谷树忠，楼惠新，等. 中国食物保障可持续性及其评价 [J]. 中国农村经济，1999 (8).
③　马九杰，张象枢，顾海兵. 粮食安全衡量及预警指标体系研究 [J]. 管理世界，2001 (1).
④　刘晓梅. 关于我国粮食安全评价指标体系的探讨 [J]. 财贸经济，2004 (9).
⑤　高帆. 中国粮食安全的测度：一个指标体系 [J]. 经济理论与经济管理，2005 (12).

内在动机与目的。产品的分配则处于生产和消费之间，受生产决定，对生产具有反作用。"分配的结构完全取决于生产的结构"①，随着分配的变动，相应地，生产也会发生变动。交换则是作为以生产和分配为一方，以消费为另一方的中介要素，它由生产决定，并反作用于生产。"在社会再生产过程中，生产、分配、消费、交换是构成一个总循环的各个环节"，"一定的生产决定一定的消费、分配、交换和这些不同要素相互间的一定关系。当然，生产就其单方面形式来说也决定于其他要素"，"不同要素之间存在着相互作用"。② 粮食产业也分为生产、分配、交换与消费四个环节，这个环节相互作用，是一个统一整体。从这个意义上讲，粮食安全就是粮食生产、分配、交换与消费四个环节的安全。

粮食风险存在于粮食系统的各个方面和环节，且各环节的风险程度有所差别。这就是说，在一个国家的粮食安全体系内，个别环节安全程度较高，而个别环节安全程度较低；同时，随着时间的推移，各个环节的安全程度有可能发生变化。粮食系统不同环节上安全状况的不一致性，使我们很难对某一个国家粮食安全状况做出整体上的判断。为解决这个矛盾，我们引入了粮食安全系数这个综合指标，并将其分为三个层次。第一层是综合指标，代表粮食安全综合水平，以粮食安全综合指数表示。第二层是主体指标，代表粮食安全各个主要方面的水平，主体指标共四个，分别是生产环节安全指标、分配环节安全指标、交换环节安全指标和消费环节安全指标。第三层次是群体指标，反映各主体指标的基本内容，衡量粮食安全水平的各项具体指标共 9 项。根据以上三个层次设置的粮食安全评价指标体系框架如图 6-7 所示。

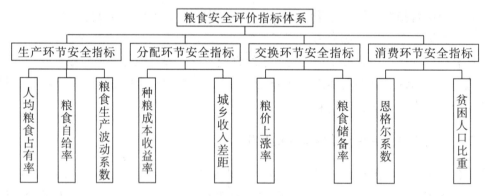

图 6-7　粮食安全评价指标体系框架

各项指标的经济含义和计算方法解释如下。

（一）生产环节安全指标

考虑粮食安全评价指标，首要的问题是粮食数量是否达到人们生存的基本需要。生产是分配、交换和消费的基础，是确保粮食安全最重要的环节，提高粮食综合生产能力

---

① 马克思，恩格斯. 马克思恩格斯选集（第2卷）[M]. 北京：人民出版社，1995.
② 马克思，恩格斯. 马克思恩格斯选集（第2卷）[M]. 北京：人民出版社，1995.

是实现粮食安全的根本途径和治本之策。

1. 人均粮食占有率（X_1）

人均粮食占有率可以在一定程度上反映一国的粮食安全水平。计算公式为：

$$人均粮食占有率 = \frac{人均粮食占有量}{粮食安全保障要求}$$

不同历史阶段和条件下，粮食安全保障要求会有所差别。

FAO 指出，如果一个国家人均粮食年占有量低于 400 公斤则可能会危及粮食安全。而胡守溢则进一步综合考虑了我国的人口比例、劳动人口的体力消耗程度、膳食营养标准、食物结构、营养热能关系以及实际消费习惯等因素，通过加权平均计算指出中国人均年占有粮食的最低安全保障为 370 公斤。[①] 借鉴以上标准，我们以人均占有粮食 400 公斤为安全线，并以人均占有粮食 370 公斤为基本安全线，以人均占有粮食 350 公斤为温饱线。

2. 粮食自给率（X_2）

粮食自给率是在一定时期内一个国家或地区粮食总产量与粮食总消费量之比。计算公式为：

$$粮食自给率 = 1 - \frac{粮食净进口量}{粮食生产总量 + 粮食净进口量} = \frac{粮食生产总量}{粮食生产总量 + 粮食净进口量}$$

通常来说，粮食的自给率与粮食安全水平的高低成正比。因各国国情差异较大，所以目前世界各国并没有就粮食自给率达成统一认识。国际上的一般标准：一国粮食自给率不小于 90％为可以接受的粮食安全水平；一国粮食自给率不小于 95％，则基本上实现了自给。1996 年颁布的《中国的粮食问题》白皮书，将我国的粮食自给率确定为 95％及以上。

3. 粮食生产波动系数（X_3）

受自然环境、供求状况、经济政策等多重因素的影响，粮食生产往往在年度之间会出现波动。粮食生产波动常用粮食生产波动系数（或变异率）进行测算，其波动幅度的大小，反映着本期粮食产量的实际观察值对粮食长期趋势产量的偏离程度，在一定程度上反映了粮食生产的安全程度。计算公式为：

$$粮食生产波动系数 = \frac{实际粮食产量 - 趋势产量}{趋势产量}$$

具体可以采用回归法或五年平均法对趋势产量进行预测。一般来说，粮食生产波动系数越大，说明粮食总产偏离趋势产量的程度越大，稳定性就越低，粮食安全水平也就越低；粮食生产波动系数越小，说明粮食总产偏离趋势产量的程度越小，稳定性就越高，粮食安全水平也就越高。

（二）分配环节安全指标

"保护粮食生产者的积极性，促进粮食生产"，全面调动粮食生产主体的积极性，是

---

① 胡守溢. 国家粮食安全形势估计及成本分析［J］. 安徽农业科学，2003 (5).

确保粮食安全的重要环节。这个环节通常是以往研究中被忽略的方面，应当予以重视。

1. 种粮成本收益率（X_4）

成本利润率是反映盈利能力的重要指标。计算公式为：

$$种粮成本利润率 = \frac{净利润}{总成本}$$

该指标越高，表明农户为取得利润而付出的代价越小，成本费用控制得越好，盈利能力越强。粮食安全状况直接表现为粮食过少，根源在于粮食过多时农民种粮收益没有得到很好保障。在 1996 年粮食丰收后，尽管国家启动保护价收购政策，但是农民的种粮收益仍从 1996 年开始逐年下滑，1996 年亩均收益为 146 元，较 1995 年下降 65 元，下降 31%，至 2000 年下跌为负值，种粮亏本。粮食总产因此连续五年下滑，至 2003 年跌至 43070 万吨，较 1998 年减少 8160 万吨，降幅达 15.93%，粮食安全受到严重影响。因此，确保农民能获得种粮基本收益，是解决我国粮食生产问题的关键。根据专家预测并参照历史数据，种粮成本收益率保持在 30% 可以保障农民种粮的基本收益。

2. 城乡收入差距（X_5）

城乡收入差距的计算公式为：

$$城乡收入差距 = \frac{城镇居民可支配收入}{农村居民纯收入}$$

在经济发展的一定时期，城乡收入差距问题是客观上存在的，但若不能妥善处理，一方面会影响农民生产积极性，另一方面会造成粮食分配的不均匀。

（三）交换环节安全指标

交换是生产和消费的中介，交换效率及其稳定性直接影响粮食的可获得性，影响粮食安全的实现程度。随着市场经济的发展及全球经济一体化进程的加快，国内外粮食市场对一个国家粮食安全影响将越来越大；特别是随着我国城镇化进程的加快，未来粮食市场建设与管理的重要性更加凸显。粮食管理体制健全，流通渠道通畅，供应量充足，物价稳定是确保粮食安全的重要方面。

1. 粮价上涨率（X_6）

粮食价格相对稳定是确保粮食供求平衡，从而实现粮食安全的一个基本条件。如果粮价过低，则会影响供给，抑制未来的粮食生产；如果粮价过高，则会影响需求，特别是降低贫困人口的购买能力。

由于粮食价格没有统一的数据，1978—2000 年的数据采用粮食收购价格指数替代，2001—2010 年的数据采用临时零售价格指数替代。

2. 粮食储备率（X_7）

粮食储备率是指粮食储备量占粮食消费量的比重，反映的是一国抵御粮食安全风险的能力。粮食储备率太低势必威胁粮食安全，而过高又会背负较高的储备成本，因此粮食储备率应保持恰当的比例。20 世纪 70 年代，联合国粮农组织曾提出，世界全部谷物储备至少要占世界谷物需求量的 17%～18%，其中 5%～6% 为缓冲库存，12% 为周转库存。联合国粮农组织以此作为确保全球粮食安全的最低储备标准，号召世界各国采纳。

我国将粮食储备率作为国家机密，没有向外界公布准确的数字。据专家估计，自20世纪50年代以来，我国粮食储备率呈现逐年上升趋势，50年代年均14.6％，60年代年均13.3％，70年代年均14.7％，80年代年均20.2％，90年代年均34.8％，近年来粮食储备率在40％之上。[①] 我国的储备率远高于FAO的标准。温家宝总理在2008年4月初曾公开表示，我国粮食库存充裕，约有1.5～2亿吨，按照5亿吨的消费总量，这样的库存比例高达30％～40％，是FAO建议比例17％～18％的2倍。

（四）消费环节安全指标

消费环节的安全更加注重粮食的"可获取性"，同时，体现社会性也是确保稳定的基本要求。因此，要尽量消除地区间居民生活消费水平的差异，包括不同地区之间和城乡村之间的差异，减少贫困人口的比例，最终实现全社会居民的粮食安全。

1. 恩格尔系数（X_8）

恩格尔系数反映了食品消费支出在总消费支出中的比例，可以用恩格尔系数来间接表示粮食消费在居民消费中的比例。

由于现有统计资料中只有城镇和农村居民分开的恩格尔系数，我们采取加权平均数来计算，计算公式为：

$$R = E_1 R_1 + E_2 R_2$$

式中，R_1和R_2分别指城乡居民的恩格尔系数，E_1和E_2分别指城乡居民的人口比例。

2. 贫困人口比重（X_9）

粮食安全的内涵包括确保所有人买得起所需的基本粮食，是否买得起粮食则主要受居民收入的影响。鉴于贫困与饥饿的伴生性，我们主要以贫困人口比重为依据来判断一国在多大程度上确保了居民买得起所需的基本粮食。

三、我国粮食安全状况的综合测评

（一）指标权重的确定

综合采用德尔菲法和层次分析法，确定主体指标和群体指标的权重。根据测评需要，运用德尔菲法原理，设计一套调查咨询表，邀请有关的实际工作者和专家，提供一些必要的定性分析资料，请专家就咨询表对各个指标的相对重要性打分。相对于粮食安全这一综合指标，对应下一层的4项主体指标，即生产环节安全指标、分配环节安全指标、交换环节安全指标和消费环节安全指标的相对重要程度。通过多轮函调，反复征询和修改，得到相对一致的4项主体指标的赋值。

为了便于定量化和采用同一个尺度，根据运筹学家T. L. Saaty提出的1～9及其倒

---

① 程亨华，肖春阳. 中国粮食安全及其主要指标研究［J］. 财贸经济，2002（12）.

数标度法，通过两两比较得出咨询表中判断矩阵元素的值。然后，采用上述方法及层次分析法计算得到各个指标的权重。

相对于综合指标 Z，根据专家意见构造出主体指标 Y_1—Y_4 各指标的比较判别矩阵。然后求出矩阵的最大特征根，进行一致性检验。逻辑一致性检验通过后，计算权重。计算结果见表 6-13。

表 6-13　Y_1—Y_4 各指标的比较判别矩阵及权重

Z	Y_1	Y_2	Y_3	Y_4	W
Y_1	1	3	3	2	$W_{Y_1}=0.4550$
Y_2	1/3	1	1	1/2	$W_{Y_2}=0.1411$
Y_3	1/3	1	1	1/2	$W_{Y_3}=0.1411$
Y_4	1/2	2	2	1	$W_{Y_4}=0.2627$

相对于各主体指标，由于群体指标数量较少，我们假设群体指标对相应的主体指标的影响效率是等同的。

由此，我们可以得出粮食安全综合评价指标的计算公式，即：

$$Z=0.4550Y_1+0.1411Y_2+0.1411Y_3+0.2627Y_4$$

式中，$Y_1=\frac{1}{3}X_1+\frac{1}{3}X_2+\frac{1}{3}X_3$，$Y_2=\frac{1}{2}X_4+\frac{1}{2}X_5$，$Y_3=\frac{1}{2}X_6+\frac{1}{2}X_7$，$Y_4=\frac{1}{2}X_8+\frac{1}{2}X_9$。

（二）指标取值区间和基准的确定

群体指标的数值，根据正负指标的不同性质，确定其取值区间和基准。这里有几种情况：一是群体指标的取值对于粮食安全的影响是单调的。人均粮食占有率、种粮成本收益率越大，越有利于粮食安全目标的实现；而城乡收入差距、综合恩格尔系数、贫困人口比重越小，粮食安全越有保障。二是群体指标的取值存在最优的区间，达不到或者超过相应的区间，都不利于粮食安全目标的实现。粮食自给率、粮食生产波动系数、粮价上涨率和粮食储备率属于此类指标。

根据上述理解与分析，我们可以分别确定各群体指标的取值及其标准，见表 6-14。

表 6-14　粮食安全群体指标取值区间和基准

X_1	X_2	X_3	X_4	X_5	X_6	X_7	X_8	X_9	赋值
<0.5	<50；>145	<-7；>10	<10	>3.9	<-16；>18	<8；>46	>0.75	>16	0.1
0.5~0.6	55~60；140~145	-7~-6；9~10	10~15	3.6~3.9	-16~-14；16~18	8~10；44~46	0.7~0.75	14~16	0.2

续表

X_1	X_2	X_3	X_4	X_5	X_6	X_7	X_8	X_9	赋值
0.6~0.7	60~65；135~140	−6~−5；8~9	15~20	3.3~3.6	−14~−12；14~16	10~12；42~44	0.65~0.7	12~14	0.3
0.7~0.8	65~70；130~135	−5~−4；7~8	20~25	3.0~3.3	−12~−10；12~14	12~14；40~42	0.6~0.65	10~12	0.4
0.8~0.9	70~75；125~130	−4~−3；6~7	25~30	2.7~3.0	−10~−8；10~12	14~16；38~40	0.55~0.6	8~10	0.5
0.9~1.0	75~80；120~125	−3~−2；5~6	30~35	2.4~2.7	−8~−6；8~10	16~18；36~38	0.5~0.55	6~8	0.6
1.0~1.1	80~85；115~120	−2~−1；4~5	35~40	2.1~2.4	−6~−4；6~8	18~20；34~36	0.4~0.5	4~6	0.7
1.1~1.2	85~90；110~115	−1~0；3~4	40~45	1.8~2.1	−4~−2；4~6	20~22；32~34	0.3~0.4	2~4	0.8
1.2~1.3	90~95；105~110	0~1；2~3	45~50	1.5~1.8	−2~0；2~4	22~24；30~32	0.2~0.3	1~2	0.9
>1.3	95~105	1~2	>50	<1.5	0~2	24~−30	<0.2	<1	1.0

（三）粮食安全警区和警情的确定

从理论上说，粮食安全综合评价指数 Z 的取值区间为 $0 \leqslant Z \leqslant 1$，指数越高表明越安全，等于 1 时为最优状态。如前所述，粮食安全涉及生产环节、分配环节、交换环节和消费环节等方方面面，它可能在某些环节上表现出很高的安全性，而在另外一些环节上表现出较低的安全性。粮食安全综合评价指数，可以帮助我们对一个国家粮食安全状况做出整体上的判断。为此，我们采用系统化的方法确定粮食安全的警区和警情（见表6−15），全面权衡考虑我国粮食安全的特征及变动规律。

表 6−15　粮食安全警区和警情

警区	$0.9 < Z \leqslant 1$	$0.8 < Z \leqslant 0.9$	$0.6 < Z \leqslant 0.8$	$0.4 < Z \leqslant 0.6$	$Z \leqslant 0.4$
警情	完全安全	安全	轻警	中警	重警
措施	维持	改进	关注	高度关注	紧急行动

（四）我国粮食安全状况的测评

首先，根据群体指标的分析，给出 9 个群体指标 1978—2010 年的实际数值，见表6−16。

表 6-16 1978—2010 年粮食安全综合评价指标原始数据表

年份	X_1	X_2	X_3	X_4	X_5	X_6	X_7	X_8	X_9
1978	0.8615	0.9777	−0.17	−3.73	2.57	0.7	14.7	65.87	30.7
1979	0.9263	0.9688	6.10	4.71	2.53	30.5	14.7	62.71	28.8
1980	0.8829	0.9645	−2.09	13.15	2.50	7.9	20.2	60.85	26.8
1981	0.8838	0.9600	−5.49	21.59	2.24	9.7	20.2	59.25	18.5
1982	0.9499	0.9597	−1.24	30.02	1.98	3.8	20.2	60.26	17.5
1983	1.0229	0.9712	4.49	38.46	1.82	10.3	20.2	59.36	16.2
1984	1.0617	0.9834	6.09	46.90	1.84	12.0	20.2	58.92	15.1
1985	0.9749	1.0088	−3.69	55.34	1.86	1.8	20.2	56.73	14.8
1986	0.9919	1.0043	−0.88	53.53	1.95	9.9	20.2	55.42	15.5
1987	1.0047	0.9784	2.01	51.71	1.98	8.0	20.2	55.22	14.3
1988	0.9668	0.9797	−3.52	49.90	2.05	14.6	20.2	53.33	11.1
1989	0.9846	0.9760	−2.32	44.64	2.10	26.9	20.2	54.72	11.6
1990	1.0624	0.9826	4.96	39.37	2.20	−6.8	34.8	57.59	9.4
1991	1.0223	0.9941	−0.54	22.30	2.40	−6.2	34.8	56.58	10.4
1992	1.0269	1.0043	−0.56	26.86	2.58	5.3	34.8	56.34	8.8
1993	1.0469	1.0175	1.62	51.70	2.80	16.7	34.8	55.92	8.3
1994	1.0094	1.0097	−3.88	79.68	2.86	46.6	34.8	56.36	7.7
1995	1.0467	0.9615	−1.43	69.59	2.71	29.0	34.8	56.13	7.1
1996	1.1200	0.9795	4.13	40.05	2.51	5.8	34.8	54.01	6.3
1997	1.0858	1.0031	−0.61	27.30	2.47	−9.8	34.8	52.39	5.4
1998	1.1149	1.0039	3.22	20.66	2.51	−3.3	40.1	50.50	4.6
1999	1.0968	0.9997	4.62	6.90	2.65	−12.9	40.1	48.95	3.7
2000	0.9893	1.0009	−3.41	−0.89	2.79	−9.8	40.1	45.59	3.5
2001	0.9619	0.9819	−2.07	11.25	2.90	1.5	40.1	44.12	3.2
2002	0.9648	1.0021	0.58	1.31	3.11	−1.4	40.1	42.94	3.0
2003	0.9035	0.9988	−6.12	9.07	3.23	2.2	40.1	42.15	3.1
2004	0.9790	0.9634	0.34	49.69	3.21	26.5	40.1	43.23	2.8
2005	1.0034	0.9576	1.52	28.84	3.22	1.4	40.1	41.72	2.5
2006	1.0267	0.9529	0.34	34.83	3.28	2.5	40.1	39.81	2.3
2007	1.0287	0.9595	−1.38	38.49	3.33	6.4	40.1	39.98	1.6
2008	1.0787	0.9337	1.46	33.14	3.31	7.0	35.0	40.97	4.2
2009	1.0776	0.9156	−0.13	32.04	3.33	5.7	35.0	38.82	3.8

续表

年份	X_1	X_2	X_3	X_4	X_5	X_6	X_7	X_8	X_9
2010	1.1045	0.8949	0.59	33.77	3.23	11.7	35.0	38.40	2.0

数据来源：根据《中国统计年鉴（2011）》《中国农村统计年鉴（2011）》《中国农产品成本收益资料汇编（2010）》《中国农村住户调查年鉴（2010）》等数据计算。

其次，对照粮食安全群体指标取值区间和基准表，得出各群体指标的标准值，然后根据前述确定的权数计算得出粮食安全综合评价指数，并确定警情状况，见表6—17。

表6—17 1978—2010年粮食安全综合评价指标标准值及粮食安全综合指数

年份	X_1	X_2	X_3	X_4	X_5	X_6	X_7	X_8	X_9	Z	警情
1978	0.5	1.0	0.8	0.1	0.6	1.0	0.5	0.3	0.1	0.56	中警
1979	0.6	1.0	0.5	0.1	0.6	0.1	0.5	0.4	0.1	0.48	中警
1980	0.5	1.0	0.6	0.2	0.6	0.7	0.8	0.4	0.1	0.55	中警
1981	0.5	1.0	0.3	0.4	0.7	0.6	0.8	0.5	0.1	0.53	中警
1982	0.6	1.0	0.7	0.6	0.8	0.9	0.8	0.4	0.1	0.63	轻警
1983	0.7	1.0	0.7	0.7	0.8	0.5	0.8	0.5	0.1	0.64	轻警
1984	0.7	1.0	0.5	0.9	0.8	0.4	0.8	0.5	0.2	0.63	轻警
1985	0.6	1.0	0.5	1.0	0.8	1.0	0.8	0.5	0.2	0.66	轻警
1986	0.6	1.0	0.8	1.0	0.8	0.6	0.8	0.5	0.2	0.68	轻警
1987	0.7	1.0	0.9	1.0	0.8	0.8	0.8	0.5	0.2	0.71	轻警
1988	0.6	1.0	0.5	0.9	0.8	0.3	0.8	0.6	0.4	0.65	轻警
1989	0.6	1.0	0.6	0.8	0.7	0.1	0.8	0.6	0.4	0.63	轻警
1990	0.7	1.0	0.7	0.7	0.7	0.4	0.4	0.5	0.4	0.66	轻警
1991	0.7	1.0	0.8	0.4	0.6	0.6	0.4	0.5	0.4	0.64	轻警
1992	0.7	1.0	0.8	0.5	0.6	0.8	0.4	0.5	0.5	0.67	轻警
1993	0.7	1.0	1.0	1.0	0.5	0.2	0.4	0.5	0.5	0.69	轻警
1994	0.7	1.0	0.5	1.0	0.5	0.1	0.4	0.5	0.6	0.62	轻警
1995	0.7	1.0	0.7	1.0	0.5	0.1	0.4	0.5	0.6	0.65	轻警
1996	0.8	1.0	0.7	0.8	0.6	0.5	0.4	0.6	0.6	0.70	轻警
1997	0.7	1.0	0.8	0.4	0.6	0.8	0.4	0.6	0.7	0.69	轻警
1998	0.8	1.0	0.8	0.4	0.6	0.8	0.4	0.6	0.7	0.72	轻警
1999	0.7	1.0	0.7	0.1	0.6	0.4	0.4	0.7	0.8	0.67	轻警
2000	0.6	1.0	0.5	0.1	0.5	0.5	0.4	0.7	0.8	0.62	轻警
2001	0.6	1.0	0.6	0.2	0.5	1.0	0.4	0.7	0.8	0.68	轻警

年份	X_1	X_2	X_3	X_4	X_5	X_6	X_7	X_8	X_9	Z	警情
2002	0.6	1.0	0.9	1.0	0.4	0.9	0.4	0.7	0.8	0.77	轻警
2003	0.6	1.0	0.3	0.1	0.4	0.9	0.4	0.7	0.8	0.61	轻警
2004	0.6	1.0	0.8	0.8	0.4	0.1	0.4	0.7	0.8	0.68	轻警
2005	0.7	1.0	1.0	0.5	0.4	1.0	0.4	0.7	0.8	0.77	轻警
2006	0.7	1.0	0.9	0.6	0.4	0.9	0.4	0.8	0.8	0.77	轻警
2007	0.7	1.0	0.7	0.6	0.4	0.7	0.4	0.8	0.9	0.74	轻警
2008	0.7	0.9	1.0	0.6	0.3	0.7	0.7	0.7	0.7	0.74	轻警
2009	0.7	0.9	0.8	0.6	0.3	0.8	0.7	0.8	0.8	0.74	轻警
2010	0.8	0.8	0.9	0.6	0.4	0.5	0.7	0.8	0.8	0.74	轻警

根据上述计算分析，可以绘制 1978—2010 年粮食安全综合指数变化趋势图（如图 6-8 所示），进一步分析我国粮食安全演变的特征。

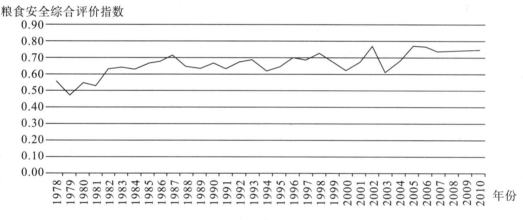

图 6-8　1978—2010 年粮食安全综合指数变化趋势

根据粮食安全综合评价指数的变化趋势，可以得出以下结论。

第一，1978 年以来，总体上我国粮食安全程度在不断提高，并逐渐趋于稳定。我国粮食安全整体上仍处于轻警状态，需要予以关注。一方面，目前我国不存在显性的粮食安全问题；另一方面，距离粮食完全安全状态仍有差距。1978—1979 年平均为 0.52，1980—1989 年平均为 0.63，1990—1999 年平均为 0.67，2000—2010 年平均为 0.71。粮食安全综合评价指数不断上升，粮食安全程度逐步提高。尤其是 2005 年以来，粮食安全综合评价指数趋于稳定，基本保持在 0.75 左右。

第二，粮食安全程度提高的过程中存在较为明显的波动，并非是单调递增，而是在波动中逐步提升。1978 年以来，粮食安全程度的变动大致经过了四个周期：1978—1987 年，粮食安全综合评价指数从 1978 年的 0.56 下降为 1979 年的 0.48，然后再逐渐上升为 1987 年的 0.71；1987—1998 年，粮食安全综合评价指数从 1987 年的 0.71 下降为 1989 年的 0.63，然后再上升为 1998 年的 0.72；1998—2002 年，粮食安全综合评价指数从 1998 年的 0.72 下降为 2000 年的 0.62，然后再上升为 2002 年的 0.77，同期达到历史最优状态；2002—2010 年，粮食安全综合评价指数从 2002 年的 0.77 下降为 2004 年的 0.68，之后上升为 2005 年的 0.77，同时趋于稳定，基本保持在 0.75 左右。

第三，目前，对我国粮食安全影响程度最大的因素主要集中在分配和交换领域。具体来说，是种粮成本收益率、城乡收入差距和粮价上涨率这三个因素，这些因素可以在很大程度上说明粮食安全综合评价指数的变化。生产和消费领域的指标相对稳定，对粮食安全综合评价指数变化的影响较小。这提示我们，确保粮食安全需要统筹兼顾，考虑多方面因素，而当前需要调节的重点主要是分配和交换领域，尤其是分配领域。需要指出的是，虽然粮食生产连续四年稳定在 5 亿吨以上，但如果不能妥善解决分配和交换领域的问题，粮食增产是不可持续的。历史上的教训深刻说明了这个问题，1996 年粮食成本收益率开始逐年下降，到 2000 年下跌为负值；与此同时，粮食总产连续五年下滑，粮食安全受到严重影响。

四、初步结论及政策建议

从粮食安全的综合性和系统性出发，构建了一个包括生产、分配、交换、消费的综合评价体系，并以此对我国 1978—2010 年的粮食安全状况进行了测评。结果表明，我国粮食安全水平在波动中不断提高，并逐渐趋于稳定，但仍处于轻度警情状态，需要加以关注。从生产、分配、交换和消费四个环节看，目前的症结主要集中在分配领域。我们建议要从初次分配和再分配的角度，处理好粮农与主产区、主销区和国家之间的关系，建立健全粮食增产与农民增收联动机制。

（一）建立健全粮食市场定价机制和双向补贴机制，发挥市场对粮价的基础性调节作用

尽管粮食具有战略性意义，但粮食首先是商品，其价格应接受市场供求规律的调节，并通过价格再反作用于生产。然而就我国国内市场而言，粮价基本由中央政府确定，市场的自发调节作用甚微，使得价格这一个单一市场信号难以反映我国粮食生产和需求的真实情况。因此，必须发挥市场对粮价的基础性调节作用，完善粮食市场定价机制。考虑到市场上粮价的波动会对粮农和消费者造成的影响，我们建议中央政府要以市场供求规律反映出的粮价为基准制定最低收购价，并采取双向补贴机制。当市场粮价较高时，为不影响居民的生活水平，政府应转向对购买粮食的居民，尤其是生活在贫困线以下的居民进行适当补贴，而农民则按市场价格出售粮食；当市场粮价较低时，为保护粮农种粮积极性，政府应适当增加对农民的补贴力度。

（二）完善国家种粮直接补贴政策，进一步调动种粮主体积极性

考虑到粮食的基础性、公共性和战略性，国家应建立种粮补贴逐年增长机制，加大

用于补贴的财政支出；建立种粮面积与补贴额度梯度增加机制，加大对种粮大户的补贴力度，间接引导土地规模化经营；改善种粮直接补贴方式，在当前以承包土地面积为标准的基础上，增加"按农民出售商品粮数量进行补贴"的方式，把按承包土地面积补贴方式和按农民出售商品粮数量补贴方式相结合；改善"承包者得补贴、种粮者担风险"的现象，根据实际种地农民出售的粮量进行补贴，使种粮直接补贴资金真正补给种粮的农民，体现"谁种粮，谁受益"的基本原则。

（三）创新粮食主销区对主产区的补偿机制，促进区域平衡发展

粮食安全具有公共性，这就要求集体成员都要为保障国家粮食安全"买单"，但目前粮食主销区在确保国家粮食安全上存在着明显的"搭便车"行为。为此，我们建议：第一，制定实施粮食主销区对粮食主产区的补偿机制，在经济发达的粮食主销区征收一定形式的粮食消费税，直接补贴给粮食主产区，以破解粮食主产区产粮越多包袱越重的悖论；也可利用粮食补贴税，建立奖励产粮大县的长效机制，使产粮大县真正享受到"以工补农"的政策实惠；第二，根据粮食主销区占用的耕地数量，从粮食主销区土地出让金之中收取 10％～15％的补偿金，用于粮食主产区开发增补种粮耕地建设，以稳定国家的粮食种植总面积。

第七章 我国加强农业基础地位和确保国家粮食安全战略的体系构建

> 加快构建供给稳定、储备充足、调控有力、运转高效的粮食安全保障体系。
>
> ——中共中央关于推进农村改革发展若干重大问题的决定

加强农业基础地位、确保国家粮食安全是实现国民经济健康稳定发展的重要支撑条件。党的十七届三中全会通过的《中共中央关于推进农村改革发展若干重大问题的决定》明确提出"加快构建供给稳定、储备充足、调控有力、运转高效的粮食安全保障体系",这是在新形势下,党中央应对粮食和农业发展的新挑战做出的重大战略决策。

加强农业基础地位和确保粮食安全是一项复杂的系统工程,涉及生产、流通、交换、消费等社会再生产过程中各个环节,关系到农户、企业、消费者等相关主体的经济利益。一个国家粮食安全的整体水平取决于生产、储备、运销、分配、消费各个环节的综合作用。因此,保障粮食安全,必须坚持系统论的观点和方法,理顺社会再生产各个环节,协调各种经济主体的关系,明确政府的职责和目标,构建适应社会主义市场经济发展要求和符合我国国情的粮食安全保障体系。

本章主要探讨我国加强农业基础地位和确保国家粮食安全战略的体系建设问题,分析粮食安全体系的各个组成部分及其相互关系,提出适合我国国情的粮食安全保障体系的框架结构。

第一节 体系构建的原则和框架

一、体系构建的原则

(一)立足国内、基本自给的原则

我国是一个 13 亿多人口的大国,人民的吃饭问题必须自己解决。稳定和发展国内粮食生产,实现粮食基本自给,这是粮食安全体系构建的首要原则。

依靠国际进口来解决我国粮食供给是行不通的,理由有三:第一,我国粮食消费量极大,远远超过世界粮食贸易量,进口不能解决我国粮食需求问题。统计数据显示,全球谷物年均贸易量不到我国谷物消费量的三分之二,利用国际市场增加粮食供给的空间十分有限，难以解决我国粮食问题。第二，粮食是关系国计民生的战略产品，一旦缺粮，需要依赖进口，我国在政治上、经济上就必然受制于人，国家的独立和主权就难以维护。第三，依赖大量进口粮食维持国内供应，必然引起世界粮价的上涨，可能会导致一些穷国买不到粮食，进而引起国际社会对中国的敌视。综上所述，依赖进口粮食保障国内供给存在着巨大的风险，我们必须坚持立足国内，确保粮食的基本自给。

新中国成立以来，党和政府重视农业，强化粮食生产，解决了历史性的难题（见表7—1）。事实证明，立足国内、保证粮食的基本自给是可以实现的。特别是自2004年以来，我国政府不断加大粮食生产的政策扶持力度，粮食连年增产、库存充足，2013年中国粮食总产量60193.5万吨，人均占有量442.4千克。粮食的基本自给对于规避世界粮食市场风险、确保国内粮食市场稳定具有重要作用。2007年下半年以来，国际市场粮价大幅上涨，一些国家受到严重冲击，而我国由于粮食自给率相对较高，受国际市场的冲击小，国内粮食市场基本保持稳定。

表7—1 1949—2013年我国人粮关系一览表

年份	粮食总产量（万吨）	粮食增长率（%）	人口（亿人）	人口增长率（%）	人均粮食（千克）
1949	11318	—	5.4167	—	208.9
1950	13213	16.74	5.5196	1.90	239.4
1951	14369	8.75	5.63	2.00	255.2
1952	16392	14.08	5.7482	2.10	285.2
1953	16683	1.78	5.8796	2.29	283.7
1954	16952	1.61	6.0266	2.50	281.3
1955	18394	8.51	6.1465	1.99	299.3
1956	19275	4.79	6.2828	2.22	306.8
1957	19505	1.19	6.4653	2.90	301.7
1958	19765	1.33	6.5994	2.07	299.5
1959	16968	−14.15	6.7207	1.84	252.5
1960	14385	−15.22	6.6207	−1.49	217.3
1961	13650	−5.11	6.5859	−0.53	207.3
1962	15441	13.12	6.7295	2.18	229.5
1963	17000	10.10	6.9172	2.79	245.8
1964	18750	10.29	7.0499	1.92	266
1965	19453	3.75	7.2538	2.89	268.2
1966	21400	10.01	7.4542	2.76	287.1
1967	21782	1.79	7.6368	2.45	285.2

续表

年份	粮食总产量 （万吨）	粮食增长率 （％）	人口 （亿人）	人口增长率 （％）	人均粮食 （千克）
1968	20906	−4.02	7.8534	2.84	266.2
1969	21097	0.91	8.0671	2.72	261.5
1970	23996	13.74	8.2992	2.88	289.1
1971	25014	4.24	8.5229	2.70	293.5
1972	24048	−3.86	8.7177	2.29	275.9
1973	26494	10.17	8.9211	2.33	297
1974	27527	3.90	9.0859	1.85	303
1975	28452	3.36	9.242	1.72	307.9
1976	28631	0.63	9.3717	1.40	305.5
1977	28273	−1.25	9.4974	1.34	297.7
1978	30477	7.80	9.6259	1.35	316.6
1979	33212	8.97	9.7542	1.33	340.5
1980	32056	−3.48	9.8705	1.19	324.8
1981	32502	1.39	10.0072	1.38	324.8
1982	35450	9.07	10.1654	1.58	348.7
1983	38728	9.25	10.3008	1.33	376
1984	40731	5.17	10.4357	1.31	390.3
1985	37911	−6.92	10.5851	1.43	358.2
1986	39151	3.27	10.7507	1.56	364.2
1987	40473	3.38	10.93	1.67	370.3
1988	39404	−2.64	11.1026	1.58	354.9
1989	40755	3.43	11.2704	1.51	361.6
1990	44624	9.49	11.4333	1.45	390.3
1991	43529	−2.45	11.5823	1.30	375.8
1992	44266	1.69	11.7171	1.16	377.8
1993	45649	3.12	11.8517	1.15	385.2
1994	44510	−2.50	11.985	1.12	371.4
1995	46662	4.83	12.1121	1.06	385.3
1996	50454	8.13	12.2389	1.05	412.2
1997	49417	−2.06	12.3626	1.01	399.7
1998	51230	3.67	12.4761	0.92	410.6

年份	粮食总产量 （万吨）	粮食增长率 （%）	人口 （亿人）	人口增长率 （%）	人均粮食 （千克）
1999	50839	−0.76	12.5786	0.82	404.2
2000	46218	−9.09	12.6743	0.76	364.7
2001	45262	−2.07	12.7627	0.70	354.6
2002	45711	0.99	12.8453	0.65	355.9
2003	43067	−5.78	12.9227	0.60	333.3
2004	46947	9.01	12.9988	0.59	361.2
2005	48401	3.10	13.0756	0.59	370.2
2006	49746	2.78	13.1448	0.53	378.4
2007	50150	0.81	13.2129	0.52	379.6
2008	52850	5.38	13.2802	0.51	398
2009	53082	0.44	13.3474	0.51	397.7
2010	54641	2.94	13.41	0.47	407.5
2011	57121	4.54	13.4735	0.47	424.0
2012	58958	3.22	13.5404	0.50	435.4
2013	60194	2.10	13.6072	0.49	442.4

数据来源：根据1950—2013年《中国统计年鉴》和《中华人民共和国2013年国民经济和社会发展统计公报》整理计算。

（二）安全优先、兼顾效率的原则

我国在立足国内、发展粮食生产的过程中，还要坚持安全优先、兼顾效率的原则。"安全优先"意味着任何时候都要把粮食安全目标放在第一位，当安全和效率的目标发生冲突时，要舍"效率"而取"安全"，在特殊情况下，要不惜一切代价确保粮食安全。"兼顾效率"意味着在粮食安全不受威胁的情况下，粮食安全保障应该以合理的成本获得，尽可能地提高资源的利用效率，降低能耗，减少成本，提高经济效益。

胡新宇（2004）把粮食安全分为两种：一种是粮食既安全又经济，即向社会提供了充足的粮食供给，同时又没有粮食过剩和浪费等不合理现象；另一种是粮食安全但不经济，保证了粮食的供给，成本却过高。[①] 我国要力争实现第一种粮食安全，以较低的成本获得粮食安全。

长期以来，我国在保障粮食安全过程中，忽视经济效率，代价高昂。鲁靖等（2004）指出：我国政府追求过高的粮食产量和粮食库存来保障粮食安全，政府一方面要为粮食生产者提供直接或间接的补贴保护其粮食生产的收益，另一方面还要为维护过

---

① 胡新宇. 试论粮食安全体系建设的基本原则［J］. 商业时代·理论，2004（36）：69.

高的粮食库存储备承担极重的财政负担。[①] 如此，一旦政府财力不堪重负，整个粮食供给体系就会崩溃。可见，建立在"无效率"基础上的粮食安全风险极高，是不可持续的。从长期来看，只有"提高效率"才能保障粮食的长期安全，如果在保证粮食安全时造成巨大的浪费，也就失去了保障粮食安全的基础条件。

（三）市场运作、宏观调控相结合的原则

粮食安全体系建设必须与我国社会主义市场经济体制相符合，发挥市场机制对粮食生产资源配置的基础性作用，政府仅从宏观上调控粮食市场。

市场化改革以来，我国已基本建立起粮食生产、流通、消费的市场运作机制，依靠粮食市场形成价格，刺激生产，引导消费，实现产销平衡。在国家政策指导下，农户根据市场供求状况，自主决定生产什么、生产多少、如何生产。消费者则根据市场价格自主决定购买什么、购买多少。粮食流通加工企业则根据各地粮食价差和对未来粮食市场预期决定收购多少、储存多少、加工多少，等等。市场机制充分发挥了粮食安全相关主体的能动性，对保障粮食供给、提高生产效率、降低经营成本具有重要作用。事实也证明，依靠市场机制来解决国家的粮食安全问题，是一条比依靠政府计划来发展粮食生产更为行之有效的道路。

但是，市场机制在配置粮食资源方面也存在市场失灵，需要政府进行宏观调控。第一，市场机制自发作用会导致公共物品供给不足，需要政府增加农业公共物品供给；第二，市场机制无法解决农业生产的外部性问题，需要政府保护农业生产资源和农业生态环境；第三，农民难以获得与经济决策相关的准确信息，需要政府进行市场监控，提供市场行情信息；第四，在市场经济自发作用下，粮食容易处于扩散型蛛网状态，粮价和产量的大幅波动带来经济社会的不稳定性；第五，谷物需求缺乏弹性，当谷物丰收时，粮价大幅下跌，容易造成"谷贱伤农"，损害生产者利益。因此，当市场配置资源失效时，需要政府进行干预，通过增加公共品供给、保护农业资源和生态环境、提供准确的市场信息、平抑市场波动、保护生产者利益等途径，弥补市场机制的不足，以确保粮食安全。

（四）稳步提高农民种粮收入的原则

农民是粮食生产的主体，只有从粮食生产中获得较高收入，才会有充分的积极性种植粮食，因此，国家粮食安全体系的建设必须与提高农民种粮收入相统一。在我国粮食供给偏紧的背景下，粮食安全与提高农民种粮收入可以说是同一问题的两个方面，只有农民种粮收入不断提高，粮食安全才有根本保障。

长期以来，我国农民种植粮食的比较效益低下，造成大量耕地被抛荒或转为他用，严重影响到我国粮食安全。种粮效益低下的主要原因有四：一是我国粮食生产的投入品（化肥、农药、种子等）价格高、用量大，种粮成本高；二是粮食生产面临巨大的自然

---

① 鲁靖，许成安. 构建中国的粮食安全保障体系 [J]. 农业经济问题，2004（8）：21~23.

风险、技术风险和市场风险；三是粮食收购价格偏低，卖粮收入微薄；四是人均耕地少，不能形成经济规模，种粮收入不能保障农户家庭成员的基本生活。

提高种粮收入、保护生产者利益将是我国政府宏观调控的主要目标，也是确保粮食安全的必然要求。国家应该在财政、税收、金融、贸易、收入分配政策等方面，给予农业和农民较大的扶持。在一些特殊情况下，比如粮食丰收、粮价低迷的时期，政府更应该担负起自己的职责，保护粮农利益，避免"谷贱伤农"。

（五）保护和改善农业资源环境的原则

保护农业资源环境是可持续发展的重要条件，粮食安全体系的建设必须符合社会发展的基本目标，不能破坏农业生态环境。

从短期来看，粮食安全和保护农业资源环境往往存在着一定矛盾。特别是在粮食短缺的情况下，人们为了获得足够的粮食，不惜随意砍伐森林，大量施用农药化肥，导致水土流失、土地沙化以及土壤肥力下降。在某些情况下，保护和改善农业资源环境可能会影响到粮食安全，比如退耕还林会减少耕地面积，减少粮食产量。从长期来看，粮食安全与保护农业资源环境的目标是一致的，丰富的农业资源和良好的生态环境是粮食生产的基础。如果人们为了短期的"粮食安全"而破坏了生态环境，长此以往，必将导致粮食不安全。

二、体系构建的层次

加强农业基础地位和确保国家粮食安全战略体系建设可从微观和宏观两个层次来考虑。微观层次主要是指农户、企业、消费者等微观市场主体的培育，粮食市场的建立及完善；宏观层次则指国家对粮食生产、流通、交换、消费等各环节的干预和调控，以实现粮食再生产的顺利进行、粮食市场的平稳发展。微观层次主要是依靠市场机制来保障粮食安全；宏观层次则是依靠政府调控来保障粮食安全，二者有机结合，方能相得益彰。

（一）微观层次

粮食相关经济主体的行为对整个粮食市场的运行绩效产生着重要的影响。在我国体制转轨的背景下，粮食相关市场主体的培育和粮食市场的完善是加强农业基础地位和确保国家粮食安全的体系建设的重要内容。

粮食相关经济主体包括粮食生产主体、粮食流通加工主体、粮食消费主体等。粮食生产主体主要包括农户和一些农业企业、农业合作社。目前，我国农户粮食生产规模小、成本高、技术水平低下、信息缺乏、经济效益不高，同时包括农户在内的粮食生产主体，在粮食生产过程中过多地施用农药、化肥，给生态环境带来危害。生产主体的上述行为严重影响到我国粮食安全和生态环境安全。因此，培育具有一定经营规模、掌握先进技术、具有市场意识和环保意识的高素质粮食生产主体，是粮食安全体系构建的必然要求。

粮食流通加工主体主要包括粮食经纪人、粮食购销企业、粮食储运企业、粮食加工企业等。目前我国粮食流通市场主体发育不成熟，现有的粮食流通企业"多而小"，跨区域经营的现代化大型粮食流通企业比较少。我国粮食流通中损耗非常大，据相关统计，粮食产后损失率占粮食总产量的 12%～15%。[①] 粮食加工企业也存在规模小、加工层次低、附加价值不高等问题。因此，要着力培养现代化大型粮食流通企业或企业集团，形成以大型企业为主导、中小企业为依托、大中小企业合理分工协作的产业组织，构建新型的粮食销售网络体系，实现粮食在全国范围内有序高效流通。

粮食消费主体是指粮食的最终消费者，包括城乡居民家庭、酒店、餐馆、单位食堂等。随着经济社会的发展，我国居民粮食消费呈现出直接消费减少、间接消费增加、谷物消费单一化的趋势。居民粮食消费浪费严重，特别是酒店、餐馆、食堂等公共消费场所的浪费现象更为突出。少部分贫困人口粮食缺乏，同时，对于一部分城镇低收入群体，粮价的上涨直接影响到其口粮消费。城镇人口粮食消费的富营养化、浪费、低收入人群粮食消费不足等问题困扰着我国粮食消费。因此，需要构建适合国情、有利于人民健康的膳食模式，倡导节约之风，加强对低收入人群的粮食消费保障，以确保粮食安全。

我国粮食市场发育还不完善，存在运作不规范、体系不健全等问题。健全粮食市场也是确保粮食安全的必要条件。

（二）宏观层次

粮食宏观调控体系建设是加强农业基础地位和确保粮食安全战略体系建设的又一重要内容。在市场机制发挥粮食资源配置基础性作用的基础上，政府还需对粮食生产和市场进行宏观调控，以稳定供给，确保粮食安全。

从粮食生产来看，由于农业基础设施的公共物品属性及粮食生产的正外部性，需要政府加强对农业的支持和保护。但是，长期以来，我国对农业的投入不足，造成农业及粮食生产出现一系列问题：农业基础设施薄弱、农业科技落后、耕地数量减少且质量下降、水资源短缺等制约着我国粮食生产能力的提高；粮食的比较效益低下，农户的种粮积极性不高；粮食生产面临巨大自然风险和市场风险，粮食生产波动剧烈；农业生产过多地依赖农药和化肥，造成环境污染和破坏；等等。市场机制自身无法解决这些问题，需要政府增加农业投入、保障生产者利益、保护农业资源环境，以稳定和发展粮食生产。

从粮食市场来看，由于粮食的需求价格弹性小，且符合"扩散型蛛网"的假定，在市场机制作用下，粮食产量和价格很容易出现大起大落。政府可以通过粮食储备和粮食进出口调节国内粮食供应，稳定粮食市场。当粮食丰收、粮价偏低时，政府增加储备、鼓励出口，以提高粮价；反之，当粮食歉收、粮价升高时，则将储备粮投放市场或减少出口、增加进口，以增加国内粮食供给、平抑粮价。目前我国粮食仓储设施不足，储备

① 王国丰. 加快粮食物流体系建设问题探讨［J］. 中国粮油学报，2006（21）：139－143.

技术落后，政府储备调节能力不强，同时，通过进出口调节国内供求的作用也十分有限。因此，需要加强粮食储备调节体系和进出口调节体系建设，以提高政府宏观调控能力。

我国正处在体制转轨时期，政府既承担着粮食市场化改革的重任，又承担着粮食宏观调控的重任，政府应该处理好两者的关系。前者的重点在于培育市场主体、健全市场体系、完善市场机制，让市场发挥资源配置的基础性作用；后者的重点在于政府运用灵活的政策手段对粮食市场进行宏观调控，着力解决市场失灵。良好运作的市场机制是政府宏观调控的基础，政府的宏观调控是为了确保市场机制更好地发挥作用。政府应该把握好宏观调控的度，不要直接介入微观主体的经营决策，而应为微观主体经营决策提供良好的经济社会环境。

三、体系构建的框架

（一）体系构成

1. 粮食生产体系

在立足国内保障粮食基本供给的原则下，粮食生产体系建设是粮食安全体系建设工作的重中之重。粮食生产体系建设主要包括以下几方面。

一是粮食生产主体建设。通过教育和培训，培育出一批掌握先进技术、具有市场意识和环保意识的高素质新型农户。大力发展农业专业合作经济组织、农业产业化龙头企业、家庭农场等适应农业现代化需求的新型农业生产经营主体，加强农业企业、专业合作经济组织与农户的合作。

二是农业投入保障体系建设。完善财政支农政策，提高财政用于农业的比重，优化农业投资结构，重点增加对农田水利、耕地质量等基础建设的投入，以提高粮食的综合生产能力。健全农村金融服务体系，加大对粮食生产者的信贷支持力度。加大农业科技投入，提高粮食产量和质量。积极引导社会资源流入农业领域，增强对农业的投入。合理确定粮食的价格，确保农民种粮收益，提高农民种粮的积极性。

三是农业资源环境保护体系建设。加强水资源、耕地资源、种质资源等农业资源保护力度，减少环境污染，美化农业生态环境，确保粮食生产能力的可持续发展。

2. 粮食流通加工体系

粮食流通加工包括粮食的收购、分销、运输、仓储、交换、分配、加工等多个环节，是连接生产和消费的桥梁和纽带。在促进供求平衡、确保粮食安全的过程中，粮食流通加工体系起到"丰歉平衡器"和"供需平衡缓冲器"的重要作用。

粮食流通体系建设包括以下几方面。

一是粮食流通加工主体建设。继续深化粮食流通体制改革，鼓励多种类型主体参与粮食流通加工。着力扶持一批集粮食收购、仓储、加工一体化经营的大型国有粮食企业，使其在粮食流通中发挥主渠道作用。发展农民专业合作经济组织和农村经纪人，为农民提供粮食产销服务。积极培育跨区域的大型粮食物流企业和粮食加工企业。

二是粮食市场体系建设。建立起布局合理、结构完善、功能齐备、管理有序的粮食市场体系。抓好省级粮食批发市场和区域性粮食批发市场的建设。加强粮食现货市场和粮食期货市场建设。

三是粮食物流体系建设。培育一批大型跨区域粮食物流企业，初步建立起布局合理、技术先进、便捷高效、安全有序的现代粮食物流服务体系。发展粮食统一配送和电子商务，建立全国粮食物流公共信息平台，提高粮食物流信息化程度。大力发展铁路、公路、海运系统，完善粮食运销网络。增加投入，提高粮食物流技术装备水平。

四是粮食加工体系建设。鼓励粮油食品加工业向规模化和集约化方向发展，提高粮油食品企业生产效率。积极发展饲料加工业，改进饲料配方技术，优化饲料产业结构，提高饲料转化率。适度发展粮食深加工业，延长产业链，增加产品附加值。扶持粮食副产品加工企业，促进粮食副产品的综合利用。

3. 粮食消费体系

满足城乡居民粮食消费需求是粮食安全体系建设的最终目标。粮食消费体系建设是粮食安全体系建设的重要组成部分，其主要内容如下：一是建立包括口粮、饲料粮、工业用粮和种子用粮在内的合理的粮食消费体系。在粮食供给偏紧的情况下，首先保障口粮消费需求，在口粮消费上，一方面要建立基本口粮保障体系，对低收入人口提供粮食援助，确保其口粮消费，另一方面要倡导科学饮食、健康消费；其次是保障饲料粮消费需求，要严格限制加工用粮的消费，采取措施减少种子用粮消费。二是在全社会倡导节约之风，减少粮食浪费。

4. 粮食监测预警系统

粮食监测预警系统是政府宏观调控的重要内容。该系统建立在粮食信息系统基础之上，对粮食市场进行动态监测并研究其变化规律和发展趋向，当市场供求出现严重失衡时发出警戒信号，并采取一定应急措施对市场进行适当调控。该系统直接影响着粮食宏观调控的及时性、准确性和有效性。

粮食监测预警系统建设包括两个部分：第一，完善粮食监测系统，通过开展粮食产、供、销、存各环节的跟踪调查，收集国内粮食生产、储备、市场供应、消费、价格等各种信息资料，及时掌握我国粮食市场的基本状况。建立权威的粮食信息发布制度，定期向全社会发布粮食生产、消费、库存等信息，以利于经济主体准确决策，防范和化解市场风险。第二，完善粮食预警系统，在粮食监测系统的基础上，通过对收集的信息进行综合分析和预测，把握国内、国际粮食走势，并向社会发出预警信号。

5. 粮食储备调节体系

粮食储备本来应是粮食流通的内在环节，但考虑到其在宏观调控中的重要作用，将粮食储备从流通中独立出来。粮食储备是粮食宏观调控的重要工具，也是确保粮食安全的重要手段。粮食储备调节系统构建包括如下内容：第一，建立健全多层级的储备网络体系，既包括中央储备和地方储备在内的政府储备体系，还包括生产者余粮储备和经营者经营储备等在内的社会储备体系。第二，建立多渠道的储备粮收购机制，既可向农民直接收购，也可到批发市场收购，确保储备粮来源稳定可靠。第三，建立有效的储备粮管理机制。加强对储备粮收购、经营、轮换各环节的有效管理，提高效率，做到储备粮保值增值、减少浪费。第四，加强科技投入，提升科学储粮水平，大力推广绿色无公害储粮技术，做到延缓粮食陈化，确保储粮品质安全。

6. 粮食进出口调节体系

粮食进出口调节也是保障粮食供求平衡的重要手段。在确保国内粮食生产基本自给的前提下，应充分利用国际市场，进行粮食品种余缺调剂。在特殊时期，也可通过进口弥补国内粮食缺口。要逐步实现粮食进口市场多元化，分散粮食进口的政治风险。

7. 粮食行政管理体系

粮食行政管理部门和行政人员担负着粮食宏观调控、粮食流通监管执法和指导行业发展的重要职能，是粮食安全重要的机构与人员保障。

（二）框架结构图

加强农业基础地位和确保粮食安全战略的体系框架如图7-1所示。该图包括需要构建的七大体系：粮食生产体系、粮食流通加工体系、粮食消费体系、粮食监测预警系统、粮食储备调节体系、粮食进出口调节体系和粮食行政管理体系。七大体系之间存在着密切的联系：粮食生产体系、流通加工体系和消费体系是基础，粮食监测预警系统、粮食储备调节体系和粮食进出口调节体系是粮食宏观调控的重要工具，粮食行政管理体系是重要的制度保障。

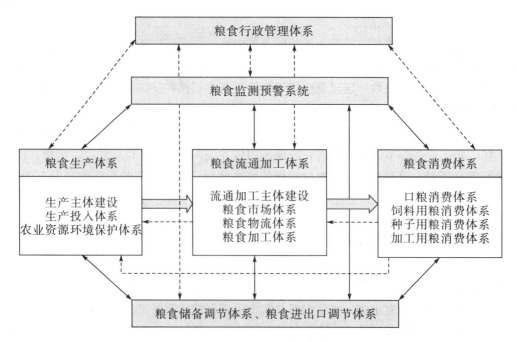

图7-1　加强农业基础地位和确保国家粮食安全战略的体系框架

图7-1中，灰色粗箭头代表粮食的流动方向，粮食经生产部门生产出来之后，经

过流通加工部门，加工成人们需要的各种产品，最后进入消费领域。因此，粮食生产决定粮食流通加工，进而决定粮食消费。虚线单箭头代表粮食流通加工和粮食消费对粮食生产有积极的反作用。消费引导粮食生产、流通加工的方向，同时粮食流通加工又影响着粮食生产。

在生产领域中，为了稳定和提高粮食的生产能力，政府除了加强粮食生产主体的培育，还要建立农业投入保障、农业资源环境保护两个体系。在流通加工体系建设中，需要加强粮食流通加工主体培育和完善粮食市场体系、物流体系以及加工体系。在粮食消费体系构建中，需要构建合理的口粮消费体系、饲料用粮消费体系、工业用粮消费体系和种子用粮消费体系。

图7-1中，实线双箭头代表粮食监测预警系统、粮食储备调节体系、粮食进出口调节体系与粮食生产、流通加工、消费体系的相互作用。从粮食监测预警系统来看，一方面，从社会生产各环节进行监测，获得基本信息；另一方面，该系统又向社会发布预警信息，引导粮食相关经济主体的经济决策。从粮食储备调节系统来看，粮食生产、消费影响着粮食储备，而粮食储备又对调节生产与消费产生积极的作用。从粮食进出口调节来看，政府根据国内粮食生产与消费状况决定粮食进出口政策，同时，粮食进出口也影响国内粮食供求状况。图7-1中虚线双箭头代表粮食行政管理体系与其他体系之间的相互作用。

总之，以上七个体系相互作用、相互补充，共同组成一个加强农业基础地位和确保国家粮食安全战略的体系框架。

第二节　粮食生产体系

一、粮食生产体系构建的目标和构成

（一）目标

通过整合体系内的各要素，建设粮食微观生产主体，加强生产要素投入，提高投入产出效率，保护农业资源，提高粮食综合生产能力，保障粮食安全。

（二）构成

粮食生产是农业生产的重中之重，是保障粮食安全的重要环节。粮食生产体系是指各类粮食生产要素及其相互联系的事物共同构成的一个有机整体。粮食生产系统主要包括：①多元化的粮食生产主体；②粮食生产投入的各种要素，包括资金、土地、劳动和农业科学技术等；③农业资源环境系统，包括耕地资源、水资源、种质资源和农业生产环境等。

二、农业及粮食生产微观主体建设

(一) 农户的培育

自古以来，农户就是我国农业及粮食生产的基本单元。1978 年家庭联产承包经营责任制的实施，确定了我国农户自主生产经营的主体地位。随着市场经济的发展，农户小生产与大市场的矛盾日益突出，加上种粮成本高、效益低，收入没有保证，导致许多农户转入非农生产经营活动领域，农业生产受影响，危及国家粮食安全。因此，加强对农户的培育是非常重要的。

目前，农户培育重点：一是着力培育种粮大户。实地调查发现，拥有小规模耕地的农户倾向于流转出自有耕地，寻求其他生路；而拥有较大规模耕地的农户倾向于转入其他农户的耕地，以种粮为生。耕地面积的扩大，可产生规模效益。因此，政府可以在政策、资金、技术等方面给予扶持，提高种粮大户的种粮积极性。二是加强对小农户的扶助。我国粮食种植依然以小农户生产经营为主，但单个农户在市场上谈判能力弱、利益往往得不到保障。可以鼓励小农户加入专业合作经济组织、行业协会等组织。在农户加入组织后，要培养他们参与民主管理的意识，使其认识到组织发展的好坏与自身生产经营有着密不可分的关系。以上两种农户的培育，均需要政府相关政策的引导与支持，如采取政策、资金、技术等方面的扶持措施，提高他们种粮积极性，保证粮食的有效供给。

(二) 专业合作经济组织建设

专业合作经济组织的产生是农村经济改革发展的一个创举，它克服了农业一家一户分散经营的不足，提高了农户的组织化程度，壮大了农村市场主体。但我国专业合作经济组织还处于发展中，需要政府的引导与扶持：一是加强对专业合作经济的性质及作用的认识。专业合作经济组织的本质应是"民办、民管、民受益"，农户应是组织的主体。但有些人将其作为扩大自身利益的场所，不顾农户的利益。二是加强专业合作经济组织的内部运作管理。虽然有些地方的专业合作经济组织已经取得很大成效，但是组织内部的运作还不够完善，不利于组织的进一步发展壮大。组织的内部运作应该有完善的规章制度、设立董事会和监事会、坚持民主管理等。三是采取措施解决组织运作中的资金、信息、技术等问题。这些问题的解决需要组织、农户及政府的共同努力：对组织来说，应该有效利用资金，使资金增值，用于解决组织发展所需的信息、技术问题；对农户来说，应该增强集体意识，认识并承担对组织发展的责任；对政府来说，可以在信贷、税收、财政等方面给予支持。

(三) 其他农业生产微观主体建设

除了农户、专业合作经济组织之外，农业生产微观主体还有农业企业、家庭农场等。农业企业主要是指开展农产品生产、加工、购销等业务的公司企业。目前，农业企业与专业合作经济组织或农户均有合作：农业企业提出产品订单要求，专业合作经济组织或农户按照订单进行产品生产，农业企业再以高于市场价的价格收购他们生产的产品。这种合作模式极大地提高了专业合作经济组织和农户的生产积极性。对于各类农业企业的建设，政府应该出台相关政策支持其发展。首先，对创办农业企业者给予税收、信贷等方面的优惠政策；其次，引导企业建立明晰的产权结构和科学的内部治理结构，采用先进的经营管理方法，促进其快速稳定发展。家庭农场是以农户家庭为基本组织单位，具有独立的法律地位，具有一定规模，以市场为导向，以利润最大化为目标，运用现代经营管理方式，从事粮食生产、加工、销售等工作的企业化组织。家庭农场的建设也需要政府在政策、资金、技术等方面予以扶持。

三、农业及粮食生产投入体系

农业及粮食生产投入要素包括土地、劳动、资金和科技，这四个要素的投入是农业生产所必需的。

（一）资金投入

资金是农业及粮食生产投入体系中不可或缺的生产要素，对农业生产的发展和农民收入的提高具有重要作用。农业生产的资金投入，一方面是政府的投入，另一方面是农民自己的投入。由于农民投入资金分散，难以获取数据，本部分主要分析国家财政的资金投入。

2006年前，国家财政用于农业的支出可具体划分为支援农业生产支出和农、林、水利、气象等部分的事业费，农业基本建设支出，农村救济费，农业科技三项费用等项目支出。从2007年起，国家财政支农支出项目调整为支持农村生产支出和各项农业事业费，粮食、农资、良种、农机具四项补贴，农村社会事业发展支出三个项目。表7－2显示了1991—2012年我国的财政支农支出及构成，可以看出，我国对农业的财政总投入呈现较快增长态势，由1991年的347.6亿元增加到2012年的12387.6亿元，增长34.64倍，财政农业支出占农业GDP的比重也由1991年的6.50％提高到2012年的23.65％。然而，1991—2012年间，国家财政支农投入年均增幅却低于国家财政收入增幅，财政农业支出占财政支出的比重由1991年的10.3％下降到2012年的9.8％。尽管我国近年来对农业的财政投入不断提高，但与农业的重要地位和发展要求相比，支持力度仍然偏低。首先，按照2003年颁布的《中华人民共和国农业法》，"国家财政每年用于对农业总投入的增长幅度应当高于国家财政经常性收入的增长幅度"，但目前我国财政支农资金投入占国家财政收入的比重却不断下降，农业投入的增长幅度远达不到规定的水平。其次，与国外相比，我国的农业支持力度明显偏低，2012年仅占当年农业总产值的13.8％，而美国、澳大利亚、加拿大等农业发达国家政府对农业提供的财政支持均占农业总产值的25％以上，日本、以色列等国家农业财政支出则相当于农业产值的45％～95％。[①] 因此，今后国家财政应继续加大对农业的资金投入。

---

① 马智宇，周小平，卢艳霞. 我国财政支农存在的问题与对策 [J]. 经济纵横，2011（4）：63－66.

表 7-2 我国财政用于农业的支出总额及结构

年份	财政用于农业支出总额（亿元）	支援农村生产支出和各项事业费（亿元）	粮食、农资、良种、农机具四项补贴（亿元）	农村社会事业发展支出（亿元）	农业支出占财政支出的比重（%）
1991	347.6	243.6	—	—	10.3
1992	376.0	269.0	—	—	10.0
1993	440.5	323.4	—	—	9.5
1994	533.0	399.7	—	—	9.2
1995	574.9	430.2	—	—	8.3
1996	700.4	510.1	—	—	8.8
1997	766.4	560.8	—	—	8.3
1998	1154.8	626.0	—	—	10.7
1999	1085.8	677.5	—	—	8.2
2000	1231.5	766.9	—	—	7.8
2001	1456.7	918.0	—	—	7.7
2002	1580.8	1102.7	—	—	7.2
2003	1754.5	1134.9	—	—	7.1
2004	2337.6	1693.8	—	—	8.2
2005	2450.3	1792.4	—	—	7.2
2006	3173.0	2161.4	—	—	7.9
2007	4318.3	1801.7	513.6	1415.8	8.7
2008	5955.5	2260.1	1030.4	2072.8	9.5
2009	7253.1	2679.2	1274.5	2723.2	9.5
2010	8579.7	3427.3	1225.9	3350.3	9.5
2011	10497.7	4089.7	1406.0	4381.5	9.6
2012	12387.6	4785.1	1643.0	5339.1	9.8

注：从 2007 年起，国家财政支农支出因报表制度调整，口径与以往有所差异，本表支农支出仅为中央财政用于"三农"的支出。

数据来源：国家统计局农村社会经济调查司《中国农村统计年鉴（2013）》。

（二）土地投入

土地投入是农业及粮食生产的关键性因素，粮食作物播种面积是反映粮食生产主体土地投入的重要指标。自 1990 年以来，我国农作物的播种面积基本呈上升趋势，粮食作物播种面积却略有下降（如图 7-2 所示）。在 2000—2003 年期间，粮食播种面积有所下降，2003 年达到历年最低点，粮食作物播种面积占农作物播种面积的比重也呈下降趋势，直到 2004 年才有所回升。其主要原因是加入 WTO 初期，我国粮食作物生产成本高，不具有竞争优势，造成进口增加，国内粮食价格下降，农民种粮积极性受挫。2004 年，粮食直接补贴、农业税削减等支农政策出台，有效地激发了农民种粮的积极性，粮食作物播种面积开始增加，粮食总产量也随之增加。这说明要增加粮食产量，提高农民种粮积极性，引导农民增加对粮食生产的土地投入非常重要，这就需要政府进一步采取有效的政策措施提高农民的种粮经济效益。

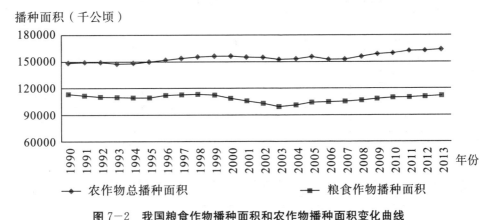

图 7-2　我国粮食作物播种面积和农作物播种面积变化曲线

数据来源：国家统计局农村社会经济调查司《中国农村统计年鉴（2012）》。

（三）劳动投入

长期以来，由于我国农业人口众多而农民投资能力有限，农业生产中单位面积劳动投入一直处于较高水平。然而近年来，随着工业化的发展，农民从事非农产业和外出就业的比重增大，农户家庭经营劳动投入量特别是农业生产劳动投入下降。农村固定观察点系统调查数据显示，2005—2009 年，农民户均家庭经营劳动投入量由 318 个工日逐年减少到 265 个工日，下降 16.7%。其中种植业投入劳动量由 153 个工日减少到 125 个工日，下降 18.3%。这不仅与农业机械的替代有关，也与农民对农业生产的积极性不高密切相关。根据课题组的调查，农民普遍反映农业生产投入成本高、收入低，务农种粮不如外出打工，因此普遍不愿意对农业生产投入过多劳动。农业劳动投入不仅包括投入数量，还应包括投入质量。目前，从事农业生产的劳动力普遍年龄偏大，80% 以上的农业劳动力年龄在 50 岁以上，18 岁到 40 岁的青壮年不到 20%；文化程度偏低，初中及以下文化程度占到 80% 以上。由于农业生产劳动力的高年龄、低文化，接受新知识、新技术比较困难，影响到农业现代化进程。因此，需要进一步加大政策支持，引导农民合理增加劳动投入，提高劳动者素质，提高劳动投入产出率。

（四）农业科技投入

农业科技投入是指一个国家或地区在一定时期内每年用于农业科学研究与推广的总支出，包括对农业科研的投入和对农业技术推广的投入。

1. 农业科研投入

农业科研投入是农业科技投入用于科学研究的重要部分，是衡量一个国家或地区农业科研活动状况的重要依据。由于数据收集所限，本章主要研究来自政府的农业科技投入。长期以来，我国对农业科研发展十分重视，对农业科研的经费投入逐年增加。表7-3 显示了 1995—2006 年我国农业科技投入情况。

表 7-3　我国农业科研经费投入情况

年份	财政支农支出		农业科研投资		农业科研投资占财政支农支出的比重（%）
	总额（亿元）	增长速度（%）	总额（亿元）	增长速度（%）	
1995	574.93	—	35.41	—	6.16
1996	700.43	21.83	37.11	4.80	5.3
1997	766.39	9.42	37.51	1.08	4.89
1998	1154.76	50.68	43.10	14.90	3.73
1999	1085.76	−5.98	47.80	10.90	4.40
2000	1231.54	13.43	48.87	2.24	3.97
2001	1456.73	18.29	53.58	9.64	3.68
2002	1580.76	8.51	67.87	26.67	4.29
2003	1754.45	10.99	70.91	4.48	4.04
2004	2337.63	33.24	87.54	23.45	3.74
2005	2450.31	4.82	92.07	5.17	3.76
2006	3172.97	29.49	102.87	11.73	3.24

注：2007 年，我国实行政府收支分类改革后，国家财政用于农业、教育、政策性补贴等方面的支出口径需要重新设计。目前新口径尚未最终明确。

数据来源：财政支农支出数据来自国家统计局农村社会经济调查司《中国农村统计年鉴（2013）》；农业科研投资 1995—2005 年数据据信乃诠（2008）[①]，2006 年数据据董晓霞（2009）[②]。

从表 7-3 可以看出，虽然农业科研总投资的绝对数是不断增加的，但是投入总量仍不足且投入不够稳定。农业科研总投资增长速度波动幅度较大且极其不稳定，甚至出现负增长。农业财政投资占财政支农支出的比重总体呈现下降趋势。除 2002 年以外，农业科研投资的增长速度都低于财政支农支出增长速度。

第二次全国科学研究与试验发展（R&D）资源清查主要数据公报显示，2009 年农业（农、林、牧、渔业合计）R&D 总经费为 13.45 亿元，仅占全国 R&D 总经费的

① 信乃诠. 农业科研经费投入现状及其政策性建议 [J]. 农业科技管理，2008（4）：1—6，94.
② 董晓霞，等. 我国农业科研投入的结构偏差及矫正 [J]. 农业科技管理，2009（3）：8—11.

0.23％；农业科学领域研究开发机构 2709 个，仅占全国有各类研究开发机构的 6.0％。同期美国农业和食品研发总投入为 140 亿美元，其中公共投资 38 亿美元，私人投资 78 亿美元。① 发达国家自 1980 年以来农业 R&D 占本国 R&D 总经费的比重基本稳定在 2％～3％。② 可以看出，我国农业 R&D 投资强度仍然很低，农业研发资金严重不足。

2. 农业技术推广投入

尽管我国农业技术推广的总体投资规模由于开发创收政策的实施有了较大增长，但相比而言，财政对农业技术推广的投资明显不足，而且增长缓慢。近年来，我国财政用于农业科技推广的支出占财政支农支出的比重在 9％～10％之间徘徊。目前还没有形成稳定的农业科技推广资金增长机制，历年的增长率也有一定波动，受政策等外部因素的影响较大。我国农业技术推广总投资的投资强度一直徘徊在 0.42 左右，甚至时有下降，与国际上众多国家相比，我国的农业技术推广投资强度也明显偏低。③

农业科技进步是实现粮食结构战略性调整的重要推动力，而我国对农业科技的投入总体不足，影响农业科技事业的发展，使粮食结构调整受到制约，使粮食安全保障体系缺乏有力的科技支撑。因此，要确保粮食供求平衡和粮食安全，就应该加大农业科技投入，特别是粮食科技的投入，提高粮食生产的科技水平，增强科技成果的转化率。通过建立逐年稳定增长的农业科技投入机制、优化农业科技投资方向、提高农业科技投入效率、加大创新基地建设和科技资源共享服务等手段，从根本上改变当前农业科技投入不足的局面。

四、农业资源环境保护体系

（一）严格耕地资源保护

耕地是粮食生产最重要的物质基础，是粮食安全的根本保障。目前，我国耕地面临着面积大幅度减少、质量严重退化的问题，这对我国粮食安全造成了巨大威胁。所以，保护耕地资源刻不容缓。政府在耕地保护中应该起到主导作用，采取一系列行政、经济、法律、技术等手段措施，调动各方面力量，切实有效地保护耕地资源。在耕地资源数量保护方面，应强化耕地保护的行政责任，建立耕地保护领导任期目标责任制；确保新增建设用地有偿使用费和耕地开垦费及时足额征收，并全部用于耕地整理；出台相关政策，提高农民的法律意识，深化和强化农民对耕地保护的认识；赋予农民耕地稳定的使用权，实行土地征购制度，调动农民保护耕地的积极性；另外，应该严格控制使用后备土地资源，增加有效耕地面积。在耕地资源质量保护方面，对严重破坏耕地质量的行为进行法律制裁；针对不同地区的区域特征，制定不同的耕地质量保护规划；利用先进

① 黄军英. 美国农业研究现状及发展方向 [J]. 全球科技经济瞭望，2013 (9)：46—50.

② Philip G. Pardey, Julian M. Alston and Connie Chan-Kang. *Public Food and Agricultural Research in the United States：The Rise and Decline of Public Investments，and Policies for Renewal* [R]. Research Report of AGree-Public Food and Agriculture，2013. 4：8.

③ 张利庠，纪海燕. 试析我国农业技术推广中的财政投入 [J]. 农业经济问题，2007 (2)：55—62.

的农业生产技术，加大耕地投入，保护耕地质量；加强对耕地资源质量保护的宣传，增强农民的可持续发展意识和环保意识。

（二）重视水资源保护

我国是水资源严重匮乏的国家，人均水资源占有量不足世界人均水平的四分之一，不少地方人畜用水严重不足，粮食生产的灌溉用水难以保证。由此可见，水资源的保护尤其重要。首先，应该增强社会和公众的忧患意识，倡导节水行为，做到节约用水。其次，应加快水利工程的建设，除了修建大中型水利工程之外，还应重点加强跨流域调水工程的建设。中国水资源的分布是南多北少，东多西少，通过跨流域调水工程的建设，可以使水资源得到充分利用，满足各地区粮食种植的需要。再次，发展农业节水灌溉技术。目前有些地区的灌溉技术仍然比较落后，造成了水资源的严重浪费，先进灌溉技术的发展及应用，可以提高水资源的利用率，最大限度地节约用水。

（三）注重种质资源保护

粮食生产要使用优秀的品种资源。亲代传递给子代的遗传物质称为种质，携带各类种质的材料称种质资源，俗称品种资源。各具特色的农作物种质资源是培育优良品种、推动农业可持续发展的物质基础。随着育种水平的不断提高，特别是优异种质资源的广泛利用，可以培育出高产、优质、抗病虫和适应不良环境条件的新的作物品种，这对于减少农药、化肥等投入，降低环境污染具有重要意义。因此，应该加强对种质资源的保护。一是增强对种质资源保护重要性的认识，建立种质资源保护体系；二是建立稳固的种质资源保护基地，用于加快资源鉴定、繁衍和开发利用；三是建立资源信息系统，将收集到的各类种质资源及其对应的特征特性描述输入信息系统，建立完整的数据库，为进一步的研究提供资料。

（四）加强农业生态环境保护

良好的农业生态环境是农产品质量安全和数量安全的重要保证。但是随我国经济的发展，农业生态环境不同程度地受到了来自工业、农业、生活等多方面的污染，对农业生态环境的保护已经迫在眉睫。对于来自工业的污染，应该加大治理力度，控制污染物的排放，转变经济增长方式，发展循环经济。对于来自农业的污染，应该推广污染小的农业技术，降低环境污染，积极发展生态农业。对于来自生活的污染，应该加强生活垃圾的分类处理，尽可能循环利用。

对于政府而言，保护农业生态环境要做到以下几个方面：一是大力开展农业生态保护宣传教育，提高全民保护生态环境的自觉性；二是建立健全农业生态环境保护的法律法规，把生态环境保护纳入法制化管理体系之中，并加强环保部门的执法力度；三是制定和完善农业生态保护经济政策，如：建立流域内生态补偿机制，促进环境保护成本公平分担；四是构建农业生态环境监测体系，强化对农业污染的监测力度，开展生产环境质量评价。

环境的保护需要全社会的共同努力，农业生产环境的保护更是如此。只有加大环境保护宣传力度、全民参与、共同努力，才能从根本上保护农业生产环境。

第三节　粮食流通加工体系

粮食流通一头连接粮食生产，一头连接粮食消费，是联系生产和消费的桥梁和纽带，能够对粮食生产和消费发挥重要的引导作用。粮食流通是否顺畅直接关系到粮食产需的顺利衔接。因此，构建合理、高效的粮食流通体系，是粮食宏观调控的重要工作。

一、粮食流通加工体系构建的目标及构成

（一）目标

总体目标是以确保粮食安全为前提，建立高效完备的现代粮食流通体系，扩大粮食产业化经营规模，形成规范的粮食流通秩序，推动粮食流通产业健康有效发展，提高粮食流通效率。具体分目标如下。

1. 搞好粮食流通加工主体建设

规范粮食流通个体户的主体资格和行为，发展壮大粮食流通加工企业，充分发挥它们在促进粮食流通、粮食有效配置中的作用，促进粮食流通有序高效运行。

2. 健全粮食市场体系

完善粮食现货市场和期货市场，构建布局合理、结构完善、功能齐备、管理有序的粮食市场体系，充分发挥粮食市场在调节粮食供求、提供粮食相关信息、指导粮食生产等方面的积极作用。

3. 完善粮食物流体系

通过对现有粮食物流资源进行整合与优化，实现功能提升与配套，以现代化的物流基础设施为核心，以建立现代粮食物流中心为重点，形成具有现代化、社会化、专业化、信息化、标准化的现代物流体系，提高粮食流通效率，降低粮食流通成本，确保粮食安全。

4. 做强粮食加工企业

以高新技术为先导，做大做强我国粮食加工业，增加粮食加工附加值，调整粮食加工产业结构、产品结构和区域结构，通过市场导向对现有粮油加工企业资源进行整合，改进粮油加工技术和装备水平，形成一批实力雄厚的粮食加工龙头企业。

（二）构成

粮食流通是指粮食从生产到消费的转移过程，具体包括粮食收购、销售、储存、运输、加工等多个环节。有效的粮食流通体系应该是上述各个环节的有效集成。现代粮食流通体系是建立在发达的粮食流通市场基础上，以粮食现代物流为核心，以现代信息技术为支撑，通过有效组织，将粮食生产者、收购主体、物流企业、加工企业和零售商联系起来，形成的一个资源共享、一体化运作、高效率运行的体系（如图7-3所示）。

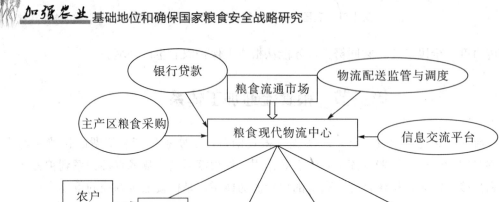

图 7-3　现代粮食流通体系

在这个系统内，以粮食现代物流中心为核心，收购主体、物流企业、加工企业、零售商汇集在一起，充分发挥着团体优势。

二、粮食流通加工主体建设

（一）规范粮食流通个体户

根据 2004 年颁布的《粮食流通管理条例》，国家鼓励多种所有制主体从事粮食经营活动，包括粮食流通的个体户。随着从事粮食经营个体户的增加，存在着一些违反《粮食流通管理条例》的现象和不规范的市场行为。当前普遍存在的问题：无证收购，未在工商管理部门登记就开展经营活动，不按照规定向收购地的粮食行政主管部门报送粮食收购、销售的情况，使用的仓储设施不符合粮食储存标准和技术规范，粮食运输未严格执行国家运输技术规范、加工不符合规定等。而按照《粮食流通管理条例》的规定，从事粮食收购活动的经营者必须取得粮食收购资格，即取得粮食收购证，方可从事粮食收购活动；已取得粮食行政部门收购许可的，还应当到工商行政部门办理登记手续；粮食收购者应当向收购地县级以上粮食行政管理部门定期报送粮食收购数量等有关情况；仓储设施、粮食运输和加工要严格执行相关的技术规范，符合相关规定。已存在的问题说明粮食流通个体户对《粮食流通管理条例》不熟悉和不重视，因此需要对个体户进行宣传，包括对学习条例重要性的宣传和条例相关规定的宣传，引导粮食流通个体户遵守《粮食流通管理条例》，规范其经营资格和经营活动。

（二）发展粮食流通企业

粮食流通企业是粮食流通产业发展的微观基础。目前，我国粮食流通经营主体分散、规模小、粮食仓储设备地域分散，这使得粮食流通企业的生存较为艰难。粮食流通体系建设应对现有粮食流通资源进行整合、兼并、重组等，推动大型粮食物流企业的形成与发展。各级行政部门与粮食部门应出台适合本地区的、具体的粮食流通体系发展政策，如鼓励粮食物流企业兼并粮食收储企业，促进大型的现代化粮食集团形成。

（三）做强粮食加工企业

我国的粮食加工企业数量多，但普遍规模较小，具有较强竞争力的大型名牌企业或企业集团为数不多；粮食加工技术装备落后，粮食精深加工不足；多数粮食加工企业注重产量增加，较少企业按照标准化要求对粮食的种植、加工、销售进行全程监控，标准化程度不高，品牌效应不强，制约了粮食加工业的发展。要促进加工业的发展，激活粮食流通，就要坚持以建立产权明晰、权责明确、管理科学的现代企业制度为契机，打破地区和所有制界限，有效整合各种资源，组建和培育粮食加工龙头企业或企业集团，做大做强粮食加工企业。

第一，整合粮食加工业的资源。我国粮食加工企业普遍数量较多、规模小。发展粮食加工业应以市场为导向，以效益为中心，以高新技术应用为重点，以产业化发展为途径，以确保粮食安全为目标，打破行政区域和部门界限，对粮食加工企业的技术、管理、品牌、资金等生产要素进行整合，积极培育一批具有全新经营机制、现代经营方式、科学管理制度、较强竞争力的龙头加工企业和企业集团。

第二，促进粮食深加工产业发展。一是强化粮食深加工的技术开发能力，大力发展大米、玉米和小麦等重要粮食品种的加工转化增值企业。二是加大国内外先进技术、工艺、设备和管理的引进力度，在注重引进"硬件"的同时，更要注重引进"软件"，推动粮食加工企业的科技进步和管理水平提高。三是鼓励加工企业与大专院校、科研部门合作与联系，联合开发粮食加工新产品，推进粮食初加工向精深加工转变，提高产品档次，增加附加值。四是增强企业品牌意识，积极培育国际国内知名粮食品牌，发挥品牌效应，以名牌效应带动粮食精深加工的发展。

三、完善粮食市场体系

完善粮食市场体系是完善粮食商品市场的关键。一般来说，完整的现代粮食市场体系包括粮食现货市场和粮食期货市场两部分，其中粮食现货市场又包括粮食集贸市场和粮食批发市场。应尽快建立起布局合理、结构完善、功能齐备、管理有序的粮食市场体系，充分发挥粮食市场在调节粮食供求、提供粮食相关信息、指导粮食生产方面的积极作用。

（一）完善现货市场

1. 加强集贸市场基础设施建设和管理

粮食集贸市场是粮食流通市场的初级形式，构建我国的粮食市场体系，首先要完善初级市场。目前我国粮食集贸市场主要存在以下两个问题：一是部分地方缺乏专门的粮食贸易市场。现有粮食集贸市场只是在农贸市场中划定了一块区域进行粮食交易，既没有柜台，米仓、粮仓、公平秤等粮食交易的基础设施也不足，造成有市无场的现象。因此，相关部门应该紧密配合，改进粮食集贸市场环境和基础设施，扩大经营范围，增强粮食集贸市场的服务功能，方便农民售粮和消费者买粮，扭转有市无场现象。二是缺乏有效管理，有的地方还存在欺行霸市、不平等交易、以次充好等扰乱市场正常秩序的现象。因此，相关部门必须完善相关的规章制度，加强市场管理，搞好粮食交易行为监管和执法。

2. 完善粮食批发市场的建设

我国粮食批发市场是随着农产品流通体制的改革和购销市场化而逐步建立和发展起来的。1990 年郑州粮食批发市场的建立，标志着我国粮食批发市场开始进入规范化发展的阶段。

粮食批发市场作为我国粮食市场的主体，在促进粮食价格的形成和粮食资源的合理配置方面发挥着有效作用。目前，我国粮食批发市场建设仍然存在以下问题：一是粮食市场布局不合理，由于缺乏统一规划和有效管理，导致我国粮食批发市场低水平重复建设、盲目和趋同投资，造成资源极大浪费；二是国家对粮食批发市场立法滞后，市场法规不完备，进场交易行为不规范且场内交易不活跃，交易量较小，有场无市；三是部分批发市场功能过于单一，仅为粮食的交易场所，诸如集散、结算、信息等相关服务功能没有发挥出来。

针对存在的问题，应从以下几方面完善粮食批发市场的建设。

第一，制定合理的规划方案，科学规划布局。从全国总体考虑，研究制定全国粮食批发市场发展规划，加强对各地各级批发市场建设的指导和引导。首先，树立市场经济的观念，按照粮食市场供求情况和市场发展规律，引导粮食市场形成合理的结构和布局；其次，重点扶持全国性粮食批发市场建设，充分发挥其在粮食批发市场中的龙头作用和为国家粮食宏观调控服务的作用。

第二，加强市场立法，建立健全粮食市场交易规则，强化市场管理并规范市场行为。依靠工商行政部门强化市场管理，严格实行粮食批发市场准入制度，积极引导和支持粮食经营企业进入市场交易，有效遏制不规范和违法交易行为的发生。

第三，完善批发市场的内部机制和基础设施建设，充分发挥粮食市场服务功能。首先，完善批发市场内部运行机制，提高市场档次和管理水平，在交易、结算、检测、运输等方面提供便利、快捷、安全的服务，增强市场吸引力。特别要完善粮食批发市场的信息系统，搭建综合信息服务平台，更便捷地为社会和企业提供信息服务。其次，粮食批发市场要坚持以服务和效益为中心，创新理念，以增强服务功能为重点，完善包括仓储、金融、邮电、包装、卫生、保险等方面的综合配套设施服务机构、设施和环境等。

（二）健全期货市场

粮食期货市场具有价格发现、套期保值和规避风险的功能，可以引导农民按市场需求合理种植，帮助粮食企业改善经营。健全我国粮食期货市场可从以下几个方面入手。

1. 增加粮食期货交易品种

目前我国上市交易的粮食期货品种少，很多粮食的价格风险没有转移的场所和机会，无法满足众多投资者规避风险的需求，大大制约了期货市场套期保值功能的发挥。从国外经验来看，粮食期货品种创新的空间十分巨大，因此，我国必须改变目前期货品种过少的局面。随着我国粮食流通体制改革的不断深化，仅有的几种粮食期货的市场价格发现功能和市场风险规避作用十分有限，需要进一步完善粮食期货合约设计，适时推出新品种。可以将市场化程度高、在国民经济中占有明显优势的粮食品种纳入其中，还可以推出一些适应投资者需求的新品种，以吸引更多的投资主体参与到粮食期货市场的交易中，活跃粮食期货市场。

2. 培育和增加交易主体

目前，在我国粮食期货市场交易主体中，中小散户过多，机构投资者在数量和资金实力上不足，形成了以中小散户为主体的投资者结构。这种投资者结构使得我国粮食期货市场资金规模有限、市场稳定性极差。现阶段培育粮食期货市场交易主体的目标就是培育机构投资者。这主要包括：大力培育大型期货公司和期货投资基金等机构投资者参与粮食期货市场；鼓励和支持国有粮食企业（粮食购销业、粮食加工企业、饲料企业）根据自身实际情况，积极参与期货市场，进行套期保值交易，降低风险；引导和鼓励一批农业产业化龙头企业、农民合作经济组织和行业协会积极参与到期货市场中，利用粮食期货市场转移风险，稳定生产。

3. 健全全国电子期货交易平台

全国性的电子期货交易平台是建立"全国统一、公平竞争、规范有序"的粮食期货市场的基本条件和必要保障。通过电子商务交易，可形成全国统一的粮食期货市场，发挥期货市场的价格预期功能和风险防范功能，帮助生产者合理决策。目前，我国粮食期货交易平台的电子交易制度不健全，电子平台建设技术落后，需要进一步加强投入，建成规范有序、技术先进、全国统一的电子交易平台，以推进电子交易市场的发展。

4. 完善期货市场的监管机制

良好的监管机制是期货市场健康发展的必然保障。现阶段完善我国粮食期货市场监管机制可以从以下方面着手：一是强化法律手段监管期货市场。完善期货交易法律法规，做到有法可依、有法必依、执法必严、违法必究，为粮食期货市场的发展营造良好法制环境。二是加强证监会对期货市场的监管。中国证监会是期货市场监管的政府机构，需要提高监管效率，丰富监管手段。三是加强期货交易所对期货公司的监管，加强实时监控，严控虚假开设或多头开设期货账户等现象。

四、完善粮食物流体系

（一）加强粮食储运基础设施建设

现阶段，我国粮食物流体系的基础设施存在着一系列问题：粮食库点建设缺乏整体规划，布局不合理；仓储保管技术落后，机械化程度不高；粮食物流方式单一，传统的"散来包去，拆包散运"的粮食包装方式加大了物流成本；运输装载工具落后，造成粮食的损耗和变质；粮食进出库机械设备不配套；等等。这些问题导致我国粮食流通环节多、效率低、成本高、物流不畅，不能适应快捷、高效的现代物流发展趋势，制约着粮食物流体系的建设和发展。因此，必须加大对现有粮食物流资源和要素整合重组的力度，加强通道建设和设施建设，尽快形成运转高效、畅通的现代粮食物流体系。

当前，可以从三个方面强化粮食储运基础设施建设：一是加强粮库基础设施的建设。按照现代物流要求，加强粮食仓库的科学化改造，提高仓容利用率。二是加强运输及其配套设施建设。更新改造粮食入库机械设备、运输装卸设备、称量设备以及道路交通建设等设施，提高机械化作业水平，夯实粮食散装、散运、散卸、散存的基础。三是加强粮食流通各环节的衔接。充分发挥各种运输方式的优势，加强大型中转企业之间的合作，尽量减少粮食运输过程中的搬运次数和费用，提高粮食流通效率。

（二）加强粮食物流的信息化管理

随着互联网和信息技术的发展和运用，各粮食物流企业通过电子商务等方式推进信息化建设。就建设绩效来看，目前的信息化程度仍然偏低，特别是需要前期大量投入的信息化基础设施建设进程缓慢，无法满足信息化管理的需要。相关统计表明，当前粮食物流企业对公共信息网络平台的需求约占 56.67％。[①] 所以，通过现代科学技术和先进管理手段系统架构粮食物流信息化管理体系，是有效降低流通成本、提高流通效率的关键环节。

加强粮食物流信息化管理需要建立现代粮食物流信息化管理系统。粮食物流信息化管理系统以电子商务平台为依托，综合运用现代物流技术、信息技术、自动化技术和系统集成技术，强化粮食仓储管理、配送运输管理、关系客户管理和财务管理等信息管理系统。通过该系统建设，实现对粮食收购、加工、储存和运输等物流环节的有效管理，形成粮食仓库、市场、购销企业的一体化物流信息网络，加强粮食企业之间的信息交流与合作，使粮食物流效率达到最大化。

（三）加强粮食物流业发展的政策支持

在粮食物流业发展中，政府可从以下几方面引导和扶持。

第一，加强统筹规划和网络布局。要求各级政府根据国家粮食物流发展规划，认真做好规划工作。在粮食物流布局上，应建立粮食物流的全国性中心、区域中心和本地中心的三层布局架构，完善物流网络体系。商品粮生产基地要进一步做好区域性、市县级粮食物流规划，深化细化专项规划，建立健全实施机制，以确保规划的有效实施。

第二，加大对物流企业的扶持力度。要加大财政资金扶持力度，积极争取国家粮食物流试点项目及资金，以注入资本金、直接贴息、转贷入股等方式扶持建设。国家和地方财政每年应安排一定的粮食物流发展专项资金，用于全国性和区域性的粮食物流基础设施建设。

第三，通过政策支持进一步推进粮食"四散化"[②]发展。出台相关支持政策，开通

① 曹伟. 电子商务条件下的粮食物流信息化管理系统构建［J］. 湖南商学院学报，2010（3）：100－103.
② 粮食运输的散储化、散运化、散装化、散卸化的统称。

全国或省、市、县域内粮食散运绿色通道，对运输散粮的车船免征过路、过桥、过闸等费用。各级政府应设立专项发展基金，对购置散粮运输工具的企业给予补助。

五、发展粮食加工体系

（一）加强粮食加工技术研发

目前，我国多数粮食加工企业资金紧缺，研发投入不足，科技人才匮乏。企业没有真正建立起自己的研发机构和科研技术中心，企业自主研发能力较弱。中小型粮食加工企业由于规模小、经济效益低、实力不足，难以通过自身积累进行技术升级改造；而大中型粮食加工企业主要位于粮食主产区，经济实力不强，缺乏足够的资金用于研究开发，这导致了我国粮食加工企业自主创新能力薄弱，造血机能较差。政府应注重培育粮食加工企业研究开发能力，特别是支持一些重大加工技术的开发。在技术研发导向上，应重视高效节能装备的研究与开发，通过重大工艺技术的革命和高效节能装备的研究与开发，突破高新技术集成应用中的技术难点，构建以粮食加工、深加工、粮食食品加工、转化增值加工技术为重点的粮油加工技术创新体系。

（二）加强粮食加工设施建设

随着经济发展，我国粮食加工设施设备的技术含量日益提高。但与发达国家相比，我国粮食加工设施设备总体水平仍然很低，除很少领域接近国际先进水平外，大部分处于发达国家 20 世纪 90 年代初的水平。现有粮机装备制造企业生产的主要是小型成套设备或单台大型设备，大型关键设备技术含量低、可靠性差、耐用性低，许多重要加工工艺和技术装备需要从发达国家进口。因此，需要加强对粮食设施技术的研发，提高粮食加工设施设备的技术含量，注重机电一体化建设，努力研制一批具有国际先进水平的加工机械设备。

（三）加强粮食加工业发展的政策支持

发展粮食加工业是增强农民收入的重要措施，是优化粮食资源配置、提高粮食综合竞争力、提升粮食附加值、做大做强粮食产业的客观要求。特别是在国家高度重视粮食安全的情况下，应加强对粮食加工业发展的支持，促进粮食加工业快速高效发展。

相对于其他行业，我国粮食行业进入市场经济较晚，粮食企业在资金、品牌、技术、人员素质等方面处于劣势。长期以来，政府粮食工作的重点放在粮食生产领域，在信贷、税收、投资等政策方面对粮食加工企业扶持较少。由于对加工企业重视不够，使得粮食加工企业缺乏政府支持和金融投入，多数粮食加工企业缺乏足够的流动资金，制约了粮食加工业的发展。

要加大对粮食加工企业的政策支持，需要做到以下三点。

第一，加大金融政策支持。粮食加工企业信贷困难，资金压力大，政府应对其加大金融政策支持，提供更多的资金支持和信贷优惠政策。由于粮食加工原料收购季节性强、收购时间集中、资金占用大且周转缓慢，这使得粮食加工企业资金需求极大。目前金融部门对粮食加工企业主要采取商业贷款方式，贷款额度不能满足其需求。因此，政府可以采取低息或贴息贷款方式，给予粮食加工企业必要的收购资金信贷支持。

第二，落实粮食加工企业的税收优惠政策。粮食种植在我国以分散的小农户经营为主，加工企业直接从农户手中收购粮食成本较高，故多数企业通过中间商购进粮食。在现行政策下，中间商不允许进行进项税抵扣，收购粮食无法享受到相应的税收支持，这无疑增加了粮食加工企业的成本。国家可将粮食加工企业从中间商购进的粮食视为从农民手中直接购买粮食，使其享受到国家的税收抵扣优惠政策。

第三，制定政策扶持粮食加工业基础设施建设。对粮食加工重点企业的仓储烘干设施建设，应制定相关的扶持政策，并积极争取国家项目和资金支持，争取金融部门的贷款支持，强化企业的硬件建设。

第四节　粮食消费体系

构建合理的粮食消费体系是保障粮食安全的重要组成部分。虽然粮食生产的数量和质量决定着粮食消费的数量和质量，但是消费对生产有积极的反作用。粮食消费的总量和结构对粮食生产的总量和结构有积极的影响，引导着粮食生产的发展方向。

目前我国居民的膳食结构正处在巨变时期，构建合理的粮食消费体系对于优化我国居民食物和营养结构，提高国民健康水平具有特别重要的意义。同时，由于面临着耕地减少、水资源稀缺、生态环境恶化等问题，我国粮食很难大幅度增产。因此，构建合理的粮食消费体系，倡导适度消费和节约消费，对于协调粮食消费和粮食生产的矛盾、促进粮食供需平衡、确保粮食安全具有非常重大的意义。

一、粮食消费体系构建的目标及构成

（一）目标

消费是生产的终极目标。粮食消费（含直接消费和间接消费）是人们热量、蛋白质的主要来源，是人类健康的必要保证，粮食消费体系构建必须考虑到粮食满足人们基本营养的需求。同时，膳食结构对人体健康有重要影响，不合理的饮食有害健康，粮食消费体系构建还需考虑到科学饮食以减少疾病。最为重要的是，粮食消费体系必须与粮食资源体系和粮食生产体系相协调，实现粮食供求的动态平衡。综合以上因素，加强农业基础地位和确保国家粮食安全战略的粮食消费体系构建目标是建立满足我国人口营养需求和健康需求、与资源环境相协调、高效节约的粮食消费体系，实现粮食消费和粮食生产相互协调，确保粮食的供需平衡。

这一目标具体包括以下三方面内容。

1. 满足我国人口的营养需求和健康需求

粮食是人们获取营养最为主要的来源。相关研究表明，近 20 年来人们从粮食消费中获取的热量、蛋白质基本保持在所获全部营养的 70％以上。合理的粮食消费体系首先应满足我国人口的营养和健康需求。其中，营养需求是确保每个人生存所需的基本营养，避免出现营养缺乏或营养不良的需求；而健康需求是确保人们健康的科学饮食，避免因营养过剩而导致各种疾病的需求。营养需求和健康需求这两个方面虽然有差异，但二者又紧密联系，相辅相成。

目前我国实现这一目标面临一些挑战：一是我国还有 2000 多万绝对贫困人口，由于食物缺乏，其基本营养需求尚得不到满足；二是部分特殊人群（低保户、残疾人等），在发生通货膨胀时，他们的实际收入因生活必需品价格上涨而大幅降低，从而导致其不能获得足够的基本食物；三是由于缺乏科学指导，城镇居民谷类食物消费偏低，而肉类及油脂类食品消费过多，造成营养过剩。有调查表明，早在 2001 年，北京城镇居民人均每天摄入蛋白质 96.8 克、脂肪 125.4 克，远远超过国家标准，严重的营养过剩造成了城镇居民心血管疾病、高血压、糖尿病、肥胖症等的发病率大幅攀升。可见，我国还需采取措施，在确保低收入人群的基本粮食需求的基础上，倡导合理消费和健康消费，建立起同时满足我国人口营养需求和健康需求的粮食消费体系。

2. 与资源环境相协调

生产决定消费，而生产又受到资源环境的约束，因此，消费也必然受到资源环境的制约。合理的粮食消费体系应该与社会的资源环境相协调。这包括两层含义：一是粮食消费应该在农业资源环境系统的承载范围之内，而不应该超出这一范围，形成过度消费；二是粮食消费要有利于保护农业资源环境，实现资源的可持续利用，而不是破坏农业资源环境。

目前，我国粮食消费面临着两大问题。一是人口过多给农业生态资源环境造成压力。1991 年中国科学院自然资源综合考察委员会的研究成果表明，我国人口承载量最高值为 16 亿，绝不能超过 17 亿。① 目前我国有 13 亿多人口，《国家人口发展战略研究报告》指出，到 2050 年，要将人口峰值控制在 15 亿人左右。虽然我国人口并未达到环境承载能力的极限，但是已经日渐接近，并远远超过了 7~8 亿的最佳承载人口量。二是在粮食消费过程中，不良的粮食消费方式和习惯，造成了粮食的浪费和环境污染。因此，我们需要控制人口增长，提倡适度消费和绿色消费，建立起与资源环境相协调的粮食消费体系。

3. 高效节约利用粮食

在总产量不变的情况下，减少粮食浪费就等于变相增加粮食总量。因此，合理的粮食消费系统应该确保粮食的高效率利用，减少粮食浪费。目前我国粮食损耗惊人，由于粮食处理及运营设备简陋、粮库设备落后、管理落后等因素，粮食损耗量约占到粮食生产总量的 4%。② 消费领域的粮食损失也相当严重，学校、饭店、机关、团体、部队等集体饮食单位都存在大量的粮食损失和浪费现象，特别是机关单位和个人讲排场、比阔

---

① 陈百明，石玉林. 提高我国土地资源生产能力的战略抉择 [J]. 自然资源，1991 (5)：1—9.
② 程国强，陈良彪. 中国粮食需求的长期趋势 [J]. 中国农村观察，1998 (3)：3—8，13.

气等不良消费方式造成的食物浪费更为严重。"谁知盘中餐,粒粒皆辛苦",粮食来之不易,我们应该珍惜每一粒粮食。为此,必须构建高效节约的粮食消费系统。

(二)构成

建立满足我国人口营养需求和健康需求、与资源环境相协调、高效节约的粮食消费体系应该从粮食消费的各个组成部分入手。粮食按用途常被分为口粮、饲料用粮、加工用粮和种子用粮四个部分(如图7-4所示)。

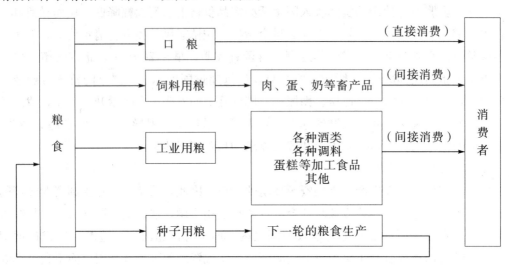

图7-4 粮食消费体系示意图

口粮是城乡居民直接消费的粮食,是粮食消费最重要的组成部分。饲料用粮是粮食用作饲料的部分,经过动物的生命活动,转变成肉、蛋、奶等畜产品,满足居民消费需求。加工用粮是粮食用于加工工业的部分,主要包括用于酿造酒类,制作各种调料、蛋糕、饼干等加工食品及其他产品所使用的粮食。种子用粮是粮食生产用作种子的部分,是粮食再生产顺利进行的必要条件。在我国目前的粮食消费中,口粮所占比重最高,其次是饲料用粮,加工用粮排在第三,最后是种子用粮。

构建合理的粮食消费体系,首先,应确保口粮、饲料用粮、加工用粮和种子用粮保持适当的比例。在粮食供给偏紧的情况下,优先保障口粮消费需求,再保障饲料用粮消费需求,要严格限制加工用粮的消费,并采取措施减少种子用粮消费。可实施粮食消费数量控制,明确口粮、饲料用粮、加工用粮、种子用粮的数量标准,以此引导人们的消费行为,进而形成合理的粮食消费体系。其次,确保粮食资源的高效利用,减少粮食浪费。采取有效措施,确保口粮、饲料用粮、工业用粮、种子用粮的高效利用,提高各种粮食的利用效率。

二、粮食消费数量控制

粮食消费数量控制是确保粮食供求平衡的重要手段,通过控制消费数量,调整粮食消费结构，确保粮食安全。粮食消费数量等于人口数量乘以人均消费量，要控制粮食消费数量，一方面要控制人口数量，另一方面要控制人均粮食消费量。后者是本部分着重分析的对象。从粮食消费的各个组成部分来看，应该控制口粮、饲料用粮、工业用粮和种子用粮的消费数量。

（一）控制口粮消费数量

口粮是人们直接消费的粮食。2000—2012年，我国城乡居民人均粮食消费量见表7-4。从表7-4可知，我国城乡居民口粮消费总的来说呈现下降的趋势。

表7-4　2000—2012年我国城乡居民粮食消费情况

年份	城镇居民家庭人均粮食消费（贸易粮）（公斤/人/年）	农村居民家庭人均粮食消费（原粮）（公斤/人/年）	全国人均消费量（原粮）（公斤/人/年）
2000	82.31	250.23	194.26
2001	79.69	238.62	183.65
2002	78.48	236.50	179.72
2003	79.52	222.44	169.76
2004	78.18	218.26	165.08
2005	76.98	208.85	157.55
2006	75.92	205.62	153.59
2007	77.60	199.48	149.35
2008	—	199.07	
2009	81.33	189.26	143.48
2010	81.53	181.44	138.16
2011	80.71	170.74	131.31
2012	78.76	164.27	126.06

数据来源：根据2001—2013年《中国统计年鉴》计算得出。其中：贸易粮按系数0.86折算为原粮，全国人均消费量是按当年城镇人口和农村人口比重加权得到的平均消费数量，表中数据均未考虑户外消费因素。

2012年，我国城镇居民家庭人均购买贸易粮78.76公斤，农村居民家庭人均消费原粮164.27公斤，将贸易粮按系数0.86折算为原粮，再用城镇人口和农村人口的比重加权，得到全国人均消费原粮126.06公斤。如果再考虑户外消费，假定2012年城镇居民户外消费占总消费的25%，农村居民户外消费占总消费的15%，这样全国人均消费原粮155.85公斤，全部折算为贸易粮为134.03公斤。

控制口粮的消费应该确保人们的基本营养需求和健康需求，不能消费太多，也不宜消费太少。根据中国营养学会颁布的《中国居民膳食指南》，在最理想的膳食模式下，每人每天消费300~500克谷物，消费50克豆类及其制品。按照这一标准，每人每年消费 109.5~182.5 公斤谷物、18.3 公斤豆类及其制品，平均下来，每人每年约需要消费谷类 146 公斤、豆类 18 公斤。

将我国居民口粮消费实际情况和理想模式相比较，不难发现，我国居民口粮消费数量比最优模式少，因为我国的粮食概念中包括了谷物、豆类和薯类，2012 年人均粮食（贸易粮）消费约为 134 公斤，而理想模式为 164 公斤（谷类＋豆类）。朱高林（2009）的研究表明：随着人们生活水平的不断提高，在城镇居民的食物消费中，粮食直接消费数量快速下降，而动物性的食物消费数量快速增长，由传统的以谷物为主的东方饮食模式向以畜类食品为主的西方饮食模式转变。[①] 我国居民消费模式的转变减少了口粮需求，增加了饲料粮的需求，同时由于动物性食物消费量过多，引起营养过剩，不利于居民身体健康。因此，口粮消费数量控制应使人均每年谷物消费达到 146 公斤、豆类消费达到 18 公斤这一标准水平。

保障城乡居民基本口粮消费主要面临两个问题：一是部分低收入人群可能面临长期缺粮。目前，我国农村有 2000 多万贫困人口，城市还有不少低收入的居民，这些群体的基本口粮需求还得不到满足。政府需要为低收入人口提供相应的长期粮食补助，使其维持正常的生活。二是部分人群可能面临短期缺粮，特别是当粮食等重要农产品价格上涨时，一部分人口的实际收入急剧下降，生活受到影响，政府可建立临时性的居民生活补助制度，以减轻通货膨胀对这些人群的影响。

（二）控制饲料用粮消费数量

饲料用粮需求量取决于我国居民畜产品的消费量和饲料的转化率。2000—2012 年我国城乡居民家庭畜产品消费量如图 7-5 和图 7-6 所示。其中，图 7-5 是城镇居民家庭人均畜产品购买量，图 7-6 为农村居民家庭人均畜产品消费量。可以看出，城镇居民家庭畜产品消费趋于多元化，而农村居民家庭仍以猪肉消费为主。

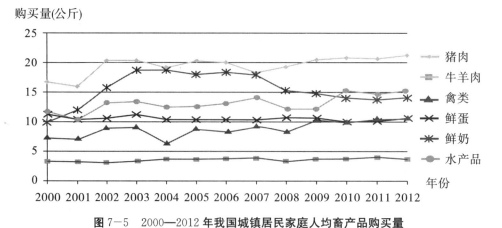

图 7-5　2000—2012 年我国城镇居民家庭人均畜产品购买量

数据来源：历年《中国统计年鉴》。

---

① 朱高林. 中国城镇居民东方饮食模式嬗变探析 [J]. 消费经济，2009（4）：10-12.

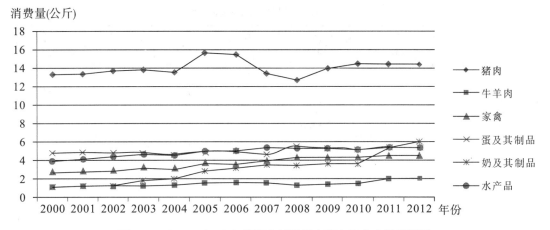

图 7-6　2000—2012 年我国农村居民家庭人均畜产品消费量

数据来源：历年《中国统计年鉴》。

2012 年我国城镇居民家庭人均购买猪肉 21.23 公斤，牛羊肉 3.73 公斤，家禽 10.75 公斤，鲜蛋 10.52 公斤，鲜奶 13.95 公斤，水产品 15.19 公斤。同期，农村居民家庭人均消费猪肉 14.40 公斤，牛羊肉 1.96 公斤，家禽 4.49 公斤，蛋及其制品 5.87 公斤，奶及其制品 5.29 公斤，水产品 5.36 公斤。以上数据没有考虑家庭的户外消费因素，如果仍然以城镇居民户外消费比例 25%、农村居民户外消费比例 15% 估算，则 2012 年城镇居民人均消费猪肉 28.31 公斤，牛羊肉 4.97 公斤，家禽 14.33 公斤，鲜蛋 14.03 公斤，鲜奶 18.60 公斤，水产品 20.25 公斤；2012 年农村居民人均消费猪肉 16.94 公斤，牛羊肉 2.31 公斤，家禽 5.28 公斤，蛋及其制品 6.91 公斤，奶及其制品 6.22 公斤，水产品 6.31 公斤。

《中国居民膳食指南》中提出了最理想的膳食结构，每人每天消费畜禽肉类 50~100 克、蛋类 25~50 克、奶及制品 100 克、鱼虾类 50 克，这样折算到一年，平均每人每年消费畜禽肉 27 公斤、水产类 18 公斤、蛋类 14 公斤和奶及奶制品 36.5 公斤。

将城镇居民畜产品消费量和理想消费量相比，目前，城镇居民的畜禽肉消费量过多，水产品和蛋类的消费量较为接近，奶类消费量还偏少。将农村居民畜产品消费和理想消费量相比，畜产品消费量全部偏少。

饲料用粮的需求计算涉及畜产品的饲料转化率。我们收集了相关研究中的饲料转化率，见表 7-5。从 1988—2002 年的研究成果来看，随着时间的推移，饲料转化率有提高的趋势。最新资料显示，猪肉的饲料转化率为 3∶1，肉鸡为 2∶1，兔羊为 1∶1，牛为 2∶1~4∶1。[①]

---

① 笑书生. 国计民生：高效畜牧业三十六计［EB/OL］. http://vip.book.sina.com.cn，2009-05-28.

表 7-5　相关研究中的饲料转化率

畜产品	农业部 (1988)	粮食课题组 (1991)	田国强 (1997)	肖国安 (2002)	肖海峰 (2007)
猪肉	5.8	5.5～6.4	3.5	4	4.5
牛羊肉	—	4.8	3.2	2	3.2
禽肉	3	2.5～3.8	2.1	2	2.5
禽蛋	3.0～3.5	3.0～3.5	3	2.5	2.5
奶类	—	—	1.84	—	1.84
鱼类	1.5	3	—	1	1.5

数据来源：肖海峰等（2007）。①

我们用肖海峰使用的饲料转化率进行估算，由于肖海峰对猪肉、牛羊肉和禽肉分别给出饲料转化率，而理想的膳食模式给出的只是畜禽肉的消费总量，因此，根据我国城乡居民的消费结构按猪肉∶牛羊肉∶禽肉＝7∶1∶2的比例进行折算，计算出畜禽肉的饲料转化为3.97∶1。然后，按公式：畜产品数量×饲料转化率＝饲料需求量，计算出每年人均饲料粮需求总量为236.35公斤。由于饲料转化率可能进一步提高，因此，每年人均饲料粮消费量应控制在236公斤以下。

（三）控制工业用粮消费数量

工业用粮是我国粮食消费中增长最快的部分，主要用于制作酒类酱油、醋等各种调料，以及饼干、蛋糕、方便面等加工食品，等等。在对各类粮食加工产品的统计中，酒类统计数据较为全面，2000—2012年我国城镇居民和农村居民酒类消费情况见图7-7。由该图可知，2000年之后，城镇居民人均酒类购买量有所下降，农村居民酒类消费量不断上升。由于数据缺乏，其他粮食加工产品难以获得可靠数据。

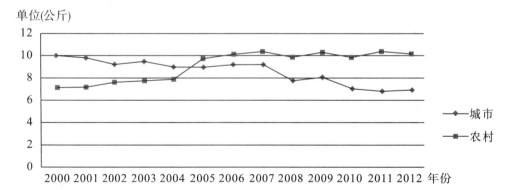

图 7-7　2000—2011年我国城乡居民家庭人均酒类消费量

数据来源：2001—2013年《中国统计年鉴》。

---

① 肖海峰，王姣. 我国粮食综合生产能力及保护机制研究［M］. 北京：中国农业出版社，2007.

控制工业用粮消费数量，主要涉及三个方面：一是当粮食总体供不应求时，应该压缩工业用粮数量，将有限的粮食资源优先用于满足口粮消费和饲料粮消费；二是控制工业用粮总体规模，根据人们对加工食品的需求来确定加工用粮的数量，加工环节越多，可能造成的营养损失就越大，因此，加工食品应控制在合理的消费范围内，特别是一些垃圾食品（如方便面等），其消费量不宜过大；三是控制发展生物乙醇产业，在我国粮食供给偏紧的情况下，用粮食生产能源是不经济的，应严格控制其规模。

（四）控制种子用粮消费数量

种子用粮取决于播种面积和每单位土地所需要的种子量。在播种面积一定的情况下，每亩土地施用的种子量决定了种子用粮的多少。2003—2012年我国各种作物每亩种子施用量见表7-6。由该表可知，每亩种子施用量有下降的趋势。在目前的技术水平下，我国稻谷平均每亩施用种子量应控制在约2.74公斤，小麦约为15.61公斤，玉米约为2.24公斤，大豆约为4.98公斤。随着育种技术的发展和种子保存施用技术水平的提高，我国每亩土地种子用量还可能继续下降。

表7-6　2003—2012年我国各种作物每亩种子施用量

年份	稻谷（公斤/亩）	小麦（公斤/亩）	玉米（公斤/亩）	大豆（公斤/亩）
2003	3.5	15.6	2.9	6.4
2004	2.78	14.24	2.99	5.67
2005	2.68	13.88	2.84	5.58
2006	2.62	14.02	2.73	5.46
2007	2.6	14.07	2.78	5.26
2008	2.72	14.09	2.64	5.05
2009	2.62	14.56	2.63	5.12
2010	2.72	14.66	2.45	5.01
2011	2.65	15.30	2.37	4.98
2012	2.74	15.61	2.24	4.98

数据来源：2004—2013年《全国农产品成本收益资料汇编》。

三、科学节约用粮

在粮食紧平衡的背景下，科学节约粮食对确保粮食安全具有重大的意义。需要指出的是，科学节约粮食并不是指节衣缩食、降低消费水平，而是在保证需求的情况下，通过科学合理的方法，提高其使用效率，实现粮食资源的充分高效利用。

（一）节约口粮消费

口粮消费是我国粮食最为重要的用途，但是其浪费现象也最为突出。具体浪费途径可分为两个方面：一是粮食资源的显性浪费，主要表现为食堂、酒店、餐馆、家庭等每天存在着大量剩饭剩菜，特别是部分群众办红白喜事，大摆筵席，更是铺张浪费。这些剩饭剩菜有一部分直接扔进了垃圾桶，还有部分经过回收用于喂养牲畜（比如：养猪）。近年来，一些城市近郊的农户直接就是靠这种"泔水"养殖生猪。虽然"泔水"养猪回收了部分食物，但粮食消费的巨大浪费仍可略见一斑。二是粮食资源的隐性浪费，主要表现为不合理饮食和不健康饮食。表面上看，粮食资源被利用了，但由于利用不当，粮食被人体消化吸收的比率低，造成浪费，甚至还可能导致人体疾病。

针对口粮消费中的浪费问题，需要多种措施相结合，科学节约口粮消费。一是在全社会范围内倡导和形成"节约光荣、浪费可耻"的社会风气，通过各种宣传手段，告知人们粮食安全的形势，教育人们，特别是青少年，珍惜每一粒粮食。思想是行动的先导，只有充分认识了节约粮食的重要性，人们才会将节约粮食的行为融入日常生活当中。二是针对餐馆、食堂的大量剩饭剩菜问题，一方面要反对顾客"摆阔气"，另一方面可根据顾客的数量建议点餐的数量，形成"吃多少、点多少、做多少"的制度，减少食物的浪费。三是适度提高粮价，让价格杠杆发挥作用，减少人们浪费粮食的行为。四是在全社会范围内提倡科学饮食、健康饮食，通过讲座、宣传等多种形式，普及营养健康知识，倡导食物的合理搭配，以提高食物的利用效率，同时减少疾病的发生。

（二）节约饲料用粮

饲料用粮在我国粮食消费中居于第二位，随着人们收入水平的提高，饲料用粮在粮食消费总量中的比例还会不断增大。有学者指出，中国粮食最大的问题就是饲料用粮的问题，因此，节约饲料用粮的消费显得尤为重要。目前，我国饲料用粮消费也存在巨大的浪费，资料显示，养鸡场由于饲养管理不科学造成的直接浪费一般占全年饲料消耗量的 5%～15%；因饲料利用效率低造成的间接浪费占总饲料用粮的 11%～22%。[①] 在其他牲畜养殖过程中，也存在不同程度的饲料用粮浪费。

节约饲料用粮，一是要加强管理，提高饲养技术，减少饲料利用中的直接浪费和间接浪费，提高饲料用粮的利用效率。例如，饲养经济杂交猪，比纯种猪可省饲料15%～20%；利用全价配合饲料喂养牲畜，生产一公斤肉可节省 25% 的饲料。[②] 二是通过养殖结构调整，大力发展草食动物和节粮型动物，减少对粮食的需求。三是加强饲料的保管，防止鼠虫害和饲料的发霉变质，减少浪费。四是大力开发利用非粮食资源，如秸秆、饲草等，寻找粮食的替代资源。五是改进畜禽饲养方式，发展规模化、集约化生产，促进饲料转化率的提高。

（三）节约加工用粮

加工用粮是我国粮食消费增长最快的一部分，随着收入水平提高，人们对粮食加工产品的需求会进一步增长。我国粮食加工过程中的浪费现象是惊人的，据中国粮食行业

---

① 新农网. 养鸡场饲料浪费的原因及节省饲料的方法 [EB/OL]. http://www.xinnong.com，2009－07－06.

② 笑书生. 国计民生：高效畜牧业三十六计 [EB/OL]. http://vip.book.sina.com.cn，2009－05－28.

协会大米分会公布的数据，仅大米被加工成特制米一项，全国每年损失的大米就相当于2000多万人一年的口粮。另外，月饼、元宵等时令性短期食品加工也存在明显的浪费现象。

节约加工用粮，一是改进加工技术，提高粮食加工出品率。针对现有粮食加工技术落后，粮食浪费严重的现象，通过推广使用粮食加工新技术、新工艺和新装备，促进加工技术升级换代，提高粮食加工出品率。同时，加强粮食资源的高效利用，提高粮食副产物（如米糠、胚芽、稻壳等）的利用效率。二是引导加工企业向规模化和集约化经营方向发展，延长粮食加工产业链条，提高粮食加工附加价值。三是在粮食食品加工业中，树立健康消费观念，按照"安全、优质、营养、方便"的要求，鼓励发展全谷物食品，倡导适度加工，满足多样化消费需求。四是加强产业政策指导，通过产业结构调整和优化升级，科学布局，建立起完善的现代粮食加工体系。

（四）节约种子用粮

我国种子用粮消费比较稳定，且种子用粮在粮食总消费中的比重较低。种子需要量主要取决于粮食播种面积和单位面积用种量，由于播种面积的减少和种子技术水平的提高，我国用种量有减少的趋势。尽管如此，种子用粮浪费现象也较为突出，我国种子的施用量占粮食总产量的比率仍然高于发达国家。今后，为了减少种子用粮浪费，一方面要通过科研培育和普及优良作物品种，提高发芽率；另一方面要大力推广种子精选包衣、精量播种和高效栽培技术，加大病虫草鼠害防治力度，减少用种损失。

第五节　国家粮食宏观调控管理体系

一、国家粮食宏观调控管理体系的目标和构成

（一）目标

在社会主义市场经济条件下，在充分发挥市场机制作用的基础上，建立健全国家粮食宏观调控管理体系，完善调控制度和机制，转变粮食行政管理方式，合理运用经济、法律和必要的行政手段，促进粮食生产和粮食流通正常运行，保证粮食供求平衡和粮食市场稳定，确保国家粮食安全。

（二）构成

粮食宏观调控体系主要由粮食监测预警系统、粮食储备调节体系、粮食进出口调节系统和粮食行政管理体系四部分构成。粮食监测预警系统主要包括对粮食在生产、流通、储存、消费等环节的数量、质量和价格等信息进行监测的系统，以及根据该系统建立的信息系统数据库和粮食安全应急系统。粮食储备调节体系主要包括粮食储备系统、储备粮管理体系、储备粮应急调节体系。粮食进出口调节体系通过进出口调节国内粮食余缺。粮食行政管理体系包括粮食行政管理机构组织、粮食行政管理制度和行政管理手

段等，主要职能是落实粮食行政执法，履行监督调查和统计调查职责，保障粮食宏观调控。

二、粮食监测预警系统

粮食监测预警系统主要监测与粮食安全相关的重要因素的变化情况，如粮食供求、市场价格、粮食库存等，以此建立监测数据库和做好市场行情的跟踪、分析、判断、预测，并据此制定保障粮食安全及应急的措施。

（一）健全粮食数量监测体系

粮食数量安全是粮食安全的内涵之一，是最一般意义上的粮食安全，每个国家和地区的粮食安全都需要首先保障粮食的数量。粮食数量安全主要是依据粮食供求平衡来定义的，主要指粮食供给对需求的满足。因此，必须加强对粮食供给和需求的数量监测。针对粮食供给、需求以及粮食库存等，现行粮食管理工作已经建立了专项统计信息报告制度，因此，可以主要从制度的实施方面健全数量监测体系。

第一，要健全粮食市场监测体系，选择一些有代表性的监测点（如大型粮食批发市场、港口）等，进行贸易粮购、销、存的监测，及时掌握粮食市场供需数量变化。第二，做好粮食收购企业的监测，要求企业必须按规定向粮食主管部门上报收购数量、库存数量，以便能及时掌握粮食收购情况。通过对全社会粮食生产、加工、流通、进出口、消费、库存状况进行监测，定期准确发布相关信息，为粮食总量平衡提供决策依据。

（二）健全粮食质量监测体系

粮食质量直接关系到粮油食品安全和广大消费者的身体健康，因此，应该尽快建立健全粮食质量监测体系。目前，各省、市、州已根据《国家粮食局关于建立国家粮食质量监测体系的通知》（国粮发〔2006〕146号）精神，相继建立了粮食质量监测体系，但在建设过程中还存在一些问题，诸如粮食部门对粮食质量安全监测重视不够，监测机构不健全，人员素质难以适应工作需要，检测体系布局不合理等，使粮食质量监测体系未能真正履行监测功能。对此，必须采取措施大力解决存在的问题。

首先，必须加强相关粮食部门领导对粮食质量监测重要性的认识，要清楚地认识到目前我国粮食质量安全形势的严峻性，要高度重视建立粮食质量监测体系的必要性。其次，建立以粮油科研机构为依托，设施完备、技术精湛、运作规范、公正权威的粮食产品质量检测机构，配备适应工作需要的高素质监测人员队伍，各级粮食行政部门应根据需要对质量监测人员进行不定期的技术培训指导，建立一支专业技术过硬、能力素质较强的监测队伍，以适应当前粮食质量监管工作的基本需要。再次，建立健全粮食质量监管体系：国家在粮食主产区建立专门的粮油质量监测机构，负责监管区域内的粮油质量监测；县级以上粮食行政管理部门应具备专业化的粮油质量检测能力；粮食经营企业应具备初级粮油质量检测能力；同时，政府应加大对粮食质量监测机构在设施设备购买、专业检测人员培训上的经费投入，并保障其工作经费。

（三）健全粮食价格监测体系

粮食价格监测在确保粮食安全、加强粮食宏观调控和促进粮食生产流通方面发挥着重要作用，但由于粮食主管部门的粮食价格监测工作刚刚起步，因此，在体系建设过程中还存在一些问题。例如：各级行政领导对该项工作重视程度不足；责任分工不明确，发改委、物价、商务、粮食几个部门同时参与粮食价格监测工作，尽管工作各有侧重，但机构设置明显重叠；价格专项报告制度不够健全；人员配备不足；资金短缺；等等。因此，完善粮食价格监测体系、建立健全该项制度，具有重要的意义。

首先，必须提高各级粮食行政管理人员的认识，把加强粮食价格监测作为保障粮食安全的基础性工作。价格监测是对市场和经济运行中粮食价格状况的监视、预测、预警，为政府价格决策提供基础性数据，是政府价格管理工作的重要组成部分和价格管理的重要手段，必须提高认识，增强开展价格监测工作的自觉性和责任感。

其次，明确分工，确立粮食价格信息监测的具体内容。粮食主管部门作为粮食专业化管理部门，对全社会的粮食生产、购销、库存、进出口、市场价格等信息的了解和把握应该是最具权威性的，粮食价格监测职能理应集中于粮食主管部门，这样有利于形成集价格监测、分析研判、监督管理等功能于一体的粮食价格监测体系。

再次，健全价格信息监测报告制度，提高价格信息报送质量。价格监测报告要求必须建立价格监测报表，确保数据的真实性、统计口径一致性和数据的完整性，监测资料应及时归档，建立价格监测台账制度。同时，各级粮食主管部门应根据汇总的数据进一步对粮食价格波动的影响因素和价格变动趋势做出分析和预测，如在主要粮食品种出现价格大幅波动、粮食需求供给方面出现重大异常情况时，要及时向上级主管部门汇报，以便采取应对措施。

最后，配备开展价格监测工作的专职专业人员，根据需要配备专业的统计、分析和调研人员，以便有效地开展粮食价格监测工作，提高粮食价格监测效率，更好地为政府管理粮食价格，进行粮食宏观调控服务。同时，国家财政应该安排专项经费支持粮食价格监测，确保粮食价格监测工作顺利开展。

（四）健全粮食信息系统数据库

粮食安全的监测需要快捷高效的信息系统作保障。为切实加强粮食安全的检测，增强政府对粮食的宏观调控，提高市场化粮食安全保障能力，加强粮食调控信息化，建立健全粮食信息系统数据库，具有非常重要的意义。粮食信息系统数据库可以将粮食仓情和粮情分析系统、粮情监测系统、价格监测系统、粮食行政执法数据库系统和统计报表等有机融入其中，很好地实现网络化数据管理，为管理部门决策提供便捷服务。

首先，粮食行政管理部门需将粮食信息网互相连接起来，建立覆盖省、市、县粮食局和中心库的四级信息网络，形成粮食调控信息网络系统，为加强粮食安全调控和流通管理搭建平台。粮食调控信息系统以省局信息中心为网络平台，横向与各县、市、省、相接，纵向与各基层储备库和购销中心相连，实现省、市、县、库的四级计算机信息网络。在功能上，优先满足对基层粮库购、销、存业务的管理，同时，满足现代储粮技术应用管理的需要，并自动生成各类基础管理台账和统计报表，形成上报信息，满足省、市、县三级粮食局行政业务管理的需要。

其次，着力开发软件，将粮食仓情和粮情分析系统、粮情监测系统、价格监测系统、粮食行政执法数据库系统和统计报表等有机融入软件系统，使信息系统具备智能分析、数据整理、报表自动生成等多种能力，实现软件应用集成化。在具体的业务操作中，基层粮库可将质检、过磅、入库、保管、销售等数据信息录入数据库，提高工作效率。在行政管理上，省、市、县各级粮食管理部门可利用远程网络，及时掌握基层粮库各类粮食库存数量、质量状况、企业购销进度等情况，便于指导、调度基层粮库的工作。

三、粮食储备调节体系

（一）健全粮食储备系统

粮食储备是粮食安全体系中极其重要的组成部分，是政府调控粮食市场、确保粮食安全的重要手段。目前，我国粮食储备制度仍存在很大缺陷，健全国家粮食储备系统可从以下三个方面着手。

第一，合理设定储备规模。粮食储备规模是粮食安全的重要指示器之一。国家粮食储备规模的确定必须综合考虑国内粮食供求、政府的财政支付能力、国际粮食市场行情、储备需求等因素。粮食储备过低，达不到预定的安全目标；粮食储备过高，则会增加财政负担。根据世界各国的经验，粮食的安全储备规模大约是粮食消费总量的17%，其中专项储备5%，周转储备12%。如果按照我国粮食消费总量6000亿公斤计算，则专项储备达到300亿公斤，周转储备需达到720亿公斤。在确定粮食安全合理的库存规模时，还应考虑以下几个因素：一是粮食库存的最低数量标准，一般情况下，最低粮食储备规模应该满足发生自然灾害和其他紧急情况时的应急需要；二是库存成本不易过高，粮食库存也存在规模经济，确定库存规模时还要考虑库存成本，选择合适的库存规模以降低成本；三是库存粮食品种结构要合理，由于不同粮食品种之间存在不完全替代性，因此，不同品种粮的储备规模也要合理。

第二，优化粮食储备布局。从目前来看，我国储备粮布局重点应放在以下方面：一是搞好国家最低规模粮食储备的布局，中央直属粮库要重点管理这部分粮食。二是增加京津沪和东南沿海地区等粮食主销区的粮食储备量。这些地区人口密度较大，流动人口众多，粮食消费量庞大，是需要重点保障粮食安全的地区。从历史上看，这些地区是历次粮食价格大幅上涨的肇始地，因此，这些地区需要预备充足的储备粮。三是注重我国中西部资源贫乏地区，尤其是少数民族聚居地区的粮食安全储备。近年来，为保护生态环境，这部分地区实施了退耕还林、退耕还牧政策，粮食种植面积缩小，需要更多的粮食调入。由于交通不便，一旦发生粮食紧缺，调入粮难以及时到达。另外，在布局地点选择上，要选择交通便利的粮食储备库，有利于粮食的进出口调节和调动，保证粮食在需要时调得动、用得上。

第三，建立多层次的粮食储备网络体系。现行储备制度已经不能适应市场需要，我国应建立以国家储备为中心、社会储备为补充的多层次储备网络体系。国家储备包括中央储备和地方政府储备，社会储备包括企业储备和农户储备。从目前来看，我国要协调中央储备和地方储备的关系，明确中央储备和地方储备的用途和目的。同时，应鼓励各类有资质的企业从事储备粮经营业务，进行平等竞争；制定有关政策，引导农户粮食储备，如借鉴发达国家经验，实行国家补贴、农民存粮的政策。

（二）健全储备粮管理体系

2000 年，我国成立了中国储备粮管理总公司，专门负责储备粮管理工作，从而建立起储备粮垂直管理体系。目前，中央储备粮垂直管理体系面临着诸多问题，必须对其现有的制度和体系加以完善。具体措施如下。

第一，认真执行《中央储备粮管理条例》的规定，依法管粮，加快制定和实施与储备粮管理相配套的规章制度，为中央储备粮管理提供充足的法律依据。第二，赋予中国储备粮管理总公司进出口经营权，使其具有充分的灵活性，以应对国际和国内粮食市场的变化。第三，赋予中国储备粮管理总公司统筹安排中央储备粮的购销、轮换和进出口的权力，提高粮食市场宏观调控效率，降低宏观调控成本。第四，加强对粮食储备的管理工作。加强对国有粮食企业的管理监督和检查力度，确保库存真实可靠；进一步充实地方储备，落实各级政府对库存管理的责任，建立库存管理责任追究制度；加强粮食库存统计管理工作，严禁弄虚作假；进一步改进库存检查方式，加大专项检查、突击检查力度，严肃追究责任。

（三）健全储备粮应急体系

我国已经制定了国家、省、市、县四级粮食应急预案，各级粮食应急组织体系基本形成，应急监测网络不断扩充，应急管理制度不断完善。健全储备粮应急体系应从以下三个方面着手。

一是健全粮食应急组织体系。强化粮食应急工作指挥机构及其办事机构建设，明确部门责任与人员分工。二是加强粮食应急储备能力建设。科学规划、总体布局，健全粮食应急加工、供应、运输网络体系；加强对粮食应急定点企业的监管，明确其权、责、利。三是加强粮食应急机制建设。健全粮食应急预警机制、管理协调机制、反应救援机制，完善"应急准备、应急启动、应急实施、应急终止"的工作流程，强化应急业务训练，提高粮食应急处置能力。

四、粮食进出口调节体系

粮食进出口是调节粮食供需平衡的主要手段，是构成粮食安全的重要组成部分。

（一）加强对粮食进出口总量的适时控制

我国必须坚持"粮食基本自给、进出口适当调剂"的原则，粮食进出口总量不应过大。政府应通过研究和分析国内外粮食市场，加强对粮食进出口总量的适时控制，把短期的进出口调控政策与中长期的粮食基本自给政策结合起来，建立科学有效的粮食供求总量动态平衡机制。

（二）建立分品种、分区域的进出口战略

在粮食品种上，应以比较优势为依据，调整我国进出口贸易品种结构。对我国的粳稻、中籼稻和晚籼稻等具有明显比较优势的粮食产品，可适当扩大生产和出口规模；而对于大豆、玉米等不具有比较优势的粮食产品，可适当增加进口数量。在区域分布上，应以比较优势为依据进行粮食作物的区域布局，如华北地区水资源缺乏，稻谷比较优势逐渐丧失，可压缩水稻生产，扩大玉米生产。

（三）统一协调粮食内外贸易政策

从以往经验看，国内曾经出现过粮食进出口方向与国内供需实际严重脱节的情况，即在粮食供给相对平衡时大量进口，在粮食减产供应紧张时又大量出口。因此，需要统一国内对外贸易政策，使各项政策具有一致性。

五、加强粮食行政管理体系

随着《国务院关于进一步深化粮食流通体制改革的意见》和《粮食流通管理条例》的相继出台，国家对粮食行政管理部门的管理职能、工作内容、工作方式、队伍建设等方面提出了新的更高要求。如何适应新形势、新任务、新要求，正确履行国家赋予的行政管理职能，是我国粮食行政管理部门当前亟待解决的问题。

（一）粮食行政管理机构及队伍建设

随着粮食流通现代化和粮食购销市场化的推进，粮食行政管理部门的职能显得尤其重要。但粮食行政管理机构人员素质与新的管理职能还不匹配，无法充分发挥应有的作用。为了适应新形势的需要，必须加强粮食行政管理结构调整和队伍建设，切实提高粮食行政管理效率。

第一，优化部门组织结构，加强制度建设。在部门组织结构调整上，应以履行职能为准绳进行结构优化，通过定岗定责、精减人员提高组织效率。在制度设计上，要考虑如何发挥人员的主观能动性和创造性，力求将粮食部门的目标与员工的个人目标相协调，做到"激励相容"。根据依法执政要求，组建一支懂法规、懂专业、善管理、能负责的行政执法队伍；建立健全干部选拔、任用新机制，加紧选拔、任用优秀年轻干部，为年轻干部的成长成才提供更多的平台和机遇；加大引进优秀人才力度，优化队伍结构，建设高素质干部队伍；建立科学的干部考核和监督机制，促进干部树立科学的发展观、正确的政绩观、高效便民的执法观，全面推进依法行政。

第二，强化学习意识，加强队伍建设。所谓"活到老，学到老"，粮食行政管理人员应该加强学习，开阔视野，并运用所学知识指导实践。第一，加强对相关法律法规的学习。应加强对《行政许可法》和《粮食流通管理条例》等法律法规及粮食行政管理知识的学习，不断提高干部职工的综合业务素质，提高其依法办事、依法行政的能力，提高行业的法治化水平。第二，加强对市场经济理论和相关专业知识的学习，提高运用各种知识分析和处理问题的能力。

（二）粮食行政管理的职能转换

随着粮食市场化改革的推进，由市场配置粮食资源的格局已经形成。各级粮食行政管理部门应切实转变职能，减少对市场主体的直接干预，而其重点则在于培育公平竞争的市场环境。

第一，推进粮食行政管理部门职能转化。首先，在管理对象上，从过去主要管理国有粮食企业，转向管理全社会粮食经营者；其次，在管理内容上，由过去主要管理企业的经营活动，转向管理市场主体的准入准则和维持正常的市场秩序；再次，在管理手段上，由过去单纯的行政手段，转变为以法律手段、经济手段为主，适当采取必要的行政手段；最后，在管理目标上，由过去的粮食购销调存转变为确保粮食安全。

第二，强化调控、监督、协调和服务四项基本职能。要落实《粮食流通管理条例》要求，把粮食行政管理职能内容定位在以下四个方面：第一，加强粮食宏观调控。根据《粮食流通管理条例》要求，建立储备粮吞吐、委托收购、进出口、价格干预等调控机制，加强对粮市的调控；实行分级粮食储备制度；建立健全粮食风险基金制度；建立粮食供需抽查制度；建立粮食应急体系和应急机制，提高宏观调控的能力和效率，确保粮食安全。第二，行使管理全社会粮食的行政执法权。赋予粮食行政管理部门对粮食监督检查的内容要求，依法行使职权，严格执行行政处罚权，加强对全社会粮食经营企业的管理，维护正常的市场秩序和市场环境。第三是做好全社会粮食流通统计工作。主要是粮食生产、粮食流转、粮食仓储设施、粮油加工业、粮食行业机构人员等方面的统计工作。第四是为粮食行业发展提供公共服务。加强对行业的管理、指导和服务，健全完善行业协会组织，充分发挥粮食行协在粮食流通中的积极作用。

（三）加强粮食行政管理的相关手段

长期以来，粮食行政部门"政企不分"，对企业主要采用行政手段进行管理。管理重点也放在了对人、财、物的监控、经营和核算的考核等方面，忽视了企业本身的发展。在制订各种计划和规划过程中，缺乏整体发展战略，导致计划和规划可行性差、成本高且缺乏前瞻性。随着市场经济的发展，粮食行政管理部门原有的管理方式已不适应发展的需要，应该以经济手段和法律手段为主，行政手段为辅进行管理。在市场经济条件下，国家对粮食的调控需要确立市场观念，充分发挥市场在粮食资源配置中的作用，运用市场经济手段，采取委托收购、储备粮吞吐、粮食进出口等多种经济手段来加强对粮食市场的调控，保持粮食供求总量平衡。

市场经济也是法制经济，粮食经营者的权益要靠法律来维护，法律手段将成为粮食行政管理部门进行宏观管理的重要手段。政府需要通过立法和制定规范性条例，来引导和规范粮食市场主体的各种经济行为，使各项经济活动符合宏观调控目标。粮食行政管

理部门要健全粮食生产、流通、储备等法律法规，规范生产者、加工者、经营者、管理者的行为，为依法管粮、依法行政提供依据。同时，加大依法行政的力度，加强对粮食行政执法人员的培训，使他们熟悉业务，取得资格，能够公平公正地行使管理职权。坚决杜绝无资格人员执法、不按程序执法、错误执法等现象的发生，为粮食市场提供一个公平竞争的环境。真正做到有法可依，有法必依，执法必严，违法必究。

第八章 我国加强农业基础地位和确保国家粮食安全战略的区域实现

农业的地区与时间不同，发展的方法也不同。我们指导农业，要依各种不同地区而采取不同方法。周密研究客观情况，根据不同地方与不同时间，提出确定的要求，解决增产的条件。

——毛泽东[1]

农业为人类生存和发展提供基本的物质资料，是安天下、稳民心的战略产业，其基础地位丝毫不能动摇。国家粮食安全事关经济社会发展的全局和人民群众的切身利益，只有不断加强农业的基础地位，才能确保国家粮食安全。农业发展、粮食生产既受自然规律的约束，也受经济规律的影响。因此，加强农业基础地位，确保国家粮食安全，是一个具有区际差异性的重大问题。立足区域自然条件和经济发展条件的差异，利用经济杠杆，促进农业自然再生产和经济再生产有机协调，探索加强农业基础地位和确保国家粮食安全的区域实现路径，是国土空间内部差异显著的大国的必然选择。我国地域辽阔，在国土空间内，不同地区的地理、地貌、气候等情况不同，粮食生产条件也不同，再加上区域经济发展程度的差异，形成了粮食生产与供应不同的类型。[2] 我国以省级行政区为基本区划单元，依据粮食生产与消费量的特征，将全国 31 个省（区、市）分别划分为粮食主产区、粮食主销区和粮食产销平衡区[3]，这明确了加强农业基础地位和确保国家粮食安全的区域实现的空间载体。

---

① 毛泽东. 经济问题与财政问题 [M]. 沈阳：东北书店，1949：11—12.

② 朱新华，曲福田. 不同粮食分区间的耕地保护外部性补偿机制研究 [J]. 中国人口·资源与环境，2008（5）：42—47.

③ 粮食主产区包括河北、内蒙古、辽宁、吉林、黑龙江、江苏、安徽、江西、山东、河南、湖北、湖南、四川等13个省（自治区），产销平衡区包括山西、广西、重庆、贵州、云南、西藏、陕西、甘肃、青海、宁夏、新疆等11个省（市、自治区），粮食主销区包括北京、天津、上海、浙江、福建、广东、海南等7个省（市）。

第一节　我国加强农业基础地位 和确保国家粮食安全战略区域实现的客观基础[①]

确保国家粮食安全是加强农业基础地位的重要目标，加强农业基础地位是确保国家粮食安全的前提和保障。粮食安全具有丰富的内涵，包括粮食数量安全、粮食质量安全、粮食经济安全、粮食生态安全等内容。粮食安全的多重要求，农业发展条件存在的空间差异，以及不同区域的粮食消费习惯存在差异等客观因素，构成了我国加强农业基础地位和确保国家粮食安全区域实现的客观基础。

一、粮食安全的多重要求

粮食具有保障人类生命、为工业发展提供原料的基础属性，粮食安全的丰富内涵对保障粮食安全提出了多重要求。联合国粮食及农业组织给出的粮食安全的基础内涵是"保证任何人在任何时候，都能得到为了生存和健康所需要的足够的粮食"。由此看来，粮食安全既涉及粮食生产、粮食供给，也涉及粮食消费，还涉及收入分配。从粮食供应的角度看，粮食安全要有足够的粮食供给，包括生产、贸易、流通等手段满足人们对粮食的需要[②]，这既要求国家有足够的资源用于粮食生产，保障本国粮食生产的能力稳中有增，又要求国家有较强的国际贸易能力，能够利用国际粮食市场调剂本国的粮食供应。从粮食分配及消费的角度看，人们在任何时点上对粮食数量和粮食品种及品质的需求都能够得以满足，这不仅需要通过完善社会收入分配确保不同地区、不同阶层的社会居民都有足够的粮食消费能力，还需要建立起良好的国内粮食交易与流通体制，使不同区域、不同民众的粮食需求都能够得到相应的供给保障。

粮食生产有一个稳定的、较长的周期，粮食供给在粮食供需矛盾运动中占据主导地位，粮食生产和粮食供给是确保粮食安全的重中之重。粮食自然再生产和经济再生产过程中的许多可控因素和不可控因素都可能导致粮食产量波动，从而影响粮食生产和粮食供给。保障粮食安全，要特别注意协调资源稀缺性引发的保障粮食生产和促进产业结构调整在资源配置上的矛盾。产业结构调整是经济社会发展永恒的主题，产业结构调整对资源要素的配置提出了新的要求，这会与粮食生产竞争土地资源、水资源、资金等要素，从而对粮食生产和供给形成冲击。改革开放以来，我国的耕地面积在持续减少，从"九五"到"十一五"，我国耕地减少6000万亩，到2030年将减少8000万亩。[③] 产业结构转化中非农产业发展用地规模的扩张，特别是不可逆的建设用地对优质耕地资源的挤占，对保障粮食安全形成了很大的威胁。

[①]　本节内容由杜黎明以《论农业规模经营分区实现的客观基础》为题发表于《农村经济》2012年第3期，此处作了一定修改。
[②]　剧义文，李恒. 粮食主产区的工业化及实现机制 [J]. 经济学动态，2011（12）：85−88.
[③]　吴志华，胡学君. 中国粮食安全与产业结构协调探析 [J]. 现代经济探讨，2002（1）：48−52.

加强农业基础地位、确保国家粮食安全的重点在于：在保证农业持续发展的基础上，科学协调"粮"与"人、田、水、肥"之间的相互关系，优化包括良种投入、农业机械投入和人力资源投入在内的粮食生产要素投入结构，重点调控粮食生产，实现长期的粮食供需总量平衡。确保粮食安全的基础是粮食产量稳中有增，而稳定粮食产量途径除通过政策、机制和气候等因素入手外，主要是持续保护粮农的种粮积极性。大量研究表明，中国家庭经营模式存在规模小、兼业化等特征，导致粮农所获经济效益低下、缺乏种粮积极性，更多生产要素流向城市工业部门，并构成了导致粮食生产持续紧张的主要原因。① 因此，完善家庭承包经营制度，提高农业规模经营水平，已经成为加强农业基础地位、保障国家粮食安全的当务之急。

二、粮食消费存在区际差异

粮食是人类生存最基本的生活消费品，是支撑工业发展的重要生产性消费品，粮食消费的数量、特征及其变化发展趋势是影响我国粮食安全战略的重要因素。居民消费习惯、消费方式直接影响粮食的生活性消费种类与消费规模，区域产业结构、发展阶段则对粮食的生产性消费有着重要影响。粮食消费存在的这种区际差异，是加强农业基础地位和确保国家粮食安全区域实现的重要现实基础。粮食消费主要包括口粮、饲料用粮、工业用粮、种子用粮、损耗及贸易用粮等类型，其内容也存在明显的城乡区域差异。

（一）生活性粮食消费存在区际差异

生活性粮食消费取决于多种因素，如居民的营养水平、饮食结构、收入水平、年龄及性别等。城乡区域之间，影响生活性粮食消费的主导性因素往往存在差异，这决定了生活性粮食消费的区际差异。生活性粮食消费的城乡差别主要体现在人均口粮和粮食总量的消费上。农村居民的人均口粮消费一般大于城镇居民的口粮消费，城镇人均粮食消费量日趋稳定，农村人均粮食消费量平稳趋降；城乡人均粮食消费的差异，再加上城乡人口聚集因素，形成了城乡口粮消费的差距。粮食消费的地域差异除了在粮食消费量上有所体现外，还更主要地体现在粮食消费品种上。一般而言，城镇居民对肉、蛋、奶的消费需求比农村居民更高，由于肉、蛋、奶等产品需要消耗更多的粮食才能转化出来，因此城镇居民的这种消费偏好直接影响了饲料用粮和种子用粮的消费。长期以来，我国南方地区居民的粮食消费主要以稻谷为主，而北方地区居民的粮食消费主要以小麦为主。随着我国粮食流通体制的进一步改革、城镇化速度的加快、人口流动规模的扩大以及农产品物流市场的不断发展，"南米北面"的粮食消费地域差异也将会逐步缩小。② 这种变化趋势也会在粮食供给、流通、贸易等方面引发新的区际差异，进而对粮食安全战略实施产生重要的影响。

① 李国勇，张扬，高士亮. 农业转型阶段粮食安全、粮农增收研究述评 [J]. 经济学动态，2011 (11)：85—88.

② 潘月红. 当前我国粮食消费现状及发展趋势浅析 [J]. 粮食问题研究，2007 (1)：76—80.

（二）生产性粮食消费存在区际差异

粮食可以用于酿酒和制作调味品、药品、燃料等，食品工业、纺织工业、饲料工业都对粮食消费存在较大的依赖；除此之外，粮食在加工业上的用途也很广泛。我国的生产性粮食消费总量仅次于口粮和饲料用粮总量，近年来，在粮食消费总量中所占比重不断提高，并呈现出加速增长的趋势。区域主导产业选择、产业结构、工业化水平等因素都对生产性粮食消费的种类和数量规模产生深远的影响。我国是地区发展不平衡，内部空间分异显著的大国，不同区域的工业化水平、主导产业、产业结构等存在明显的差异，这从根本上决定了生产性粮食消费的区际差异。如果再考虑到国土空间内的产业转移所引发的区域产业结构变动及其所引发的生产性粮食消费等因素，生产性粮食消费存在的区际差异还会随着时间的变化而发生变化。

三、农业规模经营需要分区推进

着力提高粮食生产能力，保障粮食供给，是确保粮食安全的重中之重。理论研究和经济发展实践都表明，"只有达到一定的生产规模，才可能形成技术和生产方法创新的基本环境，人们才有可能去考虑通过创新节约生产资料，降低生产成本，提高劳动效率"[1]。农业规模经营有利于农业统一规划和布局，为政府对农业发展进行有效调控、管理和组织创造了良好条件，这既便于资金、科技、劳动力等生产要素优化组合，最大限度地发挥这些生产要素的作用，也便于创造特色、优化农产品，参与国际市场竞争，还便于培育、集聚农业服务需求，促进农业衍生产业发展，形成三次产业互动发展的格局。加大农业经营制度创新，提高农业规模经营水平，对确保粮食安全至关重要。农地规模经营是农业规模经营的重要形式，但农业规模经营不仅限于农地规模经营。基于对农地规模经营和农业规模经营内涵的比较，我们从理论和现实两个维度，分析农业规模经营分区实现的必要性，以此揭示加强农业基础地位和确保国家粮食安全区域实现的客观基础。[2]

（一）农地规模经营和农业规模经营内涵的比较

生产要素适当集中使用，单个经营组织产出规模的适度膨胀，是规模经营的直观表现。土地是最基本的农业生产要素，在实践中，人们常常把农业规模经营混同于农地规模经营。事实上，农地规模经营，是从农业发展要素投入的角度描述农业生产的规模，而农业规模经营是就生产经营单位的产业活动规模而言，是对农业生产经营组织从事农业生产、农产品流通、农业服务等经济活动进行的总体衡量。农地规模经营是指土地经营在最优的规模上实现劳动、资本、技术等各种生产要素的优化配置，提高土地的生产效率，降低平均生产成本，通过规模经济的实现获取收益的最大化。[3] 它既是农业规模

---

① 洪银兴.《资本论》的现代解析 [M]. 北京：经济科学出版社，2005：84.
② 杜黎明. 论农业规模经营分区实现的客观基础 [J]. 农村经济，2012（3）：98—101.
③ 马佳，马莹. 上海郊区农地规模经营模式优化的探讨 [J]. 地域研究与开发，2010（6）：106—112.

经营的基础，也是农业规模经营的重要表现。农业规模经营的内涵比农地规模经营宽，它不局限于农地规模经营和农业规模生产。

不管是农地规模经营，还是农业规模经营，既可以采用计划的手段，用行政命令的方式推进，也可以充分利用价格杠杆，利用市场，采用市场化的方式推进。从市场运作的角度看，农业规模经营可以从农业规模生产和农业生产市场化运作两个角度加以考量。农业规模生产用来描述单一农业生产决策主体可以利用的土地及其他农业生产要素超过一定的规模门槛，它是指农业生产决策主体在某一特定地理区域内，依靠自己规模生产或通过契约、激励等制度安排，组织多个生产决策主体共同生产一种或一类农产品。[①] 农业规模生产服务的市场化运作，是指经济主体以特定农产品规模生产的产前、产中及产后服务为中心，优化农业规模生产条件，延伸农业产业链，拓展农业规模生产的范围经济，以实现农业规模经营收益最大化的过程。

（二）农业规模经营分区实现的理论基础

就特定区域而言，农业规模经营可以从农产品产出规模的角度衡量区域落实国家粮食安全战略的成效，还可以从农业经营经济收益的角度衡量区域农业发展对农民增收的保障作用。如果用农业规模生产从实物产品的角度衡量农产品产出，用农业生产市场化运作从货币收益的角度衡量农业规模经营成效，那么农业规模生产和农业生产市场化运作在目标选择、实现路径等方面的差异，则可以用来说明农业规模经营分区实现的理论基础。

1. 农业规模生产和农业生产市场化运作的比较

设农业生产函数 $Q = G(L, C, T, A)$，式中 L 表示农业生产组织的土地投入量，C 表示资金投入量，T 表示技术投入量，A 表示劳动投入量，Q 表示农产品的实物数量。农业规模生产既可以用农业生产组织投入的农地规模 L、资金 C、技术 T、劳动 A 等农业发展要素的投入规模衡量，也可以用一个生产经营周期的农产品实际产量 Q 的规模来衡量。显然，农产品的实际产量 Q 取决于生产要素的投入规模以及不同生产要素之间的技术关系。

农业生产市场化运作可用函数 $Y = P \times Q - C'$ 表示，式中 Y 表示用货币衡量的农业经营市场收益，P 表示农产品的市场价格，C' 表示农业规模经营成本。显然农业规模经营的经济效益 Y 既取决于农产品的实际产量 Q，也取决于农产品的市场价格 P，还取决于农业规模经营成本 C'。农业规模生产的市场化运作力求通过不同生产者的联合，增强农业生产者应对农业发展风险的能力，以及对农产品的市场价格 P 形成的影响能力；而农业规模生产服务的市场化运作则力求通过范围经济拓展分散农业发展风险，优化规模生产条件，控制农业规模经营成本 C'，以提高农业规模经营的市场收益。对一个区域而言，农业规模经营究竟是追求农产品产量的最大化，还是追求以货币衡量的经济效益的最大化，这直接影响着农业规模经营的具体模式选择。

---

① 李相宏. 农业规模经营模式分析［J］. 农业经济问题，2003（8）：95—99.

2. 农业规模经营的目标选择

农业规模经营目标在实现农产品产量最大化和经济效益最大化上的分异还不能完全说明农业规模经营目标选择的多样性和复杂性。仅从理论的角度探讨，农业规模经营的目标选择至少可以细分为以下四种类型。

第一，实现对农业发展要素投入规模的追求，将单个生产组织的特定农业发展要素投入达到一定规模作为农业规模经营的目标。土地是农业生产经营最基本的要素，土地投入的增加往往会带动其他发展要素投入的增加，农业规模经营的目标一般落脚在实现对土地规模投入的追求之上。对粮食主产区而言，农业规模经营适宜选择土地要素、技术要素的规模投入；对粮食主销区而言，农业规模经营适宜选择资金要素的规模投入；对产销平衡区而言，农业规模经营适宜选择劳动力要素的规模投入。

第二，追求农业发展要素报酬最大化，将农业规模经营的目标界定为 L、C、T、A 等发展要素中特定发展要素投入的报酬最大化。一般而言，相对于其他生产要素，特定生产要素的社会关注度越高，稀缺程度越高，对产业发展的支持作用越大，将该要素报酬最大化作为农业规模经营目标的可能性就越大。粮食主产区土地资源相对富足，为了"藏粮于科技"，适宜选择科技要素报酬最大化；而主销区土地资源稀缺，适宜选择土地要素报酬最大化；产销平衡区农民增长致富显得更为迫切，适宜选择劳动要素报酬最大化。

第三，追求农产品产量最大化。比如，夯实国家粮食安全的基石，要求粮食产量的最大化，而不是以货币收益最大化作为农业规模经营的目标。在落实国家粮食安全战略过程中，粮食主产区就应该追求农产品产量最大化，至于因求农产品产量最大化而蒙受的经济损失，国家应该以转移支付、专项补贴的方式予以弥补。

第四，追求经济收益最大化。比如，为促进农民增收，要求以货币衡量的利润最大化作为农业规模经营的目标。主销区，粮食流通占粮食产业化经营的份额较大，适宜追求经济收益最大化。

现实的经济运行中，农业规模经营的四类目标之间并非完全一致，有些目标之间是存在冲突的。比如，由于农产品价格因素的作用，农产品产量最大和农业生产经营经济收益的最大化之间往往就存在一定的冲突，追求粮食产品的最大化往往要以牺牲农业规模经营的经济收益为代价。仅就一般意义的产业发展目标而言，农业规模经营的目标并非是单一的具体目标，而是以一个目标为最终目标，并以此协调其他三类目标，从而实现四类目标之间的平衡。不同区域在最终目标及目标平衡原则和方法选择上的差异，将直接影响农业规模经营的模式选择。另一方面，从保障粮食安全的角度看，区域不能仅从区域利益出发选择农业规模经营目标和模式，而应强化农业规模经营目标和模式选择上的沟通合作，国家粮食安全政策则需要为区域因特定的农业规模经营目标和模式选择而遭受的损失提供补偿，以确保区域能够自觉服从国家粮食安全的大局。

3. 实现农业经营规模目标的路径

由于农业规模经营的四类目标不是彼此独立、可以截然区分的，因此，合理把握四类目标之间的内在关联，合理制定农业发展政策，正确选择实现目标的方法和路径至关重要。在四类目标中，农业发展要素投入规模目标和农业发展要素报酬目标不宜单独存在，对农业发展要素投入规模和要素报酬目标的追求，必须服务于农产品产量及农业规模经营收益目标；当实现农产品产量目标和农业规模经营收益目标之间存在冲突时，要素投入和要素报酬目标选择就需要在二者之间做出明确的取舍。那种为了实现农业发展要素规模目标而不惜采用行政手段，强力推进土地等生产要素集中化，为了实现农业劳动力、农地收益等要素报酬目标而脱离农业发展水平，人为抬高劳动力报酬、农地流转、转让价格的方法，实际是与农业规模经营的内在要求背道而驰的行为决策。如果将要素投入规模和要素报酬目标作为中间过渡目标，农业规模经营决策则演变为以实现最终目标，即以农产品产量最大化、农业规模经营经济收益最大化为中心的要素投入决策。

从理论分析的角度看，土地最佳投入规模的条件是 $Q'_L>0$，$Q''_L=0$，资金最佳投入规模的条件是 $Q'_C>0$，$Q''_C=0$，技术最佳投入规模条件是 $Q'_T>0$，$Q_T''=0$，劳动最佳投入规模的条件是 $Q'_A>0$，$Q''_A=0$。要使所有生产要素同时获得最佳投入规模，就是求解不同生产要素最佳投入规模的联立方程组。纯粹从数学的角度看，联立方程组是能够求解的，但这个解可能完全没有经济意义。也就是说，在现实的经济运行中，这个联立方程组有解的概率很小，甚至根本无解。为寻找规模决策的理论依据，不妨假设联立方程的理论解为 $Q_L=L$，$Q_C=C$，$Q_T=T$，$Q_A=A$，生产要素的实际投入量为 $(l，c，t，a)$；现实的经济运行中，推进规模经营，增加特定生产要素的投入规模，并借以带动其他生产要素投入的增加，实际上是在拓展联立方程求解空间的过程中创造条件，使生产要素的实际投入量 $(l，c，t，a)$ 和生产要素的最佳规模理论解 $(L，C，T，A)$ 之间差值的总和最小。于是，农业规模经营的追求转而表现为对 $\mathrm{Min}（|L-l|+|C-c|+|T-t|+|A-a|）$ 的追求。不同区域的农业要素禀赋以及农业规模经营目标选择的差异，将直接影响最小值的求解路径和求解方法的选择，这直观表现为不同区域在农业规模经营模式选择上的差异。

如果农业规模经营的最终目标被定位为农产品产量的最大化，那么对生产要素实际投入量和最佳规模理论解差值最小的追求，实际上是围绕规模生产的效能最大化展开的。在特定的发展环境中，如果实现农产品产量最大化和农业规模经营经济效益最大化目标之间存在差异，即农业规模生产市场化运作和农业规模生产服务市场运作之间存在冲突，政府则需要出台农业发展政策以保证农业规模生产服务市场运作能够有效服从于农业生产市场化运作。如果农业规模经营的最终目标被定位为规模经营经济效益的最大化，市场机制会自动平衡农产品价格与农产品产量之间的关系，这时农业发展政策则需要以维护农业规模生产服务市场化运作的环境和条件为中心。

（三）农业规模经营分区实现的现实基础

农业经营具体模式选择受到农业发展条件、农业功能定位、区域发展战略、政府政策供给等多种因素的影响。农业规模经营只是实现农业功能的一种途径，农业规模经营模式选择必须服务于农业功能的发挥；对一个内部差异很大的大国而言，很难选择一个全国通用的农业规模经营模式。农民非农化趋势日益明显，从事非农工作的农民队伍逐渐庞大，农民生存对土地依赖程度大为降低。① 这一背景为在稳定家庭承包经营的前提下，以农地流转、土地置换、农地股份合作等方式促进农地规模经营，进而为推动农业规模经营，营造了良好的环境。具体而言，农业规模经营分区实现的现实基础具体表现在以下几个方面。

1. 不同区域的农业规模经营条件存在差异

综观世界各国农业发展，农业经营规模选择取决于农业生产工具、人地比例关系、耕地地貌特征、社会分工水平、农用技术、从业者文化技术素质和经营管理水平、土地经营制度、市场发育程度等因素的综合作用，因此，农业规模经营难以形成统一的模式。

首先，特定区域的人地比例关系和耕地地貌特征属于先天性的农业发展条件，难以在短时间内通过人为的方式发生改变；农业发展条件的先天性差异，决定农业规模经营模式选择的多样性。其次，虽然农业生产工具可以主动选择，但它必然受到制造业发展、人地比例以及耕地地貌特征的制约，再考虑到不同区域在使用农业生产工具习惯上的差异，农业生产工具应用上的差异也是农业规模经营模式选择的多样性的重要影响因素。第三，农业技术作为一种生产要素，虽然能够较为方便地通过市场手段获得，但农业技术的应用受到从业者文化技术素质和经营管理水平的影响，农业技术、从业者文化技术素质和经营管理水平三者的结合状态直接影响农业规模经营模式选择。第四，社会分工水平、市场发育程度的变化是一个渐变过程，土地经营制度的变化必然涉及复杂的利益调整，土地经营制度创新也适宜采用渐变而非突变的方式，这些适宜渐变的因素，客观上也对农业规模经营模式选择形成较强的约束。

2. 不同区域的农业承载功能存在差异

农业是国民经济的基础产业，具有生产和生态等多重功能，承担着保障粮食安全、促进农民增收、吸纳人口就业等多重重任，农业规模经营模式选择必须以更好地发挥农业功能、保障国家粮食安全为前提。区域农业规模经营，不仅需要在自求农业生产与生态功能平衡和通过区域分工实现农业生产与生态功能平衡之间做出选择，也需要在农业规模生产市场化运作和农业规模生产服务社会化运作之间做出农业规模经营重点的选择，还需要在农产品供给和生态产品供给二者之间做出农业规模生产落脚点的选择，不同区域在农业规模经营的这些核心问题上的不同选择决定了农业规模经营模式的差异。

3. 不同区域的农业规模经营目标存在差异

农业规模经营的最终目标不外乎产能最大化和经营效益最大化两类，而产能最大化目标又可以分为农产品产能最大化和生态产品产能最大化两种类型。规模经营目标的差

---

① 根据《中国统计年鉴（2010 年）》的数据，从 1978 年到 2009 年，我国第一产业就业人口占全社会就业总人口的比例从 70.5% 下降到 38.1%。

异，直接决定规模经营组织形式、实现路径的差异。如果规模经营目标定位为产能最大化，那么规模生产市场化运作将是农业规模经营的现实选择；如果经营目标定位为经营效益最大化，则规模生产服务的市场化运作将是规模经营的现实选择。如果规模经营目标定位为农产品产能最大化，更好地适应农作物生长规律则是规模生产市场化运作的基本要求；如果规模经营目标定位为生态产品产能最大化，更好地适应自然生态规律则成为规模生产市场化运作的基本要求。

第二节　我国加强农业基础地位
和确保国家粮食安全战略的粮食主产区实现

粮食主产区的土壤、气候等自然地理条件适合粮食作物种植，农田水利基础设施较好，农业技术在农业生产运用推广情况较好，具有粮食种植传统，粮食产量高，种植比例大，除区内自身消费外还可大量调出商品粮。多年的实践已经证明，粮食主产区粮食生产的丰歉，直接决定全国粮食丰歉的基本格局。粮食主产区的粮食生产是我国粮食供求总量基本平衡的重要基础，对我国粮食安全具有不可替代的影响。从空间分布看，我国的粮食主产区包括河北、内蒙古、辽宁、吉林、黑龙江、江苏、河南、山东、湖北、湖南、江西、安徽和四川等13个省（自治区），粮食主产区的年粮食产量占我国粮食总产量70％以上。在我国主体功能区布局中，以"七区二十三带"①为主体的限制开发的农业地区承担着保障我国粮食供给的重要任务。

一、粮食主产区加强农业基础地位落实国家粮食安全战略的条件

农业是人类利用植物或动物生长、繁殖机能，通过人工培育，获得食物、工业原料和其他农副产品，以解决人们吃、穿、用等基本生活资料的生产部门。农业生产与自然地理条件有着紧密的关联。粮食生产是农业发展的重中之重，我国的粮食主产区之所以能承担保障粮食供给的重任，不仅因为其优越的自然地理条件和丰富的农业发展资源，还因为其具有优越的经济社会条件。

---

① 根据《全国主体功能区规划》，七区指东北平原等七个农产品主产区。即东北平原主产区、黄淮海平原主产区、长江流域主产区、汾渭平原主产区、河套灌区主产区、华南主产区、甘肃新疆主产区；二十三带指七区中以水稻、小麦等农产品生产为主的二十三个产业带。其中东北平原主产区建设以优质粳稻为主的水稻产业带，以籽粒与青贮兼用型玉米为主的专用玉米产业带，以高油大豆为主的大豆产业带，以肉牛、奶牛、生猪为主的畜产品产业带；黄淮海平原主产区建设以优质强筋、中强筋和中筋小麦为主的优质专用小麦产业带，优质棉花产业带，以籽粒与青贮兼用和专用玉米为主的专用玉米产业带，以高蛋白大豆为主的大豆产业带，以肉牛、肉羊、奶牛、生猪、家禽为主的畜产品产业带；长江流域主产区建设以双季稻为主的优质水稻产业带，以优质弱筋和中筋小麦为主的优质专用小麦产业带，优质棉花产业带，"双低"优质油菜产业带，以生猪、家禽为主的畜产品产业带，以淡水鱼类、河蟹为主的水产品产业带；汾渭平原主产区建设以优质强筋、中筋小麦为主的优质专用小麦产业带，以籽粒与青贮兼用型玉米为主的专用玉米产业带；河套灌区主产区建设以优质强筋、中筋小麦为主的优质专用小麦产业带；华南主产区建设以优质高档籼稻为主的优质水稻产业带，甘蔗产业带，以对虾、罗非鱼、鳗鲡为主的水产品产业带；甘肃新疆主产区建设以优质强筋、中筋小麦为主的优质专用小麦产业带，优质棉花产业带。

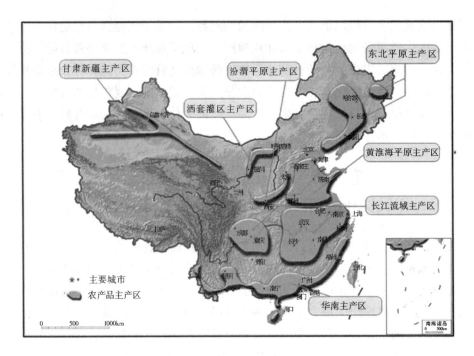

图 8-1　我国农产品主产区分布图

注：钓鱼列岛分散于北纬 $25°40'\sim26°$、东经 $123°\sim124°34'$ 之间。

（一）粮食主产区农业发展资源条件优越

从地理条件来看，我国的粮食主产区大多数处于平原或浅丘区，雨量充沛，具有典型的湿润或半湿润性气候特征；粮食主产区土壤松软，有机质含量较高，易于耕作和水土保持，适合农作物生长；粮食主产区光、热、水资源条件较好，有利于农作物生长。从历史传统看，我国的粮食主产区有史以来就是农业发达地区，有着精耕细作的农业传统，农业文明积淀丰厚，有利于农业发展政策的落实和农业技术的推广。从农业生产方式看，在国家长期优惠政策、区域农业发展传统等因素的作用下，我国粮食主产区在农业集约水平、机械化水平、农资使用量上都表现出较高的水平，有利于农业生产经营方式的进一步创新；从生产潜力看，我国的粮食主产区具有粮食综合生产能力高的特点，且具有较大的粮食生产潜力，有利于粮食综合生产能力建设。

（二）粮食主产区农业发展的经济社会条件优越

粮食主产区是我国重要的商品粮生产基地，长期以来为国家粮食安全、经济社会发展做出了巨大贡献，粮食生产、经济社会发展也一直是国家政策关注和倾斜的重点。从政策环境看，近年来党中央、国务院坚持把粮食和农业发展放到经济社会各项工作的突出位置上，出台了一系列扶持粮食和农业生产的重大政策，如种粮农民直接补贴政策、农资综合补贴政策、良种补贴政策、农机购置补贴政策、提高小麦及水稻最低收购价政策、产粮（油）大县奖励政策、生猪大县奖励政策、畜牧良种补贴政策、农业防灾减灾稳产增产关键技术补贴政策、国家现代农业示范区建设政策、深入推进粮棉油糖高产创建政策、测土配方施肥补助政策、基层农技推广体系建设政策[1]等。这些政策的制定和实施，为粮食主产区营造了良好的政策环境。从农业生产技术看，我国粮食主产区农业发展技术水平较高，农业技术推广体系相对完善。在长时期的生产经营中，粮食主产区释放了大量的技术需求，在政府的引导和政策支持下，农业科研院所针对粮食主产区的技术需求提供了很多技术供给，地方政府围绕新型技术推广，在农业技术推广体系和服务体系建设等方面，都做了大量卓有成效的工作。我国的许多粮食主产区，特别是河南、湖北、山东、江苏、安徽、湖南、江西等主产省，都是农业技术较为发达的区域，这为粮食主产区进一步提高粮食生产能力提供了坚实的支撑。

二、粮食主产区加强农业基础地位落实国家粮食安全战略的重点

在国家粮食安全战略部署中，粮食主产区是保障粮食供给和粮食安全的地域载体。粮食主产区同时又是农民集聚的空间，除长江流域主产区城市相对密集外，其他粮食主产区内的城市分布都比较稀疏，因此，粮食主产区在保证国家粮食供给和粮食安全的同时，还承担着促进农民增收致富，推进区域城镇化等重任。具体而言，粮食主产区加强农业基础地位和落实国家粮食安全战略的重点主要表现在以下几个方面。

（一）着力提高粮食生产能力

保障农产品供给，确保国家粮食安全和食物安全是粮食主产区承担的重要任务；发展现代农业，稳定粮食生产，增强粮食综合生产能力，是粮食主产区加强农业基础地位和落实国家粮食安全战略的基点。只有粮食主产区粮食生产能力得以保持和提高，我国粮食安全才能由"储粮于库"转变为"储粮于地"，使保障粮食安全的成本尽可能降低。

粮食综合生产能力是指一定时期内一定地区在一定的经济技术条件下，由各生产要素综合投入而形成的，可以稳定地达到一定产量的粮食产出能力。从投入的角度看，粮食综合生产能力由耕地、资本、劳力、科技、环境等要素的投入能力决定；从产出的角度看，粮食综合生产能力表现为年度粮食总产量。投入决定产出，每年能投入到粮食生产中去的耕地、资本、劳力、科技、环境等要素的质和量，决定了粮食产出的质和量，即产出能力。粮食综合生产能力取决于耕地保护能力、政策支撑能力、科技服务能力、抗灾能力等因素，这些因素间的相互作用如图8-2所示。

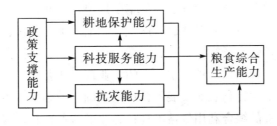

图8-2 粮食综合生产能力要素构成

---

① 资料来源：农业部产业政策与法规司网站。

政策支撑能力是粮食综合生产能力的决定因素，它取决于涉农部门的政策资源投入以及不同部门政策的协调程度。耕地保护能力主要指能够保持有多少数量和质量的耕地用于粮食生产，它既取决于政府的政策支持，也取决于科技服务能力，政府政策要鼓励各类主体从耕地数量和质量两个维度入手，加强耕地保护，科技服务重在提高耕地的质量，以提高耕地的产出能力。科技服务能力包括农业科学研究水平和技术推广体系状况等内容，抗灾能力包括排灌设施条件、物质装备状况和粮食种子储备情况等。

粮食主产区要着力提高粮食生产能力，一是要加强土地整治，搞好规划、统筹安排、连片推进，加快中低产田改造，推进连片标准粮田建设，鼓励农民开展土壤改良，稳定耕地数量，提高耕地质量；二是要加强水利设施建设，加快大中型灌区、排灌泵站配套改造以及水源工程建设，鼓励和支持农民开展小型农田水利设施建设、小流域综合治理，着力解除粮食生产的水资源制约；三是要加强农业基础设施建设，加快农业科技进步和创新，提高农业物质技术装备水平，改善农业生产条件，提高抗灾减灾能力。

（二）协同推进农业现代化区域工业化和城镇化

工业化、城镇化可以带动和装备农业现代化，农业现代化则为工业化、城镇化提供支撑和保障；工业化、城镇化不发展，农业现代化就缺乏动力；反过来，农业现代化若跟不上工业化、城镇化的发展步伐或者忽视农业现代化，就会导致工业化、城镇化陷入停滞，造成"三化"都难以为继。[①] 粮食主产区自然地理条件优越，是农业现代化、工业化和城镇化的优质空间；协同推进农业现代化区域工业化和城镇化，妥善处理好农业现代化、区域工业化和城镇化的空间冲突，是粮食主产区落实国家粮食安全战略的重要任务之一。粮食主产区落实粮食安全战略，需要以农业现代化为重点推进区域工业化和城镇化进程，以粮食产量最大化作为农业规模经营的首要目标。

与传统农业的手工劳动和自给自足的生产经营方式不同，现代农业生产方式表现出机械化生产和劳动分工深化，即农业生产的工业化与市场化等特征。农业生产方式的这种转化往往会受到各种经济因素的影响和制约，农业现代化、工业化和城镇化"三化统筹"，重在化解农业生产方式转化所面临的各种制约。经济发展实践表明，在不同发展阶段，工业化中工农互促的具体内容和要求存在差异，区域发展条件的差异也会影响区域工业化的方向和路径，而粮食主产区既要实现工业化以促进经济结构升级，又不能因为推进工业化而影响粮食生产，牺牲农业的基础地位；因此，粮食主产区工业化的重点不是一味地大规模发展工业，而是在已有产业基础上对资源要素进行重新组合，从而提高要素的使用效益，扩张市场容量；以农业现代化为中心，发挥区域比较优势，围绕粮食生产和加工，优化产业结构。粮食主产区的农业现代化要为其粮食生产和加工业发展提供原料，工业化则要为提高农业发展效益奠定基础。我国粮食主产区的粮食加工企业大多技术落后，对粮食的综合利用效益不高；为改变这一现状，粮食主产区需要引进先进加工技术和设备，大力发展粮食精深加工，提高粮食综合利用水平，大力发展食品工

---

① 韩长赋. 加快发展现代农业［N］. 人民日报，2010-11-22.

业、饲料工业及以粮食为原料的生物工程和医药工业等产业，着力延伸农业产业链，提高粮食附加值，促进粮食生产和粮食加工业互动融合发展，使粮食主产区既是粮食生产基地，同时又是加工转化基地，使工业与农业统筹发展。另一方面，粮食主产区还要着力提高工业化、城镇化的水平和质量，以减少农民数量，推进农业的规模化，提高劳动生产率，提高农业投资的吸引力，在规模化的基础上实现农业的现代化。

三、粮食主产区加强农业基础地位落实国家粮食安全战略面临的制约

虽然我国粮食主产区实现了连续多年增产，但我们必须清醒地认识到，我国粮食和农业发展在当前和今后一个时期面临的困难和挑战增多，保障农产品供求总量平衡、结构平衡和质量安全的压力越来越大，粮食主产区建设还面临着诸多的制约因素，这在一定程度上阻滞了粮食生产的健康和可持续发展，进而对粮食安全形成了一定的负面影响。粮食主产区加强农业基础地位和落实国家粮食安全战略所面临的制约，主要表现在以下几个方面。

（一）水土资源对粮食主产区建设的约束日益加大

人口众多、耕地缺少和淡水不足是我国的基本国情，这也是我国粮食产量增长的主要制约因素。总体来说，我国粮食主产区的人均水资源占有量是相对匮乏的，加之水源污染严重，水资源时空分布不均，特别是黄淮海平原、松辽平原的粮食主产区遭受的水资源约束尤为突出，对粮食等食物产业构成严重制约。我国北方耕地面积约占全国总面积的 3/5，而水资源却占全国总量的 1/5；与此相对照，南方耕地面积占全国总量的 2/5，而水资源却占全国总量的 4/5。我国粮食主产区一半以上的农田灌溉是以地下水为水源，地下水在支撑粮食主产区经济社会发展的同时，还要保证农业生产的正常发展。很多地区都是以超采地下水来实现粮食增收目标的，在枯水年，地下水超采现象更加严重，粮食主产区的粮食生产能力建设、粮食安全保障遭受的水资源约束日渐突出。国家级的粮食主产区河南、吉林、辽宁、黑龙江和山东等 5 省，在过去 10 年中增产粮食最多，但恰恰又是水资源严重匮乏的地区。这 5 省人均水资源占有量依次仅为全国平均水平的 26％、66％、32％、67％和 22％。相反，在过去 10 年中粮食产量下降幅度最大的浙江、广东、湖北、四川、江苏和福建等 6 省，人均水资源占有量分别为全国平均水平的 93％、88％、93％、147％、34％和 157％。[①]

近年来，粮食主产区城市扩张、工业发展挤占耕地的现象突出，粮食主产区耕地特别是粮田面积减少现象十分明显。城镇化、工业化挤占粮食主产区耕地，一是表现为"土地圈而不用"或建设浪费。受"开发区热"的影响，许多粮食主产区也在城镇外围大搞开发区、新区，受制于经济实力和开发投入能力，许多开发区资金、项目得不到落实，结果导致土地闲置；另外，由于开发用地地价低廉，项目开发缺少经济约束，开发区在使用建设用地时大手大脚，结果导致耕地被大量浪费。二是表现为城镇郊区企业建

---

① 丁声俊. 粮食主产区是确保粮食安全的重中之重 [J]. 中国粮食经济，2010（7）：45—49.

设遍地开花，缺乏统一规划，土地集约利用程度不高，结果导致挤占和浪费耕地。三是在"土地财政"的驱使下，出让耕地沦为地方政府建设资金套现的手段，一些地方以非市场化的方式低价征用耕地，此后又高价出让获取差价收益，从而导致耕地大量被占用。四是大量农民进城务工，导致耕地闲置，同时，由于农业生产难度大，农民开发新耕地的积极性不足。耕地被间接、隐性挤占。根据国土资源部的统计资料，2008 年，我国耕地总面积为 18.255 亿亩，人均耕地仅为 1.395 亩，不到世界平均水平的 40%。虽然建设用地坚持"占补平衡"的原则，但非农建设用地占用的多是良田，使优质农田的面积逐年减少；再加上土壤肥力明显下降，尤其是有机质含量下降直接导致土壤养分失衡、土壤板结和病虫害频繁发生，耕地质量下降对保障粮食安全的制约日渐明显。由于工业企业三废处理措施力度不足，再加上许多地区落后的农业生产方式改变和破坏了耕地，也导致耕地质量下降。

（二）农业基本设施建设滞后

农田基本设施和粮食流通设施滞后，对粮食主产区粮食生产的可持续发展形成制约，这集中表现在水利设施、标准农田和乡村道路交通等建设不适应农业生产新形势、新要求，农民种粮不能做到旱涝保收、高产高效。农田基本设施是农业生产的硬件投入，它直接影响土地粮食生产潜力的发挥，是保障粮食高产稳产的必备条件。我国粮食主产区农田普遍存在基本建设长期投资不足，水田沟渠及其他水利设施严重老化，农民组织化程度低，乡村公共积累弱化等问题，导致粮食主产区难以承担和组织有效的农田基本设施建设，粮食生产条件的改善受到很大限制。[①] 农业基本设施建设滞后缘于农业投入不足。究其原因，首先是农业投资周期长、回报低，难以吸引逐利资本和民间资本投向农业；其次，小规模、分散耕作的家庭承包经营模式抑制了农民投资需求；最后，财政支农资金总量不足，后续投入乏力，农业补贴标准低，补贴方式不完善，也对粮食主产区增加农业投入形成制约。

除了基本生产设施外，粮食主产区流通基础设施滞后，恶化了粮食生产经营的市场环境，直接影响了粮食商品的市场实现，这对保障粮食安全也形成了较强的制约。从价格因素的角度看，农业生产资料价格上涨的速度和幅度快于粮食价格，结果导致农民收入增长缓慢，严重影响了粮食主产区农民的生产积极性；从物流因素的角度看，由于粮食主产区物流设施落后，物流流通渠道不畅，此地粮多、彼地缺粮的现象时有发生，储粮难、运粮难的问题普遍存在，这直接制约着粮食经营效益的提高；从对外贸易的角度看，由于国内市场融入世界市场的深度和广度日益加大，使得粮食主产区不得不面对源于国际市场的技术壁垒、贸易保护、转嫁危机等挑战。保障粮食安全，粮食主产区必须警惕和防范市场环境的约束性，特别是国际市场的投机性和多变性。

（三）农业科技对粮食生产的支撑作用有待进一步提高

由于历史的原因，种粮农民的文化素质不高，迫切需要提供科技服务和农业技术推

---

① 侯立军. 基于粮食安全保障的我国粮食主产区建设 [J]. 经济问题，2008（7）：64—69.

广。虽然粮食主产区农业推广和科技服务在近年有了较大的改善，但农业科技和服务体系尚未真正建立。在总体上，我国粮食等食物产业自主创新能力仍然较弱，科技进步率仅49%上下，远低于科技经济发达国家。农业科技对粮食生产的支撑作用不强，一是因为既有的科研制度安排导致科技研究与实际需求相脱节，重复性研发多，原创性科技成果少，科技创新能力薄弱；二是因为农业科研技术力量分配不合理，大多数科技力量集中在种植业，而畜牧、水产及特色作物的科研力量不足，而且更多集中在产中阶段，产前与产后阶段较为单薄，严重制约着粮食主产区农业科技创新。从农业科技推广的角度看，农村社会化服务体系薄弱，尤其农村专业科技人员缺少，包括测土配方、节水灌溉、普及良种等适用科技入村、入户难，严重制约农业科技成果推广。再加上由于政策支持和投入不足等因素，许多前粮食主产区农技队伍处于"网破、线断、人散"的状况，农技人员普遍对农业科技推广缺乏信心，对本职工作积极性不高，加上很少有学习提高的机会，真正有农业技术服务能力并能够为农民认可的乡镇农技服务人员数量很少，结果导致很多农业科技成果不能及时转化，科技对粮食生产的贡献率仍然偏低。

四、粮食主产区加强农业基础地位和确保国家粮食安全的能力建设

粮食主产区建设是一个复杂的系统工程，包括粮食生产能力建设、农民增收致富能力建设、区域"三化"统筹能力建设等内容。在这些能力建设中，粮食生产能力建设最为基础，也最为重要；从强化粮食主产区在国家粮食供给中的支撑作用的角度看，粮食生产能力建设又包括耕地保护能力建设、科技服务能力建设、抗灾能力建设、政策支撑能力建设等内容。同时，由于粮食主产区省份担负着国家粮食安全的重任，易忽视发展其他产业的机会，形成了"产粮大省、经济弱省、财政穷省"的基本状况。为确保国家粮食安全，中央政府和地方政府必须加强对粮食生产的大量投入，创建"粮食主销区支持粮食主产区，发达省份反哺欠发达省份"的新格局。

（一）耕地保护能力建设

耕地是粮食生产最基本的生产要素，加强耕地保护、保障耕地数量、提高耕地质量是粮食主产区建设的一个重要前提。从保障耕地数量的角度，粮食主产区一是必须实行严格的耕地保护制度，特别是要加大对基本农田保护的力度，进一步落实基本农田保护的责任制。二是推进规模经营，以规模经营减少土地分散经营所引发的地块标识、地块隔离占用土地的情况，在土地总面积不变的前提下增加土地的有效利用面积。为此，粮食主产区需要加快土地流转，探索鼓励种田大户带动土地流转和农民专业合作组织推行土地统管等方式，稳步提高土地规模经营水平。

耕地数量和耕地质量共同决定耕地的生产能力，提高耕地质量是保证粮食品质和粮食商品竞争力的必要条件。粮食主产区在稳定耕地面积的同时，还必须切实关注提高耕地质量的问题。从提高耕地质量的角度，粮食主产区一是需要加强中低产田改造，按照"田成方，林成网，渠相通，路相连，旱能浇，涝能排，稳产高产，旱涝保收"的要求，推进高标准农田建设，努力提高标准农田占可耕土地的比例。二是因地制宜，着力培养地力,增加农家肥的使用量;制定商品有机肥质量标准,控制化肥、农药的使用量;提高农田施肥信息化技术服务水平,加强农田施肥管理。三是优化配置农业资源,项目和资金重点向农业生产倾斜,支撑农业产业化龙头企业做大做强,信贷支持、基地建设、生产环境、技术创新、市场流通建设并举,为龙头企业发展创造宽松的环境。

(二)科技服务能力建设

育种技术的创新与突破,病虫害防治技术的改进与提高,田间管理技术的改进与发展,区域治理和环境保护技术的持续进步,是我国在耕地规模减小的同时实现粮食连年增产的重要原因。提高粮食生产的科技含量,"藏粮于科技",是提高粮食主产区粮食生产及供给能力的现实选择。粮食主产区一是要加大引进技术的升级改造推广扩散力度,通过开设专题电视栏目,开通农业咨询热线电话等方式,推动先进实用技术的创新、集成和推广;二是要加强技术推广的责任落实,在农闲时节和农作物生长管理的关键期,组织农业技术人员深入田间地头,以种田大户、农民专业合作社为重点,积极向农民传授先进适用技术,实现"良种良方到田,技术要领到人"。

(三)抗灾能力建设

农业生产的季节性很强,从种到收的根茎叶穗粒,水肥土光温,病虫草鼠害等,环环紧扣。受全球气候变化影响,自然灾害多发、频发、重发趋于常态,不可预见性日益增强,粮食生产风险越来越大。防灾减灾是粮食和农业生产稳定发展的重要保障。粮食主产区加强抗灾能力建设,一是要加大农田水利等基本设施建设,完善防灾减灾设施,加强防灾减灾设施的维护、管理与营运,提高农业设施的防灾减灾能力,促进农业设施大发展。二是要建立健全气象部门和农业技术部门联动机制,及时发布灾害预警信息,加强灾情预警机制和应急管理,针对粮食生产可能面临的灾害,做到技术方案早出台,救灾物资早落实,防御措施早到位,在科学研究灾变规律的基础上,把避灾、防灾、救灾有机结合起来,最大程度减轻灾害损失。三是组建专业化的灾害预警队伍,配置先进的灾情检测设施、设备,完善粮食生产安全状态检测方案,实现农业防灾减灾从应急管理向全过程风险管理转变,发现灾情及时预报,适时对粮食生产者提供技术援助和指导,着力提高防灾减灾专业化水平。四是加强防灾减灾宣传,夯实防灾减灾物资保障,采取多种形式,大力宣传农业抗灾救灾的重大行动、重大措施和好经验、好做法、好典型,积极动员社会力量,切实增强农业防灾抗灾工作合力,完善种子、种苗、化肥、农药、兽药、饲料等生产资料储备及调剂调运流程,切实保障恢复生产的救灾物资需求。

(四)政策支撑能力建设

农业的弱质特性和粮食安全的重要性都要求国家制定并实施农业扶持政策。针对粮食主产区保障粮食丰收增产的现实需求,制定实施特色化、差异化的扶持政策,是粮食主产区加强农业基础地位和确保国家粮食安全的能力建设的重要内容。在粮食生产比较利益仍然偏低的情况下,建立和完善对粮食主产区的政策支持体系,其重点在于完善财政惠农补贴制度:一是根据粮食主产区生产计划和种植季节特点,合理确定惠农补贴发放时间，确保补贴真正发放到农民手中并真正用于提高粮食生产能力。二是根据粮食主产区耕地变化和产能发展情况，对补贴面积实行动态管理，避免虚领补贴，提高财政补贴的使用效益；并综合农资价格和粮食收购价格的市场变化等方面因素，动态调高补贴标准，真正发挥惠及粮食生产和促进农民增收的作用。三是要重点扶持粮食加工、购销龙头企业，完善粮食风险基金运作机制，对实行订单生产的粮食购销、加工企业给予风险补贴。四是加大资金投入，提高优良品种、生物肥料、生物农药等农业投入品的投入力度，深化无公害栽培技术的研发和推广，为主产区粮食生产可持续发展提供强有力的技术支撑。五是利用惠农补贴，建立主产区粮农收入稳定增长的长效机制，切实保护和提高主产区种粮农民的积极性，确保粮食安全和社会稳定的人力资源保证。

（五）建立健全粮食主产区利益补偿机制

1. 健全与完善国家粮食风险基金制度

粮食风险基金是中央和地方政府用于平抑粮食市场价格，维护粮食正常流通秩序，实施经济调控的专项资金。随着国家粮食安全面临的形势变化，我国粮食风险基金制度应有所调整，特别是应调整粮食风险基金筹措比例。我国现行政策规定，粮食风险基金实行分级负担，中央负担 60％，地方负担 40％。随着国家财力的不断增强，中央政府应该、而且完全有能力承担粮食风险基金的更大比例。我们认为，粮食风险基金承担比例应调整为中央负担 80％，地方负担 20％。就粮食主产区而言，国家应继续减少直至取消主产区粮食风险基金地方资金配套，使这些省（区）的粮食风险基金由中央财政全额负担。

2. 建立健全国家粮食安全基金制度

国家粮食安全基金制度包括粮食消费税收和土地补偿基金。第一，建议中央政府出台"粮食主销区支持粮食主产区"政策。在经济发达的粮食主销区征收一定形式的粮食消费税，政府将收得的税收专款专用，直接补贴给粮食主产区，以解决粮食主产区产粮越多包袱越重的财政反差；国家也可以利用粮食补贴税，建立奖励产粮大县的长效机制，使产粮大县真正享受到"以工补农"的政策实惠。第二，根据粮食主销区占用的耕地数量，从粮食主销区土地出让金之中收取 10％～15％比例的补偿金。土地补偿金主要作为粮食主产区开发增补种粮耕地建设的基金，以稳定国家的粮食生产种植总面积现状。

3. 健全与完善国家种粮直接补贴政策

近几年来，种粮直接补贴政策对种粮农民产生的激励作用已不再明显。课题组对全国 13 个省 33 个县（市）的调查结果显示，有近 70％的农户认为种粮直接补贴政策对粮食生产的激励作用不明显。为此，我们建议：第一，增强农业补贴力度。2005—2007年间，中国的生产者补贴约为 9％，远低于同期发达国家 26％的平均水平。因此，我国应继续加大对农业补贴的投入，增强农业补贴力度。第二，改善种粮直接补贴方式。我国目前的粮食直补主要是按承包面积直接补贴给农民，这既不能充分保护种粮农民的利益，也不能充分体现政府发展粮食生产能力和国家掌握粮源的目标意图。改善种粮直接补贴方式，就是要在以承包土地面积为标准的基础上，增加"按农民出售商品粮数量进行补贴"的方式，使种粮直接补贴政策把按承包土地面积补贴方式和按农民出售商品粮数量补贴方式相结合，体现"谁种谁得，多种多得"的基本原则，防止土地抛荒、"双改单""粮改经"等现象，鼓励发展粮食生产。第三，新增农业补贴适当向种粮大户、农民专业合作社倾斜。这是促进土地流转，实现土地适度规模经营的重要举措。第四，进一步完善重点粮食品种的保护价收购制度。我国受小农生产和粮食市场发育低等因素的制约，必须实行重点粮食品种的保护价收购制度，以确保种粮农户增收和国家粮食安全。

4. 健全与完善粮食主产区政府财政投入机制

粮食主产区农业财政投入，要重点放在农业基础设施建设投入和科技投入两个方面。第一，农业基础设施是农业长期持续稳定发展的重要物质基础。据研究，农业固定资产投资的弹性系数为 0.692，即农业固定资产投资每增加 1％，农业总产值可增加 69％。粮食主产区的农业基础设施建设投入，要重点支持粮食生产基础设施建设，加大对中低产田改造、高标准农田建设、农业水利设施建设的投入力度。第二，加强科技投入。粮食主产区加大对农业科技投入，一是提高农业科技投资强度。我国农业科技投资强度应当从现在的 0.5％提高到 1％；二是推动农业科技的自主创新。粮食主产区农业科技的自主创新应重点放在良种培育、科学栽培与养殖方法的发明以及农业生产设备和农机具上。

5. 积极支持和发展政策性农业保险

建议国家颁布《中华人民共和国农业保险法》，对开展农业保险的目的、性质、开展办法、经办机构等做出规定。加大国家对农业保险的支持力度，通过保费补贴等手段减轻农民的保费负担，提高农业保险的吸引力，扩大投保范围；通过税费减免、财政补贴等政策手段鼓励商业性保险机构进入农村保险市场；通过多种渠道筹集资金建立农业巨灾风险基金；积极发展农业再保险，通过财政补贴和委托代理方式鼓励商业性保险公司为农业原保险提供再保险支持。

五、防止部分粮食主产区向粮食平衡区演变

2011 年，粮食主产区贡献了全国 3/4 以上的粮食总量和 95％的粮食增量，其生产态势直接影响国家粮食安全。目前粮食主产区农业生产稳定，粮食综合生产能力逐步提高，但随着国内外环境的变化，粮食主产区也面临着一些新问题。本部分以西部唯一主产省四川为例进行分析。

（一）四川省粮食安全面临的主要问题

四川省是全国 13 个粮食主产省之一，也是西部地区唯一的主产区，对国家粮食安全做出了重要贡献，全省粮食总产、单产、播种面积及农业现代化水平都取得了新突破。2007 年以来，四川省实现了粮食总产"七连增"，2013 年粮食总产达 3387.1 万吨，基本确保了四川省粮食自求平衡和粮食安全。然而，随着工业化、信息化和城镇化的推进，受人口、耕地、水资源、气候、能源、粮价等国内外多重因素影响，粮食需求刚性增加，资源约束日益凸显，结构性矛盾更加突出，粮食生产效益比较低下，粮食安全面临严峻挑战。

第一，四川省粮食生产总体上呈现由主产区向平衡区转变的迹象和趋势。2012年，从粮食总量看，四川省位列全国第六，但占据全国的份额已由1997年的7.00％下降至5.62％，贡献率持续下降。从人均粮食占有量看，四川省人均410公斤，不仅低于主产区人均566公斤的水平，甚至低于全国人均435公斤的水平。从增长速度看，四川省粮食总产量仅比上年增长0.7％，大大低于全国3.2％的增长率。

第二，粮食综合生产能力偏弱，耕地数量及粮食播种面积大幅下降，农田水利基础设施薄弱，后备资源匮乏。从耕地资源看，工业化、城镇化的快速推进，导致耕地面积减少和质量下降。四川省人均耕地仅为1.13亩，低于全国平均水平。同时，耕地质量总体偏低，中低产田土约占68％。2012年，四川省粮食作物播种面积比上年增长0.4％，低于全国0.6％的增长水平。从水资源看，四川省农田基础设施骨干工程少，排灌条件差，现有的农田水利工程大多老化失修，农业生产常年缺水高达20亿立方米。

第三，科技创新、推广与应用能力不强，农业科技贡献率依然偏低。粮食增产的潜力主要在单产，提高单产的途径主要靠科技。目前，四川省依靠科技增产的潜力未被充分挖掘，全省科技进步对粮食生产的贡献率仅为52％，与东部（58.3％）、东北（59.3％）等地区相比存在一定差距，也低于全国53.5％的水平。从农机化水平看，全省农业机械总动力3694万千瓦，主要农作物耕种收综合机械化水平仅为41％，比全国平均水平低16个百分点。

第四，种粮比较效益偏低，农民扩大种植的意愿下降，调动农民种粮积极性难度增大。我国农业生产已进入高成本、高价格阶段，生产资料价格和劳动力价格涨幅较大，农民种粮成本大幅上升，农业比较利益持续低走，农村"空心化"、农业"兼业化"和农民"老龄化"现象十分严重。大多数农民认为种粮亏本，种田储粮主要是为了自食或备荒，"够吃就行"倾向较为普遍。调研发现，只有12％的农户愿意扩大种植；24％的农户表示欲维持现状；18％的农户失去信心，觉得种粮不划算；32％的农户表示要减少粮食种植，扩大其他经营。

第五，国家支农惠农政策在执行中存在漏洞。国家现行的"四项直补"在实际操作过程中往往忽略了农户是否真正务农种粮，也未与粮食实际产量挂钩，是一种普惠政策，在事实上成了收入补贴，未能有效发挥其促进粮食增产的效应。调研中还发现，部分地区土地无法有效流转，无田可种与撂荒并存，资源闲置与浪费已成为保障粮食安全的隐患。就地方政府而言，重农抓粮的机会成本不断增加，其主动性和积极性难以持续。

（二）进一步增强四川省粮食安全综合保障能力

第一，发展观转型是四川省粮食安全综合保障能力提升的前提条件。坚持工业化、信息化、城镇化与农业现代化"新四化"同步发展战略，坚持走中国特色农业现代化道路,把保障国家粮食安全作为首要目标。四川省粮食安全综合保障能力提升的政策目标与实践,关键在于从全省高度树立正确的发展理念,并坚持科学的发展方式。严格实行"米袋子"行政首长负责制,四川作为全国农业大省和粮食主产区的地位只能加强,不能削弱。根据"重中之重"的战略定位,坚持"现代农业发展优先""新农村建设优先"和"农民持续增收优先",推动四川实现从农业大省向农业强省跨越,切实担负起国家粮食主产区的社会责任。

第二,夯实粮食安全的制度基础,遏制城市空间的盲目扩张,规范并加速农地流转。一是缩小政府征地的范围,严格控制非农建设占用耕地的数量,实现城市建设用地的集约使用,遏制部分地方政府的征地冲动,确保基本农田总量不少、质量不降、用途不变,并落实到农户和地块。二是坚持依法、自愿、有偿、有序的原则,促进农村土地承包经营权流转。完善农村土地流转平台建设,在县乡建立农村土地承包经营权流转市场,严格合同管理。同时,结合农田基本建设,在集体内部采取互利互换方式解决承包地块细碎化的问题。三是探索建立农村居民自愿退地的补偿制度。调研发现,部分农业人口在城镇稳定就业后有了自愿退出农村的承包地和宅基地,转入城镇定居的愿望。从国际经验看,这一过程将持续较长时间。对此情况,建议开展"空壳村"改造复垦,探索建立农村居民自愿退地的补偿制度,激活土地的生产要素功能。

第三,坚持和完善农村基本经营制度,加快培育新型农业经营主体,构建新型农业经营体系。加快新型城镇化进程,积极稳妥地使进城务工农民彻底脱离农村的土地,从而变成真正的城市居民,让较少的农民耕种较多的土地,实现农地适度规模经营,以规模效应抵消分散经营所带来的生产成本高和粮价偏低所造成的负面影响。分别在成都平原区、盆地丘陵区、盆周山地区、川西南山地区和川西北高山高原区等不同自然区域建立现代农业发展综合配套改革试验区,引导和培育一批种粮大户、家庭农场、农民专业合作社、农业龙头企业等新型生产经营主体,奠定粮食长期均衡增长的微观经济主体基础。同时,搭建区域性农业社会化服务综合平台,构建农业公益性服务与经营性服务相结合的新型农业社会化服务体系。

第四,提升粮食安全的资源条件水平,进一步加强农田水利设施和高标准农田建设。一是加快改善以农田水利为主要内容的农业生产条件,加强农田水利建设和病险水库的加固,重点解决农田水利"最后一公里"问题,全面扭转"靠天吃饭"的局面;充分发挥公共财政在水利建设方面的主导作用,贯彻落实国家"从土地出让收益中提取10%用于农田水利建设"的要求。二是把农田水利建设与新农村建设,高标准农田建设,土地综合整治等重点工程结合起来,根据区域自然条件和耕地利用方向,从川西平原区、盆地丘陵区、盆周山区、川西南山地区的不同实际出发,优先安排粮食主产县和基本农田多且集中的坝区,进一步完善灌区沟渠管网体系建设和田间工程配套。三是取消或降低高标准农田建设的地方配套,提高建设标准;由于农田设施建设材料、人工等费用上涨较快,建议全省取消或降低项目的地方财政配套,提高10%~15%的工程建设资金标准,以保证工程质量。

第五，强化粮食安全的科技支撑，巩固和提高粮食综合生产能力。一是加强本地适应性良种的研发：建立健全四川本土农作物种子的发掘、整理、研究、繁育等新平台，加强与农业科研院所和重点种业公司的合作，培育具有自主知识产权和地方适应性较强的高产、优质、安全、高效的良种。二是强化现代粮食种植方法推广与应用。推进农作物不同品种的间作套种，扩大测土配方施肥、科学运筹水肥、病虫害防治等现代科学技术在粮食生产中的应用，实现"良田良种良法"有机协调。三是完善基层农技推广体系：大力推广"专家—技术员—示范户"科技入户工程，在强化政府公益性农技推广主渠道的同时发展多元化农技推广方式，通过利益联结机制充分发挥农业科研院所、高校、科技园区、农产品企业和农民专业合作组织等各方面的积极性，为农户提供全方位的科技服务。

第六，完善粮食安全的政策保障，建立健全省内粮食生产和利益补偿体系。一是严格落实各项惠农强农支农政策：健全财政支农资金稳定增长机制，调整支农支出结构，确保财政用于"三农"投入的总量持续增加，比例稳步提高；健全粮食价格保护政策和收储制度，敞开收购丰年余粮，保障粮食生产者收益，提高农民种粮的积极性。二是完善粮食生产激励体系：逐级落实粮食安全负责制，增产计划分解到县，制定考核与奖惩办法，提高各级各部门重农抓粮的意识；完善省内粮食主产县扶持政策，加大信贷、融资、投资、土地利用等政策向粮食主产县的倾斜力度，优先下达粮食主产县的各项补助资金，优先安排主产县实施农田水利、中低产田改造、良种工程、土地平整、科技服务体系建设等项目。三是健全省内粮食主产县利益补偿机制：对增产部分给予一定奖励，多增多奖；同时，设立省内主销区用粮补偿基金，对省内粮食主销区调入的商品粮征收部分费用按比例分配给粮食主产县，提高粮食供给的可持续保障能力。

第三节　我国加强农业基础地位
和确保国家粮食安全战略的粮食主销区实现

我国将粮食生产不能满足本地区粮食需求，必须依靠从区外输入粮食才能满足自身粮食需求的区域划归为粮食主销区。我国的粮食主销区包括北京、天津、上海、浙江、福建、广东、海南等7个省（直辖市）。粮食主销区是从保障粮食供给方式的角度描述其区域特征的，是从贸易角度确立一个地区在国家格局中的粮食安全定位——以贸易的方式来解决粮食安全问题。粮食主销区虽然是粮食"非主产区"，但仍在我国粮食安全战略中肩负着重要的历史使命，并不影响农业在区域经济社会发展中的基础地位。

一、粮食主销区粮食供需特征

确保粮食安全并不意味着所有地区都要实现粮食自给，国家划分粮食主产区、主销区、产销平衡区更重要的是为了实现安全与效率的有机结合，充分发挥区域优势，以区域协作提升国家保障粮食安全的总体能力。就粮食主销区局部空间看，我国粮食主销区呈现粮食自给率下降，粮食需求持续刚性增长，产需缺口进一步扩大等特征。

（一）粮食主销区粮食供给特征

我国的粮食主销区包括北京、天津、上海、浙江、福建、广东和海南等地，这些区域一般经济比较发达而耕地少，资源供给有限，粮食种植机会成本高。自我国率先在北京、天津等八个粮食主销区放开粮食购销政策后，主销区放开了粮食市场，取消了原来按保护价敞开收购农民余粮而补在流通"暗处"的补贴，这在一定程度上挫伤了农民的种粮积极性。粮食主销区农户更愿意选择种植花卉、水果、蔬菜等高附加值作物，甚至抛弃耕地而完全从事非农生产，结果导致该区域粮食播种面积大幅度调减，粮食大幅减产，粮食自给率下降，产需缺口进一步扩大。例如，2000 年至 2006 年间，粮食主销区浙江全省农作物播种面积减少 705.94 千公顷，年均净减少 117.66 千公顷；粮食作物播种面积减少 708.27 千公顷，年均净减少 118.05 千公顷[①]；目前，福建、浙江、广东等粮食主销区的粮食自给率均在 50% 以下，北京、上海、天津等城市粮食自给率则更低。粮食主销区粮食供给主要依赖于粮食主产区的粮食输出，以及从国际粮食市场进口。

（二）粮食主销区粮食需求特征

粮食主销区在粮食产能缩减的同时，其粮食需求呈现刚性增长的态势。这种刚性增长，不仅缘于粮食主销区人口规模的扩张，也缘于粮食主销区粮食消费结构的变化所带来的人均消费水平的升级。

区域人口自然增长，是导致粮食主销区人口规模扩张和粮食需求膨胀的重要因素。以浙江为例，该省人口每年约增 25 万人，由此所引发的口粮需求增长就达到 1.25 亿斤。除了区域人口的自然增长外，粮食主销区人口规模扩张首先源于区域人口集聚能力的提升。在我国的经济版图中，粮食主销区往往是经济发达地区，粮食主销区经济快速增长带来了大量的就业岗位和发展机会，不仅对寻找工作的大学生、农民工等普通人力资源有着较大的吸引力，而且对寻求创业和个人发展机会的海内外高素质人力资源也有着较大的吸引力。我国经济社会发展实践已经表明，与粮食主销区经济规模扩张相伴而生的是集聚人口规模的扩张。其次，粮食主销区产业结构优化调整也会使区域人口集聚，从而拉高粮食需求。一方面，粮食主销区产业结构优化调整所释放的产业转移的需求，以及发展产业的先进经验吸引广大承载产业转移的欠发达地区的政府及企业前来考察洽商，从而引发人口集聚；另一方面，粮食主销区的交通枢纽功能及其旅游业发展也会引发人口集聚。以广东省为例，该省户籍人口有 7899.64 万，而每年前来旅游观光或从广东过境的人口规模之和则超过 1 亿人次。

二、粮食主销区加强农业基础地位和落实国家粮食安全战略的历史使命

发展中国家所面临的主要农业问题是粮食问题，而且粮食问题不仅是农业部门的问

---

① 王跃梅. 粮食主销区供求与安全问题研究 [J]. 农村经济，2009（3）：34—36.

题，而是整个国民经济的问题。[①] 在经济发展和农业发展的不同阶段，粮食问题的侧重点应有所不同，针对不同时期粮食问题的具体表现，我国出台了不同的粮食政策，其演变是典型的供给主导型制度变迁。改革开放前，我国实行"以粮为纲"的政策，全国一盘棋，实行计划经济的统购统销，但由于农业技术落后，农民生产积极性没有被有效激发，国家虽然高度重视粮食生产，但始终没能解决好粮食问题。改革开放以来，我国实行家庭联产承包责任制，充分调动了农民发展农业生产、粮食生产的积极性，基本解决了全国人民的吃饭问题。20 世纪 80 至 90 年代，农民的负担过重而生产积极性不高，从而种粮效益低下，再加上自然灾害频繁等因素，粮食生产也几经起伏。21 世纪以来，我国先后取消农业税，推行种粮补贴，实行粮食购销市场化改革等政策，创造了粮食生产"十连增"的世界奇迹。为了便于对农业发展、对粮食生产和流通进行分类支持，我国按照粮食生产与消费量特征，将国土空间划分为粮食主产区、主销区和产销平衡区，粮食主销区在加强农业基础地位，落实国家粮食安全战略中肩负的历史使命主要表现在以下几个方面。

（一）探索粮食贸易金融化途径

当前，国际粮食市场不仅和能源市场相关联，而且还与金融市场更为紧密地联系在一起，粮食贸易"金融化"已成为资本运作的一种方式。粮食贸易是粮食主销区保障区域粮食安全的重要方式，探索粮食贸易金融化途径，积累粮食贸易金融化的经验，做好应对国际粮食市场变化的经验准备，是粮食主产区的重要使命。发轫于美国次贷危机的国际金融危机爆发后，美国定量宽松的货币政策开启了全球货币量化宽松时代的大门，粮食在国际市场上的金融属性表现得更加突出；粮食作为继主权货币、石油能源、有色金属之后新的泛货币化价值符号，功能日渐凸显，因而有"白金"之誉。资本和货币的双重影响致使国际粮价在全球粮食供求基本面没有太大变化的背景下不断飙升，大量热钱涌入粮食等大宗商品市场，更加剧了粮食价格的波动幅度。因此，粮食主销区积累粮食贸易经验，特别是积累粮食作为"金融产品"的市场经验，是我国应对国际粮食市场变化给加强农业基础地位，落实国家粮食安全战略带来的冲击的至关重要的方法。

（二）夯实我国实施粮食补贴政策的经济支撑

世界已经进入粮食生产的政府高补贴时代。从国际实践看，对粮食生产实行高补贴政策是发达国家的共同特点。欧美国家作为世界最发达的市场经济体，尽管粮食流通已经高度自由化，但对粮食这一特殊商品，在允许其市场自由购销的同时，都保留着一定程度的政府干预，粮食生产和消费大国都对粮食生产和流通采取了强有力的保护支持政策。近年来，美国、日本和欧盟国家对粮食的补贴都有逐年提高的趋势。从国内实践看，我国正是在取消农业税的基础上，实行粮食直补、农机、种子直接补贴政策，才实现粮食生产的"十连增"，提高了国家的粮食自给率，构筑了粮食安全的基石。北京、

---

① 速水佑次郎. 农业经济论［M］. 北京：中国农业出版社，2003.

天津、上海、浙江、福建、广东、海南等粮食主销区是我国改革开放的前沿阵地，是我国的发达地区，理应为国家实施粮食补贴政策提供经济支撑，承担起为粮食主产区经济输血的重任。

三、粮食主销区加强农业基础地位落实国家粮食安全战略的能力建设

主销区粮食购销市场化改革的深化，凸显了粮食主销区的粮食安全问题的经济性特征；只要粮食主销区拥有充分的粮食产品支付能力，粮食市场也有充分的粮食供给，市场运行就能解决粮食主销区的粮食安全问题。由于粮食是一种最基本的生活必需品，是一种战略物资，而粮食生产又面临自然条件的强力约束，具有很大的自然风险，而粮食流通又受到市场因素的影响，具有很大的市场风险；因此，粮食主销区加强农业基础地位，落实国家粮食安全战略，一是要加强基本口粮的自给能力建设，尽量提高基本口粮自给率，二是要搞活粮食流通，加强粮食产业化经营能力建设，提高粮食产业化经营水平，三是要加强与主产区之间的利益协调，稳定粮源，保障区域粮食供给。

（一）基本口粮自给能力建设

影响国家安全和社会稳定的主要是口粮自给率，在发展新阶段，应充分重视区位比较优势的差异，并将"粮食安全"还原为"口粮安全"。[①] 在实行粮食市场化后，主销区粮食安全用粮供给应牢固地建立在自产底线之上，尽力确保基本口粮供给作为区域粮食自给的底线。粮食主销区在确保口粮安全的同时，应着力保护粮食生产能力，为国家粮食安全战略提供一个供给缓冲和后备，当出于粮食安全需要增加产量时，可以很容易地在一个生产周期内将产量提高到所需要的安全水平。

粮食主销区加强基本口粮自给能力建设，第一是要加强基本农田保护，禁止把依法划定的基本农田改为非农用地，禁止在耕地保护区内搞非农建设。第二，规范农业生产经营，杜绝修建固化、永久性鱼池或种植多年生作物等，以便粮食市场一旦显现供给风险可以很快恢复粮食生产，以备不虞。第三，在基本农田保护区建设一批高标准农田，以提高耕地质量；继续增加对粮食生产的投入，改善农业基础设施和生产条件，提高基本农田的产出能力。第四，进一步加大粮食种子工程建设力度，建立健全粮食种子储备制度，加强优质和适销品种备用种子储备，大力推广粮食增产先进技术，依靠科技进步提高基本口粮自给能力。

（二）粮食产业化经营能力建设

与国家粮食安全不同，区域粮食安全是国民经济内部管理和协调问题，不存在国与国之间敏感的政治问题；区域粮食安全在全国大经济圈内运行，对国家粮食安全存在较大的依赖。尽管如此，粮食主销区粮食产业化经营能力建设还是必须在"安全性"和"经济性"之间寻找一个平衡点。

---

① 郭晓鸣，皮立波. 我国农村经济发展新阶段问题研究 [J]. 经济学家，2001（5）：62—65.

1. 培育扶持粮食产业化经营主体

在市场经济条件下，企业是市场经营的主体，粮食主销区推进产业化经营，必须加大对粮食产业化经营主体的培育和扶持力度。第一，要深化产权制度改革，产权转换、资产重组、股份制改造多头并举，以产权流转推进粮食生产经营企业资产优化重组，壮大粮食企业规模，提高粮食生产经营能力，夯实粮食产业化经营的微观基础。第二，要加强粮食购销企业的培植力度：在粮食购销市场全面放开，多元化主体平等竞争的格局中，粮食产业化经营的关键在于充分发挥粮食购销企业的主渠道作用；支持粮食购销企业充分发挥网点和地域优势，发挥掌握粮源、稳定粮价的主渠道功能，鼓励粮食购销企业与粮食加工企业联手，优势互补，打造粮食主销区粮食产业化经营的核心竞争优势。第三，加大粮食物流企业培植力度：大粮食、大市场、大流通是实现粮食产业化经营的保证；粮食主销区要以培植扶持粮食物流企业为突破口，加快培育特色鲜明、功能齐全的市场流通体系，促进粮食产品优势向商品优势的转换。

2. 健全和完善粮食储备制度

粮食储备是政府对粮食安全的重要调控手段。粮食主销区必须依据区域粮食消费情况，合理确定粮食储备规模，建立粮食储备粮规模与粮食消费量挂钩的联动机制，协调后备储备和周转储备比例。粮食主销区健全和完善粮食储备制度，一是要保障粮食储备资金供给，健全和完善粮食风险基金制度，财政专列粮食风险基金账户，规范粮食风险基金的使用范围，优先保障保证储备粮的收购、保管、轮换费用支出，着力提高政府调控粮食的能力。二是要着力完善粮食储备条件，保障粮食储备仓房规划用地供给，进一步改善粮食储备仓房设施，建立储备粮信息管理系统，加强对储备粮的监控，提高粮食储备仓房的储备能力。三是地方储备和国家专项储备协同并举，增强粮食储备，抵消农户储备变化对市场的冲击，平抑市场价格波动。四是增加储备数量，调整储量品种结构，特别是增加适合本地居民口味的粮食品种，推动粮食储备增量提质。

3. 着力延伸粮食产业化经营链

在市场经济条件下，区域产业链直接决定了产业发展的规模和质量；粮食主销区推进产业化经营，需要以转化增值为突破，延长粮食产业链。粮食主销区一是要加大对中小型粮食加工企业的改造提升力度，扭转小规模粮食加工企业集约化程度不高，劳动生产率差，产品价格和附加值较低，造成粮食资源浪费的局面，推进粮食加工业规模化、集约化经营，大力发展粮食的精深加工，延长产业链条，大幅度提高粮食产品的科技含量和附加值，提高粮食资源的综合利用价值及市场竞争能力。二是要实施名牌战略，培育粮食生产经营区域品牌。品牌是企业实力和产品影响力的标志，品牌形象的提升和产品质量的提高是企业步入良性循环发展的集中体现。粮食主销区必须全力打造自己的名牌产品，提升区域粮食产业化经营的整体品牌形象，扩大市场占有量，获取更大的经济效益。三是积极发展粮食订单生产，鼓励和引导粮食经营、加工等龙头企业以订单形式建立粮食生产基地，促进粮食的规模化、标准化生产，提高种粮效益；提高粮油加工水平，搞好产品研发，培育粮食加工龙头企业。

（三）与主产区之间的利益协调能力建设

粮食主销区的粮食安全对主产区的粮食输出有着严重的依赖，主产区和主销区之间的粮食贸易是保障国家粮食安全的重要环节。基于比较利益的市场交换理论，粮食主产区和主销区的粮食贸易在客观上要求两类地区充分发挥各自的比较优势，在互利、互补的基础上实现主销区与主产区的合理经济分工和必要的资源转换，力争以较低的代价求得充足而又稳定的粮食供给来源，以此降低粮食安全的机会成本。粮食市场完全放开后，粮食价格由市场供求决定，虽然粮食市场是一个大市场，但这个大市场却是由数量众多、规模很小、素质不高的市场主体组成，这使得粮食市场较一般的产品市场更加复杂。当粮食紧张时，数量众多的粮食供给主体同时减少销售，以期抬高价格；而需求方同时增加购买，增加储备。当粮食宽松时，供给方又总是降价促销以减少库存，扩大销售；需求方则减少购买，减少库存，形成供需的同步性。在大量供给者同步惜售和需求者同步增购的推动下，主销区粮食供需波动被放大，使得区域粮食安全面临更大的风险，增加了宏观调控的难度，粮食的产需矛盾转变为供需矛盾。建立粮食主销区和主产区的利益协调机制，充分运用中央纵向与地方横向两级财政转移支付手段，着力解决好各环节利益分配，逐级建立产销双方利益补偿、利益共享与风险共担、分流的运作机制，着力化解粮食市场的供需矛盾，是保障粮食安全的现实选择。

粮食产品的价格弹性小，粮食生产不仅周期长，而且面临风险；在粮食生产者与消费者、供给者与需求者之间的单纯依靠市场机制作用的博弈中，粮食生产者、供给者往往处于弱势地位。因此，平抑粮食价格波动对粮食市场的冲击，需要建立粮食主销区对主产区的转移支付制度，以协调两类区域间的利益冲突。

首先，粮食主销区需要遵循"多调多补偿，少调少补偿，不调不补偿"的原则，以区域实际将要采购的粮食数量，对粮食主产区给予商品粮调销补偿，以保障粮食主产区农田基础设施建设能力和对种粮的补贴能力，减轻种粮农户的生产成本，增加种粮农户的收入，以保障粮食主销区持续稳定的粮食供给。其次，粮食主销区要按照"优势互补、互利互惠、利益共享、风险共担"的原则，投资参与粮食主产区的粮食生产基地建设，参与粮食主产区粮食生产的国土开发和粮食产品的深加工，延伸粮食的生产加工业发展，为粮食主产区经济发展输入动力，提高种粮农户的收入，缓解粮食主产区投资粮食生产、建设粮食生产基础设施的资金压力，并通过合同订购该基地生产的粮食化解粮食主产区受粮食生产量波动的影响。[①] 再次，针对主产区发展粮食生产对农用物资的需要，粮食主销区要积极利用自身非农产业发展优势，加大在粮食主产区的产业投资规模，大力发展与农业生产资料相关的产前、产后农机、生物农药、生物肥料、农膜等产业。最后，粮食主销区要依托区域农业科技、人力资本的优势，加强农业科技研发力度，并借助农业科技推广渠道，积极向主产区输入技术，采用"传帮带"的方式，在主

---

① 蒋和平，吴桢培. 建立粮食主销区对主产区转移支付的政策建议 [J]. 中国发展观察，2009（12）：62－68.

产区培养种粮大户和创业型农民，支持粮食主产区采用先进的农业机械和良种进行规模经营，提高粮食主产区的粮食生产能力，以保障主销区的粮食供给。

第四节　我国加强农业基础地位和确保国家粮食安全战略的粮食产销平衡区实现

粮食产销平衡区是指粮食产量与销量基本保持平衡的地区。近年来，一方面粮食产销平衡省区的粮食产销供求形势出现变化，"一个平衡，三个不平衡"（即粮食生产与消费基本平衡，但年度之间不平衡，丰年有余，歉年不足；区域之间不平衡，产区自给有余，销区自给不足，缺口较大；品种结构之间不平衡）的现象普遍存在。另一方面，粮食产销平衡区工业化、城镇化又对耕地形成挤占，在一定程度上削弱了区域粮食产需平衡能力，再加上粮食产销平衡区外调粮比例不断增加，产销平衡区粮食安全问题隐忧逐渐凸显。

一、产销平衡区加强农业基础地位和确保国家粮食安全的基础条件

近年来，由于二氧化碳等温室气体的大量排放，全球气候变暖和极端天气发生频率增加，气候的异常现象已成为全球农业生产，特别是粮食生产的严重威胁。有关研究显示，当气温每上升 1 摄氏度，粮食的产量将减少 10％左右。我国的产销平衡区农业生产条件原本就并不乐观，气候变化使产销平衡区的粮食产销平衡能力变得更加脆弱，产销平衡区加强农业基础地位确保国家粮食安全正受到粮食生产投入能力不足，粮食供求缺口拉大等因素的威胁。

（一）产销平衡区粮食生产投入能力不足

在我国的经济版图中，山西、广西、重庆、贵州、云南、西藏、陕西、甘肃、青海、宁夏、新疆等粮食产销平衡区均属于经济不发达省份，相对于东北沿海地区而言，农业生产条件较为恶劣或有特殊饮食习惯的地区面积占其总面积的比例较大。粮食产销平衡区政府投入能力普遍不高，区域资本市场又不发达，粮食生产投入受到较强的资金约束。再加上区域生产大多以农户为单位，农业机械化水平低，规模化生产程度较低，粮食生产抗风险能力也不高，确保粮食产销平衡的投入需求与区域的投入能力之间存在较大的缺口。

（二）产销平衡区粮食供求关系正在发生变化

我国粮食产销平衡区工业化和城镇化进程相对落后，生态敏感、生态重要、生态脆弱地区占比较高比例，是我国退耕还林和生态屏障建设的重点区域。粮食产销平衡地区很多地方地处"老、少、边、穷、牧"地区，粮食综合生产能力弱，粮食产销衔接不稳定。近年来，退耕还林、工业化和城镇化挤占粮食产销平衡区耕地的现象突出，产销平衡区粮食产量下降较多，粮食产需缺口加大；再加上各地农业产业结构调整，工业用粮

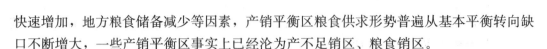

快速增加,地方粮食储备减少等因素,产销平衡区粮食供求形势普遍从基本平衡转向缺口不断增大,一些产销平衡区事实上已经沦为产不足销区、粮食销区。

(三)产销平衡区内部产区积极性难提高,销区储备少,风险加大

产销平衡区内部存在产区和销区的空间分异,但粮食政策并未区分产销平衡区客观存在的内部空间分异,结果导致产区农民种粮积极性难提高,销区粮食储备少风险加大。就产区而言,其虽然享受着国家和地方政府出台的一系列扶持种粮农户的惠农政策,但因政策效应分散,农资价格上涨,种粮比较效益低等因素,农民种粮积极性未能明显调动,绝大多数农民只种口粮,粮食商品率很低。产区农民种粮积极性不高,一是因为有效调动种粮大户生产积极性和基本农田向种粮大户集中的机制尚未真正建立,土地分散经营难以获取规模经济效益;二是为了获得经济效益,一些地区片面追求经济作物规模效益,拿良田甚至是基本农田种竹、栽树,搞经济作物成风,使粮食生产受到严重的冲击。就销区的粮食储备而言,现有的粮食储备体系仅能在不发生大的自然灾害和突发事件的情况下保证产销平衡,一旦发生意外情况、突发事件,销区的粮食供给就会面临问题。产销省市之间大部分建立了稳定的产销关系,但受制于产销平衡省区财政支付能力和城乡居民的收入水平,产销平衡区内部产区和销区之间反而尚未建立稳定而完善的产销对接关系。

二、粮食产销平衡区加强农业基础地位和落实国家粮食安全战略的重点

目前,粮食产销平衡区粮食产量占全国总量的 20% 左右,其粮食自给率呈现出下降趋势,这类地区要加强农业基础地位和落实国家粮食安全战略,必须着眼大局,积极分担国家粮食安全责任,确保区域内粮田面积不减少,不断加大投入,不断改善生产条件,不断提高粮食综合生产能力,保障区域粮食产销平衡。面对粮食主产区产销平衡不稳定,生态建设及工业化、城镇化建设任务繁重的现实,粮食产销平衡区需要加强区域粮食安全预警,及时为粮食政策的制定和实施提供决策依据;充分发挥农业的生态功能,加强粮食生产和生态环境保护的统筹协调,提高粮食的综合生产能力,继续保持本地区产销基本平衡的格局,并不断增强产销平衡的稳定性。

(一)加强区域粮食安全预警

区域粮食安全预警,是通过把握粮食供需运行的普遍规律,从内部矛盾运动和外部环境因素两个方面找出导致粮食供需出现波动的原因,提前采取措施应对波动,确保粮食安全。粮食产销平衡区加强区域粮食安全预警,加强对影响区域粮食生产和销售的各种因素的动态监测,及时采取措施应对粮食产销波动,保持区域粮食产销平衡,不仅可以防止区域粮食产销平衡破坏对国家粮食安全带来新的压力,而且可以及时化解营销区域粮食产销平衡的风险,增强区域粮食产销平衡的稳定性。

粮食产销平衡区加强区域粮食安全预警,必须立足区域实际,构建并不断完善区域粮食安全预警指标体系及预警模型,从国家宏观粮食供求安全和个人消费需求安全角

度，从短期、中期和长期等层面①综合考虑自然条件与生产基础改善，自然灾害防范，区域差异协调，农业结构调整，工业化和城镇化发展，人均粮食消费稳定等方面的要求，全面梳理预警因素，并据此收集、整理、加工相关信息。鉴于粮食既是最重要的生活必需品，同时又具有公共品的性质，保障粮食安全是整个社会的责任；粮食产销平衡区加强区域粮食安全预警，必须提高公众对粮食安全的认识，引导社会公众及时反馈区域粮食产销信息，以保障预警系统的科学、高效运行，落实粮食应急保障能力，保障粮食市场的公平准入和竞争，完善政府应急保障功能，落实粮油价格动态监测措施，完善粮油市场信息台账和日常粮情监测管理，促进粮食经营企业（户）合法经营、诚信经营。

（二）着力发挥粮食生产的生态功能

加强农业基础地位，确保粮食安全，要求粮食主产区、粮食主销区、粮食产销平衡区都必须加强耕地保护，着力改善农业生产条件。与其他两类区域不同，粮食产销平衡区统筹粮食生产和生态环境建设的任务更加艰巨，充分发挥粮食生产的生态功能是产销平衡区肩负的重要使命。

农业生态系统是受到人类强烈干预的自然社会经济复合生态系统，它在生产人类所需粮食和原材料的过程中，通过其结构及生态过程同时为人类提供生态服务（环境福利）。这具体表现在有机物合成与生产，生物多样性产生与维持，调节气候，营养物质形成、积累与循环，土壤肥力的保持与发展，环境净化与有害有毒物质的降解，植物花粉的传播与种子的扩散，有害生物的控制，减轻自然灾害等方面。② 在经济社会发展面临资源短缺，生态环境质量日趋恶化，粮食生产的挑战日益凸显的背景下，人类生存和发展要求农田生态系统在承载粮食生产任务的同时，更加充分地发挥其生态环境服务功能。产销平衡区同时肩负着繁重的生态建设和粮食生产重任，着力发挥粮食生产的生态服务功能，加强粮食生产和生态环境建设的统筹协调力度至关重要。

影响粮食生产生态服务功能的，不仅包括农业生态系统的数量特征，如种植面积、养殖密度等，而且包括其结构特征，如农作物搭配、种养结合、位置规模等。③ 在生物种类和数量不变的情况下，采取一些合理科学的生态农业新模式，形成新型农业生态系统结构，可增强其整体生态服务功能。粮食产销平衡区一是要坚持建设良田、良制推广、良种普及、配套良法并举，着力建立建设优质高效的农田生态系统；二是要整合创新农业技术成果，加大生态生物技术在粮食生产中的应用，提高有机碳素肥、植物诱导剂、有益菌、植物修复素和有机钾肥在粮食生产中的混合使用力度；三是积极支持农业龙头企业实施生态品牌化战略，制定实施生态农业扶持政策，推进生态农业产业化

---

① 闫述乾，王海强. 产销基本平衡区粮食安全预警模型的构建 [J]. 华中农业大学学报：社会科学版，2010 (2)：103—108.

② 张雪英，黎颖治. 生态系统服务功能与可持续发展 [J]. 生态科学，2004 (3)：132—138.

③ 王勇，骆世明. 农业生态服务功能评估的研究进展和实施原则 [J]. 中国生态农业学报，2008 (1)：152—159.

基础地位和确保国家粮食安全战略研究

发展。

（三）着力提高区域粮食流通体系的运行效率

粮食产销平衡区要通过区域内部的粮食流通克服粮食生产和消费存在的空间分异，与主产区和主销区通过区际关联克服粮食生产和消费存在的空间分异相比，粮食产销平衡区协调粮食供需矛盾的空间更为狭小，这对产销平衡区粮食流通体系的效率提出了比对粮食主产区和主销区更高的要求。

粮食产销平衡区进一步提高区域粮食流通体系的运行效率，一是要壮大国有独资或国有控股粮食储备企业（库），按照"调减总量、壮大规模、提高质量"的原则深入推进国有粮食经济战略性结构调整，加快国有资本向优势企业集聚，支持跨行业、跨地区、跨所有制进行资产重组，增强国有粮食购销企业的竞争力、影响力和控制力，大力促进国有粮食企业改革与发展。二是要培育多元粮食市场主体，广泛采取改组、改造和兼并、租赁、出售、转制等形式，鼓励社会资本参与国有粮食企业改组改造，促进社会资本和国有粮食企业融合发展，引导多元市场主体投资各类粮食交易市场、粮油物流设施和高科技粮油食品加工业，逐步培育若干大型粮食产业化企业集团。三是要规范政府调控行为，妥善处理政府调控与企业经营之间的关系，粮食行政管理部门依法加强对全社会粮食市场主体的指导、监管和服务，促进公平竞争，不得干预企业的日常经营活动；依法加强对粮食市场的监管，认真组织开展粮食流通加工统计、粮食库存、地方储备粮油及政策性粮食出入库情况检查，加强对粮食收购、销售、储存、加工经营者以及饲料生产、工业用粮企业执行《中华人民共和国统计法》《粮食流通管理条例》等法律法规的监督检查，严肃查处各种违法违规行为。

（四）着力完善农业服务体系

现代农业服务业主要是指为现代农业生产提供产前、产中、产后服务的行业，它覆盖农业生产的各个环节，既是加快现代农业发展的分内之事，也是推进农业现代化的应有之功；健全农业服务体系，是发展现代农业的基础性工作，是由传统农业生产向现代化规模农业转变的关键环节。产销平衡区健全农业服务体系有着极为重要的意义，它一是要求以农业服务体系的完善和良性运行改善区域粮食生产环境和生产条件，增强区域对粮食产销的平衡能力；二是以农业服务体系的市场化运行促进区域服务业健康发展，以壮大区域经济实力缩小与发达地区的经济发展差距。

针对近年来我国农业服务业发展暴露出的"官办服务严重削弱""发展层次比较低""缺乏统一有力的支持"等问题，以及健全农业服务体系所面临的"惯性观念制约""发展资金制约""服务人才制约"，粮食产销平衡区必须充分发挥政府的主导作用，以改革开放和体制创新为动力，以人才和科技进步为支撑，以优化服务业发展环境为保障，以扩大农村就业、增加农民收入、促进农民素质和自我发展能力的全面提高、改善农业和农村经济综合运行质量为基本目标①，不断完善农业服务体系，促进农业服务业快速发展，优化农业发展环境。促进农业服务同步发展，一是要加大农业服务体系建设的投入力度，以政府投入引导多元投资主体参与农业服务业的开发和经营，着力完善农业服务网络，构建以县农技部门为龙头，以乡镇农技服务中心为枢纽，以农业产业化龙头企业、农民专业合作组织、种田大户为节点的工作体系，提高农业服务水平；二是要以现代农产品营销体系、农产品加工与转化体系、农村经济信息体系、农业技术服务体系、农产品质量安全保障体系、农村公共设施体系为重点，不断完善农业服务体系的内容，增强农业服务体系的服务能力；三是创新农业服务的方式，比如，在农闲时节和农作物生长管理的关键期，组织农业技术人员通过深入田间地头，开设专题电视栏目，开通农业咨询热线电话等方式，以种田大户、农民专业合作社为重点，积极向农民传授先进适用技术，实现"良种良方到田，技术要领到人"。

---

① 李铜山. 我国现代农业服务业发展研究［J］. 农业经济，2011（3）：56—60.

第九章 我国加强农业基础地位和确保国家粮食安全战略的政策支撑

> 农业政策改革是对一种实事或压力的影响的反映，即变化所带来的利益超过维持现状所得到的利益。
>
> ——蒂姆·乔斯灵[①]

新世纪以来，我国的农业发展进入了一个新阶段，既面临着机遇，又需要接受挑战。就国内而言，随着"以工哺农"时代的到来，生产要素将更多地流向农业。但是如何促使传统农业向现代农业成功转变，仍处在探索之中。我国是人口大国，粮食供给一直处于偏紧状态，粮食安全问题不容忽视。加入WTO后，我国农业发展面临的市场更加广阔，信息更加充分。但是随着入世承诺的兑现，我国传统的小规模农业生产的优势逐渐丧失，价格竞争日益激烈，因而对农产品的质量提出了更高要求。

要破解农业发展的难题，需要从农业政策的发展演变中寻求答案，因为农业政策在促进农业生产中起着重要作用。传统农业经济理论认为，农业生产的要素主要包括土地、资本和劳动力，农业发展主要来源于生产要素投入量的增加。但现代农业经济理论认为，农业发展主要取决于提高土地、资本以及劳动力生产效率的政策和制度安排。虽然政策本身不能作为直接的生产要素投入到农业生产中去，但是政策的制定和实施可以影响农业技术发展的方向、生产要素的合理配置以及收入分配，从而对农业发展的方向和效率产生影响。国内外的农业发展实践也证明，政策推动了农业生产发展。以我国为例，在20世纪50年代实行的"大跃进"致使农业生产水平倒退；1978年十一届三中全会以后，家庭联产承包责任制的推行解放了生产力，促进了农业生产的恢复和发展。所以，从某种意义上来说，农业政策既是造成农业落后的原因，又是农业发展的关键。

近年来，我国政府积极制定政策巩固农业基础地位，保障粮食安全。2010年中央一号文件指出：要"按照稳粮保供给、增收惠民生、改革促统筹、强基增后劲的基本思路，毫不松懈地抓好农业农村工作，继续为改革发展稳定大局做出新的贡献"。2013年中央一号文件指出：要"始终把解决好农业农村农民问题作为全党工作重中之重"，"着

---

① 蒂姆·乔斯灵. 美国与欧共体的农业政策改革［M］//农业经济前沿问题. 北京：中国税务出版社，北京腾图电子出版社，2000：57—61.

力强化现代农业基础支撑",发展现代农业的首要任务是"确保国家粮食安全,保障重要农产品有效供给","必须毫不放松粮食生产",为促进农业生产发展,必须"加大农业补贴力度","改善农村金融服务","要在稳定完善强化行之有效政策基础上,着力构建'三农'投入稳定增长长效机制,确保总量持续增加、比例稳步提高"。2014年中央一号文件再次强调:要健全"三农"投入稳定增长机制;完善财政支农政策,增加"三农"支出;继续"完善农业补贴政策",坚持实行种粮农民直接补贴、良种补贴、农资综合补贴等政策;并实施"新增补贴向粮食等重要农产品、新型农业经营主体、生产区倾斜","加大防灾减灾、稳产增产关键技术补助"等强化农业支持的制度。

为了促进贸易自由化,减轻各国农业政策对农业生产或贸易的扭曲程度,世界贸易组织制定了一系列规章对各国农业政策进行规范和约束。农业支持政策的内容是多方面的,我国已形成了以财政政策、金融政策、农业产业政策和WTO农业政策为主要内容的政策支持体系,各项政策之间相互配合、共同促进我国农业生产发展,以确保国家粮食安全。

第一节 我国加强农业基础地位和确保国家粮食安全战略的财政政策

一、农业财政政策概述

农业财政政策是国家财政政策的重要内容,是促进农村社会经济协调发展的有力保障,同时也是政府支持和保护农业的有效手段。农业财政政策是国家财政通过分配和再分配手段促进解决"三农"问题的一系列政策的总和,是政府处理国家与农民分配关系,促进农业稳定发展的主要政策工具之一。它的制定和实施受社会经济发展阶段、政治经济制度、国家财力状况和不同时期农业农村发展目标任务的影响,带有鲜明的时代特征。

农业财政政策目标可分为农业增产、农民增收和农业增效三大具体目标。首先是农业增产目标:目前,世界人口呈增长态势,增加农产品产量无疑是各国农业发展乃至经济发展的一致目标。农业是国民经济的基础,增加农产品产量关系到国家的战略地位。其次是农民增收目标:2013年中国农村居民人均纯收入8896元,为城镇居民人均可支配收入的33%[①],作为主要分配杠杆的财政政策,应把增加农民收入作为重要的政策目标。最后是农业增效目标:提高农业的效率和效益是实现农业增产、农民增收、节约资源、保护生态环境的根本出路。

农业财政政策主要包括财政投资政策、财政补贴政策、财政贴息政策和税收政策

---

① 中华人民共和国2013年国民经济和社会发展统计公报〔EB/OL〕. http://news. xinhuanet. com/2014—02/24/c1994773495. htm.

等。第一，农业财政投资政策：国家财政的农业投资有广义和狭义之分。广义的农业财政投资包括财政对农田水利等基本建设投入支出、生产性投入支出、农产品流通投入支出和农业事业费投入支出等，也被称为财政支农投入支出。而狭义的农业财政投资是指财政对形成农业固定资产的投资，包括水利设施、农业机械设备、土壤改良和保护、林地改良和保护等用于农业基础设施的投资。财政对农业投入的规模和比重反映政府重视和支持农业的程度，特别是中央财政对农业投入的变化，是政府对农业支持升温或降温的衡量表，也是引导地方政府、集体和农民投资的指示器。第二，农业财政补贴政策：对农业进行财政补贴是世界各国财政对农业支持和保护的普遍做法。农业财政补贴不仅能刺激农业产量增加，还能帮助农民增加收入。实践表明，财政补贴在农业增产和农民增收双目标实现方面发挥着重要作用，但是也存在一些负面效应：加重了财政负担，致使农民对政府产生依赖思想，忽视节约生产成本和提高农业经营效率，甚至导致过度垦荒、滥用农药及化肥等，致使农业生态环境得不到有效保护，等等，不利于实现农业效率目标。第三，财政贴息政策：它是财政政策与金融政策相配合的一种特殊而具体的财政补贴方式。财政贴息既能弥补财政资金的缺乏，又能有效地发挥银行信贷资金的优势，保证农业对资金的有效需求。一般来说，财政贴息只针对政策性强的贷款项目，这些项目主要指社会效益大于经济效益的某些农业生产经营活动，如粮食的生产和流通、生态农业、扶贫、欠发达地区农业发展等。由于政策性银行的资金有限，远远不能满足全部政策性贷款的需要，故有必要对部分商业银行的农业贷款进行贴息。财政通过贴息政策引导社会资金更多地投入到农业上，以解决当前农业投入资金总量不足的问题。第四，农业税收政策：它是保护农业，促进农民增收的重要杠杆。

我国农业财政支持范围主要包括：农业基础设施投资、农业综合开发资金、支援农村生产的支出、农林水等部门的事业费、财政扶贫资金、农村救济费等。财政支持对促进我国农业和农村经济发展具有至关重要的作用，是其他农业支持政策所不能替代的。

二、我国农业财政政策的历史演变

（一）计划经济时期的农业财政政策（1952—1977 年）

农业财政收支与农业政策密不可分。在计划经济时期，我国农业财政政策演变大致可划分为四个阶段。一是国家工业化战略启动时期（1952—1957 年）。1952 年，国家制定了以工业化建设为中心的第一个五年计划，标志着中国工业化的起步。新中国刚成立，财力匮乏，财政用于农村（尤其是农业）的份额很低。由于农业是当时国民经济的支柱产业，其总产值占工农业总产值的比重在 65％ 以上，国家通过征收农牧业税的形式从农业和农村中获取部分资金用于国家工业化发展。二是"大跃进"和农村人民公社化运动时期（1958—1961 年）。1958 年由于冒进的错误指导思想加上严重的自然灾害，农业生产遭受了极为严重的破坏，农产品供给严重短缺，人民生活陷入极端困难的境地，国家对农业的财政支持处于停滞状态。三是国民经济调整时期（1962—1965 年）。1962—1965 年，针对农业面临的困境，中共中央提出"调整、巩固、充实、提高"八字方针，调减粮食征购任务和农业税负担，调整农副产品购销价格，允许农民发展家庭副业，开放农村集市贸易。经过三年努力，农业生产得以恢复发展，农产品供给大大增加。四是"文化大革命"时期（1966—1977 年）。1966—1976 年，我国进入了"文化大革命"十年动乱时期，农业和农村经济濒于崩溃的边缘。

在计划经济时期，农产品处于长期短缺状况，这一时期的中国农业财政政策的主要目标是稳定农业税赋，在经济困难时期则减轻税赋，不断提高农业财政支出，增加主要农产品产出量和供给水平。从 1949 年新中国成立到 1978 年改革开放之前，国家财政支农支出稳步上升，财政支农支出占财政总支出的比重逐步提高（见表 9-1）。"一五"时期，财政支农支出总额为 81.05 亿元；"五五"时期，财政支农支出资金总量比"一五"期间增加约 7 倍，达到 614.41 亿元，占财政总支出的比重比"一五"时期增长了近 6 个百分点，比"四五"时期增长了约 3 个百分点。同时，财政支出资金筹措渠道和支持范围也逐步拓宽（见表 9-2）。在"五五"时期，财政支农支持范围已从恢复时期仅支持农业基础设施建设和农业行政事业单位正常运转，扩展到支持包括农业基础设施建设、农村生产、农业科技等在内的更大范围。国家对农业财政支农资金支持范围的拓宽，对建设农业基础设施、发展农业生产和推广农业科技创新成果等起到了重要作用。

表 9-1　恢复时期到"五五"时期国家财政支农支出总量规模

时　　期	国家财政总支出（亿元）	财政支农支出（亿元）	财政支农支出占财政总支出的比重（％）
恢复时期	366.58	12.6	3.44
"一五"时期	1369.86	81.05	5.92
"二五"时期	2277.67	254.96	11.19
调整时期	1204.98	139.76	11.60
"三五"时期	2518.52	191.22	7.59
"四五"时期	3919.44	350.17	8.93
"五五"时期	5246.52	614.41	11.71

数据来源：1949—1980 年《中国财政年鉴》。

表 9-2　恢复时期到"五五"时期国家财政支农支出结构

时　　期	农业基本建设支出（亿元）	科技三项费（亿元）	支援农村生产支出（亿元）	农林水气等部门事业费（亿元）	流动资金（亿元）
恢复时期	3.84	—	—	8.35	0.41
"一五"时期	40.91		1.99	35.24	2.91
"二五"时期	126.62		60.39	52.96	14.99
调整时期	68.16	2.86	21.33	38.31	9.1

时　期	农业基本建设支出（亿元）	科技三项费（亿元）	支援农村生产支出（亿元）	农林水气等部门事业费（亿元）	流动资金（亿元）
"三五"时期	98.54	1.58	32.58	45.66	12.99
"四五"时期	174.45	0.43	83.46	77.54	13.99
"五五"时期	128.03	5.6	187.89	157.8	25.09

数据来源：1949—1980年《中国财政年鉴》。

（二）改革开放时期的农业财政政策（1978—2002年）

1978年改革开放以来，我国的农业财政政策发生了重大变化，对国民收入分配格局的调整以及农业、农村事业的发展起到了重要作用。

1. 改革初期的农业财政政策（1978—1993年）

1978年，中国在农村推行家庭联产承包责任制，拉开了中国新时期改革的序幕。针对当时农业发展严重滞后的局面，国家大力调整财政支农政策及农业资金分配比例，使原有国民收入分配格局不利于农业发展的状况有所改观。从十一届三中全会开始一直到20世纪90年代初，市场经济体制逐步确立，政府对农业的支持与保护逐步加强，国家与农民之间，"取""予"分配差额大幅度缩小，体现了新的农业财政政策的目标取向。

首先，大幅度提高农产品收购价格，其目的是改变工农产品长期不平等交换，促进农民增收。1979年，政府以21%的提价幅度重新规定了18种主要农副产品的收购价格，1980年再次提价7.1%。此后，国家对农产品收购价格进行多次微调。1985年，国家逐步实施农产品价格体系的双轨制，基本放开农产品价格。市场议购的粮食和油料数量扩大，合同定购数量逐步减少。部分或全部放开农产品价格，提高了整个农副产品的价格水平，农民因售出的农产品价格水平上升而增加了收入，增收效果相当可观。据统计，1993年的农产品收购价格总指数比1978年上升了214.7%，年增幅8.19%，相当于1953—1978年农产品收购价格平均增幅的3.17倍。需要说明的是，国家在提高农产品收购价格的同时，农产品销售价格的变动却很小，由此产生的价格倒挂差额完全由财政负担。1978—1993年，城镇居民的粮棉油财政价格补贴累计为2855亿元，年均补贴178.44亿元。

其次，大力调整财政支农政策，支农力度进一步加大，支农范围进一步拓宽，并完善了多种支农手段。具体表现为：第一，财政支农资金规模不断扩大。1979—1993年，由国家财政预算直接安排用于农业的资金投入为2898.32亿元，平均每年193.22亿元，比1979年前29年的平均数44.1亿元增加了149.12亿元，增长了3.4倍。分阶段来看，"六五"时期，农业财政支出总量基本与"五五"时期持平。然而自"七五"时期开始，国家财政用于建设农业基础设施、支援农村生产支出、农业科技三项费、农林水气等部门事业费、财政扶贫支出等项目的资金快速增长，加之对农产品和农业生产资料进行价格补贴，财政投入农业的资金总额在国家财政总支出中的比例逐步增长，份额达9.38％，"八五"时期继续增长至9.75％。第二，开辟了财政支持农业的资金新渠道。1987年，国务院发布《中华人民共和国耕地占用税暂行条例》，决定开征耕地占用税，目的是改变农业基础设施薄弱和农业发展后劲不足的局面。此后，国家以耕地占用税为来源，建立了农业发展基金，实施了大规模的以土地治理为主要内容、以增加农产品产出为目标的农业综合开发。1988—1993年，中央政府累计投入农业综合开发资金78.1亿元，地方财政投入65.8亿元，改造中低产田14348万亩，开垦宜农荒地1823万亩，农业和粮食的综合生产能力得到有效提高，农产品供求矛盾得到有效缓解。第三，实行农业生产资料补贴政策。对农药、化肥、农用塑料薄膜、农机、小农具、柴油及农业用电等农业生产资料，国家实行优惠价供应，由此导致企业产品生产长期微利、保本或亏损，其亏损由国家财政补贴。从形式上看，这些资金补贴给了企业，但实际受益的是广大农户，间接支持了农业生产，减轻了农民负担。1978—1993年国家累计补贴额为607.3亿元。第四，初步建立了对地方财政支农的激励和约束机制。国家对财政体制实行了改革，划分了中央和地方在农业农村方面的财权、事权与支出重点。20世纪80年代初，开始实行地方财政包干，小型农田水利、农村教育、医疗卫生等支出主要由地方财政负责；同时，激励地方财政加大支农力度，并规定地方财政对大部分中央财政投入的相关农业专项予以相应的资金配套。第五，继续施行轻税政策。为刺激农民生产积极性，国家采取"稳定负担、增产不增税"的农业税征收政策，若有增产，则农民得到好处。1979—1982年期间，国家还采取农业税收起征点办法，1983年后又出台对贫困山区照顾等税收优惠政策，加上其他各种灾情减免和社会减免，1978—1990年国家累计减免农民税收46亿元。

综上所述，从改革开放开始到20世纪90年代初，以家庭联产承包经营为核心的农村经营体制改革，奠定了我国农村经济发展的微观基础，推进了农村市场化进程。同时，通过农产品流通体制改革及价格改革，各项财政支农政策不断调整完善，有效地调动了农民的生产积极性和创造性，提高了农民收入，推进了农村和农业发展。1993年，农业产值比1978年增长了114％，年均递增达到5.3％；1993年农民收入比1978年增长了246％，年均递增达到9.5％；农村恩格尔系数由1978年的67.7％下降到1993年的58.1％，下降了9.6个百分点。在肯定成绩的同时，我们还应该认识到，这一时期财政支农政策存在一个重大失误，即农业基本建设投资锐减。1978—1980年，每年农业基本建设投资额分别为51.14亿元、62.41亿元和48.59亿元，而1981—1989年连续九年每年农业基本建设投资总额和农业基本建设投资额占基建总投资的比重都出现下降。"五五"时期，农业基本建设支出为238.03亿元，平均每年为47.6亿元；但"六五"时期，该项支出下降为158.57亿元，平均每年31.7亿元；"七五"时期也仅为247.67亿元，平均每年49.5亿元。这是导致我国农业发展后劲不足和农业基础薄弱的一个重要原因。

2. 改革深化时期的农业财政政策（1994—2002 年）

这一时期是我国确立社会主义市场经济体制改革目标并付诸实施的重要历史阶段。1994 年，我国开始实行以政府间财政关系重大改革和市场经济体制改革为重要内容的分税制财政体制。1998 年，我国开始探索建立公共财政框架，并着力推进财政支出改革的积极财政政策，这些无疑对完善财政支农政策产生了重要影响。其主要表现在以下几个方面。

第一，财政支农资金总量加速增长。与以往的农业基本建设支出增长缓慢不同，从 1994 年开始，财政对农业基本建设投资增长加速，当年就达到 107 亿元，首次突破 100 亿元，且 1994—1997 年均增长超过 16％。特别是 1998 年国家实施积极的财政政策以来，农业基本建设支出增长迅猛：1998 年，农业基本建设投资为 460 亿元，比 1997 年增长了 1.89 倍；1999—2002 年，每年农业基本建设支出分别为 357 亿元、414 亿元、480 亿元和 423 亿元。农业基本建设投资的增加极大地改善了农民生产生活条件，有利于加强农业的基础地位。从整个财政支农支出看，"九五"时期达到 5186.6 亿元，比"五五"时期的 614.41 亿元增长了 7.4 倍。这既得益于农业基本建设投资超常规增长，又与预算内大幅度增加农业农村相关支出有关。从根本上来看，这正是财政部门贯彻中央宏观政策、重视和加强"三农"投入综合作用的客观结果。

第二，财政支农资金结构不断优化。按照公共财政的原则和市场经济发展的要求，国家在农业农村基础设施建设、生态建设、农业抗灾救灾、农业科技进步和农村扶贫开发等方面的财政支农资金投入力度进一步加大。1998 年，我国实行积极的财政政策，支持"三农"成为每年发行的长期建设国债的一个重要内容，政府财政支农结构进一步得到了优化。1988—2002 年，我国累计发行长期建设国债 6600 亿元，重点用于涉及国家全局性、战略性的重要基础设施与相关产业的建设。其中，国债投资累计为 1860 亿元，占国债资金总量 28％，主要用于农村生产生活条件的改善，如农村沼气、节水灌溉、人畜用水、乡村道路、农村水电、草场围栏等。[①] 此外，在长期建设国债对西部开发、卫生、教育、生态等方面的投入中，直接或间接用于"三农"的资金也占到了一定比重。上述资金投向的调整，对农村社会经济的协调发展和农业发展后劲的增强产生了有利影响。

第三，财政支农方式和机制不断完善。长期以来，整个财政预算管理呈现出重收入、轻支出、管理粗化和弱化以及资金损失浪费严重等特点。同时，在财政支农资金管理方面，也存在着很多漏洞。从 20 世纪 90 年代中期开始，支农资金的管理方式发生变化，引入了世界银行的项目管理办法，比如报账制、绩效考评制度、项目库制、专家参与制等，都取得了较好的成效。除此之外，我国于 1999 年开始首次进行部门预算改革试点，农业部被补列为首批改革试点部门。随后，该试点向所有部门扩展，并在全国范围内普遍推广。部门预算通过细化预算和综合预算对政府的支农财力进行整合，这对提

---

① 一般统称为农村"六小工程"。

高财政支农资金的使用效率产生了有益影响。

第四，积极支持推进农村税费改革。长期以来，农村税费负担（特别是种类繁多的非税负担）有增无减。20世纪80年代以来，虽然中央政府采取了多重措施，但农民负担过重的问题仍未从根本上得到解决。从1990年到2000年，农民担负的税费总额①由469亿元增加到1359亿元。其中，农业"四税"②由88亿元增加到465亿元，村级提留由216亿元增加到352亿元，乡统筹费由117亿元增加到268亿元，其他收费由48亿元增加到274亿元，农民人均承担的税费额由55.8元增加到168.4元。从2000年开始，中央决定实施农村税费改革，实行"三取消、两调整、一改革"的政策，安徽省率先作为农村税费改革的试点。截至2002年，试点范围扩大到全国20个省级行政区，其他11个省级行政区也相继在部分县（市）试点，试点地区农业人口共计6.2亿，占全国农业总人口近四分之三，在改革中获益300亿元。为了支持农村税费改革，补充因降低农业税而减少的财政收入，中央财政对地方实行了转移支付，其中2000年为19.7亿元，2001年为99.35亿元，2002年为334.63亿元，为改革的进一步推进和农村基层政府的稳定运行提供了基本保障。

总体而言，通过推进市场化改革和深化财政管理体制改革，我国的财政支农政策逐渐趋于完善，资金总量增加，资金结构优化，"三农"资金需求得到了较好的满足，管理机制也逐步向适应市场化和公共财政管理的方向转变。更为重要的是，由于国家财政不断加大支农力度并进行农村税费改革，国家与农民的"取""予"分配关系发生了历史性变化。但是，从宏观上看，城乡二元经济社会结构及与之配套的城乡二元财税体制依然没有改变，在一定程度上还呈现出扩大的态势。除此之外，我国的粮食产量在1996年至1998年连续三年每年均越过5000万公斤的峰值，而自2000年起却连续三年跌至每年约4500万公斤的低谷，引起了国家的高度重视。

（三）新时期的农业财政政策（2003年至今）

进入21世纪，我国经济社会不断发展，2003年我国人均GDP超过1000美元，开始进入工业化中期阶段。国家财政实力增强，2003—2007年间，我国累计完成财政收入约17万亿元，比上一个五年增加10万亿元，年均增长22.1%；累计财政支出约17.7万亿元，比上一个五年增长9.6万亿元，年均增长17.6%。2013年，我国财政收入累计执行129143亿元，比上一年度增长10.19%；财政支出执行统计数达到139744亿元，比上一年度增长10.9%。③在对我国经济社会发展现状进行正确判断的基础上，党的十六大提出了统筹城乡经济社会发展的要求，在党的十六届四中全会上"两个趋向"的重要论断被提出："纵观一些工业化国家发展的历程，在工业化初始阶段，农业支持工业、为工业提供积累是带有普遍性的趋向；但在工业化达到相当程度以后，工业

---

① 不含"三乱"，即乱收费、乱罚款和各种集资摊派。
② 农业税、农森特产税、耕地占用税和契税。
③ 财政部发布2013年1—12月全国财政收支情况［EB/OL］．http://www.gov.cn/gzdt/2014—01/23/content_2573892.htm，2014—01—23.

反哺农业、城市支持农村，实现工业与农业、城市与农村协调发展，也是带有普遍性的趋向。"这表明中共中央审时度势，在我国实施了工业反哺农业、城市支持农村的战略转移。十七大进一步明确提出要形成城乡经济发展一体化的经济格局，建立以工促农、以城带乡的长效机制。十八大再一次强调推动城乡一体化发展。解决好农业、农村、农民问题是全党工作的重中之重，要加大统筹城乡发展力度，增强农村发展活力，逐步缩小城乡差距，促进城乡共同繁荣。坚持工业反哺农业、城市支持农村和"多予、少取、放活"的方针，形成以工促农、以城带乡、工农互惠、城乡一体的新型工农、城乡关系。①在对这些重大问题进行科学判断的基础上，我国开始由长期以来实施以农业积累支持工业的传统政策向工业反哺农业的支持政策转变。

农业财政政策是贯彻落实工业反哺农业政策的重要手段之一，2003年以来，我国出台的重大农业财政政策及措施主要有以下几个方面。

第一，取消农业税，增加转移支付，减轻农民负担。我国农村税费改革经过了两个阶段：第一个阶段是2000—2003年，"减轻、稳定、规范"是这一时期的基本政策取向，农民的税费负担显著下降。第二个阶段是2004年以后。2004年农村税费改革进入新阶段，根据农业、农村发展的要求以及当时的实际情况，并结合国家的财政实力，全面取消农业税；2006年，农业税全部取消，原定耗时五年的计划提前实现目标。农民负担与1999年相比减少约1250亿元，人均减负约144元。②为了确保取消农业税政策和农村税费改革的实施，2000—2010年十年间，中央财政累计安排农村税费改革专项转移支付资金5741.29亿元。地方各级政府也积极采取措施，努力增加对基层改革的支持。

第二，直接补贴农业生产，增加农民收入。从2002年开始，我国在安徽、吉林的三个县进行粮食财政直接补贴制度改革试点，实行良种补贴。2004年，又在全国范围内实行"三项补贴"制度，即对种粮农民的粮食收入进行直接补贴，对购买农机具进行补贴、对购买良种进行补贴，并针对短缺的重点粮食品种，在粮食主产区实行最低收购价制度。当年"三项补贴"资金总额为145.2亿元。到2006年，"三项补贴"政策又增加为"四项补贴"政策，即增加了农民购买生产资料的补贴，当年"四项补贴"总额为309.54亿元。2007年，根据市场需求，国家以"四项补贴"政策为基础，针对生猪生产、奶业、油料生产等推出了相应的补贴政策，累计补贴总额超过了1000亿元。此后，国家不断加大对种粮农民的直接补贴力度，2012年的粮食财政直接补贴规模已达到1656亿元。

第三，调整和优化政府基础设施建设的投资结构，对农村生产生活条件进行改善。近年来，国家逐年压缩国债项目的资金规模，增加中央预算内农村基础设施建设投资规

① 胡锦涛.坚定不移沿着中国特色社会主义道路前进 为夺取全面建成小康社会而奋斗——在中国共产党第十八次全国代表大会上的报告[M].北京：人民出版社，2012：23—24.
② 中华人民共和国财政部网站.取消农业税为农民减轻了多少负担[EB/OL].htttp://www.mof.gov.cn/pub/caizhengbuzhuzhan/zhuantihuigu/czrdwt/xxcz/200805/t20080519_25441.html，2007—02—02.

模，主要用于支持农村"六小工程"和优质粮食产业工程、种子工程等。此外，2006—2012 年，国家共投入车购税资金 3924.2 亿元，国债资金 7000 多亿元，带动地方政府完成公共建设投资，极大地促进了农村道路建设。

第四，继续大力支持扶贫、生态建设及农业综合开发。2003—2007 年，在支持农村贫困地区和贫困人口自我发展方面，中央财政安排财政资金 647 亿元，力图缩小农村贫困地区与其他地区发展差距。天然林保护、退耕还林、京津风沙源治理等林业重点生态工程建设继续得到了财政的大力支持。中央财政安排资金 1358 亿元用于退耕还林、荒山荒地造林以及保护天然林和重点公益林等。同时，大力加强农业综合开发。2003—2013 年，中央财政共安排农业综合开发资金 1823.6 亿元，改造中低产田、建设高标准农田 8.5 亿亩，新增粮食生产能力 364.6 亿公斤，促进了农民增收。

第五，"三农"投入总量增加，投入管理机制完善。2003 年，中央财政用于"三农"的投入达到 2144 亿元，首次突破 2000 亿元。此后，每年都有较大幅度的增加，2012 年增至 12387.64 亿元，是 2003 年的 5.78 倍。社会各界普遍认为，2007—2012 年，中央对"三农"支持力度之强、投入规模之大、增加幅度之快，都是前所未有的。与此同时，国家充分发挥财政支农政策的导向功能和财政支农资金的杠杆作用，探索信贷担保、资金整合、民办公助、财政贴息、以奖代补、奖补结合、以物代资和农业保险等投入激励手段，提高农民和社会各界增加投入的积极性，从而使得多元化、多渠道投入农业的格局更加明显。

从以上内容可以看出，新时期的农业财政政策逐渐趋于完善，时代特征鲜明，主要可以归纳为以下几个方面：在投入领域，农业生产、农村社会事业发展两者并重，公共财政覆盖农村的范围不断扩大；农业税被彻底取消，国家对"三农"投入加大，国家与农民的分配关系已由"多予、少取、放活"转变为"基本不取，多予与放活并重"；农业各项投入政策措施不断出台，"以工补农，以城带乡"的反哺农业的投入机制在我国已初步建立。

三、我国财政政策支持农业发展和确保国家粮食安全的效果分析

我国政府一直很重视农业，尤其是粮食生产问题，并制定了一系列惠农、扶农、兴农政策，积极增加"三农"投入，促进了粮食增产、农民增收和农村发展。财政政策对促进我国粮食增产、确保粮食安全取得了较好的效果。

（一）财政政策对我国粮食产量影响的效果评价：1979—2012 年

1.1979—2012 年我国财政支农支出与粮食总产量变化情况

改革开放 30 多年，粮食总产量由 1979 年的 33212 万吨增长到 2012 年的 58958 万吨，财政支农支出由 1980 年的 132 亿元增加到 2012 年 11973.88 亿元（如图 9—1 所示）。

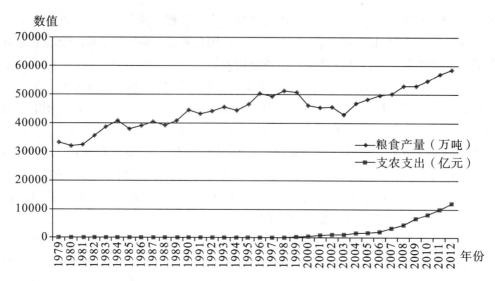

图 9-1 1979—2011 年粮食产量与财政支农投入趋势

数据来源：1996—2013 年《中国统计年鉴》。

2. 农业财政支农支出与粮食产量之间的因果关系分析

大量研究强调了财政支农政策在中国农业发展中的关键性推动作用，如朱希刚（1991）[①]，孙谭刚、朱钢（1993）[②]，朱钢（1998）[③]，安广实（1999）[④] 等。张元红（2000）的研究表明，中国财政支农支出波动与农业，特别是与粮食生产波动明显同步。[⑤] 然而，这并不足以说明财政支农支出增长是推动中国粮食产量增长的主要因素，因为存在下列几种可能：其一，财政支农支出增长可能推动粮食数量增长；其二，粮食数量增长能带动财政支农支出增长；其三，财政支农支出增长与粮食数量增长之间不一定存在相关关系，其他因素也可能同时影响两者。

本部分运用格兰杰因果检验法对财政支农支出增长与粮食产量增长之间的相关关系进行检验。

原假设 H_1：财政支农支出总量 X_t 增长不是粮食产量 Y_t 增长的原因；

原假设 H_2：粮食产量 Y_t 增长不是财政支农支出总量 X_t 增长的原因。

建立下列模型：

$$\ln Y_t = a_0 + a_1 \ln Y_{t-1} + a_2 \ln X_t + a_3 \ln X_{t-1} + \mu_t \tag{1}$$

$$\ln X_t = b_0 + b_1 \ln X_{t-1} + b_2 \ln X_t + b_3 \ln Y_{t-1} + \upsilon_t \tag{2}$$

格兰杰因果检验要求经济变量应为平稳序列，ADF 检验表明 $\ln Y_t$ 和 $\ln X_t$ 都是二阶单整，因此，可通过二阶差分使其平稳化。模型转变如下：

[①] 朱希刚. 农业科研成果经济效益计算方法 ［M］. 北京：中国农业出版社，1991.

[②] 孙潭镇，朱钢. 我国乡镇制度外财政分析 ［J］. 经济研究，1993（9）：40—46.

[③] 朱钢. 我国财政支农规模问题分析 ［J］. 中国农村经济，1998（10）：16—23

[④] 安广实. 我国财政对农业投入的问题及对策思考 ［J］. 中国农村经济，1999（9）：44—48.

[⑤] 张元红. 财政政策与中国农业的周期性波动 ［J］. 中国农村观察，2000（4）：4—13，82.

$$\Delta^2 \ln Y_t = a_0 + a_1 \Delta^2 \ln Y_{t-1} + a_2 \Delta^2 \ln X_t + a_3 \Delta^2 \ln X_{t-1} + \mu_t \tag{3}$$

$$\Delta^2 \ln X_t = b_0 + b_1 \Delta^2 \ln X_{t-1} + b_2 \Delta^2 \ln X_t + b_3 \Delta^2 \ln Y_{t-1} + v_t \tag{4}$$

式中，Y_t 表示各年粮食产量，X_t 表示财政支农支出总量。

将 1987 年至 2012 年的相关数据代入模型，检验结果见表 9-3。

表 9-3　财政支农支出总量增长与粮食产量增长的因果检验

原假设	F 统计值
H_1：X_t 增长 $\nrightarrow$ Y_t 增长	3.06269*
H_2：Y_t 增长 $\nrightarrow$ X_t 增长	0.0827

注：* 表示在 90% 的显著水平上拒绝原假设 H_1。

检验结果表明：假设 H_1 不成立，说明财政支农支出增长与粮食产量增长之间存在着单向因果的关系，即财政支农支出增长是粮食产量增长的原因。可见，财政支农支出的增长推动了粮食产量增长。

3. 财政支农政策对粮食产量的影响

财政支农政策改善了农业基础设施和机械化水平，对粮食生产有一定影响。此处，将运用柯布－道格拉斯（Cobe－Duoglas）生产函数测定财政支农支出对粮食产量增长的贡献率，探讨财政政策对农业和粮食产量增长的影响。

（1）影响粮食产量的因素

对粮食产量的影响因素，理论界从不同的角度进行了深入的剖析，肖海峰、王姣（2004）认为，播种面积、其他物质投入和化肥投入是中国粮食综合生产能力的 3 个主要影响因素，生产弹性系数分别为 0.879、0.345 和 0.205。[1] 梁子谦（2007）认为，影响粮食综合生产能力的因素有耕地、水资源、基础设施与投入、科技水平、农民收入水平、土地政策及价格。[2] 楚晓琳、贾宪威（2008）认为有四大类影响因素，一是影响粮食生产本身的一些因素，如粮食作物播种面积、成灾面积、农用机械总动力、农业劳动力人数；二是政策因素，如支农支出、农业基本建设支出、科技三项费；三是市场因素，如粮食生产价格指数和城市粮食零售价格指数；四是一些外在刺激因素，如 2001 年全国农业结构调整会议等。[3]

（2）模型设定

借用楚晓琳、贾宪威（2008）提出的影响粮食产量的四大类因素，设定影响因素为：①影响粮食生产的直接因素：粮食作物播种面积 x_1，成灾面积 x_2，农用机械总动力 x_3，农业劳动力人数 x_4；②政策因素：支农支出 x_5，农业基本建设支出 x_6，科技三项费 x_7；③市场因素：粮食生产价格指数 x_8，城市粮食零售价格指数 x_9；④虚拟变量：2001 年全国农业结构调整会议 x_{10}。

① 肖海峰，王姣. 我国粮食综合生产能力影响因素分析 [J]. 农业技术经济，2004（6）：45-49.
② 梁子谦. 中国粮食综合生产能力与安全研究 [M]. 北京：中国财政经济出版社，2007.
③ 楚晓琳，贾宪威. 财政策对粮食生产能力的影响 [J]. 时代经贸，2008（12）：49-50.

目前，研究产量和要素之间的关系最常用的模型是柯布－道格拉斯生产函数。柯布－道格拉斯生产函数有以下几个优点：首先，函数中的参数是被解释变量关于解释变量的弹性；其次，对数线性模型可以在一定程度上减弱解释变量之间的线性相关性；再次，函数本身还可以将科技进步率反映在其中。朱希刚（1997）给出了测算科技进步率的具体方法[1]，结合研究实际，本书选择模型如下：

$$y = ax_1^{b_1} x_2^{b_2} x_3^{b_3} x_4^{b_4} x_5^{b_5} x_6^{b_6} x_7^{b_7} x_8^{b_8} x_9^{b_9} x_{10}^{b_{10}}$$

式中，y 是指粮食总产量，x_1，x_2，x_3，x_4，x_5，x_6，x_7，x_8，x_9，x_{10} 分别指粮食作物播种面积、成灾面积、农用机械总动力、农业劳动力人数、支农支出、农业基本建设支出、科技三项费、粮食生产价格指数、城市粮食零售价格指数、全国农业结构调整会议，b_1，b_2，b_3，b_4，b_5，b_6，b_7，b_8，b_9，b_{10} 分别是各项的投入产出系数。

上述模型两边取对数，对各变量进行技术处理之后，采用简化的柯布－道格拉斯生产函数，形成多元模型：

$$\ln y = a_0 + b_1\ln x_1 + b_2\ln x_2 + b_3\ln x_3 + b_4\ln x_4 + b_5\ln x_5 + b_6\ln x_6$$
$$+ b_7\ln x_7 + b_8\ln x_8 + b_9\ln x_9 + b_{10}\ln x_{10} \tag{5}$$

（3）数据整理与实证分析

利用 1996—2013 年的《中国统计年鉴》及中宏数据挖掘系统收集数据，结果见表 9－4。

表 9－4　1979—2012 年中国粮食产量与影响因素数据表

年份	粮食产量 y（万吨）	粮食作物播种面积 x_1（千公顷）	成灾面积 x_2（千公顷）	农用机械总动力 x_3（万千瓦）	农业劳动力人数 x_4（万人）	支农支出 x_5（亿元）	农业基本建设支出 x_6（亿元）	科技三项费 x_7（亿元）	粮食生产价格指数 x_8（上年为100）	城市粮食零售价格指数 x_9（上年为100）	虚拟变量 x_{10}
1979	33211.5	119263	15120	13379.2	28634	90.11	62.41	1.52	130.5	—	0
1980	32055.5	117234	29777	14745.7	29122	82.1	48.6	1.3	107.9	—	0
1981	32502	114958	18730	15679.8	29777	73.68	24.15	1.18	109.7	—	0
1982	35450	113462	15990	16614.2	30859	79.88	28.81	1.13	103.2	—	0
1983	38727.5	114047	16210	18022.1	31151	86.66	34.25	1.81	110.3	—	0
1984	40730.5	112884	15610	19497.2	30868	95.93	33.63	2.18	112.0	—	0
1985	37911	108845	22705	20912.5	31130	101	37.7	2	101.8	—	0
1986	39151.2	110933	23660	22950	31254	124.3	43.9	2.7	109.9	—	0
1987	40473.3	111268	20390	24836	31663	134.2	46.8	2.3	108.0	—	0
1988	39408	110123	23950	26575	32249	158.7	39.7	2.4	114.6	—	0

---

[1]　朱希刚. 我国农业科技进步贡献率测定方法［M］. 北京：中国农业出版社，1997.

续表

年份	粮食产量 y（万吨）	粮食作物播种面积 x_1（千公顷）	成灾面积 x_2（千公顷）	农用机械总动力 x_3（万千瓦）	农业劳动力人数 x_4（万人）	支农支出 x_5（亿元）	农业基本建设支出 x_6（亿元）	科技三项费 x_7（亿元）	粮食生产价格指数 x_8（上年为100）	城市粮食零售价格指数 x_9（上年为100）	虚拟变量 x_{10}
1989	40754.9	112205	22450	28067	33225	197.1	50.6	2.5	126.9	—	0
1990	44624	113466	17819	28707.7	38914	221.8	66.7	3.1	93.2	—	0
1991	43529	112314	27814	29388.6	39098	243.6	75.5	2.9	93.8	—	0
1992	44266	110560	25893	30308.4	38699	269	85	3	105.36	115.3	0
1993	45648.8	110509	23134	31816.6	37680	323.4	95	3	116.7	94.2	0
1994	44510	108544	31382	33802.5	36628	399.7	107	3	146.6	115	0
1995	46662	110060	22268	36118.1	35530	430.2	110	3	129.0	132.5	0
1996	50450	112548	21234	38546.9	34820	510.1	141.5	4.9	105.8	109.4	0
1997	49417	112912	30307	42015.6	34840	560.8	159.8	5.5	90.2	93.3	0
1998	51229.5	113787	25181	45207.7	35177	626	460.7	9.1	96.7	96.6	0
1999	50839	113161	26734	48996.1	35768	677.5	357	9.1	87.1	96.2	0
2000	46218	108463	34374	52573.6	36043	766.9	414.5	9.7	90.2	91.2	0
2001	45264	106080	31793	55172.1	36399	918	480.8	10.3	107	101.4	1
2002	45706	103891	27160	57929.9	36640	1102.7	423.8	9.9	95.8	98.5	1
2003	43070	99410	32516	60386.5	36204	1134.9	527.4	12.4	102.3	102.0	1
2004	46947	101606	16297	64027.9	34830	1693.8	542.4	15.6	128.1	125.2	0
2005	48402.19	104278	19966	68397.8	33442	1792.4	512.6	19.9	99.2	101.6	0
2006	49747.9	104958	24632	72522.1	31941	2161.4	504.3	21.4	102.1	102.7	0
2007	50160.3	105638	25064	76589.6	30731	3404.7	—	—	109.0	106.1	0
2008	52870.92	106793	22283	82190.4	29923	4544.01	—	—	107.1	106.6	0
2009	53082.4	108140	21234	87496.1	28890	6720.41	—	—	104.9	105.9	0
2010	54641.0	109876	18538	92780.5	27931	8129.58	—	—	112.8	111.7	0
2011	57121.0	110572	12441	97734.7	26594	9937.55	—	—	109.7	112.2	0
2012	58957.97	111205	11470	102559	25773	11973.88	—	—	104.8	104.1	0

数据来源：1996—2013 年《中国统计年鉴》、中宏数据挖掘系统。

注：从 2007 年开始，国家财政支农支出因报表制度调整，口径与往年不同，本表中从 2007 年开始的支农支出实际为 2008—2013 年《中国统计年鉴》中的农林水事务支出，包括农业支出、林业支出、水利支出、扶贫支出、农业综合开发支出等；粮食生产价格指数：2001 年以前为统计年鉴中的全国农产品收购价格分类指数中的粮食价格指数，包括小麦、稻谷、玉米、高粱和黄豆；2002 年之后用统计年鉴中的农产品生产价格指数中的谷物类价格指数代替，包括小麦、稻谷和玉米。具体分析时，采用逐步回归法，以此来考查财政支农支出对粮食产量的影响程度。

采用 SPSS13.0 软件分析数据，首先放入政策类因素，得到回归结果如下：

$$\ln y = 10.066 + 0.153\ln x_5 - 0.065\ln x_6 + 0.19\ln x_7 \tag{6}$$
$$(42.665^{***})\ (2.495^{**})\ (-1.2240)\ (0.259)$$

$$\text{Adjusted } R^2 = 0.664 \qquad F = 18.759 \qquad D.W. = 0.458$$

此模型拟合效果不好，并且政策因素——农业基本建设支出 x_6 的符号是负号，与经济意义不符。

逐步加入控制变量，首先加入第一类影响因素——影响粮食生产的直接因素，即粮食作物播种面积 x_1，成灾面积 x_2，农用机械总动力 x_3，农业劳动力人数 x_4，得回归结果如下：

$$\ln y = -17.383 + 1.777\ln x_1 - 0.088\ln x_2 + 0.501\ln x_3 + 0.338\ln x_4 - 0.039\ln x_5 - 0.044\ln x_6 - 0.001\ln x_7 \tag{7}$$
$$(-4.187^{**})(5.274^{***})(-1.828^{*})(3.093^{***})\ (2.092^{**})\ (-0.621)\ (-1.095)\ (-0.013)$$

$$\text{Adjusted } R^2 = 0.898 \qquad F = 34.972 \qquad D.W. = 0.698$$

政策因素中的支农支出 x_5、农业基础设施建设支出 x_6 和科技三项费 x_7 的符号是负号，与经济意义不符。

然后加入第三类影响因素——市场因素，即粮食生产价格指数 x_8，城市粮食零售价格指数 x_9，得回归结果如下：

$$\ln y = 5.549 + 1.141\ln x_1 - 0.059\ln x_2 - 0.331\ln x_3 - 0.443\ln x_4$$
$$(0.841)\ (3.825)\ (-1.720)\ (-1.200)\ (-1.690)$$
$$+ 0.171\ln x_5 - 0.060\ln x_6 - 0.049\ln x_7 - 0.131\ln x_8 + 0.007\ln x_9 \tag{8}$$
$$(1.419)\ (1.893)\ (-1.122)\ (-1.661)\ (0.104)$$

$$\text{Adjusted } R^2 = 0.943 \qquad F = 26.807 \qquad D.W. = 2.793$$

政策因素中的农业基础设施建设支出 x_6 和科技三项费 x_7 的符号是负号，与经济意义不符。

最后加入虚拟变量 x_{10}，得回归结果如下：

$$\ln y = 5.212 + 1.180\ln x_1 - 0.063\ln x_2 - 0.310\ln x_3 - 0.467\ln x_4 + 0.155\ln x_5$$
$$(-0.713)\ (3.425^{**})\ (-1.605)\ (-1.002)\ (-1.581)\ (1.119)$$
$$+ 0.054\ln x_6 - 0.037\ln x_7 - 0.117\ln x_8 + 0.005\ln x_9 + 0.007\ln x_{10} \tag{9}$$
$$(1.360)\ (-0.641)\ (-1.234)\ (0.068)\ (0.370)$$

$$\text{Adjusted } R^2 = 0.931 \qquad F = 19.976 \qquad D.W. = 2.619$$

比较回归结果（6）～（9）可知，显然结果（9）的拟合效果要好于其他结果，但仍然存在多重共线性和序列相关问题。若要排除上述问题，需进行一系列修正，分析原因。虽然存在多重共线性，但随机干扰项的方差很小，当回归方程估计的参数标准差较小时，没有必要过分关心是否存在多重共线性的问题，因为多重共线性不会带来不良后果。对序列相关问题，则采用广义差分法修正。

修正后模型调整为：

$$\ln y = -2.493 + 1.376\ln x_1 - 0.084\ln x_2 + 1.059\ln x_3 + 0.445\ln x_4 + 0.387\ln x_5$$
$$\quad(-0.345)\ (4.462^{**})\quad(-0.81)\quad(2.18^{*})\quad(0.838)\quad(2.049^{*})$$
$$+0.007\ln x_6 + 0.161\ln x_7 - 0.351\ln x_8 + 0.429\ln x_9 + 0.001\ln x_{10} - 0.24AR \quad\quad(10)$$
$$\quad(0.176)\quad(1.569)\quad(-2.548^{*})\quad(1.730^{*})\quad(0.087)\quad(-1.337)$$
$$\text{Adjusted } R^2 = 0.972 \quad\quad F = 41.870 \quad\quad D.W. = 2.135$$

由式（10）系数可知，农业财政政策对粮食产量的影响是正向的，但对粮食数量增长的贡献率较小，影响有限。

（二）粮食财政直接补贴对粮食数量安全的影响评价：2002—2012 年[①]

从 2004 年起，我国开始大规模实行以对粮食生产者直接补贴为主的粮食补贴政策，目前已初步形成了以对种粮农民直接补贴及农资综合直接补贴为主的综合性收入补贴（又称粮食综合补贴），以良种补贴、农机购置补贴为主的生产性专项补贴，以及与粮食最低收购价补贴相结合的粮食补贴政策体系[②]，兼顾了粮食生产和农民收入等多种政策目标的要求。其中，粮食直补、农资综合直补、良种补贴和农机购置补贴政策是涉及面最广，政府财政支出最多的政策措施。

粮食补贴政策总体上对粮食供给能力及农民收入产生了一定的积极效应。我国粮食产量连续 7 年稳定在 1 万亿斤以上，实现连续 10 年增产，供求矛盾缓解。[③] 尽管如此，从长远看，国内粮食供求偏紧的格局仍然没有改变，粮食生产的基础仍然不牢固，粮食稳定发展的机制仍然不健全。[④]

众多学者的研究表明粮食补贴政策已取得很大成效，但政策效应逐步弱化。本部分试图从理论和实证两方面分析我国不同的粮食补贴政策对粮食数量安全的影响程度，采用经济学理论和灰色关联度方法评价粮食补贴政策对粮食数量安全的影响和作用效果，对比分析生产性专项补贴及收入补贴对粮食数量安全产生的影响效果，以合理评价粮食财政补贴政策对粮食数量安全的效果。

1. 相关概念说明

此处的粮食指广义粮食，即指谷物类、豆类和薯类的集合。[⑤]

"粮食安全"概念是 1974 年第一次世界粮食首脑会议首次提出的。1996 年第二次世界粮食首脑会议对粮食安全的含义做了第三次表述："让所有的人在任何时候都能享有充足的粮食，过上健康、富有朝气的生活。"虽然专家们对于粮食安全的理解还不统一，但是，粮食安全包括粮食数量安全和粮食质量安全两层含义是毋庸置疑的。本部分

---

① 本部分的主要内容由臧文如、傅新红和熊德平以《财政直接补贴政策对粮食数量安全的效果评价》为题发表于《农业技术经济》2010 年第 12 期，第 86~95 页。此处作了部分修改。

② 傅贤治，侯明利. 我国现行粮食补贴政策研究 [J]. 学术交流，2008（9）：68~72.

③ 国家统计局网站数据。

④ 农业部副部长危朝安 2008 年 12 月 29 日在全国农业工作会议种植业专业会上的讲话部分内容。

⑤ 参考《中国统计年鉴》对主要指标的解释。我国国家统计局在统计全国粮食产量时采用的是广义的粮食概念，按照国家统计部门的统计指标解释，我国粮食包括稻谷、小麦、玉米、高粱、谷子、薯类、豆类以及其他杂粮。

主要分析粮食的数量安全。

粮食财政直接补贴政策，包括以粮食直接补贴和农资综合直接补贴政策组成的收入补贴政策和以良种补贴、农机购置补贴组成的粮食生产补贴政策。粮食直接补贴和农资综合直接补贴政策都属于综合性收入补贴，二者分别从产出品价格和投入品价格角度保障种粮农民的收入。良种补贴和农机购置补贴则是针对中国入世后粮食标准化生产程度低、品质差等问题而出台的生产性专项补贴政策。

2. 粮食财政直接补贴对粮食数量安全的经济学理论分析

一般认为，影响粮食产量的因素主要有土地、资本、技术和劳动等，虽然现行的粮食补贴政策能够调动农民种粮积极性，减少土地弃耕荒芜，但事实上，年度间的粮食播种面积波动率较小，没有因政策变化而有特别大的影响，故假定播种面积不变。技术进步虽然对粮食增产有重要作用，但技术推广和实施的效果需经过较长时间才能够体现，短期内不会有大改变，故假定技术不变。所以归纳起来，粮食产量主要取决于资本和劳动投入，即粮食产量是资本和劳动的函数。故粮食生产函数可定义为 $Q=f(L，K)$，其中两大重要影响因素是劳动投入 L 和资本投入 K。

（1）生产补贴与粮食数量安全

粮食生产补贴是政府对种粮农民在生产环节进行的补贴，用以降低粮食生产成本，它包括对粮食品种的良种补贴和对农田作业措施的一次性限量补贴，如农机购置补贴。

在进行分析前，提出如下假设：

①农民完全理性，信息完全对称。

②此处的资本仅指用于粮食生产的化肥、种子、农药、农机等生产资料的投入。

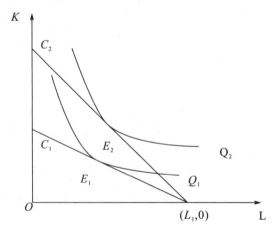

图 9-2　生产补贴的产量效应分析

如图 9-2 所示，横轴代表每年劳动投入，纵轴代表每年资本投入，在投入固定的条件下，粮食生产的等成本曲线为 C_1、C_2，与其对应的最大等产量曲线为 Q_1、Q_2，E_1、E_2 为两个最低成本点（最优配置点），劳动和资本的单位价格为 P_L、P_K，其中初始状态，粮食生产的等成本曲线 C_1 对应的方程为：

$$P_L L + P_K K = C_1 \tag{1}$$

由方程（1）可知等成本曲线 C_1 的斜率 $k_1 = -P_L/P_K$。

当政府对粮食进行生产补贴时，在假设条件①的前提下，该政策不会引起外流的劳动力（如农民工）的大量回流①，因此劳动力投入没有变化②。假设政府对每单位生产资料的补贴率为 S，由假设条件②可知，生产资料所需资本 K 的价格改变为（$P_K - S$），则方程（1）变为：

$$P_L L + (P_K - S) K = C_2 \tag{2}$$

该等成本曲线的斜率 $k_2 = -P_L/(P_K - S)$，则等成本曲线发生变化，变为 C_2，因为 $P_K > P_K - S$，显然 C_2 的斜率的绝对值比 C_1 的斜率的绝对值大，即坡度更陡，且与等成本曲线交于（L_1，0），这是由于实行了粮食生产补贴后劳动投入不变。

从图 9-2 可知，等成本曲线 C_1 与等产量线 Q_1 的最优配置点为 E_1，将其与政府实行生产补贴后的最优配置点 E_2 进行比较后不难发现，E_2 时的产量比 E_1 时高，即政府实行的粮食生产补贴促进了粮食产量的增加，从而保障了粮食数量安全。

（2）收入补贴与粮食数量安全

收入补贴指政府为促进农民增收将补贴款项直接支付给农民，而不通过市场传递的补贴，主要包括粮食直接补贴和农资综合直接补贴。将农资综合直接补贴纳入收入补贴是因为，虽然政府直接将补贴资金以农资综合直接补贴的名义发给农民，但具体用途由农民决定，可将其作为农民收入的一部分。

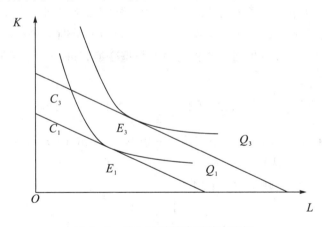

图 9-3　收入补贴的产量效应分析

由于农民既是生产者也是消费者，且从长期来看，会有部分收入补贴投资于生产，因此可以假设农民作为理性经济人，会将所有的收入补贴全部用于粮食生产。如图 9-3 所示，由于收入补贴对粮食产量的两个重要影响因素——资本和劳动价格不产生任何影响，因此，等成本曲线的斜率不变。设政府投入的收入补贴总量为 ΔC，则总成本增

---

① 罗润东、安国栋. 政府农业补贴策略研究［J］. 东南学术，2007（2）：129-135.
② 此处引用罗润东、安国栋在《政府农业补贴策略研究》中的一些结论，见脚注①。

加为 $C_1 + \Delta C = C_3$，则等成本曲线 C_1 向右平移至 C_3。此时，等成本曲线 C_3 与等产量曲线 Q_3 的最优配置点为 E_3，E_3 时的粮食产量显然比实行收入补贴前有所增加，因此政府的收入补贴对粮食产量的增加有促进作用。

综上可知，无论是以良种补贴和农机购置补贴为主的粮食生产补贴，还是以粮食直接补贴和农资综合直接补贴为主的收入补贴，二者对增加粮食产量均能产生促进作用，即粮食财政补贴政策在理论上对保障粮食数量安全有直接的作用。

3. 粮食财政补贴政策对粮食数量安全的效果评价的实证分析

（1）研究方法

灰色关联度分析方法（Grey Relational Analysis）是灰色系统理论中一种新的分析方法，即根据因素之间发展态势的相似或相异程度来衡量因素间关联的程度。它揭示了事物动态关联的特征与程度，是有效处理不确定变量相关关系，对系统发展变化态势进行定量描述和比较的一种方法。它的实质是对时间序列数据进行几何关系比较，找出影响目标值的重要因素，分析和确定要素间的影响程度或要素对系统行为的贡献程度。由于该方法以发展态势为立足点，因此对样本数量没有严格的要求，也不需要样本有典型的分布规律，计算量小、方便，且不会出现量化结果与定性分析结果不符的情况。该方法已应用到农业经济、水利、宏观经济等方面，并取得了较好的效果。在此，特运用灰色系统关联度分析方法就粮食财政补贴政策对粮食数量安全的影响效果进行定量评价。

设有 m 个时间序列，$\{X_1^{(0)}(t)\}, \{X_2^{(0)}(t)\}, \cdots, \{X_m^{(0)}(t)\}, t = 1, 2, \cdots, N$。式中，$N$ 为各序列的长度，即数据个数，这 m 个序列称为子序列，代表 m 个因素（或变量）。另设定时间序列 $\{X_0^{(0)}(t)\}, t = 1, 2, \cdots, N$，该时间序列称为母序列。关联度是两个序列关联性大小的度量，首先对原始数据变换，进行无量纲化处理。计算灰色关联系数（或程度）。

$$\zeta(k) = \frac{\min \min |\dot{x}(k) - x(k)| + p \max \max |\dot{x}(k) - x(k)|}{|\dot{x}(k) - x(k)| + p \max \max |\dot{x}(k) - x(k)|}$$

式中，p 为分辨系数，$0 < p < 1$。一般取 $p = 0.5$，$\min \min |\dot{x}(k) - (k)|$ 是两级最小差；$\max \max |\dot{x}(k) - x(k)|$ 是两级最大差。

求关联度 r，即对关联系数求平均值：

$$r = \frac{1}{n} \sum_{i=1}^{n} \zeta(k)$$

最后列出关联矩阵。记第一个母因素 Y_1 和第一个子因素 X_1 的灰色关联度为 r_{11}，第一个母因素 Y_1 和第二个子因素 X_2 的灰色关联度为 r_{12}。以此类推，形成母因素和子因素间的灰色关联度矩阵：

$$R = \begin{bmatrix} r_{11} & r_{12} & \cdots & r_{1n} \\ r_{21} & r_{22} & \cdots & r_{2n} \\ \vdots & \vdots & \vdots & \vdots \\ r_{m1} & r_{m2} & \cdots & r_{mn} \end{bmatrix}$$

（2）指标选取及数据来源

①指标选取

衡量粮食财政补贴对粮食数量安全的影响效果将选用如下指标：

A. 粮食总产量：在一定地域、一定时期和一定的经济社会条件下，由农业资源诸要素综合投入所形成的，以粮食产量为最终标示的粮食产出功能。由于当年粮食总产量是反映粮食生产能力的主要指标，粮食产量越高，说明粮食生产保障能力越高，因此选择其代表粮食数量安全水平。

B. 人均粮食占有量：按人口平均的粮食产量。在满足人们基本生活需要的前提下，按人口平均的粮食生产数量越多，国家可支配的粮食数量就越多，粮食数量安全程度就越高。

C. 粮食播种面积：当年粮食作物的生成面积。粮食补贴政策对提高农民种粮积极性有很大成效，农民种粮积极性的提高在很大程度上反映在粮食作物播种面积的数量上，故选取它作为衡量农民种粮积极性的指标。

D. 粮食自给率：一个国家或地区粮食供给满足需求的程度，通常用一国或地区当年粮食产量占当年粮食消费需求总量的比重表示。粮食自给率是衡量粮食安全水平的重要指标之一。[①] 一般来说，粮食安全水平与粮食自给率成正比，当粮食自给率大于95%时，表明一国已经基本实现粮食自给；当粮食自给率大于90%而小于95%时，则表示该国处于可以接受的粮食安全水平；若粮食自给率小于90%，则粮食安全状况堪忧。所以粮食自给率水平能够代表粮食安全的整体水平。

E. 粮食财政补贴总额：当年的粮食直接补贴额、农资综合直接补贴额、良种补贴额及农机购置补贴额的加总，反映了粮食财政补贴政策的总体情况。

F. 粮食直接补贴额：粮食直接补贴作为配合粮食流通体制改革出台的补贴政策，把原有对购销环节的间接补贴转变为对农民的直接补贴，目的是减轻农产品价格波动对种粮农民收入的影响。我国于2002年开始在部分地区试点粮食直接补贴政策并在2004年全面推开，对种粮农民直接补贴政策实行普惠制，即无论大农户还是小农户，无论种植何种粮食作物，无论产量高低，广大农民都能根据相同的补贴标准享受到粮食补贴带来的利益。

G. 农资综合直接补贴额：在现行粮食直接补贴制度基础上，因柴油、化肥、农药等农业生产资料增支对种粮农民实行的综合性直接补贴政策，目的在于弥补农民因农业生产资料价格上涨而增加的支出，稳定种粮成本，保证农民的种粮收益。

H. 良种补贴额：主要着眼于引导农民采用新品种和新技术，提高粮食品质和产量。

I. 农机购置补贴额：主要是鼓励和支持农民使用新型农业机械，提高粮食生产的物质装备水平和机械化进程。

---

① 王更新. 我国粮食自给率问题研究 [J]. 安徽农业科学，2007 (16)：4982—4984.

②数据来源

研究的时间跨度是 2002—2012 年，故所使用的数据来源于 2002—2012 年《中国农业发展报告》、2002—2013 年《中国统计年鉴》、中国宏观数据挖掘分析系统以及对相关网站数据的搜集整理（详见表 9—5）。数据分析采用灰色建模系统（IV 版），数据处理采用 Excel 2003 软件。

表 9—5　2002—2012 年全国粮食产量、粮食作物播种面积、粮食自给率与粮食财政补贴金额

项目 ＼ 年份	2002	2003	2004	2005	2006	2007	2008	2009	2010	2011	2012
粮食总产量 Y_1（万吨）	45705.8	43069.5	46946.9	48402.2	49804.2	50160.3	52870.92	53082.4	54641	57121	58957.97
人均粮食占有量 Y_2（公斤）	355.8	333.3	361.2	370.2	378.9	379.6	398.1	397.7	407.5	424	437
粮食作物播种面积 Y_3（千公顷）	103891	99410	101606	104278	104958	105638	106793	108986	109876	110573	111205
粮食自给率 Y_4（%）	95	89	96	99	99	95	98	92	90	90	89.4
总补贴额 X（亿元）	1	3	145.2	176.7	309.54	512.7	794.63	1274	1345	1406	1656
粮食直补 X_1（亿元）	—	—	116	135	142	151	151	151	151	151	151
农资综合直接补贴 X_2（亿元）	—	—	—	—	120	276	482	795	835	860	1078
良种补贴 X_3（亿元）	1	3	28.5	38.7	41.54	65.7	121.63	198	204	220	212
农机购置补贴 X_4（亿元）	—	—	0.7	3	6	20	40	130	155	175	215

数据来源：2002—2012 年《中国农业发展报告》、2003—2013 年《中国统计年鉴》、中国宏观数据挖掘分析系统和财政部等网站数据收集整理。

（3）实证结果及分析

①关联度计算

课题组对 2002—2012 年全国粮食财政直接补贴政策的各项补贴额和我国粮食生产

情况的相关数据进行了灰色关联度分析，具体数据见表 9—5。

　　根据 2002—2012 年相应指标的统计数据，确定子因素分别为对种粮农民的直接补贴额（X_1）、农资综合直接补贴额（X_2）、良种补贴额（X_3）和农机购置补贴额（X_4）；而母因素是反映粮食财政补贴政策对粮食数量安全的效果的指标，主要有粮食总产量（Y_1）、人均粮食占有量（Y_2）、粮食作物播种面积（Y_3）、粮食自给率（Y_4）。通过计算灰色关联度可知，2002—2012 年的粮食财政直接补贴政策对粮食总产量的灰色关联度为 0.781486，对人均粮食占有量的灰色关联度均为 0.781347，对粮食作物播种面积的灰色关联度为 0.781374，这说明粮食财政直接补贴政策确实调动了农民的种粮积极性，对粮食供给量产生促进效果，但对粮食增长的作用有限。其与粮食自给率的灰色关联度为 0.781518，说明粮食财政直接补贴政策对保障粮食数量安全有效果，但效果一般。下面进一步分析不同的粮食财政直接补贴政策对粮食总产量、人均粮食占有量、粮食作物播种面积、粮食自给率的影响，得到母子因素的关联度，形成灰色关联度矩阵。

$$\boldsymbol{R} = \begin{bmatrix} 0.5982 & 0.5506 & 0.6220 & 0.6850 \\ 0.6455 & 0.5362 & 0.6119 & 0.6761 \\ 0.6358 & 0.5367 & 0.6119 & 0.6761 \\ 0.6200 & 0.5377 & 0.6130 & 0.6761 \end{bmatrix}$$

　　②关联度矩阵结果分析

　　A. 从矩阵的第一列数据来看，$r_{21} > r_{31} > r_{41} > r_{11}$（0.6455>0.6358>0.6200>0.5982），表明粮食直接补贴对提高粮食人均占有量的效果优于对增加粮食作物播种面积、提高粮食自给率及粮食总产量的效果。其灰色关联度值均不高，分别为 0.6455、0.6358、0.6200 和 0.5982，说明目前我国实施的粮食直接补贴对促进粮食增产、提高粮食自给率、增加粮食播种面积的作用均不显著。这主要是由于我国绝大部分地区对农民的粮食直接补贴采取与前期的耕地面积挂钩的办法，未与其当期的粮食交售数量和价格挂钩。这样，只要有耕地承包权的农户就有资格享受补贴，出现了享受补贴的农户根本不种粮食，真正租种他人土地的粮农得不到补贴的状况。

　　B. 从矩阵第二列数据 $r_{22} \approx r_{32} \approx r_{42}$ 可以看出，农资综合直接补贴政策虽然实施时间较晚（2006 年开始执行），但在提高人均粮食占有量、增加粮食作物播种面积与提高粮食自给率方面的效果比较均衡。由于农业生产资料价格过高、增长过快，农民种粮的增产收益在很大程度上被生产资料价格上涨抵消了，农民不愿意种粮。农资综合直补政策是在现行粮食直接补贴的基础上，对种粮农民因柴油、化肥、农药等农业生产资料增加的支出实行的综合性直接补贴政策，目的在于弥补农民因农业生产资料价格上涨而增加的支出，从而稳定种粮成本，保证农民的种粮收益。

　　C. 矩阵第三列、第四列数据表明，良种补贴与农机购置补贴的效果相对较好（灰色关联系数均大于 0.6），并且在提高粮食总产量方面效果最佳（$r_{13} > r_{43} > r_{23} \approx r_{33}$，

$r_{14} > r_{24} \approx r_{34} \approx r_{44}$）[1]，这也符合良种补贴和农机购置补贴的初衷。推广优良品种实现了粮食增产，提高了土地生产率，发展农业机械化促进和适应了粮食规模化生产的需要，在粮食总产量增加的同时也提高了劳动生产率。与良种补贴相比，农机购置补贴的效果更好，更有利于增加粮食总产量（$r_{14} > r_{13}$）、提高人均粮食占有量（$r_{24} > r_{23}$）、增加粮食作物播种面积（$r_{34} > r_{33}$）、保障粮食自给率水平（$r_{44} > r_{43}$）。因为农机购置补贴有利于推广农机使用、提高农业机械化水平，从而提高劳动生产率。目前，粮食作物是机械化率最高的农作物，很多粮食主产区都实现了机械化生产。

D. 生产性专项补贴总体效果要优于综合性收入补贴，在促进粮食增产、提高人均粮食占有量、增加粮食自给率及农民种粮积极性提高方面效果最好（$r_{13} > r_{11} > r_{12}$，$r_{14} > r_{11} > r_{12}$，$r_{23} > r_{22}$，$r_{24} > r_{21} > r_{22}$，$r_{33} > r_{32}$，$r_{34} > r_{31} > r_{32}$，$r_{43} > r_{42}$，$r_{44} > r_{41} > r_{42}$），农资综合直补政策在四项补贴政策中效果最弱（$r_{12} < r_{11} < r_{13} < r_{14}$，$r_{22} < r_{23} < r_{21} < r_{24}$，$r_{32} < r_{33} < r_{31} < r_{34}$，$r_{42} < r_{43} < r_{41} < r_{44}$），生产性专项补贴是直接针对农业生产进行的补贴，与直接补贴政策相比，对农业增产更有效率，更有利于保障粮食的生产能力及粮食自给率，进而提高农民的种粮积极性。

E. 从灰色关联度矩阵的数据可以看出，粮食财政直接补贴政策是影响粮食增产、农民种粮积极性及粮食自给率的重要因素，但其促进作用有限，这可能与补贴力度不够、补贴方法针对性不强有关。同时，粮食补贴资金的落实与监管也存在一定难度，这在一定程度上弱化了其效果。

③研究结论

以上分析表明，现行的粮食财政直接补贴政策对粮食数量安全确有重要保障作用。生产性专项补贴政策的总体效果优于综合性收入补贴政策。综合来看，在四项补贴政策中，农机购置补贴的政策效果最好，粮食直接补贴的政策效果次之，农资综合直接补贴的政策效果最弱。粮食直接补贴对提高农民种粮积极性的效果要优于提高粮食自给率水平及提高粮食产量。生产性专项补贴在促进粮食增产方面效果最好，其中农机购置补贴更有利于增加粮食产量，提高农民种粮积极性和保障粮食自给率水平，但其作用仍然有限。

四、我国财政政策支持农业发展和确保国家粮食安全的发展思路

如何充分发挥财政政策在促进农业发展中的作用是一个世界性难题，就中国而言更是如此。财政支农投资的增加，对解决近期农业问题有一定作用，但要使农业保持充足的发展后劲，就必须制定长期发展战略，理顺国家与农民的分配关系，优化工农业资金分配格局和农业资金内部结构，从农业发展的现实状况出发，制定切实可行的农业财政政策。在财政支农政策的发展变化过程中，必须以科学发展观为指导，贯彻落实统筹城

---

① 用"≈"是由于若把数值精确到小数点后六位则显示出细微差别。如精确到小数点后六位的 r_{23} 为 0.611881，r_{33} 为 0.611907，但若精确到小数点后四位则数值变为相同的 0.6119；同理，精确到小数点后六位的 r_{24} 为 0.676122、r_{34} 为 0.676101、r_{44} 为 0.676069。

乡经济社会发展的政策，将解决好"三农"问题放在首位，促进财政支农政策的完善，创新财政支农机制体制。

（一）增加财政支农资金，优化资金结构

要充分发挥财政政策对农业的促进作用，必须推动财政支农投入机制的完善，充分发挥政府支农政策的导向功能和支农资金的杠杆作用，充分运用市场机制和投入激励机制，引导信贷资金和民间资本等投入，增加财政支农资金规模，优化财政支农资金结构。

（二）保护种粮农民的利益，确保农民种粮的积极性

要充分发挥财政政策对农业的促进作用，必须巩固支农、惠农、强农政策，保护粮农利益，确保农民的种粮积极性；大力支持农业基础设施建设和粮食生产，将国家粮食安全与农业产业结构调整、农业综合效益和竞争力的提高和可持续发展战略的实施结合起来，切实保护、稳定和提高粮食的综合生产能力，加强国家对粮食主产区的扶持，并采取有效措施，切实保护农民种粮积极性；在农田水利设施方面加大投入，不断提高农业综合生产能力；加大农业科技投入，充分发挥农业科技在现代农业建设和农村经济发展中的支撑、引领作用；切实落实扶持粮食生产的政策；大力支持防灾减灾工作，对农业灾害救助和灾后重建制度加以规范和完善。

（三）加强管理，提高财政资金运作效率

要充分发挥财政政策对农业的促进作用，必须树立新的理财观念，将"抓资金管理就是抓资金投入、使用效益以及资金安全"的理念贯穿于财政支农工作的始终，将强化支农资金监管与增加支农资金投入放在同等重要的位置；进一步提高支农资金的管理水平，进行严格的预算管理，不断增强预算的规范性和约束力；建立健全预算执行分析制度和支农支出进度考评制度，继续推行和完善报账制、公示制、专家评审制等管理方式；强化支农资金绩效考评制度，逐步实现支农资金分配与绩效考评挂钩；充分利用包含县级财政在内的基层财政，使其承担更多的监管责任。此外，中央财政与基层财政之间需进一步完善信息对接和沟通机制。

第二节　我国加强农业基础地位
和确保国家粮食安全战略的金融政策

一、农业金融政策概述

农业发展离不开资金投入，在农民自有资金、国家财政资金和金融资金三类农业资金中，金融资金发挥着越来越重要的作用，是影响农业发展和增加农民收入的重要因素。目前，我国已形成了政策性金融、商业性金融和合作性金融三位一体的农业金融

体系。

所谓农业政策性金融，就是在国家和政府支持下，以国家信用为基础，运用各种特殊的融资手段和优惠的存贷利率，严格按照国家政策的界定，以支持农业和农村经济发展为主要职责，直接或间接地体现国家对农业和农村经济支持和扶持政策的一种特殊的资金融通行为；商业性金融是指在国家产业政策指导下，运用市场法则，引导资源合理配置和货币资金合理流动等经济行为而产生的一系列货币商业性金融活动的总称；合作性金融则是具有"组织上的群众性、管理上的民主性、经营上的灵活性"的资金融通活动。

虽然农业金融具有较强的政策特征，但并不是说商业性金融在农业产业没有生存的余地；恰恰相反，随着农业市场化的推进，农业金融上的商业化运作范围在不断扩大，特别是在减少信用风险基础上的农业贷款，往往能获得较大的利润。

农业金融发展离不开政策的支持，农业金融政策不仅仅是各种农业补贴和支持政策的补充，更是促进农业健康发展的必要措施。我国从新中国成立以来积极致力于农业金融政策的制定和改革，使其不断适应经济发展的需求和变化，并在农业生产中发挥越来越重要的作用。

二、我国农业金融政策的历史演变

（一）计划经济体制下的农业金融政策（1952—1978 年）

新中国成立初期资金匮乏，农民需要通过资金互助来发展农业和农村经济，于是，政府领导农民组建资金互助合作组织以促进农村经济发展，并成立了由农民自愿入股，由入股社员民主管理，主要为入股社员服务，具有一级法人资格的合作金融机构，即农村信用合作社。

1951 年 5 月，第一次全国农村金融工作会议召开，决定大力发展农村信用社。至 1957 年底，全国共有 88368 个农村信用社。在此期间，农民入股形成农村信用社的资本，社员选举产生干部，积极开展信贷活动，为社员生产、生活服务，具有明显的合作制性质。一开始，农村信用社是扶持农业生产的重要金融力量。但是，经过生产资料的社会主义改造后，生产资料的个人所有权被取消，公有化程度逐渐提高，在随后的人民公社化运动中，由于政治原因，农村信用社先后被下放到人民公社、生产大队甚至贫下中农手中进行管理，成为基层社队的金融工具。

当时，受高度集中的计划管理体制影响，各类金融机构的建立均参照苏联银行模式，高度集中的国家银行体系得以形成。1953 年，集中统一的综合信贷计划管理体制开始建立，该体制实行"统存统贷"的管理方法，银行信贷计划被纳入国家的经济计划之中，开始行使为经济建设提供全面金融服务和监督的职能。与此同时，按照一切信用归国家银行的原则，中国人民银行成为"现金中心、信贷中心和结算中心"，承担起国家资金供应和货币监督的任务。这一状况一直持续到 20 世纪 70 年代末期。

（二）改革开放时期的农业金融政策（1979—1996 年）

1979 年 2 月，国务院发布了农村金融体制改革的纲领性文件——《关于恢复中国农业银行的通知》（以下简称《通知》）。在"以粮为纲，农林牧副渔并举，提高经济效益，活跃农村经济"方针的指导下，确立了提高粮食产量，促进农业基础产业发展，发展商品生产的目标，国家商品粮基地建设和家庭联产承包经营活动得到了农业银行的支持；粮食企业和供销社在扩大农副产品购销以及农民开展多种经营等方面均得到支持，促进了商品经济的发展。在这一时期，农业银行集中投向农村的贷款占其贷款总额的98% 以上。

但是，《通知》带有明显的计划经济色彩。例如，在对中国农业银行的管理方式上，仍然实行总行和省、市、自治区革委会的双重领导。与此同时，农村金融资源匮乏的问题没有从根本上得到解决，民间借贷由此活跃起来。1981 年 5 月，《中国农业银行关于农村借贷问题的报告》由国务院批转，该报告在中国农业银行对十五个省、市农业银行的调查研究基础上，反映了当时农村借贷关系的现实状况。这是改革开放以来政府首次提及农村非正规融资渠道。从此，农村非正规融资渠道得到正视，为以后国务院关注并出台农村非正规金融相关政策发挥了积极作用。

1984 年，第三个涉农一号文件《中共中央关于 1984 年农村工作的通知》发布，该通知要求将信用社办成群众性的合作金融组织。随后，《关于改革信用合作社管理体制的报告》出台，它要求通过改革、恢复和加强信用社在管理上的民主性，组织上的群众性和经营上的灵活性，坚持独立经营、独立核算、自负盈亏的原则，使民间借贷的作用得到充分发挥，把信用社真正办成群众性的合作金融组织。同时，还通过清股、扩股等方式，使社员与信用社的经济联系更加密切，从而改善了其经营管理体制，转变了内部经营机制。

但是，在该报告中，"行社"关系仍未得到彻底理顺，信用社依然在农业银行领导之下，县联社接受农业银行县支行领导，农业银行在政策上领导和在业务上指导信用社，信用社的归属权不宜由地方行政部门或其他经济组织掌握。

为加强对银行和其他金融机构的管理，促进金融事业健康发展，1986 年，国务院颁布了《中华人民共和国银行管理暂行条例》[①]。同时，《关于改革信用合作社管理体制的报告》提出的尽快制定《农村信用合作社管理条例》[②] 的意见被采纳。1990 年 10 月，《农村信用合作社管理条例》正式出台。

1996 年 8 月，《关于农村金融体制改革的决定》由国务院发布。该决定部署了农村金融体制改革工作，提出建立和完善以合作金融为基础、商业性金融与政策性金融分工协作的农村金融体系。农村信用社不再隶属于农业银行，被称为"行社分门"。中国人民银行负责其行业管理和监管，规定农村信用社投向其社员的贷款必须超过50%。随

---

① 该条例现已失效。
② 该条例已于 1997 年 9 月 15 日失效。

后，国务院农村金融体制改革协调领导小组成立。1997 年，农业银行"一身三任"的历史使命基本完成，由此进入向国有商业银行转变的历史时期。

《关于农村金融体制改革的决定》使中国农村信用合作社进入独立发展时期，从此，农村信用社脱离中国农业银行。农村信用社依照合作制原则，由社员入股，社员民主管理，主要为社员服务，成为真正的农村合作金融组织。改革步骤主要为农村信用社从行政上脱离中国农业银行，其业务管理由农村信用社县联社负责，其金融监管由中国人民银行承担。在 1996 年农村金融改革中，农村信用社以明晰产权为主旨进行产权制度调整，初步形成了"自我约束，自求发展，自主决策的经营机制"，农村信用社与中国人民银行以及中国农业银行的关系基本得到理顺。

（三）面向新世纪的农业金融政策（1997 年至今）

新一轮农村金融体制改革始于 1996 年，农村信用社改革是此次改革的重心，以建立和完善合作金融为基础，着力建立政策性金融和商业性金融分工协作的农村金融体系。民间金融在这一时期受到压制。

1996 年，依照《国务院关于农村金融体制改革的决定》的要求，中国农业银行与农村信用社开始剥离，中国人民银行开始对农村信用社进行金融监管。从正规金融组织架构方面看，以中国农业银行、中国农业发展银行和农村信用社为主体的农村正规金融体制格局和组织体系在农村初步形成。农村金融体制改革以农村信用社为重心展开，对有关民间金融或融资的政策进行收缩和压制。

2003 年 6 月，《国务院关于印发深化农村信用社改革试点方案的通知》（以下简称《通知》）发布。《通知》提出对信用社改革进行试点，总体要求是明晰产权关系，强化约束机制，增强服务功能；国家适当支持，地方政府负责，加快农村信用社产权制度和管理体制改革，使其逐步成为由农民和农村工商户各类经济组织入股，为农民和农村经济发展服务的社区性地方金融机构，充分发挥其农村金融主力军和联系农民的金融纽带作用，更好地发挥其支持农村经济结构性调整以及促进城市与农村经济协调发展的作用。《通知》要求，按照"自主经营、自我约束、自我发展、自担风险"原则建立健全信用社约束和激励机制，加强信用社的内部管理，进一步完善财务收支、贷款审批、风险控制等内部控制制度；同时，指定江西等 8 省（市）为改革试点省市。

2004 年，国务院办公厅《关于进一步深化农村信用社改革试点的意见》发布，信用社改革试点范围进一步扩大，除第一批改革试点省市和海南省外，其余 21 个省市全都纳入试点范围。2005 年 1 月，《中共中央 国务院关于进一步加强农村工作 提高农业综合生产能力若干政策的意见》（以下简称《意见》）发布，要求以法人为单位进行信用社产权制度改革，农村信用社的改革要继续深化，使其切实发挥在农村金融中的主力军作用；把建立产权清晰的农村社区性地方金融机构作为农村信用社的改革目标。但是，农村信用社长期以来官办和行政色彩较浓，在其影响下，此次改革中农村信用社的管理权又一次交给地方，银监会负责执行其行业监督。所以，农村信用社合作金融的"自愿、互助、互利、民主和低营利性"的特征没有得到充分体现，但它在农村正规金融机构中的主力军作用得到了发挥。2007 年 8 月，海南省农信联社挂牌成立，标志着全国范围内省联社管理体制的基本建立。2008 年 3 月，全国农村中小金融机构监管会议由银监会召开，会议针对在 2003 年启动的以推进农村信用社多种产权模式和建立省联社为核心的改革中出现的新问题，指出了对农村信用社进行新一轮改革的迫切性。此次改革被称为"二次改革"，其重点再次指向产权制度和 2003 年改革中新成立的省联社。总体而言，农村信用社改革取得阶段性成果和重要进展。截至 2007 年底，全国共组建农村商业银行 17 家、农村合作银行 113 家、以县（市）为单位的统一法人机构 1824 家。

农村非正规金融逐渐发展，1996 年，国务院发布的《国务院关于农村金融体制改革的决定》客观地评价了农村合作基金会等农村非正规金融机构。它一方面充分肯定了农村合作基金会在缓解农民生产和生活资料短缺、增加农业投入中所发挥的积极作用。另一方面，针对相当一部分农村合作基金会通过招股大量吸收居民存款，但入股人不参加管理、不承担风险的违法经营现实状况，提出了整顿合作基金会的措施：首先，农村合作基金会不得再以招股的形式吸收居民存款；其次，对已经开办存贷款业务、事实上已成为金融机构的农村合作基金会进行清产核资，之后可与现有农村信用社合并，也可以新开办农村信用社；再次，针对没有存贷业务或已开办了存贷业务但不具备条件转为农村信用社的，要发展成为真正的合作基金会。20 世纪 90 年代末，亚洲金融危机爆发。为了更好地对金融风险加以防范，1997 年 11 月，中央决定对农村合作基金会进行全面整顿。突然收紧的政策使得农村合作基金会内部矛盾表面化，1998 年全国各地挤兑现象普遍，对农村社会的稳定造成了严重的不良影响。1998 年 7 月，《非法金融机构和非法金融业务活动取缔办法》发布，除不计息的亲友间借款以及部分小额信贷之外，其他非正规金融组织或活动均被视为非法。1999 年 1 月，国务院发文对农村合作基金会进行取缔，从此，非正规的规模化民间金融及其融资基本上被视为非法。但是由于农村资金的供需缺口仍然存在，在中国，农村民间融资事实上仍然是农村融资的主要渠道。

三、我国金融政策支持农业发展和确保国家粮食安全的效果评价

（一）农业发展和粮食安全中金融资本的供给分析

1. 政策性金融资金供给

农业政策性金融资金供给的形式主要分为担保、贷款和发放补贴等。我国唯一的农业政策性银行——中国农业发展银行，自 1994 年成立以来，在促进农业发展方面发挥了重要作用，其金融资本供给主要体现为对粮棉油收购等流动资金的贷款等。但是，农业发展银行投入过多信贷资金，使其冠有"政策性"名义的支持农业贷款在实际运用中与农村系统的资金运动脱节，其信贷开发功能被大大弱化。作为支持农业和农村发展的农业政策性金融机构，其资金运用出现结构性失衡，与其发展功能极为不对称。除中国农业发展银行外，农村信用社和中国农业银行也承担了部分政策性业务，但都没有形成

体系。农村信用社承担的政策性业务主要有小额信用贷款、助学贷款、扶贫贷款；中国农业银行主要承担以电网改造为重点的农村基础设施建设贷款、扶贫贷款、农村城镇化贷款。中国农业银行、农村信用社在小额扶贫贷款等政策性业务方面，存在着利润最大化与兼顾社会效益双重目标的内在冲突，并没有充分体现出非营利和扶贫的性质，而是过多地追求营利能力和还款能力，扶贫效果不理想。

2. 商业性金融资金的供给

（1）正规金融机构的金融资本供给

为农业发展提供金融供给的正规金融机构主要是中国农业银行、中国农业发展银行和农村信用合作社。农村信用合作社作为农村正规金融机构发挥着主力军的作用。但是如果用农户储蓄存款和农业存款两个指标表示金融部门从农村筹集的资金，用农业贷款和乡镇企业贷款两个指标表示金融部门向农村地区注入的资金，两相比较发现，正规金融部门的支农力度在减弱。研究表明，1996年，农村通过金融渠道流出的资金为1912亿元；到2005年，其数值增加到11379亿元。[①] 相关研究发现，在改革开放以后的大多数年份中，农村信贷资金都处于净流出状态。1979—1994年间，净流出的年度有11个，资金总额约为882亿元。20世纪90年代以后，国有商业银行大量撤并县以下营业网点，农业银行也逐步向城市发展，邮政储蓄机构只存不贷，以上因素都导致了农村资金城市化。通过缴纳存款准备金、转存中央银行、购买国债等方式，农村信用社大量转移农村资金，每年约2000亿元。虽然中国人民银行给农村信用合作社以一定数量的资金支持，但是对于弥补农村资金净流出的作用不大。农村资金过分外流，不利于农业发展和粮食安全，也不利于整个国民经济的协调发展。

（2）非正规金融的金融资本供给

民间金融有广义与狭义之分，农村民间金融的统计同样具有宽窄两种口径。广义上的农村民间金融指在农村领域中，具有非公有制性质的全部金融活动和金融组织的总和。与之相对应，狭义农村民间金融是指在农村领域中，尚未纳入中央银行监管范畴或未登记注册的金融形式和金融组织的总和。当前，在我国经济转型时期，狭义农村民间金融的界定更加符合现实状况，即把农村信用合作社剔除后的农村民间金融形式和金融组织。

民间融资是一种传统的借贷方式，广泛存在于城市、乡镇经济中。它没有被纳入国家金融体系之中，其特点是分散性较高，隐蔽性和流动性较强等。在很长一段时期内，金融管理部门都难以对其进行监测与控制。民间融资对农业和农村经济发展有一定程度的推动作用，但总体而言，有利有弊。现阶段，尽管我国农业金融政策对非正规金融的发展进行了压制，但是实际上，农村中非正规金融仍然大量存在。

（二）农业发展和粮食安全对金融资本的需求分析

农业发展和粮食安全对金融资本的需求包括两部分，一部分是指农户以及小规模农

---

① 张雅茹. 我国农村金融供求结构性矛盾及对策研究［D］. 开封：河南大学，2008.

业生产组织在农业生产上的货币需求，即农业生产性货币需求，另一部分是指政府的金融需求。

农业生产性货币需求的特点，主要表现在资金需求分散，季节性强，以农业生产周期为资金的使用周期，还款来源明确但并不稳定。自然条件制约着农业生产经营，瞬息万变的市场需求也会对其产生影响，农业需要应对来自自然和市场的双重风险。在农业贷款方面，因其安全保障措施相对较少、风险较大，为了降低风险，提供担保是绝大部分贷款机构的必然要求。对农民来说，符合担保人条件的亲朋好友或集体组织不多，而我国农村居民拥有的家具、房屋、农具等价值都普遍较低，流通和折现难以实现，成为抵押品的可能性较小。可供抵押物以及担保人的缺乏，使得小额信用贷款成为金融机构对农村居民提供的主要贷款形式。在农业贷款风险较大、信用建设滞后的情况下，商业银行坚持审慎经营的原则，以追逐利润为目标，不可能发放大量的信用贷款给农户，因此，农户贷款困难。

政府的金融需求主要是指用于农村基础设施建设等公共产品的需求。农业基础设施是支撑农村经济的基础，它决定着农业生产活动所能达到的发展水平。农业基础设施越发达，其经济运行越有效。这一资金需求量远远超过单个农户可以承受的范围，所以需要政府加大投入，但是政府财力毕竟有限，金融资本的介入成为必然。因此，以积极的财政政策和多元化的农村金融融资渠道来满足农村基础设施建设的资金需求，才能加快农村基础设施建设。

（三）金融资本的供求均衡分析

1. 政策性金融资金供求分析

目前，我国农村政策性金融供给严重不足，这与迅猛增长的农村政策性需求存在很大差距，形成巨大的"硬缺口"。这主要表现在以下三个方面。

第一，资金来源渠道单一，政策支持力度不大。中国农业发展银行作为我国唯一的农村政策性金融机构，应该充分满足农村的资金需求。但是事实上，农业发展银行只拥有较为单一的资金来源渠道，长期以来，中国人民银行的再贷款是其主要依靠，通过其他渠道筹资的成本较高，与其优惠贷款形成巨大的利差缺口。再者，政府对农村政策性金融支持力度也不大，缺乏农村政策性金融法规，严重制约了农村政策性金融的发展。

第二，资金投入不足，供需缺口大。根据预测，至少应该投入 15~20 万亿人民币才能够完成建设社会主义新农村的目标任务，而其中相当一部分需要由政策性金融提供。但是，农业发展银行每年提供的资金都比较有限，资金投入严重不足，政策性贷款数额在逐年减少。总体而言，农村政策性贷款余额不断萎缩，其投放额呈下降趋势。

第三，农村政策性金融银行业务范围狭窄，资金运用效益不高。中国农业发展银行的资金主要是支持粮棉油等农产品流通各环节的营运需要，对维护国家农产品安全，特别是粮食安全起到了十分重要的作用，但其对农业发展的其他方面却力不可及。另一方面，由于粮食企业获得贷款后，没有还贷激励和压力，容易产生比例较高的不良贷款，从而影响到中央银行再贷款资金的回收。

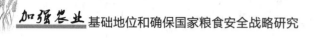

2. 商业性金融资金供求分析

农业发展和粮食安全保障对商业性金融的资金需求呈现增长和多样化的趋势，而金融资本的供给无论是资金数量还是结构都明显不能满足需求。

第一，供需总量上的失衡。我国农村信贷资金需求与供给在总量上差异较大。2000年，我国农村资金需求总量为35787亿元，同期农村贷款总量为22757亿元，资金供求缺口为13030亿元；2006年，资金需求总量上升到81752亿元，同期农村贷款总量也达到29880亿元，而资金供求缺口则扩大到51872亿元，是2000年资金供求缺口的近4倍[1]，农村信贷资金供需总量矛盾突出。近年来，随着农业经济结构调整的深化，农业发展对资金需求呈现出刚性增长；此外，农村资金外流现象十分严重，信贷资金的流量、流向都发生了新变化。尽管近年来，国家加大了对农村金融的支持力度，截至2010年末，商业性金融机构涉农贷款余额达到100947.6亿元[2]，但农村信贷资金供需缺口仍然呈现扩大态势。

第二，供需结构上的失衡。首先，银行放贷难和农户贷款难现象并存。受农业生产面临市场与自然双重风险、农户信用和有效抵押缺失、金融产品与社会中介发展滞后等因素的影响，农户贷款难的问题依然存在。据有关测算，民间借款是当前农户取得贷款的主要渠道，民间借款占农户借款额的70%，在不同程度上获得非正规金融体系借款的农户约有50%~65%。与农户贷款难相对应的是银行放款难，由于激励机制和信贷管理体制的制度安排不科学，银行追求贷款"零风险"以及基层贷款审批权限上收，贷款终身责任制得到普遍推行，实施了包括严格贷款损失责任追究在内的贷款谨慎经营措施，而与之对应的激励机制却未能建立，基层信贷人员主动开拓农村信贷市场的创造性和积极性受到了极大的束缚，从而导致了农村信贷市场从正面激励走向反面约束，从多元竞争转向一元垄断。其次，金融服务和创新滞后，多层次的金融需求得不到满足。随着市场化程度的提高以及农村工商业的迅速发展，农业发展对金融服务的要求呈现多样化的特点。但是就大多数农村金融机构而言，要么缺乏产品创新能力，要么对农村经济主体的金融服务新要求不予理睬，存款、贷款、汇款这些传统项目仍然是其主要的金融业务，以农民、农村集体经济组织以及农村中小企业为对象的产品服务创新相对缺乏，农村经济发展的需要不能得到满足。

四、我国金融政策支持农业发展和确保国家粮食安全的发展思路

（一）增加农村金融的有效供给

第一，深化农村信用社改革，使其农村金融主力军的作用得到充分发挥。农村信用合作社应坚持为"三农"服务的方向，推行农户小额信用贷款和互保、联保贷款，支持

① 蔡晨. 农村金融的供求失衡分析［D］. 成都：西南财经大学，2009.
② 中国人民银行农村金融服务研究小组. 中国农村金融服务报告2010［R］. 北京：中国金融出版社，2011：1，68.

种植业、养殖业发展，扩大信用社的信贷阵地，并且适当放宽信贷条件和限额。

第二，加强农业银行支持农业发展的功能。农业银行应发挥国有商业银行的优势，在农村金融市场上发挥"领导"作用，通过资金优势、网点优势、队伍优势和技术优势，发挥国有银行对农村金融市场的控制力、影响力和牵引力。

第三，充分发挥农业发展银行的政策金融效应。农业发展银行应建立起由财政参与、以财政为主要后盾的资金保障体系，间接吸收储蓄，实现多渠道筹资，扩大金融债券发行，适当增加商业银行短期借款，以保障金融资本的有效供给。

（二）创新金融工具、分散农业风险

首先，大力构建农业保险体系。当前，我国要以中国人民保险公司的农业保险机构为基础，由国家财政和地方财政共同出资，组建国家农业政策性保险公司，形成以农民合作保险为基础的多层次农业保险体系，分散农业风险。

其次，大力发展农业保险。实施强制保险和自愿保险相结合的农业保险方式，针对农民不同层次的保险需求设置险种，以满足农民需要为目的，不断开发适合的险种；将原来用于扶持农业的专项资金转而支持农村金融保险；通过相应的资金支持以及优惠政策，充分发挥农业保险在分散农村经济风险中的重要作用；通过税收、金融、财政、再保险等经济手段以及其他技术支持农业保险，从而有力地支持农民生产、农业经营和农村经济发展；对于商业性保险公司提供的农业保险业务，也应给予政策优惠，激发他们继续开办农业保险的积极性。

（三）加强规范民间金融，实行分类引导

民间金融主要有四种表现形式：民间借贷、民间合会、民间集资以及私人钱庄。民间借贷的用途不同，存在明显的地区性差异。规范和引导应该是对待民间金融的恰当方法。

第一，加强引导。在传统的或经济不发达的农业区，引导的方法是降低农村金融门槛。农村信贷机构的组建主体可以是有条件的个人或者组织，允许组建以当地民间金融大户为主的股份制金融合作组织。这类组织主要负责向农民和中小企业提供贷款，"只贷不存"，即在经营中只允许用自有资金，一般不吸收存款，利率水平由借贷双方协商确定，自我决策、自主经营、自负盈亏。2005 年，中国人民银行在山西、陕西、四川、贵州等省进行的试点就属于上述情况。

第二，注重规范。在经济较发达和民间借贷形式较为高级的地区，应当准许在资本金、股东人数、经营者资格等方面达到法律规定条件，且经营规范、规模较大的私人钱庄等民间金融机构进行注册登记。登记的形式可以是股份制或股份合作制，并鼓励其向社区银行方向发展，为农户及企业提供较大规模的资金供给，由银监部门对其进行监管。对以非法集资为目的的民间金融应该坚决予以取缔，而对分散、小额、用于满足农户基本生活需要而进行的民间自由借贷则应任其自由发展。

（四）加强监督管理、防控金融风险

应当从我国金融机构审计的具体情况出发，建立一套法律监管框架和监管组织机构。设置专门机构进行金融风险评估，对各个金融机构的内部控制、经营管理、风险控制等方面进行检查，特别是在资本充足率、资产负债率、备付金率、不良资产率等方面进行重点监督管理；对不良贷款采取"新老划断"的方式，对于以前由于经营不善引起的不良贷款要落实到人，坚决采取法律手段对"钉子户"等进行依法清收；建立强制性存款保险制度，制定相应的政策法规，制定存款保险的条件、程序和规则，切实维护和保障储户的根本利益。

第三节　我国加强农业基础地位和确保国家粮食安全战略的产业政策

一、农业产业政策概述

产业政策是指政府根据经济发展要求和一定时期内的产业现状以及其变动趋势，以市场机制为基础，规划、干预和引导产业形成和发展的政策。其目标在于引导社会资源在产业部门之间及产业内部的优化配置，以促进国民经济高效发展。农业产业政策是指各国政府根据本国的国情，为促进农业生产的持续、快速、健康发展而制定的一系列政策的总称。从国家的角度来看，主要包括农业产业布局政策、农业产业结构政策和农业产业组织政策。

（一）农业产业布局政策

农业产业布局政策的制定，既要尊重现有的农业生产格局，又要兼顾地区比较优势的发挥，以形成生产力的合理布局，对于幅员辽阔、各地区自然条件千差万别的我国来说，农业产业布局政策关系到农业的整体发展。目前，我国实施的产业布局政策主要表现为：确立不同类型省区的产业发展优先序列和主导产业；对由中央政府和地方政府直接管理以及主要由市场调节的产品、产业进行划分；对基础产业的建设布局进行合理规划；协调区际经济关系，减少区际摩擦和矛盾。

（二）农业产业结构政策

农业产业结构有狭义和广义之分。狭义的农业产业结构是指农业内部各生产部门的组成及其相互之间的关系，既包括种植业、林业、畜牧业、渔业之间的产值构成及其内在关系，也包括这些产业内部各类农产品之间的关系。广义的农业产业结构除包含上述内容外，还包括区域间的农业产业结构问题。广义的农业产业结构是一个多层次的综合体系，包括农业在整个国民经济中的地位和第一产业内部结构的变动。其中，第一层次为农业产业结构的基本内容，包括种植业、林业、畜牧业、渔业的部门结构；第二层次为农业内部各部门的生产项目结构，以种植业为例，其产业结构表现为经济作物、粮食作物和饲料作物之间的比例关系，与种植业产业结构平行的还有林业、畜牧业和渔业产业结构；第三层次是粮食作物产业结构，表现为各种粮食作物之间的结构。农业产业结构政策是由政府规划农业产业结构逐级演进的目标，并分阶段确定重点发展的战略产业，引导农业经济向新的广度和深度发展的经济政策。它要求对农业进行结构性的科学安排和规划，通过有意识地影响或改变现有农业产业结构，达到提高经济资源配置效率的目的。

（三）农业产业组织政策

产业组织是指在同一产业的内部，各企业在进行经济活动时所形成的互相联系及其组合的形式。由于各企业间相互联系的形式和机制不同，对产出效益及资源利用效率产生直接影响，所以运用经济政策改善产业组织，实现其合理化，并借此达到有效利用资源、收益分配公平等经济政策的一般目标，已成为产业组织政策的首要任务。与之相对应，农业产业组织是指农户与相关的企业或合作服务组织，或相关企业与合作服务组织之间为了实现商品化、专业化生产而进行交易活动的协调方式或契约关系。农业产业组织政策则是政府为了实现农业产业组织合理化而制定的一系列政策的总称。

二、我国农业产业政策的历史演变

（一）计划经济时期的农业产业政策（1953—1978 年）

新中国成立后的头 30 年，中国农业在摸索中改革和发展（见表 9−6）。总体而言，这一阶段农业处于自给半自给状态，农产品商品化率较低，多数采用传统的养殖、耕作和加工技术，片面追求农产品的数量，而对农产品的品质和质量标准没有给予足够重视。新中国成立初期，全国进行了土地改革和生产资料所有制的社会主义改造，3 亿多农民实现了耕者有其田。1953—1957 年，国家对农业采取了一系列政策，包括对农业实行合作化、对主要农产品实行统购统销和派购制度等，粮、棉、猪、水产品等主要农产品的第一个五年计划指标超额完成。1953 年 10 月，《关于实行粮食的计划收购与计划供应的决议》由中共中央发布。1953 年 11 月，《关于实行粮食计划收购与计划供应的命令》发布，在全国范围内实行粮食统购统销的政策，旨在通过低价垄断收购农产品，降低工资成本和工业原料成本，从农业和农村提取积累并转化为工业化的发展资金。通过提高工业制成品的价格，形成超额利润，从而加速中国工业化进程。1953 年实行粮食统购统销后，农村粮食集市贸易政策曾发生多次变化。1955 年《农村粮食统购统销暂行办法》与《市镇粮食定量供应暂行办法》颁布，规定农村实行粮食"三定"政策，即定产、定购、定销。1957 年颁布《粮食统购统销的补充规定》，实行以丰补歉（国家增购粮食的数量一般应为增产部分的 40％）。1957 年 8 月，农村初级粮食市场全面关闭。1962 年 9 月，《关于粮食工作的决定》发布，粮食议购议销在全国范围内正式开展起来。

1958 年后，受"左"的错误指导思想影响，加上严重的自然灾害，农业大幅减产，生产水平大约倒退了十年，全国出现了城乡农产品供给严重短缺的现象。1962—1965 年，针对农业出现的重大挫折，中央提出了"调整、巩固、充实、提高"八字方针，大力推行"农业八字宪法"，即在土（壤）、肥（料）、水（利）、种（籽）、密（植）、（植）

保、管（理）、工（具）等八个方面推广先进技术。同时农村经营政策被放宽，农业税负担和粮食征购任务得到调减，农副产品的购销价格也得到调整，允许农民发展家庭副业，开放农村集市贸易。

表 9-6　1953—1978 年中国农业发展表现

时　期	表　现
1953—1957 年	恢复和快速增长
1958—1965 年	增长衰退和恢复
1966—1978 年	增长停滞徘徊

经过三年努力，农业生产得到恢复发展，农产品供给问题改善。1965 年 10 月，《关于稳定农民粮食负担，下苦功夫进一步做好粮食工作的意见》得到中共中央批转，在农村社队的粮食征购任务方面，实行"一定三年"不变的办法，如果遇到重灾，则对当年征购任务适当调减。1971 年，《关于继续实行粮食征购任务一定五年的通知》由中共中央发布，继续减轻农民粮食征购的压力。

1966—1976 年，"文化大革命"将中国农业和农村经济推向了崩溃的边缘。农村家庭的副业、多种经营、集市贸易都被看成是走资本主义道路，自由市场长期关闭，部分地区的社员自留地被收回，家庭副业被抑制。因当时片面强调"以粮为纲"，多种经营被忽视，农业生产结构出现严重不协调，农业资源遭受破坏。到 1978 年底，我国面临农业落后，粮食短缺，农产品供给不足的局面。

（二）改革开放以来的农业产业政策（1978 年至今）

1. 农业产业布局政策

（1）建设农产品商品生产基地的政策（1978 年至今）

1979 年 9 月，《中共中央关于加快农业发展若干问题的决定》指出，国家的农业投资必须用于重点建设一批商品粮、畜牧业、经济作物、林业和渔业基地；同时，建设社会主义现代化大农业的一项重大战略措施是发展农产品商品基地。1983 年 1 月，《当前农村经济政策的若干问题》指出，农、林、牧、副、渔等各业都应该建立一批商品生产基地。1985 年 3 月，《中共中央　国务院关于放宽政策加速发展水产业的指示》指出，可以使用资金扶持建设水产品商品基地。1990 年 12 月，《中共中央关于制定国民经济和社会发展十年规划和"八五"计划的建议》提出要建设一批国家级的重要农产品商品生产基地。《九十年代中国农业发展纲要》又提出要全面加强农产品商品生产基地建设。1991 年 11 月，《中共中央关于进一步加强农业和农村工作的决定》进一步指出要重点扶持商品粮大县。从 1994 年起，在主产区选择 500 个商品粮大县和 150 个优质棉大县集中力量加以扶持，由国家安排专项贷款，适当增加基地建设投资。

（2）发展特色农产品基地的政策（1986 年至今）

《中共中央　国务院关于 1986 年农村工作的部署》指出，在沿海地带以及其他有条件的地区发展创汇农业，建立一批新的农产品、乡镇企业小商品和特产品的出口基地。1987年8月，《全国牧区工作会议纪要》指出，"七五"期间，重点建设一批细毛羊、半细毛羊、肉羊、肉牛、奶牛、绒山羊商品生产基地。

（3）建立"两高一优"商品基地政策（1992年至今）

1992年9月，国务院《关于发展高产优质高效农业的决定》指出，发展高产、优质、高效农业要依靠科技进步。1993年11月，《中共中央 国务院关于当前农业和农村经济发展的若干政策措施》指明，要实行科技、物资、资金等生产要素的综合投入，有计划地在不同地区建立一批各具特色的高产、优质、高效农业示范区。

（4）我国农业产业带布局的政策（1993年至今）

1993年，《全国土地利用总体规划纲要（草案）》将全国划分为11个土地利用一级区以及37个土地利用二级区。《关于印发（90年代中国农业发展纲要）的通知》明确提出，东南沿海地区和长江中下游要多生产优质稻谷；东北地区、黄淮海地区要积极发展小麦、大豆和玉米生产，而棉花生产则主要分布在长江中下游平原、黄淮海平原以及新疆地区；油料生产要以长江以北的花生和长江流域及长江以南地区的油菜籽作为重点；糖料生产则通过稳定发展东南沿海地区的甘蔗和东北、西北地区的甜菜，并且加快发展云南、广西的甘蔗生产来加以保障。大中城市郊区应重点发展畜、禽、奶、蛋的生产，农区要继续着重抓好肉猪生产，积极发展瘦肉型猪的生产，大力发展养牛业；半农半牧区要加快发展羊、牛等草食性动物饲养；牧区要积极发展羊毛生产。全国不同地区选择建设以下六种类型的示范区：①外向型农业示范区：主要布局在黄、渤海周边地区，长江三角洲，珠江三角洲，闽南地区，以及其他沿海省（区、市）；②城郊型农业示范区：主要分布在京、津、沪等大城市郊区；③农产品转化型示范区：主要布局在平原和丘陵地区；④高科技农业示范区：主要布局在便于以农业科研院所为依托，科技实力比较雄厚的地区；⑤农业资源综合开发型示范区：主要布局在山区、丘陵区；⑥特色农业示范区：主要建设在立体农业、旱作农业、生态农业、旅游农业、节水农业等有一定基础的地区，对于粮棉主产区的经济发展要予以支持。

2. 农业产业结构政策

（1）土地经营政策及流通政策改革阶段（1978年至今）

1978年十一届三中全会以后，家庭联产承包责任制在农村推行，即实行以家庭经营为基础、统分结合的双层经营体制。家庭联产承包责任制是土地经营制度的重大变革。此阶段农产品的流通政策主要是对主要农产品的统购价进行大幅度调整，恢复农产品的集市贸易，开展农产品议购议销，实行以国营为主的多渠道经营，缩小农产品计划管理范围。这一时期的农产品流通政策主要是对农产品价格进行调整，搞活农产品流通，为进一步的农产品流通体制改革创造条件。

（2）流通体制改革阶段（1985年至今）

1985年中央一号文件规定，从1985年起，除个别品种外，国家不再向农民下达农产品派购统购的任务，而是依据情况不同分别实行市场收购和合同定购。此时农产品购销实行"双轨制":一部分是由国家定价的国家全品种统一收购和国家分品种定额收购部分,前者如棉花、烟草、蚕茧等,后者如粮油的合同定购部分;另一部分则是按市场议价运行的市场调节部分。此阶段改革主要包含以下几个时期。

①粮食流通时期。1985年底,国务院重新将粮食征购由"国家任务"的性质改为合同定购,并且提出了"逐步缩小合同定购数量,扩大市场议购"的方针。1990年,国务院又将粮食的"合同定购"改为"国家定购",明确规定合同定购是农民应尽的义务。1990年5月,国务院批准在郑州建立以省际小麦调剂为主的中央粮食批发市场,此后玉米、大米批发市场相继在长春、九江、武汉建立。1990年9月,国务院决定筹建国家粮食储备局,在粮食收购上实行最低保护价制度,并建立用于调节市场价格和供求的粮食专项储备制度,以解决粮食丰收后"卖粮难"的问题,这是粮食流通体制的又一重大改革。1991年5月至1992年4月,国家连续三次提高城镇居民定量内口粮的销售价格,购销同价基本实现。1991年底,国务院指出在粮食购销体制改革方面可以采取"分区决策,分省推进"的办法,随后,一些地方陆续进行了放开经营、放开粮价的试点,很快打破了城镇居民口粮定量的陈规。

②棉花流通时期。1992年5月,棉花流通体制改革的最终目标确定,即放开经营,放开市场,放开价格,逐步建立起在国家宏观调控之下,以市场调节为主要手段、内外贸易相互联结、高效畅通的棉花流通新体制。

③鲜活农产品流通时期。鲜活农产品主要包括肉、奶、蛋、蔬菜、水果以及水产品等种类的农产品。1985年1月,国家规定水产品、生猪和工矿区、大中城市的蔬菜要逐步取消派购,实行自由上市交易。1986年,《中华人民共和国渔业法》明确指出,国家鼓励全民所有制单位、集体所有制单位和个人充分利用适于养殖的滩涂、水面发展养殖业;国家鼓励和扶持远洋、外海捕捞业的发展,合理安排近海和内水捕捞力量。除加强鲜活农产品生产供应外,1986—1992年,国家重点发展流通设施建设以及农产品批发市场,培育市场流通主体,逐步加强政府对市场的宏观调控。1987年,国家强调指出,肉、奶、蛋、菜等易腐鲜活商品市场风险较大,尚未放开的品种和地区应当积极准备放开;同时抓紧批发市场建设,使国营商业主导作用得到发挥,实行多渠道经营,分担生产风险。1988年,农业部和其他部委启动了"菜篮子工程"建设,其中包括鲜活农产品的流通体制改革。该建设工程提出要发展期货交易,建立市场风险基金,以立法形式制止地方封锁等。1991年10月,国务院强调各级政府要抓流通,加强宏观调控,但同时鲜活农产品流通要更多地发挥市场机制作用。流通体制改革为农业产业结构调整提供了更大的空间。在农业规模化、产业化、企业化经营进一步发展的背景下,乡镇企业迅速崛起,加速了农业产业结构调整,同时主要农产品的价低难销引发了全国范围的农业产业结构调整,以着力于生产社会所急需的农产品。

(3) 建立和完善社会主义市场经济体制时期(1992年至今)

1993年,《中华人民共和国农业法》规定,我国农产品购销逐步实行市场调节的办法,对关系国计民生的重要农产品购销,国家实行必要的宏观调控,这为农产品流通改革指明了方向。此后，农产品价格的市场机制体制逐步建立，棉花、粮食市场价格机制改革也在逐步推进。一方面，市场管理加强，市场价格信息网络完善，一些重要农产品的最低保护价得以确定。例如，1993年2月，国家开始对农药、化肥、农用柴油、农膜实行计划外最高限价。另一方面，价格宏观调控加强，如建立了棉花、粮食、粮、油、肉等农产品专项储备制度和重要农产品风险基金等，以确保主要农产品的市场价格稳定在合理范围内。这些政策措施的不断完善，使我国农产品的市场价格体制逐步健全。

①流通方面。1993年，《关于加快粮食流通体制改革的通知》指出，要在国家宏观调控下稳步积极地放开经营和价格，增强粮食企业的活力，进一步推动粮食商品化、经营市场化；同年，江泽民在《要始终高度重视农业、农村和农民问题》中指出，培育市场主体，加强宏观指导，健全市场体系和对农业的保护是当前深化农村改革的主要内容，要加快建立适应社会主义市场经济要求的农村经济管理体制和运行机制。1997年，中央农村工作会议强调，要解决农产品流通不畅的问题，切实做好粮食收购工作。1998年，全国粮食流通体制改革工作会议提出粮食流通体制改革应坚持"四分开一完善"的基本原则；同年，《关于进一步深化粮食流通体制改革的决定》由国务院发布。

②土地经营方面。1993年，《关于当前农业和农村经济发展的若干政策措施》指出，以家庭联产承包为主的责任制和统分结合的双层经营体制作为我国农村经济的一项基本制度，要长期稳定并不断完善；原定的耕地承包期到期之后，再延长30年不变。1998年，《中共中央关于农业和农村工作若干重大问题的决定》强调，要长期坚持以家庭承包经营为基础、统分结合的经营制度。2006年，《中共中央 国务院关于推进社会主义新农村建设的若干意见》要求严格控制建设占地和坚持农村土地基本经营制度。

③农产品种类方面。1994年和1995年的农村工作会议都强调必须保证粮、油、棉、菜的生产和供应，积极发展多种经营，确保农副产品的供应，使农村经济全面发展和繁荣。2007年，《关于促进生猪生产发展稳定市场供应的意见》《关于完善退耕还林政策的通知》和《关于促进奶业持续健康发展的意见》由国务院发布。

3. 农业产业组织政策

20世纪90年代初，我国开始重视农业的产业组织培育和建设。1993—1997年，发展农业产业化经营被正式提出，要求扶持龙头企业发展，发展中介组织，大力发展贸工农一体化经营。1994年3月，国务院审议通过的《九十年代中国产业政策纲要》要求合理调整农业生产组织结构，推行种、养、加一体化，农业、工业、贸易一条龙等新的生产组织形式。《中共中央 国务院关于1998年农业和农村工作的意见》要求处理好农户与龙头企业之间的利益关系；龙头企业要自觉为农户提供服务，将加工以及流通环节的利润合理返还给农民，让农民参股，参与管理，逐步形成利益共享、风险共担的经济利益共同体；鼓励农民采取股份合作制或合作制等办法自办龙头企业。同时，还鼓励国内外大型工商企业进入农业领域进行投资开发；倡导国有农垦企业通过深化改革充分发挥农工商综合经营优势，积极参与农业产业化经营。2004—2010年的中央一号文件都

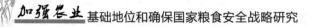

提出要支持龙头企业，发展农业产业化经营。

2004 年，《中共中央　国务院关于进一步加强农村工作　提高农业综合生产能力若干政策的意见》指出，要对农民专业合作组织的发展进行支持，增强集体经济组织实力，搞好服务，同其他专业合作组织一起发挥联结农户和龙头企业的桥梁和纽带作用；要加快乡镇企业的结构调整、体制创新和技术进步，积极参与农业产业化经营。2005 年，《中共中央　国务院关于推进社会主义新农村建设的若干意见》要求推广合作组织、龙头企业与农户有机结合的组织形式；积极引导和支持农民发展各类专业合作经济组织，建立有利于农民合作经济组织发展的信贷、财税和登记等制度。2007 年，为了引导、支持农民专业合作社的发展，国家出台了《中华人民共和国农民专业合作社法》，赋予农民专业合作社法人地位，规定国家通过产业政策和税收优惠、财政支持和金融、人才、科技的扶持等措施，促进农民专业合作社的发展；农民专业合作社及其成员的合法权益受到国家保护。2008 年中央一号文件《中共中央　国务院关于切实加强农业基础建设　进一步促进农业发展农民增收的若干意见》鼓励农民专业合作社兴办、参股龙头企业或农产品加工企业。《关于 2009 年促进农业稳定发展农民持续增收的若干意见》指出，应加快农民专业合作社的发展，开展建设示范社行动；加强农民专业合作社的人员培训，各级财政需给予经费支持；将合作社纳入税务登记系统，免收税务登记工本费；尽快制定有条件的合作社承担国家涉农项目以及金融支持合作社的具体办法。

2010 年中央一号文件《中共中央　国务院关于加大统筹城乡发展力度　进一步夯实农业农村发展基础的若干意见》指出，农业生产经营组织化程度需着力提高；要推动家庭经营向采用先进生产手段和先进科技的方向转变，推动统一经营向发展农户合作与联合方向转变，形成多元化、多形式、多层次经营服务体系；壮大农村集体经济组织实力，为农民提供多种有效服务；大力发展农民专业合作社，深入推进建设示范社，对民主管理好、服务能力强的合作社给予补助；农民专业合作社被纳入各级政府扶持的贷款担保公司的服务范围，对有条件的合作社兴办农村资金互助社给予支持；对农民专业合作社自办农产品加工企业进行扶持；促进农业农村各种社会化服务组织发展，为农民提供更质优价廉、便捷高效的各种专业服务。

2012 年《中共中央　国务院关于加快推进农业科技创新　持续增强农产品供给保障能力的若干意见》指出，要支持和培育新型农业社会化服务组织，扶持农民专业合作社、农民用水合作组织、涉农企业等社会力量参与到农业产前、产中、产后服务中；使农民专业合作社的积极作用得到充分发挥，加强辅导服务，加大支持力度，推进建设示范合作社行动，促进农民专业合作社的规范化运行，支持农民专业合作社参股龙头企业或兴办农产品加工企业，壮大农村集体经济，鼓励有条件的基层站所创办农业服务型企业，支持农村综合服务中心的发展，保障农业农村信息化的全面推进。

三、我国农业产业政策实施中的问题分析

（一）产业布局政策实施中的问题

第一，政策的制定、实施与产业布局理论的结合不够。依据经济理论，产业布局要依赖于一定的自然和社会经济条件，例如地理位置、自然资源、科学技术和经济发展水平等。同时，农业受自然因素的制约较大，我国各个地区的自然地理条件千差万别，因此不同农业产业部门对布局的条件要求不同，不同地区适宜发展不同的农业产业部门，同一农业产业部门布局在不同地区也会产生不同的经济效益。在农业产业布局政策制定和实施之前，如果对影响各地区农业产业布局的自然社会经济条件分析不够，就会导致农业产业布局科学决策水平不高。

第二，地区比较优势难以充分发挥。我国现阶段的农业产业布局政策是在特定的历史条件下发展而来的，产业布局在推动我国农村、农业进入新阶段方面发挥了重要作用。但是，各个地区农业产业结构趋同，专业化程度不高，特色不明显，在一定程度上制约了各地区比较优势的发挥，从长远来看，不利于农民收入增加、农业资源的合理利用和农业的快速发展。

第三，农业产业布局政策的实施与市场调节作用的协调性不够。政府的引导对促进农业产业布局优化有重要作用，但是其对市场调节作用重视不够，导致农业产业布局不科学，稳定性差、变动大，从而造成资源浪费。

（二）产业结构政策实施中的问题

第一，农业产业结构的单一性局面难以改变。近年来，我国农业产业结构政策致力于调整农业产业结构、丰富农产品品种，但是长期以来的种植、养殖习惯以及农业比较效益低下，我国农业产业结构的单一性局面仍未根本改变。以种植业为例，在我国广大农村地区，种植结构基本上处于粮食作物和经济作物的"二元"状态，粮食作物、经济作物、饲料作物的"三元"种植结构仍未形成。经济作物则基本上以油菜、棉花和瓜菜为主，其他经济作物所占比重很小。

第二，规模化发展受到土地资源的限制。家庭联产承包责任制的实行，调动了农民的生产积极性，使农民有了更多的生产自主权，农民可以根据市场价格和自我需求进行生产，丰富了农产品供应，优化了农业产业结构，这在一定历史时期促进了生产力的发展。但是随着经济发展水平的提高，家庭联产承包责任制的弊端也逐渐显露出来，一家一户的小规模生产难以取得农业生产的规模效益，制约了农业生产的发展和农民收入的提高。

（三）产业组织政策实施中的问题

第一，农民的利益难以得到保障。国家实施农业产业组织政策的目的是提高农村经济发展水平，增加农民收入。我国从 1994 年开始倡导实行农、工、贸一体化，扶持龙头企业发展，但是与农民形成利益联结机制的农业产业组织在短时间内难以形成十分健

全的体制机制，再加上各地区农业产业组织的发展水平不一、企业与农民的目标不一致等因素，农民的利益无法得到切实保障。

第二，地方政府对农业产业政策的重视程度存在差异，监督机制有待完善。由于农业在各个地区经济发展中的重要程度不一致，导致了执行政策人员配备情况有诸多差异，从而导致政策的执行效果不一致。对于企业、地方政府违反国家农业产业组织政策的行为缺少必要的监督、约束和惩治手段，致使相当一部分政策的贯彻实施受到了来自这些方面的人为阻碍，甚至有些政策因此流于形式。

四、我国产业政策支持农业发展和确保国家粮食安全的发展思路

（一）发展生态农业，推进可持续发展

生态农业是指以保护、改善农业生态环境为前提，遵循生态学和生态经济学规律，运用现代科学技术和系统工程方法进行集约化经营的农业发展模式。生态农业作为一个农业生态经济复合系统，将农业经济系统同农业生态系统综合统一起来，以获得最大的生态经济整体效益为最终目标。生态农业既是农、林、牧、渔各业综合归一的大农业，又是将农业生产、加工和销售综合起来，使之适应市场经济发展的现代农业。

我国发展生态农业是实现可持续发展的要求，国家应从政策层面进行支持。

首先，应确定优先发展生态农业的政策，在鼓励农民从事生态农业生产的同时出台一系列保障措施，提供技术指导和资金支持，消除农民生产的后顾之忧。政府对生态农业新的发展模式和发展思路要加以引导、鼓励和支持。其次，应加强生态农业信息化建设，建立便民服务网络，就农民关心的国内外农业技术等进行公示和宣传。再次，应加强对生态农业重要性的宣传，出台环保与发展并行的招商引资政策，支持社会主义新农村建设，保护农村生态环境，大力发展农村生态农业，提高农产品质量，增加农民收入。

（二）发挥比较优势，促进农业区域化、专业化生产

比较优势理论认为，各个国家只要能够生产自己具有比较优势的产品，并以之在国际贸易中换取其他自己不具有比较优势的产品，便能获取利益。区域不同，农业生产的产品不同，那么，就应当依据各个区域生产要素的不同，遵循比较优势原则，把各产业部门以及企业安排在各自有利的地域。也就是说，各个区域应放弃没有比较优势的产业，转而发展具有比较优势的产业，从而使得农业专业化水平得到提高。因为农业生产发展环境在不同的区域是不同的，所以同一农产品在不同区域的经营效益也不同。发挥农业区域比较优势，可以提高农业生产要素利用率，实现区域农业生产经营效益的最大化。

我国要发挥区域比较优势，实现农业的区域化生产，就必须要调整农业区域布局政策，适应新形势发展的需要：应将农业区域政策目标由以增加产量为主转变为以提高质量、增强产品竞争力为核心；由以保护农产品消费者和调入区利益为重点的政策，转向

以保障生产者收入和主产区利益为重点的政策；从单纯关注生产领域转向流通与生产领域并重；鼓励发展优势产业，放弃劣势产业，加速产品市场化进程，从全国范围着眼，最终走出"小而全、大而全"的格局。

（三）强化产业组织，推进产业化经营

农业产业化经营是以国内外市场为导向，以提高经济效益为中心，对当地农业的支柱产业和主导产品实行区域化布局、专业化生产、一体化经营、社会化服务、企业化管理，把产供销、贸工农、经科教紧密结合起来的经营体制。

要大力发展龙头企业，促使其做大做强，要规范龙头企业与农户的利益联结机制，建立风险防范机制。同时，国家应当继续加大力度扶持农民专业合作经济组织的发展。因为农民专业合作经济组织是农民自愿参加的，以农户经营为基础，以某一产业或产品为纽带，以增加成员收入为目的，实行资金、技术、生产、购销、加工等互助合作经济组织。农民专业合作经济组织以专业合作社、股份合作社、专业协会等为主要组织形式，对于提高农民的组织化程度，实现农业产业化经营具有重要作用；同时，其良好发展也更有利于我国农业产业组织目标的实现。

第四节　我国加强农业基础地位和确保国家粮食安全战略的 WTO 农业政策

一、WTO 农业政策

《乌拉圭回合农业协议》（以下简称《农业协议》）是 WTO 关于农业和农产品贸易基本准则，它认为国内支持是造成国际农产品贸易扭曲的原因之一。为了消除国内支持对农产品生产和贸易产生的不利影响，《农业协议》把国内支持政策划分为"绿箱"政策、"黄箱"政策和"蓝箱"政策。

（一）"绿箱"政策

"绿箱"政策是指对生产、贸易没有扭曲作用，或者仅具有较小扭曲作用的农业支持政策。根据《农业协议》，"绿箱"政策包括 11 项内容。

第一，政府的一般性农业生产服务，包括：①农业科研，包括特定农产品研究和环境项目研究；②病虫害控制，包括针对具体产品的控制和一般性控制；③生产操作者和农业科技人员培训；④技术咨询和推广服务；⑤检验服务，包括一般性检验和出于分类、标准或卫生和安全的目的而对特定农产品进行的检验；⑥市场促销服务，但这类支持不应导致本国产品与他国（地区）产品进行低价竞争；⑦农业基础设施建设，这类支持措施的资金支出只能用于基础设施工程项目的建设，而不得用于对农业生产者提供直接的现金补贴。

第二，为保障粮食安全而提供的储备补贴。协议允许政府为私人储备提供财政补贴或直接以财政开支来维持粮食安全储备，但这类补贴或开支均不得表现为低价销售或高价收购储备粮。储备性补贴必须符合储备需要（即粮食储备性补贴不得过度）和保持充分透明。

第三，国内粮食援助补贴。每个政府必须承担赈济本国（地区）饥民的责任，粮食援助补贴只能采取向符合受援资格的居民以补贴价格供应粮食的方式提供援助；政府所采用的援助粮食必须按市价采购（即不得高价采购），粮食援助行动必须保持充分透明。

第四，与生产不挂钩的收入补贴。这类补贴的发放必须有明确和合理的标准，以保证额外的生产优势不会被接受补贴者获得。

第五，农业收入保险补贴。在农产品贸易自由化的环境下，市场变动或其他原因都有可能导致农业从业者的收入减少，从而对农业生产产生不利影响。为此，政府应当给予适当的补贴，但这类补贴必须符合有关的规定。

第六，自然灾害救济补贴。该类补贴在符合以下规定的情况下属于"绿箱"补贴：①补贴必须基于实际发生的灾害，包括一切不可抗拒的突发事故；②补贴必须基于实际损失，包括牲畜损失、收入损失、土地及其他生产要素损失等；③补贴量小于或者等于实际损失量。

第七，农业生产者转业或退休补贴。这属于农业生产结构调整性补贴，小型家庭农场主的转业或退休有利于提高生产效率和农业的集约化生产，但补贴的发放必须基于明确和合理的标准。

第八，农业生产资源储备补贴。该类补贴的受援标准应根据退出农业商品生产的资源来确定，例如，只有休耕三年以上的土地才能获得土地休耕补贴。这类补贴措施不得以干预农产品市场价格为目标，或以将有关资源投入特定的农产品生产作为受援条件。

第九，农业生产结构调整性投资补贴。该类补贴的调整依据是政府的农业生产结构调整规划，补贴应按照明确的结构调整规划和受援标准进行，且补贴措施不得以有关农产品的市场价格作为目标。

第十，扶贫补贴。该类补贴的发放对象是农业生产条件明显不利的地区，应根据明确和合理的标准认定受援地区；"不利的生产条件"必须具有长期性，受援地区的农业生产者能普遍获得为此而发放的补贴，且补贴额不得大于该地区的平均生产成本或高出一般平均生产成本的部分。

第十一，农业环境补贴。该类补贴的用途主要是生态项目的建设和农业环境污染治理，补贴数额应限于为执行政府计划所涉及的收入损失或额外费用。

（二）"黄箱"政策

《农业协议》规定的"黄箱"政策是指对生产和贸易产生扭曲作用的政策。为了促进贸易自由化和改变政策对贸易的扭曲程度，《农业协定》规定各成员方要对农产品国际贸易的国内支持做出相应的承诺，各成员方实施的货币价值用"基期综合支持总量"（Base on AMS）来进行计算，予以削减时也以它作为尺度。

《农业协议》要求以 1986—1988 年为基期计算综合支持总量，从 1995 年开始，发达国家在 6 年的时间范围内共需削减 20％的综合支持总量，并且以每年相同的比例逐步推进；而发展中国家则在 10 年的时间范围内共需削减 13％的综合支持总量，同样以每年相同的比例逐步推进；最不发达国家没有减让额度指标。《农业协定》规定以下范围的"黄箱"政策需要减让承诺：①牲畜数量补贴；②价格支持；③营销贷款；④面积补贴；⑤肥料、种子、灌溉等投入补贴；⑥某些有补贴的贷款计划。

"黄箱"政策实行微量允许的原则，即对特定的农产品或一切农产品的支持，只要综合支持量不超过该产品生产总值或农业生产总值的 5％，就不必削减。免予削减的范围也包含了发展中国家成员的一些"黄箱"措施，主要包括农业投资补贴，为鼓励生产者不生产违禁麻醉作物而提供的支持，对资源贫乏地区或低收入生产者提供的农业投入品补贴等。

（三）"蓝箱"政策

"蓝箱"作为"黄箱"和"绿箱"之间的一种过渡政策，是一种有条件的"黄箱"支持。《农业协定》规定，"蓝箱"的特殊政策中可以包含一些与生产限制计划有关的"黄箱"政策支持，从而获得免除减让，但必须满足下列条件之一：①按牲口的固定头数所提供的补贴；②根据基期生产水平 85％以下所提供的补贴；③按固定面积或者产量提供的补贴。

二、WTO 框架下我国农业保护政策的调整

（一）中国"绿箱"政策支持结构及调整

1996—2001 年，我国的"绿箱"政策支持总量有所增加，呈现波动的趋势（见表9-7），与发达国家相比存在较大差距，如美国 2001 年的"绿箱"政策支持总量已达到506.74 亿美元。

表 9-7　1996—2001 年中国"绿箱"政策支持水平

金额（百万美元）年份 项目	1996	1997	1998	1999	2000	2001
一般性农业生产服务	6625.5	7642.7	14170.1	17370.9	24393.2	15422.1
粮食储备补贴	1843.9	2513.8	2100.2	4450.6	4223.9	4424.3
国内粮食援助补贴	4720	5851.9	7478.6	5365.8	9611.6	7569.2
自然灾害救济补贴	370.6	316.2	497.6	430	558	1099
地区发展补贴	1914.3	2914.5	3220.3	3971.6	3992.5	1657.7
农业环境补贴	5.4	14.7	261.6	434.1	1178.9	1572.6
合　计	15179.8	18788.8	27728.5	33023	43958.1	34744.9

数据来源：根据 WTO 网站资料及 1997—2002 年《中国财政年鉴》整理。

从结构上来看，我国实行的"绿箱"政策有为保障粮食安全而设立的一般性农业生产服务、粮食储备补贴、自然灾害救济补贴、农业环境补贴、国内粮食援助补贴、地区发展补贴（扶贫补贴）。

其中一般性农业生产服务包括农业科研，农业基础设施建设服务，农业综合开发支出等。一般性农业生产服务在"绿箱"政策中所占比重较大，在1996—2001年间，一般性农业生产服务投入占"绿箱"政策支持总量50%以上的有三年，其余三年的此项投入也分别占各年总量投入的40%以上。我国重视农业科研，农业科研投入规模高于欧盟和日本，仅次于美国；同时，我国对技术推广和咨询服务提供了大量支持，重视农业科技人员的培养和培训。我国的农业基础设施建设在一般性农业生产服务中占了较大比重，但大多是针对大江、大河的治理，缺少对小型农田水利基础设施的建设。

我国是人口大国，历来重视粮食安全问题，在"绿箱"政策支持中存在为保障粮食安全目的而提供的粮食储备补贴，其中包括粮食风险基金和为粮食企业提供的亏损补贴。在粮食流通体制改革以前，粮食储备补贴占用了相当一部分"绿箱"资源。

在"绿箱"政策支持中，国内粮食援助补贴的数额仅次于一般性农业生产服务投入，包括粮棉油的价格补贴、平抑物价的补贴以及对肉食价格的补贴等。此外，我国自然灾害频发，自然灾害救济补贴包括救灾储备、生活救济费、灾民抢救转移安置费、扶持灾民生产经费等；地区发展补贴包括扶贫贷款、支援不发达地区支出和以工代赈资金；农业环境补贴包括退耕还林还草、天然林保护工程和森林生态效益补助试点、京津风沙源治理工程等。

从以上分析可以看出，在加入WTO以前，我国"绿箱"政策支持结构与WTO农业支持规则不相符，存在"绿箱"空白以及漏洞，对于农业发展有重要作用的农业生产资源储备补贴、农业收入保险补贴、农业生产结构调整性投资补贴、农业生产者退休或转业补贴、与生产不挂钩的收入补贴等均没有相应的资金投入。但是我国积极履行入世承诺，坚持不断完善国内的农业支持政策。

2004年，国家在全国范围内实行粮食补贴政策改革，由过去对粮食流通环节的间接补贴改为对粮食生产者的直接补贴，逐步降低农业税税率，取消除烟叶以外的农业特产税。2006年，在全国范围内取消农业税。这三项政策都属于"绿箱"政策的范畴，是对农民收入的直接补贴。仅2004年一年，国家发放粮食直接补贴资金116亿元，减免农业税约100亿元，取消农业特产税约100亿元。近年来，国家不断加大粮食直接补贴的力度，2005年国家发放粮食直接补贴资金135亿元，2006年达到142亿元。2007—2012年国家粮食直接补贴资金每年均稳定在151亿元的水平。补贴的发放和农业税的取消提高了农民的种粮积极性，增加了农民的收入，改善了党群关系，极大地提高了农民对政府的拥护程度。

除此之外，国家还致力于提高政府一般性农业生产服务水平。2004年，农产品质量安全体系建设启动，国家希望通过为各个农产品检验机构配备现代化的检验设备，提升其检测能力和水平，促进完整的农产品检验检测网络体系形成，通过公正、科学的评定程序，对农产品进行产地认定和质量认证，初步建立农产品认证体系。在农业信息和农产品市场体系建设方面，在对信息收集、整理、发布进行完善的基础上，建设中国农业信息网，完善省级信息网络和县级信息平台，加强乡镇信息服务站的建设，使农业信息服务向中介组织、龙头企业、农民以及乡村延伸，促进农业信息进村入户；另一方面，加强中国农产品市场体系建设，通过发展集贸市场、批发市场、期货市场，逐步形成完善的市场体系，同时对各种障碍进行破除，对地方保护主义进行清除，形成全国统一的市场体系，增强中国农产品的市场竞争力，促进中国农产品更进一步地走出国门，参与国际市场竞争。在农业管理体系与社会化服务建设方面，通过扶持专业协会、合作社等各种专业合作经济组织加强农民与市场之间的连接，为农民提供产前、产中、产后全方位的各类服务，将分散的农户组织起来，增强农民应对市场风险的能力。

（二）中国"黄箱"政策支持结构及调整

从入世谈判的结果来看，中国的特定产品为大米、玉米、小麦和棉花。按照世贸组织的规定，我国财政对这几种产品的价格补贴可达到 66.25 亿美元；对农业投资补贴（包括贷款贴息）和农产品及农业生产资料的其他补贴是非特定补贴，按照规定，我国非特定产品的支持可达 209.82 亿美元。我国"黄箱"政策支持存在一定空间，无须削减。

伴随粮食补贴政策改革，我国对粮食实行最低收购价制度，即国家每年指定粮食收购企业，按照规定的最低收购价格，从农民手中以相当于或高于市场的价格收购粮食，抑制市场粮价下滑，以增加种粮农民收入。最低收购价制度的目的在于稳定粮食市场价格，保护农民的利益。从 2004 年开始，国家规定以最低收购价收购水稻，以后逐步扩展到玉米、小麦等粮食品种。

我国对"黄箱"政策的运用还表现在 2003 年启动良种补贴、2004 年启动的农机具购置补贴和 2006 年启动的农业生产资料综合直补。2003 年，国家首先对小麦和大豆实行良种补贴政策，即对购买国家规定的良种的农民进行补贴，以此提高农民使用良种的积极性，提高作物产量和质量。2004 年，国家将良种补贴的范围扩大到玉米和水稻。2010 年中央一号文件指出，增加良种补贴，扩大马铃薯的补贴范围，启动青稞良种补贴，实施花生良种补贴试点。我国良种补贴的数额逐年递增，2012 年达到 212 亿元。

我国从 2004 年开始实行农机购置补贴，即对农民购买的、纳入国家农机补贴名录的农机进行补贴，这一政策激发了农民购买农机具的热情，在一定程度上提高了农业生产中小型农机具的使用率。但是由于这一政策规定的可享受补贴的农机品种有限，补贴资金数额虽逐年增加，但总量较小，受益面较窄，很难完全满足农民的要求。

伴随着农业生产资料价格的上涨，农民生产投入增多，相对收益减少。为了减少生

基础地位和确保国家粮食安全战略研究

产资料价格上涨给农民生产带来的冲击，国家于 2006 年开始实施农业生产资料综合直补，该补贴在补贴总量中所占比重较大。由于在实际发放中，农业生产资料综合直补与粮食直接补贴往往一起发放到农民手里，所以有时农业生产资料综合直补又被划入"绿箱"政策的范畴。

第十章 我国加强农业基础地位和确保国家粮食安全战略的长效机制

必须加强农业基础地位，走中国特色农业现代化道路，建立以工促农、以城带乡长效机制，形成城乡经济社会发展一体化新格局。

——中共中央、国务院[①]

经过多年的发展，尤其是党的十六大以来，农业生产水平有了很大提高，达到了三个"50%以上"，即有效灌溉面积超过 50%，农业科技进步贡献率超过 50%，农业综合机械化水平超过 50%，粮食产量实现"十连增"，农业综合生产能力迈上新台阶。但是，中共中央仍然一再强调："粮食安全的警钟要始终长鸣，巩固农业基础的弦要始终绷紧。"为此，必须全方位、多层次地构建我国加强农业基础地位和确保国家粮食安全长效机制的完整体系，具体包括构建农产品价格形成机制、农产品价格保护机制、农业生态环境保护与补偿机制、城乡一体化发展机制和完善党领导农村工作的体制机制等五大机制。

第一节 完善农产品价格形成机制

随着我国社会主义市场经济体制的确立和完善，进一步深化农产品流通体制改革，建立健全农产品市场体系，在保证农产品有效供给的同时促进农民收入持续增长，是我国发展农业、农村经济所面临的重大战略任务。其中，农产品价格形成机制是市场价格机制的核心，它对整个市场的价格机制具有举足轻重的作用。对农产品价格的形成机制进行系统深入的研究，不仅能够发挥农产品价格杠杆作用，驱使资源在农业内部和城乡之间合理流动，促进有限资源向农业部门转移，以及加强农业基础地位，而且还有助于完善全社会合理的价格形成机制与价格体系，从而推动社会主义市场经济体制的完善，促进我国社会主义市场经济的发展。

党的十七届三中全会《决定》要求："……完善粮食等主要农产品价格形成机制，

[①] 中共中央，国务院. 关于切实加强农业基础建设 进一步促进农业发展农民增收的若干意见 [EB/OL]. http://www.gov.cn/jrzg/2008-01/30/content_875066.htm.

理顺比价关系，充分发挥市场价格对增产增收的促进作用。"① 这是在发展中国特色社会主义市场经济条件下构建农业支持保护制度的重要内容，也是在工业化、城镇化加速推进时期城市支持农村，工业反哺农业的战略举措。同时，《决定》还指出，"健全农业补贴制度，扩大范围，提高标准，完善办法，特别要支持增粮增收，逐年较大幅度增加农民种粮补贴"②，有利于调动农民发展农业生产的积极性，促进农民持续增收；有利于引导生产稳定发展，满足社会对农产品日益增长的需求；有利于应对国际农产品市场的复杂变化，保障我国农业产业安全；有利于吸引社会资本投入农业，共同支持现代农业和新农村建设。

目前，农产品价格基本由市场供求形成，国家主要通过农产品最低收购价格、农业补贴、农产品储备以及进出口等措施进行间接调控。2004 年以来，国家对稻谷和小麦实行了最低收购价政策，并从 2008 年开始稳步提高最低收购价格水平；与此同时，为稳定国内粮食价格，减少国际粮食市场对国内市场冲击形成的负面影响，国家又出台了临时收储政策，这在稳定农民收入，促进农业稳定发展，保障国家粮食安全等方面发挥了重要作用。

一、农产品价格形成机制概述

农产品价格机制是指"决定和影响农产品价格形成与运行的各种要素相互联系和相互作用的内在机理及其调节经济运转的功能"③，包括农产品价格的形成机制、运行机制和调控机制三大内容。此处将重点讨论农产品价格形成机制，即如何在社会主义市场经济条件下构建以政府有效调控下的市场调节为主的农产品价格形成机制。

（一）农产品价格形成机制的含义和分类

农产品价格形成机制，是农产品价格形成的内在机理及其调节经济运行的功能。④农产品价格形成机制可以划分为三种：第一种是计划形成价格机制，第二种是农产品市场形成价格机制，第三种则为混合机制。

农产品计划形成价格机制是指，国家主要以指令性计划的形式，制定和调整农产品价格的内在机理及其影响经济运行的功能。⑤ 它的基本特征有：价格决策权高度集中于中央，农户几乎没有定价权；价格形式过分单一，主要是国家定价一种形式；价格管理手段过分单一，主要是行政手段；价格管理方式过分直接，很少实行间接管理。国家制定农产品价格的依据主要是整个国民经济的承受能力以及财政的负担能力，考虑农产品本身的价值及供求因素较少。所以，改革开放以前我国实行这种农产品价格形成机制，

---

① 新华社. 中共中央关于推进农村改革发展若干重大问题决定［EB/OL］. http://www.gov.cn/jrzg/2008-10/19/content_1125094.htm, 2008-10-19.

② 新华社. 中共中央关于推进农村改革发展若干重大问题决定［EB/OL］. http://www.gov.cn/jrzg/2008-10/19/content_1125094.htm, 2008-10-19.

③ 蒋和胜. 农产品价格机制论［M］. 成都：四川大学出版社，1997：3.

④ 蒋和胜. 农产品价格机制论［M］. 成都：四川大学出版社，1997：3.

⑤ 蒋和胜. 农产品价格机制论［M］. 成都：四川大学出版社，1997：4.

导致整个农产品价格既不反映价值，也不反映供求关系，损害了农民的利益，挫伤了农民的生产积极性，制约了农村经济乃至整个国民经济的发展。因而必须从根本上改变农产品价格形成机制。

农产品市场形成价格机制是指，在市场经济条件下农产品在价值规律、供求规律和竞争规律等支配下，与相关因素相互联系、相互作用、相互推动，进而形成商品价格的内在机理及其带动经济运行的功能。其具有如下特点：①自主性。农产品价格的形成并非由行政主体决定，而是由直接参与农产品生产经营活动的经济主体根据市场规律的要求自主决定价格的形成，并根据变化加以调整。②利益驱动性。从事农产品生产经营活动的各类经济主体以实现自身利益最大化为基本动力，主动接受市场经济基本规律的调节，根据市场变动相应调整价格，并根据市场的价格信号对生产经营行为进行调整和优化。③客观性。农产品价格形成及其调整变化，主要由价值规律、竞争规律、供求规律及其相关客观经济条件决定，农产品生产经营者只能主动接受市场规律的调节，适应客观条件的变化，否则，将会受到客观经济规律的惩罚。④波动性。适度的上下波动是市场价格的天然属性，一般地讲，商品价格在竞争规律和供求规律的共同作用下，必然会围绕价值上下波动，农产品价格更是如此。因为农产品的生产具有分散、周期长、转向慢等特点，加之受自然条件的制约，丰歉不定、供求失衡往往是常态，故而导致农产品价格频繁波动。而一定幅度内的价格波动是价值规律发挥良性调节作用的具体形式，也是价格发挥调节作用的必要条件。

经过改革开放 30 多年的实践，现行的农产品价格形成机制既不是改革开放以前的计划体制，也不是单纯的市场形成价格机制，而是一种混合价格形成机制。在农产品价格形成过程中，由市场活动的参与者和调控者共同构成市场主体，从而决定了市场调节价、政府定价、政府指导价三种价格形成方式并存的局面，如图 10－1 所示。随着我国粮食流通体制改革的不断深化，政府定价和政府指导价的比重不断降低，市场调节价的比重逐步上升。近年来，三种价格形式在农副产品收购总额中的比重总体变化不大，我国农产品价格市场化程度保持高位稳定。

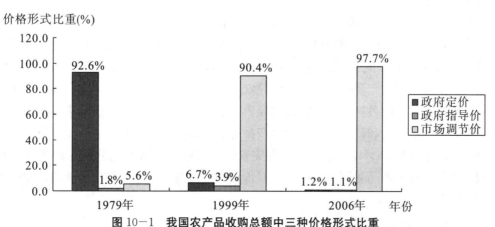

图 10－1 我国农产品收购总额中三种价格形式比重

数据来源：根据国家发改委有关资料整理。

（二）进一步完善农产品价格形成机制

1. 现行农产品价格形成机制面临的问题

在改革开放这一新的历史起点，面对国内发展、国际竞争的新格局，农产品价格改革问题已成为国家保障农民权益、解放和发展农村社会生产力、统筹城乡经济社会发展的全局性重大战略问题。经过几十年的改革，农产品市场化步伐加快，市场机制在农产品市场中逐渐发挥出主导作用。目前农产品价格基本由市场供求形成，国家主要通过最低收购价格、农业补贴、农产品储备以及进出口等措施进行间接调控。然而，我国农产品价格形成机制在改革过程中也面临不少问题：农产品市场价格波动幅度放大，波动频率加快；政府调控措施单一，仍以"事后"调节为主；农产品价格"逆向"调节机制错位；农业支持保护体系不完善；等等。我国加入WTO已经10年有余，但目前农产品国内价格完全与国际市场价格接轨还有很长的路需要走，而当下农价改革步伐明显滞后，无法适应新的国际市场环境。尤其是近年来，农产品资本化取向较为严重，改变了以往单纯的消费属性，部分农产品价格开始脱离供求，受资本炒作影响严重。治理目前农产品价格难题，应当高度重视农产品价格形成机制的变异。有学者指出："这种资本化的取向直接导致农产品价格形成机制有强烈的杠杆效应和新闻效应——价格上涨一点就会马上引起暴涨，从而引起市场恐慌，使原本供求平衡的市场变得严重不平衡。而在粮食价格引领下，蔬菜等其他食品价格也产生强烈的传染效应，出现价格上涨蔓延趋势。"[①]

上述问题一方面要求我们认真总结历次农价改革的成功经验，另一方面要求我们深入研究当前农价改革面临的国际、国内新形势，处理好农产品价格国际化进程中的问题。政府尤其要"高度重视大宗商品资本化时代里农产品价格形成机制的变异，高度关注个别产品在供求变化之后所引发的杠杆效应、新闻效应，并及时利用储备以及国外市场来平抑供求短期变化，防止个别价格上涨带来的传染效应。从中长期来看，加强农业基础设施建设，进一步加强农产品流通体制的改革，使农业生产适应城市化和工业化加速的需求也显得尤为重要"[②]。

2. 进一步完善农产品价格形成机制的思路

首先，要确定科学合理的目标模式。我国农产品价格改革的目标模式应该是政府有效调控下的以市场调节为主的农产品价格形成机制和调控机制，其实质是政府调控农产品市场，市场形成农产品价格，价格引导农业经济和社会资源配置。这种模式要求三种农产品价格形式中的政府定价和政府指导价的比重逐步下降，从而增加市场调节价的比重，争取把政府定价和政府指导价的农产品比重控制在5%以内，由市场调节形成价格的农产品比重达到95%以上。要建立和完善这一目标模式就要充分发挥市场经济配置资源的优势，让农产品回到市场中去。其价格的形成与变动主要在市场价值规律、供求

---

① 刘元春. 农产品定价机制在变异 [N]. 人民日报，2010－11－23.
② 刘元春. 农产品定价机制在变异 [N]. 人民日报，2010－11－23.

规律、竞争规律作用下，通过"供求机制""竞争机制"和"风险机制"等市场机制调节而实现。而政府主要运用经济手段、法律手段和必要的行政手段进行调控，通过"农产品目标价格机制""农产品最低收购价格保护机制""农产品补贴动态调整机制""农产品价格预警机制与生产流通风险救助机制"等对农产品价格进行干预，弥补市场机制调节的不足，保证农产品市场供求平衡，防止由供求失衡等因素导致市场价格的剧烈波动，从而确保我国食品供给安全，农业经济和社会资源有效合理化配置，进而维护生产经营者和消费者的正当利益，实现国民经济持续、快速、健康地发展。

其次，要探索和健全"四大实现机制"。完善我国粮食价格形成机制的实现机制主要包括：完善我国"以市场调节为主的农产品价格形成机制""农产品价格政府调控机制""农产品区域价格协调机制""主要农产品价格、形成机制与调控机制"。具体而言，"以市场调节为主的农产品价格形成机制"是指农产品在市场价值规律、供求规律和竞争规律等支配下，与其相关因素相互联系、相互推动，从而形成价格的内在机理及其带动经济运行的功能。"农产品价格调控机制"是指调控农产品价格的各种手段、措施和方法（经济手段、法律手段和行政手段）相互联系、相互依存，共同作用于农产品价格运动变化的过程，以及实现农产品价格合理化、科学化，并保持其基本稳定状态的内在机理。[①]"农产品区域价格协调机制"就国内各地区而言，是指根据各地区在全国农业中的地位和作用，以及各地区农产品供求状况和价格水平的不同，调整各地区农产品供求平衡，协调各地区间农产品价格水平，使全国农产品供求平衡、价格水平稳定。"完善我国农产品区域价格协调机制"就农产品国际贸易而言，是指根据国内外农产品供求状况，协调国内外产销区域供求水平，平衡农产品进出口贸易，从而缩小农产品价格与国际市场的差距。"主要农产品价格形成机制"是在一定的社会经济条件下，粮食、棉花和生猪等主要农产品价格形成、运行、发生作用的内在机理。从一般意义上讲，主要农产品价格机制包括其价格形成机制和价格运行机制，而在我国建立社会主义市场经济体制的背景下，该机制还应包括价格调控机制。

最后，完善和落实现行政策体系。农产品价格政策主要包括"国内农产品价格政策"和"对外贸易中的农产品价格政策"，国内农产品价格政策主要包括"工农产品比价政策""农产品内部比价政策""农产品差价政策""国内主要农产品价格政策"，对外贸易中的农产品价格政策则主要包括"出口鼓励和限制政策""进口鼓励和限制政策""WTO框架下的农产品价格政策"。应通过这些政策的建立及实施，影响农产品的价格形成和价格结构，进而达到调节农产品供求，稳定农产品价格水平，调整农业生产结构和社会部门间利益分配的目的。

二、理顺农产品比价关系

农产品比价是指在同一市场、同一时间内，不同农产品价格（主要是收购价格）之

---

① 蒋和胜. 农产品价格机制论［M］. 成都：四川大学出版社，1997：69.

间的比例关系，也包括农业生产投入品与产出品之间的价格关系。其主要研究农产品生产者价格之间的比例关系。完善粮食等主要农产品价格形成机制，关键是理顺比价关系。这要求我们首先要处理好农业生产过程中投入品和产出品之间的比价关系，即协调好工农产品比价，使农产品价格真实反映生产成本变化，提高农业的收益；其次，还需要处理好各种农产品之间的比价关系，避免因不同品种比价失调而导致产品结构失衡。

（一）工农产品比价关系

工农业商品比价是指在同一时间、同一市场内，工业品的零售价格与农产品收购价格之间的比例关系。它反映了用一定数量的农产品所能换回工业品的数量，以及用一定数量的工业品所能交换农产品的数量，所以也称为工业商品交换率。[①]

自改革开放以来，我国经济保持高速增长，综合国力显著增强，经济发展取得了举世瞩目的成就。与此同时，我国工农业商品综合比价发生了较大变化，其中正指标[②]越来越高，逆指标[③]越来越低，且趋势明显，这大大缩小了新中国成立以来长期积累的工农产品价格剪刀差。以1978—1998年为例，20年间工农产品的变动速度和涨价幅度如图10-2所示（1978年价格为100）。

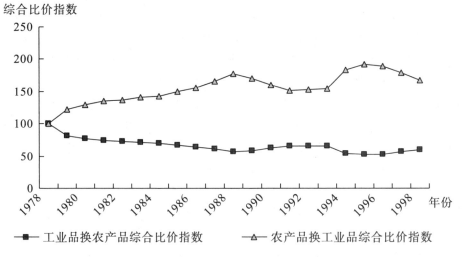

图10-2　1978—1998年我国工农业商品综合比价指数

数据来源：根据《新中国六十年统计资料汇编》整理。

目前，我国工农业产品价格的矛盾主要体现在工业品作为农业投入品与农产品之间的关系，这已成为当前最重要的工农业产品比价关系。根据农产品生产成本构成饼图（如图10-3所示）可见，在农产品生产成本构成中，工业投入品（化肥、农药和农机

---

① 王德章. 价格学 [M]. 北京：中国人民大学出版社，2006：138.
② 正指标是指农产品换工业品的综合比价指数。其计算公式为：农产品换工业品的综合比价指数=农产品收购价格总指数÷农村工业品价格指数×100=农产品生产价格指数÷工业品出厂价格指数×100.
③ 逆指标是指工业品换农产品的综合比价指数。其计算公式为：工业品换农产品的综合比价指数=农村工业品零售价格总指数÷农产品收购价格总指数×100=工业品出厂价格指数÷农产品生产价格指数×100.

等）约占到整个农产品成本构成的 1/3，由于短期内人工成本和土地费用受市场因素影响较小，工业投入品价格水平的波动已成为近年来影响农产品市场价格的主要因素之一，这也成为当前工农产品比价不合理的直接原因。

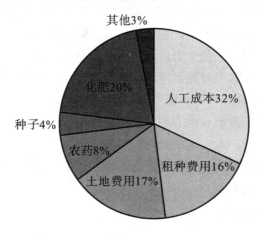

图 10-3 我国农产品生产成本构成

数据来源：根据 2009 年《全国农产品成本收益资料汇编》整理。

党的十七届三中全会《决定》明确指出：目前的工农产品比价仍然不尽合理，尤其是在石油等大宗原材料价格上涨的情况下，近年农资价格快速上扬，上涨幅度和速度均明显高于农产品，增加了农业生产的成本。如图 10-4 所示，以年度统计数据为例，除 2007 年以外，其余各年农产品生产资料价格上涨的速度和幅度均超过农产品价格，尤其以 2005 年和 2008 年为甚，而最近两年情况略有转变。

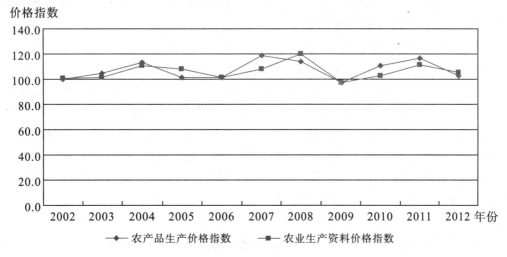

图 10-4 农产品生产价格指数与农业生产资料价格指数对比

数据来源：根据历年《中国统计年鉴》整理。

理顺工农产品比价是工业反哺农业的逻辑起点。理顺工农业商品比价关系，应根据价值规律，贯彻等价交换的原则，使工农业产品的价格比例与价值比例相适应。这对于正确处理政府与农民、工业与农业的关系，促进工农业生产协调发展，扩大城乡物质交流，具有重要的意义。

首先，应坚持稳步提高农产品，尤其是粮食的价格，确保广大农民在收回成本的同时还能够获取合理的利润。农产品价格的适度上涨有利于引导资源向农村流动，促进利益向农民倾斜可大大提高农民的生产积极性。与此同时，农产品价格的恢复性上涨，亦有利于解决我国长期积累下来的工农产品价格剪刀差的问题。

其次，应进一步完善各种补贴制度，坚持及时、足额发放"农机购置补贴""农资综合补贴""种粮直补"和"种子补贴"等经费。在补贴的发放过程中，应该尽量减少不必要的中间环节，让国家财政的专项补贴能够尽快、尽早地发放到农民手中，切实调动农民生产的积极性。

最后，各级物价管理部门应加大对农资市场的监督和检查，防止农业投入品的各种变相涨价行为吞食农民的利益。

（二）农产品间比价关系

合理的农产品比价，使不同农产品收购价格在扣除生产成本后还能得到大体相当的利润，这样的比价有利于促使农民合理地利用土地资源、资金、劳动力和农业生产资料，从而使农产品结构合理化，以实现农业均衡、按比例协调发展。同时，合理的比价有利于引导生产，调节供求，起到繁荣市场、满足人们需要的作用。另外，农业是国民经济的基础，农产品价格是整个价格体系的基础，因此，农产品比价在整个比价体系中占有重要的地位，对理顺农产品之间的比价和合理制定农产品的比价具有重要意义。

理顺农产品之间的比价关系，合理制定农产品比价，需要坚持四大原则。

第一，坚持等价交换的原则，使农业生产者在正常年景、合理经营的情况下，在扣除成本后还有大体相当的合理利润。

第二，坚持以粮价为中心的原则。粮食是农业的基础，也是国民经济的基础。粮价稳，百业兴。所以，制定和衡量各种农产品的比价必须以粮价为中心。

第三，坚持"两高一优"的原则，积极发展高产、优质、高效农业，推动农业生产发展。对农产品的主产区，特别是对粮、棉主产区实行优惠政策，即除把国家对农业和非农业的各种主要投资安排到粮棉主产区以促进产区名特优新产品基地、饲料基地、农副产品加工基地的建设外，在价格上也应使其有利于主产地优质高效产品的生产。

第四，坚持参照历史比价的原则。我国农产品比价是在长期的历史条件下形成的，基本上反映了历史上农产品价值量之间的比例关系，因此历史比价也具有重要的参照价值。[①]

农产品比价的实质是不同农产品价值量之间的比例关系，因此，研究其比价关系不能脱离对农产品价值量比例的研究，比较现实的办法就是将成本和营利相联系进行分析。农产品之间的比价主要包括以下几种关系。

---

① 王德章. 价格学 [M]. 北京：中国人民大学出版社，2006：166.

1. 粮食品种之间的比价

粮食是农业生产的基础，是我国居民生活中最基本的生活消费品，其生产状况制约着农业乃至整个国民经济的发展。粮价是整个市场物价的基础，粮价是否合理将直接关系到其他农产品价格是否合理，并关系到以农产品为原料的工业品的价格水平。粮食品种之间的比价还关系到种植不同种类的粮食生产者之间的经济利益，对粮食品种构成具有重要影响。理顺粮食品种比价关系的目的是得知如何在正常生产下保证生产各种粮食都能得到一定的收益，从而鼓励农民按社会需要安排生产，使粮食生产合理发展。

以我国现行小麦和稻谷最低收购价格为例，当前我国小麦最低收购价格偏低，水稻最低收购价格相对偏高，对此不合理的比价关系应该予以改变。据初步匡算，每 500 克小麦的生产成本高于同重量的水稻，但当前我国粮食最低收购价格标准却是水稻高于小麦，这与两者的比价不合理有关。[①] 我们选取 2006—2012 年粳稻和白麦最低收购价格计算稻麦单项比价，结果发现稻麦比价呈现出明显的上升趋势，如图 10—5 所示。也就是说，自 2006 年公布稻麦最低收购价格以来，这两种农产品实物量之比呈现上升趋势，每斤粳稻可以换取的白麦数量从 2004 年的 1.04 斤，增长到 2010 年的 1.17 斤。

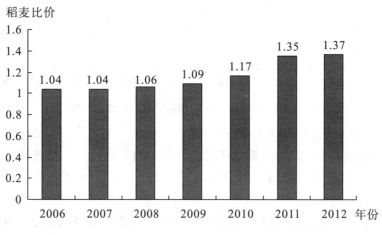

图 10—5　2006—2012 年稻麦比价变动趋势

数据来源：根据历年最低收购价格政策执行预案整理。

因此，应该根据粮食最低收购价格制定的依据，调整现行的稻麦最低收购价格水平，逐步实现稻麦同价，并最终回归麦高稻低的正常比价关系。

2. 粮食与经济作物的比价

粮食作物与重要经济作物种植占去耕地面积的绝大部分，它们既是关系国计民生的重要物质，又是互相争地、争肥、争劳力的作物。研究这种比价关系，可以利用比价政策使各种农作物生产得以协调发展，尽可能满足社会对粮食和经济作物的需要。这种比价关系在农产品比价关系中占有特别重要的地位，主要包括粮棉比价、粮油比价、粮糖

[①]　王文举. 完善粮食最低收购价格政策保障我国粮食安全 [J]. 价格月刊，2010 (10)：1-6.

比价、粮茶比价等等。

关于粮食与经济作物的比价关系问题，粮棉比价一直是讨论和关注的焦点之一。近年来，棉花生产情况基本处于劣势，从产量的绝对值来看，该值从 2006 年开始已经连续多年徘徊不前，从 2008 年开始连续三年出现负增长，尤其以 2009 年减产幅度为最大，达到 15%（如图 10-6 所示）。棉花产量增长受阻，其直接原因是棉花播种面积的下降，而又与农村劳动力大量转移、农资价格高企间接相关。2006 年棉花的播种面积占农作物总播种面积 3.82%；2007 年基本维持上一年的水平，而略有增加，为 3.86%；2008 年开始，连续三年棉花播种面积比重都在下降，逐年分别为 3.68%、3.12% 和 3%；2011 年略有恢复，但也仅为 3.1%。

图 10-6　2006—2009 年棉花产量（单位：万吨）

数据来源：根据历年《中国统计年鉴》整理。

粮棉比价关系不合理是导致棉花产量下降的主要原因之一。据统计，2008 年麦棉比为 1∶6.2，稻棉比为 1∶5.6；2009 年麦棉比为 1∶7.9，稻棉比为 1∶7.5。从以往经验看，当麦棉比为 1∶8、稻棉比为 1∶12 的时候，长江流域棉区、黄河流域棉区棉农植棉意向才能得到保障。这样就可以看到，2008 年棉农收益远低于常年水平，因此 2009 年减产也就在情理之中了。[①]

一般说来，要理顺粮食与经济作物的比价关系，首先，在粮食集中产区，粮食收购价格应使粮食生产收益高于其他经济作物收益，以保证粮食生产正常进行；其次，在宜于发展经济作物生产的地方，价格政策则应向经济作物倾斜，使种植经济作物获得较多的收益。总之，政府比价政策应使生产者能够真正因地制宜，扬长避短，发挥区域优势，使我国农业生产布局合理、适当集中，并以此逐步实现区域化、专业化和集约化经营，加速农业现代化进程。

① 方言. 统筹发展粮油棉糖四产业确保农村发展农民受益 [J]. 中国棉麻流通经济，2010（2）：12-13.

第二节　健全农产品价格保护机制

蛛网理论对农产品的周期性波动现象进行了形象化的描述：由于许多农产品的生产周期比较长，其供求调节需要相当长的时间，呈现发散型蛛网特征。当农产品的价格发生波动时，需求会做出较快反应，而供给却不能立刻进行调整，这就会致使生产者的供给与市场价格信号之间形成一个时间差，并可能会出现剧烈的价格波动。为防止农产品价格的盲目波动，以及避免由此带来的一系列问题（如农产品价格的过度涨跌必然会造成市场不稳定，不仅会损害消费者的利益，还会损害生产者的利益），各国政府对农产品的生产都进行了一定的价格管制，以稳定农产品价格，保护消费者和生产者的利益。

一、农产品价格保护的内涵及内容

（一）农产品价格保护的内涵

世界各国普遍实行保护性农产品价格政策及支持价格。农产品价格保护是政府为了扶持农业生产而规定农产品最低价格的行为，是政府在市场经济条件下对农产品价格进行的宏观调控，其目的在于防止农产品价格的大幅波动，保护农业生产者的最低支持价格和消费者利益的最高限价，从而维持农业生产的和谐发展。

随着我国粮食价格的改革以及粮食市场的开放，建立完善的粮食价格保护制度是维护我国粮食安全的必然选择。从改革开放以来我国粮食价格管理政策的实践来看，我国提出价格保护理念和实施价格保护政策，可以追溯到 20 世纪 80 年代初期第一次"粮食过剩"和"85 粮改"时期。1983—1984 年，部分地区出现了市场价格低于国家超购加价的情况；根据当时的政策，种粮农民以超购加价向国家粮食收购系统售卖余粮，国家粮食部门必须敞开收购。"85 粮改"用"倒三七"比例下调原先边际收购价（即超购价），同时还规定以后如果粮食市场价低于原统购价，国家仍按原统购价无限制收购，以保护农民利益。后来，这一政策思路不断发展，1990 年粮食产量再次达到历史最高水平，国务院发布文件要求各省（市区）制定最低保护价和最高限价。1993 年颁布的《中华人民共和国农业法》明确规定了对粮食和关系国计民生的重要农产品进行价格保护的基本原则。1993 年国务院第十二号文件批转了财政部等六部委联合制定的《粮食风险基金管理办法》，进一步重申粮食价格保护原则，并对实施方式和资金来源进行了明确规定。时任国务院总理李鹏明确提出："农业生产风险大，比较利益低，既有自然风险，又有市场风险，政府必须给予保护……最重要的是价格保护。首先从粮食做起，今后逐步扩大到其他农产品。"

回顾我国的农产品价格保护政策改革的历程，每一次农产品价格政策的调整和完善，都是对我国农产品价格保护概念内涵的丰富和延伸。

（二）农产品价格保护的内容

在实际运行中，农产品保护价格一般采取以下一些具体内容：农产品储备制度、农产品价格调节基金制度、差价补贴制度、目标价格和干预价格等。其中，以目标价格和干预价格最为常见。

1. 目标价格

目标价格主要是政府为确保重要农产品（比如粮食等）安全而采取的一种价格保护政策。目标价格最早是在 20 世纪 60 至 70 年代，由欧美等发达国家提出的政策性理论价格。尽管我国不论是在农业发展水平上，还是在农业结构特征上，都与发达国家有一定的差异，设计并实施目标价格也存在一定障碍，但是目标价格作用对象的基本特性，即农业的基础性和弱质性，在世界各国都是一致的。[①] 目标价格在各国稳定粮食价格，保护农民利益，促进农业发展的实践，为我国的农产品价格体制改革提供了宝贵的经验。

国内外对粮食目标价格的定义，虽然不同程度地涉及粮食目标价格的本质，但都不够准确全面。我们认为，中国价格协会课题组在其《建立粮食目标价格政策研究报告》中给出的定义较为完整，即：粮食目标价格是指国家在一定时期内为保障国家粮食安全，促进粮食生产稳定发展，提高粮农收益，而测定的一种具有指导性的合理价格。此价格兼有反周期，具有稳定市场粮价和提高粮农收益的双重作用：当市场价格高于目标价格时，政府抛售储备粮以稳定市场价格；当市场价格低于目标价格时，则政府给以其差额的补贴。而且，目标价格应是动态的阶段性的价格，国家根据缩小城乡收入差距的要求逐步提高粮农收益率，从而相应地提高粮食目标价格。

近年来，学术界和政策层面就我国建立粮食目标价格的必要性和可行性进行了深入的论证，达成了一些共识，认为建立粮食目标价格刻不容缓。首先，建立粮食目标价格对于保障国家粮食安全、改善农民收入有着重要的战略意义与现实作用。我国是有 13 亿人口的社会主义大国，保障国家粮食安全关系到经济社会发展的全局和国家的长治久安。改革开放以来，粮食价格改革始终受到党和政府的高度重视和社会各界的密切关注。改革开放初期，提高粮食等主要农产品价格揭开了改革的序幕，到放开粮食购销价格，实行粮食收购最低保护价、最低收购价政策，并逐步提高最低收购价，每次变革都对促进粮食生产、增加农民收入起到了积极作用，取得了很好的成效。在当前，尽管粮食生产有望保持"十一连增"、农民收入实现"十一连快"，但农业仍是弱质产业，农民仍是弱势群体，城乡收入差距仍在继续扩大，增强粮食生产能力和增加农民收入仍是经济社会发展中的重大问题。而且我们还要看到国际粮食总体趋势是供给偏紧，粮食成为炒作对象，粮价波动加剧。其次，我国当前也具备了建立粮食目标价格的基本条件，随着国家经济实力的增强，惠农支农的财力条件也日益具备。近年来，国家取消了农业税，不断增加对农业生产的投入和各种补贴，仅 2008 年的补贴金额就已达 716 亿元，比 2006 年增加了 5 倍。只要在现有补贴金额的基础上进一步适度加大财政投入，就可为粮食目标价格政策提供财力支撑。与此同时，随着贯彻落实科学发展观的深入，各级

---

① 张千友. 粮食目标价格：内涵、障碍与突破 [J]. 价格理论与实践，2011 (2)：21—22.

党委政府对统筹城乡发展，解决"三农"问题的认识在不断增强，城镇居民也逐步加深了对提高粮食价格、增加农民收入的理解和支持，在实际运作中也积累了一定的工作经验。最后，我国的粮食生产方式正在发生变化，"操作难"的问题有条件得以解决。

尽管学术界和政策层面都意识到建立目标价格的现实紧迫性，也进行了深入的调研，然而粮食目标价格的建立仍面临诸多问题急需解决。比如，如何科学合理地确定粮食目标价格，如何规避 WTO 对"黄箱"补贴的限制，如何有效降低目标价格政策的执行成本、提高政策效率，以及在我国执行粮食目标价格以后会导致哪些负面影响，如何去寻求其解决办法等。

首先，目标价格是在市场价格形成之前，由政府通过调查研究而制定出来并以期反映粮食成本及合理利润的理论价格。其成本构成较为烦琐，量化也存在一定的困难。定得准，无疑对市场价格具有积极的导向作用；反之，其带来的不良后果则可能非常严重。因此，以目标价格为核心的粮食价格综合补贴制度的有效实施，离不开对我国农业生产流通数据进行大量搜集，更需要对国外经验加以借鉴和对目标价格制定标准进行统一，并综合考虑生产成本、平均利润率、环境成本、市场供求、货币价值、比价关系和国际市场价格等诸多因素。

其次，以目标价格为核心的粮食价格综合补贴制度是一种"黄箱"补贴制度，即一种由农业协定认定的，可能带来贸易扭曲，需做出减让承诺的农业支持政策。目标价格补贴就是其中一种，受到农业协定的严格限制。虽然我国补贴水平（2%）还不到入世时承诺的不超过农产品总产值的 8.5%，还有一定的补贴空间，但值得注意的是，其中粮食补贴所占的比例很小，可利用的额度相对有限；而且，带有一定保护色彩的目标价格制度与粮食市场化在趋势上是有矛盾的。[①] 因此，在目标价格的设计过程中，还应该充分考虑世界贸易组织的相关规则，控制好价格保护的具体品种和保护的额度。

再次，目前按农户承包亩数直补的做法，显现出补贴错位、效率有限和政策实施成本高等弊端。一是原来的承包户不管是否种粮都可以得到补贴，而耕地流转到规模化生产的专业户却得不到直补的钱。广东省博罗县物价局反映，直补补贴到的是原来的承包户，其中不少已不再种粮，而租地生产经营上千亩规模的实际生产者却得不到补贴。广东四会市粮食规模生产专业户李国坚说："我就没有领到这些补贴。2005 年以前要缴农业税，我一年一亩田生产能赚 100 元左右，现在一亩要亏 40 元左右，只能靠机械作业对外有偿服务收入弥补。"二是国家花了钱却不一定能调动粮农的生产积极性，也不一定能促进粮食生产增加产量。有人说这种直补是补了"地主"，"佃农"并没有得到实惠。三是补贴过程错漏不少，例如广东省化州市江湖镇茅山村十几户粮农迄今一直没有领过补贴。这种补贴管理成本大，还易带来腐败。广东某县干部反映，农民领取这些补贴手续烦琐，每年省、市的农业、财政等部门都要来几批人调查，由此所产生的接待费都让其难以承受，此外还要有关基层部门陪上陪下，就更不用做别的工作了。同时，这

① 洪涛. 中国粮食市场化大趋势［M］. 北京：经济管理出版社，2004：46.

些补贴在各环节的运作过程都存在不少问题。湖北省南漳县有农户反映惠农补贴项目过杂不便记录，资金分散效益低下。其具体表现一是目前的补贴项目过多过杂，农民对补贴的项目、标准不甚清楚；二是补贴资金存在"撒胡椒面"的问题。由于补贴资金不是一次发放，每项补贴具体到每一个农户的资金数额少。少数农民甚至将补贴资金用于打麻将。[①] 因此，在探索粮食目标价格的过程中，应尽可能地考虑政策的可行性与手续的简易性，建议可以选择部分粮食主产省进行试点，总结出相关的经验后再向全国推广。

最后，根据国外实行目标价格的实践，目标价格的执行也会带来一系列负面效应。以美国为例，其政策执行过程中就出现了较严重的后遗症。美国政府通过设定"目标价格"等措施对粮食生产和流通的全面干预，防止了粮食价格下跌，保护了农民的利益，促进了农业生产的发展，但同时美国政府也付出了沉重的代价。"财政负担日益加重，居民的税收负荷攀升，农业从业人员的工资收入达到甚至超过了非农从业人员的工资水平，农产品的高保护价使消费者承担了部分不合理的负担，农业集团与外部的利益冲突急剧升级。"[②] 各方压力迫使美国政府于1996年出台了《1996年联邦农业完善与修改法》，规定"从1996年起，取消长期实行的农产品目标价格和差价补贴，同时设立过渡性的弹性生产合同补贴补偿农民"[③]。当然，我国目前还没有真正执行粮食目标价格，但是在政策设计阶段就应该未雨绸缪，事先考虑到政策执行以后可能带来的负面效应，从而减少政策盲目推进所付出的代价。

2. 干预价格

干预价格也叫支持价格，是农产品收购的最低价格。当市场上农产品价格低于保护价格时，由政府指定收储企业按干预价格收购，差额由国家财政补贴，以达到保护农民基本利益的目的。美国政府根据国会通过的法令，由联邦政府授权农业部每年规定小麦、玉米、高粱、大麦、稻谷、燕麦、黑麦等7种主要粮食的支持价格。日本政府为了保证国内大米生产者获得较高的价格和较高的收入，对大米生产者给予财政补贴，具体视农业生产者付出的生产费用和劳动而定，其标准以城市工人的平均工资为准。我国的价格支持政策由以行政控制为主转向以市场调节为主，从压抑性价格支持政策向支持性价格政策过渡。目前，我国政府关于农产品干预价格的做法主要有最低收购价格政策和临时收储政策。

二、我国农产品价格保护制度的目标和原则

农产品价格保护制度是一种重要的非行政性价格调控政策，即政府在丰收之年粮食价格过低时动用粮食风险基金等财政性资金，以高于市场价的价格收购农民的粮食，以免"谷贱伤农"，保护农民生产粮食的积极性。[④] 十七届三中全会《决定》提出，要健

---

① 建立粮食目标价格政策研究报告［R］．中国价格协会课题组，2010．
② 何兵．粮食价格支持政策理论和我国实行的必要性研究［D］．苏州：苏州大学，2005：26．
③ 何兵．粮食价格支持政策理论和我国实行的必要性研究［D］．苏州：苏州大学，2005：26．
④ 魏修文，闫秋芹．经济法学习小词典［Z］．北京：中国法制出版社，2006．

全农产品价格保护制度，完善粮食等主要农产品价格形成机制。

（一）农产品价格保护制度的目标

1. 稳定物价水平

在社会主义市场经济条件下，农产品价格机制是整个市场价格机制的基础。农产品价格，尤其是粮食价格，是"百价之基"，其价格水平的稳定可以保证整个国民经济价格体系的协调与平衡。农产品价格保护最基本的目标是使农产品价格稳定在一个合理的水平上。由于我国推行市场经济的时间还很短，许多制度还不够完善，在"看不见的手"的作用下，我国粮食价格会出现大幅波动，若农产品价格持续下跌则必然会造成谷贱伤农，若农产品价格持续上涨则必然会影响消费者的利益，不利于农产品的流通，同时还会造成生产的过度投入和资源的过度配置，从而引发通货膨胀。合理的农产品价格既能弥补生产者的生产成本，又能使其获得合理的利润。

2. 稳步增加产量

我国是一个人口大国，也是农产品需求大国，对粮食等重要农产品的需求不可能完全依赖于进口，必须立足于国内自给。与此同时，随着我国现代化进程的推进，农产品需求量呈明显增长态势。然而，根据蛛网理论，农产品的产量受其价格变动的影响很大，呈现出周期性波动。由于农民对市场信息了解不够，大多数农民只看到当期农产品价格的变化，没有看到农产品生产规模的变化，存在生产的盲目性。当某一农产品价格上涨时，农民在下一生产周期就会选择多种植这类作物，然而过多的投入又将导致该农产品在下一季上市时候价格大幅下跌，从而势必会影响农民在第二年对该作物的生产积极性，以致在下一季度该作物产量又会下降，价格又出现回升。这样的周期性变动不利于市场的稳定，也不利于农产品产量的持续稳定增加。因此，按照国际上通行的做法，国家需要对农产品价格进行保护，适当提高农产品的保护价格，增强农民的生产积极性，从而稳定并逐步增加农产品产量。

3. 增加农民收入

当下农民的收入有多种渠道，如政府转移支付的财政补贴收入、在外务工的工资性收入等，但在农村从事种养的农民最主要的收入来源还是出售农产品。根据现有的统计数据，尽管在农民的收入中，种养收入的比重正在减少，非农收入的比重正逐年上升，但种养收入作为务农农民基本收入的事实并没有改变，该收入仍是其务农劳动付出的最直接回报，也是其应得的劳动报酬。随着农产品商品化率的提高，农产品价格的高低直接关系到农民种养收入的水平，直接影响到农民务农的积极性，同时也是农民选择进城务工或回乡务农的一个最直接的价格信号。因此，要调动农民务农的积极性，应该保证农产品的保护价格维持在一个合理的水平之上，让农民在扣除各项成本以后还能够获得平均利润，这样才能真正提高在农村从事种养业农民的收入水平。

4. 保护国家安全

党的十七届三中全会指出："农业、农村、农民问题关系党和国家事业发展全局。"农业是国民经济的基础，"是安天下、稳民心的战略产业"，基础性的战略产业和战略性的基础产业是对我国建设现代农业的新定位。粮食是基础性的准公共产品，是国民经济的战略性物资，是保生活、平物价、稳民心的关键商品，涉及千家万户，具有"放大"效应和连锁反应。粮食安全是反映农业基础地位的重要标志，农业基础地位是确保粮食安全的重要前提，二者相辅相成，因此，我们必须充分认识农业的基础性和战略性地位以及粮食安全的重要性。农产品保护价格政策作为国家重要的经济政策之一，其主要目标就是要确保国家粮食安全。

（二）农产品价格保护制度的原则

1. 有利于农民获得合理收益的原则

所谓增产增收就是增加农产品产量和增加农民收入，其目的是通过实施价格保护来保护农民的经济利益，促使农民积极种田。适当的价格保护不仅可以补偿生产者的生产成本，还能使其获得较为合理的收入，以便充分调动农民生产的积极性，从而促进农产品的生产和产量增加，同时农民的收入也随之上升。

2. 有利于减轻国家财政负担的原则

国家财政补贴对缓和农业危机、发展农业生产和稳定农产品价格起到了较大的作用，但我国每年用于农业的财政补贴数额巨大，成为我国国家财政长期以来的主要负担之一。由于自然灾害频发，市场经济体制还不够完善，农产品价格的波动还较大，常常会出现农产品高价收购低价卖出的现象，即"购销价格倒挂"，于是政府就必须拿出钱来补贴价差。在不影响农民生产积极性的前提下，价格波动幅度越大，国家的财政负担就越沉重。

3. 有利于资源更优配置的原则

建立完善的农产品价格保护机制，可以保证农产品价格水平在一个正常的范围内波动，有利于农民合理安排农业生产，避免因资源过度投入或投入不足而造成的损失，促进农产品市场体系的完善和农产品流通体系的建设，并推动国有农产品企业的改革和多元化农产品市场主体的形成，以达到资源的最优配置。

4. 有利于增强国家粮食安全的原则

一方面，我国十三亿人口的吃饭问题始终是一个基本问题，任何时候都不能掉以轻心，"民以食为天"的道理至今仍未过时。另一方面，与世界发达国家相比，我国的农业生产率低下，抵抗自然灾害的能力还很弱。保证农产品的正常供给和价格稳定，完善农产品价格保护制度是增强国家粮食安全的重要原则。

5. 有利于国际国内价格接轨的原则

在经济全球化条件下，国际国内农产品价格关系越来越密切，如果国内农产品保护价格脱离了国际市场价格水平，势必会使国外质优价低的农产品对国内市场形成冲击。因而在完善国内农产品价格保护机制的过程中，必须参照国际农产品价格水平，保持两者合理的比价和差价关系。

三、健全水稻的价格保护制度

关于农产品价格保护制度，尤其是基于粮食价格保护层面的讨论比较多，但大多数讨论仅仅停留在中观层面的现象之上，很少分品种具体讨论价格保护制度，缺乏针对性。鉴于此，本课题将研究重心下移，对水稻、小麦、玉米和大豆的价格保护制度进行分类讨论，以增强研究的针对性和有效性。

水稻是我国首要的粮食作物，自新中国成立以来，水稻年播种面积保持在 3000 万公顷，稻谷年产量占粮食年产量比重保持在 41%～45% 之间，播种面积和产量始终占粮食作物的第一位。水稻产量在中国粮食产量中占有最大的比重，其波动直接影响着国计民生和社会发展。为了稳定和提高稻谷产量，确保国家粮食战略安全，自 20 世纪末以来，我国就开始探索建立稻谷等粮食的价格保护制度。

（一）我国水稻价格保护制度的演变

1. 全面保护阶段（1990—1993 年）

我国从 1990 年开始实施水稻收购保护价政策。1990 年 7 月，国务院发出《关于加强粮食购销工作的决定》，要求各地在以县为单位完成国家征购任务后，对农民愿意继续交售的余粮不能限收拒收。国家物价局、农业部和商业部于当年 8 月下达了稻谷的议购指导价（按 50 公斤计价）："南方主产区早籼稻 37 元；对早籼稻以外的其他稻谷品种，按各品种统购价加上各地早籼稻议购指导价与统购价的差价，作为该品种稻谷的议购指导价。上述议购指导价上浮不得超过 10%，下浮不得超过 5%。由此看来，1990 年出台的稻谷保护价政策，保护范围是农民手中愿意交售的稻谷，保护标准是议购价，保护方式是敞开收购。"[①] 该政策一直实行到 1992 年。

1993 年 2 月，国务院发出《关于建立粮食收购保护价格制度的通知》（国发〔1993〕12 号），标志着我国正式建立起粮食收购保护价制度。该通知首次确立粮食收购保护价格的制定原则、执行范围等具体内容，还明确提出建立粮食风险基金制度，为落实粮食收购保护价格制度提供了资金保障。该通知首先将稻谷纳入粮食收购保护价格的品种范围，并明确规定列入本年稻谷年度收购保护价格的品种及标准：早籼稻每 50 公斤（中等质量标准，下同）21 元，中籼稻 26 元，晚籼稻 28 元，北方粳稻 35 元，南方粳稻 31.5 元；等级差价率按原规定执行。

2. 选择保护阶段（1994—2003 年）

在水稻价格保护制度建立以后，国家又从资金、组织、仓容等方面进一步完善该制度，确保制度的落实。首先，建立"米袋子"省长负责制，进一步为落实稻谷价格保护制度提供了组织保障。在初步建立价格保护制度以后，国家逐步完善政策，不断明确地方政府在粮食问题上的具体事权。1994 年 5 月 9 日，《国务院关于深化粮食购销体制改

---

① 孙杭生. 我国粮食收购保护价政策及定价机制研究 [J]. 南京农业大学学报：社会科学版，2002（1）：11—17.

革的通知》明确规定:"实行省、自治区、直辖市政府领导负责制,负责本地区粮食总量平衡,稳定粮田面积、稳定粮食产量、稳定粮食库存,灵活运用地方粮食储备进行调节,保证粮食供应和粮价稳定。"[①] 1995年3月,时任国务院总理李鹏在《政府工作报告》中进一步明确指出:"要坚持'米袋子'省长负责制。负责'米袋子'就是负责本省的粮食供应,这就要求保证种植面积,提高单产,增加储备,调剂供求,稳定价格。"[②] 另外,1994年,根据国务院发出的《关于组建中国农业发展银行的通知》中国农业发展银行成立,进一步保证了收购资金的及时、足额到位。

到1999年,我国粮食已由长期短缺变成总量大体平衡、丰年有余,稻谷生产结构性矛盾日益突出,优质品种相对不足,一些品种销售不畅,稻谷库存大量积压,财政补贴负担过重。针对这一系列新问题,国家于当年将早籼稻剔除出保护价收购范围。但考虑到部分地区已经播种或插秧,1999年早籼稻暂不退出保护价收购范围,但仍较大幅度地调低了收购保护价水平。中晚稻的定购价调低到保护价水平,而保护价基本稳定在1998年的水平。

3. 重点保护阶段（2004年至今）

随着我国市场经济体制的建立和完善,我国对粮食价格保护制度也进行了新的调整,有关水稻价格保护的相关规定也发生相应变动。2004年,国家实施粮食最低收购价格政策,即当市场价格低于最低收购价时,由国家指定的粮食企业按最低收购价托市收购;在市场价格高于最低收购价时,按实际市场价格收购。到2004年,国家首次开始制定粮食最低收购价格预案,但由于该年市场价格明显高于国家发布的最低收购价格,因此没有启动该项政策。2005年,早籼稻和中晚籼稻的市场价格均低于最低收购价,粮食最低收购价格政策正式启动。从2004年起,国家连续八年定期发布稻谷最低收购价格预案,已经形成惯例。回顾这一阶段的水稻价格保护制度,呈现出以下四大特征。

首先,稻谷最低收购价格呈上涨趋势。在2004年出台最低收购价格政策以后,连续四年稻谷最低收购价格一直没有做大的调整,基本维持原价。从2008年开始,为了促进稻谷生产,稳定粮食市场,增加农民收入,国家大幅度提高稻谷的最低收购价格水平。其中,早籼稻最低收购价格在2004年以后连续四年一直维持在0.70元/斤,而2008年早籼稻最低收购价每市斤提高到0.77元,提价幅度为10%;2009年再提高14.44%,达到每市斤0.90元;2010年又在上年基础上每市斤提3分钱;2011年和2012年提价幅度进一步加大。如图10-7所示。

---

① 国务院关于深化粮食购销体制改革的通知［EB/OL］. http://www.chinalawedu.com/falvfagui/fg22016/11974.shtml, 1994-05-09.

② 十四大以来重要文献选编［M］. 北京:人民出版社,1997.

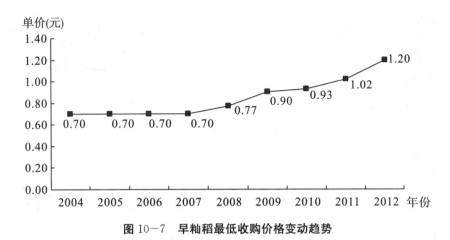

图 10-7　早籼稻最低收购价格变动趋势

数据来源：根据历年早籼稻最低收购价执行预案整理。

与此同时，从 2004 年开始，中晚稻谷品种最低收购价格连续四年维持在 0.72 元/市斤，粳稻价格保持在 0.75 元/市斤。从 2008 年开始，国家提高中晚稻谷的最低收购价格，中晚籼稻和粳稻提价幅度接近 10%；2009 年，中晚稻谷最低收购价格每市斤又提高 1 毛 3 分，其中，中晚籼稻提高幅度为 16.46%，粳稻提高 15.85%；2010 年，中晚籼稻又在上年基础上每市斤提价 5 分，提高幅度为 5.45%，而粳稻每市斤上提 1 毛，提高幅度为 10.53%。从 2008 年开始，连续五年，中晚籼稻最低收购价格累计提高 73.61%，粳稻最低收购价格累计提高 86.67%（如图 10-8、图 10-9 所示）。

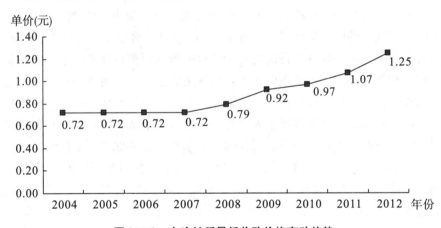

图 10-8　中晚籼稻最低收购价格变动趋势

数据来源：根据历年最低收购价执行预案整理。

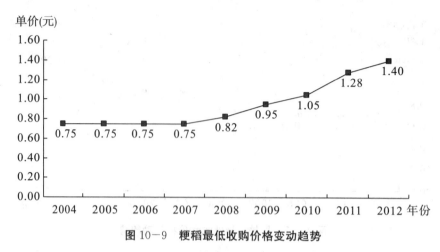

图 10—9 粳稻最低收购价格变动趋势

数据来源：根据历年最低收购价执行预案整理。

2004 年以来，国家对稻谷实行最低收购价政策并不断提高最低收购价格水平，对稳定农民收入，促进农业稳定发展，保障国家粮食安全均发挥了重要作用。

其次，执行稻谷保护价的区域范围趋于合理化。自 2004 年稻谷最低收购价格政策开始实施以来，执行稻谷保护价区域范围在 2008 年做过比较明显的调整。《2008 年早籼稻最低收购价执行预案》规定，执行本预案的早籼稻主产区为安徽、江西、湖北、湖南、广西等五省（自治区），即由原来的四个粮食主产区增加到五个，将广西纳入早籼稻最低收购价执行预案的主产区；《2008 年中晚稻最低收购价执行预案》又提出，执行本预案的中晚稻（包括中晚籼稻和粳稻）主产区为辽宁、吉林、黑龙江、江苏、安徽、江西、河南、湖北、湖南、广西、四川等十一省（区），增加辽宁、江苏、河南、广西等四个稻谷主产区，也就是说执行中晚稻最低收购价的范围由原来的七个省增加到现在的十一个省。稻谷保护价区域范围的扩大，将在更大空间范围内保护稻农的利益，调动农民种植的积极性，增加稻谷产量。由于稻谷是我国居民粮食构成中最主要的品种，所涉及量大面广，其保护价区域范围扩大也将进一步保护消费者的利益，是我国财力增强以后做出的明智选择，必将进一步巩固我国农业基础地位和保障国家粮食安全。

第三，收购质量标准趋于科学化。在 2009 年以前，执行最低收购价的稻谷质量标准为"国三标准"，以早籼稻为例，该标准规定以当年生产的国标三等早籼稻为标准品。具体质量标准为："杂质 1％以内，水分 13.5％以内，出糙率 75％～77％（含 75％，不含 77％），整精米率不低于 44％。执行最低收购价的早籼稻为当年生产的等内品。相邻等级之间等级差价按每市斤 0.02 元掌握。"《2009 年早籼稻最低收购价执行预案》要求从 2009 年开始执行新的稻谷国家标准（GB1350－2009），且以当年生产的国标三等早籼稻为标准品，即："杂质 1％以内，水分 13.5％以内，出糙率 75％～77％（含 75％，不含 77％），整精米率 44％～47％（含 44％，不含 47％）。执行最低收购价的早籼稻为当年生产的等内品。相邻等级之间等级差价按每市斤 0.02 元掌握。"[①] 与此同时，对非标准品早籼稻的具体收购价格水平和质量标准也做出了具体规定："由委托收购企业根据等级、水分、杂质等情况，按照《国家计委、国家粮食局、国家质检总局关于发布〈关于执行粮油质量标准有关问题的规定〉的通知》（国粮发〔2001〕146·号）有关规定确定，对整精米率达不到相应质量等级标准下限要求的，每低 1 个百分点，扣价 0.75%；不足 1 个百分点，不扣价；高于标准规定的，不增价。"[②] 中晚稻谷收购质量标准也做了相应调整。从 2009 年开始，要求以当年生产的国标三等中晚稻为标准品，具体质量标准同样按新稻谷国家标准（GB 1350－2009）执行。

最后，稻谷收购时间范围趋于明确化。2006 年以前公布的预案没有明确规定最低收购价格执行的起止时间范围。以 2005 年为例，《2005 年早籼稻最低收购价执行预案》将开始收购的时间规定为"早籼稻上市后"，将结束的时间规定为"早籼稻主产省最低收购价预案启动后，当售粮高峰过后，市场价格仍稳定在国家规定的最低收购价格以上时"。[③]

2006 年的新预案开始根据地区差异明确具体预案执行的时间范围，设计出体现地区差异的收购时间表。在《2006 年早籼稻最低收购价执行预案》中，早籼稻最低收购价适用时间为 2006 年 7 月 16 日至 9 月 30 日，共计 77 天，该时间范围一直沿用至今。《2006 年中晚稻最低收购价执行预案》第四条规定了最低收购价适用时间——安徽、江西、湖北、湖南、四川五省为 2006 年 9 月 16 日至 2006 年 12 月 31 日，吉林、黑龙江二省为 2006 年 11 月 10 日至 2007 年 2 月 28 日。《2008 年中晚稻最低收购价执行预案》再次将辽宁、吉林、黑龙江三省的中晚籼稻最低收购价适用时间延长，开始时间推迟到 2008 年 11 月 16 日，结束时间延长到 2009 年 3 月 31 日，最低收购价格适用时间前后延长将近 1 个月，也就是说，由原来的 110 天延长到 136 天。这有效缓解了农民集中交售粮食的压力，减少了市场的波动，促进了中晚稻谷市场价格在更长的时间范围内维持基本稳定。

4. 临时收储阶段（2008 年至今）

从 2008 年开始，为了应对国际市场粮食价格的异常波动，维持国内粮食市场的稳定，国家在原有最低收购价格政策的基础上启动临时收储政策，在东北和南方先后分三批临时收储稻谷，掌握稻谷达 2250 万吨（见表 10－1），有效地扭转了稻谷价格下行趋势，维持稻谷市场价格的稳定，保护了广大农民的利益。具体情况如图 10－10 所示。

① 国家发展改革委，财政部，农业部，等. 2009 年早籼稻最低收购价执行预案 [EB/OL]. http://money. 163. com/09/0831/15/5I2AS9N300253CAA. html,2009－08－31.
② 国家发展改革委，财政部，农业部，等. 2009 年早籼稻最低收购价执行预案 [EB/OL]. http://money. 163. com/09/0831/15/5I2AS9N300253CAA. html,2009－08－31.
③ 国家发展改革委，财政部，农业部，等. 2005 年早籼稻最低收购价执行预案 [EB/OL]. http://govinfo. nlc. gov. cn/fjsfz/zfgb/200528348/201104/t20110413 _ 677614. shtml?classid=363，2005－07－18.

表 10-1　稻谷临时收储计划一览

批次	日期	收购数量（万吨）	收购指标分配格局（万吨）	收购价格（元/吨）
第一批	2008.10.20	1000	江苏 70，安徽 125，江西 100，河南 50，湖北 125，湖南 80，四川 50，黑龙江 240，吉林 120，辽宁 40	东北粳稻：1840 南方稻谷：1880
第二批	2008.12.03	750	江苏 70，安徽 59，江西 60，河南 15，湖北 46，湖南 50，黑龙江 260，吉林 150，辽宁 40	
第三批	2009.01.12	500	江苏 155，安徽 95，江西 90，河南 20，湖北 70，湖南 60，四川 10	
合计			2250	

数据来源：据中华粮网数据整理。

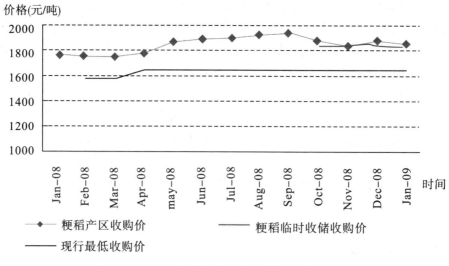

图 10-10　2008 年稻谷临时收储政策对价格的影响

（二）现行水稻价格保护制度存在的问题

1. 收购价格水平偏低

今天，我国地区间城乡经济发展水平仍然存在较大差距，工农业产品价格尚存剪刀差，粮食市场价格也偏低，必须由国家制定最低收购价格来支撑或托高粮食市场价格。国家每年公布的粮食最低收购价格，事实上已经成为粮食市场价格波动的中心。长期以来，稻谷早籼稻和中晚籼稻最低收购价格都接近甚至低于稻谷的生产成本。以广东省为例，多年来该省稻谷最低收购价低于成本和实际平均收购价（出售价）的问题很突出（如表 10-2 所示）。

表 10－2　广东省稻谷最低收购价与成本和实际收购价比较

项　目 年　份	2006		2007		2008	
	早稻	晚稻	早稻	晚稻	早稻	晚稻
国家规定最低收购价（元/担）	70.00	72.00	70.00	72.00	77.00	79.00
实际平均成本（元/担）	75.47	72.24	76.47	74.80	92.77	97.31
成本比最低收购价高（％）	7.81	0.33	9.24	3.89	20.48	23.18
实际平均收购价（元/担）	81.54	92.55	91.02	99.18	103.87	109.52
平均收购价比最低收购价高（％）	16.49	28.54	30.03	37.75	34.90	38.63

数据来源：文武汉（2010）。[1]

从表 10－2 可见，从 2006 年至 2008 三年六造稻谷的最低收购价比实际平均成本低 0.33％～23.18％，而低于实际平均收购价的情况则更突出，连续三年六造稻谷低于 16.49％～38.63％。可见这些年来粮食的实际收购价均高于最低收购价，而种粮农民得到的收益则来自于市场需求结果拉动。如果遇到市场供过于求，按最低收购价出售，就会严重亏本。[2]

2. 收购价格范围偏小

我国稻谷最低收购价格政策实施的地区范围仅限于早籼稻、中晚籼稻和粳稻的主产省，其中早籼稻为安徽、江西、湖北、湖南、广西等五省（自治区），中晚籼稻和粳稻为辽宁、吉林、黑龙江、江苏、安徽、江西、河南、湖北、湖南、广西、四川等十一省（区）。由此可见，五个早籼稻省份包含在中晚籼稻和粳稻的十一省之中。综合看来，目前共有十一个省实施稻谷最低收购价格政策，而其他省份（包括粮食供求基本平衡省和粮食主销省）则不实行这一政策。也就是说，我国稻谷最低收购价格政策的覆盖面仅为少数省份，大部分省份粮农享受不到这样的惠农政策。稻谷作为我国最重要的粮食品种，已成为居民的口粮，然而随着我国财力的增强，却仅在现行的少数几个省份执行最低收购价格政策，实在不足以真正保障这一主要粮食品种的安全。

3. 收购价格时间偏短

我国稻谷现行最低收购价格政策实施时间偏短。稻谷最低收购价的时间前后做过几次调整，目前早籼稻最低收购价格政策实施的时间为每年的 7 月 16 日至 9 月 30 日，合计两个半月；中晚籼稻和粳稻收购的具体时间因地区差异，略有不同，例如 2008 年江苏、安徽、江西、河南、湖北、湖南、广西、四川八省（区）为 9 月 16 日至 12 月 31 日，合计两个半月；辽宁、吉林、黑龙江三省为 11 月 16 日至第二年 3 月 31 日，合计四个半月。除此之外，稻谷在一年中的其余时间将不再收购。显然这个时间段太短，会产生一系列的后果：首先，如果粮食价格在一年中的其余时间大幅下跌，广大粮农的利益将得不到有效保护。其次，不利于"藏粮于民""藏粮于地方"，在集中收购时间过

---

① 文武汉. 建立广东稻谷目标价格政策研究报告［J］. 中国物价，2010（1）：30－37.

② 文武汉. 建立广东稻谷目标价格政策研究报告［J］. 中国物价，2010（1）：30－37.

短的情况下，农民如果预期价格下跌，就会将全部稻谷出售给国家粮企，导致"藏粮于国"，从而大大增加了国家粮食企业的仓储压力和财政压力；农民如果预期价格上涨，又将大面积出现"惜粮"现象，推动市场粮食价格暴涨。其三，集中收购时间短，而近年来农产品价格波动频率加快，波动幅度加深，农产品价格形成机制异化，更增添了市场的不稳定性因素。

4. 收购价格实施主体偏少

在粮食直接收储工作中，我国粮食最低收购价格政策的实施主体是中国储备粮管理总公司系统。[①] 有学者指出："把中国储备粮管理总公司作为我国粮食最低收购价格政策执行主体是无可厚非的，但把它作为唯一的执行主体就有欠妥当了，不符合我国粮食购销主体多元化体制改革的方向。"[②] 历年早籼稻最低价格收购预案规定，政策实施的主体为"①中储粮总公司及其有关分公司，中粮集团有限公司、中国华粮物流集团公司所属企业；②上述5省（自治区）地方储备粮管理公司（或单位）；③北京、天津、上海、浙江、福建、广东、海南等7个主销区省级地方储备粮管理公司（或单位）"[③]。中晚籼稻和粳稻最低价格收购预案也作了类似规定："在辽宁、吉林、黑龙江、江苏、安徽、江西、河南、湖北、湖南、广西、四川11个中晚稻主产区执行最低收购价企业为：①中储粮总公司及其有关分公司，受中储粮总公司委托的中粮集团有限公司所属企业和中国华粮物流集团公司所属企业；②上述11省（区）地方储备粮管理公司（或单位）；③北京、天津、上海、浙江、福建、广东、海南等7个主销区省地方储备粮管理公司（或单位）。"[④] 目前，我国现有粮食购销企业达5万余家，从业人员达300万余人，把他们一律排除在粮食最低收购价格政策执行主体之外的做法，与我国粮食流通体制改革方向不符。必须充分发挥这些企业的参与积极性，让它们与中储粮总公司系统企业一起，为保障我国国家粮食安全做出应有的贡献。

（三）完善水稻价格保护制度的对策措施

1. 改进补贴方式，提高水稻保护价格

我国现行种粮补贴种类多，补贴金额较大，但政策效果难以准确衡量。现有的种粮补贴政策有良种补贴、种粮直补、农资综合补贴、农机购置补贴等四大补贴。以2011年为例，中央财政下拨粮食直补和农资综合补贴资金986亿元，比上年增长14%。然而现行的补贴是按田亩补贴，大大弱化了政策的效果。据调查，在部分水稻主产区，由

① 中国储备粮管理总公司（简称中储粮总公司）是国资委直接管理的中央企业，是担负着特殊政策性任务、属于涉中储粮及国家安全和国民经济命脉的国有重要骨干企业，拥有国内覆盖面最广、规模最大的粮食储运网络，粮食储运技术和装备水平行业领先。中储粮总公司成立于2000年，注册资本166.8亿元。资料转引自：中国储备粮管理总公司网站（http://www.sinograin.com.cn.）。

② 王文举. 完善粮食最低收购价格政策保障我国粮食安全 [J]. 价格月刊，2010（10）：1—6.

③ 国家发展改革委，财政部，农业部，等. 2010年早籼稻最低收购价执行预案 [EB/OL]. http://www.sdpc.gov.cn/zcfb/zcfbtz/2010tz/t20100707_359603.htm，2010—07—05.

④ 国家发展改革委，财政部，农业部，等. 2010年中晚籼稻和粳稻最低收购价执行预案 [EB/OL]. http://sc.stock.cnfol.com/100915/123,1764,8438065,00.shtml，2010—09—15.

于土地流转，土地承包户举家进城从事非农生产活动，但补贴标准仍是按二轮土地承包面积补贴到户，结果导致"种粮的不拿补贴，拿补贴的不种粮"，完全违背了政策的初衷。杂交水稻之父袁隆平曾算过一笔账：比如在湖南，一亩田补贴人民币 100 来块还是可以的，但是对调动农民种粮的积极性作用就不太大。因为一亩田种好种坏都是补贴100 块：随便种三五百斤，是 100 块；不种也是 100 块；种好了，也只是 100 块。因此，我们建议政府在部分粮食主产区试点，合并现有的补贴方式，直接用高价收购农民的稻谷，平价卖出去，中间的购销差价由政府来补，不影响市场。以我国中晚籼稻为例，最低保护收购价为 97 元（按 50 公斤计，下同），建议政府用 110 元（高出 13 元）买进，然后平价卖出去，这样就能调动农民种粮的积极性。农民越高产，收入就越多。如果仅按田亩补，农民就没有那么高的积极性，更无法实现高产、高效。

2. 扩大稻谷最低收购价格政策的区域

我国目前共有 31 个省、自治区和直辖市（不包括香港、澳门和台湾省），但实施稻谷最低收购价格的仅为主产区辽宁、吉林、黑龙江、江苏、安徽、江西、河南、湖北、湖南、广西、四川等 11 个省，其余 20 个非稻谷主产省都不实施粮食最低收购价格政策。这样就造成了剩余粮农的利益无从保护，积极性无法调动，将不利于我国国农粮食安全问题的彻底解决。我们主张把我国水稻最低收购价格政策实施的范围进一步扩大到产销平衡的省份，甚至待到财力允许后，将主销区也纳入最低收购价格实施范围，发挥所有有条件种植水稻地区的优势。

3. 延长稻谷最低收购价格政策实施的时间

我国每年实施稻谷最低收购价格的时间只有两个半月，辽宁、吉林、黑龙江三省为四个半月，总体偏短。因此，我们主张把我国每年实施稻谷最低收购价格的时间由两个半月延长至半年甚至八个月，进一步解除粮农的后顾之忧，稳定农民的心里预期，这将促进民间储粮，也就是鼓励"藏粮于民"，从而减少国家粮食企业仓容紧张的压力。

4. 加强地方稻谷储备库经营管理，形成多元的稻谷储备主体

粮食储备观念应从"藏粮于国"向"藏粮于地方""藏粮于民"转变，不必使粮食高度集中于大型国储粮库之中。[①] 目前，在稻谷直接收储环节上，稻谷最低收购价格实施主体是中国储备粮管理总公司系统，此外，还有受其委托的一些基层稻谷收购站点和稻谷储备仓库，大体上处于独家经营的状态。这种状况不利于我国粮食流通体制市场化改革及粮食流通主体多元化改革的取向。实际上，国家可以挑选若干有实力、资质好的大型粮食流通企业进入市场，直接参与稻谷收储等相关工作，赋予民营企业和国有企业相同的政策优惠，让它们在市场中共同参与、平等竞争。[②] 唯有如此，才能形成良好的市场竞争态势，才能克服行政本位，节约流通成本，提高流通的经济效益和社会效益，稻谷最低收购价格政策目标才能最终得以实现。

① 曹东勃. 粮食主产区"憋粮"现象的背景与诊断 [J]. 改革，2009（4）：67—73.
② 王文举. 完善粮食最低收购价格政策 保障我国粮食安全 [J]. 价格月刊，2010（10）：1—6.

5. 进一步将稻谷价格保护制度法制化

现行稻谷价格保护制度执行将近 10 年，每年定期公布具体预案，已经形成惯例，大大促进了稻谷市场的稳定和发展。然而，惯例随时可能做出调整，甚至被取消，稻农年年等着吃"定心丸"，不利于真正形成长久的心理预期。因此，建议以法律、法规等具体形式将现行水稻价格保护的惯例制度化、法律化，包括最低收购价格核算的依据、政策执行的时间和范围、收购的主体等内容，使稻农形成长期稳定的心理预期，也有利于农民增加种植水稻的长期投入。

四、健全小麦价格保护制度

（一）我国小麦价格保护制度的演变

1. 小麦价格保护制度的建立

小麦在我国粮食品种中的地位仅次于稻谷，排名第二，其价格保护制度的形成与演化构成了国家历次粮食流通体制改革的重要内容。1990 年开始执行的粮食价格保护政策规定，按照粮食议购价的保护标准，以敞开收购的方式购买农民手中愿意交售的余粮。国家物价局、农业部和商务部在当年 6 月下达了小麦的议购指导价（按 50 公斤计价），南方主产区为 41 元，北方主产区为 46 元。1993 年，我国正式建立粮食收购价格保护制度。在国务院发出的《关于建立粮食收购保护价格制度的通知》中，小麦被首批纳入粮食收购保护价格的品种范围。通知规定，"保护价格的实施范围限于原国家定购和专项储备的粮食"，同时还指出保护标准，即"除早籼稻外，其他粮食品种的保护价格，按不低于国家合同价格指定"。[①] 1993 年小麦年度收购保护价格的标准是每 50 公斤（中等质量标准，下同）北方冬小麦 32.5 元，南方冬小麦 31 元。指定保护价的权限和程序是："全国主要粮食品种的收购保护价格的基准价，由国务院制定下达，省级人民政府根据当地情况，按不低于但可高于中央下达的基准价格水平，指定本地区的保护价格，向农民公布，并按保护价收购。"[②] 由此可见，1993 年开始实行的小麦收购保护价水平不低于定购价，政策也不再强调"敞开收购"，而是"保护价格的实施范围限于原国家定购和专项储备的粮食"。

2. 小麦价格保护制度的调整

1997 年，我国的粮食供过于求，这是改革开放以来第三次出现较大规模的"卖粮难"风潮，市场粮价持续下跌。当年 6 月，国务院办公厅下发《关于进一步做好夏粮收购工作的通知》，规定 1997 年定购价一律按 1996 年定购价执行，议购粮要实行保护性收购，保护价一律按定购基准价执行。由此可见，1997 年的政策实际上是降低了保护价水平，因为定购基准价一般比定购价低 10% 左右。

---

① 国务院. 国务院关于建立粮食收购保护价格制度的通知［EB/OL］. http://vip. chinalawinfo. com/newlaw2002/slc/slc. asp?db=chl&gid=6129，1993—02—20.

② 国务院. 国务院关于建立粮食收购保护价格制度的通知［EB/OL］. http://vip. chinalawinfo. com/newlaw2002/slc/slc. asp?db=chl&gid=6129，1993—02—20.

1998 年，国务院召开"全国粮食流通体制改革工作会议"，制定新的粮改方案，提出"三项政策，一项改革"，即：敞开收购，顺价销售，封闭运行，加强粮食企业自身改革。与此同时，为了使"敞开收购"政策能够顺利实施，国务院同时决定将定购价、保护价的决策权下放给省级政府。定价权下放后，各省都下调了定购价格和保护价。[①]如河北省小麦定购价由上年每公斤 1.52 元下调为 1.46 元；保护价由上年 1.38 元下调为 1.28 元。[②]

1999 年，粮食生产环节显现新问题，主要表现为生产结构性矛盾，优质品种供不应求，劣质品种大量积压，粮食收购保护范围偏大，直接制约粮食生产结构优化和效益提升。面对上述问题，国务院在当年 5 月发出《关于进一步完善粮食流通体制改革措施的通知》，对小麦保护价收购范围进行调整，要求黑龙江、吉林、辽宁以及内蒙古自治区东部、河北北部、山西北部的春小麦和江南小麦从 2000 年新粮上市起退出保护价收购范围。但考虑到部分地区已经播种，1999 年暂不退出保护价收购范围，但较大幅度地调低收购保护价水平。与此同时，还提出再调低收购保护价水平，实现保护和定购同价。通知规定："各地区在保持粮食定购制度和定购价格形式的前提下，可以调整定购粮收购价格。在市场粮价较低的情况下，也可以将定购价格调低到保护价格水平。"2000 年 2 月，国务院办公厅又下发《关于部分粮食品种退出保护价收购范围有关问题的通知》，再一次明确上述地区的小麦自 2000 年新粮上市起退出保护价收购范围的规定，同时将北方冬小麦（标准品）收购保护指导价格调整为 1.14～1.18 元。

2001 年，国家继续缩小实行小麦保护价政策的范围，将实行小麦收购保护价政策的地区限制在小麦主产区，同时赋予主产区省级人民政府自主决策的权力，即自行确定实行保护价收购的品种、范围和办法。当年 7 月，国务院发出《关于进一步深化粮食流通体制改革的意见》，要求在黄淮海地区继续坚持按保护价敞开收购农民小麦。也就是说，除上述地区以外的其他地区的小麦，都不在保护价格政策的保护范围之内。这不仅是出于对区域性经济效益的考虑，可充分发挥小麦主产区和主销区的各自优势，通过加快调整主销区的种植业生产结构，为主产区小麦销售腾出空间，而且还是为中国加入世界贸易组织而预先做的战略性调整。

3. 小麦最低收购价格政策

2004 年以后，我国全面放开粮食市场和价格，实施粮食最低收购价、临时收储和对种粮农民直接补贴等保护政策，为了稳定小麦播种面积和产量，更好地保护农民利益，对重点地区、重要品种实行了最低收购价政策。2006 年以来，我国进而根据市场价格是否低于最低收购价的情况，分别在小麦主产区启动了最低收购价格的执行预案，基本情况如下。

首先，小麦最低收购价格保持稳中有升的态势。2006 年小麦最低收购价格执行预

① 陶昌盛. 中国粮食定价机制研究 [D]. 上海：复旦大学，2004：121-122.
② 叶兴庆. 改革以来我国粮食保护价政策的回顾与思考 [J]. 调研世界，1998（12）：3-6.

案规定的白麦价格（以 500 克计，下同）为 0.72 元，红麦和混合麦为 0.69 元。2007 年继续维持上一年的价格水平，最低收购价格水平未做调整。从 2008 年起，则开始连续调高小麦最低收购价格水平，其中 2008 年白麦为 0.77 元，提价幅度为 6.94%；红麦和混合麦收购价格为 0.72 元，提价幅度为 4.35%。此后，每一年均稳步提高小麦的最低收购价格水平，2009 年价格调整幅度最大，其中白麦提价 12.99%，提价后最低收购价格达到 0.87 元；红麦和混合麦的提价幅度高于白麦，为 15.28%，调整后的价格为 0.83 元。到 2012 年，白麦、红麦和混合麦最低收购价格同步，均为 1.02 元，与提价前相比，白麦提价幅度累计为 41.67%，红麦和混合麦提价幅度累计为 47.83%。六年来小麦最低收购价格调整趋势如图 10-11 所示。

第二，小麦最低收购价格执行的范围维持稳定。《2006 年小麦最低收购价执行预案》规定："小麦主产区为河北、江苏、安徽、山东、河南、湖北 6 省。其他小麦产区是否实行最低收购价政策，由省级人民政府自主决定。"以后几年，收购价格政策执行预案的范围一直维持在六省范围，未做任何调整。

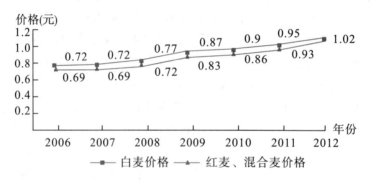

图 10-11　小麦最低收购价格趋势

数据来源：根据历年小麦最低收购价执行预案整理。

第三，小麦收购的质量标准基本固定。《2006 年小麦最低收购价执行预案》第三条不仅规定了最低收购价格，还明确了最低收购价格的质量标准："白麦是指种皮为白色或黄白色的麦粒不低于 90% 的小麦（白硬麦角质率不低于 70%，白软麦粉质率不低于 70%）；红麦是指种皮为深红色或红褐色的麦粒不低于 90% 的小麦（红硬麦角质率不低于 70%，红软麦粉质率不低于 70%）；不符合以上要求的为混合麦。标准品的具体质量标准为：容重 750~770g/L（含 750g/L），水分 12.5% 以内，杂质 1% 以内，不完善粒 6% 以内。执行最低收购价的小麦为等内品。"自该年起，每年的质量标准相同，只规定执行最低收购价的小麦为当年生产的等内品，在具体要求上未做任何修改。

第四，小麦最低收购价的执行时间有所延长。2006 年的执行预案规定：该预案的执行时间为当年 6 月 1 日至 9 月 30 日，前后共计 4 个月。该时间表在执行两年以后又有所调整，《2008 年小麦最低收购价执行预案》规定，小麦最低收购价适用时间为当年 5 月 21 日至 9 月 30 日。也就是说，调整后的收购起止时间比过去提前 10 天，收购期前后累计共 4 个月零 10 天。

最后，最低收购价格政策的执行主体单位固定。从 2006 年到 2009 年，关于在河北、江苏、安徽、山东、河南、湖北六个小麦主产区执行最低收购价的企业的规定保持不变，相关企业包括中储粮总公司及其有关分公司，以上六省的地方储备粮管理公司，以及北京、天津、上海、浙江、福建、广东、海南等七个主销区省级地方储备粮管理公司。① 2009 年略做调整，收购主体中增加了中粮集团有限公司和中国华粮物流集团公司所属企业。

（二）现行小麦价格保护制度存在的问题

1. 小麦最低收购价格中的比价关系不合理

经过初步测算，当前我国最低收购价格政策体系中，水稻的价格偏高，而小麦的价格相对偏低。根据辽宁省的数据，"2009 年，辽宁省每斤小麦的生产成本为 1.25 元，水稻为 0.98 元。然而水稻的最低收购价却高于小麦"②。显然，最低收购价格政策体系中比价关系不尽合理。

2. 小麦最低收购价格的差价体系不合理

差价体系指同一种商品，按流通的环节、时间、地区、质量和数量的不同所形成的各种差价。③ 小麦最低收购价格的差价体系主要包括地区差价、时间差价和品种差价等。长期以来，国家实施的小麦最低收购价格的地区差价缺失，也就是说，全国只有一个价格，这有悖于客观的经济现实，因为每个主产地区的生产成本存在着较大差距。与此同时，国家实施的小麦最低收购价格的时间差价空缺，也就是说，全年也只有一个价格，这也不符合实际，因为一年中或即使在小麦最低收购价格执行期间，粮食收储成本和供求仍存在着显明的差异。最后，我国实施的小麦最低收购价格的品种差价偏少，目前只有两种，而实际上仅为一种，因为红小麦和混合小麦的价格是一样的，而且差价不大，差价最大的一年是 2008 年，白麦比红麦和混合麦高出 5 分，其余年份差价均在 3 分或 4 分。仅有一个品种差价，根本体现不了优质优价、按质论价的差价原则。我国其他粮食品种（比如水稻）也存在类似的情况，说明现行粮食最低收购价格的差价体系不合理，不利于产业结构优化。

3. 小麦的最低收购价格政策实施地区偏少

自 2006 年以来，我国小麦最低收购价格政策的实施地区范围仅限于主产地区，包括河北、江苏、安徽、山东、河南、湖北六个省，其余小麦供求基本平衡省、小麦主销省份则不受最低收购价格政策的保护。也就是说，我国小麦最低收购价格政策的覆盖面仅为六个小麦主产省份，大部分省份享受不到这样的惠农政策。以 2009 年为例，新疆、四川、陕西三省区小麦产量合计占到全国一成多，但三省区小麦无法受到最低收购价格政策的保护。在我国粮食市场处于紧平衡的背景下，保护区域范围过小同样不利于我小

---

① 国家发展改革委，财政部，农业部，等. 2008 年小麦最低收购价执行预案 [EB/OL]. http://www. china. com. cn/guoqing/content＿23594703. htm, 2011−10−11.

② 王文举. 完善粮食最低收购价格政策保障我国粮食安全 [J]. 价格月刊, 2010 (10)：1−6.

③ 王德章. 价格学 [M]. 北京：中国人民大学出版社, 2006：141.

麦市场的稳定。

（三）完善小麦价格保护制度的对策措施

1. 调整最低收购价格中的比价关系

长期以来，我国粮食最低收购价格中水稻收购价格高，小麦收购价格低，然而生产成本却正好相反，小麦生产成本高，水稻生产成本低。依据水稻和小麦最低收购价格制定的办法测算，我国小麦的最低收购价格应调整为 1.375 元，水稻的最低收购价格应调整为 1.080 元。[①] 这个历史问题的解决可以分步骤实现，具体分两步走，第一步是实现小麦和水稻同价，第二步是实现小麦价格高，水稻价格低。这个设想可以在五年内争取完全实现。

2. 理顺最低收购价格的差价体系

首先，就地区差价而言，基于各地区不同的资源禀赋，小麦最低收购价格的制定可以按省（市区）为单位，这样，全国每年就会发布不同的最低收购价格标准。其次，就季节差价而言，以存储和损耗为基准，确定四个季节的不同价格，合理拉开差价并藏粮于民，稳定小麦市场。最后，就质量差价而言，可在白小麦、红小麦和混合麦三个大品种上再细分出二到四个分品种，制定不同的最低收购价格，形成质量差价，以便优化品种结构。

3. 扩大小麦最低收购价格政策的实施范围

我国目前实施小麦最低收购价格的地区仅包括小麦主产区六省，这样的状况导致非小麦主产省份麦农的利益无从保护，农民积极性无法调动，不利于我国粮食安全问题的彻底解决。我们主张把小麦最低收购价格政策的实施范围扩大到全国更多的地区，比如新疆、四川、陕西等小麦产区。[②]

五、健全玉米的价格保护制度

（一）我国玉米价格保护制度的演变

1. 玉米价格保护制度的建立

1990 年，粮食收购保护政策开始实施，国家物价局、农业部和商业部在当年 11 月下达了玉米的议购指导价（按 50 公斤计价，下同）：关外（东北三省及内蒙古）玉米为 25.5 元，关内为 27.5 元。这一政策实行到 1992 年结束。

1993 年，我国正式建立起粮食收购保护价制度。当年 2 月，国务院发出《关于建立粮食收购保护价格制度的通知》，将玉米作为粮食收购保护价格的品种之一。1993 年粮食年度收购保护价格标准规定，关内玉米保护价格为 21 元，关外（东北三省和内蒙古）玉米保护价格标准为 20 元。

1996 年，中央决定从当年新粮上市起进一步提高粮食定购价格，以调动农民生产

① 王文举. 完善粮食最低收购价格政策保障我国粮食安全 [J]. 价格月刊，2010（10）：1-6.
② 王文举. 完善粮食最低收购价格政策保障我国粮食安全 [J]. 价格月刊，2010（10）：1-6.

粮食的积极性。粮食定购价格实行中央指导下的省（区、市）人民政府定价，其中国家定购的中等标准玉米收购价格由每公斤 1.04 元提高到 1.48 元，提价 0.44 元，提价幅度 42.31%。[①]

1999 年，我国粮食由长期短缺变成总量大体平衡，已经出现阶段性和结构性过剩的情况。针对这一状况，国家在缩小执行价格保护政策的粮食品种范围过程中，调低了玉米收购保护价格，将玉米定购价格调低到保护价水平。由于结构性和阶段性过剩，2000 年国务院办公厅下达了《关于部分粮食品种退出保护价收购范围有关问题的通知》，从实际上明确了长江流域及其以南地区的玉米自 2000 年新粮上市起退出保护价收购范围。

2001 年，中国加入世界贸易组织，这对深化改革、扩大开放产生了广泛而深刻的影响。当时，我国社会主义市场经济体制初步建立，粮食生产和流通形式发生变化，加入世贸组织又将给粮食产销带来挑战。为应对上述的局面，国家继续调整保护价收购范围，规定山西、河北、山东、河南等四省的玉米可退出保护价收购范围，而东北地区和内蒙古东部的玉米继续列入保护价收购范围，并按保护价敞开收购。这是出于对区域性经济效益的考虑，以便充分发挥玉米主产区的优势。

2. 玉米价格保护制度的取消与复归

从 2004 年开始执行粮食最低收购价格政策以来，由于玉米在粮食中地位较稻谷和小麦略轻，份额较少，故一直被政策边缘化。回顾粮食最低收购价格政策的演变过程，2004 年涉及的粮食品种仅为水稻一种，2006 年增加了小麦，2008 年才重新对玉米实施临时收储政策。由于玉米在国家粮食安全体系中的地位低于稻谷和小麦，故其在 2004 年开始的新一轮粮改后不再受惠于最低收购价格政策，而临时收储政策实际上成为国家调控玉米供求和价格的关键手段。

20 世纪 90 年代以来，我国玉米价格保护制度走过了从"全面保护"到"重点保护"再到"放弃保护"，最后回归"临时保护"的过程。这一方面反映了玉米在我国粮食安全体系中的地位和作用远小于稻谷和小麦的现实；另一方面，随着我国财政实力的增强以及玉米在整个粮食结构中地位的改变，国家对其的相应保护力度将逐步加大。

（二）现行玉米价格保护制度存在的问题

1. 玉米临时储存市场价格严重扭曲

玉米临时储存市场收购价格偏高，收储规模偏大。例如，2008 年吉林省二等玉米的国家临时储存收购价为每吨 1500 元，但是当期最低市场价为每吨 1350 元，每吨价差达到 150 元，直到收购接近结束，市场价与收购价才基本持平。2009 年的玉米市场，一方面是上年玉米大幅增产，供给压力很大；另一方面，受金融危机的影响，玉米深加工产品需求下降，玉米需求疲软。但就是在这种背景下，国家通过了价高量大的临储政策，导致诸多违反市场规律的状况出现，如玉米市场出现南北价格倒挂，区域性结构失

---

① 尤霞. 新中国成立 60 年来我国粮食价格政策演变 [J]. 中国粮食经济，2010 (4)：13—16.

衡，部分地区价格创出历史新高等。

2. 临时收储计划政策不够明确

玉米临时收储分批次下达，并且政策缺乏一定的持续性和稳定性，导致农民心理预期产生一定的波动。为稳定国内市场的玉米价格，2008年10月份以来，国家先后出台了四批增加玉米临时储备政策（见表10-3）。与托市收购相比，临时收储政策虽然具有较大的灵活性，在一定程度上发挥了政府相机抉择的作用，但由于收储是分批次下达，并且政策缺乏一定的持续性和稳定性，致使农民心理预期波动过大。[①]

表10-3 玉米临时收储计划一览表

批次	日期	收购数量（万吨）	收购指标分配格局（万吨）	收购价格（元/吨）
第一批	2008.10.20	500	内蒙古100，辽宁90，吉林180，黑龙江130	1500
第二批	2008.12.03	500	内蒙古100，辽宁90，吉林180，黑龙江130	
第三批	2008.12.25	2000	内蒙古330，辽宁350，吉林870，黑龙江450	
第四批	2009.02.20	1000	内蒙古100，辽宁200，吉林500，黑龙江200	
合计		4000		

数据来源：据中华粮网数据整理。

3. 政策收储出现部分惠商不惠农现象

首先，由于政策作用的滞后性，农民从政府托市政策中的受益程度受到一定制约。"从东北地区来看，在2009年2月玉米市场价格企稳走高之前，农户玉米多半已售出，因此，实际上东北农户从收储政策中得到的实惠非常有限。虽然2008年下半年以来的临时收储价格要高于上年，但许多农民表示实际出售价格并不如上年。"[②] 在实际调查中，我们掌握的情况也印证了这一判断。比如春节之前玉米价格较低，而春节之后其价格有一定上涨，然而此时农户留存的玉米已经很少，市场主力主要是中间商与供销企业。根据全国农村固定观察点的数据，"国内玉米主产区在2008年11月到2009年6月间，出售的月度价格比上年同期分别下降了3.4%、9.5%、13.6%、11.1%、8.8%、5.8%、7.1%、4.9%"[③]（如图10-12所示）。

① 白岩. 东北玉米国家临时收储政策实效浅析——以2008/2009年度为例 [J]. 农业经济，2009 (10)：42-43.

② 徐志刚，习银生，张世煌. 2008/2009年度国家玉米临时收储政策实施状况分析 [J]. 农业经济问题，2010 (3)：16-23.

③ 徐志刚，习银生，张世煌. 2008/2009年度国家玉米临时收储政策实施状况分析 [J]. 农业经济问题，2010 (3)：16-23.

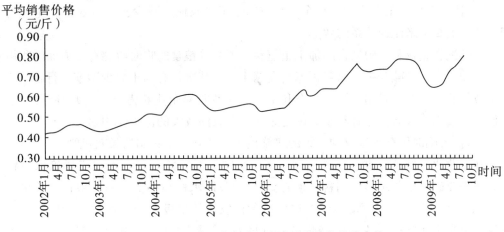

图 10-12　国内玉米主产区农户平均销售价格走势

数据来源：根据农业部全国农村固定观察点调查数据整理。

其次，收储质量标准不明确，限制了农户种粮收益，企业单方面操作空间很大。徐志刚等（2010）指出，"国家规定的收储价格是按干粮（水分含量 14%）计算的，但东北产区收购季节新玉米都是湿粮，收购企业在湿玉米定价上有比较大的操作空间，单方面决定扣水扣杂比较普遍"[①]。

（三）完善玉米价格保护制度的对策措施

1. 坚持市场调节为主，政府调控为辅，确定合理收购价格与数量

国家临时储存玉米收购价格的确定是保证政策执行效果的关键。根据近几年的经验教训，确定收购价格既需要符合市场经济基本规律，遵循市场供求关系，又需要兼顾农民的利益和玉米加工企业的承受范围，在综合平衡的基础上匡算出合理的收购价格。收储数量的确定应充分评估和准确把握生产与需求，一般不宜明显大于供过于求的总量，特别是不能在某一区域实行政府垄断，而应当给当地需求方预留足够的市场空间。

2. 合理安排政策出台的时间和操作节奏

为稳定农民心理预期，保证中央政策的严肃性和公平性，建议国家根据市场价格波动情况决定是否实施临时收储政策，并提前做好预案；如果需要启动临时收储政策，应提早向社会发布具体预案，至少在新玉米大量上市之前公布，给予市场明确的预期，避免政策效应过于滞后。此外，国家的收储计划应更加透明，最好能提前公布年内各批次收储总量，如果不是敞开收购，可以考虑按照玉米种植面积匡算每户农民的收购配额，按配额收购农民手中的玉米，杜绝粮食经纪人蚕食农民的利益，防止"惠农"政策最后成为"惠商"政策。

---

① 徐志刚，习银生，张世煌. 2008/2009 年度国家玉米临时收储政策实施状况分析 [J]. 农业经济问题，2010（3）：16-23.

3. 让大中型加工企业和饲料企业参与国家玉米收储，减少玉米从农户到企业的中间环节，提高玉米流通体系的效率

鼓励饲料企业和大中型食品加工企业参与玉米等粮食的临时收储有多方面的积极意义：首先，有利于减轻中央储备粮库的仓储压力；其次，有利于减少国家执行临时收储玉米政策的财政补贴费用；第三，有利于增加这些收储企业获得国家财政补贴的机会，降低生产成本；最后，还有利于农民更好地享受收储政策的保护作用。

4. 扩大临时储存玉米收购政策的实施范围，建立玉米收购的长效机制

在工业化、城镇化快速推进的背景下，我国的国家粮食安全不仅需要确保口粮安全，还需要确保工业用粮与饲料用粮的安全。"我国水稻和小麦这两类粮食的总量约占粮食总产量的60%，仅调动与保护这两类种粮农民的积极性是不够的。"[①] 因此，我们建议对玉米也实施最低收购价格政策，可将山东、黑龙江、吉林、河南、河北、内蒙古、辽宁等玉米主产省区列入政策执行范围，确定不同地区的收购价格合理梯度，使玉米收购市场全国一盘棋，提高国家惠农政策的均衡性与实效性。

六、健全大豆价格保护制度

（一）我国大豆价格保护制度的演变

1. 大豆价格保护制度的建立

由于大豆在我国粮食安全体系中的地位排在稻谷、小麦、玉米之后，长期没有受到应有的重视。从1985年开始，我国改粮食统购为合同定购，将黑龙江、吉林、辽宁、内蒙古、河南、安徽的大豆作为合同定购的粮食品种，按照"倒三七"的比例计价收购，定购之外的粮食在市场上实行自由购销。当时虽然还没有保护价这一提法，但是已经能够看到保护价的影子。但在1990年刚开始实施的粮食收购保护政策中，大豆就被排除在保护品种之外。1992年，国家决定适当提高粮食定购价格，在现行定购价格的基础上，对小麦、粳稻、籼稻和玉米等品种均大幅度提价，但对大豆的价格却未做任何调整。

1993年2月，国务院发出《关于建立粮食收购保护价格制度的通知》，这才将大豆重新纳入粮食收购保护价格品种，使其享受政策保护；保护标准不低于国家合同定购价格，具体是每50公斤大豆45元。但当年的大豆收购保护价政策没有强调"敞开收购"，而是规定"保护价格的实施范围限于原国家定购和专项储备的粮食"。此后几年，大豆价格保护制度一直延续上述政策决定，未做重大调整。1996年，中央决定从当年新粮上市起进一步提高粮食定购价格，以调动农民生产粮食的积极性，其中大豆收购价格由每公斤1.04元提高到1.48元，提价0.44元，提价幅度42.31%。同时，国家稳定和降低化肥销售价格，从多方面支持粮食生产，大豆产区农民也从中受益。

---

① 王文举. 完善粮食最低收购价格政策保障我国粮食安全 [J]. 价格月刊，2010 (10)：1-6.

2. 大豆价格保护制度的取消和恢复

2004 年以后，国家逐步放开粮食购销市场和价格，实施粮食最低收购价、临时收储和对粮农直接补贴等惠农保护政策。但是从 2004 年起，大豆一直被排除在最低收购价格政策保护范围之外。2008 年，为了保护大豆产区农民利益，国家实施临时收储政策，制定了临时收储价格，加强对大豆市场的调控；与此同时，对 17 个省的中央大型和地方油脂加工企业托市收购油菜籽给予补贴，对内蒙古和东北三省一定规模以上的大豆压榨企业入市收购大豆给予补贴。2008—2009 年国家对大豆临时收储情况见表10－4。

表 10－4　大豆临时收储计划一览表

批次	日期	收购数量 （万吨）	收购指标分配格局 （万吨）	收购价格 （元/吨）
第一批	2008.10.20	150	内蒙古 23，辽宁 6，吉林 21，黑龙江 100	
第二批	2008.12.03	150		3700
第三批	2008.12.25	300		
合计		600		

数据来源：据中华粮网数据整理。

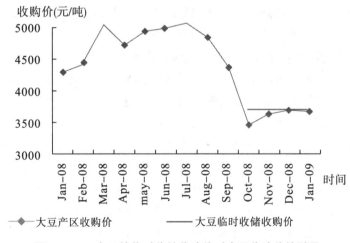

图 10－13　大豆的临时收储收购价对产区收购价的引导

到 2010 年，发改委出台文件，对东北大豆实行最低保护价收购，每斤 1.8 元，而在现在的大豆现货价格中，国内大豆基本保持在 3700 元/吨，国外大豆的到岸价格在 3500 元/吨左右。与此同时，我们注意到 2010 年发改委出台的政策与 2009 年政策的不同在于，2009 年政策属于救市政策，即短期政策，而现在是最低收购价格保护政策，是为了保护国内农民的利益而出台的，有望长期执行，所以对大豆现货的价格肯定起到托市的作用。

（二）现行大豆价格保护制度存在的问题

1. 价格保护制度长期缺失，导致大豆产业丧失国际竞争力

人多地少是我国的基本国情，为此，水稻、小麦等口粮作物成为保障我国粮食安全中最为敏感、最为重要的粮食品种。在新中国成立以后相当长的一段时间内，全力动员资源，增加本国粮食产量，成为我国政府决策层解决粮食安全问题的基本政策取向。所以，在农产品结构调整中，对小麦、水稻和玉米大力扶持，而大豆仅仅作为补充的小作物来对待。我国加入 WTO 以后，大豆产业面临严峻挑战，甚至遭遇了生存困境：一方面，国内大豆生产萎缩，大豆自给率下降至 40% 以下；另一方面，外资携其强大的资金和技术力量对我国大豆产业关键环节实施控制。

2. 国储大豆顺价销售难，库存压力大

在 2009 年，国储大豆四次拍卖，每轮拍卖量均为 50 万吨左右，以 3750 元/吨起拍，成交率却相对较低。2009 年 7 月 23 日，国家临时收储大豆的首轮公开拍卖在安徽粮食批发交易市场举行，结果全部流拍；7 月 29 日，第二轮国储大豆拍卖仍无成交；8 月 5 日的第三轮国储拍卖价格坚持"居高不下"，按照原定价格开拍，此轮拍卖终于以"少量成交，部分流拍"结束，在吉林省仍然无人举槌；到 8 月 12 日，第四轮拍卖除内蒙古遭遇流拍，黑龙江、吉林成交率均较上轮有所上升；8 月 19 日，第五轮拍卖照常举行，此轮内蒙古、吉林全部流拍，黑龙江成交 0.12%。国储大豆顺价销售之难可见一斑。究其原因，是由于国储收购价格明显高于当时市场收购价格，超过了市场的心理预期，贸易商和加工商难以接受，故保持观望态度，等待新豆上市。

3. 开放的市场环境，导致"托市"政策目标难以实现

针对国储大豆顺价销售难度大、屡拍屡败的情况，也曾传出相关部门准备下调起拍价，以确保国储玉米和大豆出库计划的如期完成。这就意味着官方将打破国储粮顺价销售的惯例。然而，顺价销售是中国粮食托市收储政策最核心的原则之一，该原则可以保证政府不会因为粮食收储背上财政包袱。更重要的是，它可以把整个市场价格托起到政府希望的范围之内，亦即"托市"。这就产生了理论上对大豆市场的封闭需求和现实中市场放开的矛盾。实际上，垄断地位只有在封闭的市场条件下才能形成，进而才可以实施相应的价格调控。我国的稻谷与小麦市场是相对封闭的市场，出口量和进口量对国内市场的影响较小，可忽略不计。当国家对稻谷和小麦实施大规模收购时，在市场上就掌握了绝大部分的粮源，相应地就会引起市场供给下降和价格上涨。然而，大豆市场是开放性的，我国大豆的进口量远远超过自给量。在经济全球化趋势和日益扩大的开放的市场环境下，我国粮食市场与全球市场的关联度逐步提高，导致"托市"政策目标难以实现。

4. 进口量远大于自产量，大豆的定价权丧失

在我国的大豆市场中，大豆的进口量远大于自产量，大豆的定价权并不在中国，即使国家将东北当年产的全部大豆都进行政策性收购，仍然还会有进口大豆补充进来，也不一定会实现国内大豆价格上涨。目前，加上豆油、豆粕等各种附加品，中国 80% 以

上的大豆消费量要依赖进口。如此情境下，抛储兼顺价，价格外低内高，就意味着外盘大豆会更加顺畅地进入国内市场，导致国内大豆市场价格受制于人。

（三）完善大豆价格保护制度的对策措施

1. 充分利用"黄箱""绿箱"政策，增加科研投入

我国入世承诺的微量允许标准上限为 8.5%，但目前微量允许标准内的"黄箱"补贴利用不充分，对特定产品的支持力度仍然薄弱。根据测算，"以 2007 年农业总产值 48893 亿元的标准来计算，我国能给农民的补贴总额大约为 4156 亿元，但到 2008 年补贴总额才达到 1028 亿元，'黄箱'补贴远远没有用足"[1]。因此，应充分利用其空间逐年增加农业补贴，重点加大对大豆的补贴力度。与此同时，可以增加"绿箱"政策补贴的类别，对大豆的科研、植保进行重点扶持，对区域结构调整实施积极的支持，尤其是在农业科研方面加大投入，积极开发优质高产的大豆品种。

2. 建立和完善大豆价格支持制度

目前，小麦、稻谷等主要粮食品种已经建立起"最低收购价"等价格支持制度，然而大豆价格支持制度明显滞后，不利于保障大豆的种植面积和产量。我国应该尽早建立大豆价格支持制度，在补贴环节、补贴结构上，应汲取最低收购价格的经验和教训；在制度的设计上，应注意由补贴流通环节转向补贴种植环节，提高农民种植大豆的比较效益，让广大豆农得实惠，能致富，从而激发农民种植大豆的积极性，保证大豆种植面积，稳定大豆产量，提高大豆的自给率，从而缓解国内市场供需矛盾，提高政府对市场的调控能力。

3. 改变短期救市政策，建立大豆价格保护的长效机制

2010 年，国家出台文件调整大豆价格保护方式，由过去的临时储备制度改为实行最低保护价收购制度。我们建议改变过去的短期救市政策，实施最低收购价格保护政策，进一步明确保护价的原则、执行保护价的范围、制定保护价的程序以及实施保护价的质量标准，从而稳定大豆主产区农民的心理预期，增加大豆的种植面积，为国内大豆产量的稳步增加提供保障。

第三节　建立健全农业生态环境保护与补偿机制

长期以来，农药、兽药、化肥等投入品在我国农业生产过程中的错用、滥用等不规范行为，成为引发农产品安全问题的重要原因。根据夏英（2009）等统计，2009 年中国农药生产数量居全世界第二位，全国农药的使用量估计为 20 万吨上下，然而实际利用率仅为 10%～20%，其余 80%～90% 的部分几乎全部进入地面和大气环境。[2] 再加上

---

① 国务院发展研究中心课题组. 我国粮食生产能力与供求平衡的整体性战略框架［EB/OL］. http://www.chinareform. org. cn/cirdbbs/dispbbs. asp? BoardID＝2&ID＝240001, 2009—08—12.

② 夏英. 农民专业合作社与农产品质量安全保障分析［J］. 农产品加工，2009（7）：7—9.

近年来中国工业化进程快速推进，一些"废水、废气、废渣"的任意排放，再加上农用化学物质的滥用，农业生态环境不断恶化，地下水、土壤、空气中重金属及有毒有害物质超标严重，成为导致农产品不安全问题的又一个原因。与此同时，畜禽养殖业环境严重污染所造成的包括动物疫病和人畜共患性疾病等生物性危害也日益突出。[①] 我国农业生产过程中所面临的技术风险和环境风险被长期忽视，已经严重威胁到我国农产品质量安全，也与我国高速增长的国民经济和日益提高的物质文化生活水平极端不相适应。

关于生态环境保护与补偿机制，我国《国民经济和社会发展第十一个五年规划纲要》曾提出："按照谁开发谁保护、谁受益谁补偿的原则，建立生态补偿机制。"这是促进环境外部成本内部化，实现环境有偿使用的重要政策。然而，尽管中国政府在生态保护方面做了大量工作，但生态恶化的局面仍然没有得到扭转。其中重要的原因是缺乏合理有效的经济激励机制，生态保护行动通常难以获得合理的经济回报，破坏生态的行为也难以受到真正的法律和经济制裁。在 2006 年 8 月举行的生态补偿机制国际研讨会上，全国人大环境与资源委员会副主任委员叶如棠（2006）明确指出，没有生态补偿机制，中国的生态问题将得不到根本解决。农业生态环境保护事关我国农业基础地位的巩固和国家粮食安全战略的实施，科学合理的农业生态保护与补偿机制将有利于农业生态保护目标的顺利实现。

一、农业生态环境保护与补偿机制概述

（一）农业生态环境保护与补偿机制内涵

生态补偿在不同的时期有不同的含义，大致可分为自然生态补偿与现代生态补偿两种。自然生态补偿指的是"生态系统和生物有机体及其种群或群落被外部干扰时，显现的缓和干扰、调节自身状态，以维持生存的能力，也可以将其视为生态负荷的还原能力"[②]。我们从分布的广义与狭义两个维度来讨论现代生态补偿的内涵："广义上的生态补偿，不仅包括对生态功能的补偿，还包括对污染环境的补偿，不仅包括对破坏环境的行为收费，还包括对保护环境的行为付费。狭义上的生态补偿，是指对生态功能的一种补偿，更多地强调受益者对生态建设行为进行相应的补偿。"[③] 农业生态补偿属于狭义的生态补偿，更加强调对农业生态功能的补偿，按照通行的生态服务功能付费原则，要求"受益者付费"，即"谁受益、谁补偿"。从这个意义上可以认为，农业生态补偿制度是以永续发展和持续利用农业生态系统为目的，以经济手段为主，调节利益相关者的相互关系的一种制度安排。

目前尽管已有一些针对农业生态环境保护与补偿的研究和实践探索，但尚没有关于农业生态环境保护与补偿机制的较为权威的定义。综合国内外学者的研究，并结合我国

① 夏英. 农民专业合作社与农产品质量安全保障分析［J］. 农产品加工，2009（7）：7－9.
② 环境科学大辞典编委会. 环境科学大辞典［M］. 北京：中国环境科学出版社，1991：73－81.
③ 中国社会科学院环境与发展研究中心. 中国环境与发展评论［M］. 北京：社会科学文献出版社，2006：117.

的实际情况，我们认为：农业生态环境保护与补偿机制是指为了巩固农业基础地位，保障国家粮食安全，实现农业可持续发展，以保护和可持续利用农业生态系统服务为出发点，以经济手段为主、法律手段和行政手段为辅调节相关利益关系的一整套制度安排。

（二）农业生态环境保护与补偿机制内容

农业生态环境保护与补偿的具体内容还没有一个明确的界定，因此，我们根据一般到具体的分析方法，借鉴一般生态补偿机制的相关内容，结合农业生态保护与补偿的特殊性，总结出农业生态环境保护与补偿机制的主要内容，如图10－14所示。主要应涉及以下几方面。

图10－14　农业生态环境保护与补偿机制内容示意图

一是对农业生态系统本身进行保护（恢复）或对受到破坏的成本进行补偿；二是主要通过经济手段将农业生产领域中产生的经济效益外部性内部化；三是对个人或区域保护农业生态系统和环境的投入或放弃发展机会的损失予以经济补偿；四是对具有重大农业生态价值的区域或对象进行保护性投入。农业生态补偿机制的建立是以外部成本内部化为基本原则，对农业生态环境保护行为所产生的外部经济性的补偿依据，是保护的主体为改善农业生态服务功能所付出的相关建设成本，以及为保护农业生态环境而放弃的有关自身发展的机会成本；对破坏农业生态环境行为的外部经济性的补偿依据，是恢复农业生态服务功能的耗费成本，以及因破坏行为造成的被补偿者发展机会成本的损失。[1]

二、农业生态环境保护与补偿机制的实现

十七届三中全会明确提出高产、优质、高效、生态、安全的现代农业发展要求。[2]为此，构建理论上完善、实践中可行、与时俱进的农业生态环境保护与补偿机制迫在眉睫，为此，我们尝试构建一套以法律手段为保障、以经济手段为杠杆、以行政手段为后盾、以技术手段为支撑的"四位一体"的农业生态环境保护与补偿机制，以期改变现有

---

[1]　张胸宽. 我国生态补偿制度的建立和完善——以三江平原生态补偿为例［J］. 管理学家，2011（6）：1－2.

[2]　新华社. 中共中央关于推进农村改革发展若干重大问题决定［EB/OL］. http://www.gov.cn/jrzg/2008－10/19/content _ 1125094. htm，2008－10－19.

农业生态环境保护与补偿问题所面临的法制不全、利益不均、执行无力和技术缺乏的尴尬境地。

（一）以法律手段为保障：健全有关农业生态环境保护与补偿机制的法律法规

我国有关农业生态环境保护和补偿机制的法律法规体系不健全。现行的《土地承包法》《防沙治沙法》《环境保护法》《草原法》等法律对草地保护、植树造林和林木采伐等内容都做出了明确规定，但约束力不强，法律条款之间存在着矛盾，这些情况都影响了农业生态补偿制度的具体实施。在部分地区，由于法律法规内容的滞后，导致农业生态保护者收益机制难以建立。姚明宽（2006）提到一个典型案例，"承包人在荒山通过多年经营，投资植树造林，树木成材后，法律不允许随意采伐，承包人受益艰难，致使积极性被严重挫伤"[1]。这类事例已经成为近年来中国北方许多地区农业生态建设过程中遇到的典型案例。

鉴于农业生态保护与补偿活动具有的经济外部性，在一定程度上成为准公共产品，也是一项公共事业，具有全局性和长期性。同时，需要补偿的大多为弱势群体，为了帮助其明确利益主体的权利、责任和义务，充分调动他们从事农业生态保护与补偿活动的积极性，国家需要在法律层面上对其予以保障，建立健全农业生态补偿的法律体系，促使农业生态补偿工作被纳入法制化、科学化和规范化的轨道。[2]

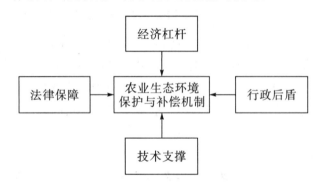

图 10—15　"四位一体"农业生态环境保护与补偿机制示意图

（二）以行政手段为后盾：调整机构设置，创新管理制度，落实补偿政策

目前，一方面，农业生态环境保护和补偿费用的征缴及使用方式不合理，直接影响到相关单位保护农业生态环境的积极性。现行收费主要采取"搭车收费"方式，收费单位和使用单位通常是以行业和部门为界，部门间各自为政，不能形成合力，也没有真正实现收支两条线。比如：国土资源部门收取资源费，环保部门收取排污费，水利部门收取水资源费。但同时并存的问题是，其他相关部门和行业关于农业生态环境保护的投入

①　姚明宽. 建立生态补偿机制的对策 [J]. 中国科技投资，2006（8）：50—52.
②　刘尊梅，韩学平. 农业生态补偿机制的政策支持和法律保障探讨 [J]. 东北农业大学学报：社会科学版，2009（6）：116—118.

经费得不到有效的补偿。[①]

另一方面，目前在国内还没有形成统一规范的，专门针对农业生态环境保护的管理体系。因此，农业生态环境保护领域缺乏有效监督，资金收取和利用存在漏洞。姚明宽（2006）认为："目前许多证据已经证明国家投入巨额资金的农业生态建设项目和补偿广泛存在着地方和部门渔利行为，高额的管理成本已经危及到了项目的顺利实施。"[②]

因此，为了防治"多头管理、政出多门"的现象，我们建议尽快明确相关部门责任，落实专人专职分管农业生态环境保护与补偿事宜，进一步加强对有关部门行政不作为的监督和检查。积累农业生态补偿收费的实践经验，制定和实施严格的相关费用的征收标准，严格执行和落实收支两条线，保障农业生态补偿经费专款专用。与此同时，积极探索和建立农业生态破坏保障基金、抵押金制度，推进农业生态保护领域"费改税"的税收政策改革，尽早建立起适应市场经济发展的激励和约束机制。

（三）以经济手段为杠杆：加强利益诱导，改革农业生态补偿资金的偿付方式

应建立健全政府间财政转移支付制度，设立西部农业生态补偿与生态建设基金。加大对中西部地区、生态效益地区转移支付力度，改进转移支付办法，突出对西部农业生态地区的转移支付力度。可以将中央政府通过所得税改革增加的那部分收入作为转移支付全部用于对地方，尤其是对相对落后的中西部地区的一般转移支付。积极引导东部沿海发达省份以对口支援的方式向中西部省份进行实物或价值转移支付，尝试和探索在东部地区征收生态环境税，作为中西部地区的生态建设与补偿基金。[③]

探索并建立粮食目标价格，考虑将农业农村生态环境保护成本计入粮食价格。我国著名环境科学专家李文华提出，要在我国农产品价格中反映农业生产中资源环境使用成本，包括环境损害、补偿、治理成本。也就是说，应逐步把健全农业生态环境补偿制度，形成有利于保护耕地等自然资源和农业物种资源的激励机制的要求体现在粮价当中；还应该强化和完善生态补偿的税收杠杆调节机制，拓宽生态建设和环境保护资金的筹措渠道。此外，今后可以继续利用国债这一有效的筹资手段，解决资金缺口问题。

（四）以技术手段为支撑：利用先进农业科技推动农业生态补偿机制

首先，应该对广大农民提供相关技术的无偿咨询、培训，培养技术人才和管理人才，以提高农民对资源的利用率，形成良性物质循环。如将畜禽养殖业与种植业紧密结合，运用生物工程技术把畜禽养殖的排泄物投入沼气池进行发酵，再将沼液、褶渣、沼气综合利用于农业种植、渔业生产和居民生活。[④] 其次，应加大科研投入力度：一方面，积极研制安全性高、残留低、无公害、生物活性高、使用费用低、选择性高的农药、化肥等；另一方面，应开发和生产无污染、绿色环保的食品。

① 姚明宽. 建立生态补偿机制的对策 [J]. 中国科技投资，2006（8）：50—52.
② 姚明宽. 建立生态补偿机制的对策 [J]. 中国科技投资，2006（8）：50—52.
③ 姚明宽. 建立生态补偿机制的对策 [J]. 中国科技投资，2006（8）：50—52.
④ 刘源. 关于农业生态环境保护和建设的若干建议 [J]. 惠州大学学报：社会科学版，2001（6）：31—34.

第四节　构建城乡一体化发展机制

　　加快城乡一体化建设，统筹城乡发展，有利于切实解决好三农问题，巩固农业基础地位，保障国家粮食安全。构建城乡一体化的发展机制，即构建城乡统一的生产要素市场，并逐步实现城乡基础设施建设共建共享，城乡产业发展互动互促，逐步实现城乡社会管理统筹和基本公共服务均等化。构建城乡一体化的发展机制，必须贯彻工业反哺农业、城市支持农村的方针，以工促农、以城带乡，加大强农惠农力度，加强财政对农业的支持，走中国特色的农业现代化道路，健全农村市场和农业服务体系，促进农业科技进步，增强农业综合生产能力，促进农民持续增收，进一步形成城乡、区域协调互动发展机制，统筹城乡经济社会发展，最终使城市和农村相互促进、协调发展。

一、健全城乡统一的生产要素市场

　　构建城乡一体化的发展机制，实现城乡资源和生产要素的合理流动和有效配置，有赖于加快发展和培育城乡统一、开放、竞争、有序的一体化的生产要素市场体系。健全城乡统一的生产要素市场，就是使城乡劳动力、土地、资本、技术、人才、信息等生产要素资源在完备的市场体系中顺畅流动，优化组合，高效利用，打破城乡市场体制条块分割的状况，建立规范的市场流通秩序，从而促进城乡要素市场一体化，实现城乡社会经济资源在时空上的合理分布和可持续发展。

（一）建立和完善统一规范的城乡劳动力市场

　　劳动力市场是指劳动力继续流动和交流的场所。建立和完善统一规范的城乡劳动力市场是实现城乡一体化的必然要求，让农民与市民在统一的劳动力市场上进行公正、公开、公平的就业竞争，劳动力供求方双向自由选择确定劳动关系，有利于使进城农民的就业合法化、效率化和制度化，有利于运用市场机制特别是工资调节劳动力的供求关系，促进城乡人才的合理流动，实现人力资源的合理配置。在城乡统筹发展中，面对农村劳动力转移的问题，我们应当加快农村劳动力的流动和转移，充分发挥农村劳动力的优势。依据农村全面小康社会目标，21世纪头20年我国将有1.2亿左右的农业劳动力转移到非农产业，每年转移600万人以上；按乡镇企业的就业成本测算，新增一个就业岗位需要新增投资2万元左右，每年需要新增1200亿元的投资才能创造足够的就业机会。因此，农村劳动力的就业压力非常大。[①] 为此，建立和完善统一规范的劳动力市场，一是要形成城乡劳动者平等的就业制度。改革开放以来，虽然农村劳动力可以进城打工，但其农民的身份没有改变，没有与城市居民相同的福利待遇。在旧有的、由行政主导的城乡二元结构尚未破除之前，城乡劳动者又必须面对同一个大市场，在非公平的环境下参与竞争，即形成新兴的、由市场主导的二元结构。这两种二元结构的叠加强化

---

　　① 徐滨. 我国城乡统筹的要素配置问题和对策研究 [J]. 商业文化，2009 (2)：190-191.

了城乡之间的分割，使农村劳动力向城市转移发生了流动不畅，也阻碍了城市劳动者到农村创业。因此，必须把城乡劳动力就业纳入国家整体就业规划之中，并且使其制度化，把积极的财政政策与积极的就业政策结合起来，取消各种限制劳动力合理流动的政策规定，不论在求职、面试还是录用上应对城乡劳动者一视同仁，视能力用人，而非以城乡户口等为准则。二是积极调整产业布局，在发展资金、技术密集型产业的同时，重视发展劳动密集型产业，大力扶持乡镇企业，促进农村非农产业上新台阶，给农村劳动力就地转移创造出更多的机会。三是加快建立和完善就业信息网络，尽力让流动的农民都能及时获得有效的就业信息，同时要大力扶持劳动力市场中介组织的发展，使农村劳动力的就业途径逐渐由以亲友介绍为主转变为以职业招聘为主，为农民流动就业提供高质量的服务。四是加强对农村劳动力的职业技术培训，提高劳动者素质，增强农村劳动力的自主就业能力和职业变化适应能力。

（二）以农民利益为核心，统筹城乡土地市场

我国土地属于国家、集体所有，实行所有权和使用权相分离，由于所有权不得转让，所以，我国的土地市场是进行土地使用权交易和转让的市场。在统筹城乡土地市场过程中，国家在对土地一级市场进行垄断的同时，必须加强对土地二级市场的管理：一是在工业化和城镇化过程中，要严格控制农业用地转为非农业用地，严格控制行政划拨用地范围，扩大经营性用地以招标、拍卖、挂牌方式出让土地的范围，减少协议出让土地的数量，切实保护耕地，保障粮食用地安全。二是统筹城乡土地市场，其关键又在于赋予城乡建设用地相同的权益，从根本上实现城乡土地权利的平等。三是在统筹城乡土地市场中，既要以市场为导向，又要加强对土地合法合理流转的调控。土地的流转不仅可以实现土地的规模化运作，实现土地资源的市场化配置，还可以增加农民的收入。引导和规范农村集体经营性建设用地入市，在符合规划和用途管制的前提下，应允许农村集体经营性建设用地出让、租赁、入股，实行与国有土地同等入市、同权同价，加快建立农村集体经营性建设用地产权流转和增值收益分配制度。[①] 一方面要培育以村集体为形式的市场主体。在土地流转过程中，针对个体农民处于弱势的状况，应代之以集体形式出现，集体可以成立农业股份制组织或组成农村专业合作社，农民作为其中的一分子可以采取加入的形式或采取土地入股的形式，以确保在土地流转中得到合法合理的收益。另一方面，通过农村建设用地流转，可以在总量不变的前提下实现结构优化，更有效地配置城乡土地资源，这还有利于解决工业用地需求，促进地方经济的发展；同时可以使乡村集体组织和农民从土地要素中获得财产性收入，有利于农民增收、缩小城乡差距、扩大内需和保持经济持续稳步发展。四是加强土地利用规划和建设容积率管理、用途管理和施工期限管理，以确保农村集体和农民利益不受侵害，促进农村经济和农村城镇化发展。同时，这还有利于为农村劳动力提供更多的就业机会，不断提高农民收入，以缓解在统筹城乡发展中城市带动能力不足的问题，使城市周边的农村集体有机会参与

---

① 2014年中共中央一号文件［EB/OL］. http://www.gov.cn，2014-01-19.

城市开发，促进城市发展，加快城乡一体化的土地市场建设。①

（三）着力构建统筹城乡发展的资本市场

资本市场是现代市场体系的动脉，是市场配置资源的主要形式。就稀缺程度而言，目前在我国统筹城乡生产要素市场中，资本在大多数生产领域仍是最稀缺的资源，发展资本市场是加快形成和完善城乡统一的生产要素市场的核心内容。资本等各类金融市场的健康发展，对于提高我国城乡资源配置效率具有决定性意义。现阶段城乡统一的资本市场尚不够成熟、健全和规范，因此，必须加强资本市场的基础性制度建设，解决资本市场不适应城乡社会经济一体化发展的矛盾，特别是改变农村金融资源严重不足、金融体制不尽合理的状况促进城乡统一的资本市场的形成和发展。

一是通过国家政策支持和财政补贴促进城市资金流向农村，以支持农村经济建设，从体制和机制上促进城乡资本的良性互动。资金是农村经济社会发展的第一推动力。向农村倾斜，关键是资金投入政策应向农村倾斜，加大对农村的投入。近几年来国家积极财政政策实施的重点一直在城市，应当通过调整国民收入分配和财政支出结构，逐步形成财政支农资金稳定增长的机制，把农业列为重点投入、重点扶助的对象，加大对农业科技进步、对农村中低产田改造、对农业基础设施的投入和对农用工业发展等方面的投入。

二是创新农村金融体制，开放农村金融市场，健全和完善资本市场的服务功能。深化农村金融体制改革，要按照"低门槛，严监管；增机构，广覆盖；拓功能，强服务；先试点，后推开"的基本要求，建立和健全以农村政策性金融为主导，以合作金融为基础，以商业金融为支持，以担保和保险为配套的金融体系。首先，应发挥政策性银行和商业性银行的支农保障作用。国家政策性金融机构和商业性金融机构采取多种方式帮助解决季节性、生产性和市场性的难题，为农业的发展提供金融服务和资金支持。针对那些需要支持的农业产业和农业投资项目，应适当扩大农村贷款利率浮动幅度，给予比较优惠的商业贷款利率，或以较长的贷款期限提供政府贷款；增加农村信贷资金总量，通过明确基层金融机构的职责，完善治理结构和运行机制，强化约束机制，把资金支持落到实处。其次，应采取多种手段解决农户的贷款担保问题，如设立政策性担保机构，为满足条件的农户提供担保；同时，还应解决涉农企业的贷款问题，鼓励各类信用担保机构积极拓展符合农业特点的担保业务，大力培育由自然人、企业、社团或其他农业主体发起建立的小额贷款组织，扩大农户小额信用贷款和农户联保贷款。再次，应改善和优化农村资本市场环境，加强农村金融服务的法制化建设。要解决风险问题，就要培育竞争性的统筹城乡的资本市场，优化农村金融生态环境，为资金回流农村金融市场创造良好的外部环境。以立法手段强化对农业投入机制运营的有效监管，保证"三农"发展所

---

① 任晓红，等. 有利于城乡统筹发展的生产要素流动及激励措施探析［J］. 重庆交通大学学报：社会科学版，2009（3）：53—57.

需的金融资源，为"三农"提供安全、便捷、低成本的金融服务。[①]

三是拓宽农村资金来源渠道，通过资本市场开展融资，引导信贷资金、工商资金、社会资金投入现代农业发展和社会主义新农村建设。特别是新农村建设、农业的现代化和产业化，关键要依靠龙头企业的带动，通过加大金融对农村的支持，重点扶持一批潜力大、辐射力强、市场化程度高的龙头企业。作为带动农村经济发展的龙头企业，在其发行企业债券、股票方面可以优先考虑。通过选择绩优的大中型农业龙头企业，优先发行上市的债券或股票，借助于股票市场的不断融资和对相关联企业的资产重组，实现资源的优化配置和企业的规模化，不断增强农业龙头企业的市场竞争能力和带动力。

（四）建立和发展统筹城乡的技术、信息等生产要素市场

技术市场与其他有形商品交换的市场一样，是通过交换进行资源配置的制度安排。建立和发展统筹城乡的技术市场，提高资源的配置效率，有利于充分利用已有的技术，特别是不断创新的技术，把城市的人才、科技引入农村，以优质的人力资源支持农村发展，使农民长久受益。现阶段城乡之间科技、人才资源的自由流动不畅：一方面城市科技、人才向农村流动缓慢；另一方面，由于农民文化素质整体水平不高，对新技术、新知识的接受缓慢，均阻碍了城乡一体化的技术市场的形成和发展。因此，必须出台相关的科技、教育和人才培养等对口支援农村的政策建议，推进统筹城乡的技术市场的建立。这需要具体做到以下几点：第一，整合科技资源，建立城市服务农村的科技支持机制。这就要充分利用城市科技人才密集、研发能力强的优势，搭建平台，畅通渠道，通过设立政府支持农村科技推广应用基金，鼓励和支持科技人员到农村创业，领办科技型企业人才到市、县、乡镇任职。政府应立足于现代农业发展对人才的要求，建立新农村建设必需的人才导向机制，把人才培养的重心放在农业和农村；构建好县、乡、镇、村吸引人才、用好人才、留住人才的良好氛围。第二，加大农业科技推广普及力度，强化基层公益性的农业技术推广服务。这就需要充分发挥各级农技推广机构的功能，特别是提升基层农技推广服务水平，推动家庭经营集约化，更多地使用先进科技与生产方式，为培育新型农业经营主体和构建新型农业经营体系奠定基础。根据公共服务的公益性定位，实行区域性农业技术推广、动植物疫病防控、农产品质量监管全覆盖。[②]开展"科技入户下村"，让现代科学技术更直接更广泛地进入农户、进入乡村，免费为农民提供科技书刊、开展科技咨询培训等。第三，更新思路，多层次、多形式、多渠道地组织科技下乡。可以以科研机构、大专院校、农技推广机构为依托，积极发展和开拓农村技术市场，推进技术成果的有偿转让，使更多的科技成果通过技术市场的交易和服务等形式，快速转化为现实的生产力。这有利于打破城乡之间的技术资源壁垒，调动科技人员和推广人员的积极性，提高科技成果的转化率。第四，农业劳动者科技文化素质的高低仍然是建立统筹城乡的技术市场的关键性因素。要不断提高农业劳动者的科技文化素质

① 孙洁. 我国农业金融资源配置问题的分析及对策 [J]. 安徽农业科学，2007（3）：924-925.
② 2012 年中共中央一号文件 [EB/OL]. http://www.gov.cn，2012-02-01.

提高我国现有农业劳动者素质可以从多方面入手，包括加强对农民的职业教育、短期技术培训，鼓励农民使用先进的农业生产工具，向农民推广科学的种植、养殖、加工等方法，加快农民知识和技术更新的速度，增强适应市场和运用新技术的能力，科学务农；全面实施"绿色证书工程"，培养一支农民技术骨干队伍，包括从事管理、科技、推广开发等各方面高素质的人才队伍，从根本上解决技术推广应用和农业发展的问题。

构建城乡统一的信息市场。信息市场是以提供各种信息来满足用户需要的交换场所。城乡统一的信息市场的形成，是统筹城乡社会经济发展的重要内容。现代社会是信息社会，城乡社会经济的发展离不开及时、准确的信息以及对信息的正确处理，具体包括对商品、资本、技术、人才等信息的获得和利用。信息市场的发展和信息的商品化，一方面可为城乡社会生产和流通提供大量有效的信息资源，有利于促进城乡经济发展；另一方面可为城乡企业提供各种市场供需、技术信息等，有利于增强企业的竞争能力和应变能力，特别是可以为广大农民提供有关商品供应、农技知识等市场信息，从而极大地降低生产交易成本，节约劳动时间，提高劳动生产率。现阶段城乡统一的信息市场尚不够成熟，也不够健全和规范，因此，必须加强信息市场的基础性建设，解决信息市场不适应城乡统筹发展的状况。这就要求务必做到以下几点。

一是构建城乡信息良性互动机制。信息不对称是城乡差距不断扩大的重要原因之一，因此应加快建立城乡互动的信息网络，增进城乡之间市场信息、资源信息、人才和技术等信息的合作与交流，不断完善城乡之间信息交流与互动的基础条件。同时，应充分借助广播、电视、网络、报纸等各种传媒，及时、有效地向农民发布相关的农技、教育、就业等信息。二是建立和完善农村信息综合服务体系。这需要整合信息资源，搭建共享信息平台，充分利用通信、网络等手段，建立及时为农业生产提供丰富、有用的信息通道，消除信息壁垒，为农民提供准确的市场信息、项目信息、气象信息等。三是加快信息农业的发展。即使现代信息网络技术迅速向农业领域渗透，表现在农业基础装备信息化、农业技术操作全面自动化、农业经营管理信息网络化，包括计算机、微电子、通信光电和遥感等多项技术在农业中广泛而系统应用的过程，这也是传统农业发展到现代农业进而向信息农业推进的过程。通过培育和发展信息市场，建成发达高效的信息网络，保证市场信息在城乡之间的通达、真实和传递快速，农民会更加倾向于利用信息指导生产和销售，这将大大提高农民获取和反馈各种信息并迅速决策、适应市场的能力，极大地促进了乡镇企业的发展和农业内部结构的合理化，加快了城乡之间生产要素的自由流动和社会经济的发展。

二、逐步实现城乡基础设施共建共享、产业发展互动互促

着力推进城乡基础设施建设一体化，必须从改变农村基础设施落后做起。当前我国城乡基础设施差异大，各种功能布局不合理，设施共享性差等问题较突出，因此各级政府、部门要按照统一部署，加快推进城乡基础设施共建共享，以项目吸引社会资源，尤其是吸引资金、人才、技术等资源，以彻底改变农村基础设施薄弱的状况，形成完善的

现代化交通、供排水、供电、供气和流通，以及信息网络。

与此同时，我国城乡之间发展悬殊的主要根源在于城乡产业结构的不合理和产业发展的不协调，城乡二元经济结构显著。城市以以社会化大生产为基本特征的现代工业为主，农村则以以小生产为基本特征的传统农业为主，且城乡产业自成一体、相互间关联性不强。统筹城乡发展就要逐步实现城乡产业的互动互促，达到产业结构优化升级。这主要体现在城乡间第一产业、第二产业、第三产业的比例和发展的紧密性，以及城乡资源是否在产业发展中得到充分合理的利用和有效发挥，从而就需要发挥城乡间的资源优势，加快城乡产业的互动互促，形成具有较强竞争力的产业集群。要解决这些问题，就必须把城市和农村作为一个有机整体，在基础设施建设方面统一考虑、统一布局、统一推进。强化城乡设施的衔接、互补，加大对农村基础设施的投入，让城市基础设施建设向农村不断延伸，使农民真正享受到城市先进的生产力和城市文明，从而实现城乡共建、城乡产业发展互动互促。

（一）加大国家财政等相关政策的支持，为城乡基础设施建设提供资金支持

强化农业基础，必须优化生产要素的合理配置，促进国民收入分配真正向"三农"倾斜，不断加大对农业和农村的投入，坚持并落实工业反哺农业、城市支持农村和多予少取放活的方针。所以国家在基础设施建设的资金投入方面要倾向于农村经济和农村相关的基础设施建设，形成城乡共建、城乡联网、城乡共享的基础设施网络，让更多的农村居民享受现代生活。这主要体现在城乡基础设施"三延伸两覆盖两集中"（即交通、供水和供气延伸至中心村，供电和电信覆盖到所有村，污水和垃圾实现集中处理）。[1]目前，农村的中小型基础设施建设是我国农业投入方面的一个薄弱环节，因此要着力解决农村公共品的政府投入问题，逐步将县以下以改善农民基本生产条件、生活质量和城乡一体化建设为重点的中小型基础设施纳入各级政府基本建设投资的范畴；特别要重点支持与农业生产、农民增收及城乡建设相关的节水旱作农业、乡村道路、农村水电、农机具更新等农村小型基础设施建设。

在城乡公共交通设施建设方面，要加大中央和地方财政性资金和国债资金投入力度，继续加强城乡间公路建设，从而缩短从农村到城市的时间，便利城乡居民的联系和经济文化交流，为城乡间的互动发展提供条件。重视农村基础设施建设，以水利设施为重点，大幅增加投入，健全管护机制。[2]搞好水利基础设施建设，需要加强大江大河大湖的综合治理，集中建成一批大中型水利骨干工程及配套设施，引导、支持和鼓励农民积极实施小型农田水利设施和小流域综合治理等项目建设，扩大节水灌溉的实施范围，建设旱作农业示范工程。这不仅为粮食安全的巩固提供了保证，也为农业基础地位的稳定提供了保障。

---

① 铜陵市人民政府. 铜陵市城乡基础设施一体化推进体系实施方案［EB/OL］. http://zwgk. tl. gov. cn/xxgkweb/index. htm,2009－05－10.

② 胡锦涛. 中共十七届五中全会报告［EB/OL］. http://www. xinhuanet. com/,2010－10－18.

继续改善乡村居住环境。首先，增加农村饮水安全工程建设投入，加快实施进度，加强饮水水源地保护，对供水成本较高的可给予政策优惠或补助，让农民尽快喝上放心水；继续实施农村电网改造，逐步满足城乡各方面对电的需求，实现用电自由化；增加农村沼气的投入，扩大户用沼气范围，组织大中型沼气工程建设，开展沼气服务体系建设，满足城乡需求。其次，积极稳妥开展村庄治理工作，实施创建"绿色家园"行动，保持乡村村容整洁。最后，科学规划，优化小城镇基础设施建设，将城市周边乡村建设纳入建设范围，全面带动周边区域基础设施的建设。

（二）积极拓展城乡基础设施建设投资渠道，实现资金来源的多元化

增加城乡基础设施建设资金，特别是增加农村基础设施建设资金，除了政府在公共财政上要加大投入外，我们还要引入市场机制，吸引社会资金的支持，积极探索建设资金来源的多元化。以水利建设投资为例，2011年中央一号文件指出，除发挥政府在水利建设中的主导作用外，还要多渠道积极筹集资金，力争2011—2020年间全社会水利年平均投入比2010年高出一倍。2010年我国水利投资为2000亿元，这意味着我国2011—2020年间水利投资总额将达到4万亿元。① 2012年我国水利建设投资首次突破4000亿元，达到4303亿元，2013年水利建设继续提速，落实水利建设投资4397亿元，其中中央投资1408亿元，地方投资2989亿元。② 调动各方面的积极性，鼓励社会各阶层、团体和个人参与建设资金的筹集，也可以通过财政贴息引导银行等金融机构积极参与；通过政府信用担保，努力争取金融投资集团资金介入；支持和引导非公有制经济参与招标和竞标；鼓励农村集体经济组织和农户家庭投资参与农业基础设施的建设；此外，还可募集部分社会闲散资金，集中用于城乡基础设施建设，努力营造全社会关心、支持、参与城乡基础设施建设的浓厚氛围。③

（三）加快城乡间流通市场体系硬件设施建设

目前，城市流通市场体系的硬件设施建设已基本完善，对城市经济的发展发挥了重大的推动作用。然而农村市场体系的硬件设施建设仍然比较落后，并且跟城市流通市场联系的紧密性不足，所以要积极构建农村市场体系，建立健全适应现代农业发展要求的大市场、大流通。为改变我国当前农村商品流通基础设施不足的状况，首先，政府要加大财政资金投入力度，把农村商品流通基础设施建设纳入农业基础设施建设范畴，重点用于新建、扩建和改造农产品流通加工企业及农业生产资料储存企业。其次，整合农村商品的物流供应链和渠道网络，支持农业龙头企业到城市开办农产品超市，逐步把农产品零售网络延伸到城市社区，对于有条件的超市和便利店可直接从产地采购，与农产品生产基地建立长期的合作关系，不断提高农产品在便利店、连锁超市、仓储式商场等新

---

① 2011年中共中央一号文件［EB/OL］. http://www.gov.cn，2011-01-30.
② 于文静. 最严格管理守住水资源"三条红线"［EB/OL］. http://www..legaldaily.com.cn，2014-01-11.
③ 黄保亮. 统筹城乡基础设施建设的对策研究——以山东省为例［J］. 山东财政学院学报，2006（3）：24-26.

型零售业态中的经营比重。[①] 一方面，这样可以使农村商品流通的上下游企业成为一个整体，相互合作，信息共享，减少流通环节，压缩流通成本，提高交易效率，提升市场层次。另一方面，农村商品的物流供应链涉及供应商、生产和加工农产品的农户或生产企业、配送企业、零售商和批发商等流通主体，这些流通组织整合到共同的目标当中，彼此保持协调一致，有利于提高整个农村商品流通的组织化和集约化程度。再次，积极发展农产品批发及零售市场、农村连锁商业和流通渠道网络。这样将有助于规范市场秩序，强化市场竞争，进一步改善流通组织规模和结构。鼓励大型连锁商业企业到郊区、县开设大型直营店，到镇开设便利店和连锁超市等，改善农村消费者的购物环境，形成城乡互动的新型日用消费品零售网络，把质高价优的日用消费品销往农村市场，不断开拓农村消费市场，使农村居民能够与城镇居民共享高质量的商品与服务。实现城乡之间产品流、信息流、人力资源等要素的双向互动式交流，将农村市场与城市市场紧密联系起来。

（四）统筹城乡信息网络资源，扩大农村信息网络覆盖面

农村信息化在加快推进我国农村现代化、实现城乡一体化中的地位和作用是不可替代的，是当前解决三农问题的重要手段，所以农村信息化应当被纳入国家信息化体系中加以重点考虑。然而，当前我国农村的信息设施基础薄弱，系统的信息网络还未建成。首先，当务之急是要进一步加强对农村信息网络基础设施体系的投入，把农村信息化纳入整个农村基础设施建设体系中，在农村节水灌溉、人畜饮水、农村水电、农村沼气、乡村道路、草场围栏等农村基础设施体系"六小工程"的基础上，增加农村信息化，成为"七小工程"。整合城乡信息网络资源，构建城乡共建平台，健全农村信息服务体系，努力推进农村信息化示范工程和农村商务信息服务工程的建设，积极探索信息服务进村入户的途径和办法，健全农业信息收集和发布制度，为农民和企业提供及时有效的信息服务。[②] 其次，加强农村信息化的统一领导。从中央到地方，各级政府的涉农部门有十多个，而农业信息网络本身涉及农业生产、流通、销售、加工的各个方面，各级政府要从实际出发，加强对农业信息化的统一领导，特别是省市一级政府有责任把涉农部门的各种农村信息化资源整合好，加强领导，统筹规划，实现城乡信息网络资源共享，以城市信息化带动农村信息化，适应社会主义新农村建设的要求，统一农村信息网络规划和建设，统一农村信息资源体系的开发和管理，统一农村信息员的培训和管理。[③] 再次，建立农业信息技术人才培养体系。信息化的关键在于应用，而应用的关键在于人才。在农村地区，农民的科技文化水平偏低，对现代信息技术资源缺乏足够了解，因此，农村信息技术的推广和应用急需大量人才来完成。这一方面需要加快农村地区的教育建设，

① 张学鹏．完善城乡流通市场体系，全面启动农村市场［J］．山东轻工业学院学报：自然科学版，2010（2）：77—80．

② 郑晔，刘志祥，王勇术．在新农村背景下统筹城乡基础设施建设［J］．社会科学研究，2012（6）：25—29．

③ 安筱鹏．中国农业信息化：思路与对策［J］．农村经济，2005（11）：92—93．

加快对农民科学知识的普及和开展信息化技能培训；另一方面，可以定期从城市引入科技人才，推动农村农业信息网络的建设，通过建立健全农村信息技术人才培养体系，强化农村信息化队伍建设。

（五）统筹城乡产业发展需要强化产业支撑，实施现代工业和传统农业协调发展战略，变二元结构为一元结构

第一产业要推进农业结构调整，加快中国特色农业现代化道路的发展，坚持走现代化和产业化农业发展之路，引入公司和合作社等企业经营模式，注重发挥科学技术对农业生产的推动作用，注重与二、三产业的配套对接。首先要完善党在农村的一系列优惠政策，加大对农业的资金支持和技术支持，高度重视发展粮食生产，加强粮食安全，加快优质农产品基地、农产品批发市场建设，把农业与城乡二、三产业发展紧密联系起来，着力优化农业产业结构、产品结构，优化农业区域布局。同时要发展农业产业化经营，着力培育一批具有竞争力、带动力强的龙头企业和企业集群示范基地，推广龙头企业、合作组织与农户有机结合的组织形式，发展大宗农产品期货市场和"订单农业"。其次，积极培育农业特色产业，发挥农村的资源优势，加快农村第三产业的发展。而第二产业，应坚持走新型工业化道路，以信息化带动工业化，以工业化促进信息化，走出一条科技含量高、经济效益好、资源消耗低、环境污染少、人力资源优势得到充分发挥的发展之路，同时要发挥好工业对农业的反哺和对服务业的拉动作用；第三产业，应坚持承接产业梯度转移，促进基础服务、生产和市场服务、个人消费服务、公共服务等现代服务业的发展，注重在承接一产、配套二产中，三产比重不断增长，最终实现三次产业的协调发展。

（六）充分发挥第二产业对第一、三产业的促进带动作用

当前我国第二产业发展势头迅猛，但是大多集中于城市，向农村延伸的较少，对第一、三产业发展的拉动作用还没有得到充分发挥。对于第一产业，一方面可积极引导食品加工等第二产业与农产品生产基地结对配套，形成区域内上下游产业链，保障农产品销售渠道，降低农产品运输成本，以食品加工等第二产业的快速发展促进第一产业的稳定增长；另一方面，可引导本地农机和化肥等生产企业对本地购买给予相应的优惠和技术指导，推动农业现代化发展进程，同时第二产业的发展还可以吸纳农村大量的剩余劳动力。对于第三产业，一是应及时充分地共享工业布局、产业发展状况、工业集中区建设推进程度等信息，在工业园区内部或周边规划商业服务区，吸引和刺激企业职工在本地消费，形成新的服务业增长点；二是引导金融业、商业等服务业进入农村消费市场：一方面可以通过资金支持加快农业相关产业的发展，充分利用农业资源；另一方面可以丰富农村生活，满足农民对城市生活资料的需求，提高农村居民的生活质量。

与此同时，要充分发挥第一、三产业对第二产业的服务辅助作用。第二产业的快速发展，必然要求与之配套的第一、三产业协同发展，实现产业发展的互动互促。在第一产业方面，一是需要加快农业现代化和产业化发展步伐，加快土地流转，实现土地集中

经营和规模经营以及机械化经营，努力提高农产品产量和质量，为第二产业的发展提供就近的、高质的、稳定的原材料；二是加快农业机械化和技术化推广，这样可以解放更多的农村富余劳动力，为第二产业提供更多的劳动力资源。在第三产业方面，要以为工业发展提供服务平台为出发点，制定并加快实施具有联动发展意义的生产性服务业中长期规划，形成以生产性服务业为先导，服务业与制造业相互促进、协调发展的现代产业体系，增强区域综合经济实力。因此，城乡产业互促互进会使城乡产业形成利益共同体，有利于转变传统的资源配置方式，形成统一的分配格局，使经济要素在城乡产业间进行统筹整合，并以产业链条为主导在区域经济范围内优化配置，促使城市产业资本不断投入到农业和农村产业，使区域经济资源发挥综合效益，实现优势互补，以解决农业发展中资本匮乏的问题。在产业融合过程中，农业、加工业、流通服务业各个环节会在空间上形成聚集的结合点。即农业、加工业、流通贸易业在乡村、小城镇、城市的地域空间上合理布局，以产业为纽带促成城乡之间的有机联系。各个产业在空间上的聚集，为城镇体系建设提供了产业支撑，促进城镇体系发展和产业发展的良性互动，推动城镇体系和产业布局的合理化。①

三、逐步实现城乡社会管理统筹和基本公共服务均等化

构建城乡一体化的发展机制，必须逐步实现城乡社会管理统筹和基本公共服务均等化。通过建立城乡统一的户籍管理制度和城乡一体化的社会管理体制，推进农村社区化管理；通过均衡城乡教育资源，健全城乡统一的公共卫生体系和基本医疗制度，统筹城乡社会保障制度等，促进城市公共服务向农村覆盖、城市现代文明向农村辐射，让农民共享工业化、城镇化和现代化带来的成果，真正建立起相互促进、共同进步、平等和谐的城乡经济社会发展新格局。《中共中央关于制定国民经济和社会发展第十二个五年规划的建议》中也提出，"加强社会管理能力建设，创新社会管理机制，切实维护社会和谐稳定"，"着力保障和改善民生，必须逐步完善符合国情、比较完整、覆盖城乡、可持续的基本公共服务体系，提高政府保障能力，推进基本公共服务均等化"。这些都表明了国家能够借助于一系列的措施来保证全体城乡居民均等地享有基本公共服务，这些服务包括义务教育、基本医疗、公共卫生、社会保障、公共文化等方面，其最终目标是实现城乡居民生存和发展的起点公平、基础性服务均等以及基本权利的平等。

（一）建立城乡统一的户籍管理制度

以传统户籍制度为基础的城乡分割体制，是我国城乡统筹发展和农村城镇化面临的最大制度性障碍。改革开放以来，附着在城镇户口上的各种利益在逐步弱化，市民享有的特权在日渐消失，传统户籍制度所造成的城乡壁垒开始打破，农村剩余劳动力不断涌向城市，这就要求改革原有的户籍制度，重建新的户籍制度，以适应城乡一体化发展的需要。第一，建立城乡统一的户口登记制度，促进有能力在城镇合法稳定就业和生活的

---

①　全伟，王方. 统筹城乡产业发展及其对策研究［J］. 改革与战略，2009（3）：41-42，68.

常住人口有序实现市民化。① 取消非农业户口和农业户口的登记制度和统计办法，代之以身份证管理和按居民固定居住地登记的户口分类统计制度。在实行城乡统一的户口登记制度基础上，全面放开或逐渐放开户口迁移政策，以合法固定住所为基本落户条件，解决好辖区内农业转移人口在本地城镇的落户问题。第二，在《宪法》中恢复公民具有自由迁徙的条文，确保不论市民还是农民都具有自由居住、迁徙的基本权利。② 《宪法》作为我国的根本大法，具有长久性和不易改动性，如果把公民的自由迁徙权写入《宪法》，便可以使公民的这一基本权利得到根本保障。第三，进一步探索户籍制度的改革路径，放开小城市的户籍管理。废除各种不合理的入城壁垒，有条件的地方可以彻底放开户籍制度限制；条件不足或没有条件的地方可以逐步放开户籍制度限制，比如把基本落户条件从有固定职业、收入来源、合法固定住所降为具有合法固定住所即可落户，降低农民进城门槛。第四，在具有合法固定住所的基本落户条件下，同时进行住房制度改革，从而更大程度地推进农村城镇化。住房制度改革可以通过大力兴建廉租房，对农民买房进行财政补贴，以及通过市场监管抑制投机，合理引导住房需求，建设保障型安居工程，推进公共租赁住房，改造棚户区，提升对中低收入居民的住房供给的能力③，使农民进城后能够安居乐业。第五，深化城镇管理体制的改革，消除身份歧视。逐步剥离粘附在户籍制度上的各种利益，取消政府对城镇居民的补贴，生活资料供应商品化；把户籍制度仅仅作为管理户口的一个依据，而不与任何福利、保障、教育、就业等挂钩，统一城乡居民户口。

（二）建立城乡一体的社会管理体制，推进农村社区化管理

第一，通过推动公安、司法、计生、城管、安监等部门的管理由城市向农村社区延伸，构建城乡协调联动的社会治安防控、社会团体管理、突发事件应急处理、矛盾纠纷排查调处等体制与机制，形成城乡一体的社会管理新格局。第二，创新统筹城乡的社会管理方式。这就要求相关的管理部门在城乡统筹管理的思路下，结合各地的实际找出适合本地区城乡治安、司法以及城管等一体化管理的方式方法，可以在辐射范围广的农村设点管理，比如设立治安站、司法服务站等，也可以充分发挥农村基层自治组织村干部的作用，使其积极参与到管理中来。以四川省自贡市城乡治安的统筹管理为例，该市提出了"城乡统筹、科学布警、相互照应、辐射全面、关爱留守、共建和谐"的管理思路，并摸索出"一站、双卡、一户、三队"的农村警务工作模式："一站"指的是在农村建立警务工作站，并统一外观标识、警务公示栏和工作规章制度等；"双卡"指在各村主要交通要道和路口分别设立两个应急拦截卡点，一旦有情况，各村治安应急小分队就可以根据安排部署先期到达卡点；"一户"指的是设立治安中心户，派出所根据情况

---

① 2014年中共中央一号文件 [EB/OL]. http://www.gov.cn，2014-01-19.
② 陈安民，刘晓霞，等. 中国农民工——历史与现实的思考 [M]. 北京：华龄出版社，2006.
③ 中共中央关于制定国民经济和社会发展第十二个五年规划的建议 [EB/OL]. http://www.gov.cn，2010-10-18.

在每个村确立治安中心户；"三队"是指应急小分队、护村队、民兵应急队。① 第三，推进农村社区化管理。把对农村的社区化管理作为统筹城乡社会管理的重要举措，以建设新型农村社区为重点，明确农村社区化管理目标。社区化通俗地讲就是农民在足不出村的情况下享受城市市民的生活，使现代化的生活方式进入农村。这既是现实的要求，又是历史的必然。我国国情决定了农民更多的是就地转移和城镇化，而不是大规模涌入城市，这就需要相关部门为农村提供基本的公共服务和基础设施，在为农民提供社区化的医疗卫生、科技教育、文化体育、社会保障和就业等基本公共服务和生产生活服务的同时，为进行社区警务、社团组织管理、司法调解等社会管理提供平台，不断推进政府行政管理与社区居民自治的良性互动和有效对接，以及按照社区化的要求不断提升广大农民的综合素质。第四，因地制宜部署农村社区化的规模。农村社区化需要一定的规模但要适中，如果规模过小，仅仅为二三十户的村庄设立各种各样的服务中心显然不现实，但规模过大也易产生资源紧缺而使一些村民无法享受到应有的公共服务等问题。因此，社区化规模的大小原则上是使每个农村居民都能占有并享有合理的公共资源。

（三）建立城乡统一的义务教育体制，均衡城乡教育资源

我国已将农村义务教育全部纳入公共财政保障范围，从制度上保障了农村孩子享受义务教育的机会。但是，由于长期以来城乡分割二元体制的存在，城乡义务教育的差距仍然存在。这种差距包括师资力量等软件设备及教学物质等硬件设施的差距，也存在办学质量、教师素质、教师待遇的差距等。这就要求，第一，总体上通过优化教育资源配置，促进教育公平，向农村地区、贫困地区和少数民族地区倾斜，同时通过综合措施，进一步加强教师队伍建设②，使农村义务教育的普及真正落到实处。第二，中央财政安排相应资金继续支持开展"农村义务教育阶段学校教师特设岗位计划"，充分利用城市学校的扩散效应，建立城乡学校交流制度。城市学校应与农村学校建立帮扶联系，定期选派城市骨干教师下乡支教，定期对现有农村教师进行业务培训，定期举行教师和学生之间的教学、学习交流，并给予农村学校一定的物质和师资援助，以提高农村中小学软硬件设施水平，使城市优质的教育资源惠及农村。同时，积极鼓励大学生到农村任教，充实农村教师队伍，既可以有效缓解大学生就业难的困境，也有利于农村教学质量的提高。通过制度化措施，不断提高教师待遇，严格执行教师与公务员工资水平挂钩的规定，按时足额发放，保证农村师资的稳定性。③ 第三，保障进城务工农民子女接受义务教育的权利，使农民工子女与所在城市义务教育阶段的孩子享受同等政策。同时，完善农村学前教育制度，加大政府扶持力度。当前农村幼儿学期教育极不完善，有的收费很

① 自贡汇东分局"城乡治安统筹"开创农村新型警务模式［EB/OL］. http://www.scga.gov.cn/，2008-09-11.

② 中共中央关于制定国民经济和社会发展第十二个五年规划的建议［EB/OL］. http://www.gov.cn，2010-10-18.

③ 王济萍. 加快发展农村社会事业积极推进城乡公共服务均等化［J］. 中共济南市委党校学报，2010（1）：101-105.

高，致使一些适龄儿童因费用问题而无法正常入学，这与一些地方为了完成义务教育普及指标而忽视学前教育关系很大。因此，可以考虑把学前教育归入九年义务制教育，或者实行政府主导多元化办园方式，政府投资兴建幼儿学校或者财政上鼓励、支持民间兴办幼儿园，采取镇中心园连锁村办园的"镇村一体化"管理模式，最终形成"以政府办园为骨干，村办园为主体，社会力量办园为补充"的办园格局，从根本上解决农村学前教育"入园难、入园贵"的问题。[①] 第四，加大对农村劳动力的职业技能培训，提升农村劳动力的人力资源素质。职业技能培训要以市场需求和企业的要求为前提，以农民自愿为原则，以政府投入为主体、企业投入为补充。通过职业教育、短期技术培训等，鼓励农民使用先进的农业生产工具，向农民推广科学的种植、养殖、加工等方法，积极探索发展生态农业、立体农业的新路。通过全面实施"绿色证书工程"，培养一支农民技术骨干队伍，包括从事管理、科技、信息、推广、开发等各方面高素质的人才队伍。同时通过加强基础教育，提高农业后备劳动力资源的素质。如通过劳动技术课，把一般文化知识的学习与农村的生产生活实际结合起来，为适应农村社会发展的需要，培养知识型、技能型的新型农民。[②]

（四）完善城乡统一的公共卫生体系和基本医疗制度

依据十二五规划纲要，按照保基本、强基层、建机制的要求，增加财政投入，深化医药卫生体制改革，建立健全基本医疗卫生制度，加快医疗卫生事业发展，优先满足城乡居民基本医疗卫生需求。第一，加强城乡统一的医疗服务体系建设。加强以县医院为龙头、乡镇卫生院和村卫生室为基础的农村三级医疗卫生服务网络建设，推进基层医疗卫生信息化建设，构建三级医院与县级医院的远程医疗系统。完善以社区卫生服务为基础的新型城市医疗卫生服务体系，新增医疗卫生资源重点向农村和城市社区倾斜。改善卫生监督、精神卫生、农村应急救治等专业卫生服务机构基础设施条件；推进基层医疗卫生机构标准化建设，提高县级医院服务能力，加强省级妇儿专科医院、边远地区地市级综合医院、县级中医医院建设；加强以全科医生为重点的基层医疗卫生队伍建设，完善鼓励全科医生长期服务基层政策，每万人口全科医师数达到两人。通过大力推进基层医疗卫生机构综合改革，建立多渠道补偿机制，鼓励和引导社会资本举办医疗机构，放宽社会资本和外资举办医疗机构的准入范围，逐步形成多元结构的办医格局。[③] 第二，协调城乡公共医疗卫生事业的发展，不断完善农村新型合作医疗制度。加大对农村公共卫生体系建设的财政投入，建立经费投入稳定增长机制，完善新型农村合作医疗和城乡医疗救助制度，逐步提高新农合人均筹资标准及保障水平，提高新农合最高支付限额和住院费用支付比例，并做好各项制度间的衔接。第三，制定相关政策法规，完善药品供应保障体系和药物管理制度。杜绝因药价昂贵而使农民停止就医或因药致贫的状况。以

---

① 翟博，张以瑾. 为孩子投资就是投资未来 [N]. 中国教育报，2010—12—19.
② 王国敏，郑晔. 我国农业现代化的现实水平及战略选择 [J]. 四川大学学报：哲学社会科学版，2001（6）：9—17.
③ 中华人民共和国国民经济和社会发展第十二个五年规划纲要 [N]. 人民日报，2011—03—17.

天津西青区为例，通过建立全区统一的《社区卫生服务机构基本用药目录》，九家实行药品零差率的医疗机构建立了院内统一药库，并实行微机管理，统一名称录入，完善了采购、库存、销售等内控制度，严禁私采药品、骗取医保，实现了药品零差率销售总控额度的合理分配。①

（五）建立健全覆盖城乡居民的社会保障体系

依据广覆盖、保基础、多层次、可持续的方针，加快推进覆盖城乡居民的社会保障体系建设，稳步提高保障水平。逐步建立城乡可衔接的社会保障体系，实现新型农村社会养老保险制度全覆盖。提高农村的养老水平，针对农民收入不高的情况，资金可以采取政府或集体承担主要部分，社会补充次要部分，农民交一小部分等形式；有条件的地方可以积极探索在农村实行类似城市失业、工伤、生育等保障制度，比如探索针对农民失地或进行农业生产时发生意外事故的保险、鼓励农村少生优生的生育保险，此外，积极探索关于农村住房的保险，使农民有能力面对因自然条件或其他因素而被迫重建新房或买房的境况。与此同时，建立个人综合账户，有效衔接城乡社会保险。综合账户包括个人的各种参与保险信息，像存折一样全国通用。② 这样的账户不仅可以做到城乡保险的有效衔接，而且有利于妥善解决失地农民和进城农民工的社会保障问题，有利于农民工积极参保。此外，积极鼓励和支持商业保险公司探索适合农民、农业的保险形式，这样的保险具有投入资金少、保障范围广、持续时间长的特点。

第五节　完善党领导农村工作的体制机制

随着农村土地流转的推进以及党在农村的一系列支农惠农政策的实施，我国农村正发生着深刻的变革，农村社会的利益格局也在发生深刻变化，新矛盾、新问题慢慢突显。因此，进一步深化农村的改革发展，加强新农村建设，化解各种矛盾，巩固农业的基础性地位，关键在于党的领导。而加强和改善党在农村工作的领导，重心在于完善体制机制，这对于建设社会主义新农村，巩固农业的基础性地位和确保国家粮食安全具有全局性的意义。

一、建立职能明确、权责一致、运转协调的农业行政管理体制

改革开放以来，为进一步加强党对农村工作的领导，从中央到县（市），都相继建立了党的农村工作领导小组，设置了相应的机构，基本上形成了党委统一领导、党政齐抓共管、上下贯通的体制机制。但伴随着新农村建设的展开和农村改革的深化，现行体制机制中的问题也开始显现。

---

① 王健. 深化医疗卫生体制改革实现"大病不出区小病不出村" [EB/OL]. http://www.people.com.cn/, 2010-12-27.

② 陈安民，刘晓霞，等. 中国农民工——历史与现实的思考 [M]. 北京：华龄出版社，2006.

首先，农村工作体制存在多种模式，有些体制存在明显的局限性。农村党的工作与党的建设脱节，导致部分村两委班子关系不协调，形成了党委和政府部门对农村工作各司其职、各负其责、职能交叉重叠的两套机构：一方面党支部对村民事务越权代庖，以党代政；另一方面村民委员会往往不服从党组织的领导和指导，凭借民选的优势，自行其是。两委关系不和谐，工作难以顺利进行，影响了党在农村各项政策和重大举措的开展。

其次，党的基层领导体制不健全，不能完全适应新农村建设中政治、经济以及文化等方面的要求，不能很好地贯彻和落实党在农村的各项惠农政策，特别是乡镇权责失衡、错位现象比较严重。一是目前乡镇工作普遍存在压力大、工作量大的现状。一个干部要负责多个村的乡村建设及农业发展，导致他们没有太多的精力专注于一个村的发展，甚至会出现疏忽管理或权力下放的现象；另外，乡镇基层平时还忙于应付接待上级领导和部门的检查、调研，浪费了大量的精力和经费，很难再有足够的精力和经费深思和狠抓农村发展。二是乡镇"小权力"难尽"大责任"。一些乡镇党委深感工作难于统筹、难于协调、难于落实，导致乡镇执行上级决策时大打折扣，造成权责不统一。

再次，工作机制不健全，一些地方党委并没有把工作重心和主要精力放在农业、农村和农民上。一方面，下级执行上级政策不到位。有些干部过分注重个人私利和小团体利益，把党的全局利益和群众利益置之度外，存在较为严重的有令不行、有禁不止的现象。个别干部想方设法钻政策空子，"上有政策，下有对策"，对其有利就执行，反之就不执行或乱执行。另一方面，一些干部在粮食问题方面表现出一种盲目的乐观情绪，认为我国的粮食问题已经解决，"粮荒"已经成为历史，对于建立粮食储备制度不重视、不支持，有的还提出"存粮不如存钱"的观点；在粮食储备方面，除了中央和省级以外，市、县级地方粮食储备很少，有的市、县至今未健全粮食储备制度，一旦遇到粮食市场波动的情况，政府在市场调控方面明显表现得软弱无力。

针对当前党在农业、农村工作中存在着职能不明确，权责不一致以及各部门运作效率不高等问题，应坚持集体领导和个人分工负责相结合的原则：各级党委和政府主要领导要亲自抓农村工作，从而使农村工作成为党政领导工作中的重心之一；同时，各省、市、县党委要明确一名具体负责人，使农村日常工作有人抓、有人协调。这样从上级到下级构建起一个农业、农村工作有人抓，事情有人管的责任制体系。这就要求细化各级党政在农村的工作办事机构，使党政合作形成分工明确的责任体系、运转协调的职能部门、上下贯通的领导机构、与党领导农村工作相适应的党的组织体系及完善的法规制度等，以利于加强对"三农"工作的统筹协调。具体可以综合采取以下措施：第一，建立健全党政合作的农村工作综合部门，通过完善职能机构，真正形成权责职能明确、运转协调一致的党委农村工作综合部门和农业行政管理体制。第二，健全党在农村的各项体制和机制，优化适应三农建设要求的制度体系，加强制度的规范化、科学化，明确县、乡、村各级党组织的领导责任和工作责任，发挥农村基层党组织的联动机制作用。第三，进一步建立健全现行财政管理体制，加大财政对农业尤其是粮食生产的扶持力度，进一步规范中央与地方政府在事权和财政责任上的划分，实施财政"省管县"和"县管乡"，提高工作效率，巩固农业基础地位。

二、坚持与完善"米袋子"省长负责制和"菜篮子"市长负责制

"米袋子"和"菜篮子"指的是粮食、蔬菜等群众生活必需品，它们的价格高低、质量好坏直接关系到百姓的生活，事关经济发展和社会稳定的大局。要解决我国的粮食、蔬菜等人民生活必需品问题，需要建立有效的生产、流通运行机制，需要充分发挥广大农民的积极性，而这些都离不开各级政府有效的引导、支持、保护和调控。为了充分调动各省市解决粮食及生活品问题的积极性，根据财权与事权相统一的原则，国务院提出实行粮食地区平衡，实施"米袋子"省长负责制和"菜篮子"市长负责制，并逐步出台了一系列政策。

"米袋子"省长负责制和"菜篮子"市长负责制对于促进粮食、蔬菜等生活必需品生产的稳步发展以及市场稳定起到了重要作用，但在运行过程中也暴露出一些问题：中央与地方在粮食、蔬菜问题上事权划分不明确、不具体，各级政府责任未落实到位，存在职责不清等问题；目前实行的是中央与地方两级储备、两级调控的制度，没有形成一个集中统一的储备调节体系，无法对全国统一市场进行有效的调控；产区与销区关系没有理顺，地区封锁、市场分割现象有所加剧；粮食、蔬菜等生活必需品流通体制建设滞后等，这些都需要进一步完善和规范。

我们应遵循操作性、实用性、追究性的原则以及中央和地方各级政府的权限，对粮食、蔬菜等生活品问题中的政府责任进行科学分析、明确界定，使中央与地方政府权责分清，各司其职，各尽所能。

第一，认真落实首长负责制。建立健全中央和地方粮食安全分级责任制，在国家宏观调控下，全面落实"米袋子"省长负责制和"菜篮子"市长负责制。中央政府负责全国的粮食总量平衡、耕地和水资源保护，统一管理粮食进出口，完善中央粮食储备，有效监管全国粮食市场和价格等。省级人民政府负责本省粮食生产、流通、储备、市场调控和水土资源保护等工作，在宏观方面强化党委、政府抓农村工作的责任制，建立从中央到地方的各级粮食储备。在微观纵向方面，要进一步完善"米袋子"省长负责制、"菜篮子"市长负责制，建立健全政府核心领导亲自抓、分管领导具体抓，一级抓一级、逐级抓落实的责任制，做到从省到县各级事务都落实到每一位领导手上，责任清晰，目标明确。在横向方面，加强市委领导农村工作的职责，市委在党领导农村工作的体制中处于关键环节，是领导农村开展新农村建设和农业生产的直接组织者和指挥者。在工作责任机制上，要从当前"三农"工作的实际出发，着重完善干部综合评价体系，把农村社会经济发展、农民增产、农业增收、耕地保护、乡村治理、社会和谐稳定等作为考核地方，特别是市领导班子绩效的重要内容。[①] 通过完善责任体系，把各级干部的精力真

---

① 唐晓清，姚桓. 完善党领导农村工作体制机制的若干思考［J］. 北京行政学院学报，2009（3）：31.

正引导到"三农"工作上来。

第二，进一步明确中央与地方在粮食、蔬菜等生活品问题上的责任，实行粮食全国一级平衡、分项负责制，正确界定中央与地方在这些方面上的事权。现阶段在社会主义市场经济条件下，全国要做好粮食的一级平衡，通过中央与地方的分工，在国家宏观调控下全面落实粮食省长负责制。中央在市场调控方面的成效可以用市场价格的变化进行衡量，地方在生产方面的成效可以通过粮食、蔬菜等产量的变化进行衡量。中央政府负责国家的粮食储备安全，平衡全国的粮食总量供求和市场，支持各地发展粮食生产，不断建立健全各项强农惠农政策举措，加大对国内粮食产业和农业发展的保护力度。省级人民政府负责本省粮食生产、流通、储备和市场调控等工作，深入贯彻和执行粮食发展目标，切实把中央强农惠农政策举措真正落实到基层和农户，积极引导和鼓励农民发展生产。粮食主产区、主销区和平衡区应根据国家战略布局和自身发展实际，切实增强粮食安全综合保障能力。[①]

第三，加强市场调节和国家宏观调控对农业资源配置的基础性作用，促进各地粮油生产的发展，特别是加强粮食、食用油、肉类等基本生活必需品和其他紧缺商品的生产。在粮食和蔬菜等基本生活品的生产方面，各级政府要履行自身的职责，促进各地粮食和蔬菜等基本生活品生产的发展，遵循市场经济规律，采取经济等宏观手段，调动农民在农业生产方面的积极性。比如，稳定和完善党在农村的一系列支农惠农政策，实行严格的占补平衡和补偿机制，加大对种粮农民的补贴；在国家统一的价格政策指导下，逐步调整相关农作物产品的收购价格，控制并降低相关生产资料的价格；不断增加农业投入，改善农业生产条件，加强农业基础设施建设，提高农业综合生产能力，尤其是要稳定和增加大城市郊区蔬菜种植面积，实行菜地最低保有量制度，切实增强本地蔬菜的自给能力；加快农业科技进步，提高农业的综合生产力，走中国特色的农业现代化道路。

第四，加快农产品流通体制改革步伐。粮食省长负责制对粮食供求平衡起着非常重要的作用，但粮食省长负责制并不能涵盖粮食生产流通体制的全部，它只能解决政府层面上的部分问题，所以不能用省长负责制来代替市场机制作用的发挥。所以，必须在完善省长负责制的同时，深化粮食流通体制改革，建立健全流通体制的相关配套设施，使其发挥最大效应。菜篮子市长负责制对缓解我国副食品供应偏紧的矛盾也发挥着重大的作用。抓好"菜篮子"，必须做好生产建设和市场建设，优化区域布局，实行标准化生产，发展规模化种养，提升"菜篮子"等相主要关农产品的综合保障能力及质量安全水平。[②] 而其中的关键在于提供两个渠道信息：一是给农民、菜农、养殖户提供城市的销售价格信息；二是给销售市场提供生产信息，防止出现信息不流畅而导致价格上涨的情况。坚决严厉查处非法经营、囤积居奇、哄抬价格等行为；取缔非法收费，减轻经营企

---

① 张平. 我国将建立健全中央和地方粮食安全分级责任〔EB/OL〕. http://www.gutx.com/news/gncj/1992113.htm，2010-08-26.

② 2012年中共中央一号文件〔EB/OL〕. http://www.gov.cn，2012-02-01.

业的不合理负担。同时，要健全储备调控机制，完善粮油储备体系，优化中央和地方储备粮油品种结构和区域布局，健全中央储备粮吞吐轮换机制；加强粮食进出口调控，合理利用国际市场，进行品种调剂；完善粮食应急保障体系，形成布局合理、运转高效的粮食应急网络；健全粮食市场调控机制，完善粮食生产、流通、消费统计监测制度等。

第五，建立稳定的产销区关系和合理的区域间农产品流通格局。建立长期稳定的产销区关系始终是我国农产品工作中的一个重要内容，其核心是正确处理产销双方的利益关系，其关键是产销双方都要从长远利益出发，按照市场经济规则不断调整、规范自己的行为。为此，省际农产品调动必须建立在市场调节的基础上，进行平等、有序的交换，按照市场原则确定价格；建立有规范的国家级农产品批发市场，并根据各省产销情况，制订省际农产品余缺调剂的指导性计划，力争做到粮食和蔬菜等都能够实现在全国范围内的调配，满足各区域对粮食和蔬菜等农产品的需求；各地都应以长远利益为重，杜绝地方保护主义，维持全国统一市场的正常运转，保证农产品在全国各区域间畅通无阻地流动。

三、完善体现科学发展观和正确政绩观要求的干部综合评价体系

工作绩效考核对于引导干部行为、激发其积极性具有重要作用，只有把"三农"工作的重要指标纳入干部考核内容，并使其占有相应的权重，才能使农村工作的各项政策很好地贯彻落实。按照党的十八大对完善干部考核评价机制的要求，建立体现科学发展观和正确政绩观的干部综合评价体系，把耕地保护、粮食生产、农民增收、环境治理、和谐稳定等五项指标作为考核地方，特别是考核县（市）级地方政府领导班子工作绩效的重要内容，对完善干部考核评价体系，进一步增强地方，特别是县（市）领导班子做好"三农"工作的使命感和责任感，激发广大农村干部弘扬求真务实精神，必将产生积极的影响。

当前，干部工作政绩考核的评价体系还存在一定不合理的地方，有待进一步完善。如：在政绩考核的内容方面，许多地方党委并没有把工作重心和主要精力放在农村工作上。其主要原因在于缺乏体现科学发展观和正确政绩观的农村工作考核评价体系，农业的弱质性决定了其所占 GDP 的产值比重低，很多基层党委，特别是不少负责农业工作的干部在思想上存在着重企业、轻农业，重地方财政收入、轻农民增收的问题，对农村工作投入的精力和时间少。更有甚者，一些企业以牺牲农村环境资源为代价进行掠夺性发展，甚至出现了以蚕食农村耕地为途径的建筑业和工业的发展。另外，干部的评价体系还不够科学，过分重视经济发展，缺乏相应的细化和量化标准，综合考评的指标不具有普遍实用性。

基于此，我们需要建立体现科学发展观和正确政绩观的干部综合评价体系，并把耕地保护、粮食生产、农民增收、环境治理、和谐稳定等五项指标纳入其中，作为干部考评的重要参照，从而提高干部考评的科学性和实用性。这对于农业的发展，尤其是对于保障国家粮食安全具有重大意义。

第一，干部考核在指导思想上要体现科学发展观的理念。各级粮食部门要坚持用中国特色社会主义理论武装党员干部，不断加强对党员干部的教育，强化政治意识、忧患意识、责任意识和大局意识，把践行科学发展观的成果转化为谋划粮食流通科学发展的思路，促进粮食流通科学发展的措施，领导粮食流通科学发展的能力，真正做到"党员干部受教育、科学发展上水平、人民群众得实惠"[①]。干部的考核必须从考核评价的标准、方法和相关配套制度等方面体现科学发展观的内涵，要树立以人为本的理念，在经济建设、政治建设、文化建设、社会建设中突出改善民生、强固民本的思想，始终与人民同呼吸、共命运，做到为民、务实、清廉；要树立全面协调发展的理念，善于在经济社会发展全局中思考干部考评工作，把干部看清、认准、识透，充分注意干部考评工作的各个方面和环节，整合资源，形成合力。[②]

第二，干部考核体系的内容要体现科学发展观的要求。干部考核评价涉及方方面面的内容，因此，界定干部考核评价内容时，要特别强调坚持唯物辩证法的要求。干部考核评价指标体系是考评内容科学化的基础工程：一方面要围绕经济社会发展的总体目标建立体现经济建设、社会发展、民生改善等多方面要求的科学考核体系，即在考核某一地区政绩时，不能仅仅以该地区总体经济实力为参考标准，还要考评该区粮食生产状况、农业发展情况以及农民的增收幅度等。另一方面，指标既要量化又要细化，不能把量作为重要标准，有些地区经济的发展是以牺牲该区农业生产和环境资源为代价的，具有一定的不合理性，所以，我们要将具体的粮食生产和环境保护指标等也作为干部的重要考评标准。一个地区经济的考评标准，应该由"重钱轻粮"向"钱粮并举"转变；应当全面科学地评价粮食主产区的贡献份额、贡献方式和经济实力水平，特别是在完善财政体制的过程中，对产粮区可以考虑"以粮抵钱"和"适当减免"两种方案，可以适当地降低粮食主产区的经济指标。

第三，干部考核评价办法要体现科学发展的要求。干部政绩的构成是多方面的，要科学衡量干部政绩，就要做到在全面掌握考核信息的基础上，对干部考评各个环节的结果进行综合分析，统筹考虑，全面评价。对党政干部的考核实行综合考核评价，突出考核的科学性，做到统筹兼顾，尤其是把党在农村的政绩，包括粮食的稳定性、农民增收情况、新农村建设等作为一个重要的考评标准；同时要完善干部考核评价工作保障机制，建立相应的专门考核机构，使这项工作做到正常化、科学化，确保干部考核工作的公开、公平、公正；另外，在参与干部考核主体方面，也要进行相应的扩大，注重群众参与，吸纳群众的观点和建议。基层党政领导干部是为当地人民群众服务的，在这方面人民群众最有发言权。所以评价主体既要体现代表性，又要具有广泛性，可以是普通群众、人大代表、政协委员等，同时，也可以借助民意调查、个别谈话、民主测评等形式

① 聂振邦. 加强粮食宏观调控保障国家粮食安全扎实做好2009年粮食流通工作 [J]. 中国粮食经济，2009 (2)：14—17.

② 周多刚，贾锡萍. 关于完善体现科学发展要求的领导干部考评机制的几点思考 [J]. 北方经济，2010 (18)：6—7.

对干部进行考核评价，保证考核结果的准确性，更好地体现发展为民的理念。

第四，干部评价和考核结果应贯彻科学发展观的基本要求，把科学考核评价干部和正确选拔使用干部有机结合起来。这要求要注重考核评价的客观性和实效性，将其作为领导干部选拔任用、教育培养、监督管理和激励约束的重要依据。[①] 对那些自觉坚持科学发展、善于领导科学发展、实绩突出、群众公认的优秀干部，要给予表彰奖励和优先提拔使用；对有悖科学发展观要求、急功近利、搞形象工程和形式主义的领导干部，要进行诫勉谈话和严格问责，必要时要坚决进行组织调整。从而，使想干事者有机会，能干事者有舞台，干成事者有地位；让政绩突出者有成就感和荣誉感，不干实事者有紧迫感和危机感，努力营造干事创业的良好环境。同时，要切实加强廉政建设，认真落实党中央、国务院关于加强廉政建设的部署，根据粮食行业特点和改革发展面临的形势，坚持标本兼治，进一步推进党风廉政责任制的落实。

四、支持人大、政协履行职能，发挥民主党派、人民团体和社会组织的积极作用

人民代表大会是国家的权力机关，全国人民的意见和意愿也是通过人大反映出来的，所以人民代表大会的权力来自于人民，能够反映出中国社会各个阶层的意愿，并且能够维护他们各方面的权利，使人民当家做主真正落到实处。人民代表大会具有立法权、决定权、任免权、监督权等，这有利于加强和改善党的领导方式和执政方式，使党进行民主执政，保证党在农村工作决策的民主性和科学性，这正反映并维护了农民的利益。

人民政协是中国共产党领导的多党合作和政治协商制度的重要组织机构和政治形式，是加强党的执政能力建设的重要力量；认真履行人民政协的各方面职能，对于加强党的执政能力建设发挥着不可替代的作用。人民政协自觉接受中国共产党的领导，在国家和地方的政治、经济和社会生活中发挥了重要作用；其职能也逐步拓展和增强，履行职能的形式也日益丰富多样。但从现实情况来看，人民政协在工作开展方面还面临着一些认识上和方法上的问题，总结和研究这些问题，对于提高党的执政能力和领导水平，促进党的科学执政、民主执政和依法执政，具有重要意义。

我国各级人大、政协以及民主党派、人民团体和各种社会组织人才荟萃，联系群众广泛，在推进农村改革发展过程中有着各自的优势。因此，我们要支持人大、政协履行职能，发挥民主党派、人民团体和社会组织的积极作用，共同推进我国农村改革发展。这也为广泛发动各行各业、各界人士以多种方式支持和参与农村改革发展提出了明确要求。完善全社会参与机制，对于完善党领导农村工作体制机制具有重大意义。

第一，加强制度化建设，切实将人大和政协活动纳入各级党委和政府的决策程序。切实把农村的实际情况和问题反映到党在农村的实际工作当中，以之作为党制定农村各

---

① 周多刚，贾锡萍. 关于完善体现科学发展要求的领导干部考评机制的几点思考［J］. 北方经济，2010 (18)：6—7.

项政策的参考，不再把人大会议的召开和政治协商仅仅当作一种形式；另外，要切实发挥人大代表和政协委员的主动性作用，主动组织和安排各种协商讨论活动，而不是总是停留在被动状态，把政治协商活动真正变成党和国家重大决策中不可或缺的重要环节，并将协商成果真正转化成实现科学决策、民主决策和依法决策不可替代的重要依据。人大及政协等社会各界人士参与到党领导农村工作的机制当中，有利于拓展党的决策视野，促进党的科学执政，使党的路线方针政策切合农村的实际情况、符合农村经济的发展规律，促使各级政府领导干部深入调研、探索农村经济社会发展的实际和客观规律，广泛吸收和聚集各种政治资源、社会资源和优质的智力资源。人大及政协集中了一大批高层次人才和各界代表人士，是优秀智力资源、政治资源和社会资源的重要集聚平台。通过人大和政协的活动，党中央可以在决策之前就事关农业生产发展和经济社会发展全局的重大问题，广泛听取各民主党派、人民团体和各族各界代表人士的意见，从而提高自身在农村工作决策方面的科学性，使党在农村的一系列政策更加符合本地区的实际情况，更加有利于加强粮食安全建设。①

第二，积极发挥民主党派、人民团体和社会组织的智囊作用，为党在农村工作的开展献言献计。发挥人大及政协的职能，有利于强固党的决策基础，有助于促进党民主执政。党的执政基础是广大人民群众和社会各界人士，党的执政能力深深地根源于社会机体之中，各级党委只有虚心听取人民群众和社会各界人士的意见，并将来自于民众的意见作为制定党的路线方针政策的重要依据，才能真正体现党决策的民主性和实效性。党通过政协的政治协商活动，在决策过程中就重大的社会经济问题充分征求各民主党派、人民团体和各阶层代表人士的意见，借此充分了解不同社会阶层和人民群众的利益诉求，不仅体现了公民的政治参与度，而且有利于增强党决策的民主化，保证了党在农村各项政策的科学性。与此同时，各级人大会议通过对党提出的关于农村工作以及粮食生产的一系列政策进行讨论、论证，同时通过各级人民代表表达和反映人民的心声和各种主张，对党的提案进行反复修正，最终形成利于维护农民利益、反映农民心声的惠农政策。

第三，发挥人大和政协在我国监督体系中的监督作用。党对政策法规的制定通过于人大，人大和政协也是对党委进行民主监督的一个重要组成部分和重要环节。监督工作是人大及常委会的工作重点之一，人大和政协的监督工作同时也涉及党在农村工作中的政治、经济、文化和社会生活的方方面面，而作为人大和政协在发挥其监督职能时也要做到精心选题，突出工作的针对性。作为人民代表大会的主体，人民代表发挥代表作用，对于提高党在农村工作的科学性具有重大意义。参与政协会议的各民主党派和人民团体，要着力提升其参与党的工作的主动性，并且要切实增强政协民主监督机制的规范化和时效性，提高政协民主监督的政治地位，这对于党在农村工作的顺利开展也会发挥积极作用。人大会及常委会和政协通过组织相应的代表人员开展集中视察、调研等活动

---

① 包心鉴. 人民政协的基本职能与加强和改进中国共产党的自身建设 [J]. 新视野，2009（5）：4-7.

以及进行议案、建议，监督和支持政府推进工作。一方面，组织人大代表和各界社会人士进行一系列的集中视察，可以从农村收集到第一手资料，这更能够反映农民的心声，同时还能够吸纳一些有益于加强农业建设，巩固粮食生产，维护农民利益的建议，集思广益，建言献策，这样更有利于解决农村中存在的问题，有利于党开展农村工作。另一方面，通过人大会和政协会的议案、建议，促进农村经济社会和谐发展。人大代表从群众中来，是联系人民群众的桥梁和纽带，各民主党派和人民团体也来自于社会各个阶层，他们在人代会和政协会上为各级党委提出的建议、批评和意见很大程度上反映了人民群众的呼声和要求，同时各级党委又以政策法规等形式来保障农业的基础地位和国家粮食安全，切实维护农民利益。

第四，进一步拓展人大和政协参与政事的领域。改革开放的不断深入推进和经济社会的全面发展为社会各界人士和代表参政议政提供了广阔的舞台。凡属于农村政治、经济、文化和社会发展中的重大问题以及人民群众普遍关心的实际问题，都要纳入参政议政范围之列。各级民主党派、人民团体和社会组织应当充分发挥参政议政的主动性，围绕农村发展中的重大理论和现实问题，特别是选择人民群众关心、关系人民切身利益、党政部门必须重视的问题献计献策。如，在农村的工作机制问题上，党员干部要发挥带头模范作用，积极吸取社会各界人士和当地民众的意见，从实际出发，以解决农民现实问题为着力点；另外，人大代表和各界人士要组织相关部门进行相应调研，积极主动地向党委和政府提出关于农村建设的意见和对策。[①]

人大在加强粮食安全建设方面发挥着非常重要的作用，其职能的实施有利于保障我国粮食安全。全国人大需坚持最严格的耕地保护制度，通过一系列相应的法律法案，层层落实目标责任，坚决守住十八亿亩耕地红线；切实加强基本农田保护，划定粮食生产区域并予以永久固定；在宏观层面上加强对土地利用的总体规划和监管，严格控制城乡建设用地总规模，切实保护耕地后备资源，强化节约用地制度和耕地保护监督、惩罚制度；同时，加强草原、湿地等其他农用土地的建设和保护。这就保障了粮食的种植面积和粮食的产量，基本上保证了我国人口对粮食的需求。近年来全国人大通过了全面取消农业税、牧业税、除烟叶外农业特产税、屠宰税等提案，通过有效实施一系列对农业的补贴等政策逐步建立起对种粮农民的补贴机制和对粮食主产区的利益补偿制度，加大对产粮大县财政奖励的支持力度；健全粮食风险基金制度，取消主产区资金配套；建立现代农业生产发展资金，加大对产粮大县粮食产业建设项目的扶持力度和对粮食主产区的转移支付力度。这些政策措施的实施一方面有利于提高农业的综合生产能力，有利于农业现代化的发展，提高粮食的产量，满足各方面的需求；另一方面切实让农民得到了实惠，有效地调动了产粮区以及农民种粮的积极性。

第五，建立健全党委利益诉求表达机制，使党关于农村的政策路线充分反映民意。建设社会主义新农村，构建和谐的党群关系，要求建立完备的诉求表达机制，积极拓

---

① 包心鉴. 人民政协的基本职能与加强和改进中国共产党的自身建设 [J]. 新视野，2009 (5)：4-7.

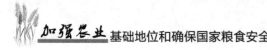

宽、疏通民意表达渠道，使基层党委领导干部和党代表联系群众制度和接待群众制度日常化，完备信访工作责任制，建立多种形式的信息沟通平台，把群众利益诉求纳入制度化、规范化、法制化的轨道。各阶层的群众通过这一机制，可以将农村及粮食安全建设的实际情况表达出来，同时，也可以为党在农村的工作提出一些建议，这也是解决党在农村工作的关键性举措。通过这些措施，可以使党更加清楚地了解农村的实情，把握农村当前存在的问题，以及农民在新农村建设中最为关注的热点问题等。在以后的农村工作中，党委可按照农民群众反映的实际情况，制定出更加符合群众利益的路线和方针政策，使党在农村的一系列工作更加顺利地开展，保证工作的有效性和科学性。

第十一章 我国加强农业基础地位和确保国家粮食安全战略的制度创新

制度环境，是一系列用来建立生产、交换与分配基础的基本的政治、社会和法律基础规则。

——L. E. 戴维斯，D. C. 诺斯①

党的十八大报告提出了"加快发展现代农业，增强农业综合生产能力，确保国家粮食安全和重要农产品有效供给"的战略目标，将加强农业基础地位和确保国家粮食安全作为新时期经济发展的重要工作内容，并提出要把"构建集约化、专业化、组织化、社会化相结合的新型农业经营体系"作为"加快发展现代农业，增强农业综合生产能力，确保国家粮食安全和重要农产品有效供给"的实现途径。十八届三中全会部署了中国农村改革发展的基本目标任务，明确要求到 2020 年，我国"现代农业建设取得显著进展，农业综合生产能力明显提高，国家粮食安全和主要农产品供给得到有效保障"。就中国农业发展的实践而言，要加强农业基础地位、实现国家粮食安全，必须通过农业制度创新构建起有利于农业和农村发展的制度环境。因此，本章将重点研究我国农业的制度创新问题，首先从制度经济学视角分析制度与农业基础地位和国家粮食安全问题的关系，并在此基础上架构起以农村基本经营制度、农村土地管理制度、农村金融制度、农村社会保障制度和农村公共品供给制度为支点的农村制度体系，最后提出制度创新的实施路径和政策建议。

第一节 制度因素与加强农业基础地位和确保国家粮食安全的相关性分析

农业基础地位和国家粮食安全的实现需要相应的制度保证。制度为经济活动提供行为规范和准则，好的制度能够降低交易费用，提高经济效率，保证组织目标的实现。改革开放三十余年来，我国一直致力于建立有利于农业和农村发展的制度体系，从制度上解决"三农"问题，实现社会主义新农村建设的目标。

---

① L. E. 戴维斯，D. C. 诺斯. 产权权利与制度变迁 [M]. 上海：上海三联书店，1996：276.

一、制度、制度变迁及制度创新

"制度"是一个涉及人类社会关系诸多方面的范畴，在不同语境中，"制度"一词具有不同的内涵。对制度进行专门分析并对其内涵进行界定始于（旧）制度经济学，而将制度作为一个经济问题，以经济学分析方法系统性地对其进行分析则由新制度经济学派[①]完成。从根本上讲，制度是由特定历史阶段的生产力水平决定的，是特定经济关系的契约表现，是生产关系的外在表现；从一般意义上讲，制度是一定范围内社会主体所共同遵守的契约形式；从表现形式上讲，制度是人们在生产、分配、交换、消费过程中形成的各种契约形式，诸如企业组织制度、分配制度、市场运行制度等。要对制度作出一个精确的、被各学科普遍接受的定义是困难的，因为制度涵盖了人类社会活动的诸多方面，同时其本身也存在诸多层次，因此对制度内涵的具体把握实际取决于理论研究的不同视角及研究目的。

制度变迁与制度创新理论是新制度经济学的重要内容，也是分析制度与经济增长关系问题的基础理论，其对于我国改革开放，特别是对于农业生产制度改革推动农业进步、夯实经济发展基础具有重要的实践指导意义。制度变迁是指既有制度调整、变革或新制度形成并替代旧制度的演进过程。这是一个动态的现实过程：涉及制度变迁的主体，即谁发动制度变迁；制度变迁的原因与动力，即为何进行制度变迁；制度变迁的过程与方式，即如何进行制度变迁；以及制度变迁的效果等相关问题。因此，制度变迁的理论包括制度变迁的主体、动力、方式、绩效评估等方面。基于现有的生产和生活方式，制度变迁和创新可以形成更为有效的激励制度、规范体系，进而促进社会的可持续发展。可见，所有创新活动都有赖于制度变迁与创新的持续激励，通过制度变迁和创新得以稳定，并以制度化的方式持续发挥作用。

二、制度创新与农业基础地位和国家粮食安全问题的关系

农为天下之本，而良好的制度环境则是保证农业基础性地位和国家粮食安全的基础和条件。因此，要稳固农业的基础地位，需要通过制度创新建立起适应农业生产力发展要求的制度体系，并以之引导城乡要素平等交换和公共资源均衡配置，构建起"以工促农、以城带乡、工农互惠、城乡一体"的新型城乡关系，以促进农业发展方式转变，巩固农业基础地位和确保国家粮食安全战略。

（一）制度创新与农业基础地位的关系

十八届三中全会明确指出："要确保国家粮食安全、推进农业结构战略性调整、加快农业科技创新、加强农业基础设施建设、建立新型农业社会化服务体系、促进农业可持续发展、扩大农业对外开放。"2013 年中央经济工作会议将"切实保障国家粮食安全"作为六项经济工作任务之首，要求"更加注重农产品质量和食品安全，转变农业发

---

① 本章中的"新制度经济学派"均指以科斯、诺斯等为代表的制度经济学派。

展方式，抓好粮食安全保障能力建设"。我国是一个人口众多的发展中大国，13亿人口的吃饭问题仍然是头等大事。因此，保证农业基础性地位不动摇既是我国国情、农情的客观要求，也是实现经济发展、社会稳定的前提和基础。改革开放三十余年来，随着国家工业化和城镇化的发展，农村和农业取得了巨大进步，但仍然存在许多问题，尤其是工业化的快速发展让资源要素从农业和农村流出，使农业发展面临着一系列新的问题和困难，而要破解工业化进程中的农业发展难题、解决我国"三农"问题，则必须进行制度创新，通过有效的制度安排鼓励、引导城乡要素平等交换和公共资源均衡配置，促进农业发展，保证农业在国民经济中的基础性地位。

　　一方面，制度创新是巩固农业基础地位的客观要求。巩固农业基础地位的关键在于提高农业生产效率，而农业生产效率的提高则需要转变农业生产方式，实现农业产业化经营，要求打破原有的制度约束，建立新的制度以适应农业生产方式的改变。自农村家庭联产承包责任制改革后，我国的农业生产一直以农户分散经营为主。以家庭作为农业生产的基本单位能够降低监督成本，有效地避免传统农业合作生产的激励不足问题，提高农业生产效率。但是，随着农产品市场化和国际化程度的不断加深，分散农户面临的市场风险越来越大，原子型过度竞争的市场导致单独农户处于市场弱势，农业产业收益较低，农户投资能力有限，农业生产效率难以进一步提升。要进一步释放农业的产业生产力，必须对现有的生产方式做出调整，改变家庭分散经营的产业组织形式，实现以各类产业化经营组织为主体的现代农业产业。培育这些新型农业经营主体以及由这些新型农业经营主体形成的集约化、专业化、组织化、社会化相结合的新型农业经营体系，从根本上讲，就需要通过对现阶段农业经营体制机制进行改革与创新，为构建新型农业经营体系创造，条件并为现代农业产业体系的建立奠定制度基础。

　　另一方面，农业基础地位的巩固和产业地位的提升会提出新的制度需求，推动农业制度创新。农业经营方式的转换需要土地制度、农村金融制度、社会保障制度和农村公共产品供给制度等制度的变迁和创新，以适应并促进农业的发展。第一，农业产业化经营往往伴随着土地的规模经营，需要土地承包经营权流转体制机制的创新和改革，使土地能够从分散农户经营向集约化、规模化经营转变。而这就需要完善相关的土地产权制度，包括建立健全农村产权确权、登记、颁证制度和农村土地流转中多元主体利益协调机制等。第二，国家工业化和城镇化进程需要大量稳定的劳动力，而农业生产方式的转变也将永久释放出部分农业劳动力，因此，需要户籍制度的创新，建立健全有序推进农业转移人口市民化的体制机制，合理引导农村剩余劳动力进入工业和服务业，为其提供稳定的就业渠道和平等的市民待遇。第三，土地权利的变化将带来土地产权主体权益的变化，传统制度中土地所发挥的养老等保障功能必然弱化，农村社会保障制度则需全面创新，真正建立起覆盖全体农民的全方位保障体系。

　　因此，制度创新与农业基础地位的巩固能实现双向良性的互动发展。制度创新是为了促进农业生产率的提高，进一步加强农业在国民经济中的基础地位。同时，当农业在国民经济中的基础地位得到巩固后，其进一步发展势必会对制度设计和安排提出相应的新要求，从而导致制度的创新。

（二）制度创新与国家粮食安全的关联

粮食是人民群众最基本的生活资料，也是关系国计民生和国家经济安全的重要战略物资，因此国家粮食安全与社会的和谐、政治的稳定、经济的持续发展息息相关。改革开放以来，我国粮食产量在波动中上升，自 2004 年以来实现了粮食生产的"十连增"。但另一方面，我国粮食自给率自 2002 年以来处于下降趋势，2010 年和 2012 年甚至跌落至 90％以下，分别为 89.49％和 88.38％，大大低于 95％的既定目标。同时，随着工业城市群的不断扩展，全国过半省份粮食难以自给。我国粮食安全仍面临着国际国内一系列问题的直接威胁，《国家粮食安全中长期规划纲要》总结了我国粮食安全面临的几个主要挑战：粮食需求呈刚性增长；耕地数量逐年减少；水资源短缺矛盾凸显；供需区域性矛盾突出；品种结构性矛盾加剧；种粮收益偏低；全球粮食供应偏紧。这些问题的解决，最终需要制度创新形成有效的激励机制，增强粮食生产主体的种粮积极性，有效协调各种结构性矛盾，为国家粮食长期安全建立起坚实的制度保障。

1. 威胁国家粮食安全的主要因素

威胁我国粮食安全问题的一个重要因素在于：粮食生产政策支持体系和市场流通制度的不健全。在现有的制度体系下，国家粮食安全仍存在较大的威胁，主要表现在以下几个方面。

第一，耕地质量下降威胁粮食综合生产能力。全国补充耕地的数量总体上平衡有余，但"很多地方补充耕地分布在交通偏远、不便耕作、农田生态系统脆弱或有生态障碍的地方，农田基本条件较差，耕地质量不高；不少地方还出现抛荒现象，补充的耕地普遍缺少后期管护"[1]。例如，部分沿海城市提出"良田上山下海获取建设用地指标"，通过围海造田置换城市周边优质耕地，但是"造出"的土地多为盐碱地，土地肥力极低，短期内根本无法保证产量。[2] 土壤污染是导致耕地质量下降的另一个重要原因。一方面，农户为追求粮食单产而大量使用化肥、农药，加之农田水利等基础设施老化，农田土壤耕作层变薄、板结，耕地土壤基础地力不断下降。据农业部统计，我国耕地因水土流失、贫瘠化、次生盐渍化、酸化等原因导致的退化面积已占耕地总面积的 40％以上；另一方面，工业和城市排污、污染产业向农村转移等也对耕地土壤造成了严重污染，部分耕地已经"毒化"。国土资源部报告指出，全国受污染的耕地约有 1.5 亿亩，污水灌溉污染耕地 3250 万亩，固体废弃物堆存占地和毁田 200 万亩，合计约占耕地总面积 1/10 以上。全国受重金属污染的农田已经达到 6000 多万公顷。耕地质量的下降必然会减弱我国的粮食综合生产能力，威胁国家粮食安全。

第二，种粮收益相对较低降低了粮农的生产积极性。随着国家一系列粮食生产补贴

---

① 国土资源部耕地保护司司长潘明才回答记者提问。2007 年，国土资源部通报了 2006 年度耕地占补平衡考核情况，9 个省（区、市）低于全国抽查项目总合格率。

② 中国耕地面积降至 18 亿亩，城市化威胁粮食安全 [N]. 南方周末，2011-01-10.

政策的实行，全国农户的种粮收益有所提高。但是，与种植经济作物和从事其他产业相比，种粮收益较低的状况并没有改变。从种植业内部来看，粮食收益与其他经济作物比较仍然偏低。与从事第二、三产业的收入相比，种粮收益显得更少，因此，粮农外出打工比较普遍，部分粮食主产区也出现了土地种植面积减少、甚至弃耕的现象。农民举家外出务工却又不愿流转或放弃承包地的现象日趋增多，很多地方耕地抛荒严重，部分耕地甚至被荒草或树林覆盖。近年来，农资价格持续上涨，使粮食生产成本提高，进一步降低了种粮效益。较低的收益使粮农更倾向于经济作物的种植，或者干脆转而从事其他收入较高的行业，农民粮食生产积极性下降，将直接威胁我国的粮食总产量。非农化已成为时下农民家庭资源配置的典型特征，并呈现出"四化"趋势，即粮食生产糊口化，非农经营主业化，留守劳力低质化，资金流向消费化。[①] 农户的"非粮化"行为必然对国家粮食安全造成严重的威胁。

第三，粮食供需区域性和结构性矛盾突出。综合考虑人口增长、人民生活水平提高、经济发展等因素，预计到 2020 年，我国粮食需求总量将达到 11450 亿斤。按照粮食自给率需达 95％以上测算，2020 年我国粮食综合生产能力需要达到 10800 亿斤以上。但是随着国家区域经济结构的变化，我国粮食生产重心逐年北移，南方各省成为粮食主销区，自然资源禀赋较差的西部及西南部分地区也存在一定缺口。南北粮食生产与资源禀赋并不匹配，特别是在水资源的分布上，北方一直面临灌溉问题，而南方水资源相对丰富，粮食中心的北移意味着水资源等也要进行相应的调配；另外，产销区间粮食的运输、存储都需要配套设施的完善。这意味着，国家粮食安全不仅要面对环境、投入、气候等问题的威胁，还要解决好粮食供需的区域矛盾和结构矛盾，保证主销区和主产区之间粮食流通的便捷、经济和畅通。

2. 建立健全保障粮食安全的制度体系

通过对威胁国家粮食安全主要因素的分析可以看出，要解除我国粮食安全的各种威胁，根本途径还在于通过制度创新形成粮食安全的制度保障。

首先，健全耕地保护制度，确保粮食综合生产能力。严格的耕地保护制度是保障粮食综合生产能力的基础之一，我国现行的耕地保护制度更加重视对耕地的数量上的保护，对耕地质量的保护仍存在制度缺陷。从数量上看，确保耕地保有量不低于 18 亿亩红线、粮食播种面积不低于 16.5 亿亩等核心指标，是当前确保国家粮食安全的基础条件。但是，在保证耕地数量的同时，应将提高耕地质量放在更加突出的位置上，以耕地的粮食综合生产能力为评估标准，通过改造中低产田、建设高标准粮田，全面提升耕地的质与量。

第二，发展现代农业经营制度，加快转变粮食产业生产方式。发展现代农业制度是增强农业产业竞争力，提高农业比较收益的必然要求。传统的粮食产业比较收益低是农

<hr />

① 晋洪涛. 农户行为"四化"：粮食安全潜在危机与政策建议——基于河南 24 县 455 户农民调查 [J]. 经济问题探索，2010（12）：44—48.

户缺乏种粮积极性的主要原因，因此，提高粮食产业的收益是提高其种粮积极性的根本途径。工业化进程中"刘易斯拐点"的存在表明，工业化和城市化对农业投入要素的吸收是不可避免的，工业发展和城市建设需要土地、劳动力从农业和农村向工业和城市流动。在这一过程中，要保证工业和农业的同时发展，最关键的问题就是转变农业生产方式，由依靠要素投入的传统粗放型分散经营转变为依靠科技和资本投入的集约型规模经营。转变粮食生产方式，一方面要尊重农户的自主选择，通过明确农地经营权及其收益分配等政策诱导农户主动改变生产方式，形成诱致性制度变迁；另一方面，分散农户存在信息制约和机会主义倾向，因此需要政府发挥外部强制作用，推动农户建立和参加各类产业化组织，形成强制性制度变迁。另外，转变粮食产业生产方式意味着土地等资源的重新配置，因此还需要国家土地制度、劳动力流动制度和社会保障制度等的相应调整，以适应并推动农业生产方式的转变，提高粮食产业收益；同时以经济效益引导农户行为，形成国家粮食安全的微观保障。

第三，完善国家粮食储备制度，协调粮食产销结构性矛盾。国家粮食安全既包括总量安全，也包括供求结构、地域结构等结构性安全。结构性问题的解决要依靠国家粮食储备制度的完善和重建：首先，需要合理确定地方储备粮的比例，逐步提高中央储备粮在粮食储备中的比例，建立以中央储备为主体、省级储备为辅助的粮食储备制度；其次，要根据生产布局、销售市场及规模、物流状况等，动态调整储备结构与布局，形成既经济又稳定的粮食安全网络，以合理成本保障粮食安全；最后，完善国家粮食安全预警指标体系，建立涵盖生产环节、分配环节、交换环节和消费环节的指标，包括人均粮食占有率、粮食自给率、粮食生产波动系数、种粮成本收益率、城乡收入差距、粮价上涨率、粮食储备率、恩格尔系数和贫困人口比例等9项具体指标为核心的粮食安全预警指标体系，实现对国家粮食安全的动态检测和预警分析。

第二节　完善我国农村基本经营制度

我国农村改革的实践证明，以家庭联产承包经营为基础、统分结合的双层经营制度是适应社会主义市场经济体制、符合农业生产特点的农村基本经营制度。但是，随着社会经济环境的变化，特别是农产品市场竞争的日趋激烈，这一基本经营制度中的部分具体制度安排已经明显不适应外部环境的变换，成为农业发展的约束和阻碍。因此，现亟须创新我国农村基本经营制度，建立起能够适应并促进现代农业发展的经营体制和制度体系。

一、稳定和完善家庭承包经营制度

家庭承包制度的确立，使团队生产中的"偷懒问题"得以有效地克服；家庭承包形成对生产主体的正向激励，极大地提高了农业劳动生产率。但是，随着农业经营环境的变化，分散经营的农户逐渐处于市场弱势地位，信息不充分和价格控制能力的缺乏使农户处于市场弱势地位，承受着上游要素供给者和下游经销商的双重挤压，并面临着较高的自然风险和市场风险。在新环境中，要巩固农业的基础地位，实现农村经济发展、农民增收的目标，就要通过制定创新、稳定和完善的家庭承包经营责任制，构建起与新的经营环境相适应的农业基本经营制度。

（一）家庭承包经营权的积极意义

十八届三中全会审议通过的《中共中央关于全面深化改革若干重大问题的决定》，明确提出了"坚持家庭经营在农业中的基础性地位，稳定土地承包关系保持长久不变"，同时赋予农民对承包地占有、使用、收益、流转及承包经营权抵押、担保权能，为农业专业化、规模化发展指明了方向，提供了保障。《决定》再一次巩固了家庭承包经营在农业和农村中的基础性地位，并在明确"土地承包关系要保持稳定并长久不变"的同时，进一步明晰了农民对土地所拥有的各项权能。这是对我国家庭联产承包经营责任制的肯定与细化，也是对我国农村基本经营制度改革的基调和方向的进一步明确。

从改革之初农户自发的"包干""包产"经营到作为一项基本制度在全国农村广泛推广，家庭联产承包经营责任制释放了被制度束缚的农业生产力，在短时间内就显现出巨大的制度效益。从理论上讲，包产到户就是将土地使用权明确划归给农户，农户成为生产的基本单位，自主经营并获得生产收入。农户成为投入和产出的主体，即实现了组织目标与个体目标的"激励相容"，保证了农户生产的积极性和国家农业产业的发展。从实践中看，家庭承包经营责任制对于农业产出增长和农民收入水平提高的作用是显而易见的。这一制度实施后，我国很快就成功地解决了农民的温饱问题，并向小康目标迈进。理论和实践都证明了，家庭承包经营权是加强农业基础地位、确保国家粮食安全的基础性制度。

第一，这一制度在坚持农村土地社会主义集体所有的前提下，充分发挥了市场经济对于主体的激励作用。作为社会主义国家，国有和集体资产的所有权最终性质不能改变，国家和集体是土地的最终所有者，在此基础上，实现土地所有权和使用权相分离，将使用权赋予农户，其实就是赋予了农户市场主体地位，发挥了农户生产经营的积极性，提高了农业生产效率。

第二，家庭承包经营权是适应我国农村生产力水平、促进农业生产发展的产权制度。我国农业发展的现实约束是人地矛盾突出、土地自然条件差别较大，在这种现实条件下，不可能一蹴而就地实现欧美农场式农业经营方式，而只能通过激发一家一户的生产潜力、通过精耕细作提高农业单产，当经济发展到一定阶段，人地矛盾有所缓解后，才能考虑规模化经营。而从现实情况看，虽然我国部分地区已经具备了土地规模经营的条件，但是仍然有相当一部分地区要依靠家庭小规模生产。综上所述，家庭承包经营权与我国生产力总体水平是相适应的。

第三，家庭承包经营权是转变农业发展方式的基础和保证。目前，我国农村经济正经历着又一轮变革，在有条件的地区，农业产业化、规模化经营正迅速发展，农业生产方式正在转变。制度变迁和创新的初始力量源于制度框架内各个经济主体对于自身利益的追求欲望及能力。换言之，促使农业生产方式发生变革的最根本的力量必然来源于作为主体的农户，而农户是否有动力改变现行制度，则取决于其对自身利益追求的欲望和能力。而农户对土地的权利又决定了农户能否获得经营方式转变后的收益，只有明确农户对土地稳定长久的承包权利，使其有稳定的预期收益，才能发挥农户变革经营方式的积极性，确保农业生产方式的加快转变。

综上所述，保证农户承包经营权的稳定长久是有效激励农户生产、促进农业生产方式转变、提高农业生产力的保证，它能够从制度上保证我国农业基础地位的加强和国家粮食的安全有效供给。

（二）家庭承包经营的制度局限性

中国农地制度的变迁印证了制度本身蕴含的巨大力量，家庭联产承包责任制确立后，我国农产品生产总量迅速增加，农业和农村经济也逐渐摆脱贫困落后的状态，在实现农业自身发展的同时，推动了国民经济的迅速发展。但是，随着农业生产力的发展和市场环境的变化，传统家庭承包经营制度的局限性开始显现，并成为新的约束生产力发展的因素，其主要表现在以下几个方面。

第一，农业经营规模小，难以获得成本优势。随着改革深化和市场环境的变化，家庭分散经营加剧了土地资源承包的有限性，影响了土地的规模经营，进而限制了我国农业的经营规模。在农产品市场竞争不断加剧的环境下，小规模经营难以形成规模效益，较高的成本直接影响了农业的产业竞争力，进而限制了农业经营者的利润空间。

第二，农民所享有的土地产权残缺。完整的产权包括占有、使用、收益和处分权；在土地产权中，所有权是主要的、居支配地位，其他排他性权利都是所有权的派生权利，如使用权、收益权和处分权等。《中华人民共和国农村土地承包法》明确规定了农民拥有土地承包经营权，从法律上界定了农民拥有承包土地的使用权、经营权、收益权、收益处置权和使用权的转让权或流转权。但是，现行法律也明确规定，农村土地所有权归农民集体所有。这一内涵模糊、主体不明的集体所有，造成了农民土地财产权的"产权残缺"，导致中国农地的承包经营权仅是土地的耕种权、部分的收益权以及极小的处分权。与承包经营权的理论内涵相比，其实际权利所包含的内容不充分，权能残缺，并为相关利益集团侵犯农民土地承包权益提供了可乘之机。同时，土地抵押权的缺乏，使得农民对土地的投资不足。农民由于没有转让或转租土地的权利，不能把土地流动和配置到经济效益最高的地方去。农村土地产权的不完整，导致了土地流转和农业生产方式转变的困难，制约着农业生产率的提高。[①]

第三，农民的组织化程度弱，集体组织功能缺失。一方面，由于双层经营中集体经济的有效实现形式尚未确立，农户缺乏利益表达的有效途径，导致了农村行政管理的集权化和官本位化，以集体名义侵害农民利益的事件时有发生；另一方面，由于缺乏集体经济组织，农户只能直接面对上下游市场经济实力较强的各类经销商，在地位严重不对

---

① 刘润秋，宋艳艳. 农地抛荒的深层次原因探析 [J]. 农村经济，2006（1）：31—34.

等的情况下，农户作为市场弱势方，承担了大部分经营风险。另外，由于缺乏集体组织，农户的市场信息不足，只能凭借自身的经验生产，往往陷入"蛛网"困境，务农收益低而风险高，使许多农村劳动力流向第二、三产业，带来了严重的土地抛荒问题，进而威胁到农业产业发展和国家粮食安全。

（三）完善家庭承包经营制的途径

家庭承包经营制在发挥其对于农业劳动生产率积极促进的历史作用的同时，也显现出了其与现代农业不相适应的局限性。这些局限性从制度层面阻碍了农业的发展，因此需要以政府为主体，引导制度创新，针对性地对部分制度安排加以完善，以发挥其对于农业生产力提高的积极作用。

第一，从法律上明确土地承包关系长久不变的含义及权利关系。党的十七届、十八界三中全会均明确了农民土地承包经营权的长久不变，赋予了农民长久稳定的土地承包权，并充分保障其经济利益，给予其稳定的预期收益，调动其农业生产的积极性。但是，关于土地承包权长久不变的具体含义仍存在不同的理解，有观点认为"长久不变"是指现有土地承包所形成的全部权利义务关系长久不变；也有观点认为，"长久不变"的核心是农民拥有土地承包权的权利不变，而土地承包经营权则可以在承包权长久不变的前提下进行流转。前一种观点主要从主体权利归属角度出发，强调农民与集体之间达成的土地承包关系本身不变；后一种观点从主体权利结构下的经济行为角度出发，强调土地承包权长久不变是指明确土地产权归属及与权利相关的经济行为和收益主体。我们认为，土地承包关系长久不变，本质上是要让农户有稳定的预期收益，保证农民能够获得与土地承包权利相应的经济行为权利和收益权利，即将土地承包经营权物化为农民资产权益，使农民能够获得资产自由处置及收益权利。所以，要保证土地承包权长久不变，不仅仅是现行承包关系的维系和期限的延长，而是在承认农户对承包土地拥有自主经营权利的基础上，明确土地承包经营权的法律内涵和相关权利的归属，尤其是经营权的保障、流转、收益问题，都应该有法律上的明确界定。

我们建议，要改变农村土地产权结构现状，可以通过土地确权厘清产权归属、明确农地权益。同时，可以借鉴成都等地的农村土地确权经验，开展新一轮土地确权，通过确权理顺集体与农户、农户与农户之间的权利关系，进一步明确农户对承包农地的相关权利，尤其是要明确承包期限及实际支配权归属等，赋予农户与土地承包权利，保障农户长期经济利益不受侵害。在完善农村社保和城乡户籍制度改革的基础上，根据农户实际情况进行权利调整和界定，收回自愿转入城市社保体系和无继承人的已去世承包者的土地，赋予无地农户承包权。另外，从法律角度赋予土地承包者完整意义上的经营权，即所承包的土地的占有、使用、收益等权利，特别是承包者对土地承包经营权的自主处置权利，发包方不得以任何理由强行征用土地。

第二，推动农业产业化经营，提高产业生产效率。实践证明，农业产业化经营体现了农业生产自身发展规律的客观要求，是促进农业和农村经济结构战略调整、保证农业基础性地位的现实选择。通过建立起以增加农户收入为核心、以提高农业劳动生产率为目的、以变革农业生产组织经营方式为手段的农业产业化经营组织，改变传统农业生产模式，实现我国农业生产方式的转变，释放出潜在的农业生产能力，夯实农业的基础性地位，构筑起国家粮食安全的坚实基础。成都市在推进农业产业化经营的过程中，紧密结合新农村建设和城乡一体化的要求，走出了一条与众不同的模式创新路径。[①] 实践证明，农业产业化经营创新对于农业生产的发展具有积极的意义，本章以成都市农业产业化经营的几种典型模式为例，为我国农业产业组织的创新提供可以借鉴的经验。

在农业产业化经营模式的创新过程中，成都市走在了全省的前列。通过发挥各区位农业产业的比较优势、推动土地整理和土地集中、兴建农业产业园区、壮大集体经济实力、引导农户建立合作组织等途径，成都市创新了农业产业化的经营模式，其典型模式总结如下表。

表 11-1 成都市农业产业化经营的几种代表性创新模式

创新模式	特 点	成 效	代 表
因地制宜、圈层分工型	按主城区—近郊—远郊分布，形成三大农业产业圈层。	农业产业布局比较合理，主导产业基本形成。	市区—郊县"三圈层"农业产业带
土地集中、规模经营型	以土地整理改善农村生产条件，通过土地承包经营权集中，实现土地规模化经营。	土地流转稳妥推进，农地集约化经营提高。	锦江区三圣街道 温江区万春镇 邛崃市汤营村
园区带动、农户参与型	政府进行先期规划建设，引进农业龙头企业入园，龙头企业带领农户致富。	政策扶持力度加大，龙头企业加快发展。	郫县安德镇 双流县昆山村 蒲江县鹤山镇
村企合一、集体经济型	村办公司，农户和集体入股，自主经营或外来业主经营，入股农户可获多种形式收入。	农业标准化进程加快，农产品质量明显提高。	邛崃市汤营村 金堂县祝新村 温江区南岳社区
专业合作、利润返还型	通过专业合作社连接经营主体，以分利形式保证农户享受增值收益。	利益连接机制不断完善，企业和农户建立双赢格局。	都江堰市 郫县交通村

资料来源：蒋永穆等（2006）。[②]

第三，完善农村宅基地流转补偿制度，探索宅基地流转市场机制的构建。宅基地管理的基本原则是严格执行一户一处宅基地制度，在坚持农村宅基地所有权归村集体所有的前提下，宅基地的使用权可以在村集体内部流转、抵押、出租和买卖，或作为出资、合作条件，由村集体在不改变宅基地用途的前提下，对其宅基地和房屋依法开发利用。在实际运作过程中，针对目前侵占农户宅基地、强制上楼等问题，从制度根源上寻找解决方法，在保证农民长期利益的前提下实现土地整理和流转的经济收益。首先，明确宅基地使用权作为完整物权归属农户，颁发产权证明，征用或置换必须经过农户同意，补

---

① 蒋永穆，郭晓鸣，纪志耿. 农业产业化经营的模式创新研究——基于成都市的案例分析 [J]. 经济体制改革，2006（6）：93-98.

② 蒋永穆，等. 成都市农业产业化经营的模式创新研究 [J]. 经济体制改革，2006（6）.

偿标准按照宅基地实际经济价值补偿；其次，在农户宅基地置换为集中居住房屋过程中，按照农户置换面积、位置、质量，科学计算宅基地价值，将节余土地的收益归还给农户，同时，将因集中居住提高的生活成本计入补偿范围；最后，探索宅基地市场流转模式，建设以农户为交易主体的宅基地使用权流转市场，政府做好市场平台的建设和信息、法律支持等工作，保证宅基地流转收益以资产收益形式归农户所有。

第四，促进农产品流通形式的创新。在农产品市场体系中，农户作为产品供方力量相对薄弱，对市场信息的把握能力不强，农业经营收入难以保持稳定增长态势。因此，应针对农业经营的市场风险，在以下两方面给予关注：一方面，通过提高农户组织化程度提高市场谈判能力，改变农户的弱势地位，产品交易可以由农户自身组建的组织或者政府中介完成，以此保障产品销售渠道顺畅；另一方面，促进"农超对接"等多种流通渠道形式的发展，整合农产品销售环节，减少中间环节，使利润更多地流向农户，增加农户生产经营性收入。

案例

成都都江堰市柳街镇的土地"确权运动"

都江堰市柳街镇共有218个小组，平均每个小组有20多位组员无法分到承包地。过去交农业税，现在发"直补"了，原土地承包户强调土地承包权，坚持"不退地"，部分等待"调地"的村民无法得到土地。土地权属不清楚，而资金和技术大规模地投入到农村，农民的合法权益缺乏有效保护，土地的价值无法得到真正体现，农民也不敢"离土"，由此造成了大量损失。2008年3月开始，柳街镇党委开始着手推动土地"确权运动"，为合适的对象颁发房产证、宅基地所有权证、承包经营权证、集体土地所有证和林权证。至今已经完成了对全镇15个村、218个组、12839户的确权颁证工作。

第一步，以国土部土地调查数据为基础，在"卫星图片"上对土地的天然边界进行确认，锁定各集体所有土地面积总量；

第二步，绘制"鱼鳞图册"，即用计算机将土地、人、物反映在一起，用电子地图直接呈现地块图、对应地块的所有者、土地类型、面积等指标以及地上物指标，并对是否确权等必要信息进行记录；

第三步，成立工作小组，经过村组议事机构到户确认，确认无误后进行公示15天，然后上报办证，至少经过农发、国土、房管、林业四个部门审核。

在整个确权过程中，村"议事会"负责处理本村、组的内部争议和集体资产管理，并负责将土地由组确认到户的环节。每个组的"议事会"成员由各村民小组投票选举产生，每5～15户产生一名代表。

此次土地确权首先保证了基本经营体制不变，在所有权的层面保持了农村集体经济组织成员的地位不变，成员仍然可以享受集体经济组织成员应有的经济福利。通过确权，土地经营权明确归属于农户。土地产权清晰，可以使农民更珍惜自己的财产，也使其在从事经济活动时具有更多的权利选择。同时，还成功建立起农村合理的竞争规则，将农民手中的财产资源变成资本，从而推进了农村生产方式的转型。

　　案例来源：根据公开资料整理。

二、提高农民组织化程度

　　组织化是指通过一定的社会经济组织形式与制度来协调社会经济分工，从而使之构成一个相互联系、相互依赖的有机整体的发展过程。农民组织化是指，农民在我国社会主义市场经济体制的框架下，以家庭经营制度为基础，通过一定的方式聚合，相互协作从事农业经济活动，追求农业经济效益最大化的过程。[①] 提高农民组织化程度是指，通过各种形式将农户组织起来，参与竞争，维护权益，增加收入，自律行为。有效率的经济组织是经济增长的关键。因此，建设农民经济组织，完善农村市场主体建设，提高农业组织化程度，就成为社会主义新农村建设和农村经济发展的一个内源性动力。

　　（一）农民组织化基本功能及形式

　　农民组织化是在我国农村实行市场化改革以来，农户、集体、企业、科研机构以家庭承包经营制度为基础，按照自愿、民主、平等、互利原则自发组织的，以为其成员的专业化生产提供产前、产中、产后服务为目标，谋求和维护其成员的社会经济利益的各种经济组织和社会团体。其功能主要表现在：第一，服务功能，主要体现为纵向一体化：向农户提供生产资料供应、经营管理、技术咨询、信息服务和产品销售等综合服务，有效解决单个农户难以解决的困难。第二，组织功能，主要体现为横向一体化：在农民自愿的基础上，根据产业发展规划和市场供求关系，将分散的单个农户组织起来，开展专业化的合作生产，以充分保障国家粮食安全和有序参与市场竞争。近年来，这两种功能趋于融合，形成了混合一体化的发展趋势。在此基础上，在部分发达地区，农民组织积极推动产业结构的升级优化，有序组织农业劳动力流动到第二产业和第三产业。第三，中介功能：在政府与农户、企业与农户、农户与农户之间，发挥出良好的桥梁沟通作用，实现政府与农户、企业与农户、农户与农户之间的合作共赢。

　　从20世纪90年代发展至今，我国农民组织已经形成了以下几种主要组织形式。

　　一是农户联合型，即由农业生产能手、大户带头，农户自愿组织、自我实施，为农业生产经营提供产前、产中、产后一系列服务。农户联合型的农业组织一般规模较小，

---

　　① 吴学凡. 我国新型农业组织化：现实的必然选择 ［J］. 石家庄学院学报，2006（5）：60—63.

参与成员也限定在大户及周边农户范围内，这种组织内部依靠乡土关系等非正式契约联结，往往较为松散。农户联合型组织的优势在于：一方面，组织运行成本较低，并且进入退出自由；另一方面，能够通过农户联合提升农户在生产资料和产品市场上的地位。其缺陷在于，过于松散的组织结构不利于组织的稳定性，组织规模也难以扩展，较小的组织在推动农户实现规模经营、提供技术支持等方面作用有限。

二是"公司＋农户"型。"公司＋农户"组织以涉农企业为龙头，组织农户共同参与而联结成，农户自愿参与，由企业规划生产经营活动，农户自主生产、企业加工、销售。这类农业组织又被称为"订单农业"，企业与农户之间形成契约关系，公司负责提供技术支持和其他相关服务，农户根据契约载明的要求进行生产，并将产品按照契约价格销售给企业。企业带动型的农业组织能够有效连接农业产销环节，控制因市场风险给农户和企业造成的损失，并能够有效节约交易费用，因此成为农业组织中较为常见的形式。但是，企业带动型组织的主要缺陷在于契约双方地位的不平等和契约不完全性所带来的道德风险，对双方而言，违约成本都较低，因此，一旦市场价格波动超过一定幅度，就会带来大规模的违约问题。

三是"专业协会＋农户"型。"专业协会＋农户"即围绕某项生产经营或服务项目而形成的经济组织，多为同类农产品生产经营的农户结成的、提供技术和市场指导的组织。农业协会具有自愿性、行业性、中介性和非营利性等特征，其主要作用在于为农民提供包括信息在内的各种服务、介绍和引进先进技术，进行技术推广和促进行业技术进步等。专业协会型农业组织能够为农户提供专业化的技术服务和市场指导，有效地提升农户的技术水平和信息获得能力。

四是"股份合作社＋农户"型。"股份合作＋农户"组织形式遵循了股份制和合作制的基本原则，农民以承包地的经营权作为主要出资方式，将土地承包经营权转化为股权，并按照股份从土地经营收益中获得一定比例的分红。这种土地合作经营形式一般实行劳动联合与资本联合相结合，农户以土地、劳动等入股，形成利润共享机制。股份合作型农业组织具体分为内股外租模式、自主经营模式及两种模式的结合形式。内股外租型的特征是，农地股份合作社仅仅是土地流转的中介组织，其实质是将单个农户的承包地集中，然后统一发包给专业大户集中经营或者委托农民专业合作社、农业龙头企业等进行经营管理。自主经营型的特征是，是在成立农地股份合作社的基础上，依托产业优势，成立专业合作社，进行自主经营。"内股外租＋自主经营型"的特征是，农地股份合作社的土地大部分是以转包和租赁的形式交给专业种养大户集中经营，只留出一小部分土地进行自主经营，这是属于上述两种模式的中间形式。

案例

蒲江土地股份合作社实现特色农业产业全覆盖

蒲江县在引入成都市文旅集团整体打造西来古镇的同时，更多地还考虑到如何在古镇开发成功后，使周边的农民依托古镇持续增收致富。白马乡村旅游合作社就此应运而生。白马新村有意愿参与乡村酒店开发的村民，以自家房屋资产入股合作社，文旅集团统一对房屋进行规划、设计、装修，农户不需要出一分钱就能看到清水房被装修成漂漂亮亮的小洋楼。前5年，文旅集团每年支付农户保底收益，5年后农户还另有分红；村集体入股的房屋资产收益，30％用于补贴小区物业管理费用，70％用于全村公益事业。

白马新村将作为古镇旅游的一个功能区依托古镇进行开发，将被建设成一个集乡村酒店、连锁旅店、农家餐馆、茶庄为一体的养生、度假、旅游驿站。合作社作为牵头发展的组织，为农户建立了一个标准示范，从而带动其他农户参与其中。目前，加入合作社的农户正在抓紧装修，而小区内已经有一些住户利用自家多余房屋开办了茶庄、餐馆。此外，合作社还鼓励小区内住户腾出多余住房，参办家庭旅馆。

蒲江县已组建的土地股份合作社有绿化苗木土地股份合作社、茶叶土地股份合作社、雷竹土地股份合作社、猕猴桃土地股份合作社、粮油土地股份合作社以及冬枣、柑橘等土地股份合作社，基本实现了对全县特色农业产业的全覆盖。

该县将农村土地资源转变成土地资本，以土地承包经营权入股为纽带，建立"土地股份合作社"。"合作社"集中土地承包经营权折算相应股份，与有实力的农业企业或业主共同经营农业项目，农民不仅可以取得项目务工收入，而且还能分享项目收益分红。

据介绍，"土地股份合作社"既是确定农村土地流转形式的载体，也是农民在土地流转后保护自身利益的一个实体。"合作社"的最高权力机构是股东大会和股东代表大会，它接受村民的入股申请，负责土地承包经营权入股的登记、核准、发放、变更以及红利分配等事项。监督工作则由股东选举产生的监事会承担。"合作社"代表持有土地承包经营权的农户利益，在乡、村的协调和持股者的监督下，直接与承租土地的公司进行谈判，为持股农民代理使用权的交易，向政府或其他有关部门反映农民的意见和要求。

资料来源：洪继东《蒲江土地股份合作社实现特色农业产业全覆盖》，《成都日报》2011年9月13日。

（二）农民组织形式创新路径选择

路径依赖是制度变迁的典型特征之一，即"一旦一种独特的发展轨迹确立以后，一系列的外在性组织的学习过程、主观模型都会加强这一轨迹"①。这意味着，制度变迁过程存在一定的自我强化机制，其具体表现为：一种制度变迁出现后，获得收益增加的那部分主体有动力继续推动制度变迁按既有轨迹发展；同时，当制度变迁被证明是有效的时候，其他主体会通过学习推动与自身相关的制度随之变化，即制度变迁的外部性效益，而这种学习又强化了制度变迁的自我发展能力。因此，一种农民组织形式的形成及发展，其初始动力可能源于组织内部农户对自身收益增加的追求，也可能源于政府对类似的组织创新的学习，但是无论是源于何种力量，农民组织形式的创新最终必然要以农户能够借助这一创新增加收益为目标，这种组织形式才能够持续演进，形成制度创新。因此，要推动农民组织形式的创新，就必须以农户利益为核心和目标，借助农户力量推动创新。

农民组织创新的路径选择应该是：在创新主体培育上，以赋予农户权利为手段扩大农户选择集，将农户利益与组织利益紧密连接起来，增强农户推动组织形式创新的积极性；在创新动力驱动上，促进农业企业发展，引导其成为农户组织中的龙头，以整合单独农户力量；在政策引导上，在尊重农户自主选择的前提下，为农户提供组织合作的信息、渠道和指导，并为组织运行提供适当的帮助和监督。具体而言，农民组织创新的途径主要如下。

第一，在制度设计方面，形成有利于提高农民组织程度的制度环境。随着城乡统筹发展进程的加快和农业生产方式的转型，我国的农村经济面临着经济环境的深刻变化，原有经济关系的改变和新的成本收益集的出现使农民有动力选择新的组织形式，以适应新形势下农业生产、经营环境的变化。制度变迁和创新的外部环境，表现在自上而下的政策环境。也就是说，要推动农民组织的创新，必须有外部制度环境的变化，并通过外部环境的变化积极引导农民自发形成各种组织并积极寻求新的组织形式。目前，我国农业正经历着新一轮的变革，许多新出现的经济行为和做法尚未得到法律和政策的明确支持，制度环境中的不确定因素与个体农户行为的不确定交织在一起，给我国农业经济组织创新带来了特殊困难。由于缺少法律规范和政策引导，许多农业组织难以真正发挥作用。比如，因为企业经常擅自改变合同，个体农户的利益不能得到保障，一些地方"公司＋农户"组织形式难以运行。因此，要加快对各种新的农村经济现象和行为给出法律和政策的一致解释，在《农业专业合作社法》的基础上增加对多种农民组织的法律规定和约束。

第二，在创新主体方面，赋予农户和相关组织追求更多经济利益的权利。农民组织的出现和各类新型组织形式的发展，从根本上说是农民自发推动的诱致性制度变迁，个体农户主导我国农业经济组织创新的优势十分明显。一方面，农户是生产和交易的直接参与者，有将能够增加自身经济利益的经济组织推广开来的内在动力，从现实中看，历

① V. W. 拉坦. 诱致性制度变迁理论［M］//财产权利与制度变迁——产权学派与新制度学派译文集. 上海：三联书店，2003.

次农业变革中都能够自发出现与制度环境相适应的经济组织，这充分体现了个体农户对于制度的自发推动能力；另一方面，农户是生产和经营风险的直接承担者，是最希望通过某种制度变化控制风险的，因此愿意通过适当的组织化分散风险。所以，农户是制度创新的主体和需求者，赋予农户更自由的选择权利，减少强制性行政干预，发挥农户内在经济动力来推动组织创新，是一条高效而适用的创新途径。

第三，组织形式方面，根据实际情况引导农民选择适宜的组织形式。我国农民在实践中自发形成了多种形式的农业组织，包括"公司＋农户""公司＋基地＋农户""专业组织＋农户"等，采取何种农业组织要结合组织运行特征和地区农业产业实际特点，不能盲目推广，更不能强制农民按照某种形式组织起来。作为创新主体，农户有动力选择最适合的组织形式，脱离实际地盲目推行某种形式必然会损害组织的经济效率。因此，各地政府要摆脱"学习某某模式"的思维，切实从服务农户的角度出发，帮助农户分析本地经济特征、各种组织利弊及外部经济环境，尊重农户主体地位，引导农户选择适宜的组织形式。

第三节　健全我国农村土地管理制度[①]

土地是农业发展和粮食生产的基本要素。农村土地管理制度不仅关系到我国农村的发展稳定，也关系到城乡土地资源的合理利用。党的十七届三中全会明确提出了"健全严格规范的农村土地管理制度"的工作要求，指出了土地管理制度改革和创新的紧迫性和必要性。在此基础上，十八届三中全会提出了农村土地管理制度的重大改革，明确了在符合规划和用途管制的前提下，农村集体经营性建设用地可以通过出让、租赁、入股等方式实行与国有土地同等入市、同权同价；同时还提出"缩小征地范围，规范征地程序，完善对被征地农民合理、规范、多元保障机制。扩大国有土地有偿使用范围，减少非公益性用地划拨。建立兼顾国家、集体、个人的土地增值收益分配机制，合理提高个人收益。完善土地租赁、转让、抵押二级市场"。通过农村土地管理制度创新，建立健全严格规范的土地管理制度，对于促进我国经济社会可持续发展、巩固农业基础性地位和保障国家粮食安全有着极为重要的作用。

一、建立健全农村耕地保护制度

耕地是保证国家粮食安全的重要投入要素。随着社会经济的发展，工业化和城镇化进程加快了土地资源刚性需求上升。当前，我国仍然面临着人多地少、人均耕地少、优质耕地少、耕地后备资源少的资源制约，耕地保护面临着严峻形势。因此，必须通过转变经济发展方式，坚持最严格的耕地保护制度和节约用地制度，坚持深化改革和体制机

---

① 本部分的主要内容由刘润秋以《耕地占补平衡模式运行异化风险及其防范》为题发表于《四川大学学报》（哲学社会科学版）2010年第3期。此处有较大篇幅的修改与补充。

制创新，坚持严格执法督察，进一步加强和改进土地管理工作，促进经济社会全面协调可持续发展。

（一）我国现行耕地保护制度及存在的问题

21世纪以来，国家对耕地保护问题高度重视，实施了一系列严格的耕地保护制度。2004年国务院颁布了《关于深化改革严格土地管理的决定》，对地方政府保护耕地的责任、建立耕地保护责任考核体系、严格责任追究等做出了明确规定。2005年，国务院又向各省下发了《省级政府耕地保护责任目标考核办法》，明确指出省级政府对本行政区内的耕地保有量和基本农田保护面积负责，各省、自治区、直辖市的省长、主席、市长是耕地保护的第一责任人。从2006年起，国家执行耕地保护的考核制度，规定每五年为一个规划期，国务院在每个规划期的期中和期末对各省（区、市）的耕地保护目标责任履行情况各考核一次，由国土资源部会同农业部、监察部、审计署、统计局组织考核。十七届三中全会决定再次提出坚决守住18亿亩耕地红线；把耕地保护、粮食生产、农民增收、环境治理、和谐稳定作为考核地方特别是市县领导班子绩效的重要内容。2014年中央一号文件提出"要抓紧构建新形势下的国家粮食安全战略，严守耕地保护红线，划定永久基本农田"[①]。

另外，国家加强了耕地保护的经济激励和技术手段。在经济激励方面，国家提高了新增建设用地土地有偿使用费征收标准，并将之专项使用于基本农田建设和保护、土地整理、耕地开发等开支；提高耕地占用税税率和减免控制、征地制度改革和补偿安置标准；规定国有土地出让金用于土地开发和基本农田建设的比例等。在技术方面，应用遥感监测等现代信息技术手段提高土地监测的及时性和准确性。

现行的耕地保护制度提高了各级政府保护耕地的责任意识，在一定程度上促进了各级政府耕地保护制度的建立健全。国土资源部在全国重点划定的15.6亿亩基本农田范围内，有计划地对田、水、路、林、村进行土地综合整治。"十一五"期间，全国通过土地整治新增耕地150万公顷，超过同期建设占用耕地的面积。2010年国土资源部启动实施"保经济发展、保耕地红线"工程，"双保工程"以"稳增长、调结构、促转变、保红线"为主要任务，坚持保障发展和保护耕地、积极主动服务和严格规范管理相结合，着力转变土地利用方式，调整土地利用结构，提高土地集约利用水平；有效规范房地产市场运行，提高保障性住房用地供应，服务保障和改善民生；稳步推进土地管理制度改革，实现有效监管，维护土地管理法治秩序的稳定，坚守耕地红线。2010年以来，全国对补充耕地和占补平衡监管进一步加强，耕地数量和质量均得到了有效提高。[②]

但是，在严格的耕地保护政策措施下，我国仍然面临着严峻的耕地问题，国土资源部部长、国家土地总督察徐绍史根据"十二五"经济增长和城镇化发展目标，预计全国新增建设用地需求在4000~4500万亩，超出规划安排规模1000万亩以上。在现行土地

---

① 于猛. 认真落实最严格的耕地保护制度［N］. 人民日报，2011—10—10.
② 国土资源部. 2010中国国土资源公报［EB/OL］. http://www.mlr.gov.cn.

制度下，往往需要通过耕地占补平衡方式，在不减少耕地总量的情况下满足超额的建设用地需求。耕地占补平衡是我国耕地保护的基本制度，主要内容是当项目需要占用耕地时，必须按照"占多少，垦多少"的原则，由建设单位通过复垦等方式补充等量等质的耕地，以保证耕地总量不减少、质量不下降。占用单位要负责开垦与所占耕地数量和质量相当的耕地；没有开垦条件的，应依法缴纳耕地开垦费，专款用于开垦新的耕地。

耕地占补平衡制度是我国为在保证经济发展所需建设用地及其他用地供给的同时保护耕地总量及质量的土地使用政策，是国家稳定农业生产、确保粮食安全的一项基本土地制度，对于实现农业产业化经营、统筹城乡发展、加快新农村建设步伐、提升城市的辐射吸收功能等发挥了重要的作用。

但是，在短期经济利益的诱导下，部分地区在执行占补平衡政策时出现了"异化"。不少地方政府更重视如何获取尽可能多的农村建设用地指标，而对建设用地复垦为耕地这一工作重视不够，农村土地整治的质量和效益仍有待提高。在实践运行中，耕地占补平衡模式出现了以下几个问题。

第一个问题是实"占"虚"补"。近年来国土资源部推行了城镇建设用地增加与农村建设用地减少相挂钩的试点（以下简称挂钩试点），其初衷是希望通过建新拆旧和土地复垦，实现项目区内建设用地总量不增加，同时耕地面积不减少、质量不降低，促使用地布局更合理。但在实际操作中，在短期利益的驱动下，"少数地方片面追求增加城镇建设用地指标、擅自开展增减挂钩试点和扩大试点范围、突破周转指标、违背农民意愿强拆强建等一些亟须规范的问题"[①]，由于土地整理前期投入大，拆迁复垦困难多，导致复垦推动不力。尽管国土资源部于 2010 年 12 月再次发出《国务院关于严格规范城乡建设用地增减挂钩试点切实做好农村土地整治工作的通知》，特别提出"坚决扭转片面追求增加城镇建设用地指标的倾向"的要求，但各地占多补少、只占不补的情况仍然存在。

另外，还存在农村土地"账实不符"的问题。由于以前各地土地调查工作不完善，台账不健全，耕地的实际数量和台账存在误差，实测面积往往超过台账登记的面积。通过农村土地整理，实测面积大于台账面积的部分，往往被视为"节约"出来的集体建设用地，这部分土地在经过国土部门认定后，仍可进入市场进行流转。这样，在土地整理之后，台账上的农村土地面积增加了，实际上，所谓"增加"的土地有部分可能原本就存在，只是以前的台账没有登记。在数字上，农村耕地数量并没有减少，但事实上已经有部分耕地在土地整理后被视为"多余"的面积而归为集体建设用地，并用于非农用途的流转，造成了耕地实际面积的减少。

第二个问题是占"优"补"劣"。针对现实运行中出现的问题，国务院要求"严禁在试点之外，以各种名义开展城乡建设用地调整使用。严禁擅自开展建设用地置换、复

---

① 国务院关于严格规范城乡建设用地 增减挂钩试点 切实做好农村土地整治工作的通知（国发〔2010〕47号）[Z]. 2010−12−27.

垦土地周转等'搭车'行为，防止违规扩大城镇建设用地规模"，并在《城乡建设用地增减挂钩试点管理办法》中明确提出"项目区内建新地块总面积必须小于拆旧地块总面积，拆旧地块整理复垦耕地的数量、质量，应比建新占用耕地的数量有增加、质量有提高"。但由于周边的后备耕地资源短缺，因此城市具有扩大挂钩范围的内在冲动。即便是在本省、区、市范围内，建新区与拆旧区土地质量的区域差别也可能很大。许多城市周边的"建新地块"往往是区位较好、等级较高的土地，而复垦的土地则多集中在山地、丘陵等地，且土地质量较差。另外，刚刚复垦的土地往往较为瘠薄，需要多年的精心培育才能具有相应的生产力。目前的土地增减挂钩基本上都是拿劣地换良田，耕地质量打了许多折扣，面积相同但粮食产量却差别很大，长此以往，将影响我国的国家粮食安全。可见，通过这种"增减挂钩"形成的"占补平衡"往往仅是耕地数量上的平衡，难以实现质量上的平衡，很容易出现占优补劣的现象。

第三个问题是农地"非农化"。相对而言，用于种植传统种植业的土地综合收益低于用于种植经济作物的土地收益，更远远低于用于工、商业建设的收益。同时，随着各地土地整理成本的不断升高，通过较高成本整理出来用于流转的农地如用于单纯的粮食生产，显然无法在经济上取得平衡。为了能够收回投资，城市近郊区域单元内地方政府和村社集体往往倾向于打造包括工业园区、高尚住宅社区和文教艺术、休闲娱乐、旅游观光等多重功能的大型复合性项目。相较之下，这种模式才能够获得较高土地综合效益，增加当地政府税源。但同时，这也带来了农用地"非农化"的问题。

以河北省廊坊市某县为例，该县通过增减挂钩指标进行了大量工业和房地产开发，致使全县耕地实际数量大幅度减少，约4万亩耕地被闲置或修建厂房、商品房等，其中涉及基本农田；近五年间，政府建设用地审批超过11888亩，出让土地5063亩；被拆迁的旧村庄尚未见真正复垦。[①] 在全国各地形形色色的工业或现代农业园区中，不乏利用农地流转项目进行农地"非农化"经营，甚至变相修建小产权住宅，牟取更大利益的做法。

第四个问题是耕地"非粮化"。由于种粮比较效益低，流转出来的耕地会更多地转向花木、蔬菜等相对效益较高的非粮食产业。在各地农村土地制度改革进程中，耕地流转"非粮化"的情况普遍存在，且可能对耕地质量造成重大影响。江西省政协副主席、省林业厅厅长刘礼祖在相关的调研和建议中指出，随着工业化、城镇化进程的加快，工程建设占用耕地的需求不断加大，而耕地占补平衡应成为获得新增建设用地指标的前提条件，一些无法完成耕地占补平衡任务的地方只有花钱去买指标，并且价格逐年提高。在江西，每亩耕地占补平衡的指标价格达到3万元。买指标一方的目的是换取新增建设用地指标，卖指标一方的目的是扣除每亩几千元土地开发费用后的巨大收益，其结果必然是补充耕地质量的下降，从而背离了维持耕地占补平衡、保护国家粮食安全的初衷。在补充耕地的三条途径中，土地复垦途径成本高，土地整理途径净增耕地面积比例低

---

① 河北香河土地增减挂钩乱象调查：耕地见减不见增［N］. 中国经济时报，2011-05-09.

（一般不超过 10％），而土地开发途径成本低，且增加耕地面积多，因此，多数地方补充耕地以土地开发为主。许多地方在无地可造的情况下，一方面是向水面要地，大面积围湖造田，湖体面积大幅萎缩；另一方面是向山要地，毁林开垦现象时有发生，森林生态系统遭到破坏，水土流失严重。

（二）完善城乡建设用地"增减挂钩"制度的政策建议

农业规模化经营和城市化进程对土地需求迫切，这在客观上要求加快进行土地流转，逐渐开放农村的土地市场。但是如前所述，在土地流转过程中出现的诸多问题也直接威胁着农业的基础性地位和国家粮食安全的实现，因此，一方面应通过进一步完善流转制度，防止因追求短期经济利益而带来的粮食安全隐患；另一方面也应根据经济发展的客观规律继续推进土地流转，加快土地流转的改革进程。

城乡建设用地"增减挂钩"模式能通过土地资源的流动调节城乡间的土地供求，解决城市周边的用地需求，提高农用地和农村集体建设用地综合效益，不失为统筹城乡土地利用和促进城乡用地互动的有效途径。但从国家或地区的经济社会发展和粮食安全大局出发，还须整体考虑，严密监控，在实际运行中采取如下措施。

1. 加强政策的监督作用，形成对土地流转违规操作的严格惩罚机制

第一，严格限制占用粮食主产区和基本农田的挂钩流转。禁止基本农田和粮食主产区参与城乡建设用地流转，尤其不允许调整规划占用基本农田进行跨区域置换，并对此制定强硬的惩罚措施，防止对耕地占优补劣情况的发生。

第二，完善对"拆旧区"耕地占补的预报和验收、备案制度，对跨区域流转的土地进行严格监管和限制。进一步落实"先补后占"原则，跨区域新增耕地指标需经严格验收确认后才能取得建设用地指标。建立政策机制，保证拆旧区腾出的集体建设用地指标优先解决农村道路、公共设施用地等，余下的指标才能与建新区使用挂钩。

2. 建立土地综合考核指标体系，建立综合质量评估机制

第一，形成土地等级标准数据库。通过建立全国统一的耕地数量、质量按等级折算技术与标准，加强土地质量考核，并将土地信息录入全国统一的土地等级数据库。充分利用农用地分等成果，建立全国统一的补充耕地数量质量按等级折算技术与标准，规范按等级折算具体操作程序，加强对复垦耕地质量的评估，完善耕地占补平衡考核标准，从技术上加强对补充耕地质量的监控。

第二，以土地的实际生产力为标准进行增加和占补。通过建立易地补充耕地的粮食生产考核机制，实现粮食生产力意义上的占补平衡。易地占补平衡挂钩两地的耕地质量和位置都可能存在很大差别，因此不能单以数量来进行考核，而应该建立补充耕地的粮食生产考核机制，科学评定占用和补充耕地的质量，合理测算补充耕地的生产能力，制定产能核算标准，做到面积和产能的双平衡，确保补充耕地粮食生产能力不降低。

第三，逐步形成多维度的耕地综合占补机制。建立土地开发整理的生态环境影响评价制度，实现耕地从"数量"到"质量"和"生态"的全面占补平衡。在土地开发整理过程中，要避免一味追求耕地面积数量上的平衡，或避免在开发后忽视管理，应注重统

筹规划和环境评估，制定土地生态环境评价标准，对补充耕地进行生态监控和评估，在保护土地生态系统的基础上保证耕地总量的动态平衡。

3. 以经济利益引导农民主动采取耕保行动，探索挂钩利益分享机制

目前多数地区的土地挂钩模式，都是涉农地区（拆旧区）一次性将建设用地指标转让给非农地区（建新区），这种模式虽然也能让相对偏远的涉农地区通过出售指标获得一定的收益，但一次性出售建设用地指标的做法可能会限制偏远地区今后的发展空间，造成发达地区和涉农地区差距的进一步扩大。因此，我们应该探索更长期的利益分享机制，增加挂钩双方的利益联结，在利益分配中更加倾向涉农地区。

在土地流转占补平衡模式的进一步探索中，可对实践模式进行总结和完善、试验和推广，鼓励挂钩两地采取入股方式实现土地流转，实现非农地区与涉农地区的利益联结、资源和收益共享，探索欠缺区位优势的纯农地区与城市化区域的均衡发展途径，在土地流转的占补平衡模式中建立非农地区与涉农地区的长期利益分享机制，缩小区域差异，促进区域协调平衡发展。[①]

二、探索农村土地承包经营权流转的新形式

在土地承包经营关系"保持稳定并长久不变"的基础上，积极探索农村土地承包经营权流转的新形式，是实现农业产业化经营，增强农业产业竞争力和巩固农业基础地位的重要方式和手段。要在尊重农户自主选择权的前提下，积极引导鼓励农户采取转包、出租、互换、转让、股份合作等形式流转土地，探索农村土地承包经营权流转的新形式。

（一）规范农村土地承包经营权流转制度的必要性

随着统筹城乡发展和改造传统农业步伐的加快，我国正处于迈进现代农业建设的关键时期，客观上要求扩大农村土地承包经营权流转范围和创新流转方式。在全面减免农业税和国家惠农政策力度逐年加大的政策环境下，农业效益逐渐提高，农业经营方式不断创新，导致农地需求扩大，农地价值提升。同时，随着城市经济的发展，农村劳动力转移步伐加快，因土地承包经营权流转机制不健全，部分农村土地出现了抛荒、闲置、转包土地权益纠纷等问题，因此，建立规范的土地承包经营权流转体系是十分迫切和必要的。

第一，规范的土地流转制度是实现农业产业化经营和加快农业发展方式转变的需要。随着农产品市场的发展，以家庭为单位的小规模生产方式显现出生产经营组织化程度低，抗风险能力低，生产技术科技含量低，农业机械化成本高等问题。通过土地承包经营权流转，能够在确保土地流出方经济利益的基础上，扩大农地经营的规模，发展农业产业化经营，有利于农业科学技术及机械装备的应用与推广，对于提高农业集约化、

① 刘润秋. 耕地占补平衡模式运行异化风险及其防范 [J]. 四川大学学报：哲学社会科学版，2010（3）：89—96.

专业化、组织化和社会化水平，培育新型职业农民、专业大户、家庭农场、农民专业合作社等新型经营主体和构建新型农业经营体系具有重要制度性推动意义。

第二，规范的土地流转制度是促进土地合理利用，优化农业资源配置的需要。土地承包经营权的流转既确保了外出务工农民能够长期安心在外工作生活，又能够增加务工农民的土地出让收益，有效地防止了承包土地粗放经营、抛荒、限制等现象的产生，减少了土地资源的浪费，有利于土地的合理利用和农业资源的优化配置。推进土地等生产要素的自由流动是解决"三农"问题的关键，一方面通过土地有效流转实现适度规模经营，提高土地产出率和劳动生产率，提高农业生产的经济效益和农户收益，同时有利于提高农民土地承包经营的预期收益；另一方面，盘活农村非农用地，通过城乡要素平等交换和优化配置，提供城镇化、工业化所需要的建设用地，提高土地的经济与社会价值。

第三，规范的土地流转制度是规范土地流转市场的现实需要。在土地开发过程实践中，形成了多种土地经营模式，同时在部分地区也出现了与沿海地区早期发展中类似的土地隐性市场，包括农业用地使用过程中的非农化、城乡接合部的小产权房等问题。这些问题出现的原因在于，土地利用方式的比较利益差距巨大，农业用地的经济效益远低于建设用地的经济效益，但是由于缺乏完善的土地流转交易机制和监督机制，村集体和农户受经济利益驱动，往往通过非规范方式流转土地。因此，需要建立制度规范，将之纳入土地有形市场，才能有效解决集体建设用地流转中的"市场黑洞"，防止集体土地收益的流失，保护农民的切身利益。

（二）农村土地承包经营权流转的新形式

综合各地实践来看，农村土地承包经营权流转的方式除了传统的承包、拍卖、转包、反租倒包等形式外，各地在实践过程中结合本地实际情况，积极探索出了各种新的土地流转模式。从运行的特征来看，主要有以下新几种模式。

模式一：土地股份合作社。即农民把自己的承包地作价折股参与开发，承包大户或企业根据当年的收益以现金发放给农户，农户和公司利益共享，风险共担。此模式采取折价入股的办法，组建多元入股的土地合作社，入股农民可以按股每年分红，保护和发展农民权益，减轻农业发展的成本，推进高效农业的发展。

模式二：土地流转合作社。农民专业合作社是加快土地流转的重要带动力量，土地流转合作社是为土地流转提供信息、指导、沟通等服务的农户合作组织，在土地流转中起到了带动和规范流转的作用。安徽省肥西县木兰村土地流转经营合作社，将农民转包的土地集中起来，通过招投标，按每亩 358 元的租金租赁给种粮大户，加上各种种粮补贴和土地重新丈量实际转包的田亩数增加等，每亩实际收入 600～700 元，承租大户优先安排转包户农民在田里打工，按每天 50 元工钱计算。农民要求入社的积极性很高，由 2006 年 10 月合作社成立时的 483 户成员，发展到 2009 年 3 月份的 561 户，转包流转土地 1670 亩，占全村土地 53%。

模式三：技术牵头，规模经营。即由农业生产技术水平较高的农户牵头组织生产，土地所有权、经营权不变，即仅签订生产合同，不发生实质上的土地流转关系具体操作方式为：签订合同的农户统一购买品种，统一购买化肥，统一种植，统一管理，统一收割，分户储存，统一订单出售。合同规定最低亩产，遇到不可抗拒的自然灾害时，则按当地平均产量为准。达到和超过上述指标时，收取一定比例的超产收入作为有偿技术承包费。

案例

实践中的土地流转新模式

　　山东省宁阳县"股份＋合作"模式：山东省宁阳县探索土地承包经营权流转新机制，建立起"股份＋合作"的土地流转路子和"底金＋分红＋劳务收入"的土地流转分配方式。这种土地"股份＋合作"流转模式的运作、管理、经营和分配机制主要有四大特点：其一，农户以土地经营权为股份共同组建合作社。村里按照"群众自愿、土地入股、集约经营、收益分红、利益保障"的原则，引导农户以土地承包经营权入股。其二，合作社按照民主原则对土地统一管理，不再由农民分散经营。其三，合作社挂靠龙头企业进行生产经营。其四，合作社实行按土地保底和按效益分红的方式。年度分配时，首先支付社员土地保底收益每股（亩）700元，留足公积公益金、风险金，然后再按股进行二次分红。

　　福建三明农户土地承包经营权抵押贷款模式：近年来，三明市各地农村信用联社先后探索"公司＋农村土地经营权抵押""基金担保＋农村土地经营权抵押"和直接以农村土地承包经营权为抵押等方式，解决农民对土地规模化开发的资金需求，主要用于支持种植红豆杉、毛竹、烟叶、果树及养殖业等规模种养户，涉及流转土地近3000亩。

　　温州通过创新耕地流转模式：浙江省温州市通过创新耕地流转模式，实现粮田向种粮能手、村级集体、专业合作社集中，并实施全程机械化服务。这些举措不仅遏止了耕地抛荒现象，还成功稳定了粮食生产。其主要内容为农户把承包田有偿转包给大户集中经营，模式包括招投标式转包、"中转站式转包"和"中介机构合同转包"等三种。作为温州土地流转的主要模式，种粮大户转包模式目前承担着全市40％以上的早稻生产任务。除了大户以外，村集体代耕代种也逐渐成为温州粮食生产的主体之一。在温州一些地区，种粮农民们只要缴纳一定的费用，并进行简单的田间管理，便可坐享收成。期间各类农事，由他人负责打理，即通过专业农场、农机专业合作社、粮食专业合作社对粮食生产实行"统一翻耕、统一育秧、统一播种、统一植保、统一收割"的"一条龙"有偿服务，或提供某一关键环节有偿服务，实现土地耕作社会化服务。

　　资料来源：张野《土地流转新模式的成功案例－股份与合作相结合》，湖北省农业信息网，http://www.hbagri.gov.cn/。

（三）成都农村土地产权改革：土地承包经营权流转的经验借鉴

农村土地承包经营权流转形式的多样性，直接影响着流转的效率和农民的经济利益，因此，要发挥农户在流转中的主体地位，鼓励其在实践中摸索新的流转形式，因地制宜、因势利导，促进并从政策层面保证各种能够有效促进农地流转、保证农民收益的新模式。

2008年1月1日，成都市正式启动农村土地和房屋产权制度改革，出台了《关于加强耕地保护进一步改革完善农村土地和房屋产权制度的意见（试行）》。成都市依托统筹城乡综合配套改革实验区优势，在坚持严格保护耕地、稳定农村基本经营制度、切实维护农民利益、重点突破、分步实施的原则下开展了农村土地产权改革，在对农村集体土地和房屋确权登记以及创立耕地保护机制的基础上，推动土地承包经营权流转。通过促进农用地承包经营权和林地使用权流转，支持农村集体所有的未利用地承包经营权流转，探索建立对自愿放弃土地承包经营权农民的补偿机制，建立健全农村土地承包经营权流转服务体系。

通过土地流转，成都市部分地区实现了土地规模化经营，有效地促进了农业生产方式的转变，提高了土地的生产效率和经济效益；促使劳动力转移，转变农民的生活方式。土地流转后，让农民在获得更多租金收入的基础上拥有了工资性收入，促进农民从第一产业向第二、三产业转移；土地流转在促进城乡一体化发展、增加土地收益、提高农民收入的同时也保证了耕地总量不减少，农业基础地位不动摇。成都市土地确权流转的基本经验在于：

经验一：充分做好土地确权工作。确权是流转的基础，只有在明晰产权的基础上，流转才能顺利完成，流转收益才能归于农民。对于成都市土地确权的具体做法，前文有所论述，此处不再赘述。

经验二：以经济利益引导农民积极保护耕地。在许多进行确权颁证的乡镇，农民领到土地使用权证时，也领到了一张"耕地保护卡"。根据规定，成都市、县两级政府每年会从财政预算中安排26亿元设立耕地保护基金，按照基本农田补贴每年每亩400元一般耕地补贴每年每亩300元的标准，全部打入农民领到的这张"耕地保护卡"中。在通过经济收益调动起农民保护耕地的积极性，并保证了土地流转后，原承包者也会主动监督土地使用情况，严格控制非农建设占用耕地，确保耕地总量不减、质量不降，从而使基本农田得到有效保护。

经验三：建立土地产权交易中介系统。2008年，全国首家农村产权交易所在成都高新区成立，该交易中心负责集中、整理、发布土地承包经营权相关信息，为土地流转提供交易平台和相关服务，开展林权、土地承包经营权、农村房屋产权、集体建设用地使用权、农业类知识产权、农村经济组织股权等农村产权流转和农业产业化项目投融资服务。土地交易中介系统为各类生产要素的自由流动创造了条件，降低了交易成本，提高了交易效率，促进了社会资本与农村生产要素的结合，为农业产业化经营提供了资金流入的高效渠道。

经验四：始终保障农户作为土地流转主体的经济利益。成都市的农村土地产权改革，从确权颁证到土地经营收益的分配，都始终将农户作为行为和收益的主体，保证土地流转在农户自愿的前提下进行，并确保农户能够通过土地流转提高收益。成都从改革之初就吸取了南海教训，坚持以农民利益为改革的基础和导向，改革的本质就是把对土地等配置的权利交回到农民的手中，使农民回归为利益主体，拥有自由配置资源，获得收益的权利。以改革前后两年农村居民收入比较为例，2007 年，成都农民人均纯收入5642 元，其中家庭经营性收入 2520 元，工资性收入 2381 元，财产性转移性收入 448元，比重为 47.1∶44.5∶8.40；到了改革试点阶段初步结束的 2008 年，成都农村居民人均纯收入 6481 元，其中家庭经营性收入人均 2712 元，工资性收入人均 2752 元，财产性收入 509 元，比重变化为 45.4∶46.1∶8.5。[①]

案例：

成都市双流县：以土地确权流转提高农民收入

农民将手中的土地交给村集体经济组织，由村集体经济组织与农业项目公司签订流转协议。土地流转后，农民每年每亩地收取 900 斤大米的租金，三年后开始递增，每年每亩递增 50 斤，到 1200 斤时封顶。这就使土地由原来的无偿使用转变为有偿使用，使农民能够获得稳定的收益。另外，农业项目公司也要雇佣当地农民务工，每天工资约 40 元。同时，从耕作中解放出来的年轻人可以进城打工，使其从第一产业转向二、三产业。这样，以上三项收入加起来，农民收入较农村产权制度改革前提高了很多。另外，土地确权流转还推进了成都市的城市化进程。2008 年，成都城市化率由 2007 年的 62.58％上升到了 63.58％。

资料来源：陈伯君等《成都农村土地产权制度改革与农民增收关系的实证分析》，《探索》2009 年第 3 期。

（四）土地承包经营权流转制度创新的途径

土地承包经营权的有效流转能够促进农业生产方式的转变，增加农民收入渠道，推动城乡统筹发展。但是，在农村社会保障体系不完善的调价下，土地也是农村居民最终的生存保障；另外，由于农村土地流转能够实现土地价值，带来巨大的经济收益，因此，在流转制度不完善的情况下盲目进行土地产权交易，必然会带来一系列社会问题，如农民缺乏最终保障，无法享有土地增值收益，流转过程中存在法律纠纷等。土地承包经营权流转制度的创新和完善是土地有效流转的基础，也是避免上述问题，实现土地流转对农村经济发挥积极作用的根本保证。土地流转制度的创新，其根本动力源于农户对经济利益的追求，但是在创新主体上，仍然需要以政府强制性推动为主。因此，土地流转制度的创新途径，实质上就是政府通过制定政策措施引导、完善土地流转的过程。结

---

① 数据来源：2008 年、2009 年《四川统计年鉴》。

合各地土地流转实践，我们认为，土地流转制度应从以下几方面进行完善和创新。

第一，赋予土地流转行为以法律上的明确认同，解决土地流转与现行法律之间的矛盾。虽然国家政策明确认可了土地流转行为，但是流转过程的部分行为与现行法律之间仍存在矛盾。一是以土地入股合作社缺乏法律规范。《农民专业合作社法》规定，农民专业合作社主要为成员提供农业生产资料的购买，农产品的销售、加工、运输、贮藏以及与农业生产经营有关的技术、信息等服务，但土地合作社与上述规定的专业合作社的经济性质并不相同，也没有相关法律对以土地承包经营权入股合作社做出明确的规定，土地承包经营权入股农民专业合作社需要专门的法律规范。二是农民以土地向公司入股风险较大。我国《公司法》规定，在公司破产清算时，对于清偿完公司债务后的剩余财产，有限责任公司可按照股东的出资比例分配，股份有限公司可按照股东持有的股份比例分配，以土地入股的农民则可能因公司经营不善而失去土地，那么对于吸纳土地入股的公司，就应该在《公司法》中做出特别规定，以保障土地承包权的延续。[①] 三是以土地承包经营权进行抵押贷款与现行法律规定不符。《担保法》规定：除抵押人依法承包并经发包方同意抵押的荒山、荒沟、荒丘、荒滩等荒地的土地使用权可以抵押外，其他的土地承包经营权不得抵押。但是在实践中，为了鼓励农村信用合作社向农民贷款而赋予了土地承包经营权以抵押功能的做法已经成为惯例，并且符合农民的经济利益。[②]因此，我们认为对土地承包经营权抵押的法律限制应该适当放宽。

第二，界定土地承包权利束中各项权利的归属，在法律层面明确土地流转主体和收益主体。通过土地确权颁证工作，明确每户的土地承包权范围及具体权责，即明确流转主体，土地流转合同只能由土地承包者作为唯一主体与受让人签订，任何组织和个人都无权代表土地承包者意志。订立流转合同时，农户有权要求土地承包经营权流转后的地租收益部分，《土地承包法》规定了土地流转的有偿原则，明确了承包农户获得地租的权利，土地流转的价格只能由农户与承租者协商决定，租金也只能归土地出租农户。地方政府或其他组织强行要求农户流转土地或以欺骗、隐瞒等形式侵占农户经济权益的，除承担行政责任外，还应该承担相应的法律责任。

第三，拟定并推行规范化的流转合同，对流转过程中的各项行为制定清晰的法律表达方式。《农村土地承包法》第39条规定：承包方将土地交给他人代耕不超过1年的，可以不签订书面合同。但如果代耕超过1年，为明确双方权利义务关系、减少争议，应当签订书面合同。但是在实践中，由于碍于乡土亲情关系和法律知识的缺失，许多地区的土地流转仍采用口头或不规范的书面协议；当土地收益变化出现利益纠纷时，经常出现举证不能的情况，导致裁定困难。因此，国家应该加快制定统一的农村土地流转合同格式，载明流转方式、期限、权责等事宜，以村级产权交易中心为载体统一代为办理，以稳定的合同形式推动建立稳定的流转秩序。

第四，推广土地产权交易中心制度，建立高效的市场交易中介服务体系。推广城乡

---

①②中国人民银行渭南市支行课题组. 规范农民农村土地流转市场 [J]. 中国金融，2010（10）：88.

两级农村产权交易中心制度，乡镇一级交易中心下设村服务站作为中介服务机构。服务站为参与土地流转的农户提供免费中介服务，包括开展土地流转供求登记、进行信息发布、土地价值评估、法律政策咨询、提供合同范本、调解合同纠纷、建立流转档案等。产权交易中心由省级部门统一管理，独立于乡村行政体系之外，保持其中立性和公益服务性。同时，提高中介服务组织专业能力，形成组织健全、运作高效、服务到位的土地流转中介组织系统。

第五，建立透明的土地流转项目公示机制，引入第三方组织进行审计监督。对于由政府主导并参与的土地规模化流转行为，要进一步完善公示机制，要求流转过程透明化，民主决策过程要保留视频资料，杜绝"关门表决"，项目公示内容要包括土地流转后的用途、规划细节、预期收益、土地价值的预期变化、风险告知等。引入第三方组织定期审计项目实施情况，并及时通过村信息中心和网络媒体公开审计结果，接受村民及社会监督。

第六，制定更加具体的耕地保护政策，建立利益相容机制引导农民主动保护耕地。首先，严格界定流转后土地用途的经济性质，特别是一些用途模糊的使用方式，如农业旅游项目、城市近郊的农村集中居住区等，需要进一步明确其实际用途，并长期跟踪项目经营过程中土地使用情况，防止土地流转后农地性质发生变化。其次，借鉴成都"耕地基金"经验，探索多种经济手段，引导经济主体自觉保护耕地，形成承包主体与国家耕地保护的利益相容机制，以基层力量保障国家耕地红线。最后，建立耕地档案制度，详细记录每一块耕地的具体信息并存入全国统一的耕地档案系统，保证流转后耕地用途不变或复垦土地与原耕地的质量匹配。

第七，完善农村社会保障制度，严格监控未建立基本医疗养老体系地区的土地流转。社会保障体系的完善是农村土地流转的基础，同时也是其结果。一方面，将土地由基本生存保障转变为家庭可经营的资产，必须以完善稳定的社会医疗、养老体系为保障，否则农民在土地流出后必将面临巨大的生存风险。另一方面，完善农村社会保障制度的瓶颈在于社会保障基金的不足，而社会保障基金充裕与否又取决于政府的财力；土地流转后，农业实现规模化、产业化经营，农村经济能够得到较大发展，地方政府收入也能够相应增加，有利于社会保障体系的完善。因此，社会保障体系不完善的地区，土地流转风险较大，但这又是完善社保体系的途径，问题似乎陷入两难困境。现实的做法应该是，在社会保障体系不完善的地区，要严格监督土地流转过程，适当限制既无保障又无稳定工作的村民为短期经济利益流出土地；同时，规定土地流出后将一定比例的经济收益用于充实农民社会保障金，对大规模土地流转项目应建立地方政府相关人员的社会保障问责制。

三、建立健全土地承包经营权流转市场

随着农村劳动力外出务工增多和农业生产方式的转变，土地承包经营权流转已成为必然趋势，而土地的有效流转需要健全的流转市场体系。

（一）建立健全土地流转市场是农村土地高效流转的基础

建立健全土地承包经营权流转市场，使农户在经营土地时有更多灵活性，在赋予农户更多选择权利和更大利益空间的同时，促进了农业产业进步和农村经济发展，也保障了农业基础地位的稳固和国家粮食安全的实现。

但是，目前正在运行的农村土地流转市场并不健全，呈现出自发性、盲目性和随意性的特点，且大部分土地交易属于隐性交易。土地流转市场的不健全给土地流转带来以下问题：市场交易主体身份模糊，政府越位代表农民进行交易的情况非常普遍；市场流转信息不畅，流转中介组织和信息系统仍在建立中；流转价格体系混乱，定价缺乏科学依据；没有独立监管机构，市场管理机构不能有效行使土地流转的审批、备案、办理流转登记和纠纷处理等职能。

要解决上述问题，最根本的方法是形成一个健全、高效的市场体系，以市场机制引导土地流转、提高土地资源使用效率和土地流转规范高效。坚持农村土地流转中"三个不得"，即不得改变土地集体所有性质，不得改变土地用途，不得损害农民土地承包权益，从而建立健全土地流转市场，这是提高土地流转效率、规范流转行为、促进城乡资源流动、转变农业生产方式、促进农村经济发展的必然要求。通过建立健全规范的土地流转市场，充分利用市场机制的自由高效，将农民以土地为载体的各种权利转化为相应的经济收益，有力保障农民在土地流转过程中的权益，也是实现土地流转最终目标的要求。

（二）建立健全土地流转市场的途径

建立健全土地流转市场，要做好以下几方面的工作。

第一，稳定制度环境，为土地流转提供法律和政策依据。土地承包经营权流转是农民获得与产权对应的经济利益和提高土地生产效率的有效途径，应该在不改变土地集体所有性质、不改变土地农业用途以及不损害农民土地承包权的前提下，给予土地流转稳定的制度环境，解决流转行为与法律相矛盾的问题。我们建议，应尽快组织力量修订现行法律条款、补充新法规，为土地流转行为提供明确的法律依据，明确土地流转的合法性，即从《土地承包法》《合同法》等法律层面对允许的土地流转方式做出更加具体的规定，包括增加法律允许的流转方式，含已经出现并被证明行之有效的新的流转模式；颁布规范的流转合同形式；具体化国家土地征用行为流程和补偿标准，根据征地用途及土地预期收益变化确定补偿标准；修改、补充《公司法》相关内容，将涉及土地流转的企业作为单列内容，对其流入土地后的行为做出明确规范，包括包含土地使用权入股形式的公司性质、经营范围、资本要求、治理结构和破产清算程序等，特别是要对破产清算顺序和清算资产的范围做出调整，控制农民以土地入股的风险。

第二，建立土地流转价格评估制度。土地流转价格是农户土地承包经营权收益的体现，是土地权利主体通过产权交易获得的经济利益，也是调节土地流转市场供求、引导土地资源优化配置的信号指标。但是现行土地流转的交易价格仍表现出极大的随意性、行政性和不确定性，农户正常的经济权益无法通过土地价格获得，土地资源的实际价值也被严重扭曲，导致了土地流转市场效率不高、市场秩序混乱。规范的市场是价格机制发挥作用的条件，同时，合理的价格形成机制也是促进市场规范的基本手段，土地承包经营权的定价机制与普通商品不同，因为作为权益交易标的物的土地本身具有固定性、差异性，而参与交易的供求双方市场力量不对等、信息不对称，不能仅靠供求的自发力量决定价格，而需要行政力量干预、指导和保护。

针对上述问题，我们认为应尽快探索制定土地基准价格体系，国家在充分考虑地价构成因素的基础上，应通过准确评估土地收益和农田投入成本，对农村土地进行分等定级、科学估值、确定土地的基准价格。基准价格是土地承包经营权流转的参照依据，能够反映农村地价的总水平和地价的差异，各地应根据地方实际情况在国家统一的土地基准价格基础上制定地区基准价格，作为土地流转价格的参考体系。由于土地特殊的保障功能，对于流转时转让价格明显低于标准地价的，各地交易中心应给予预警，暂停交易，并及时调查原因；对于因流出方信息不足或被迫交易的，应停止交易并上报土地管理部门。同时，还需通过各级交易中心提供市场信息和服务，保证供求双方信息对称。在农村土地流转中，供求信息在空间分布上极为分散，传递设施和手段相对落后，土地转让信息的取得主要依靠非正式的信息交流，这直接导致土地交易成本高，土地资源配置效率低。因此，需要通过专门的交易场所及时收集、处理、发布供求信息和市场环境信息，解决信息传递问题，降低搜寻成本、提高交易效率。村级服务中心除及时发布相关信息外，还要负责对农民进行流转知识宣传、基本法律培训和合同代理等事宜，保证处于市场弱势的农户在交易中的信息优势，尽量保证交易价格是在供求双方信息对称的条件下达成的；对于集体组织等代表村民集中流转土地的，交易中心要承担起项目详细信息的告知工作，接受农户异议并直接上报省级相关部门，保证农户自愿交易的权益。

第三，健全全国统一的地籍管理系统。土地肥力、位置、配套设施等项目的差异性决定了级差地租的不同，进而决定了土地流转价格的差异性，因此，对土地质量等具体信息的客观和真实记录决定了土地流转价格的合理性。随着外部经济环境的变化和农业经营方式的逐渐转变，许多地区土地的相对位置、经济价值等都发生了重大的变化，而地籍管理系统信息却尚未更新，导致地籍管理系统信息与土地实际信息不符，交易双方难以根据记录的信息确定土地租金及交易价格，流转标的物质量得不到真正反映，也是造成土地流转价格混乱的重要原因。

我们认为，应借土地确权契机，更新地籍管理系统信息，健全全国统一的地籍管理系统，以解决土地流转过程中因信息不充分导致的价格混乱问题。通过确权工作对全国农村土地真实情况进行摸底调查，对各种具体的土地所有权进行登记、造册工作，对所有权的转换给予公证，对土地质量进行记载，对地貌进行记录，对土地肥力予以确认，对土地使用情况进行登记，在地籍调查和土地评估的基础上，逐渐更新地籍管理系统数据库，及时更新地籍数据库信息。追踪经济环境和土地自然条件变化，及时更新农村土地信息，将地域规划和产业动态作为农村土地基本信息录入数据库，并保证农民能够预先了解区域经济发展前景及土地价格变化趋势，对土地流出价格做出估算。

四、逐步建立城乡统一的建设用地市场

随着我国城市化进程的加快，公共项目和商业项目对土地的需求日益增多，城市建设用地供给日趋紧张，因此农村集体建设用地的价值逐渐提升。在经济利益驱动下，农村集体建设用地出让、出租、转让和抵押等行为出现并普遍化，活跃的农村集体建设用地流转行为使得城乡建设用地市场发生了本质变化。然而，现实和法律规定之间的矛盾以及城乡建设用地市场的分割等，均为农村建设用地的流转带来诸多问题。因此，迫切需要从制度层面明确农村建设用地流转的合法性和流转程序，构建起城乡统一的建设用地市场。

（一）我国城乡建设用地市场二元结构带来的问题

我国《土地管理法》第四条规定："国家实行土地用途管制制度。"同时，第四十三条规定："任何单位和个人进行建设，需要使用土地的，必须依法申请使用国有土地；但是，兴办乡镇企业和村民建设住宅经依法批准使用本集体经济组织农民集体所有的土地的，或者乡（镇）村公共设施和公益事业建设经依法批准使用农民集体所有的土地的除外"；第六十三条规定："农民集体所有的土地的使用权不得出让、转让或者出租用于非农业建设。"

从上述规定可见，我国城乡用地实际上存在二元结构。一方面，城市建设只能使用国有土地，农民集体所有的土地不能随意改变用途，在改变其性质之前，无法进入建设用地市场；另一方面，只有农民集体经济组织内部的成员具备使用农民集体建设用地的资格。这在事实上形成了城乡建设用地的二元结构与市场割裂[①]，阻碍了我国农村经济资源配置效率的提高，给农村经济发展带来以下问题。

一是对耕地保护形成巨大威胁。在二元结构下，城市建设无法直接使用农民集体土地，农民也无法将集体土地的使用权出让用于非农建设。但是，在城镇化与工业化过程中，客观需要增加城市建设用地，解决的办法只能是通过地方政府征地。在这一过程中，地方政府和相关组织有着巨大的利益空间，这给耕地保护政策的贯彻落实造成了巨大压力。

二是集体建设用地属性不清，价值难以体现，资源使用效率低下。在城乡建设用地二元结构中，农民集体建设用地要转化为城市建设用地，只能通过征地制度进行。而按照现行规定，征收农民集体建设用地的补偿标准是依据该地区耕地前三年的平均产量确定的，即依据的标准是土地的农业用途所能产生的收益。政府将农民集体土地征收为国有，并出让给工商业企业，农民集体土地从农用地转化为非农建设用地过程中，土地资产发生了巨大的增值，而这部分增值的分配与被征地农民毫不相关。因此，城乡建设用地二元结构的制度安排，极大地损害了农民的权益，使得集体建设用地的资产属性无法

---

① 郑云峰，李建建. 建立城乡统一建设用地市场的设想与对策 [J]. 中国房地产，2010（10）：68—70.

显现。① 另外，由于集体建设用地的使用权无法出让、出租或者转让用于非农建设，导致其无法进入土地交易市场，因此已在城市稳定居住的农民只能将其原有宅基地闲置。由于村庄调整、公共服务机构调整而产生的部分集体建设用地也往往处于闲置状态，造成了土地资源的浪费。

三是导致对集体财产的侵占和资源的浪费。根据《城乡建设用地增减挂钩试点管理办法》，城乡建设用地增减挂钩是依据土地利用总体规划，将若干拟整理复垦为耕地的农村建设用地地块和拟用于城镇建设的地块等面积共同组成建新拆旧项目，统筹确定城镇建设用地增加和农村建设用地撤并的规模、范围和布局。从实际运行情况看，城乡建设用地增减挂钩试点并未改变国有建设用地与集体建设用地市场分割的局面，集体建设用地整理后得到的指标划入国有建设用地市场，减少了集体建设用地的市场供给量。另外，新建地块依然涉及对集体所有土地的征收，"先征后让"的法定程序并未改变。因此，城乡建设用地增减挂钩是为了增加城镇建设用地的供应规模而促使集体建设用地退出建设用地市场，并不是为了保障集体建设用地与国有建设用地享有平等权益。② 增减挂钩项目使许多集体建设用地被置换为城市用地指标，在置换过程中，由于缺少有效的土地价值评估体系，部分集体建设用地的价值被低估，甚至并未得到实际补偿（详见案例）。

案例

多省市强行撤村圈地发土地财农民失去宅基地

拆院并居风潮

2010 年 10 月，走在山东、河北、安徽等地，会发现一些高层小区在农村拔地而起。在河北廊坊，2006 年被评为河北省生态文明村的董家务村，如今已成一片废墟，大片新修的村居在铲车下倒塌，刚修好的"村村通"水泥路被铲平。山东诸城市取消了行政村编制，1249 个村，合并为 208 个农村社区，诸城 70 万农民都将告别自己的村庄，搬迁到"社区小区"。

2006 年 4 月，山东、天津、江苏、湖北、四川五省市被国土部列为城乡建设用地增减挂钩第一批试点。国土部 2008 年 6 月颁布了《城乡建设用地增减挂钩管理办法》，2008 年、2009 年国土部又分别批准了 19 省加入增减挂钩试点。对应的地方政策、措施纷纷出台，其目的明确：让农民上楼，节约出的宅基地复垦，换取城市建设用地指标。

但是相关调查发现，这项政策被部分地方政府利用、"曲解"，成为以地生财的新途径。有的地方突破指标范围，甚至无指标而"挂钩"，违背了农民的意愿，强拆民居拿走宅基地，演变为一场新的圈地运动。

---

① 郑云峰，朱诊. 城乡建设用地的二元结构及其市场构建 [J]. 重庆社会科学，2010（2）：29—33.
② 魏峰等. 城乡统一建设用地市场现状及建立 [J]. 现代农业科技，2010（6）：391—392.

今年 8 月份在海口举行的"城乡一体化：趋势与挑战"国际论坛上，中央农村工作领导小组副组长陈锡文指出，和平时期大规模的村庄撤并运动"古今中外，史无前例"。此前，在今年两会期间，陈锡文就曾指出，这场让农民"上楼"的运动，实质是把农村建设用地倒过来给城镇用，弄得村庄稀里哗啦，如不有效遏制，"恐怕要出大事"。

被夺宅基地的农民

根据国土部的试点管理办法，增减挂钩严禁违背农民意愿、严禁大拆大建。管理办法要求，要在农村建设用地整理复垦潜力较大的地区试点，但现实中，不顾实际情况，"一刀切"拆并村庄的做法非常普遍。在一些地方，强拆民房，强迫农民"上楼"的事例时有发生。管理办法还要求妥善补偿和安置农民，所得收益要返还农村，"要用于农村和基础设施建设"。但在有些地方，政府在拿走宅基地利益的同时，甚至还要求农民交钱住楼房。

在江苏省邳州市坝头村，村庄被整体拆迁，取而代之的是数十栋密集的农民公寓，村民要住进去还需补差价购买。因补偿款购买不起足额面积的楼房，坝头村 35 岁女子徐传玲于 2009 年 10 月自杀。2010 年 1 月，当地强制农民上"楼"，十多人被打伤住院。1 月 18 日，坝头村村民王素梅告诉记者，她的丈夫被拆迁队打伤，后又被村干部拉到湖边要求立即签字，否则沉湖。

除被强制要求交出宅基地之外，今后农民要再获得宅基地将成为难题。在全国多个地方，不再批准在宅基地上动"一砖一瓦"进行建筑，也不再另批宅基地。村民如有住房需求，则需要拿宅基地住房换楼房。

失去宅基地的农民，还将面临生活、生产方式的转变。对于长期从事农业生产的农民来说，生活成本增加和耕种不便成为了最现实问题。

资料来源：根据腾讯网评论频道·今日话题——《别了，宅基地》相关内容整理（2010-11-06）。

（二）实现建设用地市场城乡统一的对策建议

建设城乡统一的建设用地市场，是解决上述问题的有效手段，也是加快城乡统筹发展、增加农民财产性收入的必然要求。无论从理论上还是实践上，将集体建设用地转为国有建设用地后推向市场的做法都无法使农民的财产价值得到合理而充分的实现，而允许集体建设用地使用权入市流转，建立集体与国有建设用地使用权两种产权基础上的统一市场，则有利于控制建设用地的总量，也有利于规范城乡土地市场秩序。要实现建设用地市场的城乡统一，需要以制度创新推动建设用地市场环境的优化，从制度上保证城乡土地市场的同一化和同质资产价格的均等化。

第一，编制科学合理、规范统一的城乡土地利用综合规划，明确可以入市土地的具体规模与范围。从地区经济社会发展实际状况出发，在科学分析与预测的基础上，判断未来发展的趋势，编制城乡土地利用综合规划，明确入市交易的土地规模与范围。规划编制的基本原则是保证本地区耕地数量不减少、质量不降低，保证农民不因土地流转而失地、失业、失居。土地利用规划要明确公益性建设用地和商业建设用地总量，然后在土地确权的基础上以村为单位编制村级土地利用规划，明确本村可以入市流转的建设用地位置、数量和流转方式。

第二，完善农村土地产权制度，培育建设用地市场的供给主体。从理论上说，在现行的农村家庭承包制下，农地流转的主体应该是农户和农民集体，但村委会或村干部却往往以集体土地所有者的名义越俎代庖，导致农户权益受到侵害。这说明在农村集体土地所有制下，产权边界模糊不清、权能矛盾严重，矛盾的解决需要进一步深化农村土地制度改革，使农民的土地产权明晰化。农民应该拥有与城市国有土地产权及其主体相一致的完整的土地财产权利，包括占有权、使用权、收益权以及转让权、抵押权、入股权、租赁权等权益，所以要从法律层面赋予农民对宅基地等建设用地的完整产权。我们认为，从主体确认的角度，应通过确权清晰界定不同集体建设用地性质，根据所需流转土地的实际情况划定主体。宅基地使用权作为农户家庭支配权益，其流转主体应该是农户，所以应给予农户对宅基地的处置权，农村集体所有经营性建设用地的流转主体只能是村民集体，应由村民自治组织或村委会代表集体行使权利，但是流转行为必须经过村民大会集体决策并监督。

第三，修改与完善相关的法律条款，为构建城乡统一建设用地市场提供明确的法律依据。修改建设用地必须遵守国有土地的相关刚性规定，积极稳妥地推进农民集体所有土地依法直接进入建设用地市场；进一步规范土地流转办法，允许农民以入股、租赁、抵押等形式进行土地流转，优化土地资源配置，充分激发土地生产要素的活力。

第四，改革城乡建设用地增减挂钩制度，从保障城市建设用地转变为保障城乡建设用地资源流动。现行城乡建设用地增减挂钩制度的根本目的是在保证耕地红线的前提下保障城市扩张对土地的需求，从而保障城市化进程。这一制度在短期内的确解决了城市发展的土地瓶颈，但是在实践中，农村地区，尤其是远离城市的农村地区，其土地资源价值往往被压低，其实是城乡价格"剪刀差"在土地资源上的体现。并且现行增减挂钩制度内在的经济利益驱动必然会在长期内导致耕地数量的减少或质量的下降，并进一步拉大城乡（远离城市的乡村）差距。因此，应改革现行增减挂钩制度，将符合规划形成的增减指标纳入交易对象范畴。对农村拆旧建新、整理复垦、验收登记、申请报批等程序产生的增减指标，应设定为依法取得，将其纳入"依法取得的农村集体经营性建设用地"[①]范畴，使之与国有土地享有平等权益。严格"增减挂钩"指标流转的地域范围，将"增减挂钩"节余的建设用地留在农村或由农村集体来支配其使用，将"增减挂钩"中的土地增值收益真正留在农村。此外，应完善耕地复垦的技术标准和操作程序，保证

---

① 中国十七届三中全会明确提出："对依法取得的农村集体经营性建设用地，必须通过统一有形的土地市场、以公开规范的方式转让土地使用权，在符合规划的前提下与国有土地享有平等权益。"

复垦耕地的质量提高、面积增加。

第五，深化征地制度改革，逐步缩小征地范围。尽管法律明确规定只有以公共利益为目的才能够征收农地，但现实中的征收并不完全是依据"公共利益"而进行的。现行法律不允许集体建设用地使用权直接进入市场，集体土地不能用于商业开发，导致城市建设只能通过征收手段。而在征收过程中，处于弱势的农民往往丧失了选择权和补偿要求权。城乡统一建设用地市场的建设必须与征地制度改革综合配套推进：一是要规范界定公共利益，只有严格区分公益性和经营性建设用地，将征收限定在公益性建设用地上，才能为农民集体自主出让和流转农村建设用地留下空间，因此要改变过去按征地实施主体性质确定征地目的的做法，根据土地最终使用方向来划定征地性质；二是要承认农民集体对土地的开发权。土地开发权本质上是农民对农村土地进行开发的权利，建设用地市场化的本质在于农村土地的商品化、商业化，这意味着对农民土地开发权的承认，城乡建设用地市场的统一意味着农村的建设用地使用权与城市建设用地使用权具有相同的权力和利益。因此，承认农民集体所有土地的开发权是城乡建设用地市场统一的前提。

五、进一步规范农村土地综合整治

土地是农业发展和粮食生产的基本要素。农村土地综合整治是指在一定农村区域单元内，各级政府及关联部门按照土地利用规划，以土地规划、土地开发、土地整理、土地复垦及城乡建设用地增减挂钩等政策工具和技术手段为载体，推动田、水、路、林、村综合整治，改善农业生产条件、农民生活水平和农村生态环境，促进农业适度规模经营、人口适度集中、产业集聚发展、村庄布局优化。从本质上说，它是对与农村产业、组织、空间紧密相关联的土地资源进行再组织、再重构、再改造，旨在改变土地利用低效、无序、零碎的自然状态，提升土地资源利用度，实现人地关系和谐。

近年来，农村土地综合整治已成为土地持续利用与空间优化的核心手段，已成为我国转变农业发展方式、确保国家粮食安全和缓解工业化、城镇化供地矛盾的基础平台、重要举措和有效载体。但在当前我国工农、城乡"双二元结构"背景下，经济社会正处于工业化、城镇化快速推进阶段，地方政府长期秉持工业化、城镇化发展的"政策偏好"和以土地为核心驱动要素的经济增长逻辑。在此逻辑下，地方政府不仅在理论上对农村土地综合整治存在认识偏差，在实践中也存在过度追求城镇建设用地指标、轻视农地农田整治、忽视土地整治质量和用途管制、破坏农村生态系统、侵蚀农民土地权益等问题，偏离了国家既定政策目标。本部分将以四川省为具体考察对象，分析农村土地综合整治中出现的问题与潜在风险，并提出相关政策建议。

（一）农村土地综合整治中存在的主要问题

土地综合整治充分挖掘了被闲置和低效利用的土地的潜力，增加了耕地面积，提高了节约集约用地水平，是加强农业基础地位和确保国家粮食安全的现实选择。随着工业化、城镇化和新农村建设的快速推进，城乡建设用地供需矛盾日益突出。"占补平衡"

政策在一定程度上解决了城镇建设用地指标不足的问题，优化了城乡用地结构与布局，释放了城乡土地的级差收益，取得了积极成效。然而，我们通过实地走访和调研发现，四川省在农村土地综合整治过程中依然存在一些突出的问题。

第一，部分地方政府对农村土地综合整治的指导思想和综合目标存在认识上的偏差。从国家宏观政策目标来看，我国农村土地综合整治的"目标集合"为：严格耕地保护、严格用途管制、转变农业发展方式、保障国家粮食安全、改善农村生产生活条件、促进村域建设用地集约利用和以"土地增减挂钩"政策促进工业化、城镇化发展。但在现行财税体制框架下，地方政府囿于以 GDP 和财政收入为主的行政绩效考核，长期秉持工业化、城镇化发展的"政策偏好"，受制于"土地财政—经济增长"的发展逻辑和"为增长而竞争"的政策惯性，迫使其将"掠夺之手"伸向农村土地，以"土地增减挂钩"政策释放农村土地要素，忽略了"农业现代化同步发展"的基本导向，对于通过土地综合整治保障国家粮食安全这一首要目标认识不足。

第二，农村土地综合整治的部分政策工具和技术手段在实践过程中产生了异化。认识的误区直接导致行动的偏差：一是对于城镇近郊的土地，部分地方政府热衷于通过城乡建设用地"占补平衡"的要素配置方式实现其"供地融资"目标和满足工业化、城镇化空间拓展对土地的需求。二是对于远郊和级差收益较低的土地，部分地方政府缺乏土地综合整治的动力，工作进度缓慢。三是占"优"补"劣"现象令人担忧，部分地方政府急功近利，大量占用土地肥沃、灌溉条件优越的"熟地"，而补充的耕地大多分布在自然地理条件差的山区，造成占优补劣、耕地质量总体下降。调研中，我们就发现极个别地区的耕地由集中、连片、优质逐步向零散、零星、劣质转变。四是土地利用出现"非农化"和"非粮化"现象：从农民角度来说，种粮比较利益偏低，农民缺乏种粮积极性，粮食生产出现"副业化"趋势；从农地租赁者角度来说，工商业资本的逐利性往往诱使其改变土地用途；部分地方政府通常出于发展经济的考虑，对上述违规行为并未进行严格查处。农地"非农化"将导致土地肥力下降，田间的水利灌溉等设施亦将随之改变。一旦流转期满或中断，土地恢复为种植粮食的农田将十分困难。不难看出，一面是中央政府"保耕地红线、转农业方式、保粮食供给"的基础平台，一面却是地方政府获取财政收益和缓解工业化与城镇化供地矛盾的重要抓手，这一矛盾极大地消耗了农村土地整治的综合效应。此矛盾的化解关键在于找到中央与地方政府之间推动工业化、信息化、城镇化与农业现代化同步发展的利益平衡点与利益协调机制。

第三，部分地区土地增值收益分配不够规范、对农民权益重视不足，从而引发了一些社会矛盾。土地整理是一次土地利益重新分配的过程，指标自上而下层层下达，由于政府在其中的行政主导作用，集体经济组织没有法人地位，民间资本难以进入土地一级市场等因素，农民和政府难以对等协商谈判，无法形成有效的议价机制。地方政府完全占据了主动地位，其向城市倾斜的利益取向，导致侵犯农民权益的事件时有发生。目前农村出现的群体性事件多由土地问题引起，主要表现为：第一，各地在征地中对农民的补偿具有很大的随意性，有些地方政府为了解决财政困难，通过行政命令强制征地。第二，部分地方政府为了尽快完成整治任务，获得建设用地指标，强制拆迁，强迫农民"上楼"。第三，农民的知情权、参与权和监督权无法得到有效保证。因此，清晰界定农村土地产权主客体，确定行为主体的角色地位和土地利益分配比例，制定适应权属调整和地籍管理的农村土地产权改革配套政策便成为确保农村土地整治顺利进行的关键环节。

第四，农业生产方式与农民生活方式之间的不适应产生了一些矛盾。农村土地综合整治是改善农村生产生活条件的重要举措，但现阶段农村土地综合整治中，农业生产方式与农民生活方式之间的矛盾突出：一是农业生产经营特征与农民集中居住生活方式不相适应。农民集中居住既使个人与家庭的生活空间及社区与邻里的公共空间被高度压缩，又拉大了农民住所与土地之间的距离，增加了农业生产成本与农民劳动负担；同时，农业生产是自然和社会再生产的统一，由于农业生产与农民生活空间拉大，农作物无法得到悉心照料，农民对农业生产的责任感和使命感有所弱化。二是村社生活方式转变与生活成本升高不相称。根据课题组调研，以集中居住的新型社区强制替代传统分散庭院式居住的生活方式，不仅改变了农民的心理状态、冲击着农民的文化传统，更危险的是在农民"被上楼"的过程中，大量农民失去了宅基地、生产用地以及附着其上的各种资源。在农村社会保障体系不健全的条件下，缺乏应对之策和"退却方案"的农民被无情地"抛入一个充满风险与不确定性的世界，变得异常脆弱"[①]，稳定收入来源的缺乏和不断新增的水、电、气、网、物业开支，又会使集中居住后的农民陷入新的"贫困怪圈"。

第五，农村土地综合整治项目的规划、管理和监督水平还需要进一步提高。农村土地综合整治已经从单纯的农地整理向农地整理与村庄整治相结合转变，因此规划的对象、范围、手段和内容应与之相适应，体现综合化和多元化。随着整治规模的扩大，项目区内的土地权属关系日益复杂，权属调整政策性强、涉及面广、利益敏感，工作难度将进一步加大。此外，当前整治项目的监督多为行政机构上级对下级的监督，缺乏社会公众参与，并且更多的是一种事后的监督，缺乏事前、事中的全面、全程监管。

（二）进一步推进农村土地综合整治工作健康发展

现阶段，面对工业化、信息化、城镇化与农业现代化"四化"同步发展新要求，必须明确农村土地整治政策设计的价值取向和总体框架，制定行之有效的配套政策以化解农村土地整治实践中的诸多问题。农村土地综合整治应以保障国家粮食安全为首要目标，以城乡统筹发展和促进农业现代化为基本导向，以尊重和维护农民权益为根本落脚点，以建设高标准基本农田为主要平台，切实提高土地利用率和产出率，促进经济社会可持续发展。

第一，进一步深化对"四化"同步发展战略的认识，明确保障国家粮食安全是土地综合整治的首要目标，把解决好"三农"问题放在现代化建设重中之重的位置上。"在

---

① 叶敬忠，孟英华. 土地增减挂钩及其发展主义逻辑［J］. 农业经济问题，2012（10）：43—50，111.

工业化、城镇化深入发展中同步推进农业现代化",加快克服农业基础脆弱的瓶颈,解决农村发展滞后、城乡发展不协调的突出问题,破除城乡二元结构的深层次矛盾,将农村土地综合整治的政策理念回归至以"农业发展优先"和"生态建设优先"为导引的现代农业发展观视阈。我们必须明确,土地综合整治的首要目标是通过增加耕地数量、提高耕地质量和节约集约用地,加强农业基础地位和保障国家粮食安全。必须十分警惕和防范在实际工作过程中出现舍本求末的现象;加强顶层设计和宏观规划,重新审视农村土地整治的实践路径和技术路线,重视以农村土地综合整治行为主体的意识培养和能力塑造;在现有农村经济制度框架下,把农村土地综合整治的重点引到为构建集约化、专业化、组织化、社会化相结合的新型农业体系提供基础条件上来;及时推进农村土地综合整治由自然性工程转为综合性社会工程,积极发挥土地整治的耕地资源保护、粮食安全保障、景观生态维护等功能,规避农村土地综合整治带来经济、政治、社会、生态、文化风险。

第二,优化政策工具和技术手段,构建新型农村土地综合整治体系。一是通过行政、经济等多种手段保护耕地,大规模建设高标准基本农田,推广成都"耕地保护卡"模式,探索运用行政、经济等多种手段,引导各经济主体自觉保护耕地,形成承包主体与国家耕地保护的利益相容机制,通过政府和基层的双重力量共同保护国家耕地红线。二是加强新增耕地综合评估和验收工作,建立耕地档案制度,详细记录每块耕地的具体信息并存入统一的管理系统,确保土地流转过程后耕地用途不变,并确保复垦土地与原耕地的质量匹配。以整治促建设,建成大规模旱涝保收、高产稳产的高标准基本农田,不断提高粮食综合生产能力,增强国家粮食安全保障能力。三是数量、质量与性质并举,建立"占补平衡"综合评估机制。土地综合整治不仅是补充耕地的一种方式,更是提高耕地质量和产能的有效途径。"占补平衡"后的耕地应在确保数量达标的基础上,以耕地的粮食综合生产能力为标准,将占补平衡的"衡"落脚在质量平衡上,并确保土地用途和性质不变。四是将耕地数量、质量和性质平衡纳入政府官员考核范围,责任到人,县级农业管理和土地管理部门官员及县区分管领导共同承担责任。对耕地的实际产量开展长期跟踪监测,建议以2~3年为一个周期,以单产不低于占补平衡前本地平均产出为合格标准。五是全面提高农村土地综合整治项目的规划、管理和监督水平。针对农村土地综合整治项目,实施全方位、全过程、全领域的综合管理;项目规划应坚持专家领衔、农民全程参与,实行"阳光操作",提高决策的科学化和民主化水平;建立健全项目评估考核工作机制和事前、事中与事后的风险管理与防范机制,落实奖惩措施,不断提高管理工作水平,加强信息平台建设,实行全程动态监测,及时向社会公示,自觉接受公众监督。

第三,切实尊重农民意愿,把维护农民权益贯穿始终。农村土地综合整治要坚持农民和农村集体组织的主体地位,由农民集体和农户自主决定是否参与、如何筹资、怎样建房、收益分配和权属调整等重大事项,切实做到整治前农民自愿、整治中农民参与、整治后农民满意。我们建议:首先,对涉及农村集体产权的事项由村民集体大会讨论决定，涉及农户产权的由农户自主决定，基层政府和村委会主要负责指导召开村民大会、做好纠纷调处及相关事务；其次，在旧房拆迁、新居建设、土地互换等方面要注重保持地方特色，尊重农民的生产生活习惯，为农民提供多种选择；再次，土地增值收益全部返还农村，按照一定的比例分别用于农村集体发展生产和农民改善生活条件；最后，在条件具备的情况下，逐步做到集体建设用地与城市建设用地"同地同权"。

第四，将生态文明建设融入农村土地综合整治的全过程和各方面。在当前环境约束、资源瓶颈问题凸显期，应积极发挥农村土地综合整治的生态环境保护和资源节约集约功能。既要将生态文明理念融入农村土地整治实践中，又要通过农村土地整治实现农村生态环境保护和优秀景观文化传承。我们认为，应将农村土地视为完整的生态系统，有效协调人与土地及周边环境的关系，使其发挥食物生产、气候调节、净化空气、涵养水源、保持水土、保护生物多样性和休闲游憩等功能，形成农村生态文明安全格局。同时，在转变发展理念的基础上，树立生态可持续发展观和政绩观，把建立反映区域差异规律的农业农村生态安全格局作为基本导向，矫正地方政府在农村土地整治中的短期短视行为，建立农村土地整治生态效益评价体系，将农村土地整治、新农村建设、生态环境保护与国土空间格局优化结合起来，开展"村域节约集约—景观生态型"农村土地综合整治，提升农村土地自我修复能力。

第五，以土地综合整治推动乡村空间重构、农业产业结构调整与新型农业经营体系再造。当前，我国已进入新型工业化、信息化、城镇化与农业现代化同步发展的攻坚阶段。因此，应在城乡发展一体化框架下强化农村土地综合整治与乡村空间重构、农村产业调整与农业组织再造的关联性；逐步建立以农村产业整治、农村空间整治和农业组织整治的"三整治"相结合为核心的实践机制，即按照"全域规划、全域设计、全域整治"的要求，把"空间优化、产业整合和组织再造"作为农村土地综合整治的重难点；同时，以乡村空间重构和乡村空间布局优化推进新农村建设；农民集中居住要坚持"宜聚则聚、宜散则散"的原则，在村庄整治和新农村建设中，不能强制把城镇化建设方式"简单地套用到农村建设中去，不能把城镇的居民小区照搬到农村区、赶农民上楼。农村建设还是应该保持农村的特点，有利于农民生产生活，保持田园风光和良好生态环境"[①]，注重农业生产方式转变与农民生活方式转型相协同，不要强制性地改变农民的生活方式。因此，农村土地综合整治应以"空间重构、产业整合、组织再造"为重难点，强化配套政策和整治策略的设计。

第六，城市建设用地整理应与农村建设用地整理协同并进。土地整治不能是农村土地整治的单兵突进，要将建设用地的增量改革和存量改革同时进行，将城市建设用地整理和农村建设用地释放同时进行。现阶段，更应把缓解工业化、城市化供地矛盾的突破口放在城市，释放城市建设用地存量，提高城市建设用地的经济密度，弱化对农村土地的支配；逐渐转变城市经营理念，弱化地方政府权力、资本与土地的关联，防止通过过

---

① 温家宝. 中国农业和农村的发展道路 [J]. 求是，2012 (2)：3—10.

度性土地整治项目以土地过快贴现或透支未来现金流。一是加强对城市旧城区、棚户区、城中村改造，挖掘和释放城市建设用地潜力。二是开展城市闲置建设用地的清理，严厉打击圈地、囤地行为，建立城市建设用地收回制度，及时收回被征用而两年内未加以利用的闲置土地，并按照耕地等级质量要求复垦为耕地。三是控制城乡建设用地增减挂钩项目数量、规模和范围，避免农村土地整治重心大规模转为村庄整治，合理限定城镇发展边界，防止农村土地整治变相沦为新一轮的圈地运动和地方政府财政融资的助推器。

第四节　创新我国农村金融制度

完善而规范的金融制度为经济发展提供高效的资金融通服务，随着现代农业体系的逐步构建，农业产业化、规模化程度的提高，我国农村对金融服务的需求日益迫切。从农村金融制度的现状来看，我国虽然已建立起包括商业性、合作性和政策性的农村金融机构体系，形成了以正规金融机构为主导，以农村合作金融为核心、以民间金融为补充的金融制度，但是农村地区的金融服务数量和质量仍远远落后于城市，金融二元化呈加剧态势，农村经济的发展要求金融制度进行创新。

一、创造良好的农村金融制度环境

随着开放程度的不断加深，农村金融市场固化、停滞的发展状态正在逐渐改变。农村信用社改革进程的不断深入、商业银行的重新回归以及新型农村金融机构的诞生，使农村金融环境得到改善，新的农村金融体系已经初步形成。

（一）农村金融面临的制度约束

农村金融体系的完善为"三农"和中小企业贷款难的问题提供了解决途径。但不可否认的是，目前农村金融体系的发展仍然面临着制度环境壁垒的约束。

第一，农村信用社受到行政干预。尽管农信社的法人治理改革基本完成，但在实际运作中，许多地区农信社的股东并未与农信社建立起稳定的利益制约机制，代理问题依然存在。

第二，农村金融市场缺乏竞争主体。我国县级以下农村金融组织主要包括农村信用社、农行储蓄所和邮政储蓄部门，金融竞争主体不足，尚未形成有效的竞争机制。农业发展银行缺乏稳定的资金来源，加上较高的筹资成本，其业务范围与功能相对单一；农业银行的市场策略业已调转方向，主要信贷业务已经从农村市场退出，重点转向城市；农村信用社承担了较为沉重的历史负担，支农力度不足；邮政储蓄充任了农村资金的吸纳器，但不能从事贷款业务，反哺"三农"乏力；农村资本市场还未发育，农村中小企业很难进而获得有效的资本支持。

第三，农村金融制度与结构方面存在法律空白。我国尚未出台针对农村金融的法律法规，行政管理顶替了这一空白，同时，农村实际存在的地下金融市场和民间融资也缺乏法律条款的规范。

(二) 完善农村金融制度环境的对策建议

制度的不完善成为阻碍农村金融市场深化改革的一个关键因素,彻底解决农村金融问题,必须进一步完善相关的制度环境,要彻底激活农村金融的发展活力,吸引更多的资本积极投入到农村金融领域。解决农村金融的制度环境问题是当务之急,只有在完善的制度环境下,农村金融才能实现可持续发展。

1. 准确定位各类金融主体地位,形成合理有序的竞争机制

第一,发展壮大农村信用社,真正实现其为农村金融服务的主体地位,进一步完善农村信用社改革试点政策。在下一步的改革试点过程中,要进一步明确提出对产权关系和内部治理的要求,进而有效化解"代理问题"等相关问题。同时,对信用社的综合评估既要考察其资本充足率与不良贷款率,也要注重其治理结构的调整与优化。

第二,减少对农业银行发展的限制,赋予其独立的商业银行地位。扭转中国农业银行脱离"三农"的不良倾向,切实加大对"三农"的支持力度,不能仅仅依靠行政干预手段,而应该从独立商业银行营利性角度考虑,以经济收益引导其积极返回农村市场,改变对其经营目标的双重定位,使其能够通过实现自身经济目标来为农村金融提供服务。

第三,农业发展银行需要科学定位,切实履行政策性银行功能。在宏观层面,国家需要有效整合针对"三农"的资金投入,区分国家必需性和补偿性的财政投入,通过提供贴息资金与呆账损失的方式,使用少量财政补贴有效引导社会资金的流向,同时严格规定农业发展银行贷款项目的性质,禁止在支农名义下将资金投入到政绩工程、面子工程等对农业生产作用较小的项目中去。

第四,支持并规范农村小额信贷机构的发展。促使农村小额信贷向规范化、制度化、机构化发展,增强可持续发展的能力。逐步减少对非政府组织的干预与管制,发挥其在小额信贷项目上的优势,赋予其合法地位,逐渐建立覆盖全国农村的小额信贷体系。

2. 适度开放农村金融市场,引导非正规金融正规化

一方面,在经济、金融基础较好、民营经济发达的地区组建农村民营商业银行,以规范日益活跃的民间金融活动。民营商业银行的注册资金要有较高起点,产权形式可采取股份制或股份合作制,经营管理完全按市场原则进行;另一方面,逐步引导符合条件的农村非正规金融正规化,由此不仅能够增加农村金融供给,而且可以提高农村金融市场的竞争程度,形成不同金融机构间的良性竞争,改善农村金融机构的服务质量。同时,还应引导、鼓励有息的民间借贷采取规范的契约形式,减少借贷纠纷。在加大监管力度的同时,给予政策优惠和资金、人力帮助,使现有的民间金融向正规化、现代化的金融组织转化,促进农村金融的深化和金融制度的完善。

3. 鼓励各金融机构开发适合农村经济的金融产品,促进农村金融创新和金融市场发展

首先，结合土地流转新形势，开发与土地承包经营权抵押相关的金融服务业务。明确土地承包经营权抵押的法律规定，从法律层面认可农户通过经营权抵押获得所需资金，同时探索经营权抵押贷款的业务特征，寻求既能保证金融机构资产安全，又能有效解决土地抵押给农户带来的生存风险。其次，在条件允许的情况下，扩大农村金融合作试点范围，借鉴已有经验和教训，进一步完善农村金融合作制度，发挥其与农村金融需求特征相适应的优势，通过政策倾斜引入国外先进经验、发挥居民自发监督力量等途径，将农村金融合作及小额贷款项目发展成为农村金融的有益补充。最后，在做好风险提示的前提下，适度增加农村理财产品供给，丰富农村居民投资内容，优化其资产分配决策。开发与农村居民经济情况相适应的理财产品，同时将部分稳健性理财产品推向农村市场。在风险控制上，代理机构要做好风险提示工作，产品介绍避免带有误导性的内容。通过增加农村金融产品的供给，丰富农民居民投资渠道和内容，帮助其财产保值增值，增加财产性收入比重。

二、农村信用社产权及组织制度创新

覆盖我国绝大多数农村地区的农村信用社，在为农户提供信贷服务方面发挥着支柱性作用，是我国农村地区金融的中流砥柱，对支持农户的生产经营活动和农村经济发展起着不可替代的作用。但是，目前农村信用社在产权制度和组织结构等方面存在诸多问题，仍需要进一步改革，通过产权制度和组织制度创新提升其服务水平和业务能力。

（一）我国农村信用社产权制度现状

我国金融体系改革以后，农村信用社获得了较大的发展，但是由于诸多因素限制，我国的农村信用社仍面临着一系列的问题，其中最为突出的就是产权问题。从一定意义上说，我国农村信用社的管理模式已经违背了其建立原则，即"组织上的群众性、管理上的民主性、经营上的灵活性"[①]。在金融体系的实际改革过程中，农村信用社的改革重点主要放在领导权的转移上，对信用社的性质与产权关系并未进行明晰的界定。同时，在实际操作中管理者往往由于"责任心"过强而大大削弱了农信社的权力，以至于使农信社走上了"官办"的道路。这种产权现状给农村信用社进一步的发展带来了难以逾越的阻碍，如农村信用社在合作与非合作的夹缝中难以健康成长，难以形成农村信用社有效的内部管理机制，阻碍农村金融市场的发展与完善，导致农村信用社在支持"三农"上力不从心。这些问题的存在也极大地损害了农村金融体系的效率，限制了农业和农村经济的发展。[②]

现行的农村信用社产权制度的根本缺陷在于其产权界定不清，信用社在管理上难以发挥主动性。从我国加强农业基础地位和确保国家粮食安全的角度看，农村信用社在金

---

①　董卫华. 农村信用社产权制度现状、问题及出路［J］. 华中农业大学学报：社会科学版，2004（4）：38－40.

②　吴文森. 农村信用社产权制度透析［J］. 中国集体经济，2008（1）：61－62.

融层面的重要作用还未完全发挥出来，从而对支撑农业生产，对为农户提供金融信贷服务和保障粮食生产形成了生产性资本的障碍。由此，农村信用社的产权制度创新和组织管理改革要围绕加强农业基础地位和确保国家粮食安全展开。

（二）农村信用社产权及组织制度创新遵循的途径

针对我国农村信用社发展的问题及制约因素，我们应该从产权结构调整入手，通过完善信用社内部治理结构和优化外部经营环境，实现其面向"三农"、服务"三农"的经济与社会发展职责。

第一，明晰产权结构，建立股份制社区银行制。按照银监会对农村信用社的改革定位，农村信用社应围绕股份制社区银行来进一步明晰产权结构，以适应改革发展的需要：一是建立农村信用社补充资本金机制；二是创新资本金补充渠道，大力鼓励辖内农民、个体工商户和其他各类经济组织投资入股；三是积极引进战略投资者，在经济较发达、信用社实力较强的地区，可将当地的优质民营企业、合格的国内投资机构、合格的境外金融机构引进为农村信用社的战略投资者，解决增资扩股的难题，规范增资扩股行为。

第二，兼顾政策性支农和商业化经营两重使命。农村信用社面向"三农"，承担政策支农的职责，要保证这一职责的有效完成，需要政府制定相关政策，既体现对"三农"的政策扶持，又能够对农村信用社政策性亏损给予弥补。如通过降低农村信用社存款准备金率、加大支农再贷款的投放力度并制定配套的风险补偿措施、减免信用社税收、对农业贷款实行政府贴息政策等政策扶持、支持农村信用社。

第三，加大金融创新力度。创新金融技术，建立以省为单位的大集中网络电子平台，在此基础上实现全国范围的大联网；创新金融产品，按照"以市场为导向，以客户为中心"的原则，加强对中小企业和个人金融业务的创新，实施"社区银行"和"零售银行"的品牌发展战略，优化网点布局，拓展业务功能。

三、农村保险制度创新

农业生产过程面临着自然和社会的双重风险，而保险作为风险转移机制，具有分散风险、经济补偿的社会保障功能，对风险进行有效管理，不仅可以克服各种不利因素，还可以降低风险事故造成的损失。因此，在农业经营环境日益复杂的条件下，发展农村保险对于提高保险业整体发展实力，完善农村金融体系，降低农业风险，保障农业产业稳定和国家粮食安全发挥着重要的战略作用。

（一）农村保险制度的现状及问题分析

农村保险包括农村社会保险和农村商业保险两类。农村社会保险有农村社会养老保险、被征地农民社会保障、农村最低生活保障、农村五保、救灾救济、社会优抚、新型农村合作医疗、农村医疗救助等项目。农村商业保险则是保险公司以农村为对象市场开发的各类险种。发展农村保险事业，进而建立社会化的农村保险保障制度，是降低农业自然风险和生产经营风险、稳定农村经济、增进农村人口福利的重要保障。随着我国农村经济体制和社会组织改革的深入发展，农业和农村风险及管理体制发生了根本性变化，原有的农民财产和农村人口的社会化风险保障机制随着农村人民公社制度的解体而消失，而新的农业和农村保险制度建设相对滞后，成为农村、农业乃至国民经济持续稳定发展的一大障碍。我国农村保险制度存在的问题如下：

1. 农村社会保险存在的问题

第一，公平和效率的矛盾。我国农村社会制度的不公平主要体现在二个方面：一方面，城乡二元户籍制度导致了保险在城乡之间建立起点的不公平；另一方面，因参与者地位不同，享受的待遇也不同。以农村养老保险制度为例，在社会保障体系中，城市居民养老保险大部分由国家和社会承担，但是在农村，国家只拨付极其有限的资金，大部分靠农民个人承担，这极大地影响了农民参与养老保险的积极性。

第二，农村社会保险面临资金的可持续性问题。新型农村社会保险体系中，政府对符合领取条件的参保人全额支付新农保保费，其中对中西部地区，中央财政按中央确定的基础养老金标准给予全额补助，对东部地区给予50％的补助，这意味着财政在农村养老方面加大了投入。这对发达地区来说问题不大，但是对欠发达的农村地区来说可能会带来筹资上的困难。①

第三，社会保险供求结构不对称。随着市场经济的发展，农民的竞争意识、风险意识不断增强，传统家庭保障已不能满足农民对社会保障的要求，农民需要能够有效替代传统的土地和乡土亲情保障的新的制度供给。另外，不同地区、不同群体对保险种类和形式的要求不同，而我国的农村社会保险体系并没有提供相应的产品选择，暴露出我国保险产品的创新不足、缺乏特色的问题。

2. 农村商业保险制度存在的问题

第一，农业保险险种较少，难以满足农业发展的有效需求。农业面临的自然风险较大，一旦出险，不仅勘查困难，而且还可能出现较高的赔付率。这显然不符合保险公司的商业化经营的目标导向，保险机构进入农业保险市场面临先天不足的状况。②

第二，保险产品价格偏高，不符合农民的实际支付能力。保险公司的产品设计定位主要针对城镇市场，产品的同质性较强，通常缺乏对农村保险市场的针对性研究与开发，更鲜少推出适合农民和农村特点的保险新品种。农民与城市居民在收入水平上存在明显的差异，产品设计上的偏差，降低了农民的投保意愿。

第三，农村商业保险市场秩序混乱。保险的监管机构主要分布于省级和地级市，地级城市以下主要设有保险业协会，市场监管力量明显不足。在营销机制的作用下，不同保险机构的不实宣传或相互诋毁扰乱了竞争秩序，甚至引发了大面积退保的状况。

（二）农村保险制度的创新措施

农村保险制度创新是指顺应现代社会保险金融化的发展潮流，适应现代社会保险业

---

① 李春根，李建华. 探索建立江西省新型农村养老保险制度 [J]. 求实，2008 (7)：90—92.

② 侯芳. 农村商业保险市场发展面临的问题及对策 [J]. 济南金融，2007 (7)：67—68.

的改革，改变农村传统保险经营理念，克服现代农村保险存在的弊端，突破农村保险的现有模式，实现农村保险保障与保险投资并举，构建农村保险市场与资本市场深度融合，农村保险业与金融市场协同发展的新的制度安排。①

1. 农村保险制度创新的目标

农村保险制度创新是以政府为主体，由政府推进和市场推进相结合的创新模式研究。农村保险制度创新始终需要明确政府在农村保险中的职责，由于收入水平偏低，农民无法真正享有各种保障，所以，国家应当在生活保障方面给予农民更多的支持和保护，将农民保险制度纳入国家社会保险的总体规划。此外，还需要因地制宜，分地区、分阶段地建立和实施农村社会保险制度；健全各级管理机构，加强资金管理；建立适合市场经济运行的、符合农村实际情况的社会保险新模式。

2. 农村保险制度创新的措施

农村保险制度创新应采取的主要措施包括：第一，各级政府应加大支持农村的力度，首先是财政投入，把农村保险的补贴纳入预算，并逐年增加，进而保证资金的可靠性和稳定性；引导社会各界积极支持农村保险，设立多种形式的保险基金；出台相关法律法规，使农村保险能得到法律的保障和监督。第二，从农村实际出发，设立不同的险种，因地制宜，在不同地区、不同时期有所侧重和区别。第三，为确保农村保险制度的实施，对保险资金筹集和支付过程实施督察，加强对保险基金的管理；资金的管理使用部门应主动接受财政和审计部门的督查与审证，自觉接受社会各界和广大群众的监督，增加透明度，使农民放心，增加农村投保人数。

第五节 规范我国农村社会保障制度

农村社会保障制度的完善和发展是加强农业基础和确保国家粮食安全的重要保证，是实现城乡一体化的关键。通常来说，社会保障由社会保险、社会救济、社会福利、优抚安置等方面构成，其中，社会保险是核心内容。创新农村社会保障制度，建立起覆盖面广、保障内容全、运行效率高的现代社会保障制度，对于农业经营方式的转变和农村经济的发展发挥着重要的作用，对于农民福利的提高和生活质量的改善也起着关键性作用。随着国家对农业的重视和对"三农"问题的关注，农村社会保障制度得到了进一步的发展。目前，我国已经建立起基本覆盖农村人口的新型合作医疗和养老保险制度，为农村人口提供了较为完善的保障，也为农村经济的发展奠定了社会基础。

一、农村社会保障制度存在的问题

农村的社会保障制度是我国社会保障制度中的重要内容，近年来，随着市场经济在农村的深入发展，特别是农村土地流转在全国各个地区开展以来，农村社会保障制度替

---

① 王俏玲. 合作保险组织与中国农村保险制度创新［J］. 中国农学通报，2007（8）：606.

代土地作为农村居民基本生活保障的趋势愈加明显。与城市相比，农村的社会保障制度起步晚，承担的保障责任更加艰巨，面临的问题也更加困难。虽然部分经济较为发达的地区和试点地区已经建立起城乡一体化的社会保障制度，但是从全国范围来看，农村社会保障制度的建立尚在摸索阶段，还有许多问题需要完善。

（一）农村社会保障资金来源渠道有限，资金保值增值能力不强

农村社会保障资金不足是我国农村社会保障发展面临的根本难题。虽然在新农保制度下，中央政府能够给予地方补贴，但是经济相对落后的地区财力有限，而保障负担重，即使由国家补贴部分费用，仍然难以保证社保基金财力充足，保障资金难以实际到达对象账户。另外，部分农民收入水平较低，资金的筹措十分困难，农民不参保或退保情况较多，难以形成稳定的农村社会保障资金数量，影响了社会保障功能的正常发挥。同时，社会保障资金面临保值增值问题，受我国金融市场发展程度不高、缺乏熟悉国际投资市场的人才等限制，社会保障资金的投资收益一直不稳定，尤其在较高的通胀水平下，迫切需要社保资金保值增值的有效方法。

（二）农村社会保障实际覆盖面窄，保障程度不高

我国一直重视社会保障制度的改革，近年来尤其注重推进农村社会保障体系的完善，但由于受到客观经济环境及制度基础的限制，我国农村社会保障的覆盖范围仍然偏窄，保障对象有限，保障程度不高。虽然工业化、城镇化快速推进，农村大量剩余劳动力向城镇集聚，但很多农民仍然处于社会保障的盲区。目前推行的各类社会保障制度还不是严格意义上的社会保障，其中多数仅属于社区性保障，社保的负担主要由地方政府和个人承担，在经济较为落后的地区，地方政府压力极大，难以实现有效的保障。

另外，从社会保障的保障程度看，目前的社会保障标准不高，除少数经济发达地区外，我国大部分省份的新型农村社会养老保险基础养老金标准为每人每月 60 元左右，新型农村医疗合作报销比例偏低，以某地报销比例为例，参合农民在本县乡、村两级定点机构发生的门诊费用不设起付线，按照 25% 给予报销，自负 75%（也可以用家庭账户余额支付）的标准，单次乡级报销最高为 10 元，村级为 5 元，每人每年报销最高限额不超过 40 元，跨乡镇的还不予报销。以我国物价水平和医疗服务价格为标准衡量，无论是上述养老金的支付标准还是医疗的报销比例，都是偏低的，难以为农村居民提供有力的社会保障。

（三）农村社会保障制度缺乏有效供给，居民参保积极性不高

在我国现行的农村社会保障制度下，社保产品供给与实际需要之间存在着一定差异，导致居民参保积极性不高，许多地方领导干部甚至动用行政手段保证参保率。社保的参保方式、偿付方式等并不能满足农村居民的实际需要，如部分地区要求农村居民养老保险必须以家庭为单位整体参保，这引发了两个问题：以家庭成员整体参保，通常平均每户缴费都在 1 万元以上，加重了一些家庭的经济负担，甚至超出了其经济承受能力。二是即使超龄人员参保积极性较高，但由于家中年轻人不愿参保，导致老人想参保

也参加不了。① 农村社会保障制度缺乏有效的供给还体现为无法满足不同区域的地区性要求，我国农村社会环境和经济基础差别较大，距离城市较近或者农村经济发展较快地区的农村居民可以获得较高的补偿性、财产性和经营性收入，现期经济实力较强，能够并且愿意参保，希望以此获得较高的未来收益；但是，对于经济较为落后的农村地区，土地和家庭仍然是生活的基础保障，农村居民当期收入较低，预期保障稳定，不愿意承担保费，参保积极性并不高。针对这种情况，现行的社保体系并没有提供可以选择的参保方式，也使部分居民失去参保积极性。

（四）农村社会保障地区发展不均衡，城乡社保体系二元化结构明显

从农村社会保障区域发展状况看，目前我国社会保障仍然表现为重城市、轻农村的城乡二元结构。城镇已经建立了包括养老保险、医疗保险、失业保险和最低生活保障制度在内的社会保障基本框架；农村社会保障整体上水平较低，仍然是以家庭保障和土地保障为主，辅之以国家救济。同时，不同地区之间的农村发展差距明显，东部地区农村社会保障的建设水平明显高于中部和西部地区。大城市近郊农村的社会保障建设水平明显高于远离城市的农村地区。

二、"以土地换保障"模式运行的潜在风险及对策

土地流转在推动土地大规模集中经营、促进农业产业化发展的同时，也使土地转出方（农民）在一定时期内甚至永久地丧失了土地承包经营权。对于大多数农民而言，土地既是家庭收入的重要来源，又是生活的主要保障，失去了土地就意味着失去了抵御生存风险的最终手段。因此，要实现土地流转的有效实施，首先要解决的是农民在失地后的基本生活保障问题。重庆等地推出了"以土地换保障"模式，即从土地征用款中确定一定数额的资金作为失地农民的医疗、养老保障金，其中以重庆"土地换商业养老保险模式"、浙江"土地换社会养老保险模式"和成都温江"耕保金模式"为较为典型的代表。从其初衷来看，"以土地换保障"既能够保证土地流转的加快进行，又能够解决土地流转带来的失地农民基本生存问题。因此，全国许多省份也在积极筹划，准备着手推广这一模式。但是，从这一模式的运行看来，其仍有一定的潜在风险，不宜盲目推广。

风险一：忽视农村社会保障制度自身发展的风险。盲目推行"以土地换保障"，并将其作为完善农村社会保障制度的一种方式和手段，会导致政府忽视社会保障自身的完善和发展。无论何种形式的"以土地换保障"都仅仅是征地补偿的一种替代，而不是农村社保制度本身的发展，将其作为农村社保开展，无法真正实现农村社会保障制度的完善。一方面，虽然二者的目的都是保障农民居民的基本生活，但是其性质却完全不同："以土地换保障"是失地农民放弃土地承包经营权后的补偿，仅仅是将补偿款转换为社保金形式，本质上是农民自身已有财产权的形式转换；社会保障则属于公共服务，是社会公民应该享有的平等权益，是现代民主国家的基本公民权利，城市居民和农村居民都

---

① 刘红."三大调整"推进农民社保［N］.眉山日报，2009-01-01.

有权利享受社会保障权益。① 另一方面，二者的目标对象不同："以土地换保障"的对象是失地农民，仅是农村居民的一部分；农村社保体系的保障对象是全体农村居民，目的是为全体农村居民提供基本生活保障，降低风险预期。可见，二者是根本不同的，将"以土地换保障"这种方式作为社保体系本身的发展，会模糊社保本身的目的和性质，使政府忽视农村社会保障制度自身的完善和发展。没有农村社会保障制度本身的完善，没有构建起城乡统一的社保体系，失地农民"换"来的保障也无法真正与社会保障体系衔接，最终只能沦为无本之木、无源之水。

风险二：失地农民沦为"城市贫民"的风险。失地农民失去土地，不仅失去了生存保障，更重要的是失去了长期就业的载体。那些失去土地又无法获得稳定替代工作的农民将面临沦为"城市贫民"的风险。从保费金额来看，"以土地换保障"的保费主要来源于失地农民的失地补偿款，我国征地补偿标准不高，有的地区失地农民获得的补偿款尚不足以支付新居费用，更没有富余交纳养老保险费。同时，失地农民失去土地后要承担更多的生活成本，能够用于缴纳社保金的资金非常有限，而大多数地区政府出资比例较低，农民个人和村集体负担较重。从保障范围来看，大多数地区实施的"土地换社保"仅指养老保险，而缺少对医疗、失业、生育等风险的保障。对失地农民而言，一方面生活成本上升，医疗教育等市场化改革提高了生活成本；另一方面缺少稳定的工作和收入来源，面临着来源于非农就业的不稳定性、外部经济环境的冲击、自身劳动力的可替代性等现实风险，随时可能失去工作，当失去工作又无法返乡务农后，失地农民很可能滞留在城市，成为城市贫民。

风险三：无法与现行保障体系衔接的风险。随着我国覆盖城乡社会保障制度体系的初步建立，被征地农民可以加入城镇社会保险制度体系或者农村社会保险制度体系，无需用土地交换也可以获得且应该获得城乡最低生活保障，既然"土地换社保"模式的保障水平仅相当于或者略高于当地最低生活保障水平，那么失地农民还得用土地补偿费去交换其本来可以无偿获取的最低生活保障金，这就显得没有必要了。党的十七届三中全会也明确提出了城乡社会保障制度的衔接问题，要求创造条件探索城乡养老保险制度有效衔接的办法，但是如何解决两个体系的衔接问题，不仅涉及失地农民自身权益的保障，更关系到城乡社会保障体系的进一步完善。

通过以上风险分析，我们认为，"以土地换保障"模式不宜盲目推广，而应该在寻找到有效途径化解上述风险的基础上适度推行。更重要的是，这一模式仅仅是将农民纳入社保体系的手段之一，不能成为社保自身发展的替代。因为社保应由政府提供，让农民用土地换社保不仅有悖于公平原则，而且潜在较大风险。因此，农村社会保障体系的建立和完善仍需要多方面的制度创新。

---

① 有些观点认为，我国城市居民的基本生存由社会保障体系承担，农村居民的则由土地承担，那么农民失去土地得到社会保障似乎是和城市居民权益是对等的。我们认为，这种观点的预设立场是错误的，土地是农业生产资料，是农业生产的手段，基本保障功能只是农民在长期无法获得等同权利的情况下对生存的自然维持手段，不能将其看作是与城市社会保障对等的权利。

案例：

以土地换保障的三种典型模式

浙江的"土地换社会养老保险"模式

2003年浙江省开始建立失地农民社会保障制度，制定了《关于建立失地农民基本生活保障制度的指导意见》和《关于加快建立失地农民基本生活保障制度的通知》，把土地换社保向全省推行，其内容包括以下几个方面。

保障对象。该制度的主要目的是，为处于不同年龄段失地农民建立起标准有别、内容不同的养老保障制度。对于16周岁以上60周岁以下处于劳动年龄段的失地农民，为促其就业，在其就业前发放不超过两年的生活补助，期满未就业者若符合城市低保条件则纳入低保，期满就业者参加城镇职工基本养老保险。对劳动年龄段以外的失地农民，实行养老保险，交纳保费后定期领取养老金至终身。

资金来源。采用政府、集体和个人分担的办法，政府从土地出让金收入中列支，不低于保障资金总额的30%；集体从土地补偿费中列支，不低于40%；个人则从征地安置补偿费中抵交。

保障类型。浙江省失地农民养老保险并不是一个整齐统一的制度，有学者把浙江失地农民养老保险制度分为三种类型：基本生活保障型、基本养老保险型和双低保障型。

重庆的"土地换商业养老保险"模式

1992年起，重庆市政府决定委托商业保险公司办理失地农民养老保险；通过政府招标，确定由两家商业保险公司具体承办。在土地换商业养老保险的运作模式中，失地农民、商业保险公司、市政府三方的职责及其关系如下。

失地农民：男满50周岁，女满40周岁的失地农民可以向重庆市土地行政主管部门提出书面申请，将其土地补偿费、安置补助费全额或半额参保储蓄式养老保险，其余部分一次性领取。

市政府：政府把申请参保农民的保费交给保险公司，为失地农民投保；同时向失地农民发放交纳保费后的土地补偿费和安置补助费。银行利率不断下调后，重庆市财政局、社保局、国土资源和房屋管理局联合发文，承诺保证失地农民养老保险利率达到10%，差额部分由财政局从征地统筹费中支出。

商业保险公司：中标的中国人寿和新华保险公司作为农民养老金个人账户的受托人，为参保失地农民建立长期个人账户，对个人账户内资金进行投资管理，在参保农民达到领取养老金规定年龄时，即男满60周岁，女满50周岁，向受益人按月支付养老金。

成都的"耕保卡"模式

在成都市，土地确权后，农户在得到"四证"的同时还有"两卡"，即耕地保护卡和养老保险卡。创新耕地保护机制也是成都市农村产权改革的核心内容，其中最有特色的是设立耕地保护基金，建立耕地保护补偿机制。成都市和下属区县两级财政每年拿出 26 亿元设立耕地保护基金，补贴标准为基本农田每年每亩 400 元，一般耕地每年每亩 300 元，扣除 10% 的土地流转担保金和农业保险，打到农民"耕保卡"上的分别是 360 元和 270 元。根据农民本人意愿，可将耕保补贴转到养老保险卡，用以抵扣保费。农民可查询"耕保卡"上金额，但不能领取。成都市规定，农民男到 60 岁，女到 55 岁，经耕地保护协会确认承包地没有遭受破坏，方可一次性领取耕保补贴，否则将予以扣除。通过耕保金换取社保，耕地保护卡与养老保险卡联系在一起，带来了真金白银的利益，许多农民因此解决了后顾之忧。

资料来源：宋明岷《失地农民"以土地换保障"模式评析》，《福建论坛》（人文社科版）2007 年第 7 期；《统筹城乡之成都实践》，《瞭望》2008 年第 10 期。

三、我国农村社会保障制度的创新

党的十八大报告强调，要坚持全覆盖、保基本、多层次和可持续方针，以增强公平性、适应流动性、保证可持续性为重点，全面建成覆盖城乡居民的社会保障体系。十八届三中全会提出了"推进城乡要素平等交换和公共资源均衡配置，推进城乡基本公共服务均等化"的目标任务，要求"推进农业转移人口市民化、逐步把符合条件的农业转移人口转为城镇居民，推进城镇基本公共服务常住人口全覆盖，进城落户农民完全纳入城镇住房和社会保障体系、在农村参加的养老保险和医疗保险（放心保）规范接入城镇社保体系"。完善农村社会保障制度，建立健全城乡统一的社会保障体系对于促进城乡共同发展，加快农业现代化进程，实现国家粮食安全战略目标，具有深远的意义和作用。因此，我们在深入分析农村社会保障问题的基础上，结合我国国情，有针对性地提出了我国农村社会保障制度的创新途径。

（一）扩大农村社会保障的覆盖面

为加强农业基础地位和确保国家粮食安全，增加农民收入，提高生活水平，要建立和完善农村的社会保障制度，实现农村社会保障全覆盖，逐步消除城乡差别。特别是针对失地农民，要使其充分享受各类社会保障。建立和完善农村社会保障制度，首先需要建立健全多元化的农村社保基金筹措机制：首先是完善国家、集体与个人三位一体的综合投资结构，并逐步增加国家与集体的投入份额；其次是在加快发展农村集体经济的基础上，增强农村集体经济对社会保障资金的投入力度；最后是根据政府引导与农民自愿相统一的基本原则，推行由政府兜底的积累制医疗保险和养老保险。

（二）多渠道筹集农村社会保障资金

农村社会保障资金筹措是农村社会保障制度建设的中心环节，也是农村社会保障的需要解决最大难题。解决农村社会保障资金的短缺问题，体现农村社会保障的"社会"特性，需要协调个人、集体、国家三个层次主体之间的关系，重新考虑三者之间的缴费比例及方式。

1. 个人交纳部分

①以宅基地或土地承包经营权的市场价值支付个人部分。对愿意放弃宅基地或农地使用权的农民，可以将土地价值作价算入个人缴纳部分，建议每年重新核定土地价值，溢价部分加入农户账户，让农户享受到土地增值收益。②灵活自由缴纳保费。允许个人自由选择并随时变更保费缴纳金额，并适当给予农户缴费展期，以适应农业生产的不确定性。

2. 农村集体视经济状况适当补助

鼓励集体经济将积累作为投入和补贴，不同地区集体经济的经济实力存在差异，对于集体经济效益较好的地区，应该通过政策等优惠条件引导其将积累的公积金投作社会保险费。另外，鼓励集体土地利润转入社保账户。土地利润是对土地的占有、开发、使用、经营、售卖、出租、赠予、抵押所带来的收益，可以将集体土地收益部分划入集体保障专户，然后按照农户经济状况划入家庭账户。

3. 国家和政府承担部分

国家财政补贴继续向中西部和相对落后地区倾斜，并通过统筹安排，适度鼓励发达地区以地区财政转移方式帮助较为落后地区扩充社保基金。另外，国家应该加大宣传力度，加强农民风险意识；完善养老、医疗基础设施，提高公共品质量。

（三）增强农村社会保障的保障力度

社会保障的保障力度是决定社会保证制度效果的一个重要因素，增强我国农村社会保障力度、保证社会保障制度效果是完善社会保障制度的重要工作：首先，根据农民需求调整社会保障供给，增强供给的有效性；社会保障的保障范围、形式、程序等都应该以农民的需求为导向，而不是照搬城市社保经验，要因地制宜，鼓励基层积极探索改善农村社保供给的途径。其次，完善社保制度配套政策和条件；通过政策引导农民参加社保，可适当降低参保要求及赔付线，简化参保程序，提高农村医疗质量，加快社区医院建设，保证农民能够就地就医，并简化异地就医理赔手续；最后，完善流动人口档案，增强对外出务工和移居城市的农村人口的保障，学习成都等地的先进经验，将农村社保与城市社保有效地衔接起来，保证外出务工和移居农民能够就地享受社保福利。

（四）建立健全失地农民专项生活保障制度

城市化进程的加快以及农村土地规模化和产业化经营的推广，在促进农村经济发展的同时也带来了一些新问题，其中失地农民的生活保障问题尤为突出。而这一问题的解决，从根本上要依靠社会保障制度的完善和发展，但是在农村社会保障尚未健全的情况下，则需要寻求暂时、转型的保障制度来保证失地农民的基本生活。建立健全失地农民的生活保障制度，主要需做好以下工作：首先，变土地征用制度为土地购买制度，保证参与土地流转农户的经济利益，使其能够获得土地作为资产的价值和增值。其次，建立农民土地产权专项市场交易制度，通过公平、公开、公正的产权市场交易，从源头上消除占用耕地、低价征用、任意划拨农地的现象，同时有效保护农民土地产权和与之相关经济收益。再次，成立失地农民社会保障基金，将失地农民作为保障对象，由土地收益和相关经济组织出资成立专项基金，承担保障失地农民养老、就医、生活保障、教育等责任，有效替代土地养老保障功能，减少失地农民未来生活风险，解决其医疗、教育、养老等问题。我们认为，政府应当认识到，成立失地农民专项保证基金与农村社保制度是不同的，专项保障基金仅仅是暂时保障失地农民这一特殊群体基本生活的临时制度，农村居民最终要享受到与城市居民等同的社会保障制度。最后，做好失地农民社保体系与城乡一体化的社保体系的衔接和协调，保证失地农民与其他农村居民能够纳入统一的社会保障体系，从不同保障对象权利均等的角度处理好"土地换保障"与国家应该提供的具有公共服务性质的社会保障体系之间存在的矛盾。

第六节 优化我国农村公共品供给制度

农村公共品是指政府为满足农业生产和农民生活需要而提供的基本物品和服务，包括农村基础设施和农村社会事业两大类别，涉及农村公共交通、通信网络、农田水利、基础教育、公共安全、社会保障、环境等从农业生产到农民生活各个方面的内容。农村公共品供给是为了满足农村生产生活对各种公共设施、服务的需要，是农业生产投入和农民生活福利的重要内容。农村公共品供给制度也成为确保农业发展、农村进步和粮食安全的基础性制度。随着我国农村经济的发展，对农村公共品需求持续增长，如何进一步深化农村公共品供给制度改革，构建与农业发展和农民生活需要相匹配的农村公共品供给制度，是关乎农业基础性地位和国家粮食安全，并直接影响农民生活水平的重要问题之一。

一、农村公共品供给与农村经济发展

农村公共品供给水平及供求结构直接影响农业产业效率和农村社会发展程度。完善农村公共品供给制度是促进农村经济发展，缓解城乡经济差距持续扩大这一社会矛盾的关键。

（一）农村公共品是影响农业生产效率的重要因素

在土地资源约束下，要巩固农业基础地位、保障国家粮食安全，只能依靠农业生产效率的提高。农业产业效率的提高则依赖于通过农业生产方式的转变发展现代农业，而现代农业的建立和发展需要以完善农田基础设施为基础，需要以先进的农业科技为支撑。我国农田基础设施建设和农业科技发展并不乐观，就农田基本设施而言，许多地区

的农田水利设施已经严重老化，新中国成立后修建的 8 万多座水库有不少被淤塞，渠道工程年久失修，灌溉用水跑冒渗漏严重。[①] 在农业科技发展方面，虽然每年都会涌现出大量农业科技成果，但是科研孵化机制的缺失使大多数成果都难以在现实中得到应用。"农业科技是确保国家粮食安全的基础支撑，是突破资源环境约束的必然选择，是加快现代农业建设的决定力量，具有显著的公共性、基础性、社会性。"[②] 农业效率的提高首先要实现农田基础设施的完善和农业技术的不断创新，中共中央、国务院分别在 2011 年和 2012 年颁布的一号文件中对农田水利建设和农业科技发展做出了专门部署，要求加大相关投入，大力改善我国农田水利条件，提高农业科技水平。在下一阶段，要深化对农村公共品供给制度创新的研究，通过完善的制度保障农村公共品供给，为农业生产效率和国家粮食综合生产能力的提高提供有力的基础保证。

（二）农村公共品是衡量农民福利水平的重要指标

农村公共品是农民生活的重要消费品，是衡量农民福利水平的重要指标。除基本衣食需求外，农民对于农村道路、通讯、教育、医疗和文化等公共品的需求也构成了其日常消费的重要内容。随着农村经济的发展和农民收入的逐渐提高，农民对于公共品的需求弹性不断增大，需求量不断增加。但是，在长期工业化优先发展的过程中，农村公共品已经形成大量欠账，虽然最近几年国家逐年加大投资力度，但是仍难以满足农户需求。特别是与城市不断更新和完善的公共设施、服务相比，农村公共品的发展严重滞后，这一差距也构成了城乡二元结构的重要内容。农户经济收入虽然不断增加，但是公共品供给的巨大差距使城乡实际差距仍在不断扩大，农民享受到的福利水平仍远低于城市居民。因此，要真正消除城乡差距，构建城乡和谐发展机制，必须通过完善农村公共品供给制度，增加农村公共品供给，提升农民福利水平。

（三）农村公共品是社会主义新农村建设的重要内容

社会成员能享受到的公共品的数量和质量是社会发展的重要衡量指标之一。我国新农村建设的目标是促进城乡协调发展，按照"生产发展、生活宽裕、乡风文明、村容整洁、管理民主"的基本要求，全面加强农村道路、水利设施、信息网络、农村教育、医疗卫生等生产生活基础设施和基本公共服务建设，奠定新农村综合体建设的物质基础，促使农民共享改革发展的成果，最终将传统农业改造为现代高效生态农业，将传统村落改造为现代文明的农村新型社区，将传统农民培育为新型农业经营主体或新型职业农民，最终推动城乡发展一体化。新农村建设中，从生产、生活到村容村貌建设，无不涉及农村基础设施和公共服务的完善，因此，为农村、农业和农民提供基本而有保障的公共产品是建设社会主义新农村的基础和关键。

---

① 张波，王兆斌. 农村公共品供给：扩大内需的一个着力点 [J]. 求是，2009 (15)：35—37.
② 中共中央，国务院. 关于加快推进农业科技创新 持续增强农产品供给保障能力的若干意见 [Z]. 2012—02—01.

二、我国农村公共品供给制度及效果

（一）我国农村公共品供给制度的不同阶段

新中国成立后至今，我国农村公共品供给制度经历了人民公社时期、家庭承包制改革时期和税费改革时期三个阶段。

第一阶段，人民公社集体供给的农村公共产品供给体制。在人民公社"一大二公"的分配制度下，国家开始实行高度集中的计划经济体制和统收统支的财政管理体制。农村基本生产资料归集体所有，公共品的提供由集体统一组织安排。但是，在"多取少予、农业哺育工业"的制度安排下，人民公社通过税费制度筹措资金增加自身积累的能力较为有限，农村公共产品制度内供给明显不足，只能依靠公社通过评工记分来统一安排。在人民公社体制下，农村公共品供给制度表面上是由人民公社集体提供的，但其实质则是由农民通过投入要素自主提供的。

第二阶段，家庭联产承包责任制改革中的农村公共产品供给体制。家庭联产承包责任制改革实行以后，大部分地区集体经营这一层次名存实亡，集体作用的削弱导致农村公共品供给方缺位。这一时期，农村公共品供给主要由农民通过交纳统筹提留以及土地承包费等方式供给。税费改革前，农民要负担以下税费：国家农业税收；向集体组织交纳的各种统筹提留以及土地承包费等，包括村提留的公积金、公益金、管理费、农村教育附加费、计划生育费、优抚费、民兵训练费、乡村道路建设费等等；各种行政事业性收费、教育集资、乡村范围内的生产和公益事业集资以及各种摊派、罚款和收费；按国家法规规定，农村劳动力每年应承担的义务工和积累工。这一阶段，农村公共产品供给制度与前一时期没有本质区别，农民仍然是实质上的供给主体。过重的经济负担严重降低了农户收入，导致"三农"问题的出现，并威胁到国家粮食安全。为此，财政逐渐增加对农村公共品的投入力度，以"财政支持"方式增加了农村道路、电网、大中型水利工程、生态治理与保护等公共品供给。

第三阶段，全面税费改革后的农村公共产品供给。从 2000 年开始推行农村税费改革以来，国家通过积极推行多予、少取、放活方针，使农村公共品供给制度发生了重大变化：建立了覆盖农村的公共财政框架，原来主要由农民作为供给主体的义务教育、民兵训练、计划生育、五保供养、农村公益事业以及基层政权组织运转等，都逐步纳入到公共财政预算；通过取消屠宰税及各种统筹、提留和逐步取消劳动积累工、义务工和村内集体投资"一事一议"方法，极大地减轻了农民负担，并形成了以农民需求为导向的公共品供给机制。[①] 但是，由于税费改革后，集体收入大幅度减少，如近年来，中央农林水务支出比例逐年下降，从 2007 年的 9％下降到 2012 年的 4.7％，2013 年有所上升，但也仅占中央财政预算总支出的 8.9％。这意味着农村基础设施投资所需资金大部分由地方财政支付，在地方财力有限的区域，农业基础设施建设受资金的严重制约。全

---

① 吴孔凡. 健全完善需求导向型的农村公共品供给制度［J］. 社会主义研究，2008（3）：112-116.

国许多地区的农村公共品供给仍面临供给不足的问题，迫切需要中央财政增加对农村公共品的支出比例。

（二）我国农村公共品供给制度的主要问题

随着财政支付能力的增强和农村经济的发展，我国农村公共品供给的范围不断扩大，农民的生活及生产有很大的改善。尤其是近年来随着国家支农力度的增强，农村基础设施和公共服务条件得到全面提升，在很大程度上促进了农业增产、农民增收和农村稳定。但是，当前农村公共品供给制度仍然存在缺陷和不足，主要表现在以下若干方面。

第一，农村公共品供给制度主体缺位。在农村财权不断向上集中、事权不断下移的过程中，提供农村公共品的责任落到了基层政府肩上。但农村税费改革后，基层政府财力显著下降，财源的限制使其难以有效承担这一责任，在农民自治组织尚未成熟的阶段，农村公共品供给主体呈缺失状态。目前，公共品的实际供给者为政府和农户：涉及多个村和地区的重大项目和财政支农项目由中央和省市各级政府负担；村内小规模项目由村级自治机构组织村民实施。其中，财政项目由不同部门管理模式，在资金使用方向、实施范围、建设内容、项目安排等方面存在重复投入的问题，形成多头管理、监管不严、资金漏损等问题。村民承担项目则存在着外部性问题，导致组织困难，农户参与积极性不高，项目最终被搁置，或者通过强行摊派执行，部分地区的"一事一议"变成了向农民集资摊派的手段。

第二，农村公共品供求结构存在矛盾。农村公共品供给是为了满足农民对生产性和生活性公共品的需求，农村公共品需求具有广泛性、多样性、地域性、层次性、非均衡性和主体性等特点。当前农村公共品供需间的矛盾较突出，公共品供给缺少对农民需求多样性和差异性的满足。虽然采用了"一事一议"的民主决策方法，但是许多大型投资项目仍由中央或省级政府采取"自上而下"的拨付方式提供供给，不少地方仍热衷于建设周期短、见效快的"政绩工程""形象工程"，而不愿提供见效慢、期限长的公共品。

第三，农村公共品缺乏有效的管理机制。农村各项公共品，特别是农田水利、道路交通等项目，需要监管及后续的维护和修缮才能保证产品作用的发挥。从实践情况看，对农村公共品管理的职责由基层政府承担，但是由于基层政府财力和人力的限制，农村公共品缺乏有效的管理机制，许多项目建设完成后，由于没有得到及时的养护、维修，生命期大大缩短，从而造成公共品的严重浪费。

三、优化我国农村公共品供给制度的途径

农村公共品供给制度的不完善，造成农村公共品供给不足、结构失衡，城乡差距扩大。在农村地区，不仅大型水利水电灌溉设施建设、大型农业固定资产投入以及农业基础服务等生产性公共品供给不足，包括农村教育、农民医疗以及农村环境保护等在内的生活性公共物品供给也难以满足农民需求。要巩固农业的基础地位，确保国家粮食安全，实现农村经济的持续稳定发展，必须要通过制度创新完善我国农村公共品供给

制度。

（一）明确农村公共品供给主体

完善农村公共品供给制度首先要明确公共品的供给主体，促进单一的供给主体向多元化主体转化。根据公共品的性质形成多层次、多元化的供给主体，农村大型基础设施建设、基层政府服务、农业科技研究等纯公共品应由各级政府通过财政转移支付提供，而各类准公共品具有服务范围小和排他性的特征，因此可采取政府供给、政府与私人的联合供给、第三方供给以及私人供给等多主体供给形式。农村公共品供给制度中，政府是最主要的供给主体，但不是唯一的供给主体。因此，要积极发展多元化的农村公共品供给主体，积极引进民间投资，由市场主体供给部分农村准公共品。实际上我国目前已出现了农村公共产品的非政府供给，如村级医疗卫生服务的民间供给和小型农田水利设施的私人供给等。非政府主体供给能够拓展农村公共品资金来源，丰富公共品供给途径，是对政府财政的有益补充。因此，政府应该鼓励和引导各种组织、个人进入农村公共品供给领域，并通过相关管理制度约束其行为，形成多元化的农村公共品供给主体。

（二）建立农村公共品的需求表达机制

完善农村公共品供给制度还要形成农村公共品的需求表达机制。在我国农村公共品供给制度中，广大农民的实际需求应该成为公共品供给的基本导向，而只有通过建立和完善公共产品的农民需求表达机制，才能使农村范围内多数居民的需求得以体现。建立农村公共品需求表达机制，一方面要加强基层民主政治建设，通过对乡镇党委的主要领导岗位采取公推直选的方式，将基层干部的选举权、监督权和罢免权交给广大党员和农民群众；通过民主选举和监督机制保证基层领导能够代表大多数农民的利益；并通过细化岗位规则来明确规定干部的权力和责任。另一方面，要提高农民的组织化程度，形成反映农民意愿、代表农民利益的各类农村集体组织。通过积极引导、培养农民合作组织，以制度保障农民合作组织的发展、壮大，形成以各类合作组织为主要载体的农民权益表达机制，改变农户在博弈过程中的弱势地位。

（三）建立城乡统一的公共品供给模式

完善农村公共品供给制度，需要形成城乡统一的公共品供给模式。公共品供给差异也是城乡二元结构的重要表现，统筹城乡公共品供给是统筹城乡经济发展，缓解城乡经济差距持续扩大的关键。实现城乡公共品供给公平，要建立起平等、统一的城乡公共品供给制度，使农村公共品供给纳入国家财政预算，并适当提高对农村公共品建设投资的财政支出比例；形成统一的城乡公共品质量标准，特别是要提高农村教育和医疗服务的质量，让农民能够就地享受到与城市居民等同的公共服务；根据城乡一体的社会保障和社会服务制度，消除城乡公共服务壁垒，如就医、就学的地域限制等，平等地满足城乡居民公共品需求。

（四）改革农村公共品供给的决策与监督机制

完善农村公共品供给制度必须改革农村公共品供给的决策与监督机制。由于农村公

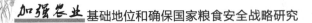

共品供给涉及多部门协调实施，并缺少统一的投资与建设标准，在实践中往往出现资金挪用、漏出，公共品质量差，管理混乱或管理者缺位等问题，因此，完善农村公共品供给制度，亟须改革农村公共品供给的决策与监督机制：第一，整合农村公共品投入资源，改变现有的各部门条块分割、重复投入的做法；第二，加强农村公共品供给的监督管理，将项目立项、评估、验收、维护等纳入规范化、制度化的管理轨道，提高农村公共品供给的规范性；第三，引入第三方监督机制，在公共品建设项目中引入独立的审计机构和社会组织等第三方独立监督机构，形成独立、有效的农村公共品管理监督机制。

参考文献

A. 专著类

[1] 马克思恩格斯选集（第 2 卷）[M]. 北京：人民出版社，2012.

[2] 马克思恩格斯选集（第 3 卷）[M]. 北京：人民出版社，2012.

[3] 马克思. 资本论（第 1 卷）[M]. 北京：人民出版社，2004.

[4] 马克思. 资本论（第 3 卷）[M]. 北京：人民出版社，2004.

[5] 列宁. 列宁选集 [M]. 北京：人民出版社，1995.

[6] 毛泽东. 毛泽东选集 [M]. 北京：人民出版社，1991.

[7] 邓小平. 邓小平文选（第 3 卷）[M]. 北京：人民出版社，1993.

[8] 高举中国特色社会主义伟大旗帜　为夺取全面建设小康社会新胜利而奋斗 [M]. 北京：人民出版社，2007.

[9] 坚定不移沿着中国特色社会主义道路前进　为全面建成小康社会而奋斗 [M]. 北京：人民出版社，2012.

[10] 中共中央关于推进农村改革发展若干重大问题的决定 [M]. 北京：人民出版社，2008.

[11] 中国共产党第十七届中央委员会第五次全体会议公报 [M]. 北京：人民出版社，2010.

[12] 中华人民共和国国民经济和社会发展第十二个五年规划纲要 [M]. 北京：人民出版社，2011.

[13] 党的十六大报告学习辅导百问 [M]. 北京：党建读物出版社，2002.

[14] 保罗·A. 萨缪尔森，等. 经济学 [M]. 北京：中国发展出版社，1992.

[15] 岸根卓郎. 粮食经济——未来 21 世纪的政策 [M]. 南京：南京大学出版社，1999.

[16] 莱斯特·布朗. 谁来养活中国 [M]. 上海：三联书店出版社，1995.

[17] 马尔萨斯. 人口论 [M]. 北京：北京大学出版社，2008.

[18] 约翰. 中国农业调整出现的问题 [M]. 上海：上海人民出版社，2004.

[19] 戴维斯. 亚洲粮食需求对西方的影响 [M]. 北京：农业经济出版社，1993.

[20] 西奥多·W. 舒尔茨. 报酬递增的源泉 [M]. 北京：北京大学出版社，2001.

[21] 西奥多·W. 舒尔茨. 改造传统农业. [M]. 北京：商务印书馆，2006.

[22] 西蒙·库兹涅茨. 各国的经济增长 [M]. 北京：商务印书馆，1985.

[23] 布阿吉尔贝尔. 谷物论、论财富、货币和赋税的性质 [M]. 北京：商务印书馆，1979.

[24] 苏布拉塔·加塔克，肯·英格森特. 农业与经济发展 [M]. 北京：华夏出版社，1987.

[25] 郜若素. 中国粮食研究报告 [M]. 北京：中国农业出版社，1996.

[26] 茅于轼. 我国的粮食安全问题研究 [M]. 上海：上海财经大学出版社，2004.

[27] 厉以宁. 走向繁荣的战略选择 [M]. 北京：经济日报出版社，1999.

[28] 林毅夫，等. 中国的奇迹：发展战略与经济改革 [M]. 上海：三联书店，1994.

[29] 洪银兴.《资本论》的现代解析 [M]. 北京：经济科学出版社，2005.

[30] 速水佑次郎. 农业经济论 [M]. 北京：中国农业出版社，2003.

[31] 苏东水. 产业经济学 [M]. 北京：高等教育出版社，2000.

[32] 阿玛蒂亚·森. 贫困与饥荒 [M]. 王宇，王文玉，译. 北京：商务印书馆，2001.

[33] 丁泽霁. 农业经济学基本理论探索 [M]. 北京：中国农业出版社，2002.

[34] 张培刚. 农业与工业化：农业国工业化问题初探 [M]. 武汉：华中科技大学出版社，2002.

[35] 聂永红. 中国粮食之路 [M]. 北京：经济管理出版社，2009.

[36] 闻海燕. 粮食安全：市场化进程中主销区粮食问题研究 [M]. 北京：社会科学文献出版社，2006.

[37] 世界银行. 2008 世界发展报告 [R]. 华盛顿：世界银行，2007.

[38] 联合国粮食及农业组织. 世界粮食不安全状况：经济危机——影响及获得的经验教训 [R]. 华盛顿：联合国粮食及农业组织，2009.

[39] 中国社会科学院农村发展研究所，国家统计局农村社会经济调查司. 中国农村经济形势分析与预测（2007—2008）[M]. 北京：社会科学文献出版社，2008.

[40] 日本农林省农林水产技术会议事务局. 日本土地利用分类的程序和方法 [M]. 北京：农业出版社，1985.

[42] 胡鞍钢. 中国发展前景 [M]. 北京：人民出版社，2003.

[43] 聂振邦. 2011 中国粮食发展报告 [M]. 北京：经济管理出版社，2011.

[44] 马文杰. 中国粮食综合生产能力研究 [M]. 北京：科学出版社，2010.

[45] 国家粮食局课题组. 粮食支持政策与促进国家粮食安全研究 [M]. 北京：经济管理出版社，2009.

[46] 拉吉·帕特尔. 粮食战争：市场、权力和世界食物体系的隐形战争 [M]. 北京：东方出版社，2008.

[47] 肖国安，王文涛，朱有志，等. 中国粮食安全报告：预警与风险化解 [M]. 北京：红旗出版社，2009.

[48] 吴慧. 中国历代粮食亩产研究 [M]. 北京：农业出版社，1985.

[49] 林培，朱德举，梁学庆. 土地资源学 [M]. 北京：北京农业大学出版社，1991.

[50] 梁朝仪. 土地评价 [M]. 河南：科学技术出版社，1992.

[51] 王万茂. 土地定级与估价 [M]. 江苏：中国矿业大学出版社，1993.

[52] 李经谋. 2010中国粮食市场发展报告 [M]. 北京：中国财政经济出版社，2010.

[53] 马晓河，蓝海涛. 中国粮食综合生产能力与粮食安全 [M]. 北京：经济科学出版社，2008.

[54] 张凤荣. 持续土地利用管理的理论与实践 [M]. 北京：北京大学出版社，1995.

[55] 朱德举. 土地评价 [M]. 北京：科学出版社，1995.

[56] 王济民，李玉珠. 中国粮食生产波动的实证分析 [M]. 北京：中国农业出版社，1995.

[57] 戴旭. 农业土地评价的理论与方法 [M]. 北京：科学出版社，1995.

[58] 朱希刚. 跨世纪的探索：中国粮食问题研究 [M]. 北京：中国农业出版社，1997.

[59] 肖春阳. 粮食市场论 [M]. 北京：经济管理出版社，1997.

[60] 朱泽. 中国粮食安全问题——实证研究与政策选择 [M]. 武汉：湖北科技出版社，1998.

[61] 石磊. 中国农村组织的结构变迁 [M]. 太原：山西经济出版社，1998.

[62] 倪绍祥. 土地类型与土地评价概论 [M]. 北京：高等教育出版社，1999.

[63] 张红玉. 我国粮食补贴政策研究 [M]. 上海：立信会计出版社，2010.

[64] 盛洪. 中国的过渡经济学 [M]. 上海：上海人民出版社，1999.

[65] 朱杰，聂振邦，马晓河. 21世纪中国粮食问题 [M]. 北京：中国计划出版社，1999.

[66] 孙振远. 中国粮食问题 [M]. 郑州：河南人民出版社，2000.

[67] 吴志华. 中国粮食安全与成本优化研究 [M]. 北京：中国农业出版社，2001.

[68] 赵昌文. 欧盟共同农业政策研究 [M]. 成都：西南财经大学出版社，2001.

[69] 林善浪. 中国农业发展问题报告 [M]. 北京：中国发展出版社，2003.

[70] 束克欣. 农用地分等定级估价的战略意义 [M] //农用地分等定级估价理论、方法、实践. 北京：地质出版社，2004.

[71] 刘晓梅. 我国粮食安全战略研究 [M]. 北京：中国市场出版社，2004.

[72] 曲立峰. 中国农产品期货市场发展研究 [M]. 北京：中国社会科学出版社，2004.

[73] 钟甫宁，朱晶，曹宝明. 粮食市场的改革与全球化：中国粮食安全的另一种选择 [M]. 北京：中国农业出版社，2004.

[74] 徐剑明. "马尔萨斯幽灵"的回归——粮食危机真相 [M]. 北京：中国致公出版社，2010.

[75] 肖国安. 中国粮食安全研究 [M]. 北京：中国经济出版社，2005.

[76] 陈卫平. 中国农业国际竞争力 [M]. 北京：中国人民大学出版社，2005.

[77] 高帆. 中国粮食安全的理论研究与实证分析 [M]. 上海：上海人民出版社，2005.

[78] 闻海燕. 粮食安全——市场化进程中主销区粮食问题研究 [M]. 北京：社会科学文献出版社，2006.

[79] 聂凤英. 粮食安全与食品安全研究 [M]. 北京：中国农业科学技术出版社，2006.

[80] 宋迎波，王建林，杨霏云. 粮食安全气象服务 [M]. 北京：气象出版社，2006.

[81] 张冬平，魏仲生. 粮食安全与主产区农民增收问题 [M]. 北京：中国农业出版社，2006.

[82] 卢良恕，王健. 粮食安全 [M]. 杭州：浙江大学出版社，2007.

[83] 吴志华. 中国粮食安全与成本优化研究 [M]. 北京：中国农业出版社，2007.

[84] 丁声俊. 守望粮食 30 年 [M]. 北京：中国农业出版社，2011.

[85] 许道夫. 中国近代粮食经济史 [M]. 北京：中国农业出版社，2010.

[86] 王健，陆文聪. 市场化、国际化背景下中国粮食安全分析及对策研究 [M]. 杭州：浙江大学出版社，2007.

[87] 翟虎渠. 中国粮食安全国家战略研究 [M]. 北京：中国农业科学技术出版社，2011.

[88] 洪涛，等. 中国粮食安全保障体系及预警 [M]. 北京：经济管理出版社，2010.

[89] 上官周平，李建平，李玉山. 耕地变化与粮食安全对策：以陕西省为例 [M]. 北京：科学出版社，2011.

[90] 尹成杰. 粮安天下：全球粮食危机与中国粮食安全 [M]. 北京：中国经济出版社，2009.

[91] 何蒲明. 粮食安全与农产品期货市场发展研究 [M]. 北京：中国农业出版社，2009.

[92] 张利国. 粮食安全背景下我国粮食综合生产能力研究 [M]. 北京：中国农业出版社，2008.

[93] 曹宝明，李光泗，徐建玲. 中国粮食安全的现状挑战与对策研究：南京财经大学粮食安全与战略研究中心研究报告 [M]. 北京：中国农业出版社，2011.

[94] 张来武. 中国粮食安全战略与对策 [M]. 北京：科学出版社，2009.

[95] 陈佑启，何英彬，余强毅. APEC 地区粮食生产能力与粮食安全研究 [M]. 北京：中国农业科学技术出版社，2012.

[96] 茅于轼，赵农. 中国粮食安全靠什么：计划还是市场 [M]. 北京：知识产权出版社，2011.

[97] 顾秀林. 转基因战：21 世纪中国粮食安全保卫战 [M]. 北京：知识产权出版

社，2011.

[98] 殷培红. 气候变化与中国粮食安全脆弱区 [M]. 北京：中国环境科学出版社，2011.

[99] 赵文先. 粮食安全与粮农增收目标的公共财政和农业政策性金融支持研究 [M]. 北京：经济管理出版社，2010.

[100] 程序，邱化蛟，朱万斌. 中国区域农业资源合理配置环境综合治理和农业区域协调发展战略研究：从全球农业发展的趋势审视我国农业发展的现状和未来 21 世纪中国粮食安全问题新论 [M]. 北京：中国农业出版社，2009.

[101] 高峰，王学真. 中国农业：保护、发展和微观粮食安全 [M]. 北京：中国经济出版社，2008.

[102] 张锦华，徐庆. 中国的粮食安全：以上海为视角 [M]. 上海：上海财经大学出版社，2011.

[103] 陈佑启，姚艳敏，何英彬. 中国区域性耕地资源变化影响评价与粮食安全预警研究 [M]. 北京：中国农业科学技术出版社，2010.

[104] 刘海月. 国际粮食垄断资本跨国投资及其影响研究——以大豆产业为例 [M]. 成都：四川大学出版社，2011.

[105] 攀明. 种粮行为与粮食政策 [M]. 北京：社会科学文献出版社，2011.

[106] 陈少伟，胡锋. 中国粮食市场研究 [M]. 广州：暨南大学出版社，2011.

[107] 王国敏. 中国农业风险保障体系建设研究 [M]. 成都：四川大学出版社，1997.

[108] 王国敏. 农业产业化与农业宏观政策研究 [M]. 成都：四川大学出版社，2002.

[109] 王国敏，李杰. 西部农村投资结构研究 [M]. 成都：西南财大出版社，2006.

[110] 王国敏，郑晔. 中国农业自然灾害的风险管理与防范体系研究 [M]. 成都：西南财大出版社，2007.

B. 论文类

[1] 温家宝. 关于深入贯彻落实科学发展观的若干重大问题 [J]. 求是，2008 (21).

[2] 陈锡文. 当前农村改革发展的形势和总体思路 [J]. 浙江大学学报：人文社会科学版，2009 (6).

[3] 韩长赋. 加快发展现代农业 [N]. 人民日报，2010-11-22 (07).

[4] 尹成杰. 关于提高粮食综合生产能力的思考 [J]. 农业经济问题，2005 (1)

[5] 韩俊. 对新阶段加强农业基础地位的再认识 [J]. 江苏农村经济，2008 (3)

[6] 尹成杰. 中国特色的粮食安全 [J]. 瞭望，2009 (32).

[7] 张晓京. 论 WTO《农业协议》下的粮食安全——基于发展中国家的思考 [J]. 郑州大学学报：哲学社会科学版，2012 (2).

[8] 黄季焜，杨军，仇焕广. 新时期国家粮食安全战略和政策的思考 [J]. 农业经济问题，2012 (3).

[9] 罗光强. 我国粮食安全责任战略的实现行为研究 [J]. 农业经济问题，2012 (3).

[10] 韩俊. 夯实保障国家粮食安全的水利基础 [J]. 中国水利，2011 (6).

[11] 曾靖，姜学勤. 农民收入与粮食安全协调发展研究 [J]. 调研世界，2012 (3).

[12] 陈纪平. 粮食安全的价格理论框架及其应用 [J]. 山西大学学报：哲学社会科学版，2012 (2).

[13] 彭超. 在粮食产地转移中保障国家粮食安全 [J]. 中国党政干部论坛，2012 (3).

[14] 于晓华，Bruemmer Bernhard，钟甫宁. 如何保障中国粮食安全 [J]. 农业技术经济，2012 (2).

[15] 刘成玉. 对粮食安全几个理论问题的认识 [J]. 江苏大学学报：社会科学版，2012 (1).

[16] 邓大才. 粮食安全的模型、类型与选择 [J]. 华中师范大学学报：人文社会科学版，2012 (1).

[17] 夏天，周勇. 区域粮食安全预警研究 [J]. 华中师范大学学报：人文社会科学版，2012 (1).

[18] 罗光强. 我国粮食主产区粮食安全责任实现的路径及对策 [J]. 经济纵横，2012 (1).

[19] 李方旺. 新形势下我国粮食安全面临的问题及对策建议 [J]. 经济研究参考，2012 (1).

[20] 刘成玉. 耕地保护视野的土地产权治理"困境"及至我国粮食安全 [J]. 改革，2011 (12).

[21] 樊增强. 我国粮食安全问题不容忽视 [J]. 红旗文稿，2011 (22).

[22] 张学浪，李俊奎. 粮食综合生产能力与国家粮食安全 [J]. 湖南师范大学社会科学学报，2011 (6).

[23] 李国勇，张扬，高士亮. 农业转型阶段粮食安全、粮农增收研究述评 [J]. 经济学动态，2011 (11).

[24] 李淑湘. 我国当前粮食安全问题的成因分析与对策研究 [J]. 马克思主义研究，2011 (11).

[25] 赵亮，穆月英. 我国粮食安全的路径依赖分析 [J]. 农业技术经济，2011 (10).

[26] 翟虎渠. 关于中国粮食安全战略的思考 [J]. 农业经济问题，2011 (9).

[27] 张新颖. 基于粮食安全视阈下的主产区安全问题——"十一五"时期我国部分省区农业与粮食状况比较 [J]. 学习与探索，2011 (5).

[28] 江虹. WTO《农业协定》对发展中国家粮食安全的影响 [J]. 江西社会科学，2011 (9).

[29] 王国敏，卢婷婷. 我国粮食安全面临的复杂矛盾 [J]. 社会科学研究，2011 (5).

[30] 马晓河，黄汉权，王为农，等. "七连增"后我国粮食形势及政策建议 [J]. 宏观经济管理，2011 (6).

[31] 李昕. 我国粮食安全与农业结构调整取向：观照国际经验 [J]. 改革，2011 (8).

［32］白描，田维明. 加入 WTO 对中国粮食安全的影响［J］. 中国农村观察，2011（4）.

［33］周力，周应恒. 粮食安全：气候变化与粮食产地转移［J］. 中国人口，资源与环境，2011（7）.

［34］谭智心，钟真. 新时期中国粮食安全现状与面临的挑战［J］. 江汉论坛，2011（7）.

［35］余强毅，吴文斌，唐华俊，等. 基于粮食生产能力的 APEC 地区粮食安全评价［J］. 中国农业科学，2011（13）.

［36］袁海平，顾益康，胡豹. 确保新时期我国粮食安全的战略对策研究［J］. 农业经济问题，2011（6）.

［37］张桂文. 二元经济转型视角下的中国粮食安全［J］. 经济学动态，2011（6）.

［38］李丰，李光泗，郭晓东. 外资进入对我国粮食安全的影响及对策［J］. 现代经济探讨，2011（6）.

［39］张利国. 我国区域粮食安全演变：1949—2008［J］. 经济地理，2011（5）.

［40］居占杰. 我国粮食安全的经济学分析［J］. 东南大学学报：哲学社会科学版，2011（3）.

［41］马述忠，段钒. 基于粮食安全背景的中国粮食企业"走出去"关键性影响因素研究［J］. 浙江社会科学，2011（5）.

［42］李昌平. 粮食安全问题的化解之道——关于中国农业制度的思考［J］. 探索与争鸣，2011（5）.

［43］陆文聪，李元龙，祁慧博. 全球化背景下中国粮食供求区域均衡：对国家粮食安全的启示［J］. 农业经济问题，2011（4）.

［44］廖西元，李凤博，徐春春，等. 粮食安全的国家战略［J］. 农业经济问题，2011（4）.

［45］张月华. 大粮食安全观下的粮食物流探讨［J］. 农业经济，2011（4）.

［46］涂圣伟，蓝海涛. 生物质能源产业与粮食安全［J］. 宏观经济管理，2011（4）.

［47］吴娟. 关于我国粮食安全保护问题的几点思考［J］. 农业经济问题，2012（3）.

［48］王文龙. 民工荒、粮食安全危机与中国农业生产模式转型［J］. 经济体制改革，2011（2）.

［49］宛福成. 全球视野下的中国"粮食安全"策略取向［J］. 长白学刊，2011（2）.

［50］陈明星. 粮食供应链安全：一个新的粮食安全视角——兼论粮食生产核心产区发展思路创新［J］. 调研世界，2011（3）.

［51］李光泗，朱丽莉，孙文华. 基于政府调控能力视角的中国粮食安全测度与评价［J］. 软科学，2011（3）.

［52］崔亚平. 中国工业化、城镇化与粮食安全［J］. 农业经济，2011（3）.

［53］孙鹤，张海翔. 中国粮食市场的动态均衡模型及粮食安全调控［J］. 统计与决策，2011（5）.

［54］金丽馥，刘晶. 基于世界粮食危机的我国粮食安全问题的新思考［J］. 北京行政学院学报，2011（1）.

[55] 潘刚. 维护国家粮食安全需建立粮食主产区利益补偿制度 [J]. 红旗文稿，2011 (3).

[56] 郭兵. 我国城市化与粮食安全关系问题研究 [J]. 经济体制改革，2011 (1).

[57] 罗向明，张伟，丁继锋. 收入调节、粮食安全与欠发达地区农业保险补贴安排 [J]. 农业经济问题，2011 (1).

[58] 包宗顺. 世界粮食生产、贸易、价格波动与中国的粮食安全应对策略 [J]. 世界经济与政治论坛，2011 (1).

[59] 戴小枫. 确保我国粮食安全的技术战略与路线选择 [J]. 中国软科学，2010 (12).

[60] 林冬生. 统筹城乡发展背景下粮食安全的两难困境及对策 [J]. 农村经济，2010 (12).

[61] 徐芳，钟秋波. 中低产田改造是实现我国粮食安全的有效途径 [J]. 管理世界，2010 (12).

[62] 晋洪涛. 农户行为"四化"：粮食安全潜在危机与政策建议——基于河南 24 县 455 户农民调查 [J]. 经济问题探索，2010 (12).

[63] 刘颖，许为，樊刚. 中国粮食安全储备最优规模研究 [J]. 农业技术经济，2010 (11).

[64] 祝滨滨，刘笑然. 我国粮食安全概念及标准研究 [J]. 经济纵横，2010 (11).

[65] 公茂刚，王学真. 发展中国家粮食安全决定因素实证分析 [J]. 农业技术经济，2010 (8).

[66] 刘永胜，张淑荣，兰德平. 入世以来我国粮食贸易与粮食安全问题分析 [J]. 农业经济，2010 (8).

[67] 加内什·特里切，童珊. 21 世纪中国粮食安全的政治经济学分析 [J]. 学习与探索，2010 (4).

[68] 高淑桃，任福全，王晓. 我国粮食安全目标实现的制约因素及对策 [J]. 理论探索，2010 (4).

[69] 曹利群. 警惕工业化挤压危及粮食安全 [J]. 中国党政干部论坛，2010 (6).

[70] 石婷婷. 粮食安全与政府土地政策的调整 [J]. 浙江学刊，2010 (3).

[71] 王雨濛，吴娟. 基于粮食安全的资源高效配置问题探讨 [J]. 农业经济问题，2010 (4).

[72] 聂振邦. 加强宏观调控维护市场稳定切实保障国家粮食安全 [J]. 宏观经济管理，2010 (4).

[73] 乔召旗，林郁. 土地、技术进步与粮食安全研究 [J]. 云南财经大学学报，2010 (2).

[74] 田建民，孟俊杰. 我国现行粮食安全政策绩效分析 [J]. 农业经济问题，2010 (3).

[75] 田建民. 粮食安全长效机制构建的核心——区域发展视角的粮食生产利益补偿调节政策 [J]. 农业现代化研究，2010 (2).

[76] 邓大才. 粮食安全：耕地、贸易、技术与条件——改革开放 30 年粮食安全保障的途径研究 [J]. 财经问题研究，2010 (2).

[77] 罗叶. 市场结构、风险决策与粮食安全——基于四川 20 个粮食主产县调查的实证研究与博弈分析 [J]. 经济学家，2010 (1).

[78] 陈春生. 论农户行为模式转型与中国粮食安全问题 [J]. 陕西师范大学学报：哲学社会科学版，2010 (1).

[79] 彭克强，刘枭. 2020 年以前中国粮食安全形势预测与分析 [J]. 经济学家，2009 (12).

[80] 刘铮. 世界粮食危机挑战中国粮食安全 [J]. 经济学家，2009 (12).

[81] 公茂刚，王学真，刘力臻. 发展中国家粮食安全影响因素的理论分析 [J]. 东北师大学报：哲学社会科学版，2009 (6).

[82] 肖国安，刘友金，向国成，等. 国家粮食安全战略研究论纲 [J]. 湘潭大学学报：哲学社会科学版，2009 (6).

[83] 张青，安毅. 我国粮食安全与粮食储备体制改革方向 [J]. 国家行政学院学报，2009 (5).

[84] 钟水映，李魁. 基于粮食安全的我国耕地保护对策研究 [J]. 中国软科学，2009 (9).

[85] 王雅鹏，吴娟，陈娟. 新中国 60 年粮食安全的回顾与展望 [J]. 湖南社会科学，2009 (5).

[86] 薛君. 我国城镇化进程中的粮食安全问题与对策 [J]. 兰州大学学报：社会科学版，2012 (2).

[87] 倪洪兴. 开放条件下我国粮食安全政策的选择 [J]. 农业经济问题，2009 (7).

[88] 公茂刚，王学真. 发展中国家粮食安全状况分析 [J]. 中国农村经济，2009 (6).

[89] 叶敬忠，安苗. 农业生产与粮食安全的社会学思考 [J]. 农业经济问题，2009 (6).

[90] 曾福生，匡远配. 粮食大省对粮食安全的贡献度分析 [J]. 农业经济问题，2009 (6).

[91] 杜鹰. 粮食安全问题与可持续发展 [J]. 宏观经济管理，2009 (6).

[92] 许世卫. 我国粮食安全目标及风险分析 [J]. 农业经济问题，2009 (5).

[93] 蓝海涛，姜长云. 经济周期背景下中国粮食生产成本的变动及趋势 [J]. 中国农村经济，2009 (6).

[94] 杰瑞·马贝斯，杰妮弗·H. 马贝斯，李冬梅. 中国的环境问题与粮食安全 [J]. 国外理论动态，2009 (5).

[95] 聂振邦. 完善宏观调控确保粮食安全 [J]. 求是，2009 (9).

[96] 李萍. 持续的惠农政策是国家粮食安全的保障 [J]. 山西财经大学学报，2009 (S1).

[97] 杨万江. 中国农业转型中的粮食安全问题——基于区域变化和品种调整的粮食产量增量贡献率分析 [J]. 农业经济问题，2009 (4).

[98] 马永欢，牛文元. 基于粮食安全的中国粮食需求预测与耕地资源配置研究 [J]. 中国软科学，2009 (3).

[99] 何蒲明，黎东升. 基于粮食安全的粮食产量和价格波动实证研究 [J]. 农业技术经济，2009 (2).

[100] 王广深. 确保粮食安全的政策选择 [J]. 经济研究参考，2009 (18).

[101] 张红玉. 理性认识粮食进口对我国粮食安全的贡献 [J]. 现代经济探讨，2009 (3).

[102] 吴方卫，沈亚芳，张锦华，等. 生物燃料乙醇发展对中国粮食安全的影响分析——基于"与粮争地"的视角 [J]. 农业技术经济，2009 (1).

[103] 陈绍充，王卿. 中国粮食安全观分析 [J]. 经济体制改革，2009 (1).

[104] 潘岩. 关于确保国家粮食安全的政策思考 [J]. 农业经济问题，2009 (1).

[105] 王广深，谭莹. 我国粮食安全主体的博弈分析及政策选择 [J]. 经济体制改革，2008 (6).

[106] 侯石安. 粮食安全与财政补贴政策的优化 [J]. 管理世界，2008 (11).

[107] 宫希魁. 中国粮食安全问题的深层再思考 [J]. 调研世界，2008 (11).

[108] 马晓河，蓝海涛. 加强我国粮食综合生产能力和粮食安全保障建设 [J]. 宏观经济管理，2008 (11).

[109] 李海鹏，叶慧. 我国城市化与粮食安全的动态耦合分析 [J]. 开发研究，2008 (5).

[110] 马晓河，蓝海涛. 我国粮食综合生产能力和粮食安全的突出问题及政策建议 [J]. 改革，2008 (9).

[111] 邓大才. 粮食安全要处理好五对关系 [J]. 中国党政干部论坛，2008 (9).

[112] 陈发桂. 全球粮荒背景下中国粮食安全面临的问题及对策 [J]. 学术交流，2008 (9).

[113] 王广深. 我国粮食安全的挑战及财政对策 [J]. 宏观经济管理，2008 (8).

[114] 张晓山. 中国的粮食安全问题及其对策 [J]. 经济与管理研究，2008 (8).

[115] 曹荣湘. 跨国农业食品公司对世界粮食安全的影响 [J]. 经济与管理研究，2008 (8).

[116] 陈香兰，张虹. 国际粮价高位运行对中国粮食安全的影响及应对策略 [J]. 当代世界，2008 (8).

[117] 于咏梅，孔令德，杨方廷，等. 粮食安全预警专家会商子系统设计 [J]. 计算机工程与设计，2008 (14).

[118] 王雅鹏，邓玲. 生物质液态燃料开发利用对粮食安全的影响分析 [J]. 农业技术经济，2008 (4).

[119] 侯立军. 基于粮食安全保障的我国粮食主产区建设 [J]. 经济问题，2008 (7).

[120] 黄成娟. 利用农业资源保障我国粮食安全的思路 [J]. 经济纵横，2008 (7).

[121] 朱定贵. 提高粮食安全水平促进农民增收的国际经验借鉴 [J]. 特区经济，2008 (7).

[122] 龙方，曾福生. 中国粮食安全的战略目标与模式选择 [J]. 农业经济问题，2008 (7).

[123] 文琦，刘彦随. 北方干旱化对水土资源与粮食安全的影响及适应——以陕北地区为例 [J]. 干旱区资源与环境，2008 (7).

[124] 陈明星. 生态文明视角下确保国家粮食安全的路径创新研究 [J]. 调研世界, 2008 (7).

[125] 陈绍充, 王卿. 中国粮食安全系统对策研究 [J]. 农村经济, 2008 (5).

[126] 顾海兵, 余翔, 沈继楼. 中国粮食安全研究的新架构 [J]. 国家行政学院学报, 2008 (3).

[127] 聂振邦. 加强粮食宏观调控确保国家粮食安全 [J]. 求是, 2008 (10).

[128] 马晓河, 蓝海涛. 我国粮食综合生产能力和粮食安全的突出问题及政策建议 [J]. 改革, 2008 (9).

[129] 张锦华, 吴方卫, 沈亚芳. 生物质能源发展会带来中国粮食安全问题吗？——以玉米燃料乙醇为例的模型及分析框架 [J]. 中国农村经济, 2008 (4).

[130] 卢锋, 谢亚. 我国粮食供求与价格走势（1980—2007）——粮价波动、宏观稳定及粮食安全问题探讨 [J]. 管理世界, 2008 (3).

[131] 蓝海涛, 王为农. 我国中长期粮食安全的若干重大问题及对策 [J]. 宏观经济研究, 2007 (6).

[132] 胡岳岷. 中国粮食安全战略：一个制度安排框架 [J]. 江汉论坛, 2007 (9).

[133] 龙方, 苏李. 中国粮食安全的成本与收益分析 [J]. 经济理论与经济管理, 2007 (8).

[134] 高帆. 粮食的产品特征及其对粮食安全实现的启示 [J]. 调研世界, 2006 (11).

[135] 王学真, 公茂刚, 高峰. 微观粮食安全理论分析 [J]. 山东社会科学, 2006 (10).

[136] 高帆. 中国农业的挑战与粮食安全目标的实现 [J]. 江海学刊, 2006 (4).

[137] 刘正山. 我国粮食安全与耕地保护 [J]. 财经科学, 2006 (7).

[138] 陈江龙, 曲福田. 农地非农化与粮食安全：理论与实证分析 [J]. 南京农业大学学报, 2006 (2).

[139] 马晓河, 樊纲. 中国粮食问题的深层原因 [J]. 中国农村经济, 1995 (8).

[140] 雷玉桃. 我国粮食安全与农业生产结构调整的协调问题 [J]. 经济纵横, 2001 (6).

[141] 娄源功. 中国粮食安全的宏观分析与比较研究 [J]. 粮食储藏, 2003 (3).

[142] 朱泽. 中国粮食安全状况的实证研究 [J]. 调研世界, 1997 (3).

[143] 朱泽. 中国粮食安全状况研究 [J]. 中国农村经济, 1997 (5).

[144] 王学真, 公茂刚. 粮食安全理论分析及对策研究 [J]. 东岳论丛, 2006 (6).

[145] 于建嵘. 提高农民种粮积极性很重要 [J]. 人民论坛, 2008 (10).

[146] 王学真, 公茂刚, 高峰. 微观粮食安全理论分析 [J]. 山东社会科学, 2006 (10).

[147] 马九杰. 粮食安全衡量及预警指标体系研究 [J]. 管理世界, 2001 (1).

[148] 丁声俊. 居安思危确保国家食物安全 [J]. 调研世界, 2004 (1).

[150] 郭晓鸣, 皮立波. 我国农村经济发展新阶段问题研究 [J]. 经济学家, 2001 (5).

[151] 蒋和平, 吴桢培. 建立粮食主销区对主产区转移支付的政策建议 [J]. 中国发展观察, 2009 (12).

［152］公茂刚，王学真．发展中国家粮食安全影响因素的理论分析［J］．东北师大学报：社会科学版，2009（6）．

［153］孔祥智，何安华．新中国成 60 年来农民对国家建设的贡献分析［J］．教学与研究，2009（9）．

［154］陈百明，石玉林．提高我国土地资源生产能力的战略抉择［J］．自然资源，1991（5）．

［155］程国强．中国粮食需求的长期趋势［J］．中国农村观察，1998（3）．

［156］马九杰，张象枢，顾海兵．粮食安全衡量及预警指标体系研究［J］．管理世界，2001（1）．

［157］刘晓梅．关于我国粮食安全评价指标体系的探讨［J］．财贸经济，2004（9）．

［158］高帆．中国粮食安全的测度：一个指标体系［J］．经济理论与经济管理，2005（12）．

［159］郑社奎．对农业基础地位的新认识［J］．经济问题研究，1999（2）．

［160］余世铸．对强化农业基础地位问题的认识［J］．安徽农学通报，1999（5）．

［161］江惠生．农业基础地位的再认识［J］．农业现代化研究，1995（3）．

［162］刘振伟．我国粮食安全的几个问题［J］．农业经济问题，2004（12）．

［163］肖春阳．中外粮食、粮食安全概念比较［J］．粮经论坛，2009（2）．

［164］曾福生，匡远配．粮食安全的体制与政策研究综述［J］．粮食科技与经济，2005（2）．

［165］程亨华，肖春阳．粮食安全及其主要指标研究［J］．财贸经济，2002（12）．

［166］肖春阳．中国粮食安全及主要指标研究［J］．黑龙江粮食，2004（2）．

［167］甘勇．从系统论角度来看农业的基础地位［J］．湖南农业大学学报，2008（2）．

［168］张文丽．新阶段加强农业基础地位问题研究［J］．经济问题，2002（2）

［169］张锦洪，胡华．农业基础地位的国际证据［J］．重庆大学学报，2009（5）．

［170］姜作培．影响农业基础地位的主要因素及对策构想［J］．经济问题，2002（9）．

［171］曾宏．粮食安全的本质内涵与研究框架［J］．经济纵横，2006（2）．

［172］周猛．粮食安全的理论和实践及对我国的启示［J］．技术经济，1987（5）．

［173］吴志华，胡学君．中国粮食安全研究述评［J］．红海学刊，2003（3）．

［174］谢扬．新的粮食安全观［J］．经济与管理研究，2001（4）．

［175］马树庆，王琪．区域粮食安全的内涵、评估方法及保障措施［J］．资源科学，2010（1）．

［176］张锐．全球粮食安全瓶颈与破除［J］．广东经济，2009（9）．

［177］李萍．确保国家粮食安全的经济学思考［J］．思想政治课教学，2008（9）．

［178］刘国强，杨世琦．世界粮食安全分析及应对策略［J］．西北农林科技大学学报：社会科学版，2009（2）．

［179］易培强．农业基础地位问题再思考［J］．湖湘论坛，1996（1）．

［180］姜长云．粮食安全可以谨慎乐观［J］．国际金融报，2003（11）．

[181] 盛来运. 我国不同地区粮食综合生产能力研究 [J]. 经济研究参考，2006 (85).

[182] 王雅鹏. 对我国粮食安全路径选择的思考——基于农民增收的分析 [J]. 中国农村经济，2005 (3).

[183] 周明建，叶文琴. 发达国家确保粮食安全的对策及对我国的借鉴意义 [J]. 农业经济问题，2005 (6).

[184] 彭克强，刘枭. 2020 年以前中国粮食安全形势预测与分析 [J]. 经济学家，2009 (12).

[185] 张准. 从美国西部农业开发看农业的可持续发展 [J]. 求索，2006 (12).

[186] 党国锋，尚雯，洪媛. 甘肃省耕地数量变化特征及其对粮食安全的影响 [J]. 干旱区资源与环境，2010 (2).

[187] 封志明，李香莲. 耕地与粮食安全战略：藏粮于土，提高中国土地资源的综合生产能力 [J]. 地理学与国土研究，2000 (8).

[188] 田野. 关于粮食安全问题的几个认识误区 [J]. 中国农村经济，2004 (3).

[189] 中国农业代表团. 韩国、德国粮食安全考察报告 [J]. 农业经济问题，2008 (4).

[190] 孔庆山. 简论美国土地处理制度中免费分配土地的问题 [J]. 烟台大学学报：社会科学版，2004 (3).

[191] 王群. 粮食安全的耕地保障分析 [J]. 地域研究与开发，2001 (12).

[192] 时群. 论列宁的农业合作社思想对我国"三农"问题的启示 [J]. 聊城大学学报：社会科学版，2007 (2).

[193] 王引. 欧盟农业产业化的背景、形式与绩效 [J]. 江西农业大学学报：社会科学版，2005 (6).

[194] 张文胜. 日本都市农业的特征、功能及案例分析 [J]. 农村经济，2009 (12).

[195] 齐力，梅林海. 世界粮食危机的特征、成因与对策研究 [J]. 东南亚研究，2008 (6).

[196] 汪来喜. 世界农业发展的主要模式、路径及其启示 [J]. 河南工业大学学报：社会科学版，2009 (9).

[197] 刘文龙，朱鸿博. 试析近代拉美与美国的不同农业发展模式 [J]. 复旦学报：社会科学版，2001 (5).

[198] 孙亮. 土地，公正，农业发展：拉美与前苏联东欧国家的土地产权改革比较 [J]. 国际论坛，2006 (11).

[199] 余振国，胡小平. 我国粮食安全与耕地的数量和质量关系研究 [J]. 地理与地理信息科学，2003 (5).

[200] 尢志华，陈海霞，刘华周. 以提高土地产出率、劳动生产率、资源利用率来发展现代农业 [J]. 江苏农业科学，2009 (5).

[201] 全炯振. 中国农业全要素生产率增长的实证分析：1978—2007 年 [J]. 中国农村经济，2009 (9).

[202] 傅龙波，钟甫宁，徐志刚. 中国粮食进口的依赖性及其对粮食安全的影响 [J]. 管理世界，2001（3）.

[203] 张勋. 法国和美国的农业技术推广教育 [J]. 看世界，1997（12）.

[204] 董运来. 印度粮食安全政策及其对我国的经验借鉴 [J]. 经济与管理研究，2009（3）.

[205] 董运来，余建斌. 印度粮食补贴政策及其效果评价 [J]. 世界农业，2008（6）.

[206] 崔亚平. 日本粮食安全保障机制给我们的启示 [J]. 农业经济，2007（12）.

[207] 中国农业代表团. 韩国和德国保障粮食安全的经验值得借鉴 [J]. 农业经济问题，2008（4）.

[208] 向颖佳. 国际贸易对粮食安全的影响 [J]. 重庆工学院学报，2008（6）.

[209] 王治功. 论中国传统农业的基本特征及实质 [J]. 汕头大学学报：人文科学版，1988（3）.

[210] 陈方源，石燕泉，程金根，等. "九五"农业基础性研究的发展问题 [J]. 农业科技管理，1995（10）.

[211] 伍旭中. 当代中国农业的功能和基础地位：基于过渡农业的分析 [J]. 安徽师范大学学报：人文社会科学版，2008（6）.

[212] 张飞，曲福田. 从农业基础性地位转变的角度看土地征用制度 [J]. 农村经济，2005（8）.

[213] 黄飞鸣. 基于农业多功能性看我国农业的可持续发展 [J]. 乡镇经济，2005（8）.

[214] 姬亚岚. 多功能农业与中国农业政策研究 [D]. 西安：西北大学，2007.

[215] 雷平生. 试论现代农业的功能和发展方略 [J]. 农业技术与装备，2009（7）.

[216] 陈建、郭国华、孙菊华. 以农业结构战略性调优为突破口进一步提升现代农业能级 [J]. 上海农业科技，2010（1）.

[217] 潘洪刚、王礼力. 改造中国传统农业的困境与出路 [J]. 西北工业大学学报：社会科学版，2008（3）.

[218] 詹慧龙. 中国特色现代农业发展战略研究 [J]. 江西农业大学学报，2010（5）.

[219] 韩剑. 必须重视国家粮食安全问题 [J]. 新长征，2010（6）.

[220] 陈光兴. 中国传统农业的特征表现及改造 [J]. 金融管理与研究，2010（6）.

[221] 胡新宇. 试论粮食安全体系建设的基本原则 [J]. 商业时代，2004（36）.

[222] 鲁靖，许成安. 构建中国的粮食安全保障体系 [J]. 农业经济问题，2004（8）.

[223] 王国丰. 加快粮食物流体系建设问题探讨 [J]. 中国粮油学报，2006（5）.

[224] 马智宇，周小平，卢艳霞. 我国财政支农存在的问题与对策 [J]. 经济纵横，2011（4）.

[225] 郭玮. 从工农关系看农业的基础地位 [J]. 中国农村经济，1990（1）.

[226] 信乃诠. 农业科研经费投入现状及其政策性建议 [J] 农业科技管理，2008（8）.

[227] 董晓霞，等. 我国农业科研投入的结构偏差及矫正 [J]，农业科技管理，2009（6）.

[228] 张利库. 试析我国农业技术推广中的财政投入 [J]. 农业经济问题, 2007 (2).

[229] 曹伟. 电子商务条件下的粮食物流信息管理系统构建 [J]. 湖南商学院学报, 2010 (3).

[230] 朱高林. 中国城镇居民东方饮食模式嬗变探析 [J]. 消费经济, 2009 (4).

[231] 张俊伟. 支持新农村建设的财政政策选择 [J]. 经济研究参考, 2006 (68).

[232] 苏明. 城乡经济社会统筹发展机制和宏观政策研究 [J]. 经济与管理研究, 2006 (8).

[233] 朱泽. 中国粮食安全状况的实证研究 [J]. 调研世界, 1997 (3).

[234] 吕耀, 谷树忠, 楼惠新, 等. 中国食物保障可持续性及其评价 [J]. 中国农村经济, 1999 (8).

[235] 胡守溢. 国家粮食安全形势估计及成本分析 [J]. 安徽农业科学, 2003 (5).

[236] 程亨华, 肖春阳. 中国粮食安全及其主要指标研究 [J]. 财贸经济, 2002 (12).

[237] 剧乂文, 李恒. 粮食主产区的工业化及实现机制 [J]. 经济学动态, 2011 (12).

[238] 吴志华, 胡学君. 中国粮食安全与产业结构协调探析 [J]. 现代经济探讨, 2002 (1).

[239] 李国勇, 张扬, 高士亮. 农业转型阶段粮食安全、粮农增收研究述评 [J]. 经济学动态, 2011 (11).

[240] 潘月红. 当前我国粮食消费现状及发展趋势浅析 [J]. 粮食问题研究, 2007 (1).

[241] 杜黎明, 论农业规模经营分区实现的客观基础 [J]. 农村经济, 2012 (3).

[242] 马佳, 马莹. 上海郊区农地规模经营模式优化的探讨 [J]. 地域研究与开发, 2010 (6).

[243] 李相宏. 农业规模经营模式分析 [J]. 农业经济问题, 2003 (8).

[244] 朱新华, 曲福田. 不同粮食分区间的耕地保护外部性补偿机制研究 [J]. 中国人口·资源与环境, 2008 (5).

[245] 丁声俊. 粮食主产区是确保粮食安全的重中之重 [J]. 中国粮食经济, 2010 (7).

[246] 侯立军. 基于粮食安全保障的我国粮食主产区建设 [J]. 经济问题, 2008 (7).

[247] 王跃梅. 粮食主销区供求与安全问题研究 [J]. 农村经济, 2009 (3).

[248] 闫述乾, 王海强. 产销基本平衡区粮食安全预警模型的构建 [J]. 华中农业大学学报: 社会科学版, 2010 (2).

[249] 张雪英, 黎颖治. 生态系统服务功能与可持续发展 [J]. 生态科学, 2004 (3).

[250] 王勇, 骆世明. 农业生态服务功能评估的研究进展和实施原则 [J]. 中国生态农业学报, 2008 (7).

[251] 李铜山. 我国现代农业服务业发展研究 [J]. 农业经济, 2011 (3).

[252] 马晓河, 等. 工业反哺农业的国际经验及我国的政策调整思路 [J]. 管理世界, 2005 (7).

[253] 国家发改委产业经济研究所课题组. 关于我国社会主义新农村建设若干问题的研

究 [J]. 经济研究参考, 2006 (50).

[254] 苏明. 中国农业财政政策的回顾与展望 [J]. 财政研究, 2009 (2).

[255] 于爱芝. 近年来中国农业政策影响效果的计量分析——基于 PAM 的实证研究 [R]. 中国农业科学院博士后研究工作报告, 2006.

[256] 熊德平. 农业产业结构调整的涵义、关键、问题与对策 [J]. 农业经济问题, 2002 (6).

[257] 吴强玲, 王银凤. 我国实现农业现代化的产业组织政策分析 [J]. 华东理工大学学报, 2001 (1).

[258] 田秀娟. "九五" 时期金融政策对农业和农村经济的影响 [J]. 经济研究参考, 2004 (7).

[259] 常良. 利用 WTO 绿箱政策促进我国农业保险 [J]. 粮食问题研究, 2005 (2).

[260] 陈洁, 方炎. 绿箱政策与加强中国农产品质量检验检测服务体系建设 [J]. 世界农业, 2003 (2).

[261] 陈明星. 粮食直接补贴的效应分析及政策启示 [J]. 山东农业大学学报: 社会科学版, 2007 (1).

[262] 田建民, 孟俊杰. 我国现行粮食安全政策绩效分析 [J]. 农业经济问题, 2010 (3).

[263] 臧文如, 傅新红, 熊德平. 粮食财政直接补贴政策对粮食数量安全的效果评价 [J]. 农业技术经济, 2010 (11).

[264] 蔡则祥. 我国农村金融组织体系的完善与创新 [J]. 农业经济问题, 2002 (4).

[265] 卢亚娟, 蔡则祥. 我国农村金融供求失衡及其调节 [J]. 现代经济探讨, 2003 (4).

[266] 匡家在. 1978 年以来的农村金融体制改革: 政策演变与路径分析 [J]. 中国经济史研究, 2007 (1).

[267] 蔡友才. 我国农村金融体制改革三十年反思 [J]. 金融教学与研究, 2008 (6).

[268] 蔡则祥. 农村政策性金融需求的变化与供给创新研究 [J]. 江汉论坛, 2009 (11).

[269] 陈昆才. 新渐进式改革: 农信社四项 "注意" [N]. 21 世纪经济报道, 2008-10-14 (11).

[270] 沈明其. WTO "绿箱" 政策与我国农业基础设施建设 [J]. 国际经贸探索, 2006 (5)

[271] 李炳坤. 巩固和加强农业基础地位 [J]. 上海农村经济, 2009 (4).

[272] 许庆, 章元, 邬璟璟. 中国保证粮食安全前提下的农村劳动力转移边界 [J]. 复旦学报: 社会科学版, 2013 (4).

[273] Amartya Sen. Starvation and Exchange Entitlements A General Approach and Its Application to the Great Bengal Famine [J]. *Cambridge Journal of Economics*, 1977 (1).

[274] Amartya Sen. Ingredients of Famine Analysis: Availability and Entitlements [J]. *The Quarterly Journal of Economics*, 1981 (3).

[275] Mary Khakoni Walingo. The Role of Education in Agricultural Projects for Food Security and Poverty Reduction in Kenya [J]. *Review of Education*, 2006 (52).

[276] Bruce F. Johnston and John W. Mellor. The Role of Agriculture in Economic Development [J]. *The American Economic Review*, 1961 (4).

[277] Martin Ravallion. Rural Welfare Effects of Food Price Changes under Induced Wage Responses: Theory and Evidence for Bangladesh [J]. *Oxford Economic Papers*, New Series, 1990 (3).

[278] Angus Deaton. Rice Prices and Income Distribution in Thailand, A Non-parametric Analysis [J]. *The Economic Journal*, 1989 (99).

[279] Shenggen Fan and Philip G. Pardey. Research, Productivity, and Output Growth in Chinese Agriculture [J]. *Journal of Development Economics*, 1997 (53).

[280] Francesco N. Tubiello and Günther Fischer. Reducing Climate Change Impacts on Agriculture: Global and Regional Effects of Mitigation, 2000−2080 [J]. *Technological Forecasting & Social Change*, 2007 (74).

[281] Jing Zhu. Public Investment and China's Long-term Food Security under WTO [J]. *Food Policy*, 2004 (29).

[282] Mahfuzuddin Ahmed and Mylene H. Lorica. Improving Developing Country Food Security through Aquaculture Development-lessons from Asia [J]. *Food Policy*, 2002 (27).

[283] Francesco N. Tubiello and Günther Fischer. Reducing Climate change Impacts on Agriculture: Global and Regional Effects of Mitigation, 2000−2080 [J]. *Technological Forecasting & Social Change*, 2007 (74).

[284] Ravinder Rena. Challenges for Food Security in Eritrea: A Descriptive and Qualitative Analysis [J]. *African Development Review*, 2005 (2).

[285] Martin Ravallion and Shaohua Chen. China's (uneven) Progress against Poverty [J]. *Journal of Development Economics*, 2007 (82).

C. 文件类

[1] 中华人民共和国国民经济和社会发展第十二个五年规划纲要 [Z].

[2] 中共中央关于推进农村改革发展若干重大问题的决定 [Z].

[3] 国家粮食安全中长期规划纲要 (2008—2020) [Z].

[4] 全国新增 1000 亿斤粮食生产能力规划 (2009—2020) [Z].

[5] 粮食行业"十二五"发展规划纲要 [Z].

[6] 粮食科技"十二五"发展规划 [Z].

[7] 粮油加工业"十二五"发展规划 [Z].

[8] 粮食流通基础设施"十二五"建设规划 [Z].

［9］全国粮食市场体系建设与发展"十二五"规划［Z］.

［10］2004 年中央一号文件：中共中央 国务院关于促进农民增加收入若干政策的意见［Z］.

［11］2005 年中央一号文件：中共中央 国务院关于进一步加强农村工作 提高农业综合生产能力若干政策的意见［Z］.

［12］2006 年中央一号文件：中共中央 国务院关于推进社会主义新农村建设的若干意见［Z］.

［13］2007 年中央一号文件：中共中央 国务院关于积极发展现代农业 扎实推进社会主义新农村建设的若干意见［Z］.

［14］2008 年中央一号文件：中共中央 国务院关于切实加强农业基础设施建设 进一步促进农业发展农民增收的若干意见［Z］.

［15］2009 年中央一号文件：中共中央 国务院关于 2009 年促进农业稳定发展农民持续增收的若干意见［Z］.

［16］2010 年中央一号文件：中共中央 国务院关于加大统筹城乡发展力度 进一步夯实农业农村发展基础的若干意见［Z］.

［17］2011 年中央一号文件：中共中央 国务院关于加快水利改革发展的决定［Z］.

［18］2012 年中央一号文件：中共中央 国务院关于加快推进农业科技创新持续增强农产品供给保障能力的若干意见［Z］.

［19］2013 年中央一号文件：中共中央 国务院关于加快发展现代农业进一步增强农村发展活力的若干意见［Z］.

附录：主要阶段性成果

A. 重要成果专报

[1] 王国敏. 增强四川省粮食安全综合保障能力的政策建议 [J]. 重要成果专报，2013 (10). （2013 年 7 月 24 日、26 日得到四川省委省政府主要领导的重要批示，并要求转送至相关实际工作部门。）

[2] 王国敏. 四川省农村土地综合整治中存在的问题及对策建议 [J]. 重要成果专报，2012 (21). （2012 年 10 月 18 日得到四川省委省政府主要领导的重要批示，转送至相关实际工作部门并全部采纳。）

[3] 王国敏. 建立粮食主产区利益补偿机制的对策建议 [J]. 重要成果专报，2011 (8).

B. 学术论文

[4] 王国敏. 我国粮食安全面临的挑战及对策 [J]. 理论视野，2011 (11)：32－35.

[5] 王国敏，周庆元. 增强我国粮食安全的综合保障能力对策 [J]. 经济纵横，2013 (3)：82－86.

[6] 王国敏，周庆元. 中国粮价与 CPI 波动的关系——基于 VAR 模型的实证研究 [J]. 内蒙古社会科学：汉文版，2013 (4)：106－110.

[7] 王国敏，卢婷婷，周庆元. 我国粮食安全综合评价：1978—2010 [J]. 上海行政学院学报，2013 (4)：64－73.

[8] 王国敏，翟坤周. 农村土地综合整治的风险甄别、治理逻辑与政策建议 [J]. 福建论坛：人文社会科学版，2013 (7)：23－28.

[9] 王国敏，翟坤周. 中国粮食安全战略研究新框架：资源·结构·制度 [J]. 西南民族大学学报：人文社会科学版，2012 (12)：129－135.

[10] 王国敏，翟坤周. 我国农民专业合作社发展的政治经济学分析 [J]. 经济问题探索，2012 (2)：65－72.

[11] 王国敏，卢婷婷. 我国粮食安全面临的复杂矛盾 [J]. 社会科学研究，2011 (5)：35－39.

[12] 王国敏，罗浩轩. 农业劳动力研究新视角：中国农业劳动力"空心化"理论与实证分析 [J]. 农村经济，2011 (12)：108－111.

[13] 王国敏，薛一飞. 东北地区农业水资源有效配置：理论阐释与实证研究 [J]. 天府新论，2013（3）：56−60.

[14] 王国敏，薛一飞. 城乡二元结构视域下我国农村居民家庭消费的理论与实证分析——基于扩展线性支出系统模型（ELES）的分析 [J]. 甘肃社会科学，2012（2）：63−66.

[15] 王国敏，罗浩轩. 中国农业劳动力从"内卷化"向"空心化"转换研究 [J]. 探索，2012（2）：93−98.

[16] 王国敏，邓建华. 重塑农民主体性是破解"三农"问题的关键 [J]. 现代经济探讨，2010（9）：64−68.

[17] 王国敏，杨莉芸. 我国粮食生产主体行为的经济学分析——基本粮食安全的角度 [J]. 青海社会科学，2010（2）：26−29.

[18] 王国敏，谢鑫. 我国西部粮食生产的实证分析与理论研究——基于四川省三个粮食生产县的调查 [J]. 贵州师范大学学报：社会科学版，2010（4）：1−7.

[19] 王国敏，梁亚敏. 中国特色社会主义理论语境下的农业现代化道路 [J]. 毛泽东思想研究，2011（2）：90−94.

[20] 邓建华. "三农"视阈下我国城乡一体化新格局的路径选择 [J]. 财经问题研究，2011（6）：91−95. ［人大复印资料《社会主义经济理论与实践》2011 年第 10 期全文转载］

[21] 傅新红，宋汶庭. 农户生物农药购买意愿及购买行为的影响因素分析——以四川省为例 [J]. 农业技术经济，2010（6）：120−128.

[22] 宿桂红，傅新红. 中国粮食主产区水稻生产技术效率分析 [J]. 中国农学通报，2011（2）：439−445.

[23] 宿桂红，傅新红. 基于 SFA 的中国粮食主产区小麦生产技术效率分析 [J]. 贵州农业科学，2011（8）：196−199.

[24] 宿桂红，常春水. 中国粮食主产区粮食生产现状分析 [J]. 新疆农垦经济，2010（11）：6−9.

[25] Su Guihong. Technical Efficiency of Corn Production in Main Producing Region in China Based on DEA−Tobit [J]. *Asian Agricultural Research*，2010（12）：5−7, 11.

[26] 陈蓉，傅新红. 我国谷物消费变动趋势及影响因素分析 [J]. 农村经济，2012（7）：37−41.

[27] 臧文如，傅新红，熊德平. 财政直接补贴政策对粮食数量安全的效果评价 [J]. 农业技术经济，2012（12）：84−93.

[28] 郑晔，刘志祥，王勇术. 在新农村背景下统筹城乡基础设施建设 [J]. 社会科学研究，2012（6）：25−29.

[29] 李杰. 解析马克思主义经典作家及我党三代领导人有关粮食安全保障条件的论

述［J］. 西南民族大学学报：人文社会科学版，2012（5）：208－212.

[30] 段龙龙，李杰. 城乡一体化的地方试验——基于成都四种模式的调查与反思［J］. 河北经贸大学学报：综合版，2011（4）：45－49.

[31] 刘润秋，高松. 农村集体建设用地流转地权的激励模式［J］. 财经科学，2011（2）：116－124.

[32] 刘润秋. 近期中国农村土地流转模式理论争鸣及原因探析［J］. 农村经济，2011（8）：32－35.

[33] 周庆元. 基于主成分分析的粮食安全评价研究［J］. 兰州学刊，2010（8）：43－45.

[34] 周庆元. 基于灰色马尔可夫模型的粮食产量预测方法［J］. 统计与决策，2012（17）：64－66.

[35] 罗浩轩. 农村土地综合整治的制度逻辑与机制设计［J］. 财经问题研究，2013（4）：106－113.

[36] 翟坤周，周庆元. 三维效应、三维结构与农村土地综合整治的关联度［J］. 改革，2012（12）：90－97.

[37] 杜黎明. 论农业规模经营分区实现的客观基础［J］. 农村经济，2012（3）：98－101.

[38] 罗静. 提高农民种粮经济收益是确保国家粮食安全的关键［J］. 南京农业大学学报：社会科学版，2010（2）：1－6.

[39] 张千友，蒋和胜. 专业合作、重复博弈与农产品质量安全水平提升的新机制［J］. 农村经济，2011（10）：125－129.

[40] 张千友. 水稻价格保护制度：历史演变、现实困境与政策建议［J］. 重庆工商大学学报：社会科学版，2011（5）：7－13.

[41] 赵波. 中国粮食主产区利益补偿机制的构建与完善［J］. 中国人口·资源与环境，2011（1）：85－90.

[42] 赵波. 困境与突破：构建我国粮食主产区农业现代化的长效机制［J］. 华南农业大学学报：社会科学版，2010（2）：43－50.

[43] 薛一飞. 东北"粮仓"农业现代化的路径探索［J］. 华南农业大学学报：社会科学版，2011（1）：1－8.

[44] 马晓. 构建我国粮食安全法律保障体系［J］. 宏观经济管理，2012（5）：47－49.

后 记

现代农业发展和国家粮食安全不仅是党和政府高度重视的重大战略问题，也是"三农"研究中的热点和难点问题，同时还是国际社会关注中国的焦点问题。2004年以来，我国粮食生产实现了历史罕见的"十连增"，为改革发展稳定全局奠定了重要基础。但是必须清醒地认识到，农业依然是国民经济的短板，粮食供求依然处于"丰年缺粮"的状态，工业化、信息化、城镇化快速发展对同步推进农业现代化的要求更为紧迫，保障国家粮食安全与资源环境承载能力的矛盾日益尖锐，农业国际竞争环境深刻变化对统筹两个市场两种资源提出了亟待破解的课题。因此，即便在我国粮食多年连续增收的情况下，确保国家粮食安全和主要农产品有效供给依然任重道远，现代农业发展和粮食安全战略研究仍然是一个常议常新的重要课题。

本书是国家社科基金重点项目"加强农业基础地位和确保国家粮食安全战略研究"（批准号：08AJY034）的最终成果。课题组全体成员经过四年的艰苦工作，在大量实践调研的基础上，精心选择材料，系统收集数据，为进一步研究奠定了基础。针对课题中的重点和难点问题，我们多次召开专题研讨会反复研究，提出了独到的见解，并在理论上加以提炼、升华，逐步形成了课题研究的基本逻辑和主要观点。在四年的研究中，阶段性成果丰硕，课题组成员在全国具有影响力的学术刊物上发表学术论文40余篇，其中28篇发表在CSSCI来源期刊上，这些文章所形成的观点在本书中也得到了充分体现。

改革开放是当代中国最鲜明的特色，作为身处在这个伟大时代的一名知识分子，不仅需要埋首书斋开展理论研究，更需要洞悉国情、扎根实践、面向重大现实问题，将理论研究接上改革实践的地气，在研究回答和推动解决问题中取得新的成果。屈指算来，本人专注"三农"问题的研究已有三十多个春秋，有幸成为我国农村改革发展的见证者、参与者和研究者，本书的内容实际也是我长期以来研究成果的发展与延续。需要提及的是，在课题研究过程中，先后有3篇研究报告被四川省哲学社会科学研究《重要成果专报》采纳刊发，提出的理论观点和政策建议得到四川省委和省政府主要领导同志的重视和批示，并被四川省国土资源厅、土地整治中心等实际工作部门采纳，较好地发挥了决策咨询作用。课题成果达到结项验收要求，被批准免于鉴定，获准结项。这既是对我们的极大鼓舞，更是对我们的鞭策。我们将不断提升科学研究水平、拓展学术研究视野和推出更多学术成果希望有所作为，力求为探索破解"三农"问题之道尽微薄之力！

在书稿即将付梓之际，我要向所有为本课题研究提供支持和帮助的专家、学者与同仁表示真诚的谢意。特别需要感谢全国哲学社会科学规划办公室对课题研究的立项与资助；感谢给予课题调研帮助的各级政府相关部门领导、工作人员以及广大农村勤劳智慧、纯洁质朴的英雄人民；感谢四川大学出版社的各位领导以及熊瑜社长、邱小平总编辑和庄剑、舒星编辑为本书编辑出版付出的艰辛努力！本书的最终完成，也借鉴了国内外众多专家学者的已有研究成果，在此一并致谢！

农业发展与粮食安全是永恒的课题，这方面的著说已有很多，所谓见仁见智，本书的观点难免有疏漏和不成熟之处，我们恳请学界同仁批评指正！

王国敏

2014 年 3 月于四川大学